Stuttgarter NS-Täter

Hermann G. Abmayr (Hg.)

Stuttgarter NS-Täter
Vom Mitläufer bis zum Massenmörder

Schmetterling Verlag

Bibliografische Informationen der Deutschen Nationalbibliothek
Die Deutsche Nationalbibliothek verzeichnet diese Publikation in der Deutschen Nationalbibliografie; detaillierte bibliografische Daten sind im Internet über
http://dnb.d-nb.de abrufbar.

Herausgeber
Hermann G. Abmayr

Lektorat
Hermann G. Abmayr
text_dienst, Stuttgart
© 2009 by Verlag Hermann G. Abmayr, Stuttgart
Alle Rechte vorbehalten

Gestaltung des Umschlages
Leicht abgewandelte Version der ursprünglichen Gestaltung von Martin Frischauf, Schwabenrepro GmbH, Stuttgart
Das Umschlag-Foto zeigt die braune Rathausspitze 1935: Den Kreisleiter der NSDAP und den Oberbürgermeister mit Beigeordneten (Fachbürgermeister) und Ratsherrn (Gemeinderäten). Siehe dazu das entsprechende Kapitel, Seite 176f.

Kontakt
info@Stuttgarter-NS-Taeter.de

Internetauftritt
Stuttgarter-NS-Täter.de

Schmetterling Verlag GmbH
Libanonstr. 20A
70184 Stuttgart
Der Schmetterling Verlag ist Mitglied von aLiVe
Satz: Schmetterling Verlag
Schrift: Book Antiqua
Reproduktionen: Schwabenrepro GmbH, Stuttgart
Druck und Weiterverarbeitung: Multiprint, Kostinbrod
Printed in Bulgaria
3. Auflage: 2021
ISBN 3-89657-166-4
www.schmetterling-verlag.de

Inhalt

Die Autoreninnen und Autoren 9

Dankeschön 13

Hermann G. Abmayr – **Vorwort zur dritten, erweiterten Auflage**
Das Buchprojekt «Stuttgarter NS-Täter» 14

Wolf Ritscher – **Einleitung**
NS-Täter und -Täterinnen: Eine notwendige Diskussion 24

Angehörige berichten

Malte Ludin – **Hanns Elard Ludin**
Führer, Vater, Kriegsverbrecher 32

Ursula Boger – **Das große Schweigen**
Ich bin die Enkelin eines Auschwitz-Täters 42

KZ-Aufseher

Inge Möller – **Wilhelm Boger**
Der SS-Mann aus Zuffenhausen, der einen Apfel in Auschwitz aß 46

Thomas Faltin – **René Romann**
Leiter der KZ-Außenlager Echterdingen und Geislingen/Steige 52

Fachleute der Vernichtung

Thomas Stöckle – **Eugen Stähle und Otto Mauthe**
Der Massenmord in Grafeneck und die Beamten des
Innenministeriums 60

Hermann G. Abmayr – **Albert Widmann**
Chemiker der Vernichtung 70

Katrin Seybold – **Paul Werner**
Großmeister der Vernichtungslager, in BRD-Zeiten Ministerialrat 76

Franka Rößner / Thomas Stöckle – **Christian Wirth und Jakob Wöger**
Polizeibeamte und ihr Einsatz beim Massenmord in Grafeneck 84

Harald Stingele – **Karl Mailänder**
Fürsorgebeamter, Schreibtischtäter und Bundesverdienstkreuzträger 90

Karl-Horst Marquart – **Karl Lempp**
Verantwortlich für Zwangssterilisierungen und «Kindereuthanasie» 100

Gerhard Naser – **Aquilin Ullrich**
Arzt und Mordgehilfe 108

Geheime Staatspolizei

Roland Maier – **Hermann Mattheiß**
Leiter der Politischen Polizei in Württemberg 1933 bis 1934 114

Roland Maier – **Friedrich Mußgay**
Gestapo-Chef und Organisator der Judendeportationen 120

Sigrid Brüggemann – **Walter Stahlecker**
Chef der Gestapo in Stuttgart und Massenmörder 126

Sigrid Brüggemann – **Anton Dehm**
Nazihenker oder «willenloses Werkzeug»? 132

Roland Maier – **Gottfried Mauch**
Der Schrecken der Zwangsarbeiter 138

Jochen Faber – **Adolf Scheufele**
Der «Sachbearbeiter für Zigeunerfragen» 144

Denunzianten

Hermann G. Abmayr – **Erwin Goldmann**
Der «Jude», der gern Nazi gewesen wäre 150

Lothar Letsche – **Alfons und Eugen Wicker**
Widerstandskämpfer ans Messer geliefert 158

Katrin Seybold – **Wolfgang Tröster und Gerhard Munz**
Denunzianten der Weißen Rose 168

Partei und Verwaltung

Hermann G. Abmayr / Elke Martin – **Die braune Rathausspitze**
Gemeinderäte als Stütze der Naziherrschaft 176

Walter Nachtmann – **Wilhelm Murr und Karl Strölin**
Die «Führer» der Nazis in Stuttgart 184

Gebhard Klehr – **Adolf Mauer**
Propagandaleiter und Organisator der Pogromnacht 196

Karl-Horst Marquart – **Hans Junginger und Wilhelm Fischer**
Sie terrorisierten die Vaihinger Bevölkerung 202

Hermann G. Abmayr / Gerhard Hiller – **Eugen Notter**
Brauner Arbeiterführer, Gemeinderat und
Profiteur der «Arisierung».. 210

Josefine Vogl – **Willy Appelt und Emil Maier**
... und ihr «Judenladen»: Nur kleine Fische? 216

Marc Schieferecke – **Theodor Schöpfer**
Ein Nazi, ein Wanderführer und der Kampf um einen Straßennamen ... 228

Wirtschaftsführer und «Arisierer»

Ulrich Viehöver – **Ferdinand Porsche I**
Hitlers Lieblingskonstrukteur, Wehrwirtschaftsführer und
Kriegsgewinnler 234

Eberhard Reuß – **Ferdinand Porsche II**
«Man muss von Arisierung sprechen»: Der Fall Adolf Rosenberger......... 260

Hermann G. Abmayr – **Paul Binder**
Fachmann für «Arisierung» und einer der «Väter» des Grundgesetzes.... 272

Gerhard Hiller – **Ernst Niemann**
Der Reichsbankrat und Judenerpresser 282

Martin Ulmer – **Otto Breitling**
Gesinnungstäter und Profiteur des NS-Regimes 286

Roland Maier – **Alfred Breuninger**
NS-Ratsherr und Profiteur des Naziregimes 292

Kultur und Kirche

Bernhard Völker – **Christian Mergenthaler**
Kultminister und Überzeugungstäter 298

Bernhard Völker – **Wilhelm Gschwend**
«Politischer Vertrauensmann» im Kultministerium 304

Ulrich Weitz – **Klaus Graf von Baudissin**
Oberkonservator der Staatsgalerie und Bilderstürmer der SS 312

Birgit Wörner – **Erich Maier-Stehle**
Journalist im Dienste der NS-Propaganda und der Rassenpolitik 318

Hermann G. Abmayr / Janka Kluge – **Georg Schneider**
Der Pfarrer, der Kreuz und Hakenkreuz verbinden wollte 326

Richter

Fritz Endemann – **Hermann Cuhorst und andere Sonderrichter**
Justiz des Terrors und der Ausmerzung 334

Gerhard Hiller – **Walter Widmann, Paul Theodor Huzel**
... und andere «Rasseschande»-Richter 348

Nachkriegszeit

Io Josefine Geib / Tina Fuchs – **Artur Koch**
Ein Täter, nach dem nie ernsthaft gesucht wurde 364

Peter Grohmann – **Nachwort**
Meistens Schweigen: Über die Notwendigkeit des Widerspruchs 377

Bildnachweis 382

Personenregister 383

Ortsregister 387

Die Autorinnen und Autoren

Erwähnt sind Veröffentlichungen der Autorinnen und Autoren, die einen Bezug zu diesem Buch haben. Es besteht kein Anspruch auf Vollständigkeit.

Hermann Abmayr, Journalist, Buchautor und Filmemacher (Regie, Drehbuch und Produktion); Filme (Auswahl): «Wer nicht kämpft, hat schon verloren – Willi Bleicher: Widerstandskämpfer und Arbeiterführer», 2007; «Versuch über Josef Mengele», SWR, 1999; «Das Reichsparteitagsgelände», SWR, 2002. Buchveröffentlichungen (Auswahl): «Wir brauchen kein Denkmal – Willi Bleicher, der Arbeiterführer und seine Erben» (Hg.), Stuttgart 1992. «Sillenbuch und Riedenberg – Zwei Stadtdörfer erzählen aus ihrer Geschichte», Stuttgart 1995.

Ursula Boger, Lehrerin, Enkelin von Wilhelm Boger.

Sigrid Brüggemann, Historikerin; sie begleitet seit Jahren «antifaschistische Stadterkundungen» im Rahmen des Stadtjugendrings. Veröffentlichungen in «Stadterkundungen. Auf den Spuren des Dritten Reiches in Stuttgart», Stuttgart 2006; Baumgartner, Andreas (Hg.): «Wer widerstand? Biographien von Widerstandskämpferinnen und Widerstandskämpfern aus ganz Europa im KZ Mauthausen», Wien 2008; «Die Verdrängung der jüdischen Künstlerinnen und Künstler aus dem Stuttgarter Theater- und Musikleben durch die Nationalsozialisten», Stuttgart 2008; «Tatort Dorotheenstraße», Stuttgart 2009; «Die Geheime Staatspolizei in Württemberg und Hohenzollern», Stuttgart 2018; «Auf den Spuren jüdischen Lebens – Sieben Streifzüge durch Stuttgart», Stuttgart 2019.

Fritz Endemann, Jurist, Verwaltungsrichter im Ruhestand, Initiator des Mahnmals für die Opfer der NS-Justiz am Landgericht Stuttgart. Publikationen zur juristischen Zeitgeschichte, über die Nationalsozialistische Strafjustiz in Stuttgart in Schwäbische Heimat 4/1991.

Jochen Faber, Inhaber einer Werbeagentur, Filmemacher. Filme (Auswahl): «Das Geheimnis der Orangenkisten – Ludwigsburg und die Zentrale Stelle zur Aufklärung von NS-Verbrechen», 2009.

Thomas Faltin, Historiker, stellvertretender Leiter der Lokalredaktion der Stuttgarter Zeitung. Co-Autor von «Im Angesicht des Todes: Das KZ-Außenlager Echterdingen 1944/1945 und der Leidensweg der 600 Häftlinge», Filderstadt 2008.

Peter Grohmann, Autor, Verleger, Kabarettist, Gründer und Koordinator des Bürgerprojekts AnStifter – InterCulturelle Initiativen, das unter vielen anderen Aktivitäten jährlich den Stuttgarter Friedenspreis verleiht.

Gerhard Hiller †, Oberamtsrat im Ruhestand, Stolperstein-Initiative Stuttgart-Ost. Veröffentlichung: «Der Fall Adolf Gerst: Protokoll eines politischen Mordes» (zusammen mit Guillermo Aparicio), in «Stuttgarter Stolpersteine, Spuren vergessener Nachbarn», Filderstadt 2006.

Gebhard Klehr, Architekt, Stolperstein-Initiative Stuttgart-Mitte.

Janka Kluge, Hörfunkjournalistin, Autorin; sie begleitet seit Jahren «antifaschistische Stadterkundungen» im Rahmen des Stadtjugendrings. Mitarbeiterin der Vereinigung der Verfolgten des Naziregimes/Bund der Antifaschisten. Mitautorin von «Tatort Dorotheenstraße», Stuttgart 2009.

Lothar Letsche, Historiker und Übersetzer. Veröffentlichung: «Lilo Herrmann. Eine Stuttgarter Widerstandskämpferin» (zusammen mit Gertrud Traub), Hg.: Vereinigung der Verfolgten des Naziregimes/Bund der Antifaschisten, 2. Auflage, Stuttgart 1993.

Malte Ludin, Autor und Filmemacher (Regie, Drehbuch und Produktion). Filme (Auswahl): «Zwei oder drei Dinge, die ich von ihm weiß», 2005, eine Dokumentation über seinen Vater Hanns Ludin; «Als die Panzer kamen», MDR 2008; «Kein Untertan – Wolfgang Staudte und seine Filme», ZDF 1977. Buchveröffentlichungen (Auswahl): «Zwei oder drei Dinge, die ich von ihm weiß – Was ich schon immer über meinen Vater wissen wollte, mich aber nicht zu fragen traute», in Zuflucht Zürich – Fluchtpunkt Poesie, 8. Else-Lasker-Schüler-Almanach (Hg. Hajo Jahn), Wuppertal 2007; «Wolfgang Staudte, eine Monographie», Hamburg 1996.

Roland Maier, Historiker, begleitet seit Jahren «antifaschistische Stadterkundungen» im Rahmen des Stadtjugendrings. Veröffentlichungen in «Stadterkundungen. Auf den Spuren des Dritten Reiches in Stuttgart», Stuttgart 2006; «Die Verdrängung der jüdischen Künstlerinnen und Künstler aus dem Stuttgarter Theater- und Musikleben durch die Nationalsozialisten», Stuttgart 2008; «Tatort Dorotheenstraße», Stuttgart 2009; «Die Geheime Staatspolizei in Württemberg und Hohenzollern», Stuttgart 2018; «Auf den Spuren jüdischen Lebens – Sieben Streifzüge durch Stuttgart», Stuttgart 2019

Karl-Horst Marquart, Arzt am Gesundheitsamt der Landeshauptstadt Stuttgart, Forschung über NS-«Kindereuthanasie» in Stuttgart, Mitglied des deutschlandweiten Arbeitskreises zur Erforschung der nationalsozialistischen «Euthanasie» und Zwangssterilisation, Stolperstein-Initiative Stuttgart-Vaihingen.

Elke Martin, Mitarbeiterin der Stuttgarter Stolperstein-Initiativen, des Recherchenetzes Sinti und Roma und des Arbeitskreises «Euthanasie».

Inge Möller, Bibliothekarin. Mitarbeiterin bei der Stolperstein-Initiative und der Zukunftswerkstatt Stuttgart-Zuffenhausen. Autorin des Beitrags über Eugen Spilger in: «Stuttgarter Stolpersteine, Spuren vergessener Nachbarn», Filderstadt 2006.

Walter Nachtmann, Zeithistoriker und Archivar. Veröffentlichungen (Auswahl): Karl Strölin, Stuttgarter Oberbürgermeister im «Führerstaat», Tübingen 1995;

Gerhard Naser †, Jurist, Leitender Regierungsdirektor im Ruhestand. Veröffentlichung: «Lebenswege Creglinger Juden. Das Pogrom von 1933. Der schwierige Umgang mit der Vergangenheit» (Hg.), 3. Auflage, Bergatreute 2002.

Wolf Ritscher, Diplom-Psychologe, Professor an der Hochschule Esslingen, Co-Leiter des Projekts «Erziehung nach Auschwitz», Geschäftsführer des Vereins «Lebenswerk Käthe Loewenthal», Mitglied im Stiftungsrat der Internationalen Jugendbegegnungsstätte Auschwitz/Oswiecim. Veröffentlichungen (Auswahl): «Stolpersteine stoßen an. Ein öffentlicher Dialog», in «Stuttgarter Stolpersteine, Spuren vergessener Nachbarn», Filderstadt 2006.

Franka Rößner, Historikerin, Mitarbeiterin der Gedenkstätte Grafeneck.

Marc Schieferecke, Redakteur, Leiter der Redaktion «Blick vom Fernsehturm», eines Lokalteils der Stuttgarter Zeitung und der Stuttgarter Nachrichten.

Katrin Seybold †, Filmemacherin (Regie, Drehbuch und Produktion). Filme (Auswahl): «Die Widerständigen – Zeugen der Weißen Rose», 2008; «Nein! Zeugen des Widerstandes in München 1933–1945», 1998; «Mut ohne Befehl – Widerstand und Verfolgung in Stuttgart 1933–1945», 1994; «Das falsche Wort – Wiedergutmachung an Zigeunern (Sinte) in Deutschland», 1987.

Harald Stingele, Psychologe, Stolperstein-Initiative Stuttgart-Ost und Koordination Stuttgarter Stolperstein-Initiativen, Herausgeber und Autor von «Stuttgarter Stolpersteine, Spuren vergessener Nachbarn», Filderstadt 2006.

Thomas Stöckle, Historiker, Leiter der Gedenkstätte Grafeneck. Veröffentlichungen (Auswahl): «Grafeneck 1940: Die Euthanasie-Verbrechen in Südwestdeutschland», Tübingen 2002; «Die ‹Aktion T4›: Die ‹Vernichtung lebensunwerten Lebens› in den Jahren 1940/41 und die Heilanstalt Christophsbad in Göppingen», Göppingen 1998.

Martin Ulmer, Kulturwissenschaftler und Historiker. Freiberufliche wissenschaftliche Tätigkeit für das Yad-Vashem-Archiv in Jerusalem, Ausstellungskurator zur Geschichte des Jüdischen Zwangsaltenheims Eschenau 1941/1942. Veröffentlichung: «Antisemitismus in Stuttgart im Kaiserreich und Weimarer Republik», Stuttgart 2010.; «Simon Schocken. Jüdischer Kaufhauspionier – Philantrop – Gestalter», Stuttgart 2020.

Ulrich Viehöver, Wirtschaftsjournalist und Buchautor. Veröffentlichungen (Auswahl): «Der Porsche-Chef Wendelin Wiedeking – mit Ecken und Kanten an die Spitze», Frankfurt/Main 2003; «Die Einflussreichen; Henkel, Otto und Co. – Wer in Deutschland die Macht hat», Frankfurt/Main 2006.

Josefine Vogl †, Rentnerin. Mitautorin des Buches «Der jüdische Frisör – Auf Spurensuche in Stuttgart-Ost», Tübingen 1992; Veröffentlichungen in der «Stuttgarter Osten Lokalzeitung»: Porträts über emigrierte Stuttgarter Jüdinnen sowie Recherchen zur NS-Geschichte in Gablenberg.

Bernhard Völker, Oberstudienrat (Latein, Französisch und Geschichte) im Ruhestand.

Ulrich Weitz, Kunsthistoriker. Veröffentlichungen (Auswahl): «Das Bild befindet sich in Schutzhaft». Der Konservator von der SS – Graf Klaus von Baudissin, in: Karlheinz Fuchs (Hg.): Ausstellungskatalog «Stuttgart im Dritten Reich: Anpassung, Widerstand, Verfolgung: Die Jahre von 1933 bis 1939», Stuttgart 1984.

Birgit Wörner, Historikerin und Verlagsbuchhändlerin. Veröffentlichungen: Konzentrationslager und Zwangsarbeit in Leonberg (Beiträge zur Stadtgeschichte, Band 8), Leonberg 2001 (Hg. zusammen mit Joachim Baur).

Dritte, erweiterte Auflage

Tina Fuchs, SWR-Fernseh- und Hörfunkjournalistin. Autorin mehrerer ARD-Fernseh-Dokumentationen. Fuchs hat 2020 damit begonnen für den SWR den Fall Danziger zu recherchieren.

Io Josefine Geib, hat an der Goethe-Universität Geschichte mit Schwerpunkt Holocaustforschung studiert. In ihrer Masterarbeit untersucht sie die Razzia der deutschen Polizei im jüdischen DP-Camp in der Stuttgarter Reinsburgstraße. Zuvor hat sie an der École des Hautes Études en Sciences Sociales (EHESS) in Paris bereits einen ersten Master abgeschlossen und zur Entwicklung des modernen Antisemitismus in Deutschland und Frankreich geforscht.

Eberhard Reuß, SWR-Fernseh- und Hörfunkjournalist. Autor der ARD-Filmdokumentation «Der Mann hinter Porsche – Adolf Rosenberger» (2019). Zusammen mit Gottlob Schober Autor des ARD-Beitrags «Verdrängte Porsche-Geschichte: Warum musste der Jude Adolf Rosenberger das Unternehmen verlassen?» («Report Mainz», 2017). Autor des Buches «Hitlers Rennschlachten. Die Silberpfeile unterm Hakenkreuz» (2006; englische Übersetzung 2008) und der gleichnamigen SWR-Fernsehdokumentation (2009).

Dankeschön

Dieses Buch ist das Ergebnis der monatelangen Arbeit von dreißig Autorinnen und Autoren. Da es keinerlei staatliche Unterstützung gab, haben sie bei der ersten Auflage auf ein Honorar verzichtet. Sie sind damit die mit Abstand größten «Sponsoren» des Projekts. Ihnen gilt deshalb mein größter Dank.

Unterstützt hat das Buch auch Martin Frischauf von der Stuttgarter Firma Schwabenrepro. Schwabenrepro hat sämtliche Arbeiten für die 1. Auflage im Bereich der Druckvorstufen übernommen und dies kostenlos.

Für Fördergelder bedanken wir uns bei Susi Seydelmann, beim Bürgerprojekt «Die Anstifter», bei der Geschichtswerkstatt Stuttgart-Nord, der Gewerkschaft ver.di (Bezirk Stuttgart) und der Regionalgruppe Baden-Württemberg der Vereinigung «Gegen Vergessen – Für Demokratie».

Unser Dank gilt den vielen Helfern der Autorinnen und Autoren. Stellvertretend genannt seien Ellen Breitling, Gerhard Dürr, Stephan M. Janker, Erhard Lange, Werner Rees und Maria Reif.

Unterstützt haben uns auch etliche Archivare und Archivarinnen. Auf Wunsch einiger Autoren bedanken wir uns insbesondere bei Anna und Michaela Mingoia vom Staatsarchiv Ludwigsburg, bei Doris Seyboth und Lena Neh vom Stadtarchiv Stuttgart, bei Bernadette Gramm vom Stadtarchiv Leonberg sowie bei Dorothea Besch und Jakob Eisler vom Landeskirchlichen Archiv Stuttgart.

Ich bedanke mich bei Elke Martin für ihre Recherchen, vor allem bei der Fotosuche, bei den Lektorinnen Isolde Bacher und Barbara Hammerschmitt für ihre sachkundige und geduldige Arbeit sowie bei Martin Frischauf und Stephanie Hofer für die professionelle und unkomplizierte Erstellung sämtlicher Druckvorstufen.

Und zuletzt gilt mein Dank den Stuttgarter Stolperstein-Initiativen, auf deren Anregung hin das Buch entstanden ist. Gerhard Hiller und Harald Stingele haben die Arbeit bis hin zum Vertrieb immer wieder unterstützt.

Hermann G. Abmayr

Hermann G. Abmayr

Vorwort zur dritten, erweiterten Ausgabe
Das Buchprojekt «Stuttgarter NS-Täter»

Womöglich würde es ohne das Stolperstein-Projekt des Kölner Künstlers Gunter Demnig dieses Buch nicht geben. Demnigs Idee hat in vielen Orten Deutschlands – und mittlerweile Europas – beachtliche Energien freigesetzt, sich mit der NS-Vergangenheit auseinanderzusetzen. Offensichtlich hatten viele Menschen geradezu darauf gewartet. Auch in Stuttgart, wo die Stolperstein-Gruppen wesentlich dazu beigetragen haben, dass das Thema Nationalsozialismus endlich als ein Thema der Stadt und ihrer Bewohner erkannt wird. Mit den 10 x 10 x 10 cm großen Steinen wurde deutlich, dass viele Opfer des Nazi-Regimes unsere Nachbarn waren, dass sie in unseren Vierteln, in unseren Straßen wohnten oder arbeiteten und dass sie Familien und Freunde hier hatten.[1]

Hunderte Steine haben die Stuttgarter Stadtteilinitiativen seit 2003 zusammen mit Gunter Demnig auf Gehwegen und Straßen verlegt. Versehen mit einer Messingplatte auf der Oberfläche, in die der Name eingraviert ist, das Geburtsdatum, der Todestag und der Todesort. So wird vor dem letzten Wohnort der Opfer eine Spur hinterlassen, eine Spur, die an ermordete Stuttgarter Juden erinnert, an ermordete Sinti, Behinderte, psychisch Kranke, Zeugen Jehovas oder hingerichtete Deserteure, Nazigegner und Widerstandskämpfer.

Bei den Recherchen über die NS-Opfer sind die Mitglieder der Initiativen immer wieder auf Namen von Stuttgartern gestoßen, die auf die eine oder andere Weise in die Verbrechen des NS-Regimes verstrickt waren. So stieß Harald Stingele, ein langjähriger Angestellter des Stuttgarter Jugendamts, auf den Fürsorgebeamten Karl Mailänder. Der Name ist ihm bei den Recherchen über die Ermordung der Geschwister Kurz, vier Sinti-Kinder aus Stuttgart-Bad Cannstatt, begegnet. Und Oberamtsrat Gerhard Hiller fragte sich, wer Eugen Notter war. Notter hatte in der Nazizeit ein Haus übernommen, vor dem heute mehrere Stolpersteine für ermordete Juden liegen. Kannte Notter die Bewohner des Hauses? War er ein Profiteur der «Arisierung»? Und wenn ja, was hat er gewusst, was getan, um das Haus zu bekommen? Die Recherchen ergaben, dass Notter ein brauner Arbeiterführer war und im Gemeinderat saß. Doch in Stuttgart war der Fall fast völlig unbekannt.

Seit 2006 diskutierten die Initiativen darüber, ob es nicht wichtig wäre, die Bevölkerung endlich damit zu konfrontieren, dass es in ihrer Nachbarschaft auch NS-Täter gab. Das Land Baden-Württemberg und die Stadt Stuttgart haben sich mit der Nazi-Geschichte in den Nachkriegsjahrzehnten oft sehr schwergetan. So gab es – im Gegensatz beispielsweise zu Köln – keinen Ort, an dem die Verbrechen der Geheimen Staatspolizei (Gestapo) gezeigt worden wären. Im Gegenteil: Die schwarz-gelbe Landesregierung unter Ministerpräsident Stefan Mappus wollte das ehemalige «Hotel Silber», in dem die Gestapo für Württemberg und Hohenzollern ihre Zentrale hatte, (zusammen mit etlichen Nachbargebäuden) abreißen. Man wollte dort gemeinsam mit der Kaufhaus-Kette Breuninger einen hochwertigen Gebäudekomplex mit Büros für Ministerien, einem Luxushotel und etlichen gehobenen Geschäften errichten. Auch die meisten Stuttgarter Gemeinderäte befürworteten den Plan – bis hin zu den Sozialdemokraten und den Grünen.

Einer der wichtigsten noch existierenden «authentischen Orte» sollte damit verschwinden. Ein Gebäude, das auch Kontinuitäten widerspiegeln konnte, denn dort waren bereits vor 1933 Polizeieinheiten untergebracht und ab 1945 wieder. Die Beamten im «Hotel Silber» hatten in diesen drei Epochen zum Teil die gleichen Gruppen kriminalisiert, wenn auch in unterschiedlicher Intensität. Das galt für Homosexuelle, Sinti und Roma und Frauen, die unter «Abtreibungsverdacht» standen. Auch für Kommunisten und andere Linke, die im «Hotel Silber» in der Zeit der jungen Bundesrepublik manchmal erneut mit den Peinigern aus der NS-Zeit konfrontiert waren. Doch mit diesen Fragen wollte sich die Stadt nicht auseinandersetzen.

Die Abriss-Gegner schlossen sich deshalb in der Initiative «Lern- und Gedenkort Hotel Silber» zusammen.[2] Als einer der Sprecher fungierte Harald Stingele, der zusammen mit Werner Schmidt die Stuttgarter Stolperstein-Gruppen koordinierte.[3] Das Ziel: ein integrierter Gedenk-, Lern-, Dokumentations- und Forschungsort, ähnlich wie das EL-DE-Haus, das Kölner NS-Dokumentationszentrum. Es gab zahlreiche Aktionen für die Erhaltung des «Hotel Silber» sowie Unterstützung aus dem In- und Ausland. Und der Künstler Gunter Demnig rief dazu auf, einen Abriss gegebenenfalls mit einer Besetzung zu stoppen. Auch unser Buch über die Stuttgarter NS-Täter, in dem Sigrid Brüggemann und Roland Maier fünf Gestapo-Männer und Amtsträger vorstellten, das ein Jahr nach Gründung der Initiative erschienen war, wurde als Beitrag in der Auseinandersetzung über die Zukunft des Gebäudes verstanden.

Im Gemeinderat unterstützten zunächst nur die Gruppe «Stuttgart Ökologisch Sozial» (SÖS) und die Linke die Initiative. Im Herbst 2010 sprach sich erstmals auch die Stuttgarter SPD für einen vollständigen Erhalt aus. Innerhalb der Grünen, die seit 2009 die stärkste Rathausfraktion stellten, gab es heftige Auseinandersetzungen zum Thema. Die Parteibasis setzte im Dezember 2010 eine außerordentliche Kreismitgliederversammlung durch, bei der die Mehrheit zumindest für den Erhalt des Ostflügels stimmte. Und zwar gegen das Votum der Führung der grünen Gemeinderatsfraktion unter Werner Wölfle und Muhterem Aras sowie ihres kulturpolitischen Sprechers Michael Kienzle. Erst die Landespolitik bzw. die Landtagswahl 2011 brachte die Wende: Bei den Koalitionsverhandlungen haben Grüne und SPD den Erhalt des Gebäudes und die Einrichtung eines Lern- und Gedenkortes vereinbart.

Doch es hat viele Jahre gedauert, bis dann Ende 2018 in einem Teil des Gebäudes eine Dauerausstellung eröffnet werden konnte. Thema: Polizei und Verfolgung, und zwar nicht nur in der Nazi-Zeit, sondern in den Jahren 1928 bis 1984, in jenen Jahren also, in denen das Gebäude der Polizei gedient hatte. So bestand die Möglichkeit, Kontinuitäten darzustellen.

Das Projekt verantworten das Land Baden-Württemberg, dem die Immobilie gehört, und die Stadt Stuttgart. Die Trägerschaft erhielt das Haus der Geschichte Baden-Württemberg. Und nach langen Verhandlungen setzte die Initiative Lern- und Gedenkort Hotel Silber e.V. durch, dass sie in allen Gremien des Projekts institutionell verankert wird. Auch die Dauerausstellung wurde zusammen mit der Initiative entwickelt – in oft kontroversen Auseinandersetzungen, wie beide Seiten immer wieder berichtet haben. So entstand ein in dieser Art bisher einmaliges Museumsprojekt mit Bürgerbeteiligung.

Teilweise konnten die haupt- und ehrenamtlichen Ausstellungsmacher des «Hotel Silber» auf die Recherchen des Stuttgarter NS-Täter-Buches zurückgreifen. Während der Betrieb des «Hotel Silber» aber von Stadt und Land finanziert wird, musste unser Buch ohne öffentliche Gelder auskommen. Die Initiatoren hatten sich bewusst gegen entsprechende Anträge entschieden, denn wir gingen davon aus, dass die Verfahren hinausgezögert würden und ganz oder nahezu ganz erfolglos geblieben wären. Außer ein paar Kleinspenden gab es deshalb keine Unterstützung.[4] Den Autorinnen Autoren konnte nur ein sehr geringes Honorar bezahlt werden.

Im Gegensatz zu Publikationen über die NS-Opfer wollte aber niemand unter den Aktiven der Stolperstein-Gruppen das Täter-Buch herausgeben. Diese Aufgabe habe ich dann auf Bitte von Gerhard Hiller und Harald Stingele 2008 übernommen. Schließlich fanden sich dreißig Autorinnen und Autoren, die einen oder mehrere Beiträge für das Buch verfassten. Leute mit und ohne Studium. Historiker und historisch interessierte Mitglieder der Stolpersteininitiativen, berufsmäßige Schreiber und solche, die mit Schreiben kein Geld verdienen oder selten eigene Texte veröffentlicht hatten.

Bedingung für die Teilnahme am Projekt war nicht ein abgeschlossenes Geschichtsstudium oder eine ähnliche akademische Qualifikation. Denn wenn die Menschen aus der Geschichte lernen wollen, muss man diesen Lernprozess breit verankern, muss man möglichst viele einbeziehen. So auch der Ansatz der Stolperstein-Initiativen, denen es darauf ankommt, alle Menschen vor Ort mit unserer Geschichte zu konfrontieren. Dies haben mit einer Ausnahme alle angesprochenen Historiker akzeptiert. Nur ein promovierter Zeitgeschichtler hatte Angst davor, «seinen guten Nahmen aufs Spiel zu setzen», wenn er in einem Buch zusammen mit Autoren publizierte, die Architektur, Psychologie, Jura oder gar nichts studiert hatten.

Die Beiträge des Buches zeigen: NS-Täter zu werden, das war kein «Naturgesetz». Die beiden KZ-Aufseher Wilhelm Boger (KZ Auschwitz) und René Romann (KZ Echterdingen) sind nach dem Krieg verurteilt worden. Der aus Stuttgart stammende Boger war ein Folterer, ein Sadist. Doch es gab auch Ausnahmen. Etwa den KZ-Arzt Hans Münch (Auschwitz), der nach der Befreiung bei einem Prozess in Krakau freigesprochen worden war. Oder den KZ-Aufseher Erwin Dold. Ein französisches Militärtribunal in Rastatt hatte ihn 1947 für unschuldig gehalten. Die Urteile stützten sich in beiden Fällen auf die Aussagen ehemaliger Häftlinge. Jeder Fall musste also auch für unser Buch gründlich recherchiert werden.

Wir orientierten uns an einem Satz des Schriftstellers Primo Levi. Der Holocaust-Überlebende schrieb: «Es gibt Ungeheuer, aber es sind zu wenige, als dass sie wirklich gefährlich werden könnten. Wer gefährlicher ist, das sind die normalen Menschen.» Wir wollten uns also nicht mit der These begnügen, dass die Täter Sadisten oder lediglich Befehlsempfänger und Schreibtischtäter waren, denn es gab (und gibt) keinen homogenen Tätertyp. Das Spektrum der Männer, denen wir uns anzunähern versuchten, ist groß. Es reicht vom Mitläufer bis zum Massenmörder, wie es im Untertitel des Buches heißt.

In den 38 Personen-Kapiteln (der ersten beiden Ausgaben) stellen wir 45 Täter ausführlich vor – zum Teil in Doppelporträts. Die beiden Richter-Kapitel enthalten außerdem eine Aufstellung von zwölf «Rasseschande»- und Sonderrichtern und deren Urteile. Und im Kapitel über die braune Rathausspitze – siehe dazu das Umschlag-Foto dieses Buches sowie das entsprechende Kapitel – zählen wir eine ganze Reihe von Nazis auf, ohne sie näher zu beschreiben.

Über Ferdinand Porsche (und seinen Sohn Ferry) gab es bis zum Erscheinen unseres Buches zwar einige Veröffentlichungen, aber die bezogen sich vor allem auf den «genialen Ingenieur» und das Volkswagen-Projekt. Dazu sei vor allem auf das Standardwerk «Das Volkswagenwerk und seine Arbeiter» von Wolfgang Mommsen und Manfred Grieger verwiesen. Über das Wirken des Porsche-Piëch-Clans während der Nazizeit in Stuttgart war bis zum Erscheinen unseres Buches allerdings wenig bekannt.

Ulrich Viehöver konnte in seinem Beitrag erstmals die Wege der Porsche-Millionen nachzeichnen, die während der Nazizeit angehäuft worden waren. Und er enthüllte, dass der Clan noch kurz vor Kriegsende so viel Geld abgezwackt und nach Österreich transferiert hatte, dass die Firma in Stuttgart-Zuffenhausen weder Lieferanten noch Löhne bezahlen konnte. Viehöver machte auch Schluss mit der Legende, Porsche in Zuffenhausen sei nur ein Konstruktionsbüro mit angeschlossener Werkstatt gewesen. Nein, Porsche ist während der NS-Zeit sprunghaft gewachsen und beschäftigte 1944 über sechshundert Männer und Frauen, im Laufe der letzten Kriegsjahre auch mehrere Hundert Zwangsarbeiter.

«Die Firma Porsche hat zwar viel Geld für das neue Museum in Zuffenhausen ausgegeben», habe ich im Vorwort zur ersten Auflage geschrieben, «doch eine kritische Untersuchung der eigenen NS-Geschichte steht noch immer aus.» Diese Frage mussten sich die Familie und das Unternehmen nach Erscheinen des Buches (und zahlreicher Medienberichte) stellen. Dieter Landenberger, der damalige Leiter des Porsche-Archivs, erklärte schließlich gegenüber der israelischen Tageszeitung Haaretz, «dass das Unternehmen die neuen Erkenntnisse mit der gebotenen Ernsthaftigkeit behandeln und noch in diesem Jahr eine umfassende externe historische Studie in Auftrag geben wird».[5]

Bis zur Auftragsvergabe vergingen zwar noch Jahre, aber dann bekam Professor Wolfram Pyta den Zuschlag, der Leiter der Abteilung für Neuere Geschichte am Historischen Institut der Universität Stuttgart, der seit 2001 zugleich Direktor der Forschungsstelle Ludwigsburg ist, die sich der Erforschung der NS-Verbrechensgeschichte widmet. Zusammen mit Nils Havemann und Jutta Braun hat Pyta 2017 ein 505 Seiten starkes Buch vorgelegt. Titel: «Porsche – Vom Konstruktionsbüro zur Weltmarke». Pyta selbst hat nach eigenen Angaben neun Zehntel des Textes beigesteuert, zwei Jahre an dem Buch gearbeitet und dabei auch in ausländischen Archiven geforscht.

Porsche hat das Projekt gesponsert. Das Budget: rund 300.000 Euro. Man habe aber keinerlei Einfluss auf den «Prozess der Erkenntnisgewinnung» genommen, bekräftigte Achim Stejskal, der bei Porsche für die Kooperation zuständig war und das Porsche-Museum und die historische Öffentlichkeitsarbeit der Firma leitet.

Schon kurz nach Erscheinen des Pyta-Buches hat der SWR-Redakteur Eberhard Reuß nachgewiesen, dass der Stuttgarter Geschichtswissenschaftler eine wichtige Quelle nicht beachtet hatte, von deren Existenz er wusste: die komplette Hinterlassenschaft von Adolf Rosenberger in den USA. Dabei gehörte der erfolgreiche Pforzheimer Geschäftsmann (und Rennfahrer) Rosenberger zusammen mit Ferdinand Porsche und Anton Piëch zu den Gründern der Porsche GmbH. Doch in der NS-Zeit wird er aus dem Unternehmen gedrängt. Man hätte «sich meiner Mitgliedschaft als Jude bedient, um mich billig loszuwerden», erklärte Rosenberger später.

Unser Autor Ulrich Viehöver wusste um die Existenz des Rosenberger-Nachlasses noch nicht. Trotzdem ist es ihm gelungen, unter anderem über Akten des «Amtes für Vermögenskontrolle» nachzuweisen, dass die Legenden über Rosenbergers Ausscheiden bei Porsche nicht stimmen konnten. Deshalb habe ich Eberhard Reuß gebeten, ein ergänzendes Porsche-Kapitel zu schreiben. Siehe *Porsche II – «Man muss von Arisierung sprechen»: Der Fall Adolf Rosenberger.*[6]

Wolfram Pyta hat nach Erscheinen seines Porsche-Buches ein außergewöhnliches «Geschenk» erhalten: Die Porsche AG spendete seinem Institut eine Professur für Unternehmensgeschichte. Jährlich einen sechsstelligen Betrag – zehn Jahre lang, eine «bundesweit einmaligen Sache», wie sich der Stuttgarter Unirektor Wolfram Ressel freute.[7]

Diese Art von Zusammenarbeit stieß prompt auf Kritik. Der damalige Chefredakteur der Online-Wochenzeitung Kontext, Josef-Otto Freudenreich, schrieb über «Die Porsche-Professur»: «Alle sollen denken, dass das nur der Wissenschaft dient.» Der Rektor der Uni Stuttgart glaube das genauso wie die grüne Wissenschaftsministerin Theresia Bauer. Pyta beschreibe Porsche als «politischen Konjunkturritter». Das sei «harmlos formuliert, wenn man die Arbeit von Ulrich Viehöver als Vergleich heranzieht, der die Legende vom unpolitischen Techniker bereits 2009 entlarvt hat, ohne bei Pyta Erwähnung zu finden». Viehöver habe damals «als erster nachgewiesen, dass die Nähe von Porsche zu den Nazis viel enger war als bis dahin zugegeben». Tatsächlich hatte Pyta das Porsche-Kapitel von Ulrich Viehöver, dem er in gewisser Weise seinen lukrativen Auftrag zu verdanken hatte, an keiner Stelle erwähnt. Einem Doktoranden hätte man dafür wohl die Arbeit zurückgegeben.

Auch Professor Wolfgang Benz, lange Jahre Leiter des Berliner Zentrums für Antisemitismusforschung, hat sich kritisch zur Zusammenarbeit von Pyta und Porsche geäußert. Ebenso Manfred Grieger, bis 2016 Chefhistoriker der Volkswagen AG und seit 2018 Professor an der Georg-August-Universität Göttingen.[8] Er wirft Pyta vor, eine zum Teil «allzu wohlwollend-positive Bewertung» der frühen Porsche-Geschichte verfasst zu haben. Er habe «entlastende Spekulationen» und «unzulässige Fehldeutungen» verbreitet oder Vermutungen als Gewissheiten ausgegeben. Die beiden letzten Begegnungen Ferdinand Porsches mit Gauleiter Friedrich Rainer Mitte April 1945 in Kärnten habe der Stuttgarter Historiker einfach «unter den Tisch fallen lassen». Das Pyta-Buch habe zudem die Verdrängung Rosenbergers aus dem Unternehmen verharmlosend dargestellt. Außerdem widerspreche es trotz bestehender Belege der Bewertung, «dass die im April 1945 von Anton Piëch nach Zell am See transferierten Vermögenswerte der Volkswagenwerk GmbH den Porsche-Unternehmen einverleibt wurden». Insoweit gehöre das Pyta-Werk ins Reich der «von Unternehmen finanzierten hybriden Professorenprodukte mit Marketingwirkung».[9]

Neben dem Kapitel *Porsche II* enthält die dritten Auflage unseres NS-Täter-Buches ein weiteres neues Kapitel, das wir, weil es um eine Tat im Jahr 1946 geht, an den Schluss gesetzt haben. Darin befassen sich Io Josefine Geib und Tina Fuchs mit einem Fall aus der Nachkriegszeit, dem Tod von Shmuel Dancyger (deutsch Samuel Danziger), den ein Jahr nach Kriegsende eine Kugel der Stuttgarter Polizei traf. Ein Jude aus Polen, der das Vernichtungslager Auschwitz überlebt hatte. Mit diesem Kapitel wollen wir zeigen, dass das Ende des Zweiten Weltkrieges und die Befreiung Europas vom NS-Terror noch lange nicht das Ende war von Ausländerfeindlichkeit und Antisemitismus, nicht das Ende der Verfolgung von Minderheiten oder von Übergriffen der Polizei, in der es auch 1946 noch starke juden- und polenfeindliche Tendenzen gab. Schließlich gehörten die Polen in der NS-Rassenideologie zu den «slawischen Untermenschen». Auch dafür steht der Fall Dancyger in diesem Buch, der in Stuttgart Jahrzehnte lang kaum bekannt war.

So hatte Stadtarchivar Hermann Vietzen in der 1971 erschienenen offiziellen «Chronik der Stadt Stuttgart» für die Jahre 1945 bis 1948 beklagt, dass die deutsche Schutzpolizei «gegenüber Ausländern, auf die ein erheblicher Anteil der schweren Straftaten entfiel, keine Befugnisse hatte». In diesem Zusammenhang verwies er auf «drei Großrazzien in Verschlepptenlagern»

– gemeint sind Quartiere sogenannter Displaced Persons (DP) – doch kein Wort zum Tod von Shmuel Dancyger oder gar zum Todesschützen.

Die Identität des Polizisten sei ungeklärt, heißt es bis heute. Seit 2018, über siebzig Jahre nach dem tödlichen Schuss, erinnert in der Oberen Reinsburgstraße im Stuttgarter Westen eine kleine graue Stele an den Tod des Auschwitz-Überlebenden aus Polen. «Der Todesschütze wurde nie ermittelt», ist dort zu lesen. Nach den Recherchen unserer Autorinnen hätten die Verantwortlichen besser geschrieben: «Der Todesschütze wurde nie ernsthaft gesucht.» Auch in den Jahrzehnten nach dem Übergriff der Stuttgarter Polizei. Jetzt nennen Josefine Geib und Tina Fuchs erstmals den Namen des mutmaßlichen Schützen. Doch es bleiben Fragen offen. Weitere Forschungen wären dringend nötig.

Mit Ausnahme von Ferdinand Porsche waren die meisten der in diesem Buch vorgestellten NS-Täter der Öffentlichkeit nicht bekannt; viele waren noch nie genannt worden. Sie waren Richter, Ärzte, Unternehmer oder Gemeinderäte, Gestapo-Leute, KZ-Aufseher oder Denunzianten. Mitglieder der NSDAP, aber auch einige Nicht-Mitglieder. Straftäter, die verurteilt wurden, und Täter, die sich nie vor einem Gericht rechtfertigen mussten. Ihre Taten waren – unabhängig davon, wie man sie rechtlich beurteilen mag – immer auch politische. Sie haben den zwölf Jahre dauernden Terror des NS-Regimes dadurch ermöglicht, dass sie mitgemacht haben – als Verkünder rassistischer Theorien, als gläubige Partei-Mitglieder, als von den Nazis ernannte Gemeinderäte, der Karriere oder sonstiger Vorteile wegen oder, oder, oder. Dieser breite Täterbegriff ist vor und nach dem Erscheinen des Buches innerhalb der Stolperstein-Initiativen immer wieder diskutiert und nach meinem Eindruck zumindest mehrheitlich akzeptiert worden.

Vorgestellt haben wir das Buch am 4. Oktober 2009 mit einer Lesung im Stuttgarter Schauspielhaus und später bei Lesungen in Stadtteilen, aber auch außerhalb Stuttgarts.[10] Die Startauflage in Höhe von 5.000 war schnell vergriffen, das Medienecho groß. Die örtlichen Tageszeitungen haben mehrfach berichtet, auch der Hörfunk und überregionale Zeitungen, Zeitschriften oder Fachpublikationen. Verbreitet wurde das von mir verlegte Buch über die Stolpersteininitiativen und über den eigenen Internet-Auftritt.[11] Den Buchhandel versorgt von Anfang an der Stuttgarter Schmetterling Verlag, bei dem das Buch als Lizenzausgabe erschienen ist.

Schon vor dem Erscheinen des Buches hat die Tochter des Sonderrichters Hermann Cuhorst versucht, über ihren Anwalt Einfluss auf das Kapitel zu nehmen. Der Anwalt gehörte zu diesem Zeitpunkt einer rechtsextremen Partei an. Er war deren stellvertretender Vorsitzender. Wir haben seinen Brief nicht beantwortet. Er meldete sich auch nach dem Erscheinen des Buches nicht mehr.

Ganz anders erging es uns mit dem Kinderarzt Karl Lempp, der in der NS-Zeit für Zwangssterilisierung und Kinder-«Euthanasie» verantwortlich war. Europaweit hatten die Nazis zwischen 1939 und 1945 etwa 300.000 behinderte und psychisch kranke Menschen ermordet, weil ihr Leben angeblich nicht «lebenswert» sei. Sie richteten dazu unter anderem sogenannte «Kinderfachabteilungen» ein, die der Tötung von Kindern und Jugendlichen dienten, die körperlich oder geistig schwer behindert waren. Auch in der Stuttgarter Kinderklinik befand sich eine «Kinderfachabteilung», in der nach den damaligen Recherchen unseres Autors Karl-Horst Marquart mindestens 52 Kinder aus Württemberg ermordet wurden. Andere sind ins hessische Eichberg geschickt worden, um dort umgebracht zu werden. Verantwortlich war Karl Lempp, Leiter des Kinderkrankenhauses und Chef des Gesundheitsamtes.

Doch sein Enkel Volker Lempp, ein Rechtsanwalt, bestritt die Vorwürfe und hat uns aufgefordert, die Verbreitung der entsprechenden Stellen im Lempp-Kapitel einzustellen. Dies wollte er beim Landgericht mit einer einstweiligen Verfügung durchsetzen. Der Schmetterling Verlag hat die Bücher deshalb rasch aus dem Buchhandel zurückgerufen und keine mehr ausgeliefert. Grund: ein Rechtsstreit hätte existenzgefährdend werden können. Wir haben das Buch dagegen weiter über Internet und die Stolperstein-Initiativen verkauft.

Berufen hat sich Volker Lempp unter anderem auf den Geschichtslehrer Rolf Königstein. Er war der einzige Autor, der die Existenz einer «Kinderfachabteilung» im Städtischen Kinderkrankenhaus in Stuttgart geleugnet hat. Publiziert hat Königstein seine Thesen in einer Unterrichtshilfe der Landeszentrale für politische Bildung mit dem Titel «NS-Euthanasie in Baden-Württemberg – Archivpädagogische Anregungen für die gymnasiale Oberstufe».

Doch kurz vor dem Prozesstermin Ende 2009 nahm Volker Lempp seinen Antrag zurück. Das Gericht hatte ihm angeblich signalisiert, dass er keine Erfolgsaussichten hat. Das ursprünglich erwogene Hauptsacheverfahren hat Lempp nie angestrengt. Die Landeszentrale hat die Publikation von Rolf Königstein anschließend nicht mehr verbreitet, aus dem Netz entfernt und später eine größere Menge unseres Buches bestellt. Königstein dagegen bestritt weiter die Verantwortung von Karl Lempp.

Karl-Horst Marquart hat seine Recherchen über Lempp und die Medizinverbrechen der Nazis in Stuttgart fortgesetzt. Die Ergebnisse können nachgelesen werden in seinem 2015 erschienenen Buch «Behandlung empfohlen: NS-Medizinverbrechen an Kindern und Jugendlichen in Stuttgart». Das Lempp-Kapitel in diesem Buch hat er mit zwei weiteren Belegen für die Existenz einer «Kinderfachabteilung» ergänzt.

Zusammen mit dem Arbeitskreis «Euthanasie» der Stuttgarter Stolperstein-Initiativen setzte sich Marquart nach Erscheinen unseres Buches dafür ein, dass in Stuttgart offiziell an die Opfer der «Kindereuthanasie» in der NS-Zeit gedacht wird. Die Stadt und ihr damals zuständiger Bürgermeister Werner Wölfle (Grüne) lehnten dies aber zunächst ab. Am 4. Oktober 2016 wurde schließlich doch eine Informations- und Gedenktafel am Gebäude des ehemaligen Städtischen Kinderkrankenhauses eingeweiht.[12] Außerdem erinnert jetzt das am 13. April 2018 eröffnete «Museum für Stuttgart» im

Stadtpalais daran, dass «mehr als fünfzig behinderte Kinder in Stuttgart während der NS-Zeit mit dem Medikament [Luminal] getötet wurden».[13]

Das Stuttgarter NS-Täter-Buch hat rasch Nachahmer gefunden.[14] Auf Anregung von Gerhard Naser, einem unserer Autoren, wurde 2012 ein vergleichbares Buch in Dresden veröffentlicht.[15] Sigrid Brüggemann und Roland Maier, die beide für unser Buch geschrieben hatten, begannen mit den Recherchen über die Geheime Staatspolizei in Württemberg und Hohenzollern. Ihre Arbeit erschien ebenfalls im Schmetterling Verlag.[16] Und für Ostwürttemberg fand sich eine Autorengruppe um Wolfgang Proske, die über «NS-Belastete in der Ostalb» publizierte, darunter über Erwin Rommel.[17] Proske begründete dann die Reihe «Täter, Helfer, Trittbrettfahrer». Mittlerweile sind zehn Bände entstanden, in denen alle Regionen Baden-Württembergs abgedeckt werden. 127 Autorinnen und Autoren haben in 209 Beiträgen NS-Belastete des Südwest-Staates beschrieben. Der letzte, 2019 erschienene Band befasst sich mit der Region Stuttgart. Inzwischen hat die Reihe die Grenze nach Bayern überschritten. Der elfte Band beschreibt NS-Belastete in Nordschwaben; weitere Bände über das Allgäu, Niederbayern und Mittelfranken sind in Vorbereitung.

Martin Ulmer hat das Breitling-Kapitel aktualisiert. Ansonsten sind bis auf den Nachtrag im Lempp-Kapitel alle Beiträge aus den früheren Auflagen unverändert geblieben, auch die Vorstellung der Autoren/innen. Ergänzt habe ich lediglich den Hinweis auf den Tod von Gerhard Hiller, Gerhard Naser, Katrin Seybold und Josefine Vogel. Hinzugefügt wurden außerdem die Angaben zu Josefine Geib, Tina Fuchs und Eberhard Reuß, die die beiden neuen Kapitel verfasst haben.

Anmerkungen

1. Mittlerweile liegen in Stuttgart über 800 Stolpersteine. Und es werden weitere Verlegungen geplant. Siehe https://www.stolpersteine-stuttgart.de/index.php?docid=436&mid=72
2. Die Initiative ist seit 2012 ein eingetragener Verein. Sie hat ein Büro im Hotel Silber (Else-Josenhans-Straße 3, D-70173 Stuttgart); die Stadt finanziert mittlerweile eine 75-Prozent-Stelle. Siehe http://hotel-silber.org/?page_id=175
3. Harald Stingele hat den Vorsitz im Juni 2021 aufgegeben. Zu seiner Nachfolgerin wurde die Stuttgarter Grünen-Politikerin und ehemalige Landtagsabgeordnete Brigitte Lösch gewählt.
4. Siehe «Dankeschön» auf Seite 13 in diesem Buch.
5. Aderet, Ofer: Haaretz, 11. Oktober 2009
   Zum Medien-Echo auf das Porsche-Kapitel siehe https://www.stuttgarter-ns-taeter.de/
6. Eberhard Reuß hatte die Nahfahren Rosenbergers in den USA besucht und dabei Einsicht in den Nachlass erhalten. Er hat in mehreren Beiträgen für die ARD, das SWR Fernsehen und den Hörfunk über den Fall Rosenberger berichtet.
7. Stuttgarter Zeitung, 10. Oktober 2017
8. Manfred Grieger hatte Volkswagen im Herbst 2016 nach fast 20 Jahren verlassen. Als Auslöser galt ein Streit über Abstimmungsvorgaben für Griegers Arbeit. Der Historiker hatte in einem Fachmagazin eine Studie über die NS-Verstrickungen der Konzern-Tochter Audi als handwerklich mangelhaft und verharmlosend kritisiert. Mehr als 70 Wissenschaftler aus sieben Ländern haben in einer Erklärung gegen seinen Abtritt protestiert. Sie hatten VW vorgeworfen, die wissenschaftliche Freiheit bei der Erforschung der Unternehmensgeschichte eingeschränkt zu haben. Griegers Nachfolger als Chefhistoriker von Volkswagen wurde der Porsche-Historiker Dieter Landenberger. Er hatte sich dafür wohl u. a. mit der Betreuung von Pytas Porsche-Buch qualifiziert.
9. Grieger, Manfred in «Beiträge zur Geschichte des Nationalsozialismus; Bd. 34», Göttingen 2018
10. Die Schauspieler Gabriele Hintermaier und Boris Burgstaller haben am 4. Oktober 2009 im Stuttgarter Schauspielhaus unter der Leitung von Beate Seidel fünf Texte aus diesem Buch gelesen, die in einer Audio-CD dokumentiert werden. Siehe Klinkenberg, Monique (Hrsg.): Stuttgarter NS-Täter (CD), Audio-CD, Schmetterling Verlag Stuttgart 2010.
11. https://www.stuttgarter-ns-taeter.de/
12. Faltin, Thomas: Gedenktafel für ermordete Kinder kommt. Ein Platz am früheren Kinderkrankenhaus wird jetzt gesucht, Stuttgarter Zeitung, 19. Februar 2016, S. 21.
    Hellstern, Michael: Gedenken an NS-Kindereuthanasie, Stuttgarter Amtsblatt, 6. Oktober 2016.
13. Braun, Adrienne: Hallo Schlossplatz, guten Morgen, Stuttgarter Amtsblatt, 13. April 2018, S. 27
14. Ich selbst habe mich später noch einmal mit einem Stuttgarter NS-Täter befasst, dem Gestapo-Mann Alfred Hagenlocher. Er war mitverantwortlich für die Ermordung von Gertrud Lutz (Gruppe Schlotterbeck). Ich habe die Begegnung der Tochter des Täters und der Tochter des Opfers dokumentiert, die etwa gleich alt sind. Filmtitel «Sie kann ja nichts für ihren Vater».
    Siehe https://www.cannstatter-zeitung.de/inhalt.begegnung-zwischen-opfer-und-taeter-kind-in-stuttgart-untertuerkheim-sie-kann-ja-nichts-fuer-ihren-vater.5362dd39-f15d-450a-9e1c-1234394e9b63.html
    DVD-Bestellung unter https://www.hdgbw.de/das-museum/publikationen/shop/
15. Pieper, Christine; Schmeitzner, Mike und Naser, Gerhard (Hrsg.), «Braune Karrieren – Dresdner Täter und Akteure im Nationalsozialismus», Dresden 2012
16. Bauz, Ingrid; Brüggemann, Sigrid; Maier, Roland; Kleinmann, Sarah; Kolata, Jens; Bogen, Ralf, «Die Geheime Staatspolizei in Württemberg und Hohenzollern», Stuttgart 2013
17. Wolfgang Proske (Hrsg.), «Täter, Helfer, Trittbrettfahrer. NS-Belastete in der Ostalb», Ulm 2010

Wolf Ritscher

Einleitung
NS-Täter und -Täterinnen: Eine notwendige Diskussion

Das im Umfeld der Stuttgarter Stolpersteininitiativen entstandene Buch über die NS-Täter und Täterinnen macht uns deutlich, dass die Besinnung auf die Opfer des Nationalsozialismus notwendigerweise auch auf die Täter und Täterinnen verweist. Lange Zeit ist dieser Zusammenhang ignoriert, tabuisiert beziehungsweise wenig thematisiert geblieben. Wenn man sich in Westdeutschland schon mit dem «Dritten Reich»[1] auseinandersetzen musste, dann war es immer noch leichter, sich auf die Opfer und in diesem Zusammenhang auf die «Wiedergutmachung»[2] zu konzentrieren, als sich mit den Tätern und damit mit sich selbst zu beschäftigen.

Im folgenden Text versuche ich, die öffentliche Diskussion zum Täterbegriff zu präzisieren und weiterzuführen, die am 26. März 2009 im Stuttgarter Haus der Geschichte stattfand und zu der Hermann G. Abmayr als Herausgeber des vorliegenden Buchs und die Stuttgarter Stolpersteininitiativen eingeladen hatten. Ich war der Moderator dieser Veranstaltung.

Da man den Blick auf die Täterinnen und Täter nicht ganz vermeiden konnte, war es in den Nachkriegsjahrzehnten funktional, sich möglichst auf die «erste Garde» und die besonders brutalen Schergen des NS-Systems zu beschränken, zum Beispiel auf Oswald Kaduk, Rapportführer im KZ Auschwitz I, auf Maria Mandel, die Lagerführerin im Frauenlager des KZ Auschwitz II (Birkenau), auf den KZ-Arzt Josef Mengele[3] oder auf Kommandeure der Einsatzgruppen und anderer SS-Einheiten, die im Gefolge der Wehrmacht die besetzten Gebiete Europas mit Terror und Mord überzogen hatten.

Diese Fokussierung, einerseits auf die Spitze der nationalsozialistischen Gesellschaftspyramide beziehungsweise besonders skandalträchtige Mordgesellen, andererseits auf die Männer[4], begann schon mit den Nürnberger Prozessen: Im ersten Prozess vom 20. November 1945 bis 1. Oktober 1946 wurden 22 Männer aus der NS-Führungselite[5] für ihre Verbrechen zur Rechenschaft gezogen.

Diese Einschränkung des Blickwinkels geschah nicht zufällig. Sie kam der – für alle Menschen geltenden – Tendenz zur Personalisierung und damit der Individualisierung komplexer Verhältnisse entgegen, die damit übersichtlicher und scheinbar verständlicher werden. Sie ermöglichte aber auch den meisten Deutschen, sich als nicht verantwortlich für die Schrecken des NS-Terrors, des Zweiten Weltkriegs, des Völkermords zu erklären: Das waren «die da oben» und nicht die «normalen» Deutschen, die als «einfache Leute» keinen Einfluss auf die Politik hatten. Sie waren dadurch nicht mehr Teil des Systems, das so viel Unglück über Millionen von Menschen gebracht hatte. Aus psychologischer Perspektive war es auch eine gute Möglichkeit, nicht über den persönlichen Beitrag zum «Dritten Reich» und dessen Alltag nachdenken zu müssen.[6] In diesem Zusammenhang geht es also um den von der Psychoanalyse beschriebenen Prozess der Projektion, durch den man sich von den eigenen Schattenseiten entlastet, indem man sie bei den sich freundlicherweise dafür zur Verfügung stellenden bösen Anderen unterbringt (vgl. Freud 1975).

In Westdeutschland insgesamt ermöglichte diese Vorgehensweise schon bald einen «Schlussstrich» nach dem Motto: Die Täter sind abgeurteilt oder tot und wir fangen jetzt ganz neu an.[7] Dass dieser Neuanfang keiner war, zeigen zum einen die personellen Kontinuitäten in allen Bereichen der bundesrepublikanischen Gesellschaft (siehe z. B. Frey 2001), zum anderen die von der Adenauer-Regierung geförderte Politik der Verdrängung, Verleugnung, Abspaltung und Relativierung dieses Teils der deutschen Geschichte.

Bis in die zweite Hälfte des Jahres 1944 konnten sich Hitler und sein Regime der Loyalität einer großen Mehrheit der Bevölkerung sicher sein. Das geht aus den damaligen Stimmungsberichten des Sicherheitsdienstes (SD) hervor. Diese überwiegende Mehrheit war direkt oder indirekt am Naziregime beteiligt, das sich deshalb eben nicht auf ein paar Führungskräfte und sonstige Halunken reduzieren lässt.

Politisch-soziale Prozesse lassen sich auch mit Begriffen der Psychoanalyse beschreiben. Aus dieser Perspektive war die bundesrepublikanische Gesellschaft ein neurotischer Komplex, der ganz ähnlich funktionierte wie die individuelle Psyche: Es wurde verdrängt, verleugnet, abgespalten, relativiert, die Wahrnehmung eingeschränkt und tabuisiert. Dem folgte die «Wiederkehr des Verdrängten» und dessen erneute Bekämpfung. Auf der politischen Ebene setzte man nun die Kommunisten den Nazis gleich und fand in der Kommunistischen Partei Westdeutschlands[8], der DDR und den anderen Diktaturen jenseits des Eisernen Vorhangs die entsprechenden Projektionsflächen.[9] Auch innerfamiliär erfolgte die «Wiederkehr des Verdrängten» in der Weitergabe der nicht angenommenen Schuld an die zweite und dritte Generation (siehe Ritscher 1993). Diese sozialpsychologischen Prozesse haben in unnachahmlicher Weise Alexander und Margarete Mitscherlich in «Die Unfähigkeit zu trauern» beschrieben (Mitscherlich A. u. M. 1968).[10]

Erst in den späten Sechzigerjahren hat die außerparlamentarische Opposition diesen eingeschränkten Blickwinkel aufgehoben; nun kam wieder der damals jedem zugängliche «faschistische Alltag» in den Blick (siehe Hesse u. Springer 2002): die aktive Beteiligung von Mitgliedern der eigenen Familie am NS-Regime, der Eroberungskrieg der Wehrmacht und die in diesem Zusammenhang begangenen Verbrechen, das ängstliche oder mitleidlose Wegschauen, die ganz persönliche Bereicherung bei der «Arisierung» jüdischen Vermögens und vieles mehr.

Langsam trat eine Erkenntnis in den Vordergrund, die das Nachkriegsdeutschland bisher gescheut hatte: Ohne das Zuschauen oder Wegschauen und vor allem ohne die aktive Mitarbeit vieler Deutscher an dem System wäre dieses nicht funktionsfähig, zumindest nicht so effektiv gewesen. Der kanadische Historiker Robert Gellately wies z. B. für den Gestapo-Bezirk Würzburg/Unterfranken nach, dass die mittels der Gestapo durchgesetzte Repressionspolitik gegen Minderheiten und Regimegegner und -gegnerinnen nur deshalb funktionierte, weil sich die Gestapo auf die Mitarbeit der «Volksgenossen und -genossinnen» verlassen konnte.[11]

Hier sind wir bei der Definitionsfrage angelangt: Wer ist als Nazitäter, als Nazitäterin zu bezeichnen? Nur diejenigen, die im Namen der NS-Ideologie anderen einen körperlichen Schaden zugefügt, die gefoltert, gemordet, geraubt, geplündert haben? Die Freude daran hatten, z. B. der berüchtigte Bunkerwart Martin Sommer in Buchenwald (siehe Kogon 1974) oder es als bloße Pflichterfüllung definierten?[12] Die – vielleicht ohne jeden Sadismus – Befehle ausführten, z. B. als Wachmänner die Flucht von KZ-Häftlingen verhinderten oder als Gestapo-Männer beziehungsweise Schutzpolizisten politische Gegner festnahmen? Die als Schreibtischtäter die Grundzüge der Verfolgung, Repression, Deportation und Ermordung planten, die Befehle dazu gaben bzw. weiterleiteten wie z. B. Adolf Eichmann, der Leiter des Referats IV B 4 im Reichssicherheitshauptamt? Die Ministeriumsvertreter bei der Wannseekonferenz am 20. Januar 1942, die Planer der Deportationszüge in der Verwaltung der Reichsbahn, die Sozialbürokraten in den Jugendämtern[13], die an der Registrierung der sogenannten «Asozialen» beteiligten Fürsorgerinnen? Die Befehlsempfänger ohne direkten Kontakt mit den Opfern, z. B. die Lokomotivführer der Deportationszüge nach Auschwitz, die Beamten der Oberfinanzdirektionen, die für die «Arisierung» jüdischen Vermögens zuständig waren? Die Vertreter und Vertreterinnen nationalsozialistischer Sozialpolitik und Sozialarbeit im Gemeinwesen – die hauptamtlichen Fürsorgerinnen wie die ehrenamtlich tätigen Hausfrauen, die Mütterschulungen betrieben und sozial schwache Familien unterstützten? Lehrkräfte, die jüdische Schülerinnen und Schüler ausgrenzten und die anderen ideologisch indoktrinierten, Hochschullehrer wie Martin Heidegger, die den NS-Staat begrüßten und ihm trotz wachsender Einwände bis zum bitteren Ende dienten? Ärzte, die den Vererbungstheorien huldigten, in denen der Keim des Nationalsozialismus schon angelegt war? HJ-Führer und BDM-Führerinnen, die mit den fast gleichaltrigen Mitgliedern ihrer Gruppe spielten, wanderten, musizierten und dabei als Medien der NS-Ideologie dienten? Eltern, die ihre Kinder vor den Juden- oder Zigeunerkindern warnten und damit die rassistischen Vorurteile der NS-Gesellschaft an sie weitergaben?

Schon diese Aufzählung macht deutlich, dass die Täterlinie quer durch die ganze Gesellschaft ging und es schwierig wird, der akademischen Tradition folgend eine klare Definition für den Täter- beziehungsweise Täterinnenbegriff zu finden. Das zeigen auch die in diesem Buch vorgestellten Biografien.

Wenn wir es dennoch versuchen wollen, dann muss im Sinne Raul Hilbergs zunächst eine Unterscheidung zwischen den aktiv und passiv Beteiligten getroffen werden (Hilberg 1992).

Aktive Täter und Täterinnen haben ausgegrenzten Minderheitsgruppen direkte körperliche Gewalt angetan – zum Beispiel als Gestapo-Beamte, KZ-Personal oder SA-Männer. Sie haben Gewalthandlungen geplant – zum Beispiel als Politiker wie Hitler oder Himmler oder als Ministerialbeamte wie der Mitautor und Kommentator der Nürnberger Gesetze (und spätere Staatssekretär unter Adenauer) Hans Globke. Oder sie befürworteten und rechtfertigten Gewalthandlungen wie der Journalist Werner Höfer das Todesurteil gegen den Pianisten Karl Robert Kreiten, der im privaten Kreis am «Endsieg» gezweifelt hatte. Sie haben Terrorakte legitimiert – zum Beispiel als Richter, die Wehrdienstverweigerer, Deserteure oder sogenannte «Rasseschänder» verurteilten. Sie dienten als Mediatoren der NS-Ideologie – zum Beispiel als Lehrerinnen und Lehrer. Sie verliehen dem NS-System in der Forschung und Lehre sowie über Publikationen höhere wissenschaftliche Weihen. Zum Beispiel der ab 1942 tätige Leiter des Kaiser-Wilhelm-Instituts für Anthropologie, menschliche Erblehre und Eugenik, Otmar Freiherr von Verschuer, der mit Josef Mengele zusammenarbeitete und ab 1951 an der Universität Münster lehrte. Aktive Täter haben Menschen denunziert, um sich deren Vermögen anzueignen, alte Rechnungen zu begleichen, der Naziideologie «zu ihrem Recht» zu verhelfen oder sich einfach nur besser zu fühlen, weil sie andere an den Pranger stellen konnten. Man denke an den Hausmeister der Münchner Universität, der die Flugblattaktion der Weißen Rose zur Anzeige brachte. Und sie haben die Angehörigen der verfemten Minderheiten, Oppositionelle, Menschen, die quer dachten oder Widerstand leisteten, beleidigt, erniedrigt und entwürdigt. Zum Beispiel Soldaten, die im besetzten Polen orthodoxen Juden die Schläfenlocken abschnitten.

Zu den Zuschauerinnen und Zuschauern, also den passiven Täterinnen und Tätern, gehörten die Mitglieder der Mehrheitsgesellschaft, die z. B. die zustimmende Kulisse am Straßenrand für die Umzüge der Nazis darstellten, an den öffentlichen Demütigungen von sogenannten «Rasseschänderinnen» teilnahmen, den Hausrat deportierter jüdischer Familien zum Schnäppchenpreis erwarben, ihre jüdischen Nachbarn nur noch als Luft behandelten und Hilfe auch dort verweigerten, wo sie möglich gewesen wäre. Auch unterlassene Hilfeleistung aus Angst ist schließlich eine Tat, denn «man kann nicht nicht handeln».[14]

Hier muss eine Rangordnung der persönlichen Schuld mitgedacht werden, denn die zustimmende Teilnahme an einer Naziveranstaltung kann nicht mit der Teilnahme an Folteraktionen der Gestapo oder Mord in den Vernichtungslagern gleichgesetzt werden.

Es gibt aber auch eine «zweite Schuld» (Giordano 1987), die darin besteht, dass man nach 1945 so getan hatte, als wäre man nicht dabei gewesen, und sich der eigenen Verstrickung ins NS-System nicht gestellt hatte. Ich denke, dass bei vielen nicht im Vordergrund agierenden aktiven und passiven Täterinnen und Tätern diese zweite Schuld schwerer wiegt als die erste, weil sie sich der Verantwortungsübernahme verweigerten.

Weiter möchte ich auf eine Gruppe aufmerksam machen, die nicht so leicht einzuordnen ist und auch heute noch kontrovers diskutiert wird. Gemeint sind die Soldaten der Wehrmacht, die das Rückgrat der nationalsozialistischen Eroberungs- und Raubpolitik gewesen sind. Ohne die Wehrmacht hätte es keine Besetzung so vieler Länder Europas und damit auch keine Ermordung von sechs Millionen europäischer Juden, circa 450.000 Sinti und Roma und auch nicht den bewusst herbeigeführten Tod von etwa drei Millionen russischer Kriegsgefangener gegeben. Sind insofern nicht alle Soldaten der Wehrmacht auch Täter, manchmal auch Täter wider Willen? Innerhalb dieser Täterschaft gibt es unterschiedliche Schuldhaftigkeiten. Die Verantwortung Keitels für den Kommissarbefehl ist anders zu bewerten als die Zerstörung eines russischen Dorfes während eines Kampfeinsatzes. Aber war dies nicht auch eine Tat im Kontext des nationalsozialistischen Eroberungs- und Vernichtungskriegs? Natürlich gab es auch Soldaten, die sich aktiv gegen ihre Mittäterschaft wehrten. Hier ist nicht nur an die Oppositionellen des 20. Juli 1944 zu denken, sondern auch an mutige Soldaten, z. B. den Feldwebel Anton Schmid, den Major Max Liedtke oder die «Deserteure» Hermann Rombach und Anton Brandhuber, die ihre Handlungsspielräume nutzten (siehe Hamburger Institut für Sozialforschung 2002, S. 579ff.). Aber das waren nur wenige im Vergleich zu den anderen, die «ihren Dienst taten» und vielleicht noch mehr. Innerhalb der Wehrmacht gab es auch Täter der besonderen Art, also solche, die im Rahmen der «Partisanenbekämpfung» an Erschießungen teilnahmen, russische Kriegsgefangene malträtierten, die Menschen der besetzten Gebiete materiell und sexuell ausbeuteten, als Angehörige der Militärverwaltungen (z. B. in Frankreich oder Belgien) die Unterdrückung und Ausbeutung der besetzten Gebiete sowie die Deportationen der Juden dieser Länder organisierten und absicherten.

Mit dieser Ausweitung des Täterbegriffs kommen wir zu einer neuen Sichtweise in der Forschung, die vor allem durch Christopher Browning (Browning 1996) und Harald Welzer (Welzer 2005) bekannt geworden ist.

Browning beschrieb in seinem Furore machenden Buch die Angehörigen des Reserve-Polizeibataillons 101, das an der «Endlösung der Judenfrage» im besetzten Polen beteiligt war. Das Bataillon gehörte nicht der Wehrmacht an, sondern dem Hauptamt der Ordnungspolizei, die letztendlich dem Reichsführer-SS Heinrich Himmler unterstellt war. Die Polizisten waren «ganz normale Männer», Familienväter, Handwerker, Arbeiter, Angestellte, in ihrem bürgerlichen Leben völlig unauffällig, liebevolle Väter und Ehemänner, die sozial angemessen kommunizierten, ihren Nachbarn oder Arbeitskollegen in schwierigen Situationen halfen und durchaus nicht Mitglieder der NSDAP sein mussten. Sie führten – mit wenigen Ausnahmen – mitleidlos die Deportation polnischer Juden in die Todeslager durch und nahmen selbst an Massakern teil.

Sozialpsychologische Experimente und Untersuchungen[15] machen deutlich, dass es nicht ein genuiner Sadismus, «das Böse im Menschen», der Aggressionstrieb oder Ähnliches ist, der Menschen «im Normalfall» zu Tätern und Täterinnen werden lässt, sondern eine Situation, die autoritär strukturiert und ideologisch aufgeladen ist und über das «Wir-Gefühl» eine Gruppe homogenisiert. Wichtig ist, dass zunächst vorhandene Skrupel überwunden werden können, durch Kameraderie, Vorbilder, Alkohol. Zum Täter, zur Täterin wird man also eher durch einen Prozess des Sich-immer-tiefer-Verstrickens: «Wegsehen, Dulden, Akzeptieren, Mittun und Aktivwerden sind keine grundlegend voneinander verschiedenen Verhaltensweisen, sondern Stadien auf einem Kontinuum der Veränderung von Verhaltensnormen» (Welzer 2005, S. 60). Es findet also ein schleichender Prozess der inneren Korruption statt. Darüber hinaus muss die Situation in einen sozio-kulturellen Kontext eingebettet sein, innerhalb dessen sich manchmal schneller, manchmal langsamer, manchmal sehr markant, manchmal schleichend eine Verschiebung des «normativen Referenzrahmens» (Welzer 2005, S. 263) vollzieht. Dadurch werden bestimmte Personen und Gruppen stigmatisiert, ausgegrenzt, dehumanisiert, als Bedrohung der eigenen Gruppe definiert und aus dem Universum der positiven Gegenseitigkeit und kollektiven Solidarität ausgeschlossen. Über verschiedene Stationen wird deren Vernichtung zu einer legitimen, die eigene Gruppe («das Volk») schützenden Handlung uminterpretiert, das heißt, sie wird zu einem moralisch legitimen Akt oder zumindest zum legitimen Akt des Selbstschutzes. Dadurch erhält die destruktive Gewalttätigkeit für den einzelnen Täter einen Sinn – es gelingt ihm, sein eigenes Handeln positiv zu interpretieren und zu rechtfertigen.

Welzer kann für diese Situationstheorie politisch-ideologisch induzierter Gewalttaten auf eine Vielzahl von Beispielen verweisen. Interessant sind auch seine Ausführungen zu der Frage, was Menschen hindern kann, zum Täter zu werden (Welzer 2005, S. 261). Das ist zum einen ein basales Gefühl ethischen Handelns, das sich aus dem «Urvertrauen» (Erikson 1973) entwickelt und in der auf John Bowlby zurückgehenden Bindungstheorie als in der frühen Kindheit angelegte «sichere Bindung» (siehe Grossmann K. u. K. 2004) bezeichnet wird. Zum anderen ist es die soziale Nähe zu den gefährdeten Menschen.

Alles in allem ist diese Theorie ängstigend und entlastend zugleich: Sie sagt, dass niemand prinzipiell vor einer Täterschaft geschützt ist. Sie sagt aber auch, dass es politische, kulturelle und ökonomische Rahmenbedingungen gibt, die Brutalitäten, wie sie der Nationalsozialismus, der Vietnamkrieg, der Bürgerkrieg im ehemaligen Jugoslawien, das Foltergefängnis von Guantanamo oder der Genozid in Ruanda und Burundi hervorgebracht haben, verhindern können. Zu solchen Rahmenbedingungen kann jeder Mensch einen Beitrag leisten.

Literatur

Adorno, Theodor W. u. a. (1968): Der Autoritäre Charakter. Studien über Autorität und Vorurteil. Amsterdam (De Munter)

Browning, Christopher R. (1996): Ganz normale Männer. Das Reserve-Polizeibataillon 101 und die «Endlösung» in Polen. Reinbek (Rowohlt)

Eissler, Kurt R. (1963): Die Ermordung von wie vielen seiner Kinder muß ein Mensch symptomfrei ertragen können, um eine normale Konstitution zu haben? Psyche 17, S. 241–291

Erikson, Erik H. (1973): Identität und Lebenszyklus. Frankfurt/Main (Suhrkamp)

Freud, Anna (1975): Das Ich und die Abwehrmechanismen. München (Kindler)

Frey, Norbert (2001): Karrieren im Zwielicht. Hitlers Eliten nach 1945. Frankfurt/Main (Campus)

Giordano, Ralph (1987): Die zweite Schuld oder Von der Last Deutscher zu sein. Hamburg (Rasch und Röhrig)

Grossmann, Karin u. Klaus E. (2004): Bindungen. Das Gefüge psychischer Sicherheit. Stuttgart (Klett-Cotta)

Hamburger Institut für Sozialforschung (Hg.) (2002): Verbrechen der Wehrmacht. Dimensionen des Vernichtungskrieges 1941–1944. Hamburg (Hamburger Edition)

Hesse, Klaus u. Springer, Philipp (2002): Vor aller Augen. Fotodokumente des nationalsozialistischen Terrors in der Provinz. Essen (Klartext)

Hilberg, Raul (1992): Täter, Opfer, Zuschauer. Frankfurt/Main (S. Fischer)

Kogon, Eugen (1974): Der SS-Staat. Das System der deutschen Konzentrationslager. München (Kindler)

Langbein, Hermann (1987): Menschen in Auschwitz. Wien (Europaverlag)

Milgram, Stanley (1995): Das Milgram-Experiment. Zur Gehorsamsbereitschaft gegenüber Autorität. Reinbek (Rowohlt)

Mitscherlich, Alexander und Margarete (1968): Die Unfähigkeit zu trauern. Grundlagen kollektiven Verhaltens. München (Piper)

Rees, Laurence (1997): Die Nazis. Eine Warnung der Geschichte. München u. Zürich (Diana)

Ritscher, Wolf (1993): Über die Opfer und TäterInnen des nationalsozialistischen deutschen Faschismus und ihre Kinder – eine sozialpsychologische und familiendynamische Skizze. Kontext 24 (2), S. 57–70

Watzlawick, Paul et al. (1972): Menschliche Kommunikation. Formen, Störungen, Paradoxien. Bern/Stuttgart/Wien (Huber)

Welzer, Harald (2005): Täter. Wie aus ganz normalen Menschen Massenmörder werden. Frankfurt/Main (S. Fischer)

Zimbardo, Philip G. (2008): Der Luzifer-Effekt. Die Macht der Umstände und die Psychologie des Bösen. Heidelberg (Spektrum Akademischer Verlag)

Anmerkungen

1 Der Terminus «Drittes Reich» ist selbst schon ein NS-Begriff; ich setze ihn deshalb in Anführungszeichen wie auch alle anderen aus dieser Zeit stammenden Begriffe.
2 War es eine «Wiedergutmachung»? Konnte es sie überhaupt geben? (Siehe Eissler 1963.)
3 Zu diesen Personen siehe Langbein 1987.
4 Hier müsste die Genderperspektive des Nationalsozialismus diskutiert werden, was mir aus Platzgründen nicht möglich ist.
5 Hermann Göring (Reichsmarschall, Reichsluftfahrtminister, Reichstagspräsident, Beauftragter für den Vierjahresplan und nach dem Englandflug von Heß von Hitler als sein Nachfolger benannt), Rudolf Heß (bis 1941 Hitlers Stellvertreter in der NSDAP), Joachim von Ribbentrop (Reichsaußenminister seit 1938), Wilhelm Keitel (Chef des Oberkommandos der Wehrmacht), Ernst Kaltenbrunner (seit 1942 Chef des Reichssicherheitshauptamtes), Alfred

Rosenberg (Chefideologe der NSDAP und Reichsminister für die besetzten Ostgebiete), Hans Frank (Hitlers Anwalt vor 1933, Rechtspolitiker der NSDAP, Reichsminister und ab 1939 Generalgouverneur für die besetzten polnischen Gebiete), Wilhelm Frick (Reichsinnenminister bis 1944), Julius Streicher (Gauleiter von Franken und Hauptschriftleiter des «Stürmer»), Walter Funk (Präsident der deutschen Reichsbank und Reichswirtschaftsminister), Hjalmar Schacht (Präsident der deutschen Reichsbank und Reichswirtschaftsminister von 1933-37), Karl Dönitz (seit 1943 Oberbefehlshaber der Kriegsmarine und Nachfolger Hitlers nach dessen Selbstmord am 30. April 1945), Erich Raeder (bis 1943 Oberbefehlshaber der Kriegsmarine), Baldur von Schirach (Reichsjugendführer bis 1940 und ab 1940 Gauleiter von Wien), Fritz Sauckel (Generalbevollmächtigter für den Arbeitseinsatz von 1942-45 und damit verantwortlich für die Zwangsarbeit in der deutschen Kriegswirtschaft), Robert Ley (Leiter der deutschen Arbeitsfront – Selbstmord kurz vor Beginn des Prozesses), Alfred Jodl (Chef des Wehrmachtsführungsstabs), Franz von Papen (1932 Reichskanzler, 1933-34 Vizekanzler unter Hitler, 1936 deutscher Gesandter und Botschafter in Österreich, 1939-44 deutscher Botschafter in der Türkei), Arthur Seyß-Inquart (1938-39 Reichsstatthalter der «Ostmark», Reichsminister ohne Geschäftsbereich, ab 1940 Reichskommissar für die besetzten Niederlande), Albert Speer (Hitlers Architekt und Rüstungsminister ab 1942, Konstantin von Neurath (Reichsaußenminister 1932-38, anschließend «Reichsprotektor für Böhmen und Mähren»), Hans Fritzsche (Leiter der Abteilung Funk im Reichspropagandaministerium). Freigesprochen hinsichtlich der Anklage wurden Schacht, Fritzsche und v. Papen, zu Haftstrafen verurteilt wurden Speer, Heß, Funk, Dönitz, Raeder, von Schirach und von Neurath, die restlichen Täter wurden zum Tode verurteilt. Hitler und Goebbels begingen am 30. April 1945 Selbstmord, Himmler am 23. Mai 1945 kurz nach seiner Festnahme.

6   Mit dieser Personalisierung von Tätern auf der Seite der Deutschen gelang es Stalin und seinem Regime, die Gräueltaten im eigenen Land und während der ersten Zeit der Besatzung in Deutschland und Polen aus dem öffentlichen Diskurs herauszuhalten.

7   Für die DDR müsste die Beschreibung nochmals anders ausfallen: Hier gab es zwar eine offizielle Erinnerungspolitik, diese diente aber vor allem der Legitimation der SED-Herrschaft und sparte höchst einseitig aus, was nicht in das eigene Kalkül passte, z. B. den «Hitler-Stalin-Pakt» und die schon im September 1939 erfolgte Aufteilung Polens unter dem Deutschen Reich und der UdSSR sowie den nicht kommunistischen Widerstand gegen das NS-System.

8   Diese Partei wurde 1956 verboten.

9   Diese Diktaturen boten sich durch ihre repressive Innen- und aggressive Außenpolitik auch dafür an.

10 Dies war die gesellschaftliche Haupttendenz, aber nicht die einzige. Es gab immer auch Beiträge im gesellschaftlichen und politischen Diskurs, die sich mit dem Thema der deutschen Schuld und Verantwortung, der Schuld von Einzeltäterinnen und -tätern und den sozio-kulturellen Bedingungen dieser «kollektiven Regression in die Barbarei» auseinandergesetzt haben. Ich denke hier z. B. an die Vereinigung der Verfolgten des Naziregimes – Bund der Antifaschistinnen und Antifaschisten (VVN-BdA), die Humanistische Union, Beiträge des Spiegels unter der Herausgeberschaft von Rudolf Augstein, frühe Forschungen zur NS-Geschichte, das «Darmstädter Wort» des Bruderrates der EKD vom August 1947, die kritische Psychoanalyse, die u. a. mit den Namen der beiden Mitscherlichs und Horst-Eberhard Richter verbunden ist, Politiker und Politikerinnen wie Willy Brandt, Hildegard Hamm-Brücher, Anna Haag, Hans Koschnick, der hessische Generalstaatsanwalt Fritz Bauer, Max Horkheimer und Theodor W. Adorno als Vertreter der Kritischen Theorie und viele andere, deren Namen aufzuzählen den Rahmen sprengen würde, oder auch diejenigen, die nie im Rampenlicht der Öffentlichkeit standen.

11 «Rund 80 Prozent aller politischen Verbrechen nach damaliger Definition (die Zahlen gelten für den Zeitraum 1933-35, also die Frühphase der Repression, W. R.) wurden von ganz gewöhnlichen Bürgern aufgedeckt, die ihre Information an die Polizei oder die Gestapo weiterleiteten. Die Akten zeigen außerdem, dass diese unbezahlte Mitarbeit zumeist von Leuten kam, die nicht NSDAP-Mitglieder waren, sondern ganz ‹normale› Bürger. Dabei bestand niemals eine Pflicht zur Denunziation oder Information» (Rees 1997, S. 74).

12 Wie Himmler in seiner berühmt-berüchtigten Posener Rede vom 6. Oktober 1943.

13 Ein Beispiel hierfür ist Karl Mailänder, über den Harald Stingele in diesem Buch berichtet.

14 Diese Formulierung wähle ich in Anlehnung an den berühmten Satz «Man kann nicht nicht kommunizieren» (Watzlawick et al. 1972, S. 53).

15 Hierzu zählen z. B. das Milgram-Experiment (Milgram 1995), das Gefängnisexperiment von Zimbardo (Zimbardo 2008) oder die Untersuchungen zum autoritären Charakter von Adorno u. a. (Adorno u. a. 1968).

Hanns Elard Ludin

Malte Ludin

Hanns Elard Ludin
Führer, Vater, Kriegsverbrecher

Es gibt ein Foto von Vati und mir*, kurz nach meiner Geburt. Er hält mich im Arm, schaut vergnügt in die Kamera, während ich meine Ärmchen Hilfe suchend nach einer Person ausstrecke, die nicht im Bild ist. Ob das meine Mutter oder Dorle, meine Amme, war, weiß ich nicht. Ich habe das Bild immer so verstanden, dass ich schon früh von ihm wegstrebe. Er soll mich sein «Adlerle» genannt haben. Ich mochte das nicht, denn es demonstrierte väterliche Nähe. Ich wollte nicht, dass er stolz war auf mich, so wie ich nicht stolz sein konnte auf ihn.

Eine meiner älteren Schwestern erinnert sich, wie ihr im Dezember 1947 die Mitschüler auf dem Hof der schwäbischen Dorfschule nachriefen: «Dein' Vadr händ' se g'henkt! Dein' Vadr händ' se g'henkt!»** Meine älteste Schwester, damals 14 Jahre alt, erfuhr von der Hinrichtung im Radio.

Als ich 1948 in die Volksschule in Ostrach geschickt wurde, lag der Zusammenbruch der Hitlerdiktatur drei Jahre zurück, die Nürnberger Kriegsverbrecherprozesse waren über die Bühne gegangen, die Hauptschuldigen verurteilt.

Wir lebten damals auf dem «Schlösslehof», einem heruntergewirtschafteten, einsamen Gehöft mit Äckern und Wiesen, nicht weit vom Bodensee, am Rand der Wälder, die dem Fürsten von Hohenzollern-Sigmaringen gehörten. Von dem Hügel, auf dem der Hof lag, konnten wir bei klarem Wetter bis zum Säntis in den Schweizer Alpen sehen. In der weiten Senke dazwischen lag der See.

«Bisch' du der Sohn von dem Ludin?» Ein Mann fragte mich auf dem einsamen Schulweg nach meinem Namen. Ich nickte verlegen. Er schwieg. Es war klar, dass er ihn kannte. Im Ländle wusste man vom «Leutnant von Ulm», vom Angeklagten im «Reichswehrprozess», dem SA-Führer. Er war einer aus dem Volk, das sich zu seiner Zeit als «Volksgemeinschaft» verstand. Er war beliebt. In seinen Reden wurde er nicht müde zu betonen, dass er es mit den einfachen Genossen hielt, nicht mit den «Bonzen». Als er später die SA-Montur gegen den Flanell des Diplomaten eintauschte, verlor man sich gegenseitig aus den Augen. «Was isch' aus dem g'worda?» «Er wurde hingerichtet.»

In einer meiner frühesten Erinnerungen sehe ich meine Mutter Erla in eine dunkle Ecke des Treppenflurs gedrückt, Tränen laufen ihr übers Gesicht. Anne, ihre Schwester, umarmt sie, sucht sie zu trösten. Sie hat wahrscheinlich soeben im Rundfunk gehört, das Urteil an ihrem Hanns sei vollstreckt worden. Später habe ich sie nie wieder weinen sehen.

Sie hatte sich selbst auferlegt, die Ursachen für den Tod ihres Mannes nicht zu reflektieren. Undenkbar für sie, aus dem Licht des Opferseins herauszutreten in den Schatten der Täter-oder Mittäterschaft. Keines ihrer Kinder durfte an diesem Status zweifeln. Der Mythos «Vati», an dem sie unaufhörlich wob, hätte Schaden genommen.

«Erinnerst Du Dich, was Ihr am 9. November 1938 gemacht habt?» Erla schaut vom Strümpfestopfen hoch. «Wieso?» «Na, bei der sogenannten Reichskristallnacht. Wo wart Ihr da?» «Nein, ich erinnere mich nicht. Wieso willst Du das wissen?» «Es muss doch eine besondere Situation für Euch gewesen sein, jedenfalls für Hanns. Die SA war überall auf den Beinen und machte Jagd auf Juden.» «Nein, ich erinnere mich nicht. Wir waren vielleicht gar nicht in Stuttgart, ich weiß es nicht mehr.» «Aber Dein Mann hat doch gewusst, was los war?» «Ich erinnere mich nicht ... Es wird ja alles maßlos übertrieben heute.»

Im Interview mit Christian Geissler[1], das der NDR 1978 unter dem Titel «Frau eines Führers» ausstrahlte, spricht Erla gleichsam verschämt von unerhörten Vorgängen, deren Zeugin sie war. Was sie daran berührt, gibt sie nicht preis, sie bleibt äußerlich in der Rolle der Unbeteiligten. Eine Mischung aus Gekränktheit, Trotz und Abwehr, die sie hindert, sich der Realität des staatlich sanktionierten Verbrechens zu stellen und Zeichen des Mitgefühls, des Zorns oder der Trauer für dessen Opfer zu zeigen.

Aus der Psychologie ist bekannt, dass Gemütslagen wie diese sich von den Eltern auf die Kinder übertragen, bis hin zu den Enkeln. Die Nähe zu unserer Mutter erkauften wir Kinder uns durch Anpassung an ihren emotionalen Panzer, mit eigener Verdrängungsenergie, Unterdrückung von Gefühlen, einem Mangel an Talent zum Mitempfinden, zu Trauer und Wut. Unsere Mutter trug Schwarz, nicht nach außen, denn dann hätte sie sich geschämt, sondern tief im Inneren, verschlossen bis zur Verkümmerung, ähnlich wie Millionen anderer Frauen und Mütter, die das erste Abschlachten des Kriegs von 1914–1918 erlebt und das zweite überlebt, die Adolf Hitler als Messias gesehen hatten und dann verwitwet zurückblieben, angeschmiert von einem Mann wie andere Männer, von einem Versager.

Mit dem Todesurteil in Bratislava war die Konfiszierung des Vermögens verbunden. Erla mußte jetzt sechs Kinder alleine ernähren. In dieser Aufgabe steckte ein gewisser Trost für die erlittenen Übel und Erla widmete sich ihr mit Leib und Seele bis ins hohe Alter. Ihren Anspruch auf eine Pension schmetterten die Verwaltungsgerichte mit der Begründung ab, ihr Mann sei kein Berufsdiplomat gewesen. Seine Karriere und Beteiligung am Genozid sei unzweifelhaft der treuen Verbundenheit mit Adolf Hitler geschuldet.[2]

Andere wären unter der Last solcher Verluste vielleicht eingeknickt. Erla Ludin, geb. von Jordan nicht.

Sie wusch, bügelte, nähte, kochte und kaufte ein. Sie stand uns Kindern mit Rat und Tat zur Seite, die Verlässlichkeit in Person. Weihnachten mit ihr war immer am schönsten, wenn auch in den ersten Jahren immer noch einer unsichtbar daran teilnahm, wenn wir unter dem von ihr geschmückten Christbaum die Lieder sangen. Jeden Tag kalt duschen, das hält gesund. Noch im zarten Alter von 92 Jahren zeigte sie mir auf meine Bitte einen Teil der Übungen, die sie als «Bodeschülerin»[3] gelernt hatte. Sie pflegte den kleinen Garten vor dem Haus und umsorgte uns Kinder. Kein Geburtstag in der Familie, den sie vergessen, kein Geburtstagswunsch, den sie übergangen hätte. Ich sah ihr gerne beim Bügeln zu. Wie sie das Eisen über den Stoff gleiten ließ, wie sie ihn zusammenlegte, noch einmal darüber fuhr – es hatte etwas von beruhigender Sorgfalt.

Wenn es freilich um die Untaten der Nazis ging, verlor sie regelmäßig die Fassung. Von Natur aus eh' schon reserviert, fror sie dann förmlich ein. Bis heute weiß ich nicht, ob sie ihre Mitwisserschaft verleugnete oder tatsächlich so wenig wusste, wie sie vorgab. So scharfsinnig sie denken konnte, ihre Naivität in politischen Fragen war überwältigend. Ich brachte es nie über mich, sie der Heuchelei zu zeihen.

Erla gehörte zu einem Typus Frau, den das Nazisystem gefördert und für seine Zwecke benutzt hat. Organisationen wie BDM[4] und NS-Frauenschaft vermittelten die Botschaft, der NS-Staat respektiere die Frau als Subjekt, als eine selbstständige Einheit freilich nur an dem Platz, an den der «Führer» sie gestellt hat, dem «weiblichen Lebensraum». Politik, Macht und Repräsentation waren etwas für Männer. Sache des «Kamerad-Frau» war es, im Hintergrund zu wirken, als Zitat der Anmut, als Gebärmaschine, am heimischen Herd, im Lazarett, als KZ-Aufseherin oder etwa, wie Traudl Junge, als Vertraute des «Chefs». Ihr Glaube an Hitler und die Mission des deutschen Volkes war Gefühl, musste sich an keiner Realität messen und war umso unumstößlicher.

Mit dem Ende der Naziherrschaft zerriss diese Bindung noch lange nicht. Meine Mutter vollzog formal die Anpassung an die Bonner Parteiendemokratie und fügte sich in den Konsens der Adenauer-Ära. Innerlich hielt sie jedoch ihren völkischen Überzeugungen die Treue. Das äußerte sich in nihilistischen Bemerkungen über den Unwert der Menschheit genauso wie im eisernen Leugnen der im Namen des deutschen Volkes begangenen Verbrechen.

Von dem Mann, dessen Witwe sie war, sprach Erla selten und wie von einer dritten Person, die weder zu ihr noch zu mir noch zu unsrer Familie gehörte. Was wir als Kinder wissen sollten, stand ja in dem Buch. Das Buch hieß «Der Fragebogen», es war unsere Trostfibel. Sein Autor, Ernst von Salomon, hatte die 130 Fragen des Entnazifizierungsbogens der US-Besatzung als Matrix für einen Rückblick auf sein bewegtes Leben genommen. Freikorpskämpfer, Rathenaumordhelfer, Zuchthäusler, Kadett, Drehbuchschreiber der Goebbels-eigenen UFA. Die letzten 30 Seiten des im Plauderton geschriebenen Buches handeln von Hanns Ludin, den der Autor in der US-Lagerhaft kennenlernt. Salomon macht unseren Vater zur «Lichtgestalt», er beschreibt ihn als edel idealistischen Nationalsozialisten, Vorbild für tausend Nazimitgefangene, die sich gehen lassen, ihr Schicksal bejammern, jede Verantwortung von sich weisen. Als Ludin beim Spießrutenlauf eine Holzpantine verliert, zieht er sie wieder an und läuft erneut durch die prügelnde Gasse. Natürlich war ich als Knabe stolz auf diesen Vater. Wenn er sich erregte, fiel er in seinen südbadischen Dialekt, schreibt Salomon. «Des isch eine bodenlose Sauerei!», soll er gerufen haben, als er im Lager, angeblich zum ersten Mal, von der Ermordung der Juden erfuhr.

Bei seinem ersten Erscheinen 1951 schon wurde «Der Fragebogen» zum Bestseller. Bis heute erscheint das Buch als Taschenbuch immer wieder neu, und der Gedanke drängt sich auf, seine Rezeptionsgeschichte könnte aufschlussreicher sein als sein Inhalt.

Es wurde und wird in der Familie hochgehalten wie ein moralisches Vademecum. Seine Lektüre ist Balsam für die arme Täterkinderseele. Bis heute beziehen nicht nur meine Schwestern aus dem «Fragebogen» ihre Entschuldigungsargumente: Auch andere Völker haben Verbrechen begangen. Wer nicht in dieser Zeit gelebt hat, kann auch nicht beurteilen, was damals geschah. Unserem Vater blieb doch keine Wahl. Er war doch ein Idealist und hat an den Führer geglaubt bis zuletzt.

Als Hanns Elard Ludin 1924 beim Artillerieregiment in Ulm seinen Fahneneid auf die Weimarer Verfassung leistete, war er ein unbeschriebenes Blatt. Als er 1930 «unehrenhaft» aus der Reichswehr entlassen wurde, hatte er den Eid[5] gebrochen und mit war seinen 25 Jahren bereits eine nationale Bekanntheit. Sein Anschluss an «die «Bewegung» vollzog sich folgerichtig, aber nicht von heute auf morgen. Manches erschien dem jungen Mann noch klärungsbedürftig. In Briefen an die Eltern schreibt er, nur die NSDAP unter Hitler kämpfe kompromisslos gegen das «System», nur sie leiste entschlossenen Widerstand gegen das «Diktat von Versailles» und setze sich entschieden für die «nationale Befreiung» ein. Adolf Hitler habe in vielem ja so recht. Sein «Wahn mit den Juden» sei andrerseits befremdlich. In Richard Scheringer, Leutnant wie er und schon ausgezeichnet mit nationalen Meriten[6], fand er einen Freund. Zusammen knüpften sie heimlich Kontakt zum «Führer». Politische Betätigung war in der Reichswehr verboten, Werbung für eine verbotene politische Partei galt als Hochverrat.

Die «Verschwörung» flog auf, es kam zum Prozess vor dem Leipziger Reichsgericht. Die Verteidigung benannte Adolf Hitler als Zeugen, der seinen Auftritt publicitywirksam für ein Bekenntnis zur Legalität seiner Machtambition nutzte. Vor allem deshalb ging der sog. Ulmer Reichswehrprozess in die Geschichte ein, die Angeklagten wurden über Nacht berühmt. Zufall oder Vorsehung: Scheringer wurde mit Kommunisten ins Gefängnis gesteckt und wurde selber einer, Ludin saß alleine ein und sah sich im Glauben, nichts Unrechtes getan zu haben, bestärkt durch badische Bürger, die sonntäglich zur alten Festung in Rastatt pilgerten, um für den einsamen Häftling und Märtyrer zu demonstrieren.

«Und ich weiß, dass unser Opfer nicht umsonst gewesen sein wird», schreibt er an die besorgten Eltern. «Denn es wird ein neues Deutschland kommen, in dem offene und wahrhaftige Männer nicht ins Gefängnis geworfen werden. Und für dieses kommende Deutschland ertragen wir alles gern und freudig ... Ich habe mein Vaterland noch nie so geliebt wie jetzt.»

Hanns Ludins plötzlicher Nimbus kam der NSDAP im Wahlkampf 1932 zustatten. Als jüngster SA-Führer Deutschlands zieht er nach der vorzeitigen Haftentlassung durch Baden und Württemberg und trommelt für Hitler. «Ich hetze nicht ohne Erfolg gegen das System», schreibt er dem Freund.

Das öffentliche Aufsehen zog private Folgen nach sich. Die Liaison mit Erla von Jordan, der Jugendliebe, die seine Avancen lange nicht erwidert hatte, rückte in greifbare Nähe. Hanns wurde im Oktober 1932 Mitglied der NSDAP, Erla im November. Als sich abzeichnete, dass Hanns Ludin als Gefolgsmann Hitlers eine glänzende Laufbahn bevorstand, war es Zeit zu heiraten. Man bezog in Stuttgart in der Relenbergstraße unweit des SA-Büros eine Wohnung. Das erste Kind ließ nicht lange auf sich warten.

In der «Nacht der langen Messer» vom 30. Juni 1934 ermordeten SS-Kommandos die SA-Führung und andere Konkurrenten im eigenen wie im fremden politischen Lager. Das geschah mithilfe der Wehrmacht auf Betreiben von Goebbels, Göring und Hess und mit ausdrücklicher Billigung Hitlers. Hanns Ludin stand auch auf der Liste, aber ein günstiger Stern bewahrte ihn vor dem Schicksal seiner Kameraden.

Die Version meiner Mutter lautete so: Hanns war im Auto auf dem Weg zum Treffpunkt der SA-Führer am Tegernsee, als ihn eine Reifenpanne auf der Autobahn zum Halten zwang. Während der Schaden repariert wurde, befand sich der «Führer» mit seinem Tross bereits auf dem Rückweg von der Mordaktion in Bad Wiessee. Hitler ließ halten und befahl dem SA-Führer, umzukehren. Hanns fuhr nach Stuttgart zurück, wo er von SS-Männern verhaftet wurde. Als sie ihn an die Wand stellten, verlangte er ein Ferngespräch mit Hitler. Der habe gesagt: «Ludin, nein!»

Falls es sich so zugetragen hat, dürfte es meines Vaters Bindung an Hitler gewiss nicht geschwächt haben. Er konnte sich weismachen, der «Führer» habe ihm das Leben gerettet, er habe nichts von den Verbrechen gewußt. «Das hat der Führer nicht gewusst» wurde zum Fundament seiner Selbsttäuschung bis zum Ende seines Lebens.

Eine andere Version besagt, er habe von den Mordplänen Wind bekommen und sich während der fraglichen Zeit in einer Hütte im Schwarzwald versteckt gehalten. Wie auch immer, der «Röhmputsch» markiert einen biografischen Wendepunkt. Nach Ansicht von Dan Bar On[7] brach es unserem Vater moralisch das Rückgrat. Er wurde Hitlers Komplize, Mitwisser eines Verbrechens, dem die eigenen Leute zum Opfer fielen. Einer seiner besten Freunde war darunter. Er, der Kameradschaft so hoch hielt und in seinen Reden davon schwärmte, wusste, dass es Mord war, durch nichts zu beschönigen. Anstatt sich abzuwenden, blieb er dabei und machte später noch Karriere.

Die gesäuberte SA verwandelte sich von einer wilden Schläger- in eine disziplinierte Wehrsporttruppe. Im Südwesten unterstanden Ludin an die 350.000 Mann. Ständig gab es Kundgebungen, Aufmärsche und andere mehr oder weniger martialische Anlässe. Eine schneidige Ansprache zu Beginn, eine längere zum Schluss. Hanns Ludin in der offenen Limousine vor dem Rathaus in Heidenheim, auf der Treppe vor dem Königsplatz in Stuttgart, auf der eigens errichteten Bühne zur Einweihung der neuen Werkhalle von Mercedes in Untertürkheim. Seine Rede hat Schwung und Pathos. Knapp, schneidig, zu allem entschlossen soll es wirken.

«SA-Mann sein heißt eine Sache um ihrer selbst willen tun» – so der Titel der Rede vor den Mercedes-Arbeitern, die vom Rundfunk verbreitet wurde. Sie handelt vom Heldentum, das im Opferbringen liegt, von der Erhabenheit des deutschen Volkes, von der Gnade, für Deutschland sterben zu dürfen, von der Sehnsucht nach der heilen deutschen Volksgemeinschaft, von einem heroischen deutschen Leben und ei nem ebensolchem Tod. Ich frage mich, ob er selber seinen Worten traute.

Zu den Höhepunkten der SA-Aktivitäten gehörten die Parteitage in Nürnberg. Unter dem ausgestreckten Arm des «Führers» steht der junge SA-Führer Spalier in einer Reihe mit Rudolf Hess und Hermann Göring, den Drahtziehern der Morde an seinen SA-Kameraden. Den Riemen der Mütze forsch übers Kinn gezogen, leuchtenden Auges, unendlich stramm, ewig jung, von der Macht hinter ihm wie berauscht.

Neben seinem SA-Kommando übte mein Vater noch das Mandat als Reichstagsabgeordneter aus. Es wird ihm wenig bedeutet haben. In der Demokratie der Weimarer Republik galt der Reichstag bei den Nazis als «Quatschbude», in ihrer Diktatur fungierte er nur noch als Beifallskulisse für Hitlers Reden. 1935 wurden hier die sogenannten Rassenschandegesetze oder «Nürnberger Gesetze» verabschiedet. Mein Vater hat an der Sitzung vielleicht teilgenommen. Ein paar Jahre zuvor noch hatte er den Antisemitismus Hitlers als wahnhaft beschrieben, jetzt hob er die Hand zur Bejahung, auf dass die Paranoia Gesetzeskraft erhielt.

Als der Krieg durch Hitlerdeutschland vom Zaun gebrochen war, ließ sich mein Vater umgehend reaktivieren und nahm als Hauptmann der Artillerie an der Besetzung Frankreichs teil – zusammen mit Freund Scheringer, den er geschützt hatte, wann immer die Gestapo dem abtrünnigen Nazi und Kommunisten auf den Fersen war. Der beglückende Ausflug ins Soldatenleben währte nur kurz, denn Anfang 1941 wurde er von Hitler als «Gesandter und Bevollmächtigter Minister des Großdeutschen Reiches» nach Bratislava geschickt. Das Land war per Vertrag dem «Schutz» des Deutschen Reiches unterstellt. Formal unabhängig, führte es faktisch das Dasein eines Satelliten. Das betraf vor allem die Erfüllung von Hitlers heftigstem Begehr.

Die Deportationen der slowakischen Juden begannen im März 1942, ein Jahr nach dem Amtsantritt meines Vaters. Am 13. April 1942, meinem Geburtstag, notierte Danuta Czech in ihrem «Kalendarium der Ereignisse im Konzentrationslager Auschwitz-Birkenau»: «643 Juden und 443 Jüdinnen, die durch das RSHA aus der Slowakei ausgewiesen worden sind, erhalten die Nummern 28903 bis 29536 und 4761 bis 5203.» Ein halbes Jahr später war über die Hälfte der ca. 80.000 slowakischen Juden in die Vernichtungslager in Polen verschleppt.

Dass mein Vater am Genozid in der Slowakei maßgeblich beteiligt war, wird in meiner Familie nicht mehr ernsthaft bestritten. Allenfalls gibt es noch semantische Debatten: Was könnte er gemeint haben, wenn in Schriftstücken mit seiner Unterschrift steht, er sei für eine «100%ige Lösung» oder eine «radikale Lösung der Judenfrage»? Meine jüngere Schwester etwa argumentiert, diese Worte hätten in seinem Sprachgebrauch nicht die Bedeutung gehabt, die sie bei anderen Nazis hatten, schon gar nicht die, die man ihnen heute gebe. Also habe er «es» nicht gewusst.

«Auschwitz», ließ sich unsere Mutter 1944 von einem zu Besuch weilenden Herrn aus Berlin belehren, «ist ein Rüstungsbetrieb, da arbeiten die Juden für Rüstung.» Damit war die Sache für sie erledigt. Keine weiteren Fragen.

Vorausgegangen war eine Begegnung mit Madeleine, der Frau des Schweizer Konsuls Grässli. Frau Grässli hielt in den Räumlichkeiten des Konsulats Juden versteckt. «Um sie vor Auschwitz zu schützen.» Erla: «Was ist Auschwitz?» Madeleine: «Das wissen Sie doch genau ... Auschwitz ist ein Ort, da werden Juden vergast.» Erla: «Wir hätten sie eben alle einsperren müssen, sie schaden uns so ungeheuer mit ihrer Propaganda.»

Hat er «es» gewusst oder nicht – das ist nach wie vor die Gretchenfrage unter uns Geschwistern, Nichten, Neffen. Meine Mutter fand es empörend, dass sie überhaupt gestellt wurde. Schlimme Dinge haben schließlich auch andere Völker begangen ... und so weiter.

Ist es entscheidend, ob mein Vater gewusst hat, was den Deportierten widerfuhr? Der Weg, den sein geliebtes deutsches Volk im Zeichen des Hakenkreuzes, unter seiner aktiven Teilnahme, zu seiner Freude und Genugtuung ab 1933 einschlug, war von so vielen Verbrechen gesäumt, dass an seinem Ende kein anderes Ziel liegen konnte als Auschwitz.

Anmerkungen

1 Der Schriftsteller und Dichter Christian Geissler (1927–2007) arbeitete 1977 im Auftrag des NDR an einem Fernsehspiel über die Freundschaft des Kommunisten Richard Scheringer mit dem Nazi Hanns Ludin. Dabei lernte er meine Mutter kennen und drehte mit ihr den Interviewfilm «Die Frau eines Führers» (NDR, 1978). Sein Fernsehspiel wurde vom NDR nicht realisiert.
2 Schon Mitte der 50er-Jahre also war der bundesdeutschen Justiz der Mord an den Juden hinreichend bekannt. Seltsam, dass sie dann noch so lange brauchte, um andere Nazitäter zu belangen.
3 Rudolf Bode, in den 20er-Jahren Mitbegründer und Lehrer der tänzerischen (oder rhythmischen) Gymnastik.
4 Bund Deutscher Mädel
5 «Man bricht den Eid nicht zweimal», verteidigte meine Mutter ihren Mann. Der erste Eid galt der Weimarer Verfassung, der zweite Adolf Hitler. Letzterer war in ihrer Logik vorrangig.
6 Richard Scheringer (geb. 1904) hatte als Jüngling einen Sprengstoffanschlag auf ein Einrichtung der französischen Besatzung in Koblenz verübt, und 1923 am «Küstriner Putsch» gegen die Regierung teilgenommen.
7 Dan Bar On (1938–2008), ehemal. Offizier der israelischen Armee, Friedensaktivist, Psychologe, u. a. Autor des Buchs «Die Last des Schweigens», Reinbek 1986.

* Malte, der Sohn von Hanns Ludin, wurde am 13. April 1942 in Pressburg/Bratislava (Slowakei) geboren.
** Hanns Elard Ludin, geboren am 10. Juni 1905 in Freiburg im Breisgau, begann seine politische Karriere bei der SA. Er trug zuletzt den Rang des SA-Obergruppenführers der «SA-Gruppe Südwest» mit Sitz in Stuttgart. 1941–1945 war er deutscher Gesandter in der Slowakei und als solcher an der Deportation der slowakischen Juden beteiligt. 1946 wurde er von den USA als War Criminal an die Tschechoslowakei ausgeliefert und 1947 in Bratislava zum Tode verurteilt. Am 9. Dezember 1947 wurde Ludin hingerichtet.

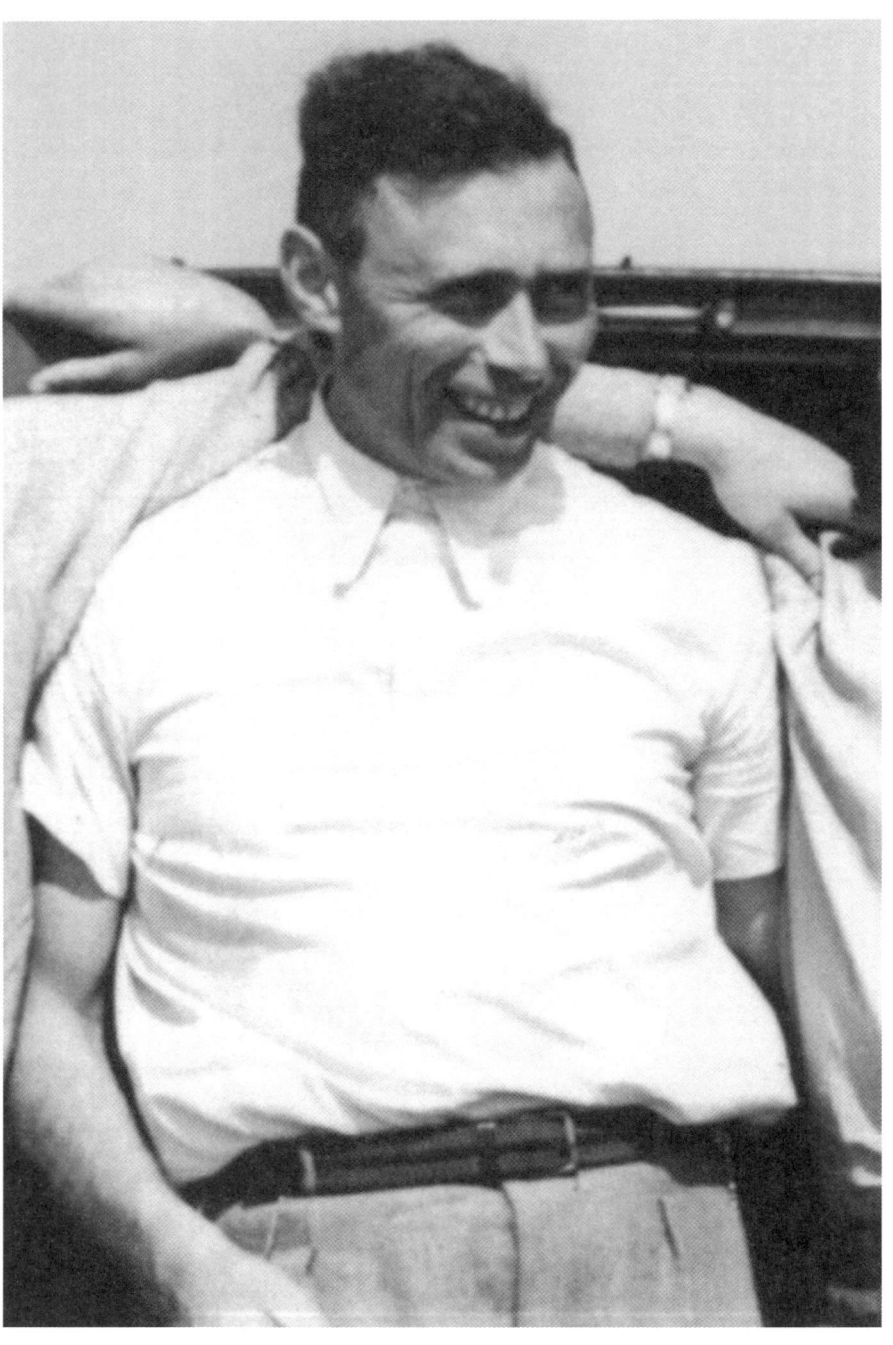

Wilhelm Boger

Ursula Boger

Das große Schweigen
Ich bin die Enkelin von einem Auschwitz-Täter

Immer, wenn ich etwas schreiben oder sagen möchte, das meinen Großvater betrifft, ist Widerstand in mir und Sätze wie «Das ist nicht wichtig, weil das ja schon so lange her ist.» «Das interessiert eh niemanden.» «Es ist nicht O. k., über Auschwitz zu sprechen.» «Was habe ich denn damit zu tun? Ich habe meinen Großvater nie getroffen.»

Auf der anderen Seite ist es heilsam für mich, meine Gedanken, meine Erfahrungen, meine starken Emotionen mit anderen zu teilen, um mich mit all dem, was in mir ist, nicht allein zu fühlen. Es ist ein großes Geschenk, wenn da jemand ist, der Interesse daran hat und mit einem offenen Herzen zuhört.

Ich bin eine Enkelin von Wilhelm Boger. Persönlich habe ich ihn jedoch nie kennengelernt. Mein Vater ist ein Sohn aus dessen erster Ehe. Fast alles, was ich über Wilhelm Boger weiß, habe ich aus Büchern und dem Internet erfahren. Er war im Gefängnis und starb, als ich 7 Jahre alt war. Ich weiß nicht, warum ich meinen Eltern nie Fragen über ihn gestellt habe. Mein Vater besuchte seinen Vater immer wieder im Gefängnis und ich wusste nichts davon. Über meinen Großvater wurde in unserer Familie weitgehend geschwiegen.

Als ich 14 oder 15 Jahre alt war, sprachen wir in der Schule über den Holocaust. Einer meiner Lehrer erzählte uns, dass sein Großvater in einem KZ umgekommen ist. Ich war darüber sehr schockiert und sprach zu Hause mit meiner Mutter darüber. Sie sagte: «Dein Großvater war auch in Auschwitz – aber als Täter.» Das war alles, was sie sagte. Ich hatte das Gefühl, ich verliere komplett den Boden unter meinen Füßen. Nächtelang hatte ich schlimme Albträume. Und ich wusste nicht, mit wem ich darüber sprechen konnte. Ich hatte Angst, wenn ich in der Schule von meinem Großvater erzählen würde, würden mich alle hassen. Und zu Hause lag über diesem Thema eine dicke «Wolke des Schweigens». So schwieg auch ich und fühlte mich sehr allein und überfordert mit diesem Wissen.

Zehn Jahre später sagte mir mein Bruder in einem Telefongespräch, dass es ein Buch mit der Dokumentation über den Auschwitz-Prozess (in Frankfurt 1963–1965) gebe, wo mein Großvater einer der Angeklagten war. Ich lieh mir dieses Buch in einer Bücherei aus. Die Aussagen der überlebenden Opfer zu lesen ist wahrscheinlich für jeden, der dies liest, der absolute Horror. Was dort in Einzelheiten bezeugt wurde, ist über alle Maßen grausam und unmenschlich. Wie können Menschen nur so grausam sein?

Ich musste realisieren, dass mein Großvater einer der brutalsten Folterer in Auschwitz war. Meine Scham darüber, eine Enkelin dieses «Monsters» zu sein, war so groß, dass ich lange Zeit niemandem davon erzählte. Erst nach und nach brach ich mein Schweigen.

Durch Zufall führte mich mein Weg zu Ingo Jahrsetz, einem transpersonalen Psychotherapeuten. Ich wusste nicht, dass dieser sich seit Jahren intensiv mit den unverarbeiteten Nachwirkungen der Nazizeit und des Holocausts hier in Deutschland auseinandergesetzt hatte. Ingo Jahrsetz organisiert jeden Sommer zusammen mit Judith Miller, einer jüdischen Psychotherapeutin aus den USA, Retreats für Nachkommen von Juden und Nazis. Dort nahm ich mehrmals teil. Es war eine große Herausforderung, in der Anwesenheit von jüdischen Teilnehmern über meinen Großvater zu sprechen. Auch hier dachte ich, sie würden mich hassen. Aber so war es nicht. Da war eine jüdische Teilnehmerin aus den USA, die zum ersten Mal in Deutschland war. Es war nicht leicht für sie, nach Deutschland zu kommen. Während des Seminars öffneten wir uns beide, und ich werde es nie vergessen, als sie zu mir kam, mich in ihre Arme nahm und sagte: «You are my sister in light.» Wir sind nun seit einigen Jahren gute Freunde und unsere Freundschaft wird immer tiefer.

Wenn ich meinen deutschen Freunden von diesen Retreats erzählt habe, waren die meisten nicht interessiert. Die Reaktion war «Was haben wir denn mit dem Holocaust zu tun?» Eine Freundin sagte überrascht: «Ich wusste gar nicht, dass deine Vorfahren Juden waren.» Ich sagte: «Sie waren keine Juden.» Lange Pause, große Verwunderung. «Waren sie etwa Nazis?» (Ich lebe in einem Land, in dem die meisten Großväter Nazis waren.)

Eine andere Freundin sagte in Bezug auf meinen Großvater: «Endlich war's mal jemand.» Sie wusste wie wir alle um die Naziverbrechen, hatte aber noch nie von Eltern oder Großeltern erfahren, die NS-Täter waren, obwohl es ja so viele gab.

Von einem Literaturwissenschaftler, der einen Artikel über Wilhelm Boger herausgab, wurde ich gefragt, ob ich denn nie daran gedacht hätte, meinen Nachnamen zu ändern. Aber was würde das für einen Unterschied machen? Das ist ein bisschen so, wie wenn Deutsche im Ausland nicht wollen, dass die anderen merken, dass sie Deutsche sind.

Aber ich bin die Enkelin von Wilhelm Boger, auch wenn das für mich schwierig anzunehmen ist.

Früher dachte ich, die Holocaust-Täter, das sind «die anderen», irgendwelche Monster. Es war sehr abstrakt und damit sehr weit weg. Und plötzlich musste ich realisieren, dass mein eigener Großvater einer von ihnen war.

Er hat brutal auch kleine Kinder getötet und ein Foto von mir als kleines Kind hing im Gefängnis an der Wand über seinem Bett inmitten der anderen Enkelkinder. Das bringe ich nicht zusammen ...

Wegschauen, es nicht so genau wissen wollen, scheint erst mal einfacher. Doch es wirkt hemmend und bremsend in meinem Leben. Und hinschauen ist unendlich schmerzhaft und macht mich immer wieder sprachlos ...

Auch wenn ich weiß, dass ich selber nicht schuldig bin und nicht mein Großvater bin, empfinde ich Scham und in meinem Herzen ist tiefe Traurigkeit und ein Ozean von Tränen.

Bei einem «Healing Event» zum Zweiten Weltkrieg im Mai 2008 in Berlin, bei dem ich die Ehre hatte zu sprechen, kamen meine Tränen an die Oberfläche und während einer Heilmeditation flossen sehr starke und tiefe Emotionen durch mich hindurch. Und es war Moshe Mendelssohn, ein Überlebender des Holocausts, der mich während dieser Meditation in seinen Armen hielt. Ihn kennenzulernen war ein großes Geschenk für mich. Moshe Mendelssohn hat als Kind im KZ Dachau überlebt, da er versteckt wurde. Er ist mir mit einem offenen Herzen begegnet und hat mir viel aus seinem Leben erzählt. Im November 2008 habe ich ihn nochmal besucht und er hat mich zu einer Gedenkveranstaltung anlässlich des 70. Jahrestags der Reichspogromnacht begleitet. Dafür bin ich sehr dankbar.

Seit ein paar Monaten bin ich in E-Mail-Kontakt mit einer jungen Frau aus Israel. Sie ist die Enkelin einer Auschwitz-Überlebenden und dabei, einen Dokumentarfilm über die dritte Generation nach dem Zweiten Weltkrieg in Israel, Polen und Deutschland zu drehen. Im Sommer werden wir uns treffen. Ich fühle mich sehr mit ihr verbunden. Sie war froh, meine Geschichte zu lesen.

Schritt für Schritt lerne ich, genau hinzuschauen, auch wenn es schmerzhaft ist.

Schritt für Schritt lerne ich, mutig zu sein und mein Schweigen zu brechen, und bekomme dafür tiefe Begegnungen geschenkt.

Inge Möller

Wilhelm Boger
Der SS-Mann aus Zuffenhausen, der einen Apfel in Auschwitz aß

«Ein kleiner Junge im Alter von etwa vier bis fünf Jahren sprang vom Lkw herunter. Er hatte einen Apfel in der Hand. Woher die Kinder kamen, weiß ich nicht. In der Tür standen Boger und Draser. Das Kind stand neben dem Lkw mit dem Apfel. Boger ging zu dem Kind hin, packte es an den Füßen und warf es mit dem Kopf an die Wand. Den Apfel steckte er ein. Dann kam Draser zu mir und befahl mir, ‹das an der Wand› abzuwischen. Eine Stunde später kam Boger, rief mich zum Dolmetschen. Dabei aß er den Apfel.»[1] Die Zeugin Dounia Zlata Wasserstrom, die diese Szene 1964 im Auschwitz-Prozess schilderte, wurde wie viele andere Opfer diese Bilder nicht mehr los. Noch viele Jahre später kamen ihr beim Anblick von Kindern die Tränen. Sie war aufgrund dieses Erlebnisses nicht in der Lage, ein Kind zu bekommen.

Ganz anders Wilhelm Boger: Er führte bis 1958 ein unbehelligtes Leben als angesehener Bürger, wohnte in Hemmingen bei Leonberg und arbeitete seit 1950 bei der Heinkel AG in Stuttgart-Zuffenhausen. Der Motoren- und Motorrollerhersteller stellte dem Lagerverwalter ein hervorragendes Zeugnis aus.

Im Spruchkammerverfahren 1950 sagte Wilhelm Boger: «Razzien auf Häftlinge hat es in Auschwitz nicht gegeben. Mir ist kein Fall bekannt, dass jemand auf der Flucht oder sonst wie erschossen worden ist während meiner Zeit. Ich habe nur die Ermittlungen gehabt. Beim Abtransport der Leute hatte ich keine Funktion. Ich möchte aber noch sagen, dass sich keiner der Insassen zu beklagen hatte in Auschwitz, was die Verpflegung anbelangt. An Schikanen und Grausamkeiten im Lager war ich nicht beteiligt, sondern bin dagegen eingeschritten.»[2] Schuldgefühle waren Boger fremd. Er war überzeugt, nur seine Pflicht getan zu haben. So betonte er: «Wir waren Soldaten.»

Geboren wurde Hermann Wilhelm Boger am 19. Dezember 1906 in Zuffenhausen – die Stadt wurde 1931 nach Stuttgart eingemeindet – als ältester Sohn eines Kaufmanns. Er hatte zwei Geschwister. Von 1913 bis 1922 besuchte er die Bürgerschule II, die heutige Heusteigschule, die er mit der mittleren Reife abschloss. Seine Lehrer waren nach seinen Angaben deutsch-national eingestellt. Unter ihrem Einfluss habe er sich schon mit 16 Jahren der damals noch kaum bekannten nationalsozialistischen Jugendbewegung angeschlossen. 1929 trat er der NSDAP (Mitgliedsnummer 153652) und ihrer paramilitärischen Sturmabteilung (SA) bei. 1930 wechselte er zur SS (Mitgliedsnummer 2779). Seine kaufmännische Berufsausbildung machte er bei der Firma Rheinstahl, in deren ehemaligem Gebäude heute das Stuttgarter Theaterhaus untergebracht ist. Nach mehreren Arbeitsstellen in Stuttgart, Dresden und Friedrichshafen wurde er 1932 arbeitslos. Boger hatte aus erster Ehe drei Kinder, von denen zwei früh starben.

1932 wurde Wilhelm Boger in Friedrichshafen zur Hilfspolizei einberufen und nach der Machtübernahme der Nazis 1933 zur politischen Bereitschaftspolizei nach Stuttgart versetzt. Nach sechs Wochen kam er zur politischen Polizei, wo er sehr schnell ins Angestelltenverhältnis übernommen wurde. 1937 wurde er Kriminalsekretär in Friedrichshafen. Nach dem Überfall auf Polen wurde er zur Gestapo-Leitstelle nach Zichenau abgeordnet und kurz darauf mit dem Aufbau und der Leitung des Grenzkommissariats Ostrolenka beauftragt. Man nannte ihn den «Henker von Ostrolenka».

1940 wurde Boger vom Polizeidienst suspendiert und kam kurzfristig wegen Beihilfe und Nötigung zur Abtreibung in Haft. Kurz nach der Scheidung heiratete er erneut und zwar eine Frau, mit der er bereits eine Tochter hatte. Das Paar bekam noch zwei weitere Töchter.

Die Verurteilung wegen der Abtreibung hatte eine Strafversetzung zur Bewährung in ein SS-Polizeibataillon zur Folge. Boger kam an die Wolchow-Front bei Leningrad, wo er Mitte März 1942 verwundet wurde. Die SS verlegte ihn deshalb nach Dresden in ein Lazarett. Nach seiner Entlassung im Juli 1942 verlieh man ihm seinen militärischen Dienstgrad rückwirkend wieder. Ein halbes Jahr später, am 1. Dezember 1942, wurde er als Oberscharführer der Waffen-SS in das Konzentrationslager Auschwitz versetzt, zunächst in die Wachmannschaft, dann in die politischen Abteilung. Dort war er zuständig für das «Referat Flucht, Diebstahl und Fahndung». Auch seine Familie lebte dort.

Kurz vor der Befreiung des Konzentrationslagers durch die Rote Armee im Januar 1945 fuhr Wilhelm Boger mit einem Lastwagen voller Akten nach Thüringen und gab sie im KZ Buchenwald bei Weimar ab. Im Buchenwald-Außenlager Mittelbau-Dora arbeitete er wieder in der politischen Abteilung. Nach der Evakuierung des Lagers bewachte er zwei Todesmärsche von mehreren Tausend Häftlingen.

In den letzten Apriltagen 1945 sollte er noch an die Front, konnte sich aber in der allgemeinen Auflösung zu seinen Eltern nach Ludwigsburg absetzen. Er wurde schon vor Kriegsende von den Alliierten als einer der NS-Kriegsverbrecher genannt.

Im Spruchkammerverfahren sagte er aus: «In Ludwigsburg hielt ich mich 1945, ohne polizeilich gemeldet zu sein, drei Wochen lang auf, wurde aber durch Verrat eines Auschwitzer Häftlings von den Amerikanern festgenommen.» Diese schickten ihn mit einem Gefangenentransport nach Polen. Auf der Fahrt gelang es ihm aber, aus dem fahrenden Zug zu springen. Boger: «Nach meiner Flucht aus der Haft bin ich bei Verwandten und Bekannten in Württemberg untergetaucht, ohne polizeilich gemeldet zu sein. Damals zeigte sich noch, dass die Deutschen zusammenhielten, denn sie kannten mich alle und niemand zeigte mich an.»[3]

Gegenstand seines Spruchkammerverfahrens 1949 bis 1950 war vor allem seine Tätigkeit als Kriminalbeamter in Friedrichshafen. Es gab schwerwiegende Anschuldigungen einer Reihe von Zeugen und des Bürgermeisteramts Friedrichshafen: «In Friedrichshafen hat Boger von allen Gestapo-Angehörigen den schlechtesten Eindruck hinterlassen. Er gehörte zu jenen berüchtigten Männern, die den Ruf der Gestapo auf eine so niedrige Stufe gebracht haben. In der Bevölkerung war er der Gefürchtetste aller hiesigen Gestapo-Angehörigen und legte ein herausforderndes, verwerfliches und brutales Benehmen an den Tag. Bei seinen Vernehmungen im Dienst zeigte er sich rücksichtslos und soll oftmals Personen zu belastenden Aussagen förmlich gezwungen haben. Dabei soll es auch schon vorgekommen sein, dass er gegen die zu vernehmenden Personen tätlich geworden ist.»[4]

Am Ende des Verfahrens jedoch hieß es: «Mag er als Kriminalbeamter in Friedrichshafen auch den einen oder anderen etwas scharf angefasst haben, Misshandlungen, Gewalttätigkeiten waren ihm nicht nachzuweisen.» Auch für seine Tätigkeit in Auschwitz sind ihm keine Grausamkeiten vorgeworfen worden. Er habe nicht den Eindruck eines rohen, brutalen Menschen gemacht, «vielmehr den eines vernünftigen, gut geschulten Kriminalbeamten». Zwingende Gründe, ihn als Hauptschuldigen oder Belasteten einzustufen, seien somit nicht vorhanden gewesen.[5]

Ohne die Hartnäckigkeit der ehemaligen Häftlinge Adolf Rögner und Hermann Langbein wäre der Auschwitz-Prozess wohl nicht zustande gekommen. Rögner belastete in einem Schreiben vom 1. März 1958 Wilhelm Boger wegen Verbrechen im KZ Auschwitz. Die Staatsanwaltschaft Stuttgart zögerte lange, der Anzeige nachzugehen. Rögner galt als wenig vertrauenswürdig, weil er «wegen fortgesetzter falscher Anschuldigungen und Meineids» inhaftiert war.[6] Die Stuttgarter Anklagebehörde folgerte daraus, «dass Rögner als Belastungszeuge in Verfahren gegen KZ-Personal offensichtlich Lügen aus Hass und Rachsucht vorgetragen hat».[7] Erst der Druck des internationalen Auschwitz-Komitees unter seinem Vorsitzenden Hermann Langbein führte am 8. Oktober 1958 zur Verhaftung Bogers an seinem Arbeitsplatz in Stuttgart-Zuffenhausen. Die Ermittlungen übernahm der hessische Generalstaatsanwalt Fritz Bauer, der wie Boger aus Stuttgart stammte.

Im (ersten) Auschwitz-Prozess – neben Boger waren 21 weitere SS-Männer angeklagt –, der Ende 1963 in Frankfurt am Main eröffnet wurde, saßen sich die Zeugen und die Angeklagten nahe gegenüber. Selbst während der Verhandlung genoss Boger das Grauen, das die Zeugen immer noch bei seinem Anblick empfanden. Er hat die Zeugen zynisch angegrinst und sie mit «Heil Hitler» angeschrien. Es kam zu «ungeheuren Szenen: Menschen brechen zusammen, müssen hinausgetragen werden. Sie haben geweint, sie haben geschluchzt, wie ich nie wieder Menschen schluchzen hörte.»[8]

Die Aussagen von 360 Zeugen im Auschwitz-Prozess machten deutlich, dass Boger einer der furchtbarsten Täter in Auschwitz war. Das grausamste Folterinstrument im Lager wurde nach ihm Boger-Schaukel genannt: Die

Gefangenen wurden so aufgehängt, dass ihre Geschlechtsteile für gezielte Schläge freilagen. Viele Gefangene überlebten die Folter auf diesem Gerät nicht. Die sie überlebten, waren entstellt und hatten ihr Leben lang an den Folgen zu leiden. Boger nannte sein Foltergerät verharmlosend und zärtlich seine «Sprechmaschine». Als sie in Auschwitz verboten wurde, fragte er: «Wie soll man die Schweine zum Reden bringen, wenn man sie nicht schlagen darf?» Auch gegen die Wachmannschaften leitete er Ermittlungen: «Wenn er feststellte, dass ein SS-Mann mit einem Häftling irgendwelchen Kontakt hatte, ging er auch gegen den SS-Mann vor.»[9] Er hatte oft Ermittlungen gegen Mitglieder der Wachmannschaft durchzuführen, die sich am Gut der Ermordeten vergriffen hatten. Das hinderte ihn aber nicht daran, sich ebenfalls anzueignen, was er brauchte, und deshalb Häftlinge zu bedrohen oder zu foltern. Die Widerstandsbewegung der Häftlinge im Lager hatte versuchte, seine Stellung zu schwächen, indem sie von außerhalb einen anonymen Brief an die Lagerleitung schicken ließ, der von ihm entwendete Gegenstände aufzählte, allerdings ohne Erfolg.

Boger, im Lager Herr über Leben und Tod, hatte selber Angst. Er lag mehrmals mit Nervenstörungen im SS-Revier. Ein Häftling, der ihm dort eine Flasche Saft bringen musste, erinnerte sich, dass Boger ihn anschrie, weil die Flasche schon geöffnet war, als er ins Zimmer kam. Er musste eine neue Flasche holen und sie vor Bogers Augen öffnen. Seine zweite Frau Marianne berichtete, dass er «zeitweise mit den Nerven total fertig war» und sie deshalb seine Versetzung beantragt habe. Statt einer Versetzung wurde ein Erholungsurlaub mit seiner Familie bewilligt.

Während des Gerichtsverfahrens in Frankfurt leugnete Wilhelm Boger alle ihm vorgeworfenen Straftaten. Nach 183 Verhandlungstagen begann am 19. August 1965 die Verkündung des Urteils in der «Strafsache gegen Mulka und andere». Wilhelm Boger wurde wegen Mordes in mindestens fünf Fällen und gemeinschaftlichen Mordes zu lebenslänglich und zusätzlich 15 Jahren Zuchthaus verurteilt und verlor die bürgerlichen Ehrenrechte auf Lebenszeit. Zuletzt war er auf dem Hohen Asperg bei Ludwigsburg inhaftiert. Er starb am 3. April 1977 im Krankenhaus in Bietigheim-Bissingen.

Quellen und Literatur

Staatsarchiv Ludwigsburg, EL 902/5, BÜ 551
Bundesarchiv Ludwigsburg, AR-Z37/58
Langbein, Hermann: Menschen in Auschwitz, Wien 1995
Der Auschwitz-Prozess – Eine politische Erinnerung. 40 Jahre später. Stuttgarter Zeitung, 3.5.2004
Man hat nichts getan, man hat nichts gewusst. Stuttgarter Zeitung, 15.8.2005
Der Auschwitz-Prozess. Tonbandmitschnitte, Protokolle, Dokumente. Hg. vom Fritz-Bauer-Institut Frankfurt am Main und dem Staatlichen Museum Auschwitz-Birkenau

Anmerkungen

1 Der Auschwitz-Prozess – Eine politische Erinnerung. 40 Jahre später. Stuttgarter Zeitung vom 3.5.2004.
2 Staatsarchiv Ludwigsburg, EL 902/5, BÜ 551.
3 Der Auschwitz-Prozess. Stuttgarter Zeitung, 3.5.2004.
4 Ebd.
5 Ebd.
6 Der Frankfurter Auschwitz-Prozess, Bd. 2, Bl. 244.
7 Ebd., Bd. 1, Bl. 39.
8 Man hat nichts getan, man hat nichts gewusst. Stuttgarter Zeitung Nr. 187 vom 15.8.2005.
9 Langbein, Hermann: Menschen in Auschwitz, Wien 1995.

René Romann

Thomas Faltin

René Romann
Leiter der KZ-Außenlager Echterdingen und Geislingen/Steige

Er hat zwei KZ-Außenlager in der Region Stuttgart geleitet, doch er blieb der Öffentlichkeit jahrzehntelang nahezu unbekannt. Der gebürtige Deutsch-Elsässer René Romann (1909–2003) stand Ende 1944 zunächst zwei Monate lang dem Lager Echterdingen am Flughafen vor, dann drei Monate lang einem Lager in Geislingen/Steige. Trotz dieser herausgehobenen Stellung als Lagerführer wissen wir wenig darüber, was der damals 35-jährige SS-Unterscharführer René Romann dachte, was er fühlte und was ihn antrieb.

Die Lager Echterdingen und Geislingen: Als die 600 jüdischen Häftlinge im November 1944 an der Bahnrampe des Flughafens Echterdingen[1] ankamen, war der Flugbetrieb schon beinahe zum Erliegen gekommen – die Alliierten hatten mit ihren täglichen Tieffliegerangriffen längst die Lufthoheit errungen. Trotz dieser aussichtslosen Lage sollten die Häftlinge vor allem Verbindungsstraßen zur nahen Autobahn bauen, da man dort Flugzeuge starten und landen lassen wollte. Die Männer aus Ungarn, Polen, Griechenland und 14 weiteren Ländern waren fast alle aus dem Inferno Auschwitz über das KZ Stutthof nach Echterdingen gekommen und viele waren mit ihren Kräften bereits am Ende. Fast alle mussten in einem Steinbruch bei Filderstadt-Bernhausen schuften. Die Bedingungen waren mörderisch. Der erste Mann, der 36-jährige Holländer Daniel Werkendam, starb bereits zwei Tage nach der Ankunft. Die Männer lebten in einem großen Hangar am Rande des Flughafens. Der ehemalige Häftling Mayer Hersh erinnert sich: «Es war kalt, gefährlich kalt. Manche Leute haben Schnee auf dem Bett gehabt.»[2]

Auch die Verpflegung war für die allermeisten Häftlinge ungenügend. Die Suppe sei so dünn gewesen, dass man einen Taucheranzug gebraucht hätte, um etwas Festes auf dem Boden zu entdecken, erzählte der polnische Gefangene Benjamin Gelhorn mit ironischem Unterton. Ende Dezember oder Anfang Januar brach unter den katastrophalen hygienischen Bedingungen im Lager Typhus aus, woran 50 bis 60 Menschen starben. Insgesamt kamen 119 von 600 Männern ums Leben. Sie starben an Typhus, Hunger, Kälte und Verzweiflung und wurden in zwei Massengräbern verscharrt. Diese Sterberate war hoch, auch verglichen mit großen Konzentrationslagern wie Buchenwald oder Dachau.

Die Typhus-Epidemie und das Erliegen des Flugbetriebs waren wohl die Hauptgründe, weshalb das Lager am 20. Januar 1945 aufgelöst wurde. 100 kranke und todkranke Häftlinge wurden in das KZ-Außenlager ins württembergische Vaihingen an der Enz transportiert, 59 ins Konzentrationslager Bergen-Belsen (heute Niedersachsen). Lediglich 320 der ursprünglich 600 Männer galten noch als arbeitsfähig und kamen in das KZ Ohrdruf in Thüringen, wo sie Stollen in einen Muschelkalkhang graben mussten.

Anschließend fuhr René Romann nach Geislingen: Er sollte dort ein Frauenlager[3] leiten, das im Februar 1944 auf Initiative der Württembergischen Metallwarenfabrik gegründet worden war. Die Verpflegung der insgesamt 960 Frauen – die meisten kamen Ende Juli 1944 aus Auschwitz und stammten aus Ungarn – war auch in Geislingen nicht ausreichend. Doch WMF erhöhte teilweise die Essensrationen; zudem waren die Frauen durch die Arbeit im Gebäudeinneren etwas vor der Kälte geschützt. Das hat dazu beigetragen, dass die Sterberate geringer war. Dennoch sind zwölf Frauen ums Leben gekommen. Das Lager ist im April 1945 evakuiert worden – auf dem Weg ins Ötztal, wohl am Starnberger See, wurden die Frauen von amerikanischen Truppen befreit.[4] René Romann kam dabei in Gefangenschaft.

Biografie: René Romann wurde am 8. März 1909 als Deutscher in Mulhouse im Elsass geboren. Sein Vater war selbstständiger Sägewerker in verschiedenen Orten im Elsass und in Baden. Im väterlichen Sägewerk machte der junge René eine Lehre und arbeitete dort später als Sägewerker und Waldarbeiter.[5] Seine Biografie fügt sich in die soziale Struktur großer Teile der KZ-Führungsebene ein: Viele besaßen keine akademische Bildung, sondern waren handwerklich ausgebildete Männer; und sie waren in der Zeit der Weltwirtschaftskrise von sozialem Abstieg bedroht gewesen.

Im Gegensatz zu vielen anderen SS-Männern der Führungsebene trat Romann nicht schon in den 1930er-Jahren in die SS ein; er war aber bereits seit 1937 Mitglied der NSDAP, wenn auch ohne Ämter oder Funktionen.[6] Im Mai 1940 ging er freiwillig zur SS.[7] René Romann war somit kein bloßer Mitläufer, sondern hat sich aus Überzeugung in der NSDAP und der SS engagiert.

Romann wurde im Russlandfeldzug an der Nordfront eingesetzt. Zur Jahreswende 1941/1942 wurde er zurückbeordert und am 2. Januar 1942 meldete er sich als SS-Sturmmann im KZ Natzweiler. Dort brachte er es schnell zum Rotten-und zum Blockführer. In dieser Funktion scheint er sich in den Augen seiner Vorgesetzten bewährt zu haben[8], denn am 18. März 1943[9] vertraute man ihm ein erstes eigenes Kommando an: In einem kleinen Lager in Peltre bei Metz war er als Lagerleiter für 50 Häftlinge zuständig. Ein solcher Werdegang war nicht ungewöhnlich; viele Wachmänner arbeiteten sich zum Blockführer hoch und wollten Rapportführer oder Kommandoführer werden: «Diese Konkurrenz bringt sie deshalb dazu, sich effizient zu zeigen, um sich in Erinnerung zu halten», urteilt Robert Steegmann über die Blockführer in Natzweiler.[10] In Peltre blieb Romann ein gutes Jahr; nach einer kürzeren erneuten Phase im Hauptlager wurde er im November 1944 Kommandant in Echterdingen, zwei Monate später in Geislingen/Steige. In der Rangordnung der SS war René Romann trotz der alleinigen Verantwortung für drei Lager nicht weit aufgestiegen: Zuletzt war er SS-Unterscharführer, was einem Unteroffizier bei der Wehrmacht entsprach.

Auf dem Papier hatte René Romann in den Außenlagern nur ganz wenige Entscheidungsbefugnisse. Das Wachpersonal des Außenlagers Echterdingen unterstand sowieso der Kommandantur des Flughafens Echterdingen und die Kommandantur von Natzweiler besaß alle anderen Zuständigkeiten.[11] In der Realität dürfte aber die Kommandantur vor allem zum Kriegsende hin nur noch wenige Möglichkeiten gehabt haben, in die Führung der Außenlager einzugreifen. Dazu waren die Zustände zu chaotisch. René Romann hatte daher einen sehr großen Einfluss darauf, welche Bedingungen im Lager herrschten – zumal er im Lager Echterdingen der einzige SS-Angehörige war. Er hat diese Machtfülle nicht wie andere SS-Männer zu Gewaltorgien genutzt. Er hätte aber deutlich mehr tun können, um mehr KZ-Häftlingen das Überleben zu ermöglichen.

Romanns Verhalten: Wie sich René Romann angesichts der katastrophalen Lage der Häftlinge verhalten hat, lässt sich heute nicht mehr eindeutig klären. So behauptete er zum Beispiel für Echterdingen später, er habe eine Decke in den Hangar einziehen lassen, um ihn beheizbar zu machen. Keiner der überlebenden Häftlinge kann sich jedoch daran erinnern. Er sagte später aus, dass er für die kranken Häftlinge Medikamente aus dem Krankenhaus Esslingen beschafft habe; nur ein Gefangener weiß aber noch, einmal in Esslingen etwas abgeholt zu haben. Bei späteren Vernehmungen war Romann jedenfalls der Ansicht, seinen Teil zum Überleben der Häftlinge beigetragen zu haben. So habe sich der Zustand der Häftlinge am Ende der Lagerzeit «wesentlich gebessert».[12] Allerdings wirkt diese Aussage angesichts 119 toter und 159 schwerkranker Häftlinge zynisch. Gegen die angebliche Hilfe Romanns spricht vor allem dies: Er hat bei der Gemeinde Bernhausen durchgesetzt, dass die Bevölkerung den vorbeiziehenden Häftlingen kein Essen mehr geben durfte. Es lässt sich allerdings nicht nachweisen, dass Romann in Echterdingen und Peltre Erschießungen oder Erhängungen angeordnet hat. So sagte der Echterdinger Häftling Isaak Borenstein später aus: Der Lagerkommandant «war sehr streng, ich habe aber nicht gesehen, dass er Häftlinge tötete. Dass er Häftlinge geschlagen hat, habe ich gesehen.»[13]

Doch Romann besaß auch ein anderes Gesicht: Während seiner Zeit im Hauptlager Natzweiler gebärdete er sich wie viele andere gewalttätige SS-Aufseher. Womöglich hatte Romann in seiner Anfangszeit im KZ versucht, durch rigides Vorgehen die Aufmerksamkeit seiner Vorgesetzten zu wecken. So erinnert sich der Natzweiler-Häftling Henri Weidert: «Unzählige Male war ich Augenzeuge der Brutalität Romanns gegenüber den Gefangenen. (...) Die Gegenwart von Romann hat alle Gefangenen zittern lassen; es handelt sich um einen brutalen Menschen par excellence.»[14]

Im Prozess zum KZ Geislingen/Steige im September 1948 vor dem französischen Militärgericht in Rastatt sagte die Zeugin Bochi Weingarten, Romann und eine Wärterin hätten zwei Säuglinge mitten im Winter draußen in die Kälte gelegt, damit sie erfrieren; als sie nicht gestorben seien, hätten Romann und die Wärterin sie mit eigenen Händen erwürgt.[15] Romann saß bei diesen Aussagen im gleichen Raum; mehrere Zeuginnen identifizierten ihn. Dennoch waren in diesem Prozess verschiedene Widersprüche nicht aufzulösen. Vor allem waren sich die Zeuginnen sicher, dass die Selektion und der Mord an den Babys im November oder Dezember 1944 geschehen waren. Damals war Romann aber definitiv noch nicht in Geislingen gewesen. Aufgrund dieser großen Unsicherheiten wurden diese Taten Romann beim Strafmaß nicht angerechnet.

Romanns Verteidigungsstrategie: Die Aussagen von René Romann in den Vernehmungen und vor Gericht sind häufig detailliert, aber nicht immer glaubwürdig. So hat er in seiner Vernehmung zum KZ-Außenlager Echterdingen vor der deutschen Staatsanwaltschaft im Jahr 1970[16] in entscheidenden Punkten unzutreffende Aussagen gemacht oder wichtige Tatsachen verschwiegen. In der Vernehmung 1970 beispielsweise sprach er von «höchstens 30 bis 40 Toten» in Echterdingen. Dabei hatte der damalige Lagerleiter die Sterbefälle persönlich im Rathaus von Bernhausen registrieren lassen. Seine Aussage, er habe vergessen, dass 119 Männer in Echterdingen gestorben sind, ist deshalb nicht glaubwürdig. Daneben behauptete er: «Vergrabungen von Gefangenen in der Nähe des Lagers oder des Arbeitsplatzes kamen nicht vor.» Wie wir seit der Entdeckung des Massengrabes am Flughafen im Jahr 2005 wissen, ist diese Behauptung falsch. Dass aber 34 Männer direkt am Lager begraben wurden und der Kommandant nichts davon gewusst hat, ist höchst unwahrscheinlich. Viele Äußerungen Romans sind deshalb mit großer Skepsis zu sehen.

Auch während der Ermittlungen für den Natzweiler-Prozess im Jahr 1954 hat Romann alle Anschuldigungen abgestritten. Seine gebetsmühlenartige Erwiderung: Er wisse nichts von solchen Vorfällen, die Aussagen könnten schon wegen des Zeitpunkts oder der Befehlshierarchie nicht stimmen, er habe gar keinen Grund gehabt, Häftlinge zu schlagen. Bei der Gegenüberstellung mit dem ehemaligen Häftling Antoine Burg meinte Romann beispielsweise lapidar: «Ich widerspreche den Ausführungen des Zeugen. Sie sind vollkommen frei erfunden.» Das Äußerste, was Romann sich an Zugeständnissen abringen konnte, waren Sätze wie diese: «Ich war strikt im Dienst, das gebe ich zu; ich habe meine Pflicht als Soldat getan.» Oder eine Aussage wie diese: «Ich streite völlig ab, brutal gewesen zu sein. Ich habe niemals zugeschlagen. Es ist mir vielleicht das eine oder andere Mal passiert, eine Ohrfeige verteilt zu haben, aber das war absolut alles.»[17]

Juristische Aufarbeitung: Insgesamt verbrachte René Romann knapp sieben Jahre in amerikanischer und französischer Haft, von April 1945 bis Februar 1952. Die meiste Zeit saß er in Gefängnissen in Rastatt und Metz. Dann kam er auf Betreiben seiner französischen Rechtsanwältin frei.

Für seine Tätigkeit im KZ-Außenlager Echterdingen ist René Romann nie zur Verantwortung gezogen worden. Die französischen Militärgerichte haben dieses Lager übersehen, da es zum Kriegsende nicht mehr bestand. Das deutsche Ermittlungsverfahren im Jahr 1970 wurde eingestellt, da zu jener Zeit nur noch Mord justiziabel gewesen wäre – und ein solches Verbrechen war ihm nicht nachzuweisen.

Der Prozess in Rastatt, in dem neben Romann vier weitere Angeklagte wegen ihrer Taten in Geislingen/Steige angeklagt waren, wurde am 20. September 1948 eröffnet.[18] Bereits am 27. September wurden die Urteile gesprochen. Bei diesem Prozess war René Romann anwesend. Die schweren Vorwürfe gegen ihn ließen sich aber nicht erhärten. So kam es zu einer Strafe von zwei Jahren Haft, deren Beginn auf den Tag seiner Verhaftung im April 1945 festgesetzt wurde. Der ehemalige Lagerkommandant war deshalb ein freier Mann, als er am 27. September 1948 den Gerichtssaal in Rastatt verließ. Am 9. November 1948 wurde er jedoch in Rastatt erneut festgenommen, da bereits seit dem 24. Juli 1948 ein weiterer französischer Haftbefehl gegen ihn vorlag – dabei ging es um seine eventuelle Beteiligung an Straftaten im Stammlager Natzweiler.[19]

Als im Jahr 1954 das französische Militärgericht in Metz den Prozess zum KZ Natzweiler eröffnete[20], saß René Romann nicht auf der Anklagebank. Er war bereits freigelassen worden und zog es vor, dem Prozess fernzubleiben. Das Gericht kannte zwar seinen Aufenthaltsort, setzte die Vorladung aber nicht polizeilich durch. Romann wurde in Metz in seiner ehemaligen Funktion als Blockführer in Natzweiler wegen vorsätzlicher und freiwillig ausgeführter Misshandlungen an drei Häftlingen und wegen der Mitgliedschaft in der SS zu einer Gefängnisstrafe von zehn Jahren verurteilt. Von allen abwesenden Verurteilten erhielt er die niedrigste Strafe. Er musste die Strafe aber nicht verbüßen. Er habe das Urteil aus Metz nicht einmal zugestellt bekommen, sagte er später, und nur über seine Rechtsanwältin davon erfahren.

Abschließende Bewertung: Grundsätzlich dürfte Romann die Ablehnung gegenüber den Juden oder den Hass auf sie geteilt haben; es ist schwer vorstellbar, dass er sonst die Leitung von drei Außenlagern übertragen bekommen hätte. Vielleicht liegt hier ein Grund, weshalb er so wenig für die Häftlinge in Echterdingen getan hat, obwohl es in seiner Macht gestanden hätte.

Auch wenn sich dies nicht durch Quellen zweifelsfrei belegen lässt: Beim Lesen der Aussagen Romanns hat man manchmal den Eindruck, sein Verhalten in Echterdingen wäre mit dem Begriff «Gleichgültigkeit» am besten beschrieben. Vielleicht hat sich René Romann angesichts der sich abzeichnenden militärischen Niederlage des Deutschen Reichs bewusst zurückgenommen – er war sich wohl im Klaren darüber, dass er als Mitglied der Konzentrationslager-SS von den Alliierten zur Verantwortung gezogen werden konnte. Im Gegensatz zu vielen anderen SS-Männern berief er sich vor Gericht nie auf einen Befehlsnotstand. Andererseits äußerte er in den beiden Prozessen in Rastatt 1948 und Metz 1954 sowie bei den Vernehmungen 1962 und 1970 kein einziges Wort des Bedauerns. Er hat auch nie danach gefragt, was aus den ihm unterstellten Häftlingen geworden ist. Beim Beschreiben des Häftlingstransports von Echterdingen ins KZ Ohrdruf im Jahr 1970 spricht er von einer «Stückzahl»[21] – als hätte er nicht Menschen, sondern Kartoffelsäcke geliefert. Hinter dieser Sprache verschwindet das Leiden der Betroffenen, verschwindet der ganze Mensch.

Anmerkungen

1 Zum KZ-Außenlager Echterdingen siehe das Buch «Im Angesicht des Todes» von Thomas Faltin.
2 Stadtarchiv Filderstadt, Interview mit Mayer Hersh am 24.4.2006, geführt von Thomas Faltin.
3 Zum KZ-Außenlager Geislingen/Steige siehe die Arbeiten von Annette Schäfer: Das Außenlager des Konzentrationslagers Natzweiler in Geislingen/Steige, in: 1999. Zeitschrift für Sozialgeschichte des 20. und 21. Jahrhunderts, Heft 3/1990, S. 98–109. Zwangsarbeiter im Gau Württemberg-Hohenzollern 1939–1945. Magisterarbeit 1988 (ein vollständiges Exemplar beispielsweise in StA Ludwigsburg).
4 Nach Aussage Romanns im Bundesarchiv Ludwigsburg, B 162/3955, S. 135f. Laut Schäfer, Zwangsarbeiter, wurden die Geislinger Frauen «kurz vor Allach» befreit.
5 Diese Schilderung nach Romanns eigenen Angaben im Bundesarchiv Ludwigsburg, B 162/3955, S. 134ff. und BA LB, B 162/20639.
6 Archives de l'occupation française en Allemagne et en Autriche, Colmar, AJ 3632 p. 120 d. 5695, Ermittlungsbogen (letztes Blatt der Akte).
7 Dépôt central d'Archives de la Justice militaire, Le Blanc, Urteil Nr. 575 vom 28.5.1958, Information, Nr. 1022: Première comparution de René Romann, 10.12.1948. In AJM Le Blanc, Urteil Nr. 575 vom 28.5.1958, Information, Nr. 2272, erzählt Romann, wie der NSDAP-Kreisleiter von Neustadt im Schwarzwald ihm geholfen habe, zur SS zu kommen.
8 Dépôt central d'Archives de la Justice militaire, Le Blanc, Urteil Nr. 575 vom 28.5.1958, Annexe B 1: Contrôle nominatif troupe (Einstellungsbuch der Wachsoldaten), Romann auf Nr. 120: Unter dem Stichwort «Führung» und dem Datum 19.8.1942 ist bei Romann «gut» eingetragen.
9 Dépôt central d'Archives de la Justice militaire, Le Blanc, Urteil Nr. 575 vom 28.5.1958, Information, Nr. 1829: Procès-verbal d'interrogatoire de René Romann, 10.12.1949.
10 Steegmann, Robert: Struthof. Le KL-Natzweiler et ses kommandos, Strasbourg 2005, S. 347.
11 Vorländer, Herwart (Hg.): Nationalsozialistische Konzentrationslager im Dienst der totalen Kriegsführung. Sieben württembergische Außenkommandos des Konzentrationslagers Natzweiler/Elsass, Stuttgart 1978, S. 15.
12 Bundesarchiv Ludwigsburg, B 162/3955, S. 142.
13 Bundesarchiv Ludwigsburg, B 162/3955, S. 108.
14 Dépôt central d'Archives de la Justice militaire, Le Blanc, Urteil Nr. 575 vom 28.5.1958, Information, Nr. 1484: Procès-verbal, Henri Weidert, 1.8.1949.
15 Staatsarchiv Ludwigsburg EL 317 III, Bü 760, Blatt 521 (S. 14 des Protokolls).
16 Bundesarchiv Ludwigsburg, B 162/3955, S. 134–144.
17 Dépôt central d'Archives de la Justice militaire, Le Blanc, Urteil Nr. 575 vom 28.5.1958, Information, Nr. 1630, 1374, 2272.
18 Das Prozessprotokoll im Staatsarchiv Ludwigsburg, EL 317 III, Bü 758–761.
19 Bundesarchiv Ludwigsburg, B 162/20639, S. 6.
20 Die Ermittlungs-und Prozessakten im Dépôt central d'Archives de la Justice militaire, Le Blanc, Urteil Nr. 575. 21 Bundesarchiv Ludwigsburg, B 162/3955, S. 142.

Eugen Stähle   Otto Mauthe

Thomas Stöckle

Eugen Stähle und Otto Mauthe
Der Massenmord in Grafeneck und die Beamten des Innenministeriums

Am 8. Juni 1949 begann in Tübingen ein Prozess gegen acht Personen wegen Beihilfe zum Mord und Verbrechen gegen die Menschlichkeit.[1] Nach einmonatiger Verhandlungsdauer verurteilte das Schwurgericht den Hauptangeklagten, den Mediziner Otto Mauthe, wegen Beihilfe zu einem Verbrechen gegen die Menschlichkeit zu fünf Jahren Gefängnis. Der Prozess ging als Grafeneck-Prozess in die Geschichte ein. Hintergrund war die Ermordung von über 10.600 Kranken und Behinderten im Verlauf des Jahres 1940 in Grafeneck bei Münsingen auf der Schwäbischen Alb, heute Kreis Reutlingen. Mauthes Vorgesetzter, der Arzt Eugen Stähle, starb noch vor Prozessbeginn als Untersuchungshäftling im Kreiskrankenhaus Münsingen.

Die «Euthanasie»-Verbrechen waren, was die beteiligten Institutionen, Organisationen und Personen anging, ein komplexer, arbeitsteilig organisierter Prozess.[2] Über 70.000 Menschen aus Heil- und Pflegeanstalten, überwiegend Menschen mit psychischen Erkrankungen oder geistigen Behinderungen, wurden von Januar 1940 bis August 1941 in sechs Vernichtungsstätten auf deutschem Reichsgebiet mit Gas ermordet, 10.654 von ihnen allein im Jahr 1940 in Grafeneck. Voraussetzung für dieses arbeitsteilige Großverbrechen des NS-Staates war, neben der Gesamtplanung und Lenkung durch staatliche und parteiamtliche Organe auf Reichsebene, die Mitwirkung der Länder und Länderverwaltungen, die ihre Apparate in den Dienst der Vernichtungsaktion stellten. Die historische Kriminologie hat hierfür den Begriff der arbeitsteiligen Täterschaft entwickelt. Auch in Württemberg waren, bedingt durch die komplexe Struktur des nationalsozialistischen Doppelstaates, des Normen- und des Maßnahmenstaates, eine Vielzahl verschiedener Organe von Staat und Partei involviert.[3] Die organisatorischen Zentren auf Länderebene stellten die Innenministerien dar. Es handelte sich um die an der Spitze dieser Ministerien stehenden Fachminister und deren nachgeordneten Gesundheitsabteilungen und Gesundheitsverwaltungen sowie deren leitendes Personal. Ebenfalls involviert waren die jeweiligen Gauleiter, bei Kriegsbeginn in Personalunion zu Reichsverteidigungskommissaren ernannt. Keiner der bei der NS-«Euthanasie» federführenden Akteure ist im Verlauf der Vorbereitungen oder der Durchführung aus dem Amt ausgeschieden, hat seine Mitwirkung versagt, ist zurückgetreten oder hat dieses angedroht oder versucht, sich der Mitarbeit zu entziehen.

Ziel der vorliegenden Skizze ist es, am Beispiel zweier hoher Ministerialbeamter deren Anteil an der NS-«Euthanasie» zu bestimmen, ein Täterprofil zu entwerfen und ihre Mentalität in Ansätzen zu rekonstruieren, um zu einem tieferen Verständnis beizutragen, wie im Verlauf des Jahres 1940 über 10.600 Menschen in Grafeneck auf der Schwäbischen Alb ermordet werden konnten. Deutlich gemacht werden sollen Stellenwert und Funktion dieser Personen im Gesamtprozess. Da der Vorgang insgesamt arbeitsteilig organisiert war, war die Täterschaft ebenfalls arbeitsteilig. Waren Täter also, wie es in einer neueren Studie formuliert ist, «zu Rädchen im Getriebe» der Vernichtungspolitik geworden?[4]

Nun zu den Akteuren: Der Arzt Eugen Stähle war Obermedizinalrat und Ministerialrat im Ministerium des Innern in Württemberg. Sein Kollege Otto Mauthe war im gleichen Ministerium Obermedizinalrat und «Berichterstatter für das Irrenwesen sowie Ehe- und Erbgesundheitsfragen in Württemberg».

Formal Ranghöchster war der in Stuttgart am 17. November 1890 in Stuttgart geborene Eugen Stähle, der im Februar 1934 als Ministerialrat zum Leiter der Gesundheitsabteilung des Württembergischen Innenministeriums aufgerückt war. Direkt unterstanden ihm alle staatlichen und privaten württembergischen Anstalten – indirekt auch die Einrichtungen der freien Wohlfahrtspflege –, aus denen 1940/1941 über 4000 Menschen in Grafeneck und Hadamar ermordet wurden. Stähles Karriere verlief sehr steil. Er war ein überzeugter Nationalsozialist. Neben seiner exponierten Stelle im württembergischen Staatsdienst hatte er parteiamtliche und berufsständische Ämter und Funktionen inne.

Eugen Stähle absolvierte zwischen 1908 und 1913 ein Medizinstudium in Tübingen und Berlin. In Tübingen gehörte er der studentischen Verbindung «Normannia» an. 1914 erhielt Stähle die medizinische Approbation und promovierte im selben Jahr. Nach kurzer Assistenzzeit an der Poliklinik Tübingen nahm er als Freiwilliger am Ersten Weltkrieg teil, zuletzt als Regimentsarzt im Grenadier-Regiment «Königin Olga» (1. Württembergisches) Nr. 119 und bei seiner Entlassung im Dienstgrad eines Stabsarztes der Reserve. Als Freikorpsmitglied war Stähle an der Niederschlagung der Münchner Räterepublik beteiligt. Seit 1923 war er Mitglied der NSDAP (Mitglieds-Nr. 65877) und Ortsgruppenleiter von Nagold im Kreis Calw. 1930 wurde Stähle Gauobmann des nationalsozialistischen Deutschen Ärztebunds. Von März 1932 bis November 1933 war er Reichstagsabgeordneter der NSDAP. Im Februar 1934 wurde er schließlich auf die Position eines Ministerialrats und Leiters des Gesundheitswesens im Württembergischen Innenministerium berufen, eine der Schlüsselstellungen für die Planung und Durchführung der NS-«Euthanasie»-Morde in den Jahren 1939 bis 1941 beziehungsweise 1945. Im gleichen Jahr wurde er zudem parteiamtlicher Gesundheitsführer beziehungsweise Gauamtsleiter des Hauptamts für Volksgesundheit in Württemberg, daneben Vorsitzender des Ärztevereins Calw/Nagold und später Vorsitzender des Württembergischen Ärzteverbands. Während des Zweiten Weltkriegs übernahm er den Vorsitz im Gaugesundheitsrat für Württemberg-Hohenzollern und trug den Titel

«Gaugesundheitsführer». Im Jahr 1943 ernannte Hitler Eugen Stähle zum Professor.

Im Rahmen der Vorermittlungen zum Grafeneck-Prozess gab Stähle am 26. Juni 1945 in Stuttgart gegenüber dem Chef der deutschen Polizei der Stadt Stuttgart Folgendes zu Protokoll: «Die Maßnahmen wurden von der Reichsregierung eingeleitet und ich habe als Beamter die Pflicht, derartige Maßnahmen zu verteidigen und geistig zu unterbauen. Als Reichsverteidigungsmaßnahme im Falle eines Krieges billige ich die Sache im Falle eines außergewöhnlichen Notstandes. Dieser war gegeben durch Platzmangel in den Anstalten, Lebensmittelnot und Personalmangel.»[5]

Neben die Trias Raum-/Bettenmangel, Nahrungsmittelmangel, Ärzte-/ Pflegepersonalmangel traten als Unterfütterung seiner Motivation biologistische, sozialdarwinistische, rassenhygienische und rassenantisemitische Argumentationen. Der Arzt, führte Stähle aus, sei nicht nur Arzt des Einzelindividuums, sondern Arzt der Nation, des Gesamtvolkes, der Volksgemeinschaft. Der Kernsatz seiner langen Ausführungen und ein Kernsatz zum Verständnis der NS-Diktatur, die in neueren Forschungsansätzen auch als eine sogenannte biopolitische Diktatur interpretiert wird, lautete: Die Grundrechte des Einzelnen müssen vor den Grundrechten des Volkes zurückstehen. In seiner Aussage vom Juni 1945 verteidigte Stähle sein Handeln im Nationalsozialismus nachdrücklich, sowohl die Zwangssterilisationen aufgrund des Gesetzes zur Verhütung erbkranken Nachwuchses seit 1934 als auch die Morde von Grafeneck 1940 und damit letzten Endes sein Tun.

«Zum Arzt berufen ist nach meiner Auffassung derjenige, der den Willen und den Drang verspürt, den Menschen in Krankheit und Not zu helfen ... Darüber hinaus ist der Arzt nicht nur Helfer des Einzelindividuums, sondern auch Arzt der Nation, d. h. des Gesamtvolkes, der nach Mitteln und Wegen zu suchen hat, die gesundheitlichen Verhältnisse der Volksgemeinschaft in jeder Beziehung zu verbessern. Da eine ganze Anzahl von Krankheiten nicht auf Umweltverhältnisse, sondern auf erbmäßige Anlagen zurückzuführen sind, genügt es nicht, nur die Umweltverhältnisse des Menschen zu verbessern, sondern der Arzt muss auch bestrebt sein, die Erbanlagen der Volksgemeinschaft zu verbessern und schädliche Erbanlagen aus der Vermehrung und Fortpflanzung auszuschalten. ... Ein Mittel zur Verbesserung der Erbanlage eines Volkes ist die Ausschaltung krankhafter Erbanlagen, von welchen nach den Erfahrungen der ärztlichen Wissenschaft bekannt ist, dass sie mit großer Wahrscheinlichkeit auf die Nachkommenschaft übergehen, ist die Verhinderung der Fortpflanzung solcher Erbkranker durch die Unfruchtbarmachung. ... Ich selbst habe am Zustandekommen des Gesetzes zur Verhütung erbkranken Nachwuchses nicht mitgewirkt. Ich habe das Gesetz aber als für die deutsche Volksgesundheit förderlich begrüßt. ... Die Grundrechte des Einzelnen müssen vor den Grundrechten des Volkes zurückstehen. Wenn also der Einzelne das Unglück hat, erbkrank zu sein, muss er auf Fortpflanzung verzichten und kann es »kein integrales Recht auf seine individuelle Fortpflanzung geben, sondern dieses Recht muss vor dem Recht der Volksgemeinschaft zurücktreten. In vielen Fällen wird der Erbkranke nicht freiwillig auf Fortpflanzung verzichten wollen, weil er gerade infolge seiner Erbkrankheit die Notwendigkeit eines Fortpflanzungsverzichtes nicht einsieht. In diesen Fällen muss der Staat im Interesse der Volksgemeinschaft helfend eingreifen.»

Neben seine inhaltliche Übereinstimmung trat die formale, aber deshalb nicht geringer einzuschätzende Bedeutung des Beamteneides für Stähle. «Im Übrigen habe ich gemäß meinem Beamteneid an der Durchführung des Gesetzes so mitgeholfen, wie es im Sinne des Gesetzgebers lag.»

Bei seinen Aussagen zu den «Euthanasie»-Morden verhielt sich Stähle sehr viel vorsichtiger, hier stehen wahrheitsgemäße Aussagen neben halbwahren und gänzlich falschen. Schon in den ersten Ausführungen wurden Widersprüche offenbar. Stähle schien früh von der «Vernichtung lebensunwerten Lebens» überzeugt und informiert gewesen zu sein. Wie alle Medizinaldezernenten der Länderverwaltungen war auch Stähle bereits im Herbst 1939 in Berlin über die bevorstehende «Aktion» unterrichtet worden. Aber nur er und seine Kollegen im Badischen sowie im Bayerischen Innenministerium, die Ministerialräte Ludwig Sprauer und Walter Schultze, mithin die Medizinaldezernenten der süddeutschen Länderverwaltungen, wurden zu den Beratungen über ein geplantes «Euthanasie»-Gesetz herangezogen.

«In Friedenszeiten wurde über Euthanasie praktisch, abgesehen von wenigen, zeitlich vor dem 3. Reich liegenden Publikationen (Hoche, Binding u. a.) wenig gesprochen. Ich selbst habe in Vorträgen über die Unfruchtbarmachung mehrfach geäußert, dass wir uns willig dem Fünften Gebot ‹Du sollst nicht töten› beugen würden, auch hinsichtlich der Erbkranken und Geisteskranken. ... Im letzten Weltkrieg hat man diese Art Menschen in den Anstalten zu Hunderten verhungern und an Tuberkulose zugrunde gehen lassen. ... Es erscheint mir menschlicher, solches lebensunwertes Leben durch einen milden und völlig unmerklichen Tod vom Dasein zu befreien, als die Kranken an Hunger oder Tuberkulose zugrunde gehen zu lassen.»

Deutlich arbeitete Stähle seine Begriffe von Legalität und Legitimität heraus: Erst der Krieg schafft die Bedingungen, Kriegsbedingungen im Sinne extremer Ressourcenverknappungen, die diese Maßnahme rechtfertigen. «Durch die Westwallevakuierung war in den Anstalten ein katastrophaler Raummangel eingetreten; dadurch sowie durch die übrigen kriegsbedingten Schwierigkeiten (Ernährungslage, Personalmangel) schien mir ein außerordentlicher Notstand begründet, der diese von höherer Seite angeordnete und durchgeführte Art der Euthanasie rechtfertigen konnte. ... Ich habe die Maßnahme nicht nur deswegen, weil sie legal war, vor meinem Gewissen gerechtfertigt gefunden, sondern auch, weil sie durch Notstände des Krieges zwangsläufig bedingt war.»

Und so beschrieb Eugen Stähle das Verhalten der Angehörigen der Opfer: «Es ging mir, wie es der überwiegenden Mehrzahl der Angehörigen der von der Euthanasie betroffenen Personen auch ergangen ist: Sie atmeten auf, dass eine höhere Hand ihnen die Entscheidung abgenommen hatte, für die sie eine persönliche Verantwortung doch nicht hätten übernehmen wollen.»

Ganz sicher stellt seine Einschätzung nur einen Teil der Wahrheit dar. Die überlieferten Reaktionen der Angehörigen spiegeln vielmehr eine Bandbreite wider – von expliziter oder stillschweigender Zustimmung über Gleichgültigkeit und Apathie bis hin zu Empörung und offener Ablehnung.

«Kurze Zeit vor Beginn des Angriffsfeldzugs im Westen erhielt ich einen Anruf von dem Adjutanten Gutbrod von der Reichsstatthalterei, Min.-Dir. Dr. Linden von Berlin sei zum Vortrag oben gewesen und der Reichsstatthalter lasse mich bitten, ihn zu empfangen und seine Angelegenheit zu unterstützen. ... Dr. Linden, der mir von Berlin her gut bekannt war, erklärte mir, er benötige in Württemberg eine kleine Anstalt mit etwa 50 Betten für Geisteskranke, bei welcher Gelände für die Aufstellung von Baracken vorhanden sei und die einsam, vom Verkehr abgelegen und leicht bewachbar sei. Aus militärischen Gründen müsse eine große Anstalt an der holländischen Grenze alsbald geräumt werden und es soll in dieser neuen Anstalt wegen des großen Notstandes in sämtlichen Anstalten des Reichs auch Euthanasie betrieben werden. Württemberg sei das erste Land, das eine solche Anstalt bekommen sollte, es würden aber alsbald weitere Anstalten eingerichtet werden. Die Anstalt werde von der Reichsarbeitsgemeinschaft Heil- und Pflegeanstalten betrieben werden und habe mit dem Lande Württemberg gar nichts zu tun. Wir hätten lediglich das Objekt zu beschlagnahmen und der Reichsarbeitsgemeinschaft zur Verfügung zu stellen sowie dort ein eigenes Standesamt zu errichten und die württembergischen Heil- und Pflegeanstalten, einschließlich der nicht staatlichen, anzuweisen, die Fragebogen der Reichsarbeitsgemeinschaft auszufüllen und die Weisungen der Reichsarbeitsgemeinschaft hinsichtlich der Verlegung der Kranken zu befolgen. Ich fragte zunächst, auf welcher Rechtsgrundlage die Sache betrieben werden solle, und erhielt zur Antwort, dass eine Sondervollmacht des Führers bereits vorliege, worauf ich bat, mir diese Vollmacht ebenfalls zugänglich zu machen. Später wurde mir die Fotokopie einer diesbezüglichen Vollmacht des Führers an Reichsleiter Philipp Bouhler vorgelegt. Diese Vollmacht wurde mir entweder von Min.-Dir. Dr. Linden oder anlässlich eines Besuches in Grafeneck von dem dortigen Chefarzt vorgelegt. ... Auf die Frage von Dr. Linden schlug ich Schloss Grafeneck Krs. Münsingen vor.»[6]

Die Pflichten Stähles bestanden im Einzelnen darin, die Wahl des Standortes für die erste Vernichtungsanstalt der «Aktion T4» festzulegen sowie die Beschlagnahmung Grafenecks im Oktober 1939 einzuleiten. Grafeneck war seit 1928 im Besitz der Samariterstiftung Stuttgart, die das Schloss gekauft hatte, um dort eine Einrichtung für behinderte Männer einzurichten. Die Samariterstiftung gehörte dem Württembergischen Landesverband der Inneren Mission an. Vorstand war der frühere Pfarrer der Stiftskirche, Nathanael Fischer. Laut einem von ihm und Stähle unterzeichneten Übergabevermerk hat die Samariterstiftung ihr Schloss fristgerecht dem Reich überlassen. «Am 15. Oktober 1939 wurde das im Besitz der Samariterstiftung Stuttgart befindliche und von den bisherigen Insassen geräumte Krüppelheim Grafeneck (Krs. Münsingen) an den Reichsverteidigungskommissar in Württemberg, Reichsstatthalter Murr, vertreten durch den Beauftragten, Ministerialrat Dr. Stähle, gemäß anliegendem Inventarverzeichnis übergeben.»[7]

Mit dem Briefkopf des Württembergischen Innenministers wurden von Stähle die sogenannten Verlegungen aus württembergischen Anstalten nach Grafeneck angekündigt und angeordnet. Der zuständige Innenminister und gleichzeitige Justizminister Jonathan Schmid (1888–1945)[8] stand hinter den Krankenmorden in Grafeneck. Das Gleiche galt für den Gauleiter des Gaues Württemberg-Hohenzollern, Wilhelm Murr (1888–1945)[9], der bei Kriegsbeginn zum Reichsverteidigungskommissar ernannt worden war. Formaljuristisch war Grafeneck durch das Reichsleistungsgesetz, das ebenfalls mit Kriegsbeginn in Kraft getreten war, beschlagnahmt. Die Anordnung hierfür stammte vom Württembergischen Innenminister, an den auch die durch die Räumung entstehenden Kosten einzureichen waren. Die Übergabe durch die Samariterstiftung Stuttgart erfolgte aber an den Reichsverteidigungskommissar und Reichsstatthalter Wilhelm Murr.[10] Sein Beauftragter hierbei war Ministerialrat Eugen Stähle, der in Personalunion das Gauamt für Volksgesundheit leitete. Stähle war es dann auch, der die Verlegungen aus den württembergischen Anstalten anordnete: «Unter Bezugnahme auf meinen in Abschrift beiliegenden Runderlass Nr. X 4792 vom 23. November 1939 ordne ich die Verlegung der in der beigefügten Liste aufgeführten Kranken aus Ihrer Anstalt an. Die Abholung der Kranken erfolgt in meinem Auftrag durch die Gemeinnützige Kranken-Transport G.m.b.H., die sich mit Ihnen ins Benehmen setzen wird. Der Transport ist von der Abgabeanstalt vorzubereiten; unruhige Kranke sind mit entsprechenden Mitteln für einen mehrstündigen Transport vorzubehandeln. Die Kranken sind, soweit möglich, in eigener Wäsche und Kleidung zu übergeben. Privateigentum kann als Handgepäck bis zum Gewicht von 10 kg in ordentlicher Verpackung mitgegeben werden; der Rest ist von der Abgabeanstalt zu verwahren. Soweit keine Privatkleidung vorhanden ist, hat die Abgabeanstalt Wäsche und Kleidungsstücke leihweise zur Verfügung zu stellen. Für die Rückgabe der leihweise mitgegebenen Kleidungs- und Wäschestücke in einwandfreiem Zustand ist die Gemeinnützige Kranken-Transport G.m.b.H. verantwortlich. Die Krankenakten sind dem Transportleiter auszuhändigen. Im Auftrag, gez. Dr. Stähle.»[11]

Aber nicht nur die Verlegungsdaten, sondern auch die Listen, die die T4-Organisation zuvor in Berlin hatte erstellen lassen, gingen den württembergischen Einrichtungen durch das Stuttgarter Innenministerium zu. Daneben ließ Stähle regelrechte Patientenselektionen durch seinen Stellvertreter Otto Mauthe und den Landesjugendarzt Max Eyrich in württembergischen konfessionellen Anstalten vornehmen. Auch der sogenannte «Sperrerlass» vom 9. September 1940, der Entlassungen von Patienten aus den Anstalten

Württembergs von der Zustimmung der Medizinalverwaltung abhängig machte, ist auf Stähle zurückführen.[12]

Eine Hierarchieebene unter Stähle war sein Stellvertreter Otto Mauthe, den man als Schreibtischtäter bezeichnen kann. Er wurde im Jahr 1892 in Derdingen als Sohn eines Forstmeisters geboren. Mauthe war als Obermedizinalrat Sachbearbeiter für das Irrenwesen im Württembergischen Innenministerium und dort Eugen Stähle direkt unterstellt. Da die «Euthanasie»-Aktion seinen Zuständigkeitsbereich betraf, war er in großem Umfang an ihrer Organisation und Durchführung in Württemberg beteiligt. «Er hat die auf diesem Gebiet erforderlichen Verwaltungsmaßnahmen bearbeitet, die Erlasse vorbereitet und sie zum Teil auch ... selbst unterzeichnet.» Unter anderem gab Mauthe innerhalb seiner Tätigkeit Transportlisten an die Anstalten heraus, mit deren Hilfe die Patienten nach Grafeneck verbracht wurden.[13]

Im Grafeneck-Prozess vor dem Landgericht Tübingen war Otto Mauthe der Hauptangeklagte. Das Gericht führte aus, dass sich Mauthe an der «Euthanasie» nicht beteiligt habe, um zu retten, sondern aus Furcht vor persönlichen Nachteilen.[14] Alles in allem charakterisierten die Tübinger Richter Mauthes Verhalten so: «Seine Rettungsaktion fand stets dort ihre Grenze, wo ein auch noch so geringes Risiko damit verbunden war. Er hat darüber hinaus sogar in einer Reihe von Fällen aus seiner bürokratischen Einstellung heraus mehr für die Aktion getan, als unbedingt nötig gewesen wäre.»[15]

Damit war Otto Mauthe wegen eines Verbrechens gegen die Menschlichkeit in Form der Beihilfe zu verurteilen. Dass nach diesen Feststellungen das Gericht für Mauthe gleich eine Reihe strafmildernder Umstände ins Feld führte, verwundert: Mauthe habe bei der Euthanasie keine führende Rolle gespielt, er habe die Aktion nicht gebilligt, ja, es sei ihm auch nicht zu widerlegen gewesen, dass er ein Gegner des Nationalsozialismus und auch der Tötungsaktion gewesen sei. Strafverschärfend führte das Gericht im Wesentlichen nur an, dass Mauthe als gehobener Ministerialbeamter eine erhebliche Verantwortung getragen habe.[16] Somit erachtete das Landgericht Tübingen eine Gefängnisstrafe von nur fünf Jahren für Mauthe als angemessen. Die erlittene Untersuchungshaft von mehr als einem Jahr wurde auf die Strafe angerechnet. Mauthe trat seine Strafe freilich nie an; im Sommer 1958 sah die Justiz endgültig von der Strafvollstreckung ab: aus gesundheitlichen Gründen. Dennoch starb Mauthe erst 25 Jahre nach dem Urteil, im Jahre 1974.

Betrachtet man die Motivationen der Akteure, so sind die grundlegenden gedanklichen Bezugspunkte «Staat», «Volk» und «Volkskörper». Die Täter verwiesen in den gegen sie angestrengten Nachkriegsprozessen auf «Befehlsnotstand», also auf Anordnungen vorgesetzter staatlicher Stellen. Daneben standen aber auch immer wieder reine Nützlichkeits- oder Zweckmäßigkeitserwägungen im Mittelpunkt der Argumentation. Ganz wörtlich zu verstehen waren das Motiv der Ausschaltung überflüssiger Esser im Interesse der Ernährungssicherung, der in Krisen- und Kriegszeiten notwendigen Sparmaßnahmen und nicht zuletzt der Bereitstellung von Lazarettraum für die Wehrmacht.

Relativ schlüssig lassen sich Motivlagen und Handlungsweisen erklären. Auszugehen ist von einem Amalgam aus staatsgläubigen (etatistischen) und sogenannten rassehygienischen Vorstellungen. Ganz oben in dieser Werteskala rangierten eindeutig Zweckmäßigkeitserwägungen des Staates und fiskalische Interessen. Die Täter der «Euthanasie»-Verbrechen reflektierten diese Zusammenhänge kurz nach Kriegsende noch sehr prägnant: «Ich kann mir nicht vorstellen, wo wir in Württemberg hingekommen wären, wenn nicht in dem tatsächlich geschehenen Umfang aufgeräumt und Platz gemacht worden wäre», so Eugen Stähle in seiner Vernehmung am 26. Juni 1945.[17]

Das zu Beginn skizzierte Bild von den Tätern, die als auswechselbare «Rädchen im Getriebe» des Vernichtungsprozesses agierten, bedarf einer ergänzenden Sichtweise. Denn es betont zu stark die Rolle des «Getriebenen» und unter Zwang und Befehlsnotstand Handelnden. Vernachlässigt wird hierbei der Aspekt, dass die Täter nicht nur passive vollziehende Organe, sondern «Treibende» beziehungsweise «Vorwärtstreibende» und somit – wenn auch in abgestufter Form und Verantwortlichkeit – «Motoren» des Vernichtungsprozesses waren.

Anmerkungen

1 Lang, Hans-Joachim: Der Grafeneck-Prozeß vor dem Tübinger Landgericht, in: Pretsch, Hermann J. (Hg.): «Euthanasie». Krankenmorde in Südwestdeutschland, Zwiefalten 1996, S. 143–145.
2 Vgl. Jäger, Herbert: Arbeitsteilige Täterschaft. Kriminologische Perspektiven auf den Holocaust, in: Loewy, Hanno (Hg.): Holocaust. Die Grenzen des Verstehens. Eine Debatte über die Besetzung der Geschichte, Reinbek 1992, S. 160–165, der den Begriff Holocaust für den Mord an den europäischen Juden geprägt hat; Ebbinghaus, Angelika: Mediziner vor Gericht, in: Henke, Klaus-Dieter: Tödliche Medizin im Nationalsozialismus. Von der Rassenhygiene zum Massenmord, 2008, S. 203–224; Dreßen, Willi: NS-«Euthanasie»-Prozesse in der Bundesrepublik Deutschland im Wandel der Zeit, in: Loewy, Hanno/Winter, Bettina: NS-«Euthanasie» vor Gericht. Fritz Bauer und die Grenzen juristischer Bewältigung, Frankfurt/Main 1996, S. 35–58.
3 Stöckle, Thomas: Grafeneck 1940. Die Euthanasie-Verbrechen in Südwestdeutschland, 2. Aufl., Tübingen 2005; ders.: Die nationalsozialistische ‹Aktion T4› in Württemberg, in: Pretsch, Hermann J. (Hg.): «Euthanasie». Krankenmorde in Südwestdeutschland, Zwiefalten 1996, S. 15–26.
4 Peschke, Franz: Schreck's Anstalt. Eine Dokumentation zur Psychiatrie und «Euthanasie» im Nationalsozialismus am Beispiel der Pflegeanstalt Rastatt, Rastatt 1992.
5 Staatsarchiv Sigmaringen (StAS) Wü 29/3.
6 Bundesarchiv Außenstelle Ludwigsburg, Aktenordner Euthanasie.
7 Zit. nach Morlok, Karl: Geheime Reichsache Grafeneck, 2. Aufl., Stuttgart 1990, S. 18.
8 Borgstedt, Angela: Im Zweifelsfall auch mit harter Hand. Jonathan Schmid, Württembergischer Innen-, Justiz- und Wirtschaftsminister, in: Kißener, Michael/Scholtyseck, Joachim (Hg.): Die Führer der Provinz. NS-Biographien aus Baden und Württemberg, Konstanz 1997, S. 595–621.
9 Sauer, Paul: Wilhelm Murr. Hitlers Statthalter in Württemberg, Stuttgart 1998; Scholtyseck, Joachim: «Der Mann aus dem Volk». Wilhelm Murr, Gauleiter und Reichsstatthalter in Württemberg-Hohenzollern, in: Die Führer der Provinz, Konstanz 1997, S. 477–502.
10 Archiv Gedenkstätte Grafeneck, Kopie der Niederschrift vom 31.10.1939. Es ist unterzeichnet vom Vorsitzenden der Samariterstiftung, Nathanael Fischer, und «Für den Reichsverteidigungskommissar in Württemberg» von Dr. Eugen Stähle.
11 StA Sigm., Wü. 29/3, Nr. 1757, Aktenband 30/8.
12 Roth, Karl-Heinz/Aly, Götz: Das «Gesetz über die Sterbehilfe bei unheilbar Kranken». Protokolle der Diskussion über die Legalisierung der nationalsozialistischen Anstaltsmorde in den Jahren 1938–1941, in: Roth, Karl-Heinz: Erfassung zur Vernichtung. Von der Sozialhygiene zum «Gesetz über Sterbehilfe», Berlin 1984, S. 101–179.
13 LG Tübingen, S. 6ff., vgl. Kinzig, Jörg: Der Grafeneck-Prozess vor dem Landgericht Tübingen – Anmerkungen aus strafrechtlicher Sicht, ungedr. Manuskript, Tübingen 2009.
14 LG Tübingen, S. 19.
15 Bei der milden Beurteilung mag die Verstrickung der Justiz selbst in das NS-Unrecht eine nicht unerhebliche Rolle gespielt haben, vgl. Lang (Anm. 1), S. 143.
16 LG Tübingen, S. 28.
17 Bundesarchiv Außenstelle Ludwigsburg, Aktenordner Euthanasie.

Albert Widmann

Hermann G. Abmayr

Albert Widmann
Chemiker der Vernichtung

«Was machen Sie denn bei der Naturfreunde-Jugend?», fragt Ellen Breitlings neuer Chef, ein Mann mit breiter Stirn und akkurat gekämmtem Haar. «Gehen Sie doch zur evangelischen Mädchen-Schar wie meine Töchter.» Das war im Frühjahr 1958. Die 21-jährige Ellen Breitling hat gerade bei der Lackfabrik Votteler in Münchingen bei Stuttgart als Sekretärin begonnen. Und sie traut sich nicht, Albert Gottlob Widmann, der in weißem Arbeitskittel vor ihr steht, zu widersprechen. Der Chefchemiker setzt sein Diktat fort, ein neues Lack-Rezept.[1] Wie er über seine frühere Karriere denkt, als er nicht mit Lacken Versuche machte, sondern mit der Tötung von Menschen, ist nicht bekannt.

Albert Widmann lebt zu dieser Zeit mit seiner Frau Martha und den 16 und 18 Jahre alten Töchtern im Stuttgarter Stadtteil Stammheim, wo er In den Weinbergen 28 ein Haus besitzt. Dort genießt der Mann, der gerne in dunklem Anzug, weißem Hemd und Fliege auftritt, hohen Respekt. Ob in der Bank, beim Metzger oder vor der Kirche, überall heißt es «Grüß Gott, Herr Doktor Widmann». Und sonntags besucht der Chemiker zusammen mit seiner Familie den Gottesdienst in der evangelischen Johanneskirche. Plötzlich, so erinnert sich Ellen Breitling, war Widmann verschwunden. Niemand wusste warum. Erst 1960 oder 1961 habe sie erfahren, dass ihr Chef im Gefängnis sitzen soll. Ihre Tante hatte es erzählt. Widmann sei an der Tötung von Menschen im «Dritten Reich» beteiligt gewesen, sagte die Tante. Die Leute hätten Giftspritzen bekommen.

1963 taucht Albert Widmann wieder an seinem Wohnort in Stuttgart auf. Noch immer haben nur wenige Stammheimer eine Ahnung davon, was der Chemiker während der NS-Zeit getrieben hat. Einige Wochen später stirbt Widmanns Frau und schon kurz darauf heiratet der Witwer eine frühere Arbeitskollegin und bekommt schließlich ein weiteres Kind. Der Chemiker arbeitet jetzt als wissenschaftlicher Mitarbeiter im Lesonalwerk in Stuttgart-Feuerbach. Und er meldet sich regelmäßig bei der Polizei. Sein Haftbefehl war gegen eine Sicherheitsleistung in Höhe von 200.000 Mark in Grundschulden außer Kraft gesetzt, sein Reisepass eingezogen worden.[2]

Albert G. Widmann hatte mit seiner Familie bis kurz vor Kriegsende in Berlin gelebt. Über Österreich ging es dann zu Fuß nach Stuttgart, wo der Sohn eines Lokomotivführers am 8. Juni 1912 geboren und aufgewachsen war. Amerikanische Militärs internieren ihn im Juli 1945, doch sie wissen nicht, mit wem sie es zu tun haben. So entlassen sie den 33-Jährigen nach wenigen Tagen ohne Angabe von Gründen, bieten ihm sogar einen Job an.

Widmann lehnt dankend ab. Er zieht mit seiner Familie in die Daimlerstraße nach Münchingen, Kreis Leonberg.

Hier beginnt seine Nachkriegskarriere mit einer schwerwiegenden Lüge. Widmann verschweigt im Entnazifizierungsverfahren der Spruchkammer Leonberg seine SS-Mitgliedschaft.[3] Der SS-Sturmbannführer war erst 1939 der Terrororganisation beigetreten und schon nach vier Jahren im Range eines Majors Mitglied des SS-Führungskorps. Auch verschweigt der Chemiker seinen eigentlichen Arbeitgeber während der NS-Zeit, das Kriminaltechnische Institut (KTI), das seit 1939 zum Reichssicherheitshauptamt (RSHA) gehörte. Das KTI verfügte über Fachleute für alle Arten der biologischen und chemischen Kriegsführung. Geholt hatte ihn damals der KTI-Leiter Walter Heeß[4], der wie Widmann an der Technischen Hochschule in Stuttgart studiert hatte. Albert Widmann war zwar von einem Freund ausdrücklich gewarnt worden, der sagte, bei der Polizei sei auch nicht mehr alles so, wie es früher einmal war. Doch der Stuttgarter sah in Berlin seine Lebensaufgabe und fiel von Anfang an durch Fleiß, Einsatzbereitschaft und Fachkompetenz auf. Er war zuletzt Referatsleiter Chemie und Biologie und verbeamteter Regierungsrat.

All das unterschlägt Widmann vor der Leonberger Spruchkammer, die zwar Ermittlungen über ihn angestellt, doch nichts Nachteiliges gefunden haben will. Widmann selbst hatte angegeben, Mitglied der NSDAP (seit 1. Mai 1937)[5], der Nationalsozialistischen Studentenvereinigung, des NS-Bundes Deutscher Techniker und des NS-Kraftfahrer-Korps gewesen zu sein. Ansonsten hatte die Kammer keine «weitere politische Belastung» gefunden. Sie stuft Widmann in die Gruppe der Mitläufer ein und verhängt eine kleine Geldbuße.

Da Albert Widmann an der Technischen Hochschule (TH) in Stuttgart studiert hatte, in den Semesterferien am Chemischen Untersuchungsamt der Stadt Stuttgart und am Organisch-Chemischen Institut der TH gearbeitet und dort auch promoviert hatte, war er in der Region bestens vernetzt. So findet er nach dem Krieg schon bald bei der Lackfabrik Votteler eine Stelle und steigt zum Chefchemiker auf. Um keine schlafenden Hunde zu wecken, meldet der einstige Beamte auf Lebenszeit auch keine Ansprüche beim Staat an.

Erst Ende der 50er-Jahre kamen Ermittler Widmann auf die Spur, zumindest auf einen Teil seiner Verbrechen. So wird der Chemiker vor dem Landgericht Düsseldorf wegen Menschenversuchen im Konzentrationslager Sachsenhausen angeklagt, bei denen er 1944 eine selbst hergestellte Giftmunition getestet hatte. Die «Versuchskaninchen» waren nach einem fast zweistündigen Todeskampf gestorben. Im Mai 1961 verurteilt ihn das Gericht wegen Beihilfe zum Mord zu fünf Jahren Zuchthaus. Nach einer Revisionsentscheidung des Bundesgerichtshofs und einem erneuten Verfahren vor dem Landgericht Düsseldorf wird die Strafe 1962 auf drei Jahre und sechs Monate reduziert. Die ganze Dimension der Verbrechen Albert Widmanns wird der Öffentlichkeit erst im «Gaswagen-Prozess» in Stuttgart bekannt. Die Staatsanwaltschaft wirft Widmann Beihilfe zum Mord in verschiedenen Fällen vor. Unter anderem habe er sich an der Entwicklung von fahrbaren Gaskammern beteiligt.

Begonnen hatte die kriminelle Karriere des schwäbischen Jung-Chemikers in der Kanzlei des Führers in Berlin. Dort sollte der Fachmann erklären, welche Methode er für die geplante Tötung von Geisteskranken empfehlen würde. Widmann schlug CO-Gas vor. Zur Tarnung hat er die Kohlenmonoxid-Gasflaschen über sein Institut bei der BASF in Ludwigshafen bestellt. Das Gas wurde dann weitergeleitet an die Tötungsanstalten Grafeneck auf der Schwäbischen Alb, Brandenburg bei Berlin, Hartheim bei Linz, Sonnenstein bei Pirna, Hadamar und Bernburg. Später beschaffte Widmann für Heil- und Pflegeanstalten und sogenannte Kinderfachabteilungen auch Medikamente wie Luminal, Morphium, Skopolamin und Blausäure, mit denen Psychiatrie-Patienten und behinderte Kinder «abgespritzt», wie es damals hieß, also getötet wurden.

1941 sollte der begabte Stuttgarter «zur Entlastung» der Einsatzgruppen der Sicherheitspolizei und des SD[6] «eine andere Tötungsart» entwickeln. Denn das Erschießen der Opfer, insbesondere von Frauen und Kindern, verursachte den Tätern zunehmend psychische Probleme. Es wurde ein Verfahren gesucht, das die unmittelbare Konfrontation mit den Opfern ausschließen sollte. Widmann und sein Vorgesetzter Arthur Nebe[7] reisten mit acht Zentnern Sprengstoff, zwei Metallschläuchen und zwei Autos ins damals von den Deutschen besetzte Weißrussland, um zwei neue Methoden zu testen. In einem Wald nahe Minsk ließen die Deutschen 25 geistig Behinderte in einen Unterstand sperren und dann mit 250 Kilogramm Sprengstoff in die Luft jagen. Widmann hatte nach anfänglichen Zündungsproblemen die Detonation selbst ausgelöst. Da im Inneren des Bunkers Stöhnen zu hören war und einige der Opfer blutüberströmt, schreiend und wimmernd aus dem Bunker krochen, wurden noch einmal 100 Kilogramm Sprengstoff zur Explosion gebracht. Im Bunker war es nun totenstill. In der Umgebung lagen Leichenteile, einige hingen auf den Bäumen.[8] Das Experiment war gescheitert, denn die SS suchte eine einfache Mordmethode.

Das zweite Experiment machten die Deutschen mit fünf Patienten des Psychiatrischen Krankenhauses in der weißrussischen Stadt Mogilew. Widmann wollte die geräuschlose Tötung mit Gas testen, wie sie seit 1940 im Deutschen Reich bei der Tötung von geistig und körperlich Behinderten praktiziert wurde. Da sich das in Stahlflaschen abgefüllte Kohlenmonoxid nur mit großem Aufwand über weite Entfernungen transportieren ließ, wollte man die Wirkung von Motorabgasen ausprobieren. Die SS-Schergen lassen deshalb das Fenster eines kleinen Raums im Erdgeschoss eines Klinikgebäudes zumauern. Widmann lässt in die Mauer zwei Rohrstücke einsetzen, die zwei aus Berlin mitgebrachten Metallschläuche darauf stecken, überprüft die Luftdichtigkeit der improvisierten Gaskammer und überwacht die Verbindung des Schlauchs mit dem Motor seines mitgebrachten Dienstfahrzeuges, einer Adler-Limousine. Dann startet sein Fahrer den Motor. Und die Deutschen konnten «durch ein in der Tür befindliches Glasfenster in das Labor hineinsehen», berichtet Widmann später. Doch weder nach fünf noch nach acht Minuten ist eine Wirkung erkennbar. Daraufhin habe man, so Widmann, «den zweiten Schlauch an einen Mannschafts-Lkw der Ordnungspolizei anschließen lassen. Dann hat es nur noch wenige Minuten gedauert, bis die Leute bewusstlos waren.»[9] Die Methode hat sich bewährt. Es kam nur auf die Dosis an. Über 800 Menschen werden anschließend in dieser Kammer auf dieselbe Weise ermordet.

Aber die Einsatzgruppen benötigen eine bewegliche Tötungseinrichtung. So entwickelt man einen speziellen Kastenaufbau für Fahrzeuge, in dem 30 bis 50 Menschen mit Autoabgasen getötet werden können. Schon innerhalb weniger Monate werden damit Zehntausende von Menschen getötet. Für die «Endlösung» genügt den Mördern die «Kapazität» der mobilen Einrichtungen allerdings nicht. In Auschwitz und anderen Vernichtungslagern setzt die SS Zyklon B ein.

Für die Versuche mit Giftmunition im KZ Sachsenhausen hatte das Landgericht in Düsseldorf Albert Widmann Anfang der 60er-Jahre bereits verurteilt. Das Stuttgarter Schwurgericht unter dem Vorsitz von Landgerichtsdirektor Wolfgang Fischer verurteilt ihn am 15. September 1967 wegen Beihilfe zum Mord in 24 Fällen in Minsk, in fünf Fällen in Mogilew und in 4000 Fällen wegen der Mithilfe bei der Erstellung des Gaswagens zu sechs Jahren und sechs Monaten Zuchthaus. Die Richter rechnen darauf die Strafe des Düsseldorfer Gerichts und die verbüßte Untersuchungshaft an.[10] In der Urteilbegründung gibt das Gericht zu, dass Widmanns Taten in Minsk und Mogilew «in unmittelbarer Nähe zur Mittäterschaft» gestanden hätten. Als Täter betrachtet es Widmanns Vorgesetzten Arthur Nebe. «Nach der Ansicht mancher namhafter Kommentatoren wäre der Angeklagte in diesen beiden Fällen als Täter abzuurteilen», heißt es im Urteil. Für die Richter hat Widmann 1967 «offensichtlich reinen Tisch gemacht und sich von seiner schuldbeladenen Vergangenheit distanziert». Gegen die Zahlung von 4000 Mark an eine Behinderteneinrichtung[11] musste Albert Gottlob Widmann – er war seit 1963 wieder auf freiem Fuß – nach dem Urteil nicht mehr ins Zuchthaus. Er ist am 24. Dezember 1986 in Stammheim gestorben.

Quellen und Literatur

Gespräch mit Ellen Breitling in Stuttgart-Stammheim am 1. August 2009
StaL EL902/14, Bü 9999
Vernehmungsprotokoll des Untersuchungsrichters am Landgericht Düsseldorf vom 11. Januar 1960; UR I 13/59
Urteil des Landgerichts Stuttgart vom 15. September 1967, Az.: KS 19/62
Zu den Urteilen siehe auch Rüter, Christiaan Frederik und de Mildt, D. W.: Justiz und NS-Verbrechen – Die deutschen Strafverfahren wegen nationalsozialistischer Tötungsverbrechen. Band XXVI und Band XVIII, Amsterdam 1996
Beer, Mathias: Die Entwicklung der Gaswagen beim Mord an den Juden. In: Vierteljahrshefte für Zeitgeschichte, München 1987, Heft 3
Klee, Ernst: «Euthanasie» im NS-Staat, Frankfurt/Main 2004
Klee, Ernst: Dokumente zur «Euthanasie». Frankfurt/Main 1985

Anmerkungen

1 Gespräch mit Ellen Breitling in Stuttgart-Stammheim am 1. August 2009.
2 Urteil des Landgerichts Stuttgart vom 15. September 1967, Az.: KS 19/62, S. 2.
3 StaL EL902/14, Bü 9999.
4 Heeß wurde am 30. Dezember 1901 in Ludwigsburg geboren. Er war an «Probevergasungen» und anderen Straftaten beteiligt. Anfang Mai 1945 tauchte er unter. Zuvor hatte sich seine Frau mit ihren Kindern das Leben genommen. Heeß wurde am 2. Dezember 1951 für tot erklärt.
5 Widmann nennt allerdings ein falsches Datum, nämlich das Jahr 1938.
6 Die Einsatzgruppen waren Sondereinheiten, die in Ost-Europa mehrere 100.000 Zivilisten ermordet haben. Siehe dazu auch Harald Welzer/Michaela Christ: Täter. Wie aus ganz normalen Menschen Massenmörder werden. Fischer, Frankfurt/Main 2007.
7 Arthur Nebe, geboren am 13. November 1894, war seit 1937 Chef des Reichskriminalpolizeiamtes, das 1939 im RSHA aufging. Als Kommandeur der SS-Einsatzgruppe B verantwortete er zahlreiche Massaker. Nebe unterhielt Kontakte zum Widerstand. Nach dem misslungenen Attentat auf Hitler am 20. Juli 1944 wurde er zum Tode verurteilt und hingerichtet. Siehe auch das Kapitel über Paul Werner.
8 Urteil des Landgerichts Stuttgart vom 15. September 1967, Az.: KS 19/62, S. 12ff.
9 Aussage von Albert Widmann vor dem Untersuchungsrichter I beim Landgericht Düsseldorf am 11. Januar 1960.
10 Urteil, S. 52f.
11 Klee, Ernst: Das Personenlexikon zum Dritten Reich. Wer war was vor und nach 1945. Aktualisierte Ausgabe, Frankfurt/Main 2005, S. 675.

Paul Werner

Katrin Seybold

Paul Werner
Großmeister der Vernichtungslager, in BRD-Zeiten Ministerialrat

In einer Aktennotiz vom 1. Januar 1960 verdächtigt der Generalstaatsanwalt von Hessen, Fritz Bauer, den Juristen Paul Werner, einer der Urheber der Judenvernichtung gewesen zu sein. Paul Werner ist zu diesem Zeitpunkt Ministerialrat im baden-württembergischen Innenministerium. Fritz Bauer stirbt 1968, ohne dass es ihm gelungen ist, Werner vor Gericht zu bringen. Gegen Paul Werner wird nie Anklage erhoben. Alle Verfahren gegen ihn werden eingestellt, auch die zur Verfolgung der «Zigeuner».[1]

Paul Gebhard Gustav Werner, geboren am 4. November 1900 im badischen Appenweier (heute Ortenaukreis), ist der Sohn eines Reichsbahninspektors, studiert Jura, wird Burschenschaftler und gibt in seinem Lebenslauf für die SS-Oberführerakte an, «stets rechts und völkisch eingestellt» gewesen zu sein. 1933 tritt er in die NSDAP und SA ein und wird sogleich Leiter des Landeskriminalamts in Karlsruhe.[2] In seinem Karlsruher Amt genehmigt er dem Tübinger «Rasseforscher» Robert Ritter Einsicht in Zigeunerpersonalakten. Beide propagieren Maßnahmen zur «Reinerhaltung der deutschen Rasse», es sollen «artfremde Elemente ausgemerzt» werden. Artfremde Elemente sind nach ihrem Verständnis «Kriminelle, Asoziale und Zigeunermischlinge», die die Gemeinschaft schädigen und entsprechend behandelt werden müssen, um den «deutschen Volkskörper zu schützen – kriminalpräventiv». Damit ist beiden, insbesondere aber Paul Werner, eine steile Karriere im nationalsozialistischen Behördenapparat sicher.[3] Seine Frau stirbt bei der Geburt der ersten Tochter.

Der Jurist wird 1937 ins Reichkriminalpolizeiamt (RKPA) befördert, tritt in die SS ein, bringt es schnell zum Ministerialrat, zum Oberst der Kriminalpolizei und zum Stellvertreter von Arthur Nebe[4], dem Leiter des Amts V im Reichssicherheitshauptamt (RSHA) und Chef der gesamten Kriminalpolizei. Paul Werner ist zuständig für die «Vorbeugende Verbrechensbekämpfung», er ist der Verfasser des «Asozialenerlasses» vom 14. Dezember 1937, eines Erlasses, aufgrund dessen er ein paar Monate später Hunderte von männlichen Sinti ohne Vorstrafen von der Kriminalpolizei, in die Lager Dachau, Buchenwald und Sachsenhausen deportieren lässt und aufgrund dessen er Tausende von Sinti, Männer und Frauen, in die KZ bringen wird wegen Wahrsagens, Vergehen gegen das Naturschutzgesetz oder weil sie nach «Zigeunerart» herumziehen, weil sie Musiker sind oder sich nie um feste Arbeit bemüht haben.[5]

Paul Werner und Robert Ritter sind eng befreundet, Ritter ist mittlerweile auch in Berlin und Leiter der «Rassenhygienischen und bevölkerungsbiologischen Forschungsstelle» beim Reichsgesundheitsamt. Sogleich führen beide ihre Ameisenarbeit weiter mit dem «Grundlegenden Erlass zur Bekämpfung der Zigeunerplage» vom 8. Dezember 1938. Der Erlass trägt die Handschrift von Ritter und von Werner: Ab jetzt kann definiert werden, wer «Zigeuner» ist und wer nicht, denn angeordnet wird für jeden «Zigeuner» ein «Sachverständigengutachten», die Selektion in «rassereine Zigeuner» und «Mischlinge» und die totale Erfassung, genannt Personenfeststellungsverfahren mithilfe der Polizei. Der Sachverständige ist niemand anderes als Robert Ritter. Für jede seiner «Gutachtlichen Äußerungen», immerhin weit über 24.000, erhält Ritters rassenhygienische und bevölkerungsbiologische Forschungsstelle fünf Reichsmark von Paul Werners Amt. Ritter und seine Mitarbeiter finden heraus, dass 90 Prozent aller «Zigeuner» gar keine «Zigeuner» sind, sondern Mischlinge, asozial und kriminell.[6]

Paul Werner setzt sich bei der Deutschen Forschungsgemeinschaft für Ritter ein und verschafft ihm so große Summen an Fördermitteln. Das Ergebnis der Forschungen nach Ritter: «Die Zigeunerfrage kann nur dann als gelöst angesehen werden, wenn das Gros der asozialen und nichtsnutzen Zigeuner-Mischlinge in großen Wanderarbeitslagern gesammelt und zur Arbeit angehalten und wenn die weitere Fortpflanzung dieser Mischlingspopulation endgültig unterbunden wird ... Zur Vorbereitung der staatlichen Maßnahmen (wird) unentwegt in engster Fühlung mit dem Reichskriminalpolizeiamt weitergearbeitet.»[7] Mit Reichskriminalpolizeiamt ist Paul Werner gemeint, mit den staatlichen Maßnahmen sind Paul Werners Erlasse gemeint, die lauten «Umsiedlung ... in das Generalgouvernement» (27. April 1940) oder «Einweisung ... in ein Konzentrationslager» (29. Januar 1943, Auschwitz-Erlass). Die gutachtliche Äußerung mit der Ritter'schen Einstufung «Zigeunermischling» bedeutet für jeden Angehörigen einer Sintifamilie das Todesurteil. Die Deportationslisten werden von der Kriminalpolizei, den Leitern der Dienststellen für Zigeunerfragen der Kriminalpolizeileitstellen erstellt. Die von der Deportation ausgenommenen zehn Prozent der Sinti, die «rassereinen Zigeuner», werden von der Polizei in den schon bestehenden «Zigeunerrastplätzen» wie dem in Marzahn bei Berlin festgehalten. Um das Selektionsverfahren von Polizei und Rasseforschern zu verschleiern, werden sogenannte «Zigeunerhäuptlinge» ausgewählt, die bestimmen sollten, wer von der Deportation ausgenommen wird.

Nach der Vorstellung von Paul Werner und Robert Ritter dürfen zehn Prozent, die «rassereinen Zigeuner», überleben, sozusagen als «Zigeuner-Zoo» für die NS-Gesellschaft.

Der Erlass der Zigeunerhäuptlinge ist demnach ein Trick, um das Auswahlverfahren zu verschleiern und die Öffentlichkeit in die Irre zu führen. Ritter kann so nach dem Krieg bei der Behauptung bleiben, er habe nur wissenschaftlich gearbeitet, der Kriminalpolizei ist nichts nachzuweisen. Nach außen hin sollten die Zigeuner selbst die Selektion getroffen haben, die Schuldigen sein.[8]

Ganz unverblümt gibt Paul Werner nach dem Krieg zu: «Als Abteilungsleiter beim RKPA hatte ich als Jurist die etwaige Stellung eines Justitiars, d.h., ich hatte bei Gesetz- und Erlassentwürfen in rechtlicher Hinsicht zu beraten ... Ein Hauptaufgabengebiet betraf die kriminalpolitischen Maßnahmen zur Vorbeugenden Verbrechensbekämpfung.»[9] Das bedeutete die totale Überwachung und willkürliche Polizeihaft, die kein Gericht außer Kraft setzen konnte – nach Anordnungen durchweg aus der Feder Paul Werners. Seit 1938 propagiert er unermüdlich moderne, «rassenbiologische Präventionsmaßnahmen» im Reichskriminalpolizeiamt. Diese seien durch «Wissenschaftlichkeit und Heranziehung der einschlägigen Fachkräfte» zu gestalten. Auch auf Werners Vorschlag hin werden von seinem Vorgesetzten Nebe, Amtschef des RKPA, in den darauf folgenden Jahren drei Institute gegründet: das Kriminaltechnische Institut, das Kriminalmedizinische Institut und das Kriminalbiologische Institut.

Das Kriminaltechnische Institut (KTI), im Oktober 1938 eingerichtet, ist unmittelbar an der Massenvernichtung des NS-Regimes beteiligt. Auf Wunsch seines Vorgesetzten Nebe fungiert Paul Werner als Verbindungsführer des RKPA und des Kriminaltechnischen Instituts mit der Kanzlei des Führers und deren Beauftragtem Victor Brack: Brack ist der Organisator des «Euthanasie»-Programms, genannt T 4, dem Massenmord an Kranken und Behinderten.[10] Als Vorgesetzter der Mitarbeiter des KTI leitet Paul Werner im Zuchthaus Brandenburg im Dezember 1939 die ersten Vergasungsversuche mit Kohlenmonoxid an sechs polnischen Kriegsgefangenen.[11] Anwesend sind der Stuttgarter Albert Widmann, der Chemiker des KTI, Leonardo Conti, der Reichsgesundheitsführer, und die «Euthanasie»-Bevollmächtigten Hitlers, Philipp Bouhler und Karl Brandt. Durch ein Guckloch in der Tür kann die neugierige Versammlung beim Sterben der Kriegsgefangenen zusehen.[12] Im gleichen Jahr stirbt Paul Werners zweite Frau, diesmal bei der Geburt von Zwillingen.

Und im gleichen Jahr gibt Paul Werner die Erlasssammlung des Reichskriminalpolizeiamts «Vorbeugende Verbrechensbekämpfung» heraus, eine Loseblattsammlung, die in den folgenden Jahren aktualisiert wird.[13] Paul Werner schreibt im Vorwort, die Anordnungen werden den mit den «Vorbeugungsmaßnahmen betrauten Sachbearbeitern gute Dienste leisten ... Der Inhalt der Erlasssammlung ist streng vertraulich.» Unter Ziffer IV im Inhaltsverzeichnis stehen die Anschriften und Rufnummern der Konzentrationslager. «Vorbeugungsmaßnahme», das heißt KZ-Einweisung von Sinti, Homosexuellen und Prostituierten.

1941 ist Werners Chef, Arthur Nebe, für ein paar Monate Führer der Einsatzgruppe B im weißrussischen Minsk (Ereignismeldung von 44.467 Mordopfern). Heinrich Himmler besucht ihn, um einen Eindruck von der Arbeit der Mobilen Tötungseinheiten zu bekommen. Extra für den Reichsführer-SS und Chef der deutschen Polizei ordnet Nebe eine Erschießung an. Darauf hin befiehlt Himmler, nach anderen Möglichkeiten zu suchen, große Mengen von Menschen umzubringen. Paul Werner weist das Kriminaltechnische Institut (KTI) an, entsprechende Versuche zu machen. Er habe ihm, so KTI-Chemiker Albert Widmann später bei einer Vernehmung, befohlen, neue Tötungsmethoden auszuprobieren. Werner habe dabei die Begründung Nebes wiederholt, «er könne von seinen Leuten nicht verlangen, diese unheilbar Geisteskranken zu erschießen».[14] Die Einsatzgruppen verlangen mobile Mordinstrumente. Nach verschiedenen Versuchen kommen die Mitarbeiter des KTI auf die Idee mit den Gaswagen, den fahrbaren Gaskammern (siehe dazu Kapitel über Albert Widmann).

Im Dezember 1941 beginnt das Kriminalbiologische Institut der Sicherheitspolizei mit seiner «Aussonderungsarbeit». Als Leiter schlägt Paul Werner seinen Freund Robert Ritter vor, weil dieser «sich in den letzten Jahren durch die Erfassung und Sichtung nichtsesshafter Bevölkerungsgruppen, vor allem der Zigeuner, große Verdienste erworben (hat). Darüber hinaus dürfte er gerade als Jugendpsychiater für die praktische Sichtung des Verbrechernachwuchses besonders befähigt sein.»[15] Offenbar benötigt Ritter nach der Evakuierung der Sinti ein neues Forschungsobjekt. Er beginnt mit der Untersuchung von «Versagern und Störern», von jugendlichen Kriminellen. Ziel ist die Einrichtung der Jugendkonzentrationslager Uckermark und Moringen. «Die Frage der Schuld spielt überhaupt keine Rolle, wenn der Nutzen der Gemeinschaft Abwehr heischt», so Werner 1941 in «Deutsche Zeitschrift für Wohlfahrtspflege».

Bei der Einrichtung der Vernichtungslager Belzec, Sobibor und Treblinka weist Paul Werner höchstwahrscheinlich die Kommandanten, wenn sie aus der Kriminalpolizei kommen, in ihre Pflichten bei der Vergasung der jüdischen Bevölkerung aus Polen und Holland ein. Franz Stangl, der Kommandant von Sobibor und Treblinka, ehemals Kriminalinspektor in Linz, erinnert sich in seiner Vernehmung durch den Untersuchungsrichter in Düsseldorf nach seiner Auslieferung aus Brasilien an seinen Besuch bei Paul Werner im Amt V, wo ihm Werner erklärte, worin seine Pflichten bestehen. Auch der Inspekteur der Vernichtungslager, Christian Wirth, und der Kommandant von Belzec, Gottlieb Hering, kommen aus der Kriminalpolizei, der Stuttgarter Kripo. Werner hat vermutlich auch sie eingewiesen.[16]

Im Jahr 1942 ist Paul Werner auf Inspektionsreisen in Paris, Brüssel und Den Haag und möglicherweise für kurze Zeit im Osteinsatz, Inspekteur der Sipo (Sicherheitspolizei) und des Sicherheitsdienstes (SD) in Posen. Danach arbeitet er bis Ende März 43 als Inspekteur der Sicherheitspolizei in Stettin und bis Kriegsende wieder im Reichssicherheitshauptamt.[17] Seine dritte Frau hat ihm 1942 und 1943 zwei Kinder geboren.

Für den Leiter der T4-«Euthanasie»-Aktion, Dietrich Allers, beschafft Werner im März 1944 Tötungsmittel, 5000 Ampullen Morphium und 10.000 Tabletten Luminal, Schlafmittel, die für die Kinder-«Euthanasie» bestimmt sind.[18]

Der Leiter des Reichssicherheitshauptamts, Ernst Kaltenbrunner, empfiehlt Paul Werner im November 1944 zur Beförderung: «SS-Standartenführer Werner ist – mit kurzen Unterbrechungen – Stellvertreter des Amtschefs

V. Die Beförderung zum SS-Oberführer wird im Hinblick auf seine Haltung, seine Leistungen und seine herausgehobene Dienststellung als ständiger Stellvertreter des Amtschefs V vorgeschlagen.»[19] Eine vielleicht notwendig gewordene Beförderung, da Arthur Nebe gemeinsam mit dem Berliner Polizeipräsidenten Graf Helldorf zum Widerstandskreis des 20. Juli 1944 gehört hat und seit dem 25. Juli untergetaucht ist. In einem handgeschriebenen Brief an seinen Stellvertreter Werner kündigt Nebe kurz danach seinen angeblichen Selbstmord an. Er wird verraten.[20]

Nach dem Krieg wird Paul Werner als Mitläufer eingestuft: Wenn man, wie Paul Werner, Leiter einer Behörde ist und einer der Urheber der Dekrete, die die ethnische Minderheit der Sinti, Lalleri und Roma in die Konzentrationslager bringt, dann ist man mitverantwortlich für den Genozid dieser Minderheit.

Wenn man, wie Paul Werner, Herausgeber der Erlasse ist, mit denen «Asoziale», Homosexuelle und Prostituierte zu Zigtausenden in die Konzentrationslager verschleppt werden konnten, dann hat man auch deren Tod verursacht.

Wenn man, wie Paul Werner, Verbindungsmann der Kriminalpolizei zur «Euthanasie»-Aktion ist, Vergasungsversuche leitet und befiehlt und Tötungsmittel beschafft, dann ist man Teil der Organisation, die die «Euthanasie», den Massenmord an Kranken und Behinderten, durchführt.

Wenn man, wie vermutet, den drei Kommandanten der Vernichtungslager, die insgesamt mehr als zwei Millionen Menschen umbringen, den Auftrag übermittelt, mehr als zwei Millionen Menschen umzubringen, dann ist man wahrscheinlich eine der Zentralinstanzen des Massenmords.

Wenn man feststellt, dass die Kommandanten der Vernichtungslager allesamt aus der Kriminalpolizei stammen, dann wirft das ein besonderes Licht auf Paul Werners Schreiben von 1949 an das Innenministerium der eben gegründeten Bundesregierung, demzufolge die Kriminalpolizei «im nationalsozialistischen Staat ... bis zuletzt mit Misstrauen verfolgt» worden sei und es daher notwendig wäre, die hochrangigen Kriminalbeamten wieder in den Dienst zu übernehmen.[21]

Paul Werner macht wieder Karriere als Beamter. 1951 wird er Regierungsrat in Freiburg, 1952 kommt er ins Stuttgarter Innenministerium, 1955 ist er Regierungsdirektor und zuständig für Verfassungsfragen, danach bleibt er Ministerialrat bis 1965.[22] Er korrespondiert mit Dietrich Allers, dem ehemaligen Leiter der «Euthanasie»-Zentrale T4 in Berlin und Leiter der Aktion Reinhardt (Morde an Juden, Partisanen und Geisteskranken in Italien). In dem von der Kriminalpolizei beschlagnahmten Briefwechsel aus den Jahren 1950 bis 1959 mit Allers schreibt Werner, dass er nach dem Krieg mit Angeboten für die Leitung eines Landeskriminalamts überhäuft worden sei, diese Angebote aber ausgeschlagen habe.[23]

Für die Urheberschaft der Erlasse zur «Vorbeugenden Verbrechensbekämpfung» wird Paul Werner nie bestraft. Auch erinnert er sich nicht mehr daran, Verfasser des Auschwitz-Erlasses zu sein, mit dem nahezu alle deutschen Sinti in das KZ eingeliefert wurden. Die Anordnungen tragen jedoch eindeutig seine Handschrift und die von Robert Ritter.[24]

Werner streitet ab, je bei einer «Euthanasie»-Aktion anwesend gewesen zu sein, es könne aber sein, dass «außerdienstlich» davon gesprochen worden sei. Für seine Mitwirkung fehlen bei der Vernehmung die Beweise. Der Chemiker des KTI, Albert Widmann, kann bei einer Gegenüberstellung seine Angaben plötzlich nicht mehr beschwören.[25]

Im Jahr 1955 bewirbt sich Paul Werner, der ehemalige Oberst der Kriminalpolizei und SS-Oberführer, um den Chefposten des Bundeskriminalamts. Dem Bundesinnenminister Gerhard Schröder (CDU) wird er vom baden-württembergischen Innenminister Fritz Ulrich (SPD) empfohlen mit den Worten: «Politische Bedenken gegen die Verwendung des Regierungsdirektors Werner dürften nicht bestehen. Sein Verhalten in den Jahren 1933–1945 war durchaus einwandfrei.»[26]

Paul Werner stirbt am 15. Februar 1970.

Anmerkungen

1. Archiv Thomas Harlan.
2. Bundesarchiv Berlin, BDC SSO Paul Werner.
3. Seybold, Katrin: «Wir brauchen nicht aufzuschreiben, wer die Mörder an uns Sinte waren, wir wissen es», in: Dachauer Hefte, 21. Jahrgang 2005 Heft 21 (November 2005) Häftlingsgesellschaft.
4. Arthur Nebe, geboren am 13. November 1894 in Berlin, war SS-Gruppenführer. Er war seit 1935 Leiter des Preußischen Landeskriminalpolizeiamtes und seit 1939 Chef des Reichskriminalpolizeiamtes (Amt V des RSHA). 1941 war Nebe vorübergehend Chef der Einsatzgruppe B der Sicherheitspolizei und des SD und für die ersten Vergasungs- und Sprengungsversuche von Geisteskranken in Weißrussland und die Tötung von 44.467 Juden verantwortlich. Nebe war an der 20.-Juli-Verschwörung gegen Hitler beteiligt; er wurde vor dem Volksgerichtshof angeklagt, zum Tode verurteilt und am 3. März 1945 in Plötzensee hingerichtet.
5. Vorbeugende Verbrechensbekämpfung, Erlasssammlung, RKPA, Berlin 1941ff., Kopie dieser Erlasssammlung im Archiv Katrin Seybold.
6. Das falsche Wort – Wiedergutmachung an Zigeunern (Sinte) in Deutschland?, Dokumentarfilm von Katrin Seybold, 1987, 83 Minuten, Basis-Film Verleih Berlin.
7. Robert Ritter, Arbeitsbericht vom Januar 1940 und Schreiben an die Deutsche Forschungsgemeinschaft vom 25.6.1940, Bundesarchiv Koblenz, Rin 1/03, R 73/14005; Paul Werner, Schreiben vom 1.12.1939; Werner, Paul: Die vorbeugende Verbrechensbekämpfung durch die Polizei, in Kriminalistik, Heft 12, 1938.
8. Wie Anm. 3.
9. Zit. nach: Hohmann, Joachim S.: Robert Ritter und die Erben der Kriminalbiologie, Frankfurt 1991
10. Staatsanwaltschaft Stuttgart 19 Js 328/60; und Michael Wildt: Generation des Unbedingten, Hamburg 2003.
11. Aktennotiz von Fritz Bauer, Archiv Thomas Harlan.
12. Friedlander, Henry: Der Weg zum NS-Genozid, Berlin 1997.
13. Bearbeitet hat sie sein Sachbearbeiter, SS-Hauptsturmführer Kriminalrat Richrath. Gegen Richrath wurde 1961 in Voruntersuchung wegen Verbrechen gegen «Zigeuner» und «Zigeunermischlinge» im Verfahren 24 Js 429/61 der Staatsanwaltschaft Köln ermittelt; 1963 in Voruntersuchung im Verfahren 1 Js 18/65 gegen Dr. Berndorff u. a. wegen Mitwirkung an der Ermordung von deutschen und italienischen Staatsangehörigen durch Beteiligung an der Vorbereitung und Erteilung von Exekutionsanordnungen; 1970 gem. § 170 Abs. II StPO eingestellt. Ab 1953 Leiter der Kriminalpolizeistelle in Flensburg, ab 1959 Regierungskriminalrat in Kiel.
14. Aussage Widmann, Verfahren UR I 13/59 Landgericht Düsseldorf, Archiv Harlan.
15. Acta der Friedrich-Wilhelm-Universität zu Berlin, Jur. Fak, Littr. L No 3 Vol 590 Ritter.
16. Verfahren LG Düsseldorf, Akten/Aufzeichnungen Thomas Harlan.
17. Wie Anm. 2; ob Werner 1942 für kurze Zeit im «Osteinsatz» als Chef des Einsatzkommandos 5 war, ist ungesichert.
18. Klee, Ernst: Das Personenlexikon zum Dritten Reich, Frankfurt/Main 2005 und Wiesbaden, Staatsarchiv.
19. Wie Anm. 2.
20. Siehe Anm. 4
21. Zit. nach: Wagner, Patrick: Die Resozialisierung der NS-Kriminalisten; in: Ulrich Herbert (Hg.), Wandlungsprozesse in Westdeutschland, Göttingen 2002.
22. Ebenda.
23. Akten Allers, Wiesbaden Landesarchiv.
24. Wie Anm. 8.
25. Aussage Werner, Verfahren UR I 13/59 Landgericht Düsseldorf, Verfahren 13 Js 328/60 Landgericht Stuttgart, Archiv Harlan.
26. Zit. nach: Wildt, Michael: Generation des Unbedingten, Hamburg 2003. Paul Werner erhält den Chefposten des BKA nicht wegen einer negativen Stellungnahme des zuständigen Referenten des Bundesinnenministeriums.

Christian Wirth

Franka Rößner/Thomas Stöckle

Christian Wirth und Jakob Wöger
Polizeibeamte und ihr Einsatz beim Massenmord in Grafeneck

Zwischen Oktober 1939 und Januar 1940 wurde das ehemalige Samariterstift Grafeneck zielgerichtet in eine Mordanstalt verwandelt. Das Stift gehörte bis zur Beschlagnahmung der «Inneren Mission» und damit zur evangelischen Landeskirche Württemberg. Wichtigste Aufgabe der nun als «Landespflegeanstalt Grafeneck» geführten Einrichtung war Ende 1939 die Auswahl des Personals. Bis Dezember hielten sich zwischen zehn und 20 Personen im Schloss auf. Im Verlauf des Jahres 1940 stieg die Zahl auf bis zu 100. Bei ihrer Rekrutierung wurde auf staatliche und parteiamtliche Stellen zurückgegriffen. Wie viele der Täter und Gehilfen sich aus tiefster Überzeugung am Krankenmord beteiligten, kann heute nicht mehr in jeder Hinsicht erschlossen werden. Angst vor Repressionen oder Verfolgung scheint eine eher untergeordnete Rolle gespielt haben. Bei einem Bruch des Schweigegebots, das als Geheimnisverrat ausgelegt wurde, waren jedoch die Todesstrafe oder Konzentrationslagerhaft angedroht.

Die ärztlichen Direktoren tragen die Gesamtverantwortung für die Ermordung von über 10.600 Menschen in Grafeneck. Die Ärzte haben die geistig Behinderten und psychisch Erkrankten in den Gaskammern mit Kohlenmonoxid umgebracht. Die im Folgenden beschriebenen Personen waren innerhalb ihres Aufgabenbereichs – Aktenführung, Korrespondenz, Standesamt, Personalwesen und Sicherheit – ebenfalls für den Mordprozess zuständig. Sie waren entweder Stellvertreter des jeweils leitenden Arztes oder diesem gleichgestellt.

Die Auswahl für die nichtärztlichen Spitzen der Vernichtungsanstalt Grafeneck wurde Ende 1939 getroffen. Diese Personen stammten aus verschiedenen württembergischen Polizeidienststellen, darunter dem Polizeipräsidium Stuttgart oder der Dienststelle des Inspekteurs der Sicherheitspolizei. Wie genau die personelle Auswahl vonstatten ging, lässt sich nur noch in groben Zügen nachvollziehen. Aller Wahrscheinlichkeit nach ging die Initiative von Berlin aus. Dort residierte in einer Villa in der Tiergartenstraße 4 die Zentrale für die Ermordung von mehr als 100.000 Psychiatrie-Patienten und behinderten Menschen in den Jahren 1940 und 1941. Die T4-Spitzen – Gerhard Bohne und Reinhold Vorberg – befanden sich Ende 1939 in Württemberg und in Grafeneck. Ob die Württembergische Reichsstatthalterei oder das Innenministerium die Kontakte zu Polizisten angebahnt oder eine Vorauswahl getroffen hat, ist durch Quellen nicht belegbar, aber sehr wahrscheinlich. Der Reichsstatthalter, Gauleiter Wilhelm Murr[1], der seit Kriegsbeginn auch als Reichsverteidigungskommissar fungierte, und der Württembergische Innenminister, Jonathan Schmid[2], waren in die «Geheime Reichssache» Grafeneck einbezogen und kannten die Details. Es lag nahe, auf Beamte aus Stuttgart zurückzugreifen, da sich die Kooperation mit den württembergischen Stellen bereits mit der Auswahl und der Beschlagnahme Grafenecks bewährt hatte.

Zum bedeutendsten nichtmedizinischen Leiter sollte Christian Wirth werden. Er wurde 1885 im südwürttembergischen Oberbalzheim, Kreis Laupheim, geboren und war bereits 1910 im Dienst des Stadtpolizeiamts Heilbronn. Im Polizeiamt in Stuttgart wurde er 1932 zum Kriminalinspektor befördert und stieg 1938 zum Leiter des Kriminalkommissariats 5 auf. In der Folgezeit war Wirth, der ein überzeugter Nationalsozialist war – seit 1923 NSDAP-Mitglied, 1933 Eintritt in die SA, Mitglied des SD –, mit politisch-polizeilichen Sonderaufgaben befasst. 1939 wurde er von der SS in den Rang eines Sturm- beziehungsweise Obersturmführers übernommen und gleichzeitig zum Kriminaloberkommissar befördert. Ende 1939 wurde er kurzfristig nach Grafeneck versetzt. Wir wissen nicht, warum er dazu bestimmt wurde, und können nur vermuten, dass seine Stuttgarter Vorgesetzten ihn als einen Mann mit den richtigen Qualifikationen empfahlen. Christian Wirth gelang hierdurch der direkte Einstieg in die Führungsriege der T4-Behörde.

Mit seinen 55 Jahren war er wesentlich älter als die in den Vernichtungsstätten der «Euthanasie» eingesetzten Ärzte. Anfang 1940 wirkte er, nachdem er zuvor an einer «Probevergasung» in Brandenburg teilgenommen hatte, an ersten Vergasungen in Grafeneck mit. Auch war er beteiligt am Aufbau der Büroabteilungen in Grafeneck und Brandenburg, der zweiten «Euthanasie»-Vernichtungsanstalt im Reich. Später stieg er zum Inspekteur aller sechs T4-Vernichtungsanstalten, zum Polizeimajor und SS-Sturmbannführer auf. Damit war er zwar eindeutig der bedeutendste, jedoch keineswegs der einzige württembergische Polizeibeamte, der über seine Tätigkeit in Grafeneck zur T4-Organisation gelangte.

Noch bevor Christian Wirth nach Grafeneck kam, wurden weitere Beamte für maßgebliche Funktionen rekrutiert. Zum ersten Leiter der Büroabteilung und des Sonderstandesamts der neuen Landespflegeanstalt Grafeneck wurde Jakob Wöger ernannt. Der 1897 als Sohn eines Landwirts in Steinheim, Kreis Heidenheim, geborene Wöger arbeitete zunächst im Bürgermeisteramt der Gemeinde Deizisau, Kreis Esslingen. Er war Soldat im Ersten Weltkrieg und trat 1922 in die württembergische Polizei ein. 1933 wurde er Mitglied der NSDAP und der SS. 1936 hatte er schließlich den Rang eines Kriminalsekretärs bei der Stuttgarter Kriminalpolizei erreicht – also bei der gleichen Behörde, bei der auch Christian Wirth seinen Dienst versah. 1938 wurde er zur Dienststelle des Inspekteurs der Sicherheitspolizei Stuttgart versetzt. Vor dem Landeskriminalamt Baden-Württemberg sagte er hierzu 1960 Folgendes aus: «Mitte 1938 kam ich zur Dienststelle des Inspekteurs der Sicherheitspolizei (Dr. Scheel) Stuttgart. Ich leitete bei dieser Dienststelle die Registratur und bearbeitete kriminalpolizeiliche Angelegenheiten. Diese Tätigkeit verrichtete ich bis Ende 1939. Während meiner Tätigkeit beim Inspekteur der Sicherheitspolizei in Stuttgart war ich auch Mobilmachungsreferent im Bereich der fünften Division. Zu dieser Zeit war ich jedoch noch nicht Soldat. ... Es war noch Ende 1939, als eines Tages ein Herr aus Berlin – es war Dr. [Gerhard, A. d. V.] Bohne – beim Inspekteur der Sicherheitspolizei in Stuttgart, wo ich damals tätig war, erschien und mir eröffnete, dass ich für eine besondere Verwendung in einer ‹Geheimen Reichssache› vorgesehen sei. ... Wie ich mich aber noch entsinne, nannte Dr. Bohne im Zusammenhang mit der Erwähnung der ‹Geheimen Reichssache›, dass ich als Leiter eines Standesamtes in Grafeneck vorgesehen sei. Auch erhielt ich damals von Dr. Bohne den Auftrag, für diesen Posten die entsprechenden Unterlagen zu beschaffen. Es ist möglich, dass damals auch schon die Frage meines Stellvertreters und einer Schreibkraft erörtert wurde. Mein Stellvertreter war der Kriminalsekretär Holzschuh und Schreibkraft war Fräulein Thea Moser. Ihre Schwester Freya Moser kam erst einige Zeit später nach Grafeneck. Dies könnte etwa im Februar 1940 gewesen sein. Bei der vorerwähnten Unterredung mit Dr. Bohne wies mich dieser nochmals nachdrücklich auf die Geheimhaltungsbestimmungen über die ‹Geheime Reichssache› hin. Er erklärte mir, dass auf eine Verletzung der Geheimhaltungsbestimmungen die Todesstrafe stehe. Wie ich mich noch entsinne, musste ich eine entsprechende Verpflichtung damals unterschreiben. ... Bei der Verpflichtung für die ‹Geheime Reichssache› durch Dr. Bohne hat mir dieser auch erklärt, dass das südwestliche Reichsgebiet als Operationsgebiet von schweren Fällen Geisteskranker geräumt werden solle. Diese Geisteskranken sollten dann in Grafeneck Aufnahme finden, wobei allerdings mit einer hohen Sterblichkeitsziffer zu rechnen sei. Für die erhöht auftretenden Sterbefälle sollte daher ein eigenes Standesamt mit einem entsprechenden Fachmann geschaffen werden. Fachmann war ich aufgrund meiner Lehre als Verwaltungsmann.»[3]

Offiziell wurden der Sonderstandesamtsbezirk und das Sonderstandesamt für den Bereich der Landespflegeanstalt Grafeneck auf Anordnung des Reichsministers des Innern am 12. Dezember 1939 eingerichtet. Dem Landrat oblag die Pflicht, nach Benehmen mit SS-Sturmführer Wöger vom Inspekteur der Sicherheitspolizei einen Melde- und einen Standesbeamten, womöglich in einer Person, sowie einen Stellvertreter zu bestellen und das weiter Erforderliche (Beschaffung von Dienstsiegeln, Vordrucken, Gesetzesvorschriften) zu veranlassen. Der Standesbeamte sollte für die Beurkundung aller im Anstaltsbereich vorkommenden Personenstandsfälle zuständig sein.[4] Unterzeichnet war der Erlass von Ministerialdirektor Gottlob Dill[5] vom Württembergischen Innenministerium. Dill, der für die Deutschen Christen Mitglied des Evangelischen Landeskirchentags und des Landeskirchenausschusses war, 1939 allerdings aus allen kirchlichen Ämtern ausschied, galt als Verbindungsmann des Innenministeriums zu Landesbischof Theophil Wurm[6] und als mächtigster Mann des Stuttgarter Innenministeriums. Als sein Vorgesetzter, Innenminister Jonathan Schmid, 1940 zum Chef der Deutschen Verwaltung im besetzten Frankreich wurde, war Dill massiver in die Vorgänge um Grafeneck eingebunden. Er fungierte als Ansprech- und Verhandlungspartner für den württembergischen Landesverband der Inneren Mission, dem die Samariterstiftung angehörte.

Zum Stellvertreter Jakob Wögers in Grafeneck wurde Hermann Holzschuh, ein Beamter der Kripoleitstelle in Stuttgart, berufen. Er war 1907 als Sohn eines Stuttgarter Kriminalinspektors geboren worden, trat 1926 in den württembergischen Polizeidienst ein und stieg 1937 in den Rang eines Kriminaloberassistenten bei der Stuttgarter Kriminalpolizei auf. 1933 war er der NSDAP und der SA beigetreten und wechselte 1939 von der SA zur SS. Im Februar 1940 wurde er auf Empfehlung seines Kripokollegen Jakob Wöger für T4 angeworben. In Grafeneck übernahm er nach dem Ausscheiden Wögers im August 1940 dessen Posten als Leiter des Standesamts. Zu seinem Werdegang machte er im Februar 1963 folgende Aussage: «Seit 1926 war ich bei der Polizei, seit 1935 etwa bei der Kripoleitstelle Stuttgart. ... Im Februar 1940 wurde ich zu dem Standesamt Grafeneck abkommandiert. Die Abkommandierung erfolgte durch das Reichssicherheitshauptamt und wurde über das Innenministerium in Stuttgart geleitet.»[7]

Schließlich ging er im Februar 1941 als Standesbeamter nach Bernburg an der Saale, wie Grafeneck eine «Euthanasie»-Tötungsanstalt. Im April 1941 – nach anderen Darstellungen im Juni oder Juli – verließ er Bernburg, was vermutlich auf Differenzen mit Christian Wirth und anderen zurückzuführen war.[8] Wie Wöger vor ihm, verließ Holzschuh wenig später die T4-Organisation und trat eine Stelle im Stab des Befehlshabers der Sicherheitspolizei und des SD in Kiew an.

Nach dem Krieg begann der Münsinger Landrat Richard Alber, die Ermittlungen gegen die an der Tötung in Grafeneck Beteiligten einzuleiten. Wenig später setzte die französische Militärregierung das Verfahren fort: Mit den Nachforschungen befasst war Robert Poitrot. Etwa ein Dutzend Personen, die für den Massenmord als verantwortlich galten, wurden von der französischen Militärregierung verhaftet. Diese hat das Verfahren aber im September 1946 der deutschen Justiz übergeben. Die Staatsanwaltschaft Tübingen führte die Ermittlungen fort. Sie dauerten bis ins Jahr 1949. Die umfangreichen Akten, die heute im Staatsarchiv Sigmaringen liegen, enthalten Ermittlungen gegen 27 Personen. Vom 8. Juni bis 5. Juli 1949 verhandelte ein Schwurgericht gegen acht Angeklagte im Rittersaal des Tübinger Schlosses. Einer der Hauptangeklagten, Eugen Stähle, Ministerialrat im württembergischen Innenministerium und als solcher der für die «Euthanasie» in Württemberg oberste zuständige Beamte, war im November 1948 während der Untersuchungshaft gestorben und konnte nicht mehr belangt werden. Damit blieb aus der Ministerialbürokratie nur Otto Mauthe übrig, der Sachbearbeiter für das Irrenwesen im Württembergischen Innenministerium (siehe auch das Kapitel über Mauthe und Stähle). Verhandelt wurde auch gegen Alfons Stegmann und Martha Fauser, die beiden Direktoren der Heilanstalt Zwiefalten, Landkreis Reutlingen.

Vom hundertköpfigen Grafenecker Personal saßen nur vier Personen auf der Anklagebank, darunter der Krankenpfleger Heinrich Unverhau, die Pflegerin Maria Appinger sowie der Kriminalkommissar Jakob Wöger und sein Kollege Hermann Holzschuh; Christian Wirth war 1944 bei einem Partisanenüberfall bei Triest ums Leben gekommen.

Wöger erklärte, dass er während seiner Tätigkeit in Grafeneck niemals das Vernichtungsgelände betreten habe und durch Gerhard Bohne von der Berliner T4-Zentraldienststelle unter Androhung der Todesstrafe zur Geheimhaltung über die Grafenecker Massentötungen angehalten worden sei. Bohne habe ihm versichert, dass ein Gesetz, den «Gnadentod» betreffend, bestehe, aus Kriegsgründen aber noch nicht veröffentlicht werden könne.

Am 5. Juli 1949 ergingen die Urteile des Schwurgerichts Tübingen. Otto Mauthe wurde wegen Beihilfe zu einem Verbrechen gegen die Menschlichkeit zu fünf Jahren Gefängnis verurteilt, ein Jahr Untersuchungshaft wurde angerechnet. «Aus gesundheitlichen Gründen» musste er diese Strafe nicht antreten; am 28. August 1959 sah die Justiz in seinem Fall endgültig von einer Strafverfolgung ab. Alfons Stegmann und Martha Fauser wurden wegen Verbrechens des Totschlags in der Form der Einzel-«Euthanasie» zu 24 beziehungsweise 18 Monaten Gefängnis verurteilt, die aber durch die Untersuchungshaft als verbüßt galten. Den 31 Jahren Zuchthaus, die von der Staatsanwaltschaft Tübingen beantragt worden waren, standen damit gerade noch 8,5 Jahre Gefängnis gegenüber. Der Vorsitzende des Schwurgerichts, Oberamtsrichter Dietrich, führte aus, die acht Angeklagten seien nicht der Täterschaft an einem Verbrechen gegen die Menschlichkeit, sondern nur der Beihilfe und der Mithilfe hierzu beschuldigt worden. Das Gericht habe festgestellt, dass sämtliche Angeklagten gewusst hätten, an welcher Aktion sie mitwirkten, es billige ihnen aber zum überwiegenden Teil den übergesetzlichen Notstand zu. Neben dem früheren Landesjugendarzt Max Eyrich und den Pflegern Heinrich Unverhau und Maria Appinger wurden auch die Stuttgarter Kriminalbeamten Jakob Wöger und Hermann Holzschuh freigesprochen.

Anmerkungen

1 Sauer, Paul: Wilhelm Murr. Hitlers Statthalter in Württemberg, Tübingen 1998/2000; Scholtyseck, Joachim: «Der Mann aus dem Volk». Wilhelm Murr, Gauleiter und Reichsstatthalter in Württemberg-Hohenzollern, in: Kißener, Michael/Scholtyseck, Joachim (Hg.): Die Führer der Provinz. NS-Biographien aus Baden und Württemberg, Konstanz 1999, S. 477–502; Taddey, Gerhard/Fischer, Joachim (Hg.): Lebensbilder aus Baden-Württemberg Bd. 19. Stuttgart 1997.
2 Borgstedt, Angela: Im Zweifelsfall auch mit harter Hand. Jonathan Schmid, Württembergischer Innen-, Justiz- und Wirtschaftminister, in: Kißener/Scholtyseck 1999, S. 595–621.
3 BA – Außenstelle Ludwigsburg, Ordner «Euthanasie».
4 Archiv Gedenkstätte Grafeneck, Abschrift – Erlass Nr. X 4791 g.(eheime) R.(eichssache), Stuttgart, den 12. Dezember 1939.
5 Raberg, Frank: Gottlob Dill (1885–1968), in: Lächele, Rainer/Thierfelder, Jörg (Hg.): Wir konnten uns nicht entziehen. 30 Porträts zu Kirche und Nationalsozialismus in Württemberg, Stuttgart 1998, S. 189–205.
6 Raberg 1998, S. 198f.
7 BA – Außenstelle Ludwigsburg, Ordner «Euthanasie». 8 BA – Außenstelle Ludwigsburg, Ordner «Euthanasie».

Karl Mailänder

Harald Stingele

Karl Mailänder
Fürsorgebeamter, Schreibtischtäter und Bundesverdienstkreuzträger

Erstmals hat mich die Stuttgarterin Maria Reif auf Karl Mailänder aufmerksam gemacht, als sie bei der Verlegung von Stolpersteinen für die Geschwister Kurz[1] in der Badergasse 6 in Stuttgart Bad-Cannstatt spontan das Wort ergriff. Maria Reif war 1939 als 17-jährige junge Frau von der Ostalb nach Stuttgart gekommen und hatte eine Stelle beim Württembergischen Landesfürsorgeverband in der Lindenspürstraße 39 angetreten. Karl Mailänder sei «der Chef des Ganzen» gewesen, erinnerte sich Reif. Tatsächlich leitete der Jurist seit 1938 als Chef die Behörde, die unter anderem die Aufsicht über die Erziehungsanstalten hatte. Doch was hat Karl Mailänder, den die junge Bundesrepublik mit einem Verdienstkreuz dekoriert hat, mit der Ermordung der vier Cannstatter Sinti-Kinder zu tun?

In einem langen Gespräch[2] erzählte mir Maria Reif die Geschichte, die ihr ein Leben lang keine Ruhe ließ: «So bin ich gelandet als Stenotypistin bei der Abteilung Fürsorgeerziehung. Wo man also durch Gerichtsbeschluss Kinder den Eltern wegnimmt und in Heime oder Pflegestellen verschickt. Das war für mich in meiner Geborgenheit, in der ich aufgewachsen bin, auch furchtbar, was ich da alles lesen und erleben musste ... Und der Chef vom Ganzen war der Dr. Mailänder, mit dem hatte ich auch nicht direkt zu tun, der war ganz weit fort von mir, nur einmal musste ich ihm Akten zur Unterschrift bringen. Ich konnte überhaupt kein Bild von ihm gewinnen. Die Akten sind ja sonst mit dem Boten da runtergetragen worden ins Erdgeschoss, wo er war. Persönlich erlebt hab ich ihn, als der Krieg losgegangen ist, da ist die ganze Behörde im Untergeschoss versammelt worden, da hat der Dr. Mailänder eine Ansprache zum Krieg gehalten, halt so fürs Vaterland!» Ob er überzeugter Nazi war, wisse sie nicht, sagte Maria Reif. «Da hab ich nie danach gefragt.» Tatsächlich war Mailänder damals Mitglied der NSDAP. Eingetreten ist er 1937.

Dann berichtet die ehemalige Stenotypistin die Geschichte der Mulfinger Kinder: «Die Sankt Josefspflege in Mulfingen war eine katholische Erziehungsanstalt für Schulkinder. Das war zuletzt die Sammelstelle für die 39 Zigeuner-Kinder, denen schon das Lebensende vorbereitet war. Mit der Herausnahme der Kinder aus den Familien hatte unsere Abteilung nichts zu tun, das war auf Veranlassung der Jugendämter per Gerichtsbeschluss vorausgegangen. Ich musste dann die Anordnung eintragen: Unterbringung in der Sankt Josefspflege in Mulfingen. Ich hatte mit den Akten der Kinder erst wieder zu tun, als ich eintragen musste: Verlegung nach Birkenau[3]. Da hab ich mich gewundert über den Ort Birkenau, weil noch nie ein Fürsorgezögling in eine Anstalt Birkenau eingewiesen worden ist. Aber ich hab mit niemandem drüber geredet. Wir saßen ja zu sechst in einem großen Raum als Stenotypistinnen, und die anderen haben sie auch eingetragen, da ist kein Wort drüber geschwätzt worden, wo ist Birkenau? Niemand, kein Wort. Zu dem Zeitpunkt hatte ich auch nicht das Gefühl, dass sich da etwas Schlimmes dahinter verbirgt. Erst als ich einige Zeit beim Beamten zum Diktieren war und der mir diktiert hat, bei dem und dem und dem eintragen: die Fürsorgeerziehung endet wegen Tod. Das hab ich eingetragen, dann ging's runter zum Obersten, zum Herrn Regierungsdirektor Mailänder, der hat alle diese Veränderungen mit den Kindern nach dem Eintrag unterschrieben, dann kam es wieder rauf und dann hat's geheißen: ablegen und in den Keller schaffen. Das Totenkreuzle hab ich selber draufgemacht, das war nicht angeordnet. Das hat gar keine Diskussionen ausgelöst und da nehm ich mich auch nicht aus.

Ich hatte da einen Freund, der war ein bisschen ein Linker, dem hab ich das auch erzählt, was ich da eingetragen hab, bei allen dasselbe: ‹Fürsorgeerziehung endet wegen Tod›, wo ich ihm auch gesagt habe, dass ich vorher eingetragen hab, ‹Verlegung nach Birkenau›, das hatte ich ihm vorher gar nicht gesagt, das war ja für mich ein unbedeutender Vorgang. Der hat dann gesagt: ‹Ja um Gottes Willen, ha die sind doch vergast worden, wisset ihr des net.› Auch darüber wurde unter uns Schreibkräften kein Wort gesprochen, ich hab mit niemandem darüber gesprochen, auch nicht mit dem Beamten, der mir das diktiert hat. Das ist die Frage, wie sind die Menschen damit umgegangen, wie bin ich damit umgegangen, wie sind wir auf der Behörde damit umgegangen. Und all die Leut', all die Herren Beamten, zu denen ich raufgeguckt habe mit meiner bescheidenen Schulbildung, die haben das alles über sich ergehen lassen», sagt Maria Reif. Das sei auch ihr Problem. Und dann fragt sie nachdenklich: «In welchem Zustand war ich denn da?»

Solche Skrupel plagten Karl Mailänder nicht. Er wickelte den Mord an den Sinti-Kindern von Mulfingen[4] ab wie einen alltäglichen Verwaltungsvorgang. 1938 hatte das Württembergische Innenministerium in einem Heimerlass verfügt, «dass in einem Heim jeweils nur solche Kinder beziehungsweise Jugendliche gemeinsam erzogen werden, für die gleiche Erfolgsaussichten vorhanden sind»[5], und dass deshalb die Fürsorgezöglinge in fünf Gruppen eingeteilt werden sollten, und zwar aufbauend «auf dem Gedanken der psychiatrischen Sichtung unter weitgehender Berücksichtigung der erbbiologischen Gegebenheiten».[6] Die fünfte Gruppe waren die «Zigeuner und Zigeunerähnlichen», die in der Sankt Josefspflege in Mulfingen ausgesondert wurden. In zahlreichen Artikeln in den von ihm herausgegebenen «Blättern der Wohlfahrtspflege» warb Karl Mailänder für diese Neuausrichtung der Fürsorgeerziehung nach dem nationalsozialistischen Grundsatz der «Typenaussonderung und Auslese».[7] Als «Erfolgsaussicht» war den Mulfinger Kindern nach der Zuspitzung der nazistischen «Zigeunerpolitik» nur noch die Vernichtung bestimmt: Am 9. Mai 1944 wurden sie unter der Regie der Kriminalpolizeistelle Stuttgart nach Auschwitz-Birkenau deportiert.[8]

Die verwaltungsmäßige Umsetzung des Wegs in den Tod hat Johannes Meister am Beispiel der Kinder Martin und Amandus Eckstein dokumentiert. Am 15. Mai 1944 wurde dem zuständigen Vormundschaftsgericht Waiblingen mitgeteilt, dass die beiden Fürsorgezöglinge «in einem Zigeunerlager untergebracht wurden». Am 4. Juni 1944 beantragte Karl Mailänder, «die Fürsorgeerziehung über diese beiden Kinder aufzuheben». Der Vormundschaftsrichter verfügte dies am 6. Juli 1944, wobei er wörtlich Mailänders Begründung übernahm: Der Aufenthalt der (ins KZ deportierten) Eltern sei unbekannt, die Fürsorgeerziehung werde aufgehoben, «nachdem die Kinder in ein Zigeunerlager eingewiesen sind, der Zweck der Fürsorgeerziehung anderweitig sichergestellt ist, auf Antrag des Leiters des Württembergischen Landesfürsorgeverbandes gemäß § 72 des Jugendwohlfahrtsgesetzes». Drei Wochen später wurden die Kinder ermordet. Johannes Meister weist darauf hin, dass nach § 72 des immer noch gültigen Reichsjugendwohlfahrtsgesetzes eine Überprüfung der «neuen Erziehungsstätte» notwendig gewesen wäre. Der Vormundschaftsrichter hätte sich «laufend darüber unterrichtet halten müssen, ob die Voraussetzung für die Aufhebung der Fürsorgeerziehung weiterhin gegeben ist». Auch sei der Beschluss nie rechtskräftig geworden, da auf ausdrückliche Anordnung des Vormundschaftsrichters die vorgeschriebene öffentliche Zustellung des Beschlusses unterblieb.

Wer war dieser «fürsorgliche» Regierungsdirektor? Am 7. März 1883 wird Mailänder in Schwäbisch Hall geboren.[9] Sein Vater ist Rektor der Höheren Mädchenschule, Chorleiter und Oratoriensänger, angesehener Bürger der Kleinstadt. Karl Mailänder besucht das Humanistische Gymnasium, macht 1901 Abitur, studiert in Tübingen Jura, entscheidet sich 1907 nach der zweiten Dienstprüfung für die Verwaltungslaufbahn, arbeitet als Regierungsassessor bei elf Oberämtern, leitet ab 1912 die Rückwandererabteilung bei der Polizeidirektion Stuttgart, wird im Krieg nicht für den Fronteinsatz freigegeben – wiederholte Gesuche zum Fronteinsatz tragen ihm den einzigen dienstlichen Verweis seiner Laufbahn ein. 1920 wird er ins Innenministerium versetzt zum neu errichteten Landesjugendamt, 1921 dann zur Zentralleitung für Wohltätigkeit (später Zentralleitung für das Stiftungs- und Anstaltswesen), einer besonderen württembergischen Institution der Förderung und Beaufsichtigung der freien Wohlfahrtspflege. Hier findet er seine Lebensaufgabe, wird schnell Berichterstatter, später Vorstand. Es gibt in der Folge kaum ein Feld der Wohlfahrt, in dem er nicht einflussreich ist, in zahlreichen Wohlfahrtsvereinen, Institutionen und Verbänden sitzt er im Vorstand oder im Verwaltungsrat. Herausragend ist seine Rolle in der sogenannten Wandererfürsorge, den Institutionen und Verbänden, die sich um Obdachlose kümmern. 1923 wird er Mitglied des Vorsteherrates der Württembergischen Landessparkasse. 1925 wird er Schriftführer der Blätter der Wohlfahrtspflege und macht diese Zeitschrift zu seinem Organ. 1927 wird er Vorsitzender des Vereins der Verwaltungsbeamten des höheren Dienstes. Über sein Privatleben ist nur bekannt, dass er verheiratet ist, zwei Söhne hat – der Ältere wird im Krieg fallen – und dass er in der Stuttgarter Falkertstraße 31 wohnt. Das Bild, das bei der Lektüre der Akten entsteht: Beamter rund um die Uhr, Spinne im Netz, der Unentbehrliche.

Unentbehrlich wird er, inzwischen befördert zum Oberregierungsrat, auch für die Nazis nach deren Machtergreifung 1933. Mitglied der NSDAP wird er zunächst nicht; doch im August 1933 ernennt ihn Erich Hilgenfeldt, der Reichswalter der Nationalsozialistischen Volkswohlfahrt (NSV), zum Gauwalter für Württemberg und macht ihn damit zum Verantwortlichen für das Winterhilfswerk.[10] Ab 1934 ist er stellvertretender Gauwalter, da nur noch Parteimitglieder die NSV leiten dürfen. Ebenfalls 1934 wird er Mitglied des NS-Rechtwahrerbundes und Beisitzer im Dienststrafhof für Körperschaftsbeamte. 1937 schließlich tritt er der NSDAP bei. Damit ist der Weg frei zu seiner Ernennung zum Leiter des Württembergischen Landesfürsorgeverbandes im Jahr 1938. Zugleich bleibt er Vorstand der Zentralleitung. Er kontrolliert jetzt sowohl die öffentlichen als auch die konfessionellen Wohlfahrtsanstalten. 1942 wird er in den Gaugesundheitsrat berufen, den Reichsstatthalter Wilhelm Murr «zur Zusammenfassung und einheitlichen Lenkung aller gesundheitlichen Maßnahmen in Partei und Staat» angeordnet hat. 1943 wird er zum Regierungsdirektor befördert.

Im Spruchkammerverfahren nach 1945[11] erklärt Mailänder diese Bilderbuchkarriere für politisch bedeutungslos. Seine Tätigkeit für die NSV und das WHW sei ausschließlich ein Ausfluss seiner hauptamtlichen Stellung bei der Zentralleitung gewesen. Es sei 1933 sonst kein geeigneter Fachmann vorhanden gewesen. Er habe nicht als Privatperson aus freien Stücken mit der NSV zusammengearbeitet, sondern als Beamter der Zentralleitung für Wohltätigkeit, die dazu gezwungen gewesen sei. Den Vorwurf des Betriebsrats des Landesfürsorgeverbands, Mailänder habe sich öffentlich als Nationalsozialist bekannt und betätigt, indem er etwa häufiger, als dies erforderlich erschien, Gauredner und dergleichen zu Betriebsappellen heranzog, versucht er mit dem Argument zu entkräften, er habe dies nur getan, um nicht selber sprechen zu müssen. Zur Partei sei er trotz innerem Widerstreben lediglich gegangen, um die Arbeit der dauernd gefährdeten und von der NSV bedrängten Zentralleitung zu erhalten und weiterhin die Anstalten der freien Wohlfahrtspflege vor den Zugriffen der Partei zu schützen. Hierfür legte er Dutzende von Entlastungszeugnissen konfessioneller Anstalten und von Verbandsvertretern vor. Seine enge Zusammenarbeit mit Parteistellen und -organisationen habe sich aus seiner leitenden Tätigkeit ergeben. Er sei immer für die Belange der konfessionellen Wohlfahrtspflege eingetreten und habe versucht, das Schlimmste zu verhindern. Dies sei als Widerstand gegen die nationalsozialistische Gewaltherrschaft zu werten.

Auffällig ist, dass es im Spruchkammerverfahren nur um die Machtverhältnisse und Interessenkonflikte zwischen Organisationen geht, nicht aber um die betroffenen Menschen. Von Mailänders möglicher Verstrickung in NS-Verbrechen ist keine Rede. Das Thema «Euthanasie» wird nur gestreift. Dabei stellt sich Mailänder sogar als Gegner der Mordaktionen an über 10.000 Behinderten im schwäbischen Grafeneck dar, der «sich mit allen ihm zur Verfügung stehenden Mitteln gegen die Durchführung dieser Maßnahmen gestemmt» habe, ohne dass die Kammer hierfür irgendeinen Beleg gefordert hat.

Im Juni 1946 entlässt die US-Militärregierung Karl Mailänder. Viermal wird über ihn im Spruchkammerverfahren verhandelt. Man ahnt die Auseinandersetzungen hinter den Kulissen. Im ersten Verfahren wird er am 21. Januar 1947 als Mitläufer eingestuft, doch er «darf künftig nicht als Leiter einer Behörde, insbesondere auch nicht als Vorsitzender der Landesfürsorgebehörde, Vorstand oder Geschäftsführer der Zentralleitung für das Stiftungs- und Anstaltswesen tätig sein». Dagegen legt er umgehend Berufung ein. Für ihn wäre es «die härteste Strafe, wenn mir meine leitenden Ämter bei der Zentralleitung und beim Landesfürsorgeverband genommen würden», klagt er. Die Berufungskammer hebt am 27. Juni 1947 das Verbot einer Behördenleitungstätigkeit auf mit der Begründung, es würde «in der Bevölkerung Befremden hervorrufen, wenn ein Mann, der so lange und insbesondere gerade während der Nazizeit in so aufrichtiger und mutiger Weise seine Ämter und deren Belange geführt und gewahrt hat, wie dies beim Betroffenen der Fall ist, mit einem Verbot angefochtener Art belegt würde». Gottlob Kamm, der Minister für politische Befreiung, kassiert diesen Spruch am 5. August 1947 und ordnet ein neues Verfahren vor einer anderen Kammer an.

Am 5. Januar 1948 ergeht der neue Spruch. Die Kammer schließt sich der Auffassung des öffentlichen Klägers an, dass es unmöglich sei, Mailänder trotz der zahlreichen Entlastungszeugen in die Gruppe der Mitläufer einzustufen, «weil er an maßgebender Stelle der öffentlichen Wohlfahrt auch während der Zeit des Hitler-Regimes tätig war und somit dieses Regime besonders unterstützt hat». Mailänder wird jetzt als Minderbelasteter eingestuft, die Verbote für seine Berufstätigkeit werden verschärft und die Sühneleistung wird deutlich erhöht.

Auch gegen diesen Spruch legt er Berufung ein. Kurz vor der Verhandlung bittet er um ein persönliches Gespräch mit dem Vorsitzenden der Kammer und bekommt dieses auch. In der Verhandlung dürfen verschiedene Zeugen aussagen, die selber Parteimitglieder und Funktionäre im NS-Wohlfahrtswesen waren. Der Spruch der ersten Instanz wird aufgehoben, seine Beschäftigungsverbote entfallen, seine Sühne wird von 5000 Reichsmark auf den symbolischen Betrag von 200 RM herabgesetzt. Die Begründung des neuen Spruchs wertet die bekannten Fakten völlig neu und gerät zur Lobeshymne: In erster Instanz sei die Persönlichkeit Mailänders, seine weltanschauliche Einstellung sowie seine amtliche und politische Betätigung unter der Herrschaft des NS völlig verkannt und unzutreffend gewürdigt worden, er sei ein Mensch, der die Tradition des höheren württembergischen Beamten früherer Zeit in des Wortes bestem Sinn verkörpere, er habe die ihm übertragenen Funktionen nicht als Erwerbsbeschäftigung mit routinemäßiger Erledigungsart aufgefasst, sondern als «die Aufgabe und den Inhalt seines Lebens». Seine Rolle in der NSV könne ihm nicht als belastend ausgelegt werden: «Denn hierdurch hatte er sich allenfalls mit den sozialen Zielen der NSDAP identifiziert, was weder ihm noch irgendeinem anderen zum Vorwurf gereichen könnte.» Die Berufungskammer müsse ihn «nur aus rechtlichen Gründen» als Mitläufer einstufen, würde es aber «bedauern, wenn eine Persönlichkeit von den menschlichen Werten und den fachlichen Qualifikationen» Mailänders «nicht wieder in einem leitenden Posten seines früheren Arbeitsbereiches verwendet würde».

Ob das Gnadengesuch, das er einlegt, um völlig entlastet zu werden, Erfolg hat, geht aus den Akten nicht hervor. Seiner Nachkriegskarriere steht jedenfalls nichts mehr im Wege. 1948 wird Mailänder wieder als Beamter eingestellt. 1951 geht er als Regierungsdirektor in den Ruhestand, bleibt jedoch in zahlreichen leitenden Funktionen einflussreich: unter anderem als Studienleiter an der Staatlichen Verwaltungsschule, im Deutschen Verein für öffentliche und private Fürsorge, im Paritätischen Wohlfahrtsverband, im Gesamtverband der Einrichtungen für Heim- und Bewahrungsfürsorge, als Herausgeber des «Wanderers», im Landeswohlfahrtswerk. Er wird vielfach geehrt, 1952 bekommt er das Verdienstkreuz erster Klasse, in Stuttgart wird 1958 ein Altersheim nach ihm benannt, 1960 – kurz vor seinem Tod – wird ihm das große Verdienstkreuz der Bundesrepublik Deutschland verliehen.

Erst Jahrzehnte später begann die Neubewertung seiner Rolle in der NS-Zeit. Den Anfang machte Johannes Meister mit seinen Studien über die «Zigeunerkinder» von Mulfingen. Thomas Stöckle zeigte die Verstrickung Mailänders in die Krankenmorde von Grafeneck auf.[12] Im Mai 1939 hatte Mailänder zusammen mit Otto Mauthe vom Württembergischen Innenministerium Grafeneck besucht. Im Oktober 1939 war er – in seiner Verantwortung für die konfessionellen Anstalten Württembergs – in die Beschlagnahmung Grafenecks eingeweiht, einer der ihm unterstellten Beamten der Zentralleitung war dabei anwesend. Doch vor allem unterstützte er als Chef der Zentralleitung die Erfassung der Opfer und konnte rasch Vollzug melden.

Eine Nachfrage des Landesverbandes der Inneren Mission über den Verbleib ihrer Patienten leitete er ans Innenministerium weiter mit dem Hinweis, dass die Zentralleitung keine Auskunft erteilen könne, da sie von dieser Verlegung «amtlich keine Kenntnis erhalten» habe. Doch ohne Zweifel war ihm der Zweck der Verlegungen bekannt. In einem Brief an den Ministerialdirektor des württembergischen Innenministeriums Gottlob Dill äußerte er seine Besorgnis über die öffentliche Wirkung der Verlegungen: «Wie der Bericht der Anstalt Pfingstweide zeigt, können die in Betracht kommenden Maßnahmen, wenn sie auch noch so geheim durchgeführt werden, in der betreffenden Anstalt nicht geheim gehalten werden, sondern ... dringen sogar auf dem Weg über die Angehörigen der verlegten Pfleglinge in weitere

Kreise hinaus und rufen Unruhe und Bestürzung hervor.»[13] Ebenso wusste er über die Deportationen aus den Anstalten des Landesfürsorgeverbandes Bescheid.

Bisher nicht untersucht ist Mailänders Rolle bei der Verfolgung jüdischer Altersheimbewohner. Er wusste zumindest Bescheid. Im September 1942, kurz nach der Deportation der Bewohner des Altersheims in der Wagenburgstraße 26/28 in Stuttgart nach Theresienstadt, wird in den von ihm herausgegebenen Blättern für Wohlfahrtspflege berichtet, dass «in diesem Jahre unter Überwindung großer Schwierigkeiten personeller und sachlicher Art die Zahl der städtischen Alters-und der Wohnheime um je eins vermehrt werden» konnte. «Das Altersheim wurde in den beiden ... ehemaligen Einfamilienhäusern Wagenburgstraße 26/28 eingerichtet. ... Ehedem waren zwei Familienwohnungen vorhanden, nunmehr finden rund 20 Partien Aufnahme; es wird also durch die Verwendung der beiden Häuser als Altersheim ein etwa zehnfacher Wohnungsgewinn erzielt.»[14] Verschwiegen wird die Beschlagnahmung des Eigentums der Israelitischen Religionsgemeinschaft, verschwiegen wird das Schicksal der Altersheimbewohner, an die dort seit 2007 Stolpersteine erinnern.

Gründlich untersucht hat Wolfgang Ayaß in seiner Studie über die «Asozialen» im Nationalsozialismus Mailänders Rolle in der Verfolgung der Wohnungslosen.[15] In diesem Krieg gegen die Armen spielte Mailänder, führender Funktionär der «Wandererfürsorge», eine wichtige Rolle. Schon am 20. Januar 1933, wenige Tage vor der Machtergreifung der Nazis, forderte er auf einer Tagung der Landesfürsorgeverbände ein scharfes Vorgehen gegen bettelnde Obdachlose. Systematische Kontrolle, strenge Bestrafung, Einweisung in Arbeitshäuser und Einführung des Wanderbuchzwangs waren die Maßnahmen, für die er sich im Frühjahr 1933 auf einer Fortbildungsveranstaltung der Polizei stark machte und diese wegen ihrer zu nachsichtigen Haltung kritisierte. Er plädierte für eine «gesunde Härte», verwies auf Italien, wo «dank der Maßnahmen von Mussolini ... das Ansehen von Italien in der ganzen Welt wesentlich gestärkt» worden sei, und äußerte die Hoffnung, «dass auch in Deutschland unter der nationalen Regierung hier kräftiger und zielbewusster zugepackt und gründlich Wandel geschaffen wird». «Wir Männer der Fürsorge», schloss er seinen Vortrag, «brauchen die Unterstützung der Polizei und der Verwaltung in dem schweren Kampf gegen den Missbrauch der Wohlfahrtspflege und gegen die Schmarotzer der Fürsorge.»[16] In verschiedenen Artikeln[17] beteiligte er sich an der Pressekampagne gegen die Obdachlosen, mit der die Nazis Stimmung machten für die reichsweiten Bettlerrazzien im September 1933. Die bettelnden Obdachlosen wurden als Konkurrenz für die Sammlungen des Winterhilfswerks betrachtet, ihr Verschwinden aus der Öffentlichkeit sollte den Eindruck des wirtschaftlichen Aufschwungs verstärken.

In Württemberg wurden 4818 Personen festgenommen; 2327 erhielten per polizeilicher Strafverfügung bis zu vierzehn Tage Haft; 500 Personen wurden nach Verbüßung einer Haftstrafe ins Arbeitshaus Vaihingen/Enz eingewiesen. Karl Mailänder war als Vorsitzender der Vereine der Wandererfürsorge schon Ende August vom Innenministerium schriftlich über die bevorstehenden Verhaftungen informiert worden und begrüßte die geplante Aktion lebhaft in seinem Antwortschreiben.

Auch in den folgenden Jahren unterstützte Mailänder die Verfolgung der «Asozialen». Vor den Großrazzien im Rahmen der «Aktion Arbeitsscheu» im Jahr 1938, als mit der Einweisung von «Asozialen» in Konzentrationslager begonnen wurde, bot Mailänder der Kriminalpolizei an, die Entziehung und Versagung von Wanderbüchern durch die Wandererfürsorge der Polizei telefonisch zum Zweck der Festnahme mitzuteilen, erteilte den Leitern der Wanderarbeitsstätten entsprechende Anweisungen und bezog diese so systematisch in die Jagd auf die «Asozialen» ein.

Bemerkenswert ist, wie diese Haltung in der Wohlfahrtspflege der Bundesrepublik fortwirkte. So hat ein unbekannter Laudator 1967 in einem Gedenkartikel für Karl Mailänder dessen «öffentliche Stellungnahme zur Bekämpfung von Betteln und Landstreicherei» gerühmt. Mailänder habe die Bettler zu Recht als «raffinierte Nichtstuer» gebrandmarkt, «die aus dem Mitleid ihrer Mitmenschen ein Geschäft machen». Und um die Bettelei besser eindämmen zu können, habe Mailänder «die Schaffung einer Zentralkartei der berufsmäßigen Bettler» gefordert.[18] Das hätte auch 30 Jahre früher geschrieben werden können.

Anmerkungen

1. Janker, Stephan M.: Die Geschwister Kurz – vier Stuttgarter Sinti-Kinder. Aus der Fürsorge in die Vernichtung, in: Harald Stingele (Hg.): Stuttgarter Stolpersteine – Spuren vergessener Nachbarn, Filderstadt 2006, S. 145–154.
2. Aufgezeichnet von Uwe Kassai am 9.12.2008.
3. Gemeint ist das «Zigeunerlager» in Auschwitz-Birkenau.
4. Das Schicksal der Mulfinger Kinder kann nachgelesen werden bei Meister, Johannes: Die «Zigeunerkinder» von der St. Josefspflege in Mulfingen, in: 1999. Zeitschrift für Sozialgeschichte des 20. und 21. Jahrhunderts 2/1987, S. 14–51 sowie bei Janker, Stephan M.: Die Geschwister Kurz – vier Stuttgarter Sinti-Kinder. Aus der Fürsorge in die Vernichtung, in: Harald Stingele (Hg.): Stuttgarter Stolpersteine – Spuren vergessener Nachbarn. Filderstadt 2006, S. 145–154.
5. Der Erlass ist veröffentlicht in den Blättern der Wohlfahrtspflege (BdW), 11/1938, S. 199ff.
6. Die Durchführung der Fürsorgeerziehung im Krieg, BdW, 6/1942, S. 41.
7. Mailänder, Karl: Die Durchführung der Fürsorgeerziehung in Württ. während der Kriegszeit, BdW, 2/1942, S. 9ff.
8. Hauptstaatsarchiv Stuttgart E151 III Bü 2039.
9. Biografische Daten zu Karl Mailänder aus: Karl Mailänder zum Gedächtnis, BdW, Jg. 114, 1967, S. 96–100 sowie aus der Spruchkammerakte Mailänders, Staatsarchiv Ludwigsburg, El 902/20 Bü 6730.
10. Die komplizierten Beziehungen zwischen NSV und traditioneller Wohlfahrtspflege können nachgelesen werden bei Sachße, Christoph/Tennstedt, Florian: Der Wohlfahrtsstaat im Nationalsozialismus, Stuttgart 1992.
11. Staatsarchiv Ludwigsburg, El 902/20 Bü 6730.
12. Stöckle, Thomas: Grafeneck 1940. Die Euthanasie-Verbrechen in Südwestdeutschland, 2. Aufl., Stuttgart 2005.
13. Der Ministerialdirektor heißt Dill. Staatsarchiv Ludwigsburg, E 191 Bü 6861, zit. nach Stöckle, S. 102.
14. BdW, 9/1942, S. 64–65. Die Geschichte der jüdischen Altersheime in der Wagenburgstraße 26/28 und in der Heidehofstraße 9 kann nachgelesen werden bei Müller, Roland: Judenfeindschaft und Wohnungsnot. Zur Geschichte der jüdischen Altersheime in Stuttgart, in: Der jüdische Frisör, Stuttgart 1992.
15. Ayaß, Wolfgang: «Asoziale» im Nationalsozialismus, Stuttgart 1995.
16. Die polizeiliche Bekämpfung von Bettel und Landstreicherei, BdW, 5/1933, S. 78–80.
17. Siehe Ayaß 1995, S. 33 und S. 233.
18. «Karl Mailänder zum Gedächtnis», BdW, Jg. 114, 1967, S. 96–100.

Karl Lempp

Karl-Horst Marquart

Karl Lempp
Verantwortlich für Zwangssterilisierungen und «Kindereuthanasie»

Wie viele Menschen in Stuttgart während der Nazizeit zwangsweise unfruchtbar gemacht wurden, ist unbekannt. Auch kennt man nicht die Zahl der Stuttgarter Kinder, die im Rahmen des sogenannten «Euthanasie»-Programms getötet wurden. Verantwortlich für diese Taten waren Ärzte. Zum Beispiel Obermedizinalrat Karl Lempp, der seit 1913 als «Stadtarzt» in Stuttgart tätig war. Er gründete 1915 das Städtische Kinderheim, das spätere Städtische Kinderkrankenhaus in der Birkenwaldstraße 10, und war dort der erste Chefarzt. Seit der Einrichtung des Städtischen Gesundheitsamts Stuttgart in der Hohe Straße 28 im Jahr 1928 war er gleichzeitig dessen stellvertretender Leiter.

Karl Lempp, am 21. Januar 1881 in Heilbronn geboren, stammte aus einer württembergischen Beamten- und Pfarrerfamilie. Er war verheiratet, hatte zwei Kinder und wohnte in der Danneckerstraße 38 in Stuttgart. Am 1. Mai 1933 trat er in die NSDAP ein und gehörte ihr bis Kriegsende an. Er war Mitglied mehrerer NS-Vereinigungen: NS-Ärztebund, Reichsbund der Deutschen Beamten, Nationalsozialistische Volkswohlfahrt (NSV), NS-Studentenkampfhilfe und NS-Altherrenbund. In einer persönlichen Erklärung vom 23. Juli 1945 schrieb er: «Nachdem die radikale Entwicklung der Nationalsozialistischen Partei immer deutlicher zum Vorschein trat, habe ich mich wohl innerlich von der Partei immer weiter entfernt. ... Die eigentlich notwendige Konsequenz zu ziehen und aus der Partei auszutreten konnte ich mir mit Rücksicht darauf nicht leisten, dass damit meine Existenz infrage gestellt gewesen wäre. Ich glaube, mit gutem Gewissen sagen zu dürfen, dass ich nie innerlich Nationalsozialist war und aber auch nie von nationalsozialistischer Seite als wahrer Nationalsozialist angesehen und entsprechend behandelt worden bin.»[1]

Im Juli 1945 wurde Lempp zunächst von der amerikanischen Militärregierung für Baden und Württemberg aus dem städtischen Dienst entlassen, am 3. Oktober 1945 jedoch wieder, da Ärztemangel herrschte, als Leiter des Städtischen Kinderkrankenhauses eingesetzt. Doch schon am 9. Oktober 1945 bemerkte die Militärregierung über ihn: «Removal mandatory [Entlassung zwingend].» In einer Aktennotiz vom 4. Dezember 1945 steht: «Lempp war ein loyaler Repräsentant der nationalsozialistischen Stadtverwaltung. Es gibt keine politische Rechtfertigung, diesen Mann in einer so wichtigen Position zu belassen.»[2] Und laut einer weiteren Aktennotiz der Militärregierung vom 4. Januar 1946 wurde Lempp «von allen antifaschistischen Ärzten als typischer Nazi bezeichnet. Dieses Urteil geben auch Leute ab, welche nicht im Gesundheitswesen tätig sind, aber Lempp kennen.»[3]

Vom 15. Mai bis 18. Juli 1946 war Lempp auf Anordnung der Militärregierung in Haft. Es kam aber zu keiner Anklage, obwohl die Amerikaner ihn der Beteiligung an «Euthanasie»-Verbrechen – der Ermordung «lebensunwerter» Kinder im Städtischen Kinderkrankenhaus – verdächtigten. In einer Aktennotiz des «Headquarter Office of Military Government Baden-Württemberg» heißt es über Lempp: «28. März 1946 ... Aufgrund dieser Dokumente wird der Betreffende verdächtigt, an der Beseitigung von Menschen mit Erbkrankheiten zusammen mit Dr. Stähle beteiligt gewesen zu sein.»[4] Ministerialrat Eugen Stähle war der oberste Medizinalbeamte im Württembergischen Innenministerium und lokaler Organisator des NS-«Euthanasie»-Programms. Noch in einer Liste der Militärregierung aus dem Jahr 1947 über 24 «Personen, die als strafrechtlich verantwortlich angesehen werden», steht als Nr. 23: «Obermedizinalrat Dr. Lempp, Stuttgart, Leiter des Kinderkrankenhauses».[5]

In den darauffolgenden Jahren wurde Lempp aber nie angeklagt. Beim deutschen Entnazifizierungsverfahren stufte ihn die Spruchkammer am 30. Dezember 1947 als «Mitläufer» ein. Seine Funktion als stellvertretender Leiter des Städtischen Gesundheitsamts behielt er bis 1949. Bis zu seiner Pensionierung 1950 war er Leiter der Städtischen Kinderklinik. 1954 wurde dem promovierten Mediziner der Professorentitel verliehen. Er starb im Alter von 79 Jahren am 31. Juli 1960.

Karl Lempp beantragte in seiner Funktion als stellvertretender Leiter des Städtischen Gesundheitsamts Stuttgart während der NS-Zeit die Sterilisierung vieler Männer und Frauen aufgrund des am 14. Juli 1933 erlassenen «Gesetzes zur Verhütung erbkranken Nachwuchses». Lempp unterschrieb dabei zahlreiche amtsärztliche Gutachten, die die Zwangssterilisierung begründen sollten. Im März 1936 meldete der Obermedizinalrat dem Württembergischen Innenministerium: «Die erbkranke Bevölkerung Stuttgarts und deren Angehörige verhielten sich im Allgemeinen durchaus einsichtig zur Erbgesetzgebung. In einer ganzen Reihe von Fällen gelang es, die Patienten oder deren gesetzliche Vertreter selbst zur Antragstellung auf Unfruchtbarmachung zu veranlassen. Weiterhin wurde vielfach zwar ein Antrag aus einer begreiflichen Scheu und Unsicherheit heraus vom Erbkranken selbst nicht gestellt, trotzdem stand aber der Betreffende dem Eingriff durchaus positiv gegenüber.»[6]

Dass diese Aussage nicht stimmen kann, geht schon aus der in dem Bericht enthaltenen Jahresstatistik von 1935 des Stuttgarter Gesundheitsamts über beantragte und durchgeführte Zwangssterilisierungen hervor: Beamtete Ärzte stellten 303 Anträge, Anstaltsärzte 40, «Erkrankte» selbst 41 und deren gesetzliche Vertreter 20. In sechs Fällen war bei der chirurgischen Ausführung des Eingriffs die Anwendung von Zwangsmaßnahmen notwendig. Außerdem unterblieb die Unfruchtbarmachung in zwölf Fällen «wegen Erregungszustand der Geisteskr. [Geisteskranken]».[7] «Bei jedem

Zwölften aller Sterilisierten», ergab eine wissenschaftliche Untersuchung über NS-Zwangssterilisierungen, «wurde in Württemberg Gewalt angewandt: Die Opfer wurden wie Kriminelle von der Polizei gesucht und herbeigeschafft.»[8] Nur in vier Prozent der Fälle haben die «erbkranken» Patienten selbst oder deren Vertreter den Antrag auf Sterilisierung gestellt.

In einem amtsärztlichen Gutachten vom 23. Oktober 1936 über einen 47-jährigen Mann, bei dem Lempp unter demselben Datum die Unfruchtbarmachung beantragte, schrieb der Obermedizinalrat: «Wenn auch von erblicher Belastung nichts bekannt ist, so zweifeln wir ebenso wenig wie die Univ. Nervenklinik Tübingen an der Diagnose ‹erbliche Fallsucht›. Der Antrag auf Unfruchtbarmachung muss erfolgen, weil der Pat. noch in fortpflanzungsfähigem Alter ist, auch wenn er versichert, noch nie Geschlechtsverkehr gehabt zu haben und auch in Zukunft keine Kinder zeugen zu wollen. Er erklärt ferner, sich dem Eingriff gegebenenfalls durch Auswanderung zu entziehen.»[9]

Wie unmenschlich und mit dem Hippokratischen Eid unvereinbar in Stuttgart das Zwangssterilisationsverfahren, in das Lempp federführend involviert war, oft ablief, sollen die nachfolgenden beiden Fallbeschreibungen zeigen.

Eine 20-jährige Frau litt seit drei Jahren an einer psychischen Erkrankung. In einem von Lempp unterschriebenen Gutachten vom 6. November 1935 über die Patientin, deren Unfruchtbarmachung er beantragte, heißt es: «Sie spricht sich verständig über die Frage der Unfruchtbarmachung aus, erklärt, ihre Mutter wolle das nicht, und sie selbst meint, ob man damit nicht noch warten könne, vorläufig wolle sie noch nicht heiraten. … [Aussage einer Tante:] Es seien keine Anhaltspunkte dafür vorhanden, dass sie Stimmen höre oder Wahnvorstellungen habe. Im Allgemeinen sei sie ganz vergnügt. Die Eltern seien gegen eine Heirat. … Sie sind auch mit der Sterilisierung nicht einverstanden, da sie fürchten, dass das Mädchen wieder neu erkranken könne. Die Erkrankung führen die Eltern auf einen Unfall im Alter von 3 Jahren zurück.»[10]

Obwohl Lempp in seinem Gutachten das Vorliegen einer «Erbkrankheit» nicht hatte nachweisen können, beschloss das Erbgesundheitsgericht beim Amtsgericht Stuttgart, dass die Frau («ledige Haustochter») «unfruchtbar zu machen» sei. Eine Beschwerde ihres Vaters wies das Erbgesundheitsobergericht Stuttgart am 30. Dezember 1935 als unbegründet zurück: «Fortpflanzungsgefahr besteht aber auch abgesehen von der Fortpflanzung in der Ehe, da bei geistig erkrankten Frauenspersonen, auch wenn ihre sittliche Führung in gesunden Tagen nicht anzutasten ist, doch unter dem Einfluss der Krankheit die Neigung zu sexuellen Entgleisungen eintreten kann und die Gefahr der Verführung durch schlechte Elemente erfahrungsgemäß immer besteht. Da sich die Beschwerdeführerin im fortpflanzungsfähigen Alter befindet, so musste – in ihrem eigenen Interesse – die Unfruchtbarmachung sicherheitshalber angeordnet werden. Ob der Eingriff aus einem wichtigen gesundheitlichen Grunde – wie ihn die Beschwerdeführerin behauptet – zunächst nicht ausgeführt werden kann u. aufgeschoben werden muss, ist eine der zuständigen Prüfung des Gesundheitsamts unterliegende Frage.»[11]

Für eine Aufschiebung des Eingriffs plädierte Lempp offenbar nicht, denn die Frau wurde am 12. Februar 1936 in der Städtischen Frauenklinik in Stuttgart, Bismarckstraße 3, unfruchtbar gemacht.

Selbst bei einem 14-jährigen Hilfsschüler beantragte Lempp 1937 die Unfruchtbarmachung, da dieser an «angeborenem Schwachsinn» leide.[12] Das Erbgesundheitsgericht in Stuttgart beschloss am 23. März 1937 – kurz nach seiner Konfirmation – die Sterilisierung des Schülers. Die drei Mitwirkenden an dem Beschluss: der Amtsgerichtsdirektor, als Amtsarzt der Leiter des Gesundheitsamts und ein weiterer Arzt. Trotz heftigen Protests des Vaters bestätigte das Erbgesundheitsobergericht Stuttgart den Beschluss. Der Junge wurde am 14. Oktober 1937 in der Chirurgischen Abteilung des Städtischen Krankenhauses Stuttgart-Bad Cannstatt sterilisiert. Verzweifelt hatte der Vater zuvor noch an das Erbgesundheitsobergericht geschrieben, er wolle sich «an unseren Führer wenden».

Ende der 1950er-Jahre hat das Rechtsamt der Stadt Stuttgart diese Zwangssterilisierung als rechtmäßig verteidigt. Entschädigungsansprüche wegen «Amtspflichtverletzung» seien unbegründet.[13]

Warum verdächtigte die amerikanische Militärregierung etwa ein Jahr nach Kriegsende Lempp, zusammen mit Stähle an NS-«Euthanasie»-Verbrechen beteiligt gewesen zu sein? Stähle hatte am 25. November 1942 einen als «Geheime Reichssache!» gekennzeichneten Brief an den «Reichsausschuss zur wissenschaftlichen Erfassung von erb- und anlagebedingten schweren Leiden» in Berlin – die getarnte Organisationszentrale für die «Kindereuthanasie» in der Kanzlei des Führers – geschrieben. Darin wurde das Ergebnis einer Besprechung in Stuttgart über die Einrichtung einer «Kinderfachabteilung» im Städtischen Kinderkrankenhaus – auch «Städtische Kinderheime» genannt – mitgeteilt: «Obermedizinalrat Dr. Lempp vom Städt. Gesundheitsamt Stuttgart und Leiter der Städt. Kinderheime in Stuttgart ist bereit, Kinder mit erb- und anlagebedingten schweren Leiden zur Beobachtung und entsprechenden Behandlung in seine Kinderheime aufzunehmen.»[14]

«Kinderfachabteilungen» waren getarnte Einrichtungen zur Tötung von fehlgebildeten Neugeborenen und behinderten älteren Kindern, das heißt von Kindern mit einem «schweren angeborenen Leiden». «Behandlung» bedeutete Tötung durch Verabreichung einer Überdosis von Tabletten oder Spritzen eines starken Schlafmittels, hauptsächlich des Medikamentes Luminal. Im Brief stand: «Er [Lempp] schlägt vor, diese Kinder je nach Alter und Art ihres Leidens in eines der verschiedenen Heime verteilt aufzunehmen. Die Beobachtung und Behandlung würde von Dr. Lempp und seiner als durchaus zuverlässig bezeichneten Assistenzärztin Dr. Schütte übernommen werden.»

Fast alle Autoren, die sich mit der NS-«Kindereuthanasie» beschäftigten, gehen davon aus, dass es in Stuttgart eine «Kinderfachabteilung» gab.[15] Nur in einer Publikation wird die Existenz einer solchen Abteilung negiert.¹⁶ In den Spruchkammerverfahren von Lempp und Schütte, in denen beide sich gegenseitig als «Zeugen» entlasteten, sagten sie aus, dass sie «bei der Vernichtung unwerten Lebens nicht mitgewirkt» hätten. Ein gegen Magdalene Schütte von der Staatsanwaltschaft Stuttgart 1963 wegen «Teilnahme an NS-Gewaltverbrechen (Euthanasie)» eingeleitetes Ermittlungsverfahren wurde eingestellt.

Die Krankenakten des Städtischen Kinderkrankenhauses in Stuttgart aus der NS-Zeit wurden etwa zwanzig Jahre nach Kriegsende vernichtet. Im Stadtarchiv Stuttgart sind jedoch noch die Totenscheine und «Leichen-Register»-Einträge von insgesamt 506 Kindern, die in der Zeit von Anfang Januar 1943 bis Ende April 1945 im Städtischen Kinderkrankenhaus starben, erhalten.¹⁷ In diesem Zeitraum bestand, wie Dokumente belegen, die «Kinderfachabteilung». Die systematische Analyse der 506 Sterbedokumente ergab den Nachweis von 52 Todesfällen von Kindern mit einem «schweren angeborenen Leiden».¹⁸ Aus den ärztlichen Angaben bei diesen Kindern lassen sich keine medizinisch plausiblen Kausalzusammenhänge für einen natürlichen Tod herleiten. Aufgrund festgestellter gefälschter Einträge in den Sterbedokumenten muss davon ausgegangen werden, dass es sich um «Euthanasie»-Todesfälle handelt. Gefälscht wurden Krankheitsdiagnosen, Todesursachen und ärztliche Unterschriften.

Unter den genannten 52 Todesfällen sind sechs Kinder mit der dubiosen Krankheitsdiagnose «Idiotie». Zwei dieser angeblich idiotischen Kinder waren bei ihrem Tod erst zwei Jahre alt. Da in diesem Alter eine solche Diagnose nicht gestellt werden kann, muss eine Fälschung vorliegen. Vier der sechs Kinder starben laut den ärztlichen Angaben an Pneumonie (Lungenentzündung). Diese Todesursache wurde bei einem Drittel der 52 Kinder angegeben. Hierbei kann es sich nicht um eine zufällig gehäuft auftretende natürliche Todesursache handeln. Der Tod infolge Lungenentzündung weist vielmehr auf die Tötung der Kinder mit Luminal hin: Überdosierte Luminalgabe verursacht einen Dämmerschlaf mit nachfolgender Lungenentzündung. Deshalb wurde als häufigste, scheinbar natürliche Todesursache bei in «Kinderfachabteilungen» getöteten Kindern «Pneumonie» in den Sterbedokumenten eingetragen.

Die Ärztin Schütte hatte tatsächlich 1944 eine größere Menge Luminal beim Kriminaltechnischen Institut der Sicherheitspolizei im Reichskriminalpolizeiamt in Berlin bestellt. Das Kriminaltechnische Institut war der getarnte Lieferant von Luminal und anderen Giftstoffen, auch von CO-Gas, für das «Euthanasie»-Programm der Nazis. In dem Ermittlungsverfahren gegen sie 1963 sagte Schütte aus, dass Lempp und sie nur zum Schein im Rahmen der «Reichsausschuss»-Aktion tätig geworden seien. Auch der Bezug von Medikamenten aus Berlin sei nur zur Tarnung erfolgt.

Als Karl Lempp 1960 starb, ging das «Amtsblatt der Stadt Stuttgart» in einem Nachruf mit keinem Wort auf seine Tätigkeit während der NS-Zeit ein.

Nachtrag für die dritte Auflage

Hier sind zwei weitere Belege für die Existenz einer «Kinderfachabteilung», also einer getarnten Mordanstalt, in Stuttgart. Sie betreffen die 1939 geborene Gerda Metzger[19] aus Flacht, heute ein Ortsteil von Weissach bei Leonberg, und die 1942 geborene Elisabeth J. aus Schiltach im Schwarzwald.

Berta Metzger wollte ihr Kind Gerda, das an spastischen Lähmungen litt, trotz Aufforderung nicht in ein Heim bringen. So wurde es entführt, wie sie Jahrzehnte später Matthias-Herbert Enneper berichtete, der sie als Masseur behandelt hatte. Danach habe sie 1943 ein Arzt besucht, der ihre Tochter untersuchen wollte. Als die Mutter in dem Zimmer, in dem der Mediziner zugange war, Schreie hörte und der Kleinen zu Hilfe eilen wollte, versperrte ihr der Fahrer des Arztes den Weg. Nach der Untersuchung fand Berta Metzger das Mädchen nackt und völlig verstört in der Ecke sitzend. Als sie wissen wollte, was geschehen ist, brüllte der Arzt, sie solle das Maul halten und sich von ihrer Tochter verabschieden; sie käme in eine Spezialklinik. Die beiden Männer zerrten das Kind die Treppe hinunter und fuhren zum Städtischen Kinderkrankenhaus nach Stuttgart. Tags darauf war Gerda Metzger tot. Im «Leichenregister» heißt es, sie sei an Diphtherie gestorben.[20]

Auch Elisabeth J. aus Schiltach sollte gegen den Willen ihrer Mutter Frieda in das Städtische Kinderkrankenhaus Stuttgart eingewiesen werden. Deshalb hat der «Reichsausschuss» die Frau massiv unter Druck gesetzt. Er schrieb an den Leiter des für sie zuständigen Arbeitsamts in Hausach/Schwarzwald: «Vor einiger Zeit ist nun der oben genannten Frau seitens des Reichsausschusses die Möglichkeit zur Aufnahme ihres Kindes in die Kinderfachabteilung [!] bei dem städt. Kinderkrankenhaus und Kinderheim in Stuttgart N, Birkenwaldstr. 10, geboten worden. Sie hat die Einweisung trotz entsprechenden Hinweises des zuständigen Gesundheitsamtes abgelehnt, möglicherweise, um sich einem Arbeitseinsatz zu entziehen.» «Sofern für die bisherige Nichtbeschäftigung die Pflege des kranken Kindes ausschlaggebend war», könne der Frau jetzt eine Arbeit zugewiesen werden. Eine Kopie des Schreibens ging nach Stuttgart: «Herrn Obermed.Rat Dr. Lempp, Städt. Kinderkrankenhaus und Kinderheim, Stuttgart N, Birkenwaldstr. 10, zur Kenntnisnahme.»[21]

Anmerkungen

1. Stadtarchiv Stuttgart, Akte «Personalamt», Nr. 57.
2. Staatsarchiv Ludwigsburg, EL 902/20, Bü 95474. Spruchkammerakte «Karl Lempp».
3. Ebd.
4. Ebd.
5. Bundesarchiv Ludwigsburg, B 162/AR-Z 340/59, Bd. 1. Akte «Blankenburg».
6. Hauptstaatsarchiv Stuttgart, E 151/53, Bü 162.
7. Ebd.
8. Brändle, Hans-Ullrich: Aufartung und Ausmerze. NS-Rassen- und Bevölkerungspolitik im Kräftefeld zwischen Wissenschaft, Partei und Staat am Beispiel des «angeborenen Schwachsinns», in: Volk und Gesundheit. Heilen und Vernichten im Nationalsozialismus (hg. von der Tübinger Vereinigung für Volkskunde e. V.). Tübingen 1982, S. 149–169.
9. Stadtarchiv Stuttgart, Erbgesundheitsgerichtsakten (Buchst. A).
10. Ebd.
11. Ebd.
12. Ebd.
13. Ebd.
14. Staatsarchiv Ludwigsburg, EL 902/20, Bü 95474. Beilage in Lempps Spruchkammerakte (Fotokopie); Staatsarchiv Sigmaringen, Wü 29/3, Bd. 1, Nr. 1757 (Abschrift von Abschrift); veröff. (Abschrift) in: Benzenhöfer, Udo: «Kinderfachabteilungen» und «NS-Kindereuthanasie». Studien zur Geschichte der Medizin im Nationalsozialismus, Bd. 1, Wetzlar 2000, S. 70–71.
15. Schneider, Wolfgang Christian: Die Chronik der Stadt Stuttgart 1933 bis 1945 und die «Ausscheidung Minderwertiger». Probleme einer Chronik der NS-Zeit, in: Wild und verschlafen. Jugend nach 1960. Demokratie- u. Arbeitergeschichte, Bd. 4/5 (hg. von der Franz-Mehring-Gesellschaft), Weingarten 1985, S. 228–310; Klee, Ernst: «Euthanasie» im NS-Staat. Die «Vernichtung lebensunwerten Lebens», Frankfurt/M. 1999, S. 301; Friedlander, Henry: Der Weg zum NS-Genozid. Von der Euthanasie zur Endlösung, Berlin 1997, S. 102; Benzenhöfer, Udo: «Kinderfachabteilungen» und «NS-Kindereuthanasie». Studien zur Geschichte der Medizin im Nationalsozialismus, Bd. 1, Wetzlar 2000, S. 68–72; ders.: NS-«Kindereuthanasie»: «Ohne jede moralische Skrupel». Zwischen 1939 und 1945 wurden im Deutschen Reich nicht nur mehr als 100000 erwachsene Geisteskranke und Behinderte, sondern auch mehrere Tausend behinderte Kinder ermordet, Deutsches Ärzteblatt 97 C, 2000, S. 2089–2092; Topp, Sascha: Der «Reichsausschuss zur wissenschaftlichen Erfassung erb-und anlagebedingter schwerer Leiden». Zur Organisation der Ermordung minderjähriger Kranker im Nationalsozialismus 1939–1945, in: Kinder in der NS-Psychiatrie (hg. von Beddies, Thomas / Hübener, Kristina). Schriftenreihe zur Medizin-Geschichte des Landes Brandenburg, Bd. 10 (hg. vom Landesamt für Soziales …), Berlin-Brandenburg 2004, S. 17–54.
16. Königstein, Rolf: Nationalsozialistischer «Euthanasie»-Mord in Baden und Württemberg, Zeitschrift für Württembergische Landesgeschichte 63, 2004, S. 381–489.
17. Stadtarchiv Stuttgart, Bestand Gesundheitsamt, Totenscheine u. Bestand Stadtpolizeiamt, Leichen-Register, Januar 1943–April 1945.
18. Marquart, Karl-Horst: Gab es in Stuttgart eine «Kinderfachabteilung»? Vortrag auf der Frühjahrstagung des Arbeitskreises zur Erforschung der nationalsozialistischen «Euthanasie» und Zwangssterilisation vom 30. Mai bis 1. Juni 2008 in Grafeneck u. Münsingen; ders.: «Kindereuthanasie» in Stuttgart: Verdrängen statt Gedenken?, in: Kindermord und «Kinderfachabteilungen» im Nationalsozialismus. Gedenken und Forschung (hg. von Kaelber, Lutz / Reiter, Raimond), Frankfurt/Main 2011, S. 145–167.
19. Für Gerda Metzger hat der Künstler Gunter Demnig am 13. April 2013 vor dem Eingangsportal des ehemaligen Städtischen Kinderkrankenhauses Stuttgart in der Türlenstraße 22 A (früher Birkenwaldstraße 10) einen Stolperstein verlegt.
20. Faltin, Thomas: Eine Todesspritze für das kleine Mädchen. «Euthanasie». Die dreijährige Gerda Metzger ist 1943 in Stuttgart ermordet worden. Jetzt wird ihrer gedacht. Stuttgarter Zeitung, 3.4.2013; Abmayr, Hermann: Stuttgarter Kindermord, Kontext:Wochenzeitung, 3. 4.2013; Jenewein, Andrea: Drittes Reich: 52 behinderte Kinder in Stuttgart getötet. Stolperstein-Verlegung für Gerda Metzger, die 1943 in der Kinderfachabteilung der Kindereuthanasie zum Opfer fiel. Stuttgarter Nachrichten, 2.4.2013; Marquart, Karl-Horst: «Behandlung empfohlen». NS-Medizinverbrechen an Kindern und Jugendlichen in Stuttgart, Stuttgart 2015, S. 236–243.
21. Staatsarchiv Freiburg, F 176/1, Nr. 751, Bl. 63 u. 63 R

Aquilin Ullrich

Gerhard Naser

Aquilin Ullrich
Arzt und Mordgehilfe

Aquilin Ullrich starb am 30. Mai 2001 mit 87 Jahren in Stuttgart. In der Stuttgarter Zeitung erschien eine Todesanzeige, die aufhorchen ließ. «Von Beileidsbezeugungen am Grab bitten wir Abstand zu nehmen. Wir bitten um Verständnis, dass wir nach der Beisetzung in aller Stille auseinandergehen möchten.»

Mehr als 200 Trauergäste nahmen am 6. Juni an der Beerdigung auf dem Stuttgarter Pragfriedhof teil. In seiner Traueransprache ging der Pastoralreferent Andreas Hofstetter-Straka auf die Beteiligung des Verstorbenen an der Tötung von behinderten Menschen ein. Er sagte: «Niemand ist berechtigt, zu urteilen oder zu verurteilen. Die Frage nach der Verantwortung von Aquilin Ullrich für seine Beteiligung am Euthanasieprogramm haben die Gerichte versucht zu beantworten.» Hofstetter-Straka bekam daraufhin drei Zuschriften, zwei negative und das Dankesschreiben eines Enkels von Aquilin Ullrich.

Der 1914 geborene Aquilin Ullrich stammte aus einem katholischen und monarchistisch eingestellten Elternhaus und wuchs in Dillingen an der Donau im bayerischen Schwaben auf. Dort legte er am Humanistischen Gymnasium, an dem sein Vater als Oberstudienrat unterrichtete, 1933 sein Abitur ab. Dann meldete er sich zum damals noch freiwilligen Arbeitsdienst und immatrikulierte sich im Sommersemester 1933 an der Universität München als Student der Theologie. Ein halbes Jahr später gehörte er bereits dem Nationalsozialistischen Studentenbund und der SA an. Nach dem Abbruch des Theologiestudiums begann er im Sommersemester 1934 Medizin zu studieren, meldete sich aber schon kurz darauf für ein Jahr wieder ab, um zur Reichswehr zu gehen.

Zurück an der Universität, trat der Medizinstudent am 1. Mai 1937 der NSDAP bei. Wegen des Kriegs erhielt er Mitte November 1939 noch vor Beendigung seiner Ausbildung in München die Bestallung (Approbation) als Arzt. Auch einer seiner beiden Brüder wurde Arzt, seine beiden Schwestern Krankenpflegerinnen. Obwohl er aus einer streng katholischen Familie stammte und der andere Bruder Priester geworden war, trat der junge Nationalsozialist 1939 aus der katholischen Kirche aus.

Anfang 1940 begannen Ärzte, Pflegekräfte und Verwaltungspersonal unter der Tarnbezeichnung Aktion T4, benannt nach dem Sitz der Organisationszentrale in der Berliner Tiergartenstraße 4, mit dem Massenmord an Behinderten. Mit dabei war der Chef der Würzburger Universitätsnervenklinik, Werner Heyde. Der SS-Standartenführer war einer der Leiter und

Hauptgutachter der «Reichsarbeitsgemeinschaft Heil-und Pflegeanstalten». Aquilin Ullrich kannte den zwölf Jahre älteren Professor für Psychiatrie und Neurologie schon aus seiner Studienzeit in Würzburg. Heyde informierte Ullrich Anfang 1940 über die geplanten «Euthanasiemaßnahmen». Der 26-Jährige erklärte sich nach einer eintägigen Bedenkzeit zur Mitarbeit bereit. Sein Einsatzort war eine Tötungsanstalt in Brandenburg an der Havel. Dort beteiligte er sich von Ende März bis zum 5. August 1940 – als Vertreter des Leiters der Anstalt – an der Ermordung von 2340 Menschen. Sie wurden vergast, Ullrich bediente mehrfach den Gashahn.

Im Dezember 1940 wechselte er in die Planungsabteilung der T4-Organisation nach Berlin. Anfang 1942 kam es zu einem kurzen Einsatz im ärztlichen Dienst der «Organisation Todt», die damals dem Reichsministerium für Bewaffnung und Munition unterstand. 1943 arbeitete Ullrich als Assistent am Pathologischen Institut der Universität München, danach diente er in der Wehrmacht.

Nach Kriegsende tauchte Aquilin Ullrich im Saarland unter und arbeitete im Bergbau. Im August 1949 kam er nach Stuttgart und arbeitete in der Hölderlin-Klinik (später Staatsrat-von-Fetzer-Klinik) als Assistenzarzt. Die Klinik gehörte zum Diakoniewerk Martha-Maria in Nürnberg, einer Einrichtung der Methodistischen Kirche.

In seinem Meldebogen vom 20. Oktober 1949, den er aufgrund des Gesetzes zur Befreiung von Nationalsozialismus und Militarismus wahrheitsgemäß ausfüllen musste, gab er seine Tätigkeit in Brandenburg nicht an. Die Spruchkammer Ludwigsburg erließ deshalb am 29. März 1950 einen Sühnebescheid mit einer Geldbuße von 50 DM und erklärte ihn zum Mitläufer.

In der Hölderlin-Klinik absolvierte Ullrich bis Oktober 1952 die Weiterbildung zum Frauenarzt und Geburtshelfer. Danach eröffnete er in der Hölderlinstraße eine Praxis und betreute seine Patientinnen als Belegarzt in der Klinik. Im Oktober 1962 trat er wieder der katholischen Kirche bei. Dies änderte seine Bewertung der sogenannten «Euthanasie» freilich nicht. Auch mit der «Euthanasie»-Predigt des Münsteraner Bischofs Clemens August von Galen setzte er sich nicht auseinander. Galen hatte im August 1941 die Tötung von Patienten aus Heil- und Pflegeanstalten öffentlich scharf kritisiert und bei der Staatsanwaltschaft Anzeige wegen Mordes erstattet.

Aquilin Ullrich beharrte – wie der NS-Marinerichter und frühere baden-württembergische Ministerpräsident Hans Filbinger – auf dem Standpunkt: «Was damals Recht war, kann heute nicht Unrecht sein.» Fritz Bauer, der Generalstaatsanwalt in Frankfurt am Main, begann im Dezember 1961 mit Vorermittlungen gegen Ullrich wegen tausendfachen Mordes und informierte darüber auch die Landesärztekammer Baden-Württemberg, die wiederum das Regierungspräsidium Nordwürttemberg in Kenntnis setzte. Am 15. Januar 1965 erhob Fritz Bauer auf 310 Seiten Anklage beim Schwurgericht gegen Aquilin Ullrich und drei weitere Ärzte wegen Mordes. Der Vorstand der Bezirksärztekammer Nordwürttemberg empfahl daraufhin dem Regierungspräsidium, das Ruhen der Approbation anzuordnen.

Martin Löffler, Ullrichs Rechtsanwalt, legte dem Regierungspräsidium im Mai 1965 56 Äußerungen von Patientinnen, Chefärzten, Professoren, Ehemännern und Kollegen vor, die nur das Beste über die ärztliche Tätigkeit von Aquilin Ullrich zu berichten wussten. Sie brachten ihr Unverständnis darüber zum Ausdruck, dass dem Arzt die Berufsausübung verboten werden sollte. Einige Personen gingen auf den strafrechtlichen Vorwurf ein. So schrieb Lieselotte M. im April 1965: «Wir haben erfahren, dass man Ihnen zur Last legt, in jungen Jahren mit Euthanasie zu tun gehabt zu haben. Was Sie wirklich getan haben, wissen wir nicht. Wir wissen aber, wie schwer es damals oft war, Recht von Unrecht zu unterscheiden, besonders für junge Menschen, die noch nicht alle Konsequenzen ihres Handelns übersehen konnten. Wir möchten Ihnen in diesem Moment sagen, wie sehr wir Sie in den Jahren, seit ich als Patientin zu Ihnen komme, schätzen gelernt haben.»

Unter Hinweis auf die guten Beurteilungen entschied der damalige Regierungspräsident Wilhelm Schöneck, keine berufsrechtlichen Maßnahmen gegen Aquilin Ullrich durchzuführen und den Ausgang des Strafverfahrens in Frankfurt abzuwarten.

Am 23. Mai 1967 sprach das Schwurgericht Frankfurt den Angeklagten aus subjektiven Gründen mangels Beweises frei. Bei den Tötungen habe bei Aquilin Ullrich das Bewusstsein der Rechtswidrigkeit gefehlt. Während Bischof Graf von Galen schon 1941 in seiner Predigt auf § 211 (Mord) des Strafgesetzbuches hingewiesen hatte, billigten die Frankfurter Richter Aquilin Ullrich zu, dass er zur Tatzeit von der Rechtmäßigkeit seiner Handlungen ausgehen durfte. Der Bundesgerichtshof (BGH) hob diese Entscheidung im August 1970 wieder auf. Obwohl der inzwischen im Amt befindliche Regierungspräsident Friedrich Roemer das BGH-Urteil kannte, geschah nichts. Auch das Diakoniewerk Martha-Maria in Nürnberg als Krankenhausträger der Staatsrat-von-Fetzer-Klinik ließ Aquilin Ullrich als Belegarzt weiter arbeiten.

Das Landgericht Frankfurt stellte im Dezember 1971 das Verfahren vorläufig ein, weil fachärztliche Gutachten bei dem Angeklagten Ullrich bis auf weiteres Verhandlungsfähigkeit als nicht gegeben ansahen.

Erst als Anfang Februar 1984 «Der Spiegel» und zwei Tage später die «Stuttgarter Zeitung» berichteten, Aquilin Ullrich betreibe trotz Verhandlungsunfähigkeit seine Frauenarztpraxis in Stuttgart weiter, kam der Fall wieder ins Rollen. Ullrich erklärte der Stuttgarter Zeitung: «Wissen Sie, ich war Vollblut-Gynäkologe, ich habe 5000 Frauen entbunden.» Auf die Frage nach seiner Verantwortung für die Vergangenheit antwortete er: «Belastet ja, aber das Wort Schuld muss ich bestreiten.»

Nach den Presseberichten befasste sich nun der dritte Stuttgarter Regierungspräsident mit dem Fall. Manfred Bulling erklärte dem Frauenarzt Mitte Februar 1984 bei einem Gespräch im Regierungspräsidium, dass er die Approbation nach der Bundesärzteordnung widerrufen oder zum Ruhen bringen könnte, da mit Ullrichs Beteiligung an dem «Euthanasie»-

Programm «Gründe der Unwürdigkeit» vorlägen. Der Arzt erklärte sich damit einverstanden, dass die Approbation zum Ruhen gebracht wird, was Bulling daraufhin anordnete. Damit durfte Ullrich seinen Beruf nicht mehr ausüben.

Zu dem Fall entstand eine heftige, zum Teil öffentliche Diskussion. Bulling erhielt zahlreiche Protestschreiben. Der evangelische Dekan P. Kreyssig beispielsweise bezweifelte bei der Entscheidungsfindung die gewissenhafte Suche nach Gerechtigkeit. Bulling antwortete: «Für mich wenigstens unterliegt es keinem vernünftigen Zweifel, dass ein Mann, der – vom Lauf der Zeiten unabhängig – nach seinem Berufsrecht verpflichtet ist, Gesundheit und Leben des Menschen zu bewahren, dann nicht mehr berufen und würdig ist, den Arztberuf auszuüben, wenn er unter der Anklage steht, als Arzt an der Tötung von 1850 Menschenleben entscheidend mitgewirkt zu haben.» Der Vorgesetzte des Dekans, Landesbischof Hans von Keler, unterstützte Bulling und bedankte sich für seine «sachliche und überzeugende Erwiderung».

Im Mai 1987 verurteilte das Landgericht Frankfurt Aquilin Ullrich wegen Beihilfe zum Mord in mindestens 4500 Fällen zu vier Jahren Gefängnis. Ullrich legte Revision beim Bundesgerichtshof ein. Der BGH reduzierte die Zahl der nachgewiesenen Mordfälle auf 2340 und die Gefängnisstrafe Mitte Dezember 1988 auf drei Jahre. Damit war das Strafverfahren abgeschlossen. Schon im Juli 1988 hatte das Regierungspräsidium die Approbation aufgehoben.

Von der Anklageerhebung 1965 bis zu seiner rechtskräftigen Verurteilung 1988 vergingen 23 Jahre. Immerhin half Ullrich alle prozessuale Taktik nicht. Er musste 1989, 49 Jahre nach den grausamen Taten in Brandenburg, als 75-jähriger Mann ins Gefängnis. Er kam in die Justizvollzugsanstalt Singen in den geschlossenen Vollzug und wurde nach 20 Monaten zur Bewährung entlassen.

Zum Gedenken an meinen am 2. August 1940 in Grafeneck ermordeten Onkel Hermann Naser.

Quellen

Staatsarchiv Ludwigsburg EL 20/5II u. EL 902/20
Kopien von Originalakten, Zeitzeugenaussagen und diverse Zeitungsartikel
Klee, Ernst: «Euthanasie» im NS-Staat, Frankfurt/Main 2004
Klee, Ernst: Was sie taten – Was sie wurden. Ärzte, Juristen und andere Beteiligte am Kranken- oder Judenmord, Frankfurt/Main 2004
Klee, Ernst: Das Personenlexikon zum Dritten Reich. Wer war was vor und nach 1945, Frankfurt/Main 2005

Anmerkung des Herausgebers

Gerhard Naser war Regierungsdirektor des Regierungspräsidiums Stuttgart und Referatsleiter für das Berufsrecht der Ärzte in Baden-Württemberg. Er war ab 1984 mit dem Fall Ullrich befasst.

Hermann Mattheiß

Roland Maier

Hermann Mattheiß
Leiter der Politischen Polizei in Württemberg 1933 bis 1934

Der oberste «Wächter des neuen Staats» in Württemberg entstammte kleinbürgerlichen Verhältnissen. Der Lehrersohn Hermann Mattheiß wurde am 18. Juli 1893 in Tuttlingen an der Donau im Stadtteil Ludwigstal geboren. Nach der Grundschule besuchte er in Stuttgart die Friedrich-Eugen-Realschule, die er mit der Hochschulreife abschloss. Während des Ersten Weltkriegs 1914 bis 1918 kämpfte er als Batteriechef an der Westfront, wurde mehrfach verwundet und mit Orden ausgezeichnet. Nach dem Krieg betätigte er sich als Führer einer Studentenkompanie im Kampf gegen die linksradikalen Spartakisten und war, glaubt man seiner Selbstdarstellung, schon früh von Elementen nationalsozialistischen Gedankenguts durchdrungen: «Im Jahre 1919 war ich Mitbegründer des Landesverbandes des Neudeutschen Ordens, der als einer der ersten den rein völkischen Kampf ohne Kompromisse aufgenommen hat.»[1]

Sein durch den Fronteinsatz unterbrochenes Tübinger Jurastudium schloss Mattheiß nach dem Krieg mit der Höheren Justizdienstprüfung ab. Danach sammelte er Erfahrungen in verschiedenen Dienststellen des Landes. 1930 wurde er Amtsrichter in Oberndorf am Neckar, heute Landkreis Rottweil. Der weitere fahrplanmäßige Verlauf seiner Richterlaufbahn schien vorgezeichnet, aber die nationalsozialistische Machtübernahme 1933 sollte die Weichen neu stellen. Mattheiß wurde zu einem der Hauptprotagonisten der «nationalen Revolution» im Land.

Von Haus aus politisch konservativ, hatte sich Mattheiß schon vor 1933 der NSDAP sowie ihrer «Sturmabteilung» (SA) angeschlossen und genoss einen Ruf als «Alter Kämpfer». Stark beeinflusst war Mattheiß von dem «sozialrevolutionär» eingestellten Nationalsozialisten Gregor Strasser, was er später durch sein schroffes Vorgehen gegen Aristokratie, Kirche und alte Eliten beweisen sollte. Der Richter und NSDAP-Ortsgruppenleiter von Oberndorf hegte aber keineswegs Sympathien für die politischen Konkurrenten von links.

Der Landeskommissar der Polizei, SA-Führer Dietrich von Jagow, hat Mattheiß im März 1933 als Unterkommissar für Balingen, Rottweil und weitere Oberämter im südlichen Württemberg eingesetzt. Die Unterkommissare sollten den Nazis in der Umbruchphase die Kontrolle über die Polizei sichern und insbesondere die Machtansprüche der SA- und SS-Führer gegenüber den Verwaltungs- und Polizeistellen in der Provinz durchsetzen. Als Mattheiß in seiner forschen Art nicht davor zurückschreckte, im März 1933 einem Landrat kurzerhand die Polizeigewalt zu entziehen, gab sich die NS-Landesregierung zwar empört, aber Mattheiß' scheinbar unaufhaltsamer Aufstieg blieb dadurch unbeeinträchtigt. Von Amts wegen hatte er nicht zuletzt auch für den Vollzug der von der Württembergischen Landespolizei ausgestellten Schutzhaftbefehle in seinem Zuständigkeitsbereich zu sorgen. Betroffen waren vor allem «marxistische, insbesondere auch aus intellektuellen Kreisen»[2] kommende Funktionäre.

Kurze Zeit später kam Mattheiß als «Sonderkommissar zur besonderen Verwendung» ins Württembergische Innenministerium und wurde am 28. April 1933 Leiter der beim Innenministerium angesiedelten Württembergischen Politischen Polizei. Mattheiß ließ sich zusammen mit seiner Frau Charlotte und seinen drei Kindern in der Landeshauptstadt nieder. Die noble Wohnung befand sich im ersten Stock der Villa in der Bopserwaldstraße 20, gegenüber der Weißenburg.

Anfang November 1933 erhielt er als Zeichen seiner wachsenden polizeilichen Machtfülle den Amtstitel «Präsident». Schließlich kommandierte er im Land ein Imperium von über einem Dutzend Polizeiressorts. Die Tätigkeitsfelder gingen weit über den Kernbereich der Erforschung und Bekämpfung staatsfeindlicher Umtriebe hinaus. Sprengstoffdelikte, Waffenbesitz, Pressezensur, Überwachung von Theatern und Kinos, Beschlagnahme von Druckschriften in Stuttgart, Eingriffe in das Post- und Telegrafengeheimnis: Für all dies und vieles mehr sah er sich zuständig. Auch für den Nachrichtendienst, die Spionageabwehr sowie die Verhängung des Ausnahmezustands. Und er verfügte – mit am bedeutsamsten – über ein im NS-Staat so häufig angewandtes Terrorinstrument, nämlich die Möglichkeit, jeden jederzeit in «Schutzhaft» nehmen zu können. Gleichzeitig baute Mattheiß ein Netz von Außenstellen der Politischen Polizei in Ulm, Friedrichshafen, Heilbronn und anderen Städten auf.

Anlässlich des ersten Jahrestags der Ernennung Adolf Hitlers zum Reichskanzler legte Mattheiß in einer Beilage des NS-Kuriers seine ihm eigenen Vorstellungen von den Aufgaben der Politischen Polizei dar.[3] Während es früher lediglich darum gegangen sei, die staatliche Sicherheit und Ordnung zu gewährleisten, müssten «die Wächter des neuen Staats» nunmehr darüber hinaus «sehr sorgfältig das gesamte politische und kulturelle Leben des Volkes überhaupt in allen seinen Äußerungen» beobachten. Denn die künftige Hauptgefahr sei von «einer gegnerischen geistigen Haltung zu erwarten». Mattheiß schwebte eine Ausweitung der Zuständigkeit seiner Politischen Polizei auf «alle Gebiete des menschlichen Daseins» vor.

Für die aktiven Gegner der Nationalsozialisten stand Mattheiß' Polizeiapparat für das rapide ausgebaute System der «Schutzhaft», d.h. für die Verhaftung und Einweisung in Konzentrationslager ohne richterlichen Haftbefehl oder ordentliches Strafverfahren. Noch im März 1933 war nach den Massenverhaftungen von Kommunisten auf der Schwäbischen Alb auf dem Heuberg bei Stetten am kalten Markt «ein geschlossenes Konzentrationslager für politische Schutzhäftlinge» eingerichtet worden. In diesem ersten KZ in Württemberg wurden zeitweilig über 2000 Häftlinge gefangen gehalten. Für weibliche Gefangene wurde in der Strafanstalt Gotteszell in Schwäbisch Gmünd eine Abteilung für Schutzhaft eingerichtet.[4] Jedoch stieß sich der sparsame Finanzminister Alfred Dehlinger an den entstandenen hohen Kosten. Er wollte nicht einsehen, dass in einem Land wie Württemberg, wo der «Marxismus» eine geringe Rolle spiele, die Verhaftetenquote weit über dem Reichsdurchschnitt liege.[5] Der ob seiner Verhaftungswut berüchtigte Mattheiß war aber nicht so leicht zu bremsen. Neben den fortgesetzten Festnahmen wegen Parolenmalens, Flugblattverteilens oder geheimer Zusammenkünfte kam es im Vorfeld des im Juli 1933 in der Landeshauptstadt stattfindenden Deutschen Turnfestes zu einer weiteren großen Verhaftungsaktion. Gleich etliche Hundert potenzielle Protestierer wurden vorsorglich festgesetzt.[6]

Als Ende 1933 das Konzentrationslager auf dem Heuberg aufgelöst werden musste, weil die Reichswehr das Gelände für sich beanspruchte, machte Mattheiß sich auf die Suche nach einem Ersatzstandort. Dabei versuchte er die örtlichen Stellen mit dem Hinweis zu ködern, «dass die Anwesenheit von 400 Gefangenen in der Umgebung einen nicht unbeachtlichen wirtschaftlichen Vorteil bedeutet».[7] Mattheiß' Wahl fiel auf den Oberen Kuhberg bei Ulm. Die «Schutzhäftlinge» wurden in den feuchtkalten Kasematten der alten Festungsanlage zusammengepfercht. «Mit Fußtritten wurden die Häftlinge in den düsteren Wehrgang hinuntergetrieben ... Der Lehmboden war aufgeweicht, schlüpfrig und mit Wasserlachen bedeckt. Die Häftlinge waren sich einig: Hier werden wir lebendig begraben», berichtete später einer der Gefangenen.[8]

Aber nicht nur gegen «Marxisten» ging Mattheiß scharf vor. Aufsehenerregend war die Verhaftung des früheren württembergischen Staatspräsidenten Eugen Bolz. Der katholische Zentrumspolitiker wurde vor dem «Hotel Silber» in der Stuttgarter Dorotheenstraße 10, der Dienststelle der Politischen Polizei, von einer aufgehetzten Menge beschimpft, mit Unrat beworfen und anschließend von der Polizei in das Gefängnis auf dem Hohen Asperg verbracht.

Als besonders skandalös wurde die Verhaftung des Herzogs Philipp Albrecht von Württemberg, eines Mitglieds des ehemaligen Königshauses, empfunden. Mattheiß nahm dessen Fernbleiben von einer Volksabstimmung zum Anlass, ihn nach einem vor dessen Haus inszenierten Auflauf in «Schutzhaft» zu nehmen. Mit Willkürmaßnahmen wie diesen geriet Mattheiß zusehends zu einem Risikofaktor für die auf die Integration der alten konservativen Eliten bedachte Stabilisierungspolitik des NS-Regimes. Zudem stand er mit den immer einflussreicher werdenden SS-Kreisen auf keinem guten Fuße und wurde schließlich am 11. Mai 1934 seines Amtes enthoben. Heftig, jedoch vergebens protestierte er: «Es handelt sich im vorliegenden Falle lediglich um die Frage, ob Deutschland noch ein Rechtsstaat ist oder nicht. Ich sehe in dem Vorgehen gegen mich den Anfang eines rechtlosen Zustandes.»

Ende Juni/Anfang Juli 1934 ließen die Nazis über 200 führende SA-Leute und andere unliebsame Personen ermorden. Angeblich sollte ein Putschversuch des Stabschefs der SA, Ernst Röhm, verhindert werden. Dies wurde auch Hermann Mattheiß zum Verhängnis. Der Führer des SS-Oberabschnitts Südwest, Hans Prützmann, befahl am 29. Juni, den ehemaligen Leiter der Politischen Polizei in Württemberg herbeizuschaffen. Mattheiß wurde in Überlingen am Bodensee festgenommen oder, besser gesagt, gekidnappt, denn ob ein Haftbefehl vorlag, ist ungewiss. Mattheiß zeigte alle Anzeichen eines zu Tode geängstigten Menschen, als er, nach einem erfolglosen Fluchtversuch, im Wagen seiner Häscher in die SS-Kaserne in Ellwangen gefahren wurde. Dort wurde er am frühen Morgen des 1. Juli 1934 erschossen. Wer die Ermordung letztlich angeordnet hatte, ist bis heute ungeklärt. Mit Heinrich Himmler hatte sich Mattheiß jedenfalls, nachdem er von diesem eine Zurechtweisung erfahren hatte, heftig angelegt. So hatte er sich entrüstet, «dass selbst bei der alten Friedensarmee ein untergebener Offizier berechtigt gewesen wäre, eine so schwere ihm von einem Vorgesetzten zugefügte Beleidigung mit einer Pistolenforderung zu beantworten.»[9]

Allerdings hatte er sich in seiner kurzen Amtszeit auch anderweitig Feinde genug geschaffen. Der spätere baden-württembergische Ministerpräsident, der Liberale Reinhold Maier, zählte ebenfalls zu denen, die sich durch Mattheiß' Ende erleichtert fühlten: «Am Wochenanfang nach dem 30. Juni kam streng geheim ein mir bekannter Taxichauffeur auf mein Büro: ‹Ihren Feind haben sie heute früh, vier Uhr, im Krematorium auf dem Pragfriedhof verbrannt. Ich habe die Leiche nachts im Wagen nach Stuttgart gefahren.›»[10]

Quellen und Literatur

StAL: EL 902/2 Bü 7588–7590

HStAS: E 140 Bü 10

Adams, Myrah: Die Würde des Menschen ist unantastbar. Das KZ Oberer Kuhberg in Ulm 1933–1935. Katalog zur Ausstellung, Ulm 2002

Allmendinger, Robert: Aufstieg und Fall des Dr. Mattheiß, in: Stadt Tuttlingen (Hg.): Nationalsozialismus in Tuttlingen. Beiträge zur Zeitgeschichte Tuttlingen 1986, S. 57–67

Kienle, Markus: Gotteszell – das frühe Konzentrationslager für Frauen in Württemberg. Die Schutzhaftabteilung im Frauengefängnis Gotteszell in Schwäbisch Gmünd März 1933 bis Januar 1934, Ulm 2002

Lechner, Silvester: Das KZ Oberer Kuhberg und die NS-Zeit in der Region Ulm/Neu-Ulm, Stuttgart 1988

Maier, Reinhold: Bedrängte Familie, Tübingen 1962

Sauer, Paul: Württemberg in der Zeit des Nationalsozialismus, Ulm 1975

Schätzle, Julius: Stationen zur Hölle. Konzentrationslager in Baden und Württemberg 1933–1945, Frankfurt/Main 1980

Schnabel, Thomas: Württemberg zwischen Weimar und Bonn 1928–1945/46, Stuttgart 1986

Schuhladen-Krämer, Jürgen: Die Exekutoren des Terrors. Hermann Mattheiß, Walther Stahlecker, Friedrich Mußgay, Leiter der Geheimen Staatspolizeileitstelle Stuttgart, in: Michael Kissener und Joachim Scholtyseck (Hg.): Die Führer der Provinz. NS-Biographien aus Baden und Württemberg, Konstanz 1999, S. 405–443

Wilhelm, Friedrich: Die württembergische Polizei im Dritten Reich, Stuttgart 1989

Anmerkungen

1 Mattheiß an Innenminister Schmid, zit. n. Allmendinger, S. 57.
2 Staatsanzeiger Nr. 67 vom 21.03.1933, zit. n. Wilhelm, S. 87.
3 NSK, Sonderausgabe vom 30.01.1934.
4 Lagebericht der Württ. Polit. Polizei vom 01.07.1933, Kienle, S. 31.
5 Schnabel, S. 185.
6 Sauer, S. 166.
7 Adams, S. 23.
8 Schätzle, S. 29.
9 Mattheiß an Innenminister Schmid, 17.05.1934.
10 Maier, Bedrängte Familie, S. 29.

Friedrich Mußgay

Roland Maier

Friedrich Mußgay
Gestapo-Chef und Organisator der Judendeportationen

Er war einer der willfährigsten Vollstrecker nationalsozialistischer Terrormaßnahmen im Land. Paul Emil Friedrich Mußgay, geboren am 3. Januar 1892 in Ludwigsburg, wuchs als Sohn des Hausmeisters Georg Friedrich Mußgay und seiner Ehefrau Karoline, geb. Bay, in bescheidenen Verhältnissen auf. Der Vater entstammte einer bis ins 17. Jahrhundert nachgewiesenen Uracher Metzgersdynastie. Die Mutter kam vom Röhrachhof in der Gemeinde Kleinaspach. Wie seine Vorfahren war Friedrich Mußgay – bis zu seinem Kirchenaustritt im Jahr 1941 – evangelisch.

Nach der Volks- und Mittelschule besuchte er das Realgymnasium in Schwäbisch Gmünd. Anschließend ging er auf die Verwaltungsfachschule nach Stuttgart, die er mit der Note befriedigend abschloss. Zu Beginn des Ersten Weltkriegs im August 1914 meldete er sich als Kriegsfreiwilliger. Zwar wurden seine Kampfeinsätze vielfach durch Krankheit, Erholungsurlaub und Abstellungen an die Heimatverwaltung längere Zeit unterbrochen, doch er war bei den «großen Schlachten» im Westen dabei, an der Somme und beim Kampf um Verdun. Seinen aktiven Kriegsdienst quittierte Mußgay Ende 1918 als Oberleutnant der Reserve. Besser als seine zivilen fielen seine militärischen Zeugnisse aus. Sein Verhalten wurde als «vorzüglich» benotet, sein Auftreten als Vorgesetzter an der Front mit «sehr gut». Dekoriert wurde er mit dem Eisernen Kreuz. Im Februar 1918 hatte Friedrich Mußgay die aus Winterbach im Remstal stammende Emma Schanbacher geheiratet. Aus der Ehe gingen zwei Kinder hervor: Fritz und Manfred. Die Familie wohnte bis zum Ende des Zweiten Weltkriegs in einer Wohnsiedlung im Stuttgarter Osten in der Rotenbergstraße 27.

Schon während seiner Kampfpausen im Ersten Weltkrieg bereitete Mußgay als Verwaltungsassistent bei verschiedenen Oberämtern seine Karriere vor. 1917 trat er seinen Dienst im Polizeipräsidium Stuttgart an. Als Kriminaloberinspektor in der Abteilung Politische Polizei erwarb er bereits in der Zeit der Weimarer Demokratie einen Ruf als «Kommunistenjäger». Am 1. April 1933 trat er in die SS ein und wurde einen Monat später Mitglied der NSDAP.

Im Dienst des neuen Regimes konnte er seine Kommunistenjagd nun forciert fortsetzen. Die Kommunistin Lina Haag schilderte in ihren Erinnerungen den mit 1,66 Meter Körpergröße vergleichsweise kleinen Mußgay als «fauchenden Zwerg» und «zappelnden Sadisten». Er habe seine Opfer bei Vernehmungen in der Stuttgarter Gestapo-Zentrale im ehemaligen Hotel Silber in der Dorotheenstraße mit kreischender Stimme bedroht und beleidigt.

Sein dienstlicher Aufgabenbereich umfasste indes weit mehr als die gefürchteten Verhöre, denn bei der Politischen Landespolizei hatte er spätestens seit 1934 die Position des Leiters der Abteilung Nachrichtendienst inne. Hier liefen Berichte über regimekritische Äußerungen und verdächtige Personen zusammen.

Dass Mußgay es schließlich bis zum Leiter der Geheimen Staatspolizei in Württemberg brachte, hatte er neben äußeren Umständen seiner Beharrlichkeit und seiner nationalsozialistischen Linientreue zu verdanken. Anfang Mai 1940 wurde er mit der Vertretung des Stuttgarter Gestapo-Chefs Joachim Boës betraut.[1] Boës wurde bald darauf zur Wehrmacht einberufen und fiel im Juni 1941. Nun wurde Mußgay sein Nachfolger.

Zu diesem Zeitpunkt erweiterte sich der Zuständigkeitsbereich der Gestapo erheblich. Massenhaft wurden Zwangsarbeiterinnen und -arbeiter hauptsächlich aus Polen und Osteuropa ins Land gebracht. Sie zu disziplinieren und durch Terror gefügig zu machen war Aufgabe der Gestapo. Für Exekutionen bedurfte es lediglich der Zustimmung des Reichssicherheitshauptamts in Berlin.

So wurde das der Gestapo-Leitstelle Stuttgart unterstellte Polizeigefängnis in Welzheim Ende 1941 eigens beauftragt, in der dortigen Schreinerei einen mobilen Galgen anfertigen zu lassen. Bei den ersten Erhängungen war Mußgay zugegen und verkündete den Exekutionsbefehl, der von einem Dolmetscher übersetzt wurde. Die Hinrichtungen waren bald Routine, trotzdem war Mußgay immer wieder persönlich anwesend.[2] Noch für das Jahr 1944 bestätigte sein Chauffeur Karl Maile, dass er seinen Chef zu einer Exekution im Raum Ravensburg gefahren habe.[3] Damit bestärkte er auch die Hinrichtungskommandos. Mußgay sah seine Aufgabe als Vorgesetzter auch darin, seine Beamten bei schweren Übergriffen und Folterungen während Verhören zu decken.

Mit dem Angriffs- und Vernichtungskrieg gegen die Sowjetunion konkretisierte sich die von den Nationalsozialisten angestrebte «Endlösung der Judenfrage»[4]. Hierbei kam der Gestapo die leitende Rolle im Reich zu. Mußgay zählte schon früh zum Kreis der Eingeweihten. Im Juni 1941 wies er die Landratsämter an, für die sich in den von Deutschland besetzten Ländern Frankreich und Belgien aufhaltenden Juden keine Ausreisepapiere mehr auszustellen, und zwar «im Hinblick auf die zweifellos kommende Endlösung der Judenfrage».

Schnell war klar, dass es sich um systematische Deportationen handeln würde und dass dem Chef der Gestapo-Leitstelle hierbei die entscheidende Mittlerfunktion zwischen dem Reichssicherheitshauptamt in Berlin und den ausführenden Organen im Land zukam. Mit seinem Erlass vom 18. November 1941 an die Landratsämter und örtlichen Polizeichefs spezifizierte Mußgay die zentralen Berliner Direktiven: «Im Rahmen der gesamteuropäischen Entjudung gehen zzt. laufend Eisenbahntransporte mit je 1000 Juden … nach dem Reichskommissariat Ostland. Württemberg und Hohenzollern ist daran zunächst mit einem Transport von 1000 Juden beteiligt, der am

1.12.1941 von Stuttgart aus abgeht.» Dass er damit die Betroffenen in eine furchtbare Lage brachte, war Mußgay bewusst: «Ausfälle (durch Selbstmord und so weiter) sind unverzüglich mitzuteilen.»

Der kreischende kleine Vernehmungsbeamte war einem kühl kalkulierenden Schreibtischtäter gewichen. Mußgays Aufmerksamkeit galt den operativen Einzelheiten – die Abfahrtszeit des Zuges, das Sammellager auf dem Killesberg, die mitzuführenden Gegenstände, die Modalitäten der restlosen Beraubung: In einer ausführlichen «Vermögenserklärung» mussten die Opfer nebst ihren Wertsachen noch die kleinsten Habseligkeiten penibel auflisten. Die Israelitische Kultusgemeinde in Stuttgart hatte nicht nur «etwaige Kosten» zu tragen, sondern auch an der Auswahl der zu Deportierenden mitzuwirken und die Betreffenden zu benachrichtigen.

Obwohl so ein Teil der organisatorischen Arbeit auf andere abgewälzt wurde, blieb für die württembergische Gestapo genug zu tun. Nicht nur die unmittelbar zuständigen Beamten vom Judenreferat, sondern alle Untergebenen Mußgays im «Hotel Silber» waren in irgendeiner Weise mit dem Unternehmen befasst. Als seine Beamten Anfang Dezember ihre «menschliche Fracht» an die zuständigen Stellen in der lettischen Hauptstadt Riga übergeben hatten, konnte Mußgay zufrieden auf die erfolgreiche Operation zurückblicken. Weitere Deportationen orientierten sich an dem bewährten Muster. So wurden am 26. April 1942 278 Menschen in die Vernichtungslager von Belzec und Majdanek geschickt. Bei der größten Deportation am 22. August 1942 wurden über 1000 vorwiegend ältere Menschen in das Lager Theresienstadt (Terezín), heute Tschechien, gebracht.

Danach lebten in Württemberg nur noch kleine Reste der jüdischen Bevölkerung. Auch sie wurden nicht in Ruhe gelassen und mussten befürchten, von der Straße weg verhaftet und verschleppt zu werden. Zudem gerieten nun auch sogenannte «Mischlinge» und Partner in «Mischehen» ins Visier von Mußgay und seinen Mitarbeitern. Insgesamt lief über Mußgays Dienststelle die Deportation von rund 2500 Menschen. Die meisten von ihnen wurden ermordet oder verloren ihr Leben aufgrund der unmenschlichen Lagerbedingungen.

In der Spätphase des Kriegs wurde Mußgays Dienstgebäude in der Dorotheenstraße, das bis dahin lediglich über drei Verhörzellen verfügt hatte, zu einer regulären Haftanstalt inklusive Gefängnisküche ausgebaut.[5] Eine der in den Kellern neu eingerichteten Großzellen war teilweise mit bis zu 125 Gefangenen belegt.[6] Bei dem schweren Luftangriff auf die Stuttgarter Innenstadt am 12. September 1944 wurde auch das «Hotel Silber» in Mitleidenschaft gezogen. Der Gefängnisbetrieb konnte fortgeführt werden, doch trotz eilig vorgenommener Reparaturarbeiten durch Welzheimer Gefangene[7] musste Mußgay mit dem größten Teil seiner Dienststelle in das Gebäude Heusteigstraße 45 ausweichen.

Mit dem Vorrücken der alliierten Bodentruppen näherte sich das Ende der Naziherrschaft. Am 4. April 1945 nahm Mußgay an einem Treffen im

Württembergischen Innenministerium teil, bei dem der Abzug der staatlichen Behörden aus Stuttgart besprochen wurde.

Etwa 60 Gefangene nahmen die Polizeibeamten mit nach Riedlingen an der Donau, heute Landkreis Biberach, wo sie im Amtsgerichtsgefängnis eingesperrt wurden. Einige Gefangene blieben zurück in Stuttgart. Vier von ihnen wurden am 11. April im Keller des «Hotel Silber» erhängt: die Stuttgarterin Else Josenhans, zwei namentlich bisher unbekannte Franzosen und ein Lette namens Rekus[8] (siehe dazu auch das Kapitel über Anton Dehm).

Einem seiner Beamten gab Friedrich Mußgay einen Erschießungsbefehl für drei wegen angeblicher Feindbegünstigung von der Gestapo inhaftierte Antifaschisten mit auf den Weg. Sie gehörten zur Widerstandgruppe «Schlotterbeck» aus Stuttgart-Luginsland. So wurden am 19. April 1945, kurz vor Kriegsende, Hermann Schlotterbeck, Gottlieb Aberle und Andreas Stadtler in einem Wald bei Riedlingen hingerichtet.

Mußgay, der auf der Kriegsverbrecherliste der Alliierten stand, versuchte zusammen mit seiner Frau über die Schwäbische Alb zu entkommen, wurde aber noch im April oder Mai 1945 verhaftet. Der als Entscheider, Vorgesetzter und unmittelbar Tatbeteiligter für den gewaltsamen Tod von über tausend Menschen verantwortliche Mann entzog sich seinen Richtern. Er erhängte sich am 3. September 1946 in seiner Zelle im US-Militärgefängnis in der Weimarstraße 20 in Stuttgart. Nach Kriegsende wurden etliche ehemalige Stuttgarter Gestapo-Beamte wegen schwerer Freiheitsberaubung im Amt mit Todesfolge angeklagt. Sie beriefen sich alle auf die Befehle Friedrich Mußgays und wurden 1952 freigesprochen.

Quellen und Literatur

StAL: Bestand K 100

BA Berlin: SS-Führerpersonalakte Mußgay, Akte des Rasse- und Siedlungshauptamtes

Bohn, Willi: Stuttgart Geheim! Widerstand und Verfolgung 1933–1945, Frankfurt/Main 1978

Brüggemann, Sigrid/Maier, Roland: Eichmanns Vollstrecker. Die Deportation der württembergischen Juden durch die Gestapo Stuttgart, in: Initiative Gedenkort Hotel Silber (Hg.): Tatort Dorotheenstraße, Stuttgart 2009, S. 44–47

Haag, Lina: Eine Hand voll Staub. Widerstand einer Frau 1933 bis 1945, Tübingen 2004, S. 50–54

Müller, Roland: Stuttgart zur Zeit des Nationalsozialismus, Stuttgart 1988

Rüter-Ehlermann, Adelheid/Rüter, Christiaan (Bearb.): Justiz und NS-Verbrechen. Sammlung deutscher Strafurteile wegen nationalsozialistischer Tötungsverbrechen, Amsterdam 1968ff

Sauer, Paul (Bearb.): Dokumente über die Verfolgung der jüdischen Bürger in Baden-Württemberg durch das Nationalsozialistische Regime 1933–1945, II. Teil, Stuttgart 1966

Schuhladen-Krämer, Jürgen: Die Exekutoren des Terrors. Hermann Mattheiß, Walther Stahlecker, Friedrich Mußgay, Leiter der Geheimen Staatspolizeileitstelle Stuttgart, in: Michael Kissener und Joachim Scholtyseck (Hg.): Die Führer der Provinz. NS-Biographien aus Baden und Württemberg, Konstanz 1999, S. 405–443

Wilhelm, Friedrich: Die württembergische Polizei im Dritten Reich, Stuttgart 1989

Anmerkungen

1 HStAS E 130 b Bü 1068, Bl. 842.
2 StAL FL 20/19 Bü 366.
3 StAL EL 317 III Bü 6.
4 StAL EL 317 III Bü 463.
5 Für den Zeitpunkt des Ausbaus findet sich auch die Angabe: Ende 1944 oder Anfang 1945.
6 StAL EL 317 III Bü 6.
7 Aussage Willi Bechtle v. 25.11.1948.
8 Rüter-Ehlermann/Rüter, Bd. IV, S. 36.

Walter Stahlecker

Sigrid Brüggemann

Walter Stahlecker
Chef der Gestapo in Stuttgart und Massenmörder

Er besaß einen gehörigen persönlichen Ehrgeiz, außergewöhnliche organisatorische und intellektuelle Fähigkeiten sowie eine unbedingte Loyalität gegenüber SS-Führer Heinrich Himmler und Reinhard Heydrich, dem Leiter des Reichssicherheitshauptamtes. Dies machte Walter Stahlecker universell einsetzbar. Aus dem stellvertretenden Leiter der Württembergischen Politischen Polizei in Stuttgart wurde einer der effizientesten und skrupellosesten Vollstrecker der nationalsozialistischen Ideologie und Vernichtungspolitik.

Walter Stahlecker wurde am 10. Oktober 1900 als zweiter Sohn des protestantischen Pfarrers Paul Eugen Stahlecker und seiner Frau Anna, geborene Zaiser, in Sternenfels im Kreis Maulbronn geboren. Er wuchs in einem streng deutschnationalen Elternhaus auf. Der Vater leitete ab 1905 die Mädchenrealschule in Tübingen, weshalb die Familie in die Universitätsstadt zog. Walter Stahlecker besuchte dort das Gymnasium und kam direkt von der Schulbank weg noch zu einem kurzen Kriegseinsatz im September 1918.

Im Frühjahr 1919 schloss sich Walter Stahlecker dem bewaffneten Tübinger Studentenbataillon an und zog mit dieser Gruppe unter der Parole «Metzelsuppe» im März 1919 nach Stuttgart, um die Republik vor dem von der politischen Linken ausgerufenen Generalstreik zu «schützen». Auch bei anderen Gelegenheiten kämpfte er mit seiner akademischen Truppe gegen linke Aufständische. So bewegte er sich früh in einem Umfeld, das seine rechtsextreme, antidemokratische Ausrichtung verstärkte.

Nach der durch den Versailler Friedensvertrag erzwungenen Demobilisierung des Bataillons stellte er sich mit einem Teil der Einheit der württembergischen Polizeiwehr zur Verfügung. Nachdem auch diese nicht weiter bestehen durfte, betätigte sich Stahlecker in militant nationalistischen und antisemitischen Organisationen wie dem «Deutschvölkischen Schutz- und Trutzbund». Diese Organisationen bildeten oftmals die Basis der neu gegründeten NSDAP-Ortsgruppen. 1921 wurde Stahlecker Mitglied der bald schon verbotenen NSDAP.

Mit Beginn seines Jurastudiums 1920 trat Stahlecker, der Familientradition entsprechend, der ebenfalls extrem nationalistischen studentischen Verbindung «Lichtenstein» bei. Die dort gepflegten gehobenen Umgangsformen trugen viel zu seinem späteren gewandten Auftreten auf dem gesellschaftlichen Parkett bei.

Sein Jurastudium beendete er 1924; drei Jahre später erfolgte die Promotion. Politisch profilierte er sich nun nicht mehr; er betrieb stattdessen seine berufliche Karriere. 1927 trat er in den württembergischen Landesdienst ein, avancierte schon zwei Jahre später zum Regierungsrat und übernahm im Herbst 1930 die Leitung des Arbeitsamts Nagold. 1932 heiratete er Luise-Gabriele von Gültlingen, die altem schwäbischen Reichsadel entstammte.

Nach der Machtübernahme der Nazis fiel sein «Versäumnis», der im Februar 1925 neu gegründeten NSDAP nicht beigetreten zu sein, unangenehm auf. So gab er an, die Mitgliedschaft wegen einer angeblichen Weisung der Partei erst im Mai 1932 beantragt zu haben. Durch Protektion des Reichsstatthalters Wilhelm Murr erhielt Stahlecker eine deutlich niedrigere Parteinummer und wurde Ende Mai 1933 stellvertretender Leiter der Württembergischen Politischen Polizei.

Anfang Mai 1934 wurde auf ausdrücklichen Wunsch Murrs der bisherige Leiter des Politischen Landespolizeiamts, Hermann Mattheiß, seines Amtes enthoben. Stahlecker, mittlerweile als Oberregierungsrat bei der Vertretung Württembergs in Berlin tätig, sollte sein Nachfolger werden, was rückwirkend auf den 14. Mai 1934 datiert wurde. Ob Stahlecker am gewaltsamen Tod von Mattheiß im Juni 1934 beteiligt war, lässt sich nicht mit Sicherheit sagen. Die kurze Notiz Murrs über Stahlecker – «Er ist durchaus zuverlässig und hat auch am 30. Juni größte Umsicht und Tatkraft an den Tag gelegt»[1] – weist auf eine Beteiligung an der Niederschlagung des «Röhm-Putsches» hin.

Mittlerweile hatte die Familie eine standesgemäße Wohnung in der Gustav-Siegle-Straße 41 in bester Stuttgarter Halbhöhenlage mit schöner Aussicht über die Stadt bezogen. Im Juli 1934 kamen die Zwillinge Kristine und Konrad zur Welt, später folgten noch Gisela und Boto.

Im dienstlichen Umgang deutlich verbindlicher als sein Amtsvorgänger, setzte Stahlecker dessen Kampf gegen die ausgemachten Gegner des Nationalsozialismus nachdrücklich fort. Als im Herbst 1934 die evangelische Landeskirche im nationalsozialistischen Sinne gleichgeschaltet werden sollte, widersetzte sich der Landesbischof Theophil Wurm. Stahlecker verhängte Hausarrest und drohte mit Schutzhaft.[2] Gegen Verleger der katholischen Publikationen, die sich weigerten, den NS-Tenor zu übernehmen, hagelte es Verbote. So musste das «Deutsche Volksblatt» am 1. November 1935 sein Erscheinen einstellen; der Chefredakteur erhielt Berufsverbot. Auch die «Sonntags-Zeitung», eine demokratische Wochenzeitung, wurde ständig von der Politischen Polizei überwacht, denn sie hatte ihrer Leserschaft offiziell unterdrückte Nachrichten verklausuliert mitgeteilt. Infolgedessen untersagte Stahlecker dem Herausgeber Erich Schairer jegliche weitere publizistische Tätigkeit.[3]

Hauptfeinde waren jedoch nach wie vor die Mitglieder der verbotenen Linksparteien. Nach den ersten großen Verhaftungswellen im Frühjahr 1933 hatten sich sowohl die Kommunisten als auch die Sozialdemokraten teilweise reorganisiert. Mitte 1935 allerdings war Stahleckers Politische Polizei den meisten Widerstandsgruppen auf die Spur gekommen. Viele der Verhafteten wurden nach Verbüßung ihrer Gefängnis- oder Zuchthausstrafe in Konzentrationslager verbracht. Ein besonders erfolgreicher Schlag gelang ihm im Laufe des Jahres 1935 mit der Aufdeckung des kommunistischen Widerstandskreises um Stefan Lovász. Die Gruppe hatte Informationen über die deutsche Aufrüstung gesammelt und an Mittelsmänner in der Schweiz weitergegeben. Vier Mitglieder der Gruppe, unter ihnen Stefan Lovász und Lilo Herrmann, wurden im Juni 1937 vom in Stuttgart tagenden Volksgerichtshof wegen «Landesverrat in Tateinheit mit Vorbereitung zum Hochverrat» zum Tode verurteilt und am 20. Juni 1938 in Berlin-Plötzensee hingerichtet (siehe auch das Kapitel über die Wicker-Brüder).

Im Zuge der Umstrukturierung und Zentralisierung der Länderpolizei wurden 1936 die Politische Polizei und die Kriminalpolizei als Sicherheitspolizei (Sipo) unter der Leitung von Reinhard Heydrich zusammengefasst. Von nun ab hießen alle früheren Organisationen der Politischen Polizei im Reich «Geheime Staatspolizei» und das bisherige Württembergische Politische Landespolizeiamt führte ab dem 1. Oktober 1936 die Dienstbezeichnung «Geheime Staatspolizei – Stapo-Leitstelle Stuttgart».

Stahlecker führte die neue/alte Dienststelle jedoch nur noch ein halbes Jahr. Mit der Versetzung in gleicher Funktion nach Breslau war die Zeit in Stuttgart für ihn beendet. Mitte September zog auch seine Familie nach Breslau.

Ein neuer Karriereschub ergab sich mit der Ernennung zum Inspekteur der Sipo und des Sicherheitsdienstes (SD) der NSDAP für Österreich nach dessen Annexion im März 1938. Stahlecker, nun Heydrich direkt unterstellt, organisierte hier den Aufbau der Gestapo und sorgte in enger Zusammenarbeit mit Adolf Eichmann für eine möglichst rasche Vertreibung der österreichischen Juden. Eichmann verband mit Stahlecker ein fast freundschaftliches Verhältnis. Er beschrieb Stahlecker später als «außerordentlich lebendig und aktiv», «vielleicht auch etwas ehrgeizig, aber immer auf der Suche nach schöpferischen Ideen».[4]

Doch auch Stahleckers Wiener Aufenthalt währte nicht lange. Bereits im Herbst 1938 benötigte man den Mann mit den «schöpferischen Ideen» im Sudetenland zur Niederwerfung der politischen Gegner. Nach der Zerschlagung der Rest-Tschechoslowakei setzte ihn Heydrich als Befehlshaber der Sipo und des SD im Protektorat Böhmen und Mähren ein, wo er in bewährter Weise wieder mit Eichmann zusammenarbeitete. In gleicher Funktion waren Stahleckers Dienste im 1940 eben besetzten Norwegen gefragt, bevor er schließlich Ende des Jahres als Ministerialrat von Heydrich ins «Auswärtige Amt» nach Berlin beordert wurde.

Walter Stahlecker war zur «Durchführung der sicherheitspolizeilichen Aufgaben» universell einsetzbar. Trotz seiner rechtsextremen politischen Sozialisation war er kein fanatischer Hitzkopf. Nüchtern und zweckrational schuf er die optimalen Bedingungen, um die politischen Gegner unschädlich zu machen. Ganz im Sinne Himmlers, der von seinen SS-Führern ein gewisses Maß an selbstständigem Handeln forderte, analysierte er die Gegebenheiten bei der Besetzung eines Landes sehr genau und leitete daraus die zu unternehmenden Schritte ab. Stahleckers Berichte, die sich unter anderem auch mit wirtschaftlichen und kulturellen Fragen befassten, wurden in Berlin hoch geschätzt und empfahlen ihn als Führungspersönlichkeit.

Im Zuge des Überfalls auf die Sowjetunion im Juni 1941 konnte Stahlecker erneut seine vielseitige Verwendbarkeit unter Beweis stellen. Anfang Februar 1941 war er zum SS-Brigadeführer und Generalmajor der Polizei befördert worden. Nun entfaltete er als Leiter der Einsatzgruppe A unmittelbar nach der Besetzung des Baltikums und Nordrusslands ein mörderisches Treiben, das alles Bisherige in den Schatten stellen sollte.

Mit gewohnter Gründlichkeit entwickelte er sein Vorgehen. Er bemühte sich darum, dass seine Einsatzgruppe gleichzeitig mit der Wehrmacht in die größeren Städte einzog, um dort sofort kollaborationsbereite einheimische Kräfte für die «Drecksarbeit» einzuspannen. In seinem Tätigkeitsbericht vom 15. Oktober 1941 liest sich das folgendermaßen: Es «wurden schon in den ersten Stunden nach dem Einmarsch, wenn auch unter erheblichen Schwierigkeiten, einheimische antisemitische Kräfte zu Pogromen gegen die Juden veranlasst. Befehlsgemäß war die Sicherheitspolizei entschlossen, die Judenfrage mit allen Mitteln und aller Entschlossenheit zu lösen.» Dann berichtete Stahlecker von «ungewöhnlich harten Maßnahmen, die auch in deutschen Kreisen Aufsehen erregen mussten». Es sei deshalb nicht erwünscht gewesen, dass die Sicherheitspolizisten dabei sofort in Erscheinung traten.[5]

Stahleckers Einsatzgruppe A war die erste Einsatzgruppe, die systematisch auch jüdische Frauen und Kinder ermordete. Ebenfalls als Erster konnte Stahlecker Ende 1941 seinem Chef Heydrich berichten, dass seine Einsatzkommandos eine ganze Region (Estland) «judenfrei» gemordet hatten.

In einem Bericht vom Februar 1942 meldete Stahlecker, unverkennbar eine weitere Beförderung erhoffend, die «stolze» Zahl von 240.410 Menschen, die seinen Einsatzkommandos bis dato zum Opfer gefallen seien. Mit geradezu monströs anmutender Sachlichkeit hatte er wehrlose jüdische Männer, Frauen und Kinder töten lassen und unter dem Titel «Partisanenbekämpfung» einen gnadenlosen Krieg gegen die sowjetische Zivilbevölkerung geführt.

Am 23. März 1942 schließlich fiel Walter Stahlecker seiner eigenen Taktik «Terror gegen Terror» zum Opfer. Er wurde bei einem Partisanenangriff in Krasnogwardeisk (heute Gatcina) – während der Belagerung des nahe gelegenen Leningrads – schwer verwundet und starb noch auf dem Flug nach Prag. In der Prager Burg verabschiedeten zahlreiche hohe Vertreter von Staat, NSDAP und Wehrmacht seine sterblichen Überreste mit einer pompösen Feier.

Quellen und Literatur

HStAS E 130b Bü 1065
HStAS E 130c Bü 112
StAL EL 48/2 I Bü 3119, Bü 265 und Bü 1751
Krausnick, Helmut/Wilhelm, Hans-Heinrich: Die Truppe des Weltanschauungskrieges. Die Einsatzgruppen der Sicherheitspolizei und des SD 1938–1942, Stuttgart 1981
Lang, Hans-Joachim: Die mörderische Karriere des Walter Stahlecker, in: Geschichtswerkstatt 29, Freiburg 1997, S. 147–156
Müller, Roland: Stuttgart zur Zeit des Nationalsozialismus, Stuttgart 1988
Ruck, Michael: Korpsgeist und Staatsbewußtsein. Beamte im deutschen Südwesten 1928 bis 1972, München 1996
Schneider, Christian: Reinheit und Ähnlichkeit. Anmerkungen zum psychischen Funktionieren ganz normaler deutscher Massenmörder, in: Mittelweg 36, Zeitschrift des HIS, 7. Jg., Febr./März 1998
Schuhladen-Krämer, Jürgen: Die Exekutoren des Terrors. Hermann Mattheiß, Walther Stahlecker, Friedrich Mußgay, Leiter der Geheimen Staatspolizeileitstelle Stuttgart in: Michael Kissener und Joachim Scholtyseck (Hg.): Die Führer der Provinz. NS-Biographien aus Baden und Württemberg, Konstanz 1999, S. 405–443
Wildt, Michael: Generation des Unbedingten. Das Führungskorps des Reichssicherheitshauptamts, Hamburg 2003
Ders.: Nachrichtendienst, politische Elite und Mordeinheit. Der SD des Reichsführers SS, Hamburg 2003
Wilhelm, Friedrich: Die württembergische Polizei im Dritten Reich, Stuttgart 1989

Anmerkungen

1 Brief von Murr v. 28.7.1934 an die NSDAP-Zentrale München.
2 Vgl. Ruck, S. 119f.
3 Vgl. Müller, S. 117f.
4 Zit. nach Schuhladen-Krämer, S. 424.
5 Zit. nach Lang, S. 153.

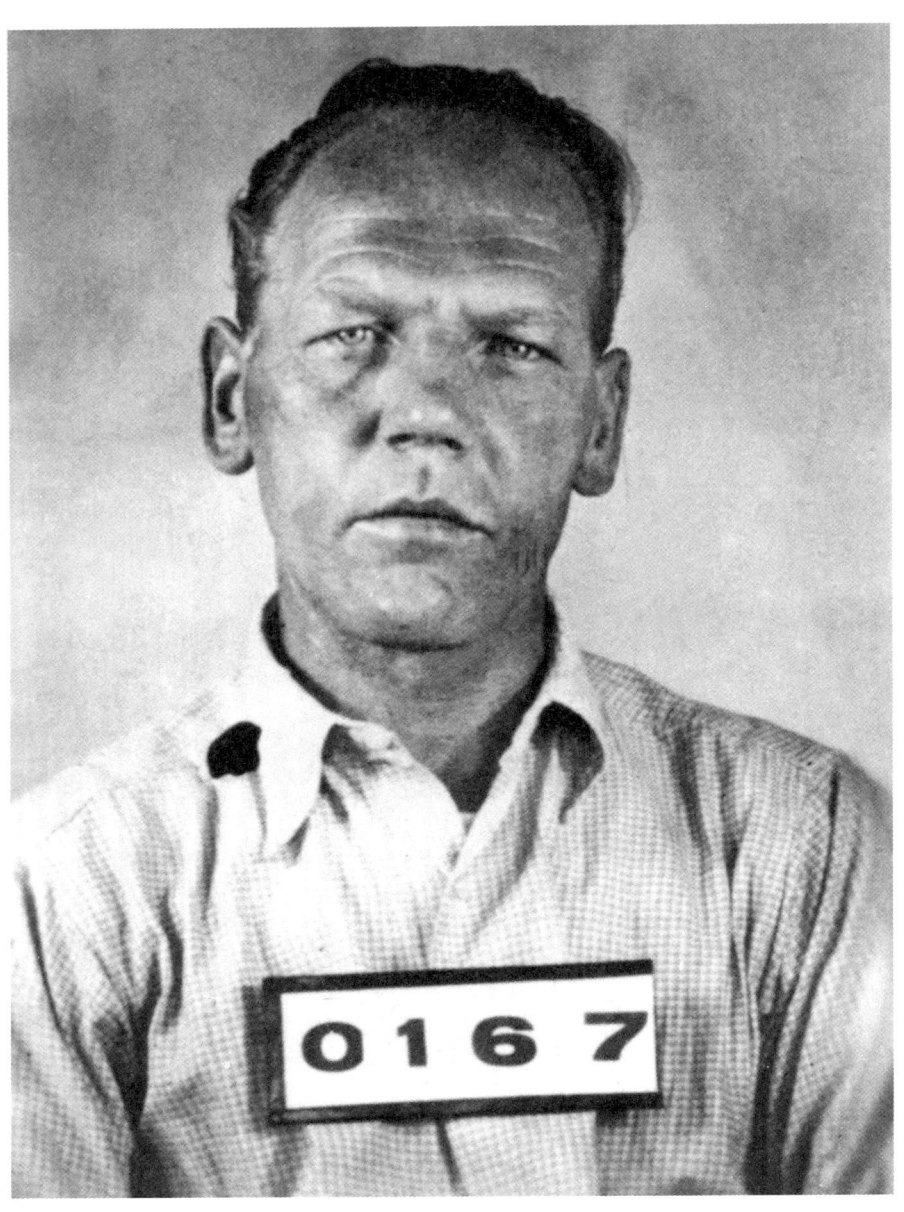

Anton Dehm

Sigrid Brüggemann

Anton Dehm
Nazihenker oder «willenloses Werkzeug»?

«Anlässlich der Erschießung der Polen bei der Methodistenkapelle war ich Zeuge, wie man 2 wiedereingefangene Polen aus dem Gefängnis holte und Wachtmeister Dehm auf die beiden so lange eingedroschen hat, bis sie zusammensackten. Nachher wurden sie noch mit Stiefeln bearbeitet.»[1] So ein ehemaliger Häftling nach dem Krieg. Ein damals ermittelnder Kriminalkommissar Neu, der selbst politischer Häftling in Welzheim gewesen war, schilderte Anton Dehm als den «rücksichtslosesten und am sadistischsten veranlagten Wachtmeister» im Polizeigefängnis in Welzheim, heute Rems-Murr-Kreis. Eine Reihe ähnlicher Aussagen belegen, dass sich Dehm an den Gewaltexzessen im Dienst bereitwillig beteiligte. Er gab nach Kriegsende zu, auch bei Exekutionen von russischen und polnischen Zwangsarbeitern dabei gewesen zu sein: «Ich hatte in solchen Fällen die Aufgabe, den zerlegbaren Galgen an Ort und Stelle zu bringen. Zugleich wurden zwei Polen oder Russen bestimmt, die am Hinrichtungsort ihre eigenen Landsleute erhängen mussten.» Er selbst habe sich «in keinem Fall in aktiver Weise an solchen Erhängungen beteiligt.»[2]

Anton Dehm wurde am 2. November 1904 als dritter Sohn des Maschinenmeisters Anton Dehm und seiner Frau Ida, geb. Lang, in Aulendorf, Kreis Biberach geboren. Er besuchte sieben Jahre die Volksschule, absolvierte eine Bäckerlehre und arbeitete bis November 1930 als Bäckergeselle. Anschließend folgte eine Zeit der Arbeitslosigkeit. Er heiratete Ende 1935 und adoptierte 1944 einen kleinen Jungen.

Bereits zu Beginn des Jahres 1931 war Dehm der NSDAP und ihrer Sturmabteilung (SA) beigetreten. Diese frühe Mitgliedschaft wurde nach der Machtübernahme der Nationalsozialisten durch eine Anstellung als Wachmann des Mitte März 1933 eröffneten Schutzhaftlagers auf dem Heuberg bei Stetten am kalten Markt belohnt. In diesem Lager waren die in einer ersten Verhaftungswelle festgenommenen Gegner der Nazis, vor allem Kommunisten, interniert worden. Hier stand Dehm unter dem Kommando des später als äußerst brutal geschilderten Karl Buck – eine sich bewährende Zusammenarbeit, die 1937 im Polizeigefängnis Welzheim ihre Fortsetzung fand. In Welzheim wurde Dehm im Dienstrang eines Polizeioberwachtmeisters und SD-Oberscharführers des Sicherheitsdienstes (SD) der SS Ende 1939 in das Beamtenverhältnis übernommen.

Im April 1944 wurde Dehm zum Hauptwachtmeister und Hauptscharführer des SD befördert. Ende des Jahres arbeitete er als Wachmann im «Hotel Silber», dem Gefängnis der Stuttgarter Gestapo-Zentrale in der

Dorotheenstraße 10. Da zu diesem Zeitpunkt bereits einige Stuttgarter Gefängnisse durch Bombenschäden unbrauchbar geworden waren, wurden die Häftlinge nun im «Hotel Silber» auch dauerhaft eingesperrt – bis dahin waren sie dort nur während ihrer Vernehmungen durch die Gestapo.

Am 2. April 1945 wurde der größte Teil der Häftlinge in Richtung Bodensee in Marsch gesetzt. Dehm blieb mit wenigen Gefangenen im «Hotel Silber» zurück. Kurz darauf erhielt er vom Chef der Gestapo-Dienststelle Mußgay den schriftlich übermittelten Befehl[3], zwei dort inhaftierte französische Zivilisten zu erhängen, was er zwei Tage später auch tat.

Sein wohl grausamstes Verbrechen beging er nur wenige Tage darauf an Else Josenhans. Die aus einer jüdischen Familie stammende, aber christlich getaufte Frau war wegen ihres nicht jüdischen Ehemanns bislang von der Deportation verschont geblieben. Im Januar 1945 erhielt sie jedoch eine Aufforderung zu einem Transport nach Theresienstadt, dem sie nur entging, weil sie transportunfähig war. Ihr wohlgesonnene Ärzte des Robert-Bosch-Krankenhauses hatten eine Beinfraktur (Knochenbruch) attestiert. Die Familie lebte nun in ständiger Angst vor einem weiteren Deportationsbefehl. Dies machte sich ein Gestapo-Spitzel, ein gewisser Josef Burra, zunutze. Er hatte eine Tochter von Else Josenhans kennengelernt, sich bei ihr als entlassener KZ-Häftling ausgegeben und so ihr Vertrauen erschlichen. Er drängte die Familie zur Flucht und arbeitete sogleich einen Fluchtplan aus. Gepäck mit den wertvollsten Gegenständen sollte zusammengestellt und einige Tage vor der Flucht abgeholt werden. Mit möglichst viel Bargeld sollte sich die Familie am 25. März am Stuttgarter Hauptbahnhof einfinden. Dort erwartete sie dann aber die Gestapo. Das Ehepaar und seine beiden erwachsenen Töchter wurden festgenommen. Man brachte die Familie ins «Hotel Silber», beschlagnahmte ihre Wertsachen und verhörte sie wiederholt.

Während die Gestapo die Töchter Anfang April freiließ, blieben die Eltern weiter in Haft. Wilhelm Josenhans wurde in den letzten Kriegstagen zusammen mit anderen Gefangenen aus dem «Hotel Silber» noch nach Ravensburg verschleppt, dort aber beim Heranrücken der Front freigelassen.[4]

Else Josenhans dagegen wurde am Abend des 10. April 1945 von Anton Dehm ermordet. In derselben Nacht tötete Dehm auch den lettischen Staatsbürger Rekus. Rekus war bei seiner Festnahme angeschossen worden. Der schwer verletzte Mann erhielt jedoch keine medizinische Versorgung, sondern wurde in die Gestapo-Zentrale gebracht.

Nach Kriegsende verbarg sich Dehm zunächst unter falschem Namen in Stocksberg bei Heilbronn. Dort spürte ihn Kriminalkommissar Walter Huber im August 1946 auf und verhaftete ihn. Huber und amerikanische Offiziere des CIC (Counter Intelligence Corps) – Vorläufer des US-Geheimdiensts CIA – verhörten Anton Dehm in Stuttgart im Gefängnis in der Weimarstraße. Huber konnte nie vergessen, was «der brutale Kerl, der Dehm» damals über die letzten Minuten von Else Josenhans von sich gab: «Ja, ich habe das Weib gehenkt. Aber zuerst ist die Schnur abgekracht, weil es nur eine Papierschnur war. Die Frau sagte dann zu mir: Sie haben doch auch eine Mutter, lassen Sie mich doch am Leben. Da schlug ich sie aufs Maul, dann war sie ruhig und dann habe ich sie vollends aufgehängt.»[5]

Der Henker ohne Gnade wurde dem früheren Gestapo-Chef Mußgay gegenübergestellt. Dehm belastete Friederich Mußgay schwer, worauf dieser in Ohnmacht fiel und kurz darauf Selbstmord verübte (siehe das Kapitel über Mußgay).

Wie andere, die im Verdacht standen, NS-Verbrechen begangen zu haben, wurde Dehm interniert und nach Abschluss der Ermittlungen der französischen Besatzungsmacht übergeben. In Rastatt verurteilte ihn das Tribunal Général am 16. März 1948 wegen der Morde im Gestapo-Gefängnis Stuttgart zu 20 Jahren Zuchthaus mit Zwangsarbeit. Sofort nach dem Urteilsspruch wurde er ins Zuchthaus Wittlich in Rheinland-Pfalz überführt.

Im «Verfahren zur politischen Säuberung» (Spruchkammerverfahren) Ende 1950 wurde Dehm als «Hauptschuldiger» eingestuft. In der Begründung hieß es unter anderem:

«Der Betroffene macht vor der Kammer den Eindruck eines Täters, dem es gelungen ist, sich innerlich von seiner Tat abzusetzen. Er zeigt keinerlei Reue, da er in Mußgay den alleinigen Schuldigen, sich selbst als missbrauchtes, willenloses Werkzeug sieht, und gibt an, in Heuberg wie in Welzheim nur im Wachdienst tätig gewesen zu sein, sich darin aber nie vergangen zu haben.»[6]

Dehm legte Widerspruch ein. Gerichte und Spruchkammern waren in jener Zeit noch bereit, dem von NS-Gewaltverbrechern vorgebrachten sogenannten «Befehlsnotstand» Glauben zu schenken. Vorgesetzte, so das Argument, hätten schwerste Strafen angedroht für den Fall, dass Befehle verweigert worden wären. Im März 1951 wurde er in die Gruppe der «Belasteten» rückgestuft.[7]

Auf einen Gnadenerlass des französischen Hohen Kommissars hin wurde Dehm 1954 entlassen und kehrte nach Stuttgart zurück. Mit seiner Frau und dem Adoptivsohn wohnte er fortan in Stuttgart-Vaihingen in der Paradiesstraße 47.

Ende 1958 lenkten zwei Zeitungsartikel die öffentliche Aufmerksamkeit auf die Verbrechen von Anton Dehm. Das Nachrichtenmagazin «Der Spiegel» berichtete unter dem Titel «Gestapomorde vergisst man nicht» über die Morde im «Hotel Silber» und stellte darüber hinaus die Behauptung auf, dass Dehm bei den Vernehmungen in der Weimarstraße die Tötung von 25 Fremdarbeitern in Stuttgart-Zuffenhausen gestanden habe. Die Ermordung von Else Josenhans und die der Fremdarbeiter seien bis heute ungesühnt. Zeitgleich erschien in der «Münchner Illustrierten» ein Artikel ähnlichen Inhalts.[8] Beide Artikel beriefen sich auf Aussagen von Kommissar Huber, der Dehm nach seiner Festnahme 1946 vernommen hatte.

Diese Zeitungsberichte erregten internationales Aufsehen und verschiedentlich wurde aus dem Ausland bei der Stuttgarter Staatsanwaltschaft nach Konsequenzen gefragt.[9] Ermittlungen der Staatsanwaltschaft ergaben aber keinerlei Hinweise, dass ein derartiges Verbrechen in Zuffenhausen begangen worden war. Ehemalige Häftlinge und Beschäftigte der Gestapo-Zentrale bezweifelten, dass eine solche Mordaktion von ihnen unbemerkt hätte stattfinden können.

Den Fall Josenhans erklärte die Staatsanwaltschaft für abgeschlossen mit der Begründung, Dehm sei dafür in Rastatt verurteilt worden und ein deutsches Gericht dürfe keine ganz oder teilweise vollstreckten Urteile einer ehemaligen Besatzungsmacht revidieren. Am 20. Januar 1961 wurde das Verfahren gegen Anton Dehm wegen Mordes eingestellt.

Ob Anton Dehm tatsächlich jemals für den Mord an Else Josenhans justiziell belangt wurde, ist nicht sicher. In Rastatt wurde er laut Auskunft der Stuttgarter Staatsanwaltschaft wegen «Beihilfe zu Kriegsverbrechen» verurteilt. Dieser Tatbestand erfasste allerdings nur nicht deutsche Opfer. Letzte Klärung würde die Einsicht in die Prozessakten bringen. Das anscheinend einzige Stuttgarter Exemplar einer Urteilsabschrift ist jedoch verschwunden und das Archiv im französischen Colmar, das unter anderem die Akten des Rastatter Tribunal Général verwahrt, hat leider bis zur Drucklegung auf einen vor Monaten von der Verfasserin gestellten Antrag auf Einsichtnahme nicht reagiert.

Anfang Juli 1945 wurde die Leiche von Else Josenhans exhumiert. Die Nazischergen hatten sie ohne Sarg und nur unvollständig bekleidet auf dem israelitischen Teil des Steinhaldenfriedhofs verscharrt. Um den Hals trug sie noch die dreifach gelegte Vorhangschnur, mit der sie «vollends aufgehängt» worden war.

Quellen und Literatur

StAL EL 317 III Bü 6
StAL EL 905/2 II Bü 778
StAL EL 905/2 II Bü 41
StAL EL 350 I ES 33753
StAL EL 350 I ES 33755
StAL EL 350 I Bü 9476
Bohn, Willi: Stuttgart Geheim! Widerstand und Verfolgung 1933–1945 Frankfurt/ Main 1978

Anmerkungen

1   StAL EL 317 III Bü 6.
2   StAL EL 317 III Bü 6.
3   StAL EL 905/2 II Bü 778.
4   Vgl. zum Fall Josenhans StAL EL 350 I ES 33753, ES 33755 u. ES 9476.
5   «Der Spiegel» v. 26.11.1958.
6   StAL EL 905/2 II Bü 778.
7   StAL EL 905/2 II Bü 41.
8   «Der Spiegel» 48/1958 v. 26.11.1958 u. «Münchner Illustrierte» 50/1958.
9   Schreiben von Helmut Kirschey v. 7.1.1959, StAL EL 317 III Bü 6.

Gottfried Mauch

Roland Maier

Gottfried Mauch
Der Schrecken der Zwangsarbeiter

Er galt als einer «der übelsten Gestapo-Henker in Stuttgart» und wurde verantwortlich gemacht für Mord, Totschlag und schwere Freiheitsberaubung im Amt. Die ersten vier Jahrzehnte im Leben des Gottfried Mauch waren allerdings wenig spektakulär. Geboren wurde Gottfried Mauch am 8. November 1894 als Sohn eines Fabrikarbeiters und dessen Ehefrau in Weiler, heute ein Ortsteil von Königsfeld im Schwarzwald. Nach dem Besuch der Volksschule in Schramberg arbeitete er bei der Uhrenfirma Junghans. 1914 bis 1918 nahm er am Ersten Weltkrieg als Soldat der Kriegsmarine teil. Danach trat er in den Polizeidienst ein, zunächst als Schutzmann bei der Stadtpolizei Schramberg.

Was ihn bewogen hatte, eine gänzlich andere berufliche Richtung einzuschlagen, statt in die Fabrik zurückzukehren, bleibt im Dunkeln. Vielleicht waren die Erfahrungen beim Militär für den jungen Mann ausschlaggebend. Auch die familiären Verhältnisse mögen hineingespielt haben: Seine Mutter war bereits 1903 verstorben, sein Vater starb 1919. Beruflich wie privat ging es voran. Vom Polizeiwachtmeister stieg er zum Oberwachtmeister bei der Kripo Schramberg auf, wo er 1928 zum Kriminalkommissar ernannt wurde. Aus der Ehe mit seiner Frau Maria ging ein Sohn hervor.

Am 1. Mai 1933 trat Gottfried Mauch der NSDAP bei. Daneben war er Mitglied im Polizeibeamtenverband, im Reichsluftschutzbund und der NS-Volkswohlfahrt, aber jeweils ohne Amt und Rang. Mitglied der SA oder der SS wurde er nie. Über ein Jahr nach Hitlers Machtübernahme, am 23. April 1934, wurde Mauch von Hermann Mattheiß, dem damaligen Leiter des Württembergischen Politischen Landespolizeiamts (der späteren Gestapo), als Kriminalkommissar nach Stuttgart berufen. Mattheiß kannte Mauch aus seiner Zeit als Amtsrichter in Oberndorf und sah in ihm einen Mann seines Vertrauens.

Die Hauptaufgabe der Politischen Polizei bestand damals in der Bekämpfung der politischen Gegner von links. Mauch wurde dem Referat für Kommunismus, Hoch- und Landesverrat zugewiesen. Er bezog sein Büro im Zimmer 49 im 2. Stock im ehemaligen Hotel Silber in der Stuttgarter Dorotheenstraße unweit des Alten Schlosses. Dem neuen Amt folgte der Umzug der Familie in die württembergische Landeshauptstadt. Die Mauchs wohnten in einer Erdgeschosswohnung im Kanonenweg 144, der heutigen Haußmannstraße.

Die Arbeit des Kommunismusreferats erwies sich als äußerst wirkungsvoll. Die KPD, die nach den großen Verhaftungswellen unmittelbar nach der Machtübernahme der Nationalsozialisten 1933 versucht hatte, illegale Strukturen für die Arbeit im Untergrund aufzubauen, wurde nun systematisch verfolgt. Verhaftung folgte auf Verhaftung. Grund für das Desaster der KPD war zum Teil Verrat aus den eigenen Reihen. Vor allem aber verfügte die Politische Polizei im Nationalsozialismus über erweiterte Kompetenzen und Druckmittel wie Schutzhaft und verschärfte Verhörmethoden. Mauchs Aufgabe bestand darin, Einblick in die verdeckten Strukturen der KPD und gerichtsverwertbare Aussagen zu gewinnen. Bald stand er im Ruf eines besonders scharfen Vernehmers, sodass andere Gestapo-Beamte Aussageunwilligen mit Mauch drohten: Dieser würde sie schon zum Reden bringen.

Auf der anderen Seite galt Mauch als gewissenhaft und ruhig arbeitender Kriminalist, der sich im Gegensatz zu manchen seiner Kollegen in nur wenigen Fällen zu brachialen Übergriffen hinreißen ließ. Es genügte, was den Vernehmungen folgte: Gefängnis- und KZ-Haft für Hunderte von Nazigegnern, für nicht wenige stand am Ende der Tod. Da waren zum einen die gerichtlichen Todesurteile, die Mauch durch seine Vernehmungen sorgfältig vorbereitete. Für seinen größten Fall ließ er sich über eineinhalb Jahre Zeit. Geholfen haben ihm dabei zwei Denunzianten, die Brüder Wicker (siehe dazu das Kapitel zu Eugen und Alfons Wicker), die die Gruppe um den württembergischen Führer der Untergrund-KPD, Stefan Lovász, verraten hatten. Lovász, Lilo Herrmann, Josef Steidle und Arthur Göritz wurden nicht zuletzt aufgrund der Vernehmungen und Aussagen Mauchs vom «Volksgerichtshof» in Stuttgart zum Tode verurteilt und am 20. Juni 1938 in Berlin hingerichtet.

Zum anderen war da die außergerichtliche Gestapo-Gewalt: Todesfälle und Morde in der Haft. So haben Gestapo-Leute den Kommunisten Reinhold Bechtle auf Veranlassung Mauchs «zum Weichmachen» in das Polizeigefängnis Welzheim verbracht, wo er später erhängt in seiner Arrestzelle aufgefunden wurde. Im Falle des wegen Hochverrats inhaftierten Ludwigsburger Schreiners Franz Martin drohte Mauch dessen Ehefrau, dass ihr Mann nach der Strafverbüßung ins KZ Dachau käme, wenn er keine Namen verraten würde. Und in Dachau könne es sein, «dass ihm der Schnaufer ausgeht». Der Mann wurde tatsächlich nach Dachau verschleppt und dann ins Konzentrationslager Mauthausen verlegt, wo er starb.

Gewissensqual war es sicher nicht, eher wohl Stress und Arbeitsüberlastung, die Mauch einen Monat nach der erfolgten Hinrichtung der Lovász-Gruppe im Sommer 1938 auf offener Straße bei einem Herzanfall bewusstlos zusammenbrechen ließ. Er litt an einer Angina pectoris, war aber nach einem Kuraufenthalt so weit wieder hergestellt, dass er seinen Dienst bei der Gestapo weiter versehen konnte. Und er bemühte sich um sein berufliches Fortkommen: Zum Jahresende1938 legte er an der der Führerschule der Sicherheitspolizei in Berlin angeschlossenen Kriminalfachschule die Fachprüfung zum Kriminalobersekretär ab. Allerdings versuchte er, nicht zuletzt mit Rücksicht auf seine angeschlagene Gesundheit, sich innerlich möglichst abzuschotten. Bei seinen Kollegen galt Mauch als ein verschlossener Einzelgänger, der an seiner Dienststelle mit niemandem befreundet war. Sein Vorgesetzter schätzte ihn jedoch als «einen äußerst tüchtigen und gut begabten Beamten, der deshalb auch vielfach größere Fälle von Hochverrat zu behandeln hatte».

Wie die meisten der im «Hotel Silber» Beschäftigten war Mauch mit der Vorbereitung und Durchführung der ersten Judendeportation am 1. Dezember 1941 befasst. Als in organisatorischen Fragen erfahrener Beamter wurde ihm die operative Leitung der Aktion übertragen. Er richtete das provisorische Sammellager auf dem Killesberg ein und besorgte die Verpflegung für die Zugfahrt.

Als nach Beginn des Krieges in großem Stil Zwangsarbeiterinnen und Zwangsarbeiter nach Deutschland verschleppt wurden, wollten die Sicherheitsorgane dieser in ihrer Wahrnehmung zusätzlichen Gefahrenlage begegnen, denn es drohten vermeintlich oder tatsächlich seitens der «Fremdarbeiter» neben «gewöhnlicher Kriminalität» Sabotage, Spionage und Revolten. Außerdem war die Einhaltung der diskriminierenden rassistischen Sonderbestimmungen für polnische und osteuropäische Arbeitskräfte zu überwachen. Dies galt insbesondere für unerwünschte Kontakte zur deutschen Bevölkerung. Leiter des neu aufgebauten «Ostarbeiterreferats» wurde Gottfried Mauch. Neben einem Stab von Kriminalbeamten und Schreibkräften verfügte er über etliche dienstverpflichtete Dolmetscher.

Gut erinnerten sich nach dem Krieg zwei Eheleute, wie sie im Frühjahr 1942, damals noch unverheiratet, wegen verbotenen Umgangs in Asperg verhaftet und ins «Hotel Silber» nach Stuttgart gebracht worden waren. Im Beisein der schwangeren deutschen Frau packte damals Mauch den Mann am Kragen und beschimpfte ihn: «Du Polak, du Hurenkerle!» Zwar unterließ er weitere Übergriffe, sorgte aber dafür, dass der Mann in das Polizeigefängnis Welzheim und die Frau in das KZ Ravensbrück eingewiesen wurde. In den meisten Fällen fielen die Strafen für verbotene sexuelle Beziehungen zu deutschen Frauen aber weit drakonischer aus, die «Täter» wurden kurzerhand hingerichtet. Grundsätzlich konnten alle außerdienstlichen Beziehungen zu «Ostarbeitern» geahndet werden, insbesondere, wenn ein Verdacht auf politische Motive bestand. So im Fall des Russenlagers «Schützenhaus» in Stuttgart-Weilimdorf, wo Mauch persönlich das Ehepaar Gertrud und Hans Müller sowie Karl Forstner – alle drei gehörten zum kommunistischen Widerstand und wohnten damals in Weilimdorf – wegen versuchter Kontaktaufnahme verhaftete. Nach dem Verhör wurden die beiden Männer nach Welzheim gebracht, Gertrud Müller kam in das «Arbeitserziehungslager» Rudersberg. Der Kriegsgefangene Josef Aljberdowsky, ein russischer Arzt, der wahrscheinlich dem geheimen sowjetischen Widerstandsnetzwerk «Brüderliche Zusammenarbeit» angehörte, wurde zur Vernehmung an Mauch überstellt. Da er den Arzt nicht zum Reden bringen konnte, wurde dieser in Welzheim auf Hungerration gesetzt, ein für Mauch durchaus probates und häufiger angewandtes Mittel. Hier hatte es zur Folge, dass der Gefangene nach drei Wochen völlig abgemagert an Kräfteverfall starb.

Bei den zahlreichen Hinrichtungen von «Ostarbeitern» wegen Diebstahls, Sabotage und so weiter ist die direkte Beteiligung und Anwesenheit Mauchs in etlichen Fällen belegt. Ein Beispiel in Winnenden legt aber nahe, dass wohl vieles im Dunkeln blieb. Hier wurden im Juni 1944 zwei sowjetische Zwangsarbeiter unter Leitung Mauchs wegen Diebstahls öffentlich erhängt. Der Vorgang war zwar bei der Ortsbevölkerung bekannt, aber erst spät wurde das kollektive Schweigen gebrochen: Ein ehemaliger Patient der psychiatrischen Heilanstalt rang sich schließlich 1961 dazu durch, Anzeige zu erstatten, worauf das Landeskriminalamt tätig wurde und das Verbrechen aufklären konnte.

Als Leiter des Ostarbeiterreferats trug Mauch in allen Fällen von Erhängungen und Erschießungen die entscheidende Verantwortung, wo auch immer im Land die Hinrichtungen stattfanden, sei es im «Henkersteinbruch» bei Welzheim, auf abgeschirmten Firmengeländen oder zur Abschreckung in aller Öffentlichkeit. Mauchs Blutspur zog sich bis zum Untergang des NS-Regimes hin. Noch kurz vor dem «Zusammenbruch» wurden bei Welzheim fünf Sowjetbürger durch Genickschuss getötet.

Nach der Flucht der Gestapo-Mitarbeiter aus Stuttgart vor den heranrückenden alliierten Truppen wurde der «Russenschlächter», wie er unter den Welzheimer Gefangenen genannt worden war, zusammen mit weiteren Kollegen bei Wangen im Allgäu aus dem Dienst entlassen und mit Geld und falschen Papieren ausgestattet. Um nicht erkannt zu werden, veränderte der stämmige, kleinwüchsige Mann mit der charakteristischen blassen Gesichtsfarbe und den bläulichen Lippen sein Äußeres durch lange Koteletten, Schnurrbart, blaue Brille sowie einen großen schwarzen Künstlerhut. Er fand Unterschlupf in einem Bauernhof.

Unterdessen wurde in der Landeshauptstadt nach dem «übelsten Gestapo-Henker in Stuttgart», wie ihn der hiesige Arbeitsausschuss in seinem Verhaftungsersuchen nannte, fieberhaft gefahndet. Beim Versuch, den Aufenthaltsort Mauchs zu ermitteln, wurden Mauchs Ehefrau und seine Schwiegertochter grausam gefoltert. Anders aber als zu Mauchs aktiver Zeit herrschten nun wieder rechtsstaatliche Verhältnisse und so wurde der Täter für seinen sadistischen Exzess im Amt umgehend zu fünf Jahren Gefängnis verurteilt.

Die französische Besatzungsmacht nahm Mauch Ende Juni 1945 fest. Nach zweijähriger Internierungshaft kam er bei seiner Frau und seinem Sohn unter, die beide in der Heinrich-Baumann-Straße 46 wohnten. Gegen Jahresende 1948 erlitt er einen Schlaganfall, der es seinem Rechtsanwalt erlaubte, auf Haft- und Verhandlungsunfähigkeit seines Mandanten zu pochen und damit die rechtliche Aufarbeitung der Vergehen Mauchs größtenteils zu verhindern.

Neben der Entnazifizierung waren mehrere Strafverfahren gegen Mauch anhängig, unter anderem wegen Mordes, Totschlags, Aussageerpressung und schwerer Freiheitsberaubung im Amt mit Todesfolge. Davon konnten lediglich die Fälle des Hungertods des russischen Arztes und die Hinrichtung der fünf Russen kurz vor Kriegsende abschließend verhandelt werden. Das Urteil lautete auf Freispruch, weil die Täterschaft Mauchs nach Meinung des Gerichts nicht mit letzter Sicherheit bewiesen werden konnte. Die übrigen Fälle blieben juristisch ungeklärt, da Gottfried Mauch während der noch laufenden Verfahren am 19. Januar 1954 in Stuttgart starb.

Quellen

StAL:
- EL 48/2 I Bü 890
- EL 48/2 I Bü 1446
- EL 331 I Bü 64
- EL 317 III Bü 113
- EL 317 III Bü 1069–1071
- EL 905/2 II Bü 178

Adolf Scheufele

Jochen Faber

Adolf Scheufele
Der «Sachbearbeiter für Zigeunerfragen»

Das durfte doch nicht wahr sein! Die Frau schrie aus tiefster Seele: «Du Nazilump! Was machst du denn hier?!» Ein Stuttgarter Amtszimmer in den 50er-Jahren, als der Nazistaat schon in fast unendliche Ferne gerückt schien. Hinter dem Schreibtisch: Kriminalpolizist Adolf Scheufele, mit gemütlichem Blick auf einen baldigen, friedlichen Ruhestand. Vor dem Schreibtisch: eine Sintezza, «Zigeunerin», die wegen einer Formalie zur Behörde musste. Dass sie dort den Mann wieder treffen würde, der so viele ihrer Leute verfolgt und ihre Deportation in Gefangenen- und Vernichtungslager in die Wege geleitet hatte, schien ihr unfasslich. Und es war doch ein ganz typischer deutscher Moment in der Zeit nach der Naziherrschaft.

Adolf Scheufele war eine gefürchtete Figur im Leben unzähliger Sinti und Roma in Stuttgart und Umgebung. Der Mann, der ab 1940 «Sachbearbeiter für Zigeunerfragen» bei der Stuttgarter Kriminalpolizei war, ist in zahlreichen Sinti-Familien ein Synonym für Macht und Schrecken geworden. Peter Reinhardt, der Sohn eines Überlebenden, berichtet von der Angst seines Vaters vor dem Beamten, der sich an der Ohnmacht seiner Opfer weidete und mit falschen Versprechungen und Bespitzelungen viele Menschen ins Verderben brachte.

Der Sinto Anton Reinhardt war Mitte 20, sein Widersacher Scheufele Anfang 50. Reinhardt war durch die Zigeunerpolitik der Nazis gezwungen, einen festen Wohnsitz nachzuweisen. Sein wichtigster Schutz: Niemand arbeitete so schnell wie er an einer Maschine der Munitionskistenfabrik Rössler + Weissenberger. Der Betriebsleiter, ein überzeugter Nationalsozialist, bescheinigte dem jungen Sinto ein ums andere Mal, er sei für die rüstungswichtige Produktion unabkömmlich. So konnte Adolf Scheufele nicht zugreifen.

Doch der Kripomann spielte sein Spiel mit Anton Reinhardt, so erzählte der Sinto es später seiner Familie: Alle paar Wochen fragte er ihn: «Anton, hast du dich entschieden? Lässt du dich jetzt sterilisieren?» Im perversen Rassendenken der Nazis galt Anton Reinhardt als «Zigeunermischling» und sollte daran gehindert werden, Kinder zu haben. «Reinrassige Zigeuner» dagegen hatten «als Zugehörige der arischen Rasse» zeitweise einen gewissen Schutz. Anton Reinhardt verweigerte die «freiwillige» Sterilisierung. Scheufele provozierte ihn: «Du weißt, was passiert, sobald hier einer Deine Stückzahl an der Maschine erreicht?! Du kommst ins Lager!» Was hinter solch einer Drohung stand, wussten die Sinti aus brutaler Erfahrung. Viele von ihnen wurden, nachdem sie über Verwandtschaftsverhältnisse ausgehorcht, vermessen und fotografiert waren, deportiert.

Schon während der Naziherrschaft stellte sich Adolf Scheufele als Handlanger ohne eigene Verantwortlichkeit dar: Er müsse ja hier nur seine Aufgaben erfüllen, ließ er seine Opfer wissen, die Befehle kämen aus Berlin. Die gleiche Argumentation verwendete er in den 1960er-Jahren, als er gelegentlich vor Gericht auftreten musste – als Zeuge in Prozessen, deren Ziel mit dem unzutreffenden Wort Wiedergutmachung beschrieben wurde.

«Ein gewisser Dr. Robert Ritter, jetzt verstorben, der seinerzeit bei der Rassehygienischen Forschungsstelle in Berlin-Dahlem tätig war, hatte erklärt, dass die Zigeuner hier aus dem Lande nach dem Osten abgeschoben und dort in einem Reservoir [sic!] angesiedelt werden sollten.» So fasste Adolf Scheufele 1964 rückblickend den Hintergrund seiner menschenverachtenden Tätigkeit zusammen – als hätte er, ein kleines Rädchen in einer großen Maschine, amtlich korrekt und ohne jedes eigene Engagement gehandelt. Nüchtern formulierte er: «Nach meiner Erinnerung dürfte von dieser Aktion damals die Hälfte der Zigeuner Württembergs betroffen worden sein.» In der Erinnerung seines Opfers Anton Reinhardt dagegen war Adolf Scheufele ein «bitterböser, eisig kalter» Mann. «Der war wie besessen, der wollte uns alle weg haben.»

Die Unterlagen über Adolf Scheufele sind nicht allzu umfangreich. Die wichtigen Akten seiner Arbeit als «Sachbearbeiter für Zigeunerfragen» tauchten nie wieder auf. Systematische Ermittlungen zur Verfolgung und Ermordung der Sinti und Roma im deutschen Faschismus gab es lange Zeit nicht, überlebende Zeugen wurden nicht rechtzeitig befragt. Als zu Beginn der 1960er-Jahre vor dem Landgericht Köln der Versuch gemacht wurde, gegen die Täter zu ermitteln, hieß es nach Durchsicht der vorhandenen Akten über Scheufele: «Kein Anhalt für strafbare Handlungen.» Als er in den Ruhestand ging, hielt kein Archivar seine Dienstakte für wichtig genug, um sie auf Dauer aufzuheben.

Anhaltspunkte zur Deutung von Adolf Scheufele als einem NS-Täter-Typ besonderer Prägung gibt es dennoch. Nicht nur einmal ist ihm im Umgang mit Sinti «die Maske verrutscht», wie Überlebende berichteten. Als Scheufele in der Nachkriegszeit unter Druck stand, beruflich in einer völlig unklaren Situation war und ein Sinto Vorwürfe gegen ihn erhob, da verrutschte die Maske wieder – und das schriftlich. Diese «Erklärung» gelangte in die Akten. Scheufele polemisierte am 1. Oktober 1946 in der Sprache seiner früheren Dienstherren: Er nannte den Beschwerde führenden Sinto einen «Zigeunermischling», «eine erheblich vorbestrafte, asoziale und charakterlich minderwertige Person». Dann wurde Adolf Scheufele allgemein: «Die Bekämpfung der Zigeunerplage hat schon lange vor 1933 nicht nur die deutschen Polizei- und Gerichtsbehörden, sondern auch die Internationale Kriminalpolizeiliche Kommission beschäftigt.» Denn «bei den Zigeunern handelt es sich mit ganz winzigen Ausnahmen um asoziale, arbeitsscheue und charakterlich ganz minderwertige Menschen. ... Unzählige Polizeibeamte mussten in der Vergangenheit wegen dieses Gesindels ihr Leben lassen. ... Ihrem Charakter nach sind sie verlogen, hinterlistig, falsch; Behörden gegenüber sind sie kriechend, doch da, wo sie glauben, etwas wagen zu können, anmaßend, frech und unverschämt.»

So klar und eindeutig hat Scheufele sich in den erhaltenen Unterlagen nie wieder geäußert. Ansonsten war er wortreich und eifrig bemüht, sich als harmlos darzustellen. Für seine NSDAP-Mitgliedschaft – er war im Mai 1933 eingetreten – übernahm er keine Verantwortung. So formulierte er in seinem «Gesuch um Wiederverwendung im Kriminaldienst» im Dezember 1946: «Ich habe weder als Anhänger der nationalsozialistischen Ideologie noch als Mitläufer den Beitritt zu dieser Partei vollzogen.» Andere Gründe seien es gewesen. «Wegen meiner Anhängerschaft zur Sozialdemokratischen Partei war ich 1933 politisch belastet.» Dazu sei der erschwerende Umstand gekommen, «dass ich kurz vor dem 30. Januar 1933 Joseph Goebbels wegen seiner Rede- und Pressepolemik gegen den früheren württembergischen Staatspräsidenten Dr. Eugen Bolz als Demagogen bezeichnet hatte. Diese Sache ist mir dann in einer Ende Februar 1933 stattgefundenen Versammlung der Kriminalbeamtenschaft Groß-Stuttgarts öffentlich vorgehalten worden.»

So ganz festlegen wollte sich Adolf Scheufele offenbar nicht in seiner Verteidigungslinie. Vier Wochen vor diesem Brief an das Polizeipräsidium Stuttgart bevorzugte er in einem Schreiben an die Spruchkammer Ludwigsburg folgende Version: «Ich versichere erneut bei Ehre und Gewissen, dass ich die NSDAP nie gewählt habe. ... Nach dem 30. Januar 1933 wurde bekanntlich in politischen Kreisen des In- und Auslands allgemein angenommen, dass die Regierung Hitlers nur eine vorübergehende Erscheinung sein würde. Aus diesem Grund habe ich den Eintritt in die NSDAP im Hinblick auf die Erhaltung des Polizeibeamtenverbands riskiert. Dass es anders gekommen ist, daran trage ich keinerlei Mitschuld. Als Polizeibeamter war dann ein Austritt aus der Partei nicht mehr möglich.»

Möglich, dass dieser Mann glaubte, was er da von sich gab – und dass er damit eben für viele Deutsche steht, die das Handwerk der Nazis betrieben und dafür nie Rechenschaft ablegen wollten. Nicht nur in diesem Zitat stilisierte Adolf Scheufele sich zum insgeheimen Widerständler, der (durch seinen Parteieintritt!) etwas «riskiert» habe. In seinen verschiedenen Schreiben attestierte er sich ein «ganz besonderes menschliches Verständnis» und dass er «als Kriminalbeamter die Würde des Menschen in den Vordergrund gestellt» habe. Auch habe er den Antisemitismus «als fortschrittlich und freiheitlich denkender Mensch stets scharf abgelehnt».

Schließlich präsentierte Scheufele sich noch als Opfer: «Mit einer Entschädigung meines Fliegerschadens werde ich wohl nie mehr rechnen können. Meiner Familie hat der vergangene Staat nur Not und Sorge gebracht. Dazu kam am 4. September 1945 der Verlust meiner Existenz. Schon der Einkommensausfall seit September 1945 bedeutet für mich eine schwere Buße.»

Im Februar 1947 beantragte der Personalprüfungsausschuss für das Polizeipräsidium Stuttgart, Adolf Scheufele, der von der Spruchkammer als «Mitläufer» eingestuft und mit einer Geldsühne von 200 Reichsmark belegt wurde, als Kriminalsekretär wieder einzustellen; als Kriminalhauptkommissar ging er in den Ruhestand.

Seine Einlassungen über Sinti und Roma haben seine berufliche Laufbahn nicht behindert. Dass durch ihn und seine Kollegen viele Sinti und Roma ihr Hab und Gut und ihre angestammten Plätze verloren, dass sie zu Zwangsarbeit – beispielsweise im Straßenbau – gepresst und dass Tausende von ihnen in den Vernichtungslagern der Nazis ermordet wurden, all das schien die Bundesrepublik nicht zu kümmern. Als die Sintezza Scheufele Anfang der 1950er-Jahre in dessen Büro erkannte, brüllte sie vor Schreck. Dass mit diesem Mann wieder Staat gemacht wurde, durfte doch nicht wahr sein. Doch genau so war es.

Quellen

Gespräch mit Peter Reinhardt, Stuttgart, im Juni 2009
Staatsarchiv Ludwigsburg EL 51/1 Bü 2873
Staatsarchiv Ludwigsburg EL 902/15 Bü 20317
Staatsarchiv Ludwigsburg FL 300/33I Bü 14008
Bundesarchiv, Außenstelle Ludwigsburg B 162/18188
Hinweise von Stefan Janker, Rottenburg
Hinweise von Katrin Seybold, München
Foto: Staatsarchiv Ludwigsburg EL 51/1 Bü 2873

Erwin Goldmann

Hermann G. Abmayr

Erwin Goldmann
Der «Jude», der gern Nazi gewesen wäre

September 1943: Lydia Neff ist verzweifelt. Die Gestapo hat ihren Sohn Erwin verhaftet. Ihm werden Delikte wie Defätismus, Wehrkraftzersetzung, staatsfeindliche Betätigung und Vergehen gegen das Heimtückegesetz vorgeworfen. Dem Versicherungskaufmann droht die Todesstrafe. Helfen könnte möglicherweise Erwin Goldmann, denkt Neffs Schwester Leni und ruft den Arzt an. Immerhin hatte ihr Bruder seinen Freund 1938 während der Reichspogromnacht für mehrere Tage bei sich versteckt. Die Frauen treffen sich mit dem Degerlocher und besprechen, was zu tun wäre.[1]

Wer ist dieser Erwin Ludwig Goldmann? Er wird am 10. August 1891 in Stuttgart-Bad Cannstatt geboren. Vater Berthold und seine Frau Anna sind Inhaber der Metallwarenfabrik Weissenburger und Co. Berthold Goldmann ist ein angesehener Fabrikant und ein wichtiger Funktionär des Verbands der Metallindustriellen. Er ist nationalliberal eingestellt. Wie seine Frau stammt Goldmann aus einer jüdischen Familie. Sohn Erwin, das älteste von drei Geschwistern, verlässt die Glaubensgemeinschaft 1909. Zehn Jahre später lässt er sich taufen, konvertiert wie seine Schwester zum evangelischen Glauben. Sein Bruder wird Katholik.

Nach dem Abitur beginnt Goldmann an der Universität Tübingen ein Medizin-und Zahnheilkundestudium. Er wird begeisterter Burschenschaftler bei der Tübinger Verbindung «Roigel» und schließt 1913 sein Studium ab. Bei Kriegsbeginn 1914 meldet er sich freiwillig und dient als Truppenarzt in den Vogesen, in Galizien und der Ukraine. Tief enttäuscht wegen der deutschen Niederlage, aber hoch dekoriert kehrt Goldmann im März 1919 nach Stuttgart zurück. Er verabscheut die Ergebnisse der Novemberrevolution des Vorjahres, die auch in Stuttgart der Monarchie ein Ende bereitet hat. Deshalb tritt er der antirevolutionären Einwohnerwehr bei und wechselt nach deren Auflösung zur «schwarzen Reichswehr», einer illegalen, ultrarechten und paramilitärischen Organisation.

Ende 1919 heiratet Goldmann Alice Nickel, eine Volksdeutsche aus Wolhynien (Nordwest-Ukraine), die er während des Kriegs kennengelernt hat. Aus der Ehe gehen ein Sohn und eine Tochter hervor. Die Partner – sie ist evangelische Mennonitin – leben sich bald auseinander. Seit 1928 führen die beiden, wie Goldmann später angibt, nur noch eine «Kameradschaftsehe», um den Kindern das Elternhaus zu erhalten. Während der «jüdische» Konvertit die Nazis bewundert, ist seine «deutschblütige» (Nazijargon) Ehefrau eine überzeugte Gegnerin der NSDAP.

Beruflich macht Goldmann schnell Karriere. Nach der Übernahme der Praxis seines Onkels und dem Abschluss einer zweiten Promotion – Goldmann darf sich jetzt Dr. med. und Dr. med. dent. nennen – etabliert er sich 1924 als Facharzt für Mund- und Kieferkrankheiten. Ein Jahr später wird er ärztlicher Direktor der Zahnkliniken der Allgemeinen Ortskrankenkasse Stuttgart. Dann verlieren die Eltern mit dem Zusammenbruch ihrer Firma fast ihr gesamtes Vermögen, sodass Goldmann sie finanziell unterstützen muss.

Seit 1930 steht der politisch interessierte Arzt mit August Winnig in Verbindung, der 1920 mit den ultrarechten Putschisten um Wolfgang Kapp sympathisiert hat.[2] Goldmann bewundert den völkischen Antisemiten und vertritt selbst antisemitische Positionen, die sich allerdings vor allem auf die Ostjuden beziehen, die das Deutsche Reich überschwemmt hätten. Über Winnig erhält der Stuttgarter Kontakt zu Nazigrößen wie Gregor Strasser, damals als Reichsorganisationsleiter einer der mächtigsten Männer der NSDAP. Der Stuttgarter diskutiert mit Strasser über die Reform der Sozialversicherung oder über die «Judenfrage». Auch zu Hermann Göring und dessen Frau Emmy findet Goldmann Zugang. Er wird Göring noch öfter treffen.[3]

Schon früh ist der Mediziner ein begeisterter Turner und Anhänger von «Turnvater» Friedrich Ludwig Jahn, dem er später ein Buch widmen wird.[4] Mehrere Jahre lang ist Goldmann Gaujugendwart und hält bei Turnfesten und anderen Gelegenheit republikfeindliche Reden. «Deutschland muss leben, auch wenn wir sterben müssen!», ruft er am Totensonntag 1932 bei einer Gedenkfeier der Turner für die Gefallenen des Ersten Weltkriegs. Drei Jahre später wird er «wie ein räudiger Hund» (Goldmann, 1975) vom Turnplatz weggejagt werden, weil der Vereinsvorstand einen «Volljuden» – nach damaliger Definition – nicht mehr akzeptieren will.[5] Seine Burschenschaft «Roigel» wird ihn aus dem gleichen Grund vor die Tür setzen – nach 25 Jahren.

Anfang 1933 begrüßen Erwin Goldmann und sein Freund Neff die neue Regierung unter Adolf Hitler. Doch bereits zwei Monate später erlebt der Arzt den ersten Schlag. Er wird «aus rassischen Gründen» (ohne Pension) als ärztlicher Direktor der Zahnkliniken abgesetzt. Goldmann ist verzweifelt, versucht sich das Leben zu nehmen. Doch er rappelt sich wieder auf und eröffnet eine Facharztpraxis.

1936 folgt der nächste Schlag: Der Arzt mit den beiden Doktortiteln verliert im September die Kassenzulassung, da er in der Definition der Nazis wegen seiner Vorfahren der «Rasse» der Juden angehört. Dies ändert allerdings an seiner «unverbrüchlichen Liebe und Treue zu Führer, Volk und Vaterland» nichts.[6] Goldmann versucht immer noch – auch für sich – eine «gerechte Lösung» der «Judenfrage» durchzusetzen. Er hat seine Vorschläge Hermann Göring zuletzt 1935 vorgetragen, der damals in der Öffentlichkeit als der zweite Mann nach Adolf Hitler galt. Und er wiederholt sie immer wieder, fordert vor allem Ausnahmeregelungen von den Nürnberger Rassegesetzen. Ziel: Ehemalige Frontsoldaten, also auch er selbst, und Kindern von gefallenen jüdischen Soldaten soll das Reichsbürgerrecht gewährt werden.

Im November 1938 brennen in Stuttgart und Bad Cannstatt und anderswo die Synagogen. Goldmann hat Angst und findet für drei Tage Unterschlupf bei Erwin Neff und dessen Frau, die ebenfalls in Stuttgart-Degerloch wohnen.[7] Den sechs Jahre jüngeren Erwin Neff hat der Arzt als Patienten kennengelernt. Die beiden treffen sich seitdem einmal pro Woche. Häufig und sehr offen sprechen sie auch über politische Fragen.[8]

Der Versicherungskaufmann Neff war wie Goldmann Soldat im Ersten Weltkrieg und Gegner der Weimarer Republik. Er gehörte der Deutschnationalen Volkspartei (1920–1924) an sowie dem paramilitärisch organisierten ultrarechten Wehrverband «Stahlhelm, Bund der Frontsoldaten». Im Sommer 1936 hatte er bei der NSDAP einen Aufnahmeantrag gestellt. Im November des Folgejahres trat er wieder aus.

Goldmann und Neff verstehen sich gut, auch wenn es hin und wieder Meinungsverschiedenheiten gibt. So wirft Neff dem Freund vor, er sei ein Nestbeschmutzer, da er sich zum «Halbjuden» erklären lassen will. Tatsächlich hatte Goldmann behauptet, sein Vater sei Arier, denn seine Mutter sei fremdgegangen. Der Versuch, dies mit einem Gutachten der Universität Tübingen nachzuweisen, ist allerdings gescheitert.

Nach dem Novemberpogrom demütigen die Machthaber ihren Bewunderer noch einmal. Er muss wie alle Männer, die die Nazis als Juden definieren, den zusätzlichen Vornamen Israel annehmen. Ende 1939 verliert er die Approbation und muss seine Praxis schließen. Er könnte noch jüdische Patienten behandeln, doch das lehnt der nationalsozialistisch gesonnene Protestant ab. Der 48-Jährige lässt sich lieber in einem Privatbetrieb zum Gärtner ausbilden und wechselt dann in die Gärtnerei des Robert-Bosch-Krankenhauses. Sein Ziel: der Anbau von Heilpflanzen auf der Schwäbischen Alb.

Während das Verhältnis des völkischen «Ariers» Neff zu den Nazis ab 1937 immer kritischer wird, glaubt der völkische «Jude» Goldmann immer noch an die Führer der NSDAP, der Partei, bei der er so gerne Mitglied wäre. Zu Kriegsbeginn meldet er sich zum Fronteinsatz und wird für wehrwürdig erklärt. Obwohl er bereit wäre, auf seinen Offiziersrang zu verzichten, lehnt die Wehrmacht eine Berufung ab. 1940 darf Goldmann dann doch in den Dienst des Vaterlands und seiner verehrten Führer treten – freiwillig, wie er später immer wieder betonen wird. Er wird Mitarbeiter des Sicherheitsdiensts (SD) der SS, dann der Gestapo. Als SD-Spitzel bezieht er monatlich eine Aufwandsentschädigung von 20 bis 25 Mark und bei halbtägiger Betätigung zahlt ihm der SD den Lohnausfall.

Goldmann hat den Auftrag, unter anderem Kirchenleute zu bespitzeln. Kein Problem, denn der evangelische Christ hat beste Kontakte. Seit Sommer 1933 ist der Konvertit Leiter der Bezirksgruppe Südwest des Paulusbunds, einer Organisation, die evangelische und katholische Christen vertritt, die jüdische Vorfahren haben.

Auch wenn Goldmann später erklären wird, dass er bei seiner Spitzeltätigkeit – mit einer Ausnahme – keine Namen genannt hat, beweisen seine Aussagen kurz nach 1945 etwas ganz anders. Zwar verfasst der SD-Mitarbeiter häufig allgemeine Stimmungsberichte, doch immer wieder nennt er auch Namen. Beispielsweise einen Studienrat, der gesagt hat, «eine Alliierten-Kommission im Hotel Marquardt sei ihm lieber als ein einziger SS-Führer auf der Königsstraße».[9]

Ende September 1943 wird Goldmanns Freund Erwin Neff auf Anordnung des Reichssicherheitshauptamts verhaftet. Die beiden hatten zuvor einen heftigen Disput. Neff hat Goldmann berichtet, dass er wieder einmal NS-kritische Schriften verschickt habe. Die Gestapo steckt Erwin Neff in eine überfüllte Zelle im Stuttgarter Polizeigefängnis in der Büchsenstraße. Dem späten Hitler-Kritiker, der regelmäßig «Feindsender» gehört und Denkschriften verschickt hat, droht ein Prozess vor dem Volksgerichtshof und die Todesstrafe. Für seine Schwester Leni Heidemann, die kurz zuvor geheiratet hat, beginnt ein Kampf auf Leben und Tod. Die junge Ärztin befürchtet, dass ihr Bruder wegen seines schlechten Gesundheitszustands und der verdreckten und überfüllten Zelle schon die ersten Haftwochen nicht überleben werde. Sie kann durchsetzen, dass Neff ins Katharinenhospital kommt. Sie spricht mit Oberkirchenrat Wilhelm Pressel, dem der Bruder ebenfalls seine politischen Analysen geschickt hat. Von ihm erfährt sie, dass Neffs Freund, der Arzt Erwin Goldmann, ein Denunziant sei. Sie will es nicht glauben, doch später legt Max Oesterle, der ermittelnde Kommissar, Erwin Neff Briefe vor, die nur von Goldmann stammen können.

Nach einem Luftangriff auf die Stuttgarter Innenstadt, bei dem auch das Katharinenhospital getroffen wird, wird Erwin Neff ins Gefängnis in der Bebenhäuser Straße verlegt. Er kommt zusammen mit 18 Gefangenen in eine Zelle, die für sechs gebaut worden war. Nachts liegen die Männer zu zweit oder zu dritt auf einer Matratze. Kein Spaziergang, keine frische Luft. Erwin Neff ist nach wenigen Wochen zum Skelett abgemagert; er ist am Rande des Wahnsinns, denkt an Selbstmord. Leni Heidemann setzt eine Verlegung in die geschlossene Abteilung der Psychiatrischen Klinik im Bürgerhospital durch. Rechtsanwalt Arnulf Klett sieht nur eine Chance: ein Gutachten, das Neff völlige Unzurechnungsfähigkeit bescheinigt, was schließlich gelingt. Neff scheint gerettet zu sein.

Neffs Familie hat mit Goldmann mittlerweile jeden Kontakt abgebrochen. Der «Volljude» ist immer noch mit einer «deutschblütigen» Frau verheiratet und genießt deshalb die Vorzüge einer «privilegierten Mischehe». Einen weiteren Schutz bietet ihm die Spitzeltätigkeit. In seinem Eifer geht der SD-Mann mittlerweile so weit, dass er ohne Wissen seiner Dienststelle Berichte über Missstände in Staat und Partei an den Reichsführer-SS Heinrich Himmler schickt, an Reichsmarschall Hermann Göring und an den Leiter der Parteikanzlei der NSDAP, Martin Bormann.

Nach dem misslungenen Attentat auf Adolf Hitler am 20. Juli 1944 fordert der Volksgerichtshof, dass Erwin Neff nach Berlin gebracht wird. Der

Stuttgarter ist außer sich. Seine Schwester muss ihm versprechen, dass sie ihn umbringt, bevor er auf Transport geschickt wird. Leni Heidemann entschließt sich, ihren Bruder transportunfähig zu machen. Sie verabreicht ihm eine Injektion, die hohes Fieber mit septischen Erscheinungen und Bewusstseinstrübung auslöst. Drei Mal fragt Berlin nach Neffs Transportfähigkeit. Vergeblich. Schließlich gibt der Volksgerichtshof das Verfahren an das Stuttgarter Sondergericht ab, das eine dauerhafte Unterbringung in einer Pflegeanstalt anordnet.[10]

Erwin Goldmann glaubt Ende 1944 immer noch an den «Endsieg» und will sich irgendwie um sein Vaterland verdient machen. Eines Tages sucht er im «Hotel Silber», wo er damals ein- und ausgeht, den Gestapo-Sachbearbeiter für «Judenangelegenheiten» auf und bewirbt sich für einen Einsatz, von dem er erfahren hat. Es ist ein Arbeitskommando, das die Gestapo gerade aus «Halbjuden» und Männern, die mit Jüdinnen verheiratet sind, zusammenstellt. Obwohl Goldmann «Volljude» ist, schickt man ihn mit dem Zwangsarbeiter-Kommando in das niedersächsische Wolfenbüttel.[11] Er wird Obmann des Trupps, der in einem Lager ohne Stacheldraht und Aufseher untergebracht ist. Der nach wie vor überzeugte Nationalsozialist setzt im Lager militärische Disziplin durch, hält antisemitische und vaterländische Reden und denunziert erneut Menschen bei der Gestapo, diesmal im nahen Braunschweig. Den einen wirft er Drückebergerei oder Zuspätkommen vor, den anderen kritische Äußerungen gegenüber den NS-Machthabern.[12] Folge: Die Betroffenen – es sind sieben Männer – werden in der Dienststelle der Gestapo misshandelt und in das «Arbeitserziehungslager 21 Hallendorf» verlegt, wo sie unter KZ-ähnlichen Bedingungen leben müssen.

Nachdem die Franzosen im April 1945 in Stuttgart einmarschiert sind, ist Erwin Neff endlich wieder ein freier Mann. Sein früherer Freund Goldmann kommt im Mai in die Heimatstadt zurück. Er wird nach wenigen Tagen als Nazikollaborateur verhaftet und ins Internierungslager 74 Oßweil nach Ludwigsburg gebracht. Dort trifft er auf etliche hohe NS-Funktionäre, die ihn jetzt endlich als ihresgleichen akzeptieren. Mit einigen der Internierten wird er noch viele Jahre den Kontakt pflegen. Und 30 Jahre später wird Goldmann öffentlich erklären, Neff «im vollen Bewusstsein meiner Verantwortung» dem SD gemeldet zu haben. Er habe dies «keinen Augenblick bereut». Zeit seines Lebens wird er sich dem Vorschlag aus Kirchenkreisen verweigern, Neff um Verzeihung zu bitten.[13]

1947 wird Goldmann als Hauptschuldiger zu drei Jahren Arbeitslager verurteilt; er verliert die Approbation, alle Rentenansprüche, das Wahlrecht und darf keine öffentlichen Ämter bekleiden. Sein Vermögen wird eingezogen. Das Gericht bescheinigt ihm «krankhafte Vaterlandsliebe», Goldmann habe «nicht aus brutalen Beweggründen» gehandelt. Zugunsten von Goldmann spreche, dass er seine Verbindungen auch dazu genutzt habe, «manchem seiner Leidensgenossen behilflich zu sein». 1950 wird Goldmann nur noch als «Belasteter» eingestuft. Das Ministerium für politische Befreiung hebt einige Sühnemaßnahmen auf, vor allem die Einschränkung der Berufsausübung. Im Frühjahr eröffnet der Arzt wieder eine Praxis[14] und organisiert Diskussionsabende. 1951 wird das Verfahren gegen ihn unter Übernahme der Kosten durch die Staatskasse eingestellt. Goldmanns Opfer Erwin Neff muss noch bis Ende der 50er-Jahre für eine magere Entschädigung kämpfen.[15]

1975 erscheint Goldmanns Lebensrückblick «Zwischen zwei Völkern». Der Autor stellt der 264 Seiten starken Rechtfertigungsschrift ein Zitat voran, das Hitlers Stellvertreter Rudolf Heß gesagt haben soll. «Abseits aller Politik», so Goldmann, «denke ich immer wieder an das, was Rudolf Heß 1946 zu seinen Richtern in Nürnberg gesagt hat: ‹Ich bin glücklich, zu wissen, dass ich meine Pflicht getan habe meinem Vaterland gegenüber. Selbst wenn ich könnte, wollte ich diese Zeit nicht auslöschen aus meinem Dasein. Ich bereue nichts.›»[16] Am Ende des Buchs bekennt Goldmann: «Ich bin auch heute noch der Meinung, dass uns nur ein echter nationalsozialer Sozialismus retten kann.»[17]

Erwin Goldmann stirbt am 2. Juli 1981 kurz vor seinem 90. Geburtstag. Auf dem Friedhof lobt ein Oberst der Bundeswehr den hoch dekorierten Frontkämpfer des Ersten Weltkriegs. Die Stuttgarter Ärzteschaft verspricht dem Kollegen ein «bleibendes Gedenken», das Ärzteblatt Baden-Württemberg betont in einem Nachruf, dass Goldmann ein «durch und durch deutsch-national denkender Mann und zudem ein Erzschwabe» gewesen sei und außerdem «ein sehr gebildeter Kollege, der in geistiger Souveränität sein schweres Lebensschicksal zu bestehen vermochte».

Quellen und Literatur

Gespräch mit Leni Heidemann, geborene Neff, in Stuttgart-Sillenbuch Anfang 1995
StAL: EL 350 ES 727, EL 902/20 Bü 78094, EL 902/20 Bü 37/40170, EL 903/3 Bü 2965, EL 905/4 Bü 583.
Abmayr, Hermann G. (Hg.): Sillenbuch & Riedenberg, Zwei Stadtdörfer erzählen aus ihrer Geschichte, darin Abmayr, Hermann G. und Glass, Christian: Das Todesurteil der NS-Justiz war sicher, S. 137f.
Benz, Wolfgang: Patriot und Paria, Das Leben des Erwin Goldmann zwischen Judentum und Nationalsozialismus, Eine Dokumentation, Berlin 1997
Goldmann, Erwin: Zwischen zwei Völkern, ein Rückblick, Erlebnisse und Erkenntnisse, Königswinter 1975
Heidemann, Leni: Mein Bruder, Stuttgart 1988

Anmerkungen

1. Abmayr, Hermann G. (Hg.): Sillenbuch & Riedenberg, S. 137.
2. August Winnig, geboren 1878, ist ursprünglich SPD- und Gewerkschaftsfunktionär, wird dann aber 1920 ausgeschlossen. Er ändert seine pronazistische Einstellung gegen Ende des Krieges erneut. 1945 wird er Gründungsmitglied der CDU.
3. Die erste mehrstündige Aussprache unter vier Augen fand am 30.4.1930 statt. Siehe Goldmann, Erwin: Zwischen zwei Völkern, Königswinter 1975, S. 47.
4. Goldmann, Erwin: Friedrich Jahn und wir, Ein Bekenntnis, Stuttgart 1973. Das Buch hat Goldmann selbst verlegt.
5. Ebd., S. 44.
6. Brief an Winifried Wagner, in Benz, Wolfgang: Patriot und Paria, Berlin 1997, S. 38.
7. Ebd., S. 91.
8. Goldmann wohnte in Stuttgart-Degerloch in der Lohengrinstraße 15.
9. Benz, S. 155.
10. Abmayr, S. 139.
11. Goldmann, S. 162f. und Benz, S. 60f.
12. Die Denunziationen wegen politischer Gesinnung waren beim Spruchkammerverfahren nicht mit letzter Sicherheit beweisbar, da mehrere Zeugen behauptet hatten, die Betroffenen seien aus anderen Gründen gemaßregelt worden.
13. Goldmann, S. 90f.
14. Die Praxis befand sich in der Stuttgarter Mittelstraße 5.
15. Abmayr, S. 140.
16. Goldmann, S. 10.
17. Ebd., S. 251.

Alfons Wicker　　　　　　　　　Eugen Wicker

Lothar Letsche

Alfons und Eugen Wicker
Widerstandskämpfer ans Messer geliefert

Eugen Wicker[1] gilt als einer der «effizientesten und verschlagensten Vertrauensleute der Gestapo»[2]. Zusammen mit seinem Bruder Alfons habe er mehrere Widerstandskämpfer ans Messer geliefert und «ein Übermaß an Untreue und Gemeinheit an den Tag gelegt», berichtete die Stuttgarter Zeitung am 25. Februar 1948 über das Spruchkammerverfahren, das (zunächst) beide als «Hauptschuldige» eingestuft hatte.[3] Ihre Schuld laut Zeitungsbericht: «Die Zerschlagung des politischen Widerstands, der Tod von acht wertvollen Freunden und langjährige Zuchthaus- und KZ-Strafen, die über etwa 300 Kommunisten verhängt wurden.»[4] Zu den Todesopfern zählten die Widerstandkämpfer Max Stingl (geboren 1906), Ewald Funke (geboren 1905) und die junge Mutter Lilo Herrmann (geboren 1909), der es vermutlich gelungen war, Informationen über geheime Rüstungsprojekte in die Schweiz weiterzuleiten. Herrmann stand in engem Kontakt mit Josef Steidle (geboren 1908) und Artur Göritz (geboren 1907) sowie dem damaligen Leiter der illegalen KPD in Württemberg, Stefan Lovász (geboren 1901), der ein gut organisiertes Widerstandsnetz aufgebaut hatte. Stingl wurde am 5. Oktober 1936 in Dachau ermordet, Funke am 4. März 1938 im Gefängnis Berlin-Plötzensee hingerichtet. Auch Lovász, Steidle, Göritz und Herrmann endeten dort. Sie wurden am 20. Juni 1938 durch das Fallbeil enthauptet – wegen «Landesverrats» beziehungsweise «Vorbereitung zum Hochverrat». Insgesamt haben die Wicker-Brüder, so eine Schätzung aus dem Jahr 1948, die «über ganz Württemberg verbreitete gute Organisation» der KPD «zu 60 Prozent» der Gestapo ausgeliefert.[5]

Alfons und Eugen Wicker kamen aus dem Kern der Kommunistischen Partei in Stuttgart. Sie gehörten zu den 15 Kindern des Schmiedemeisters Meinrad Wicker, der verstarb, als Alfons zehn und Eugen fünf Jahre alt war. Ihren Angaben in Fragebogen des Entnazifizierungsverfahrens nach 1945 zufolge wohnten sie bis 1940 beide in der damaligen Champignystraße 19 (der heutigen Heinrich-Baumann-Straße) in Stuttgart-Ost, also unter einem Dach, obwohl auch von Umzügen die Rede ist. Jedenfalls wuchsen sie in armen Verhältnissen auf und wurden von ihrer Mutter Elisabeth Wicker, geborene Hoch, streng katholisch erzogen.

Alfons Wicker wurde am 13. März 1898 geboren. Bis zu seiner Einberufung 1917 war er als Sattlergeselle tätig. Aus Frankreich kehrte er verwundet nach Deutschland zurück. Im Januar 1919 trat er in den Spartakusbund in Stuttgart ein und kam über die USPD 1923 zur KPD. Er wurde fest angestellter Redakteur der Süddeutschen Arbeiterzeitung und war ab 1925/1926

Mitglied der erweiterten Bezirksleitung der KPD, ab November 1926 Vertreter der Roten Jungfront in der Gauleitung des verbotenen Roten Frontkämpferbundes (RFB), ab Ende 1927 technischer Leiter und danach Gegnerobmann des RFB. Ab Dezember 1928 war er Mitglied des Gemeinderats der Stadt Stuttgart, studierte ein halbes Jahr auf der Parteischule in Moskau und avancierte nach seiner Rückkehr zum Leiter der Kommunalabteilung der KPD. Im Oktober 1932 wurde er in einem Verfahren wegen Pressevergehens – schon zu jener Zeit als «Vorbereitung zum Hochverrat» deklariert – zu 14 Monaten Festungshaft verurteilt, die er von Anfang Januar 1933 bis April 1934 – also während die Nazis schon regierten – auf dem Hohenasperg bei Ludwigsburg absaß.

Sein jüngerer Bruder Eugen Georg Wicker wurde am 26. Juli 1903 geboren. Mit 17 Jahren schloss er sich der Kommunistischen Jugend an und übernahm bereits im Alter von 19 Jahren Funktionen in der KPD. Nach der Volksschule und der kaufmännischen Gehilfenprüfung war er zunächst bei einer Stuttgarter Privatbank beschäftigt und von 1924 bis 1928 «bei der deutschen Wirtszeitung als Angestellter tätig».[6] Nach dem Tod der Mutter trat er 24-jährig aus der Kirche aus. Von 1928 bis 1932 war er Bezirkskassier der KPD, Hauptbuchhalter von deren Süddeutscher Arbeiterzeitung und ab 1930 Funktionär in Stuttgart-Ost. Er «opferte», ließ er 1947 seinen Anwalt schreiben, «Jugendzeit und berufliches Fortkommen, um sich aus idealistischen Gründen ganz der kommunistischen Bewegung zu widmen», wobei er seine «Ideale» nicht benannte und nur von «Revolutionskämpfen» schrieb, in denen «die Jugend überall dabei» gewesen, aber «vielfach missbraucht worden» sei. Im Jahr 1923 – mit 20 Jahren also – habe er sich «besonders für den Ruhrkampf, den Zerfall Deutschlands durch die Inflation und die Chance eines revolutionären Umsturzes» interessiert und sei dann von der KPD «nachhaltig beeindruckt» worden durch die Tscheka-Prozesse oder den Sprengstoffanschlag auf das Gebäude der Süddeutschen Arbeiterzeitung. Von 1930 bis 1933 arbeitete er «nach einem Ausbildungslehrgang im illegalen Parteiapparat Württemberg».[7]

Eugen Wicker stand schon vor 1933 bei einzelnen kommunistischen Funktionären in dem Verdacht, «in den Diensten der Anderen» zu stehen. Im Sommer 1933 wurde er in «Schutzhaft» genommen und verbrachte die Zeit bis Juni 1934 in den «Schutzhaftlagern» Heuberg (Stetten am kalten Markt) auf der Schwäbischen Alb, Oberer Kuhberg (Ulm) und im Gefängnis Rottenburg. «Ob er sich während dieser Haft freiwillig als V-Mann andiente oder ob er ein entsprechendes Angebot annahm, um einem angedrohten Hochverratsverfahren zu entkommen, ist ungewiss», schreibt Mallmann. Eugen Wickers eigener Version zufolge hat ihm der Stuttgarter Gestapo-Chef Friedrich Mußgay eröffnet, dass der KPD-«Mitarbeiter bei der Polizei ... weitgehend gepfiffen und alles über [seine] militärpolitische Arbeit ausgeplaudert» habe. Doch es gab von vornherein Zweifel, dass Eugen Wicker tatsächlich «illegal gelebt» hat und ob nicht «seine Einlieferung auf dem Heuberg nur dem Zweck dienen sollte, ihm eine gute Grundlage zu schaffen für die Fortsetzung seiner Agententätigkeit»[8] (siehe das Kapitel zu Friedrich Mußgay in diesem Buch).

Nach der Entlassung war Eugen Wicker als «R 6», «Hans», «Otto» und unter weiteren Decknamen für die Gestapo tätig.[9] Übergeben wurden ihm dafür 20 RM «pro Dekade» (also für zehn Tage). Eugen Wicker hatte durch das geschickte Einspannen seines Bruders «ein Schutzschild, da Alfons Wicker – Deckname Emil – unter den Illegalen beträchtliches Renommee besaß und selbst dann noch als ‹absolut gut› galt – so die KPD-Abwehr 1938 –, als gegen seinen Bruder längst schon Verdächtigungen keimten».[10] «Die beiden Wicker verkörperten die Tradition in der KPD und es war nicht so einfach, sie auszuschalten», es sei «teilweise auch noch später mit Alfons Wicker zusammengearbeitet worden, weil er eben seit langen Jahren einen guten Namen in der KP hatte, und ein unbegründeter Verdacht gegen einen solchen Mann hätte in unserer Bewegung unbedingt eine Panik hervorgerufen», erklärte einer der Zeugen im Spruchkammerverfahren.

«Sicher ist, dass die Wickers 1934 noch nicht an die illegale [KPD-]Bezirksleitung um Lotte – Helene Veser[11] – ... herankamen, dass sie aber den Anschluss an deren Nachfolger Stefan Lovász fanden, der sie im September 1934 ablöste. Nachdem beide in Funktionärspositionen aufgerückt waren und das Verbindungsnetz ausgespäht hatten, schlug die Gestapo zu: Am 15. Juni 1935 wurde Lovász festgenommen, anschließend der illegale Apparat ... ‹Es setzten Verhaftungen ein, die in den folgenden Monaten zu einer Verhaftungswelle anwuchsen. Hunderte Genossen wurden abgeholt›, erinnerte sich der Stuttgarter Schauspieler Max Burghardt, damals selbst einer der Festgenommenen. Eine Fülle von Prozessen folgte.» Obwohl die Brüder Wicker von den Festnahmen verschont blieben, fiel kein Verdacht auf sie, schreibt Mallmann.[12]

Angeblich sollen die Wicker-Brüder durch den amtierenden KPD-Vorsitzenden Wilhelm Pieck rehabilitiert worden sein.[13] Eugen Wicker hatte von der Gestapo illegales kommunistisches Material bekommen, das er «als Beweis für seine politische Harmlosigkeit» vorzeigte.[14] Das Vertrauen ging so weit, dass Eugen und Alfons Wicker am 17. Mai 1936 zu Mitgliedern einer neuen KPD-Bezirksleitung Württemberg ernannt wurden. Gleichzeitig wurden ihnen die Verbindungen nach oben und unten übergeben.[15]

«Eugen Wicker, der nunmehr die Festnahme von Funke, Stingl sowie weiterer Illegaler veranlasste, suchte diesen Kontakt zur Abschnittsleitung sofort zu nutzen und kam kurze Zeit später nach Zürich. Ein Kreuzverhör mit Paul Meuter, dem dort verantwortlichen Abwehrmann, verwickelte ihn in Widersprüche, doch Wicker zog einen Dolch, stach zu und floh. Noch am selben Tag schrieb er aus Stuttgart eine Karte nach Zürich, in der er sich als ‹deutsche[r] Mann› brüstete, ‹der den Feinden Hitlers ein Schnippchen geschlagen habe›»[16] – ein, wie Mallmann meint, für diesen Typus von V-Leuten eher atypisches «Moment der weltanschaulichen Bekehrung»[17], die freilich in der Folgezeit und nach 1945 noch viel krasser zutage trat.

Dass die «eintägige Reise nach Zürich, SD-Auftrag» tatsächlich auf Kosten der Gestapo durchgeführt wurde, bestätigte Eugen Wicker 1945 selbst, und was ihn gegenüber den KPD-Abwehrleuten letztlich überführte, war sein neu ausgestellter Reisepass. Seine Tätigkeit für die Gestapo hatte Alfons Wicker nicht daran gehindert, bei einem Antifaschisten, der in Stuttgart illegale Quartiere besorgt hatte, noch kurz vorher 50 RM «für eine Reise in die Schweiz» zu erbetteln, «um wieder neue Verbindungen anzuknüpfen»[18]. Doch jetzt (erst) waren die Wickers wirklich enttarnt und es wurde über den 1937–1939 vom republikanischen Spanien aus operierenden «Deutschen Freiheitssender 29,8» der KPD und den Straßburger Sender vor ihnen gewarnt.

Obwohl die Wickers immer wieder von Verhafteten und auch in Anklageschriften belastet wurden, obwohl angeblich vor dem Volksgerichtshof ein Verfahren gegen Alfons Wicker lief, trat dieser (zweifellos in Absprache mit der Gestapo) in einzelnen Gerichtsverfahren gegen KP-Mitglieder als Zeuge auf.

Eugen Wicker blieb nach eigener Angabe «VM» bis 1944 und schaffte mithilfe des Stuttgarter Gestapo-Chefs Friedrich Mußgay den beruflichen Aufstieg. Er gehörte der NS-Volkswohlfahrt an, der Deutschen Arbeitsfront und dem Reichsluftschutzbund. Nach sechs Monaten als Auftragsbearbeiter bei der Schuhfabrik Salamander, wo er als V-Mann «Lage- und Stimmungsberichte» abzugeben hatte, wurde ihm Mitte 1936 eine gleiche Stellung bei der Vereinigten Kugellagerfabrik in Stuttgart-Bad Cannstatt vermittelt.[19] Als ein dort tätiger Antifaschist von zwei Gestapoleuten verhaftet wurde, stand in der Nähe «Eugen W. beim Portier».[20] Aufgrund seiner «propagandistischen Erfahrung» gelang es ihm, «sich in die Werbeabteilung vorzuarbeiten. Er rückte zum stellvertretenden Werbeleiter vor, um anschließend bis 1941 besonders in der Exportwerbung tätig zu sein.» 1938 durfte er die Brüsseler Messe besuchen, bei Kriegsbeginn wurde er als unabkömmlich (uk) anerkannt und deshalb vom Militärdienst befreit. Er arbeitete als Werbe- und Druckfachmann in der Leitung der Norma-Feldpostzeitung. 1940 legte er in Berlin die Betriebswerberprüfung ab. Noch Anfang 1945 erhielt er den Auftrag, «auf breitester Grundlage einen Plan für die Exportwerbung vorzubereiten». Im Betrieb habe sich «jeder von ihm ferngehalten, da wir die Arbeiterschaft damals schon über ihn aufklärten, dass er Polizeispitzel sei», teilte der Betriebsrat der VKF am 31. März 1947 mit, während ihm die Betriebsleitung bescheinigte, «in politischer Hinsicht vorwiegend zurückhaltend und als Werbeleiter (...) ein selbständiger und rühriger Arbeiter» gewesen zu sein. In seinem Wohnort Affalterbach-Wolfsölden bei Winnenden (ab 1941) wurde er als «stark für den Nazismus tätig[er] Film- und Fotopropagandist» und als «undurchsichtig» wahrgenommen, stand «in dem Ruf eines politischen Spitzels», der sich nach Kriegsende als politisch Verfolgter ausgegeben und stark in den Vordergrund gedrängt habe. Am 21. August 1945 wurde er von der amerikanischen Militärregierung verhaftet, nachdem in der Umgebung seines Wohnorts mithilfe der Dorfjugend nach ihm gesucht worden war.[21]

Alfons Wicker war ab 1934 in einer Sattlerwarenfabrik beschäftigt, die ihm bescheinigte, nicht durch politische Betätigung aufgefallen zu sein. Allerdings hat sich die Gestapo alle anderthalb Jahre nach ihm erkundigt und 1937 wurde sogar eine Verhaftung an seinem Arbeitsplatz inszeniert.[22] Auch er war im Zweiten Weltkrieg «uk» gestellt und wurde vom 22. August bis zum 13. Oktober 1944 in das KZ Dachau eingewiesen, «ohne vernommen zu werden». Dort beschuldigte ihn der Sozialdemokrat Oskar Herz, ihn bei der Gestapo verraten zu haben. Am 27. Juli 1945 wurde er von Willi Bechtle auf dem Stuttgarter Schlossplatz gestellt und «dem Kriminalsekretär Karl Weber übergeben», der später in der KPD-Landesleitung tätig war. Interniert wurde Alfons Wicker am 15. November 1947.

Für die Spruchkammerverhandlung gegen die Brüder Wicker am 20. und 21. Februar 1948 rechnete man von vornherein mit einem so großen Interesse, dass sie nicht – wie sonst üblich – im Internierungslager, sondern im Kursaal von Stuttgart-Bad Cannstatt durchgeführt wurde. Im Anschluss an die Verlesung der Klageschriften – die Eugen Wicker als «eine jedem Recht widersprechende Teufelei» bezeichnete und auf die er nicht antwortete – gab der Spruchkammervorsitzende bekannt, dass die Überstellung der als Entlastungszeugen vorgesehenen Gestapo-Kriminalkommissare Gottfried Mauch und Karl Maile aus dem Internierungslager Reutlingen (in der französischen Besatzungszone) abgelehnt worden sei. Ein ihm vorliegendes Vernehmungsprotokoll Mailes zugunsten Eugen Wickers bezeichnete der Vorsitzende als so unglaubwürdig, dass er «Maile für die Dauer in Einzelhaft sperren [würde], aber mit allen Schikanen!», notierte sich einer der Verteidiger. Es enthielt Aussagen wie: Eugen Wicker habe es «nie ehrlich mit einer Zusammenarbeit gemeint», sondern nur eine Tarnung angestrebt, um seine illegale Arbeit besser betreiben zu können. Er habe «niemals Material zur Verfügung gestellt, aufgrund dessen Verhaftungen hätten vorgenommen werden müssen. Durch ihn ist niemand zu Schaden gekommen beziehungsweise wurde niemand eingesperrt oder verurteilt.»

Die Verhandlung ergab aber – konstatierte der Beobachter «E. H.» der amerikanischen Militärregierung – «eindeutig die Bestätigung der den Betroffenen zur Last gelegten Delikte». Alfons Wicker, der «Namen für Namen seinem Bruder zutrug», leugnete bis zuletzt, «von der Gestapo-Tätigkeit seines Bruders gewusst zu haben, und nur durch die gravierenden Aussagen von ca. 20 Belastungszeugen kam die Kammer zu seiner Verurteilung».

Beide legten Berufung ein. Eugen Wicker rügte «einen grundsätzlichen Tatsachenirrtum». Er sei «nicht zur Aufdeckung und Zerschlagung von Widerstandsgruppen eingesetzt [gewesen], die sich ausschließlich gegen den Nationalsozialismus richteten», sondern die von ihm bekämpfte kommunistische Aktivität habe «durch die Ereignisse des Jahres 1933 nur vorübergehend nachgelassen» und daure heute noch an mit dem Ziel «der Errichtung einer deutschen Räteregierung nach russischem Vorbild und in engster Zusammenarbeit mit der UdSSR. Schon vor 1933 war diese Tätigkeit im Reich ungesetzlich und sie führte schon vor 1933 zu einer Reihe von Gerichtsverfahren vor dem Reichsgericht. 1931 wurden wegen dieser Tätigkeit die Sondergerichte von Brüning und Wirth geschaffen ... Die Tätigkeit des Betroffenen war eine solche für die Regierung und nicht für den Nationalsozialismus als Staatsform. Es wäre abwegig anzunehmen, dass die Abwehr kommunistischer Umsturzversuche vor 1933 legal, nachher illegal oder zumindest verwerflich wäre.»

Die Berufungskammer hat Eugen Wicker erneut als Hauptschuldigen eingestuft, doch die Sühnemaßnahme wurde auf sechs Jahre Arbeitslager herabgesetzt. Die Bedrohung seiner Familie im Falle einer Flucht ins Ausland wurde ihm strafmildernd angerechnet, doch es wurde weiterhin als eine «äußerst verwerfliche Gesinnung und Haltung betrachtet, dass der Betr. jahrelang in einer politischen Biedermannmaske, teilweise unter der Beihilfe seines Bruders ... an kommunistische Gesinnungsfreunde herangetreten ist, diese für die illegale Tätigkeit und den Widerstandskampf gegen den NS aufgefordert und in Verbindung mit anderen Widerstandskämpfern gebracht und sie dann nachträglich der Gestapo gemeldet hat, sodass sie dann einer im Dritten Reich bekannten Zukunft – Schafott, Zuchthaus oder KZ – entgegengingen». Er sei «Hauptschuldiger ... da er in der Gestapo aktiv für die NS-Gewaltherrschaft tätig war, aus Eigennutz, nämlich um sich selbst zu retten, und auch seine früheren Genossen gegen Entschädigung denunzierte und der NS-Gewaltherrschaft eine außerordentliche Unterstützung gewährte».

Alfons Wicker machte sich zunutze, dass seine V-Mann-Tätigkeit unauffälliger und zur Zeit der Verhandlung nicht durch ein Dokument belegbar, sondern nur aufgrund von Zeugenaussagen und Ereignissen erschließbar war. Zudem hielt er hartnäckig an der Legende fest, er habe bis 1947 nichts von der Gestapo-Tätigkeit seines Bruders gewusst, was ihm dieser natürlich bestätigte.

Belastendes schriftliches Material fand sich erst viel später. In sowjetischem Gewahrsam lagerte zu jener Zeit folgender handschriftliche Vermerk in den Akten des Reichsanwalts:

«Geheim! Vermerk: Kriminalrat Mußgay vom Württ. Polit. Landespolizeiamt teilte gestern gelegentlich seiner Anwesenheit als Zeuge mit, dass die Gebrüder Eugen und Alfons Wicker Vertrauensleute der Polizei sind. B[erlin], 30.10.36.»

Alfons Wicker wurde in der Berufungsverhandlung freigesprochen. Trotz klarer Indizien, die die Berufungskammer aufzählte, wurde auch die zeitweilige «Rehabilitierung» durch die KPD als entlastend für ihn gewertet. Ein Vorsatz sei ihm nicht nachzuweisen. Der Version, er sei nie als Spitzel geführt und nur deshalb nicht verhaftet worden, um seinen Bruder weiterhin einsetzen zu können, wurde geglaubt. Er verließ die Berufungsverhandlung am 24. Januar 1949 als freier Mann.

Eugen Wicker wurde bereits am 20. Dezember 1949 nach Hause geschickt aufgrund eines Gnadenerweises des Ministerpräsidenten von Württemberg-Baden, der eine «Aussetzung der restlichen Arbeitslagersühne» vorsah «mit Aussicht auf Erlass bei guter Führung während einer Probezeit von 2 Jahren».²³ In einem Gnadengesuch vom 1. Juni 1949 an den Ministerpräsidenten Reinhold Maier²⁴ hatte Wicker geschrieben, er sei nun 58 Monate in «politischer Haft» gewesen, «12 Monate unter Hitler und 46 Monate nach 1945». Er bezog sich auf Ausführungen im Flick-Prozess zur «Schutzbehauptung des Notstands» und behauptete, er sei in seiner «erpressten Tätigkeit nicht gegen Widerstandsgruppen eingesetzt [gewesen], sondern gegen die staatsumstürzlerische Tätigkeit der Kommunisten, die schon vor 1933 lt. vielen Urteilen des Reichsgerichts ungesetzlich war. Der Sinn kommunistischer Tätigkeit ist heute noch derselbe, nur wesentlich gefährlicher durch die Unterstützung einer ausländischen Macht. Die kürzliche Verurteilung der kommunistischen Redakteure Hans van Dyk und Hermann Weber sowie des kommunistischen Parteiführers Max Reimann bestätigen dies ...» Er sei «zu der Auffassung gekommen, dass jeder Umsturz, ob von rechts oder links, und jeder Totalitarismus verwerflich sei und mit gesetzlichen Mitteln bekämpft werden muss». Das Gesuch wurde auf Empfehlung des Ministeriums für politische Befreiung Württemberg-Baden zunächst jedoch abgelehnt.

Am 21. Oktober 1949 – die Bundesrepublik war inzwischen gegründet – legte Eugen Wicker nach: Er sei bei der Spruchkammer deshalb so schlecht weggekommen, «da ich als kommunistischer Renegat von kommunistischen Zeugen und Beisitzern auch in Dingen belastet wurde, für die ich niemals verantwortlich war». Und kommunistische Zeugen hätten ihn mit Vorwürfen belastet, die sie nur vom Hörensagen kannten. Diesem Gnadengesuch fügte Wicker ein vom 14. Juni 1949 datiertes Schreiben Gottfried Mauchs bei, der an Eides statt erklärte, die Festnahmen von Herrmann, Göritz und Steidle seien nicht durch Wickers Angaben zustande gekommen, sondern Lovász habe ihm nach seiner Verhaftung im Juni 1935 die Namen genannt. «Diese eidesstattliche Erklärung von Mauch war ein glatter Meineid und die Angaben über Lovász sind falsch.»²⁵ Trotzdem hat die junge Bundesrepublik Deutschland Eugen Wicker begnadigt. Ende 1951 wurde ihm die restliche Arbeitslagersühne erlassen, 1953 der Rest der Kosten und finanziellen Auflagen.

Alfons Wicker ist am 2. August 1966, Eugen Wicker am 10. August 1971 in Ludwigsburg verstorben.

Anmerkungen

1 Dokumente aus dem Spruchkammerverfahren gegen die Brüder Wicker, die in diesem Beitrag ohne Einzelnachweis zitiert werden, entstammen folgenden Dossiers im Staatsarchiv Ludwigsburg: EL 902/15 (Bü 24631), EL 903/1 (1755), EL 903/4 (Bü 154), EL 905/4 (1682), EL 905/4 (1683), PL 530 (Bü 118). In den Unterlagen sind viele Namen falsch geschrieben, nicht nur der von Lovász (er wird «Lowas» und nicht «Lowatsch» ausgesprochen). Im vorliegenden Text wurde in Zitaten stillschweigend korrigiert. Vgl. auch: Weber, Hermann/Herbst, Andreas: Deutsche Kommunisten. Biographisches Handbuch 1918 bis 1945, 2. Aufl., Berlin 2008. S. 1021.

2 Mallmann, Klaus-Michael: Die V-Leute der Gestapo. Umrisse einer kollektiven Biographie. In: Gerhard Paul, Klaus-Michael Mallmann (Hg.): Die Gestapo – Mythos und Realität. Mit einem Vorwort von Peter Steinbach, Darmstadt (Wissenschaftliche Buchgesellschaft), 1995, S. 268ff. – Auf die Wiedergabe der umfangreichen Quellennachweise, die dort zu finden sind, wird hier verzichtet. Mit vielen Beispielen aus verschiedenen Bereichen der Nazigegner warnt Mallmann vor der Annahme, nur bei der KPD sei der Gestapo eine solche Infiltration gelungen, wie er sie am Fall der Wicker-Brüder exemplarisch darlegt.

3 Letsche, Lothar: Neues über Lilo Herrmann, in: Lilo Herrmann: eine Stuttgarter Widerstandskämpferin (Hg.: Vereinigung der Verfolgten des Naziregimes – Bund der Antifaschisten, Landesverband Baden-Württemberg e. V.), 2. Aufl. (bearb. von Lothar Letsche), Stuttgart 1993, S. 74. Ein Faksimile des Zeitungsartikels (Dok. 12) und eine Darlegung der Rolle der Wickers ist enthalten in: Algasinger, Karin: Lilo Herrmann. Untersuchungen zur Lebensgeschichte einer Widerstandskämpferin und zur Rezeption ihrer Gegnerschaft zum Nationalsozialismus von ihrer Verhaftung bis heute in der Publizistik und der wissenschaftlichen Forschung, Magisterarbeit (Fach Politikwissenschaft), Universität Passau 1991.

4 Im rechtskräftig gewordenen Spruch der Berufungskammer vom 24.01.1949 ist von «150 bis 200 kommunistische[n] Widerstandskämpfer[n]» die Rede, die durch «die gemeine Spitzeltätigkeit des Betr. verhaftet worden sein» sollen und «einschließlich ihrer Angehörigen schwere Leiden erdulden» mussten.

5 Laut Alfred Grözinger (1904–1959), der im Prozess gegen Lovász u. a. zu zwölf Jahren Zuchthaus verurteilt wurde, im KZ Mauthausen überlebte und 1945 aus der KPD austrat.

6 Mallmann bezeichnet ihn als «Metallfacharbeiter». Vielleicht war Eugen Wicker mit dieser «proletarischer» klingenden Berufsangabe bei der Komintern in Moskau registriert.

7 Von Eugen Wickers Anwalt am 6.8.1947 eingereichter «persönlicher und politischer Lebenslauf».

8 So Paul Schumacher, Schreiben an den Öffentlichen Kläger vom 5.12.1947. Paul Meuter gibt in einem 1969 in Dresden verfassten Erinnerungsbericht an, im Archiv der Exil-Leitung der KPD in Zürich habe sich «verschlüsseltes Material» über die «üble Rolle» befunden, die Eugen Wicker während seiner Haft auf dem Heuberg 1933 gespielt habe (SAPMO EA1487/1, S. 4).

9 Gestapo-Bericht über die Rolle des «Funktionärs Karl» bei der Verhaftung von Lovász: SAPMO ZC 4900 Bd. 1. Die Wickers verstanden es, ihre Rolle dabei geschickt zu vertuschen. Lovász' illegaler Mitkämpfer Max Burghardt glaubte allen Ernstes – und schrieb noch Jahrzehnte später in seiner Autobiografie –, Lovász habe aus dem sicheren Schweizer Exil nur eine Freundin in Stuttgart heimlich besuchen wollen und sei dabei in der Hauptbahnhof-Gaststätte verhaftet worden. In Wirklichkeit war seine Rückkehr der dortigen Parteiorganisation angekündigt gewesen.

10 Mallmann 1995, S. 269.

11 Später Helene Berg, geb. 1906 in Mannheim, 1935 in die UdSSR emigriert, dort Leiterin von Antifaschulen, in der DDR u. a. 1974–1979 Direktorin des Instituts für Meinungsforschung.

12 Mallmann 1995, S. 270.

13 Friedrich Philipp, «Betr.: Beschuldigung gegen Gebr. Wicker», 4.8.1945 unter Berufung auf eine Aussage von Max Stingl aus dem Jahr 1936.

14 Begründung des Spruchs der Zentralberufungskammer Nordwürttemberg vom 24.1.1949.

15 Mallmann 1995, S. 270. Ernstzunehmen ist die Frage, ob durch einen von unrealistischen Voraussetzungen ausgehenden «Umfang der kommunistischen Widerstandsaktivität und den hierarchischen und verschachtelten Aufbau der KPD» (Algasinger) und durch sorglose Missachtung konspirativer Regeln solchen Spitzeln ihr Treiben zu leicht gemacht wur-

de. Das Schindluder, das in der kommunistischen Bewegung mit dem Begriff «Agent» oft getrieben wurde, die politische Instrumentalisierung solcher Vorwürfe und die fehlende Möglichkeit, Vorgänge anhand von Akten zu überprüfen, machten es für die Zeitgenossen schwer, über diese Dinge mit der nötigen Distanz und Unbefangenheit zu diskutieren und zu urteilen.

16 Ebenda
17 Ebenda, S. 271.
18 Gotthold Wiedmann: «Betr. Beschuldigung gegen die Gebr. Wicker», 4.8.1945.
19 Eine von Mußgay betriebene Einstellung Eugen Wickers bei der Mahle KG «zur Überwachung bestimmter Antifaschisten» scheiterte am Widerstand des Betriebsleiters Hermann Mahle.
20 Ermittlerbericht vom 3.11.1947 mit der Aussage von Eugen Klöpfer.
21 Sauer, Paul: Wolfsölden – Jugend in einem schwäbischen Bauerndorf, Tübingen 2007, S. 223ff.
22 Seine 1949 dazu präsentierte Version hätte außer dem Gestapo-Kriminalkommissar Gottfried Mauch nur eine Stenotypistin bezeugen können, die von einem Gestapo-Mann erschossen worden war.
23 Sonst hätte die Arbeitslagersühne bis zum 20.8.1951 gedauert.
24 Hauptstaatsarchiv Stuttgart, EA 11/106 Bü 26139a.
25 Algasinger 1991, S. 40.

Wolfgang Tröster

Katrin Seybold

Wolfgang Tröster und Gerhard Munz
Denunzianten der Weißen Rose

Nach dem Krieg begegnen sich die ehemaligen Hitlerjungen Hans Hirzel und Gerhard Munz vor der Tübinger Universität. Hans Hirzel gehörte zum Ulmer Freundeskreis der Weißen Rose, Gerhard Munz wollte ihm 1943 in Stuttgart beim Verteilen von Flugblättern helfen, verriet ihn jedoch an die Gestapo. Hans Hirzel, der Volksgerichtshof und Gefängnishaft überlebt hat, trifft auf seinen Denunzianten. Gerhard Munz ist außer sich. «Du bist ja noch am Leben!» So oder so ähnlich entfährt es ihm. Was hat der eine, Gerhard Munz, dem anderen, Hans Hirzel, angetan und warum hat er sich darauf verlassen, dass dies den Hinrichtungstod seines Kameraden zur Folge hätte haben können?[1]

Am 29. Januar 1943 um 14:30 Uhr, so berichtet das Protokoll, erscheinen bei der Geheimen Staatspolizei, Staatspolizeileitstelle Stuttgart, die Angehörigen der Hitler-Jugend: Wolf Tröster, lediger Kaufmann in der Firma Schildknecht AG, geboren am 9. August 1925 in Stuttgart, wohnhaft Fellbach, August-Brändle-Straße 2 bei den Eltern, und Gerhard Munz, lediger Schüler, geboren am 28. November 1925 in Stuttgart, daselbst, Kasernenstraße 2 bei den Eltern wohnhaft. Die beiden Stuttgarter geben eine Anzeige auf, Akten-Nachweis Nr. II A-72/43. Opfer ihrer Denunziation, im Gestapo-Protokoll Täter genannt: Hans Hirzel, lediger Schüler, geboren am 30. Oktober 1924 in Untersteinbach, Sohn des evangelischen Stadtpfarrers Ernst Hirzel und Margarete, geborene Gradmann aus Ulm/Donau, Schillerstraße 50.

Die Hitlerjungen bringen Folgendes vor: Hirzel habe ihnen am 10. Januar 1943 bei einem Treffen in Stuttgart einen handgeschriebenen Brief gezeigt, in dem er, Hirzel, aufgefordert worden sei, ein Geburtstagsgeschenk abzuholen. Zudem habe Hirzel vor, Flugblätter auf den 30. Januar zu verteilen mit staatsfeindlichem Inhalt. «Das Geburtstagsgeschenk aus München bestehe aus einem Vervielfältigungsapparat, auf welchem er die Flugblätter abziehen und zunächst in Ulm und später im weiteren Reichsgebiet zu verteilen beabsichtige.» Wolf Tröster: «Nachdem morgen der 30. Januar ist und es nach meinem Dafürhalten nicht ausgeschlossen erscheint, dass Hirzel sein Vorhaben in die Tat umsetzen könnte, gebe ich hier von dieser Sache vorsorglich Kenntnis.»[2]

Mit dem Stempel «Eilt sehr!» schickt die Gestapo, Staatspolizeileitstelle Stuttgart, noch am selben Tag die Anzeige an ihre Außendienststelle Ulm mit dem Ersuchen, Hans Hirzel zu vernehmen. Der Ulmer Kriminalsekretär Rechtsteiner lässt sie zwei Wochen liegen. Der handgeschriebene Brief kam von Sophie Scholl und das Flugblatt mit staatsfeindlichem Inhalt war das fünfte Flugblatt der Weiße Rose: «Der Krieg geht seinem sicheren Ende entgegen ... Wollt Ihr und Eure Kinder dasselbe Schicksal erleiden, das den Juden widerfahren ist? Sollen wir auf ewig das von aller Welt gehasste und ausgestoßene Volk sein? ... Freiheit der Rede, Schutz des einzelnen Bürgers vor der Willkür verbrecherischer Gewaltstaaten, das sind die Grundlagen des neuen Europa.»

Bei den Dreharbeiten zu meinem Film «Die Widerständigen» mit den noch lebenden Zeugen der Weißen Rose sagt Hans Hirzel über die Flugblätter: «Ich weiß, dass das geprägte Wort, das auf dauerhafte Art fixiert und verbreitet wird, ein Wirkungsmittel ist, das ganz anders wirkt wie Bomben und Panzerarmeen. Auf seine Art ist es eines der Beständigsten, was es überhaupt gibt in der Menschheitsgeschichte.»[3]

Hans Hirzel kennt Sophie Scholl schon mehrere Jahre. Sie ist für ihn so etwas wie eine ältere Schwester, gibt ihm regimekritische Bücher zu lesen und macht ihn mit ihrem älteren Bruder Hans Scholl bekannt. Beide, Hirzel und Scholl, führen lange Gespräche über Widerstand in Zeiten des Krieges. Im Sommer 1942 bekommt er die ersten Flugblätter der Weißen Rose zugeschickt, wird zu einem Treffen des Freundeskreises nach München eingeladen, und weil er sich bereit erklärt, bei Flugblattaktionen mitzumachen, übergibt ihm Sophie Scholl Geld. Die Idee zu einem Flugblattentwurf entsteht, als Hans Hirzel auf ein großes, gelbes Plakat mit antisemitischem Inhalt an einer Litfaßsäule aufmerksam wird. In der Mitte ist der Davidstern, dabei der Text: «Wer dieses Zeichen trägt, ist ein Feind unseres Volkes.» Bei den Filmaufnahmen kommt ihm die Erinnerung: «Es näherte sich ein Mann, der den Davidstern trug, ein Mann im fortgeschrittenen Alter, der durch diese Kennzeichnung am eigenen Revers durch das Plakat gleichsam an den Pranger gestellt wird.»[4] Auf einer Matrize ersetzt er den Davidstern durch ein Hakenkreuz. «Wer dieses Zeichen trägt,» – das Hakenkreuz – «ist ein Feind unseres Volkes.» Ein geniales Flugblatt. Von den Regimegegnern gibt es seit 1933 kritische und eindrucksvolle Flugschriften, Klebezettel und Wandparolen wie das Hakenkreuz am Galgen, aber wohl kaum eines, welches das größte Verbrechen des letzten Jahrhunderts so klar und prägnant auf den Punkt bringt.

Der Jugendliche, der ein solches Flugblatt entwirft, ist 18 Jahre alt und steht kurz vor dem Abitur. Er stellt sich in die Tradition der Aufklärung. Nach der Hegel'schen Devise «Denken fängt beim Gegenstand an» empört er sich über die Generation seiner Eltern und Großeltern, die die Jugend in den Krieg schickt. Er nimmt einen Taschenatlas mit vielen Statistiken, rechnet und erkennt, dass Deutschland und Japan eine gewaltige Übermacht entgegensteht, er erkennt, dass der Krieg verloren werden muss und wird. Er versucht in seiner Generation Mitstreiter für die Flugblattverteilung zu gewinnen, er versucht anhand seines Taschenatlas zu überzeugen. Dabei gerät er an zwei Kameraden aus der Stuttgarter Hitlerjugend, Wolf Tröster und Gerhard Munz. Bei einem Musikwettbewerb der HJ-Laienspielschar in

Esslingen im November 1942 weiht er die beiden vorsichtig in die Notwendigkeit von Widerstandsaktionen ein.

«Ich erinnere mich noch an ein Gespräch», schreibt Munz nach dem Krieg an Hirzel, «es war zwischen Dir, Tröster und mir, in dem Du durch eine überlegene Sprechweise und Gedankenführung, vielleicht auch durch überzeugende Beweisführung, einen starken Eindruck bei mir hinterlassen hast. Das war im Umkleideraum. Ich glaube, wir sprachen über die Möglichkeit für Deutschland, den Krieg zu gewinnen, und Du machtest uns darauf aufmerksam, man müsse sich nur einmal die Weltkarte anschauen, um zu wissen, was es geschlagen habe, und da hatte dieses ‹auf verlorenem Posten stehen› etwas Heroisches, etwas wo man selbst wichtig war.»[5]

Ein «heroisches, sich selbst wichtig nehmendes Gefühl» überkommt Gerhard Munz auch beim nächsten Treffen mit den Freunden. Im Januar 1943 ist Hans Hirzel zum Klavierspielen in Stuttgart. Er bittet sie um Mithilfe beim Verteilen eines Flugblatts Ende des Monats und um ein Stuttgarter Adressbuch. Es wird verabredet, sich nach den Regeln der Konspiration zu verhalten. Doch die beiden Kameraden halten die Verabredungen nicht ein und so rechnet Hirzel nicht mehr mit ihnen.

Zwei Wochen später übergibt Sophie Scholl im Ulmer Pfarrhaus Hans Hirzel mehr als 2000 Flugblätter. Auf der Empore der Martin-Luther-Kirche, in der Hans Hirzels Vater Pfarrer ist, werden die Flugschriften in Briefumschläge gesteckt, adressiert und frankiert. Dabei hilft ihm sein Schulfreund Franz Müller. Um den Eindruck zu erwecken, die Widerstandsgruppe gäbe es überall, fährt Hirzel am 27. Januar nach Stuttgart und überzeugt seine Schwester Susanne, Studentin der Musik in Stuttgart, ihm zu helfen, die Briefe unbemerkt in Briefkästen zu stecken. Obwohl die Gestapo eine Sonderkommission einsetzt, Bahnhöfe und die Münchner Universität überwacht, kommt ihnen niemand auf die Schliche.

Wären da nicht die beiden Stuttgarter. Am 28. Januar erhalten sie eine Postkarte, in der ihnen Hans Hirzel verschlüsselt mitteilt, «die Sache hat sich überholt».[6]

Aber die Gleichaltrigen bewahren kein Stillschweigen. Sie haben sich entschieden, beim Flugblattverteilen nicht mitzumachen, es hätte ihnen keinerlei Gefahr gedroht. Warum gehen sie trotzdem zur Gestapo? Aus Angst? Nach der Version von Gerhard Munz soll ihm Wolf Tröster gesagt haben: «Der Hirzel spinnt.» Und da sei «es wie ein Blitz aus heiterem Himmel» über ihn gekommen. «Ich sah sofort ein, dass es nun meine heilige heroische Pflicht war, selbst gegen einen Freund zu handeln, um diesen ‹Dolchstoß› in den Rücken unserer für uns kämpfenden Brüder zu verhindern. Es war für alle Fälle jetzt wieder dieses Gefühl da, etwas Heroisches und ungeheuer Wichtiges, Entscheidendes zu tun. Vielleicht sah ich mich auch schon öffentlich belobt. Am Mittwoch sind wir dann zur Gestapo gegangen.»[7]

Öffentlich belobt wird Gerhard Munz nicht. Stattdessen erhält Hans Hirzel am 16. Februar einen Anruf der Gestapo-Dienststelle Ulm, Neuer Bau, er habe sich am nächsten Tag dort einzufinden, mittags. Er vermutet sofort, dass die beiden Stuttgarter dahinter stecken, und will sich herausreden. Hirzel steht mitten im Abitur, er muss an eben diesem nächsten Tag seine Mathematikarbeit schreiben, kann also nicht nach Stuttgart fahren, um herauszufinden, wer der Verräter ist. Er weiht seinen Bruder Peter ein, der fährt noch mitten in der Nacht nach Stuttgart. Ein lebensgefährliches Unterfangen, denn der Bruder war Soldat und auf Fronturlaub; seinen Heimatort unerlaubt zu verlassen galt damals als Fahnenflucht.

Um seinem Bruder beizustehen, begibt sich Peter Hirzel in Zivilkleidern und mit dem Ausweis seines Bruders Hans auf die waghalsige Reise nach Stuttgart. Prompt gerät er im Bahnhof an eine Streife, die den Ausweis zu sehen verlangt. Als besonderes Kennzeichen im Ausweis von Hans Hirzel ist eine Narbe am linken Daumen vermerkt, glücklicherweise wird dies übersehen. Er weckt seine Schwester Susanne, sie verbrennt verräterische Briefe und schafft verbotene Bücher aus ihrem Haus. Peter Hirzel geht zuerst zu Tröster, den er nicht antrifft, dann zu Munz. Peter Hirzel bekniet ihn, wenn er oder Tröster seinen Bruder Hans angezeigt habe, solle er dies ehrlich zugeben, damit sein Bruder im schlimmsten Falle fliehen könne, es gehe um Leben oder Tod. Munz weist den Verdacht zurück und beruft sich auf seine Eltern, die zu der Zeit eine evangelische Buchhandlung besitzen. Er behauptet, er würde dergleichen niemals tun, und empört sich, wie man so etwas überhaupt von ihm denken könne.[8]

Hans Hirzel löst seine Mathematikaufgabe in Rekordzeit, um noch seinen Bruder am Ulmer Bahnhof erwischen zu können. Erleichtert geht Hans Hirzel zur Gestapo: «Und die erste Frage war – verhört hat mich Kriminalkommissar Rechtsteiner –: Kennen Sie einen Soundso? Und das war einer der beiden Stuttgarter.»[9] Trotzdem gelingt es ihm, sich herauszureden, die Briefeschreiberin sei Sophie Scholl und ihr Geschenk kein Vervielfältigungsapparat, sondern ein Buch mit dem Titel «Machtstaat und Utopie», das er auch den beiden Kameraden der HJ empfohlen habe. Der Gestapo-Beamte Rechtsteiner lässt ihn laufen und schickt seinen Untersuchungsbericht erst am 20. Februar ab.[10]

Sofort nach dem Verhör geht Hans Hirzel zu den Eltern Scholl, erzählt aber nur die halbe Wahrheit. Er drängt Inge Scholl, nach München zu fahren, um ihren Geschwistern auszurichten, «Hans Hirzel habe Halsweh» und es ginge um das Buch «Machtstaat und Utopie von Gerhard Ritter». Codewörter, die abgesprochen waren zwischen Hans Hirzel und Sophie Scholl, mit der Bedeutung: «Hab Acht, ich werde verhört von der Gestapo.» Die Aufregung des Schülers ist der Familie Scholl unbegreiflich, denn niemand ist in die Flugblattaktionen eingeweiht. Inge fährt nicht nach München, sie gibt jedoch die Warnung weiter und ruft ihren Freund Otl Aicher in München an, der sich für den nächsten Tag, den 18. Februar 1943 mit den Geschwistern Scholl verabredet. Das Ende ist bekannt: In der Universität lässt Sophie Scholl Flugblätter von der Balustrade im zweiten Stock in den Lichthof regnen. Der Hörsaaldiener Jakob Schmid hält die Geschwister fest. Hans Scholl zerreißt das Flugblatt von Christoph Probst, das er bei sich trägt. Dadurch kommt die Gestapo auf die Spur von Christoph Probst. Vier Tage später sind sie tot. Die Gestapo verhaftet über 80 Freunde und Familienmitglieder. Es folgen Prozesse und es gibt viele Tote, Morde in Gefängnissen und im KZ.

Ob das Verteilen und der Abwurf der Flugblätter der Geschwister Scholl in direktem Zusammenhang mit Hans Hirzels Verhör bei der Gestapo und seiner darauf folgenden Warnung steht, ist ungewiss. Sicher ist, dies spielte für die Festnahme der Scholls in München keine Rolle, da das Ulmer Verhörprotokoll von Hans Hirzel erst am 21. Februar bei der Gestapo Stuttgart ankommt. Auch in den Verhörprotokollen der Scholls, der Anklageschrift und dem Urteil des ersten Weiße-Rose-Prozesses findet sich keinerlei Hinweis darauf. Sicher ist hingegen, dass die Festnahme der Geschwister Hirzel, die Festnahme von Franz-J. Müller und Heiner Guter eine Folge der Denunziation von Wolf Tröster und Gerhard Munz sind. Sie alle erleiden Gestapo-Haft, stehen vor dem Volksgerichtshof und verbüßen Gefängnisstrafen. Die Geschwister Hirzel und Franz J. Müller entkommen dem Tod nur um Haaresbreite.[11]

Nach dem Krieg sucht Hans Hirzel die beiden Denunzianten auf. Sein Überleben stört sie in ihrer Ruhe. Sie wollen keine Unannehmlichen durch ihn, haben aber Angst vor einer Anzeige. Hirzel berichtet, keiner der Kameraden habe Bedauern für sein Verhalten gezeigt, er, der Geschädigte, habe deshalb Scham für sie empfunden. Hans Hirzel verspricht den beiden, sie nicht anzuzeigen, sie nicht anzuprangern, geschweige denn ihre Namen bekannt zu geben.

Der Verfolgte des Naziregimes leidet schwer an den Folgen der Gestapo-Verhöre, jahrelang ist er krank. Er wird Assistent von Adorno und Horkheimer, arbeitet «als freier Mitarbeiter für den NDR in ärmlichsten Verhältnissen» und erzählt: «Da hatte ich eben über mir ehemalige Nazis, die es im Grunde immer noch waren. Ich war als früherer Widerständler ein sehr schwieriger Fall.»[12] Enttäuscht wechselt er zur CDU, driftet ab zu den Republikanern und tritt wegen Differenzen mit dem ehemaligen SS-Mann Schönhuber wieder aus. Den Denunzianten gelingt nach außen hin ein ehrbares Leben. Wolf Tröster wird Handelsvertreter für Stuttgarter Biere, Gerhard Munz unterrichtet Latein und Geschichte. Im Jahr 1973 wird er stellvertretender Schulleiter des späteren Johannes-Kepler-Gymnasiums in Weil der Stadt. Er tritt 1989 in den Ruhestand.

Bei den Dreharbeiten zum Film «Die Widerständigen» hält sich Hans Hirzel – mehr als 50 Jahre danach – an sein Versprechen und nennt die Namen seiner Denunzianten nicht. Er erzählt, er habe «einen von ihnen, der sich besser ausdrücken konnte, gebeten, mir einen Bericht zu schreiben», und zeigt ihn mir. Es ist ein Brief von Gerhard Munz.[13] Dessen ungeachtet zeigt er Verständnis für meinen Versuch, Splitter des Vergangenen zu finden, und willigt ein, seine Kameraden zu treffen, vorausgesetzt sie stimmen einem Treffen zu.

Als ich mit einem der zahlreichen Männer mit Namen Gerhard Munz telefoniere, mich und mein Projekt vorstelle und ihn frage: «Kennen sie einen Hans Hirzel?», verneint der es unwirsch und legt ohne weiteres Nachfragen sofort auf. Ein Detektiv bestätigt mir seine Identität, obwohl Munz die Auskunft über seine Personalien im Einwohnermeldeamt hat sperren lassen. In der Hoffnung, dass er gegenüber der Schwester, Susanne Hirzel, nicht die Kühnheit besitzen würde, das Telefon aufzulegen, bitte ich sie, ein gemeinsames Treffen zu vereinbaren. Ein paar Tage später, im Oktober 2005, erscheint er pünktlich und lehnt eisig jegliche Filmerei ab. Er habe eine wichtige Funktion in der baden-württembergischen Lehrerschaft inne gehabt, daher könne er meinem Ansinnen leider nicht entsprechen. Seine schriftliche Begründung ist lapidar: «Bitte erlassen Sie es mir, meine Gedanken im Einzelnen darzulegen, das wäre einfach zu weitläufig.» Er teilt mir mit, er sei mit der Veröffentlichung seines Namens in meinem Film und sämtlichem Begleitmaterial nicht einverstanden.[14] Eine Antwort, die ich als Drohung empfinde. Weitläufig und genau kann er noch beschreiben, wie und wo er Hans Hirzel getroffen hat, sogar der Taschenatlas ist ihm noch gegenwärtig. Nicht mehr gegenwärtig ist ihm, warum er Hans Hirzel in eine solche Zwangslage gebracht hat, und er streitet ab, jemals vom Bruder des von ihm Denunzierten aufgesucht worden zu sein.

Auch Wolf Tröster erinnert sich nicht mehr, warum er mit Munz zur Gestapo gegangen ist. Er ist ein reizender älterer Herr, gleichzeitig vollständig zerknirscht, nicht etwa, weil er einen Menschen in Lebensgefahr gebracht hat, sondern weil er sich sicher ist, dass seine Frau sich von ihm abwenden wird, wenn sie von diesem dunklen Punkt seines Lebens etwas erfährt. Er gibt mir zu bedenken, wie gefährlich die Zeiten damals waren und besonders das Verteilen von Flugblättern. Auch er geht auf mein Angebot nicht ein, im Gespräch mit Hans Hirzel seine Beweggründe und seine Ängste zu schildern. Auch er möchte nicht weiter behelligt werden. Mir ist nicht bekannt, ob sich einer der beiden Denunzianten bei Hans Hirzel, der im Jahr 2006 gestorben ist, entschuldigt hat. «Das Risiko des äußeren Scheiterns wie es dann durch die Hinrichtungen und Verhaftungen Wirklichkeit wurde, war im Voraus schon in Kauf genommen», hatte Hans Hirzel bei einem Vortrag in der Universität Nottingham gesagt.[15] Hans Hirzel nahm seinen Tod in Kauf, wie auch seine Schwester Susanne und die anderen Freunde der Weißen Rose. Sie bleiben glaubwürdig und haben gewiss durch ihr Tun dazu beigetragen, dass wir nicht «das von aller Welt gehasste und ausgestoßene Volk» geworden sind.

Zur Kinopremiere des Dokumentarfilms «Die Widerständigen» im Januar 2009 schreibt Susanne Hirzel eine Postkarte an Gerhard Munz, vielleicht sei der Film für ihn von Interesse. Er antwortet, er sei auf Reisen gewesen, leider.

Anmerkungen

1. Filmaufnahmen mit Hans Hirzel vom 6.8. bis 8.8.2000.
2. Bundesarchiv Berlin ZC 14116, Band 1.
3. Wie Anm. 1.
4. Ebd.
5. Brief von Gerhard Munz an Hans Hirzel vom 24.4.1947.
6. Wie Anm. 2.
7. Wie Anm. 5.
8. Filmaufnahmen mit Hans Hirzel (wie Anm. 1), Susanne Hirzel vom 4.8. bis 6.8.2000, Schreiben von Hans Hirzel vom 18.12.2005; Brief von Susanne Hirzel an Katrin Seybold vom 10.10.2005 und 8.12.2005, Gespräch mit Peter Hirzel im März 2006.
9. Wie Anm. 1.
10. Wie Anm. 5.
11. Die Widerständigen – Zeugen der Weißen Rose, Dokumentarfilm von Katrin Seybold, 92 Minuten, 2008.
12. Wie Anm. 1.
13. Wie Anm. 5.
14. Brief von Gerhard Munz an Katrin Seybold vom 1.11.2005.
15. Hirzel, Hans: Das große Missverständnis. Warum die Mehrzahl der Deutschen sich Hitler unterordnete. University of Nottingham, Monographs in the Humanities, Vol. VII, 1991.

NSDAP-Kreisleiter Adolf Mauer (erste Reihe, Mitte) und Stuttgarts Oberbürgermeister Karl Strölin (rechts daneben) zusammen mit Beigeordneten (Fachbürgermeistern) und Ratsherren (Gemeinderäten)

Hermann G. Abmayr / Elke Martin

Die braune Rathausspitze
Gemeinderäte als Stütze der Naziherrschaft

Um das Naziregime an der Basis zu verankern, spielten nicht nur die Kreis- und Ortsgruppenleiter der NSDAP eine wichtige Rolle, sondern auch die Gemeinderäte, seit 1935 Ratsherren genannt, der Oberbürgermeister und seine Beigeordneten – heute würde man Bürgermeister oder Fachreferenten sagen. Sie alle sind auf dem Foto links, das auch für die Vorderseite des Buches verwendet wurde, abgebildet. Es entstand bei der Amtseinführung am 5. Juli 1935 im Stuttgarter Rathaus. Oberbürgermeister Karl Strölin, so stand es einen Tag später im NS-Kurier, mahnte die neuen Ratsherren damals: «Sie sind alle Nationalsozialisten, und ich erwarte daher von Ihnen, dass Sie stets im Geiste und nach dem Willen unseres Führers handeln.»

Das Bild zeigt die Machtverteilung im Rathaus aber nicht ehrlich. In der Mitte sitzt zwar mit Adolf Mauer der Vertreter der NSDAP (siehe Kapitel über Mauer). Doch eigentlich müsste Wilhelm Murr dort sitzen und quasi auf seinem Schoß sein Handlanger Adolf Mauer. Denn Mauer war nur kommissarischer Kreisleiter in Stuttgart. Murr hatte ihn nach dem Freitod seines Vorgängers zum kommissarischen Kreisleiter ernannt, das Provisorium aber nie aufgehoben. Ansonsten arbeitete Mauer als Leiter der württembergischen Landesstelle des Reichspropagandaamtes. Außerdem war Murr in seiner Funktion als Staatspräsident für die Aufsicht über die Kommunen zuständig.

Nach der Deutschen Gemeindeordnung, die im April 1935 in Kraft trat, hatte Mauer zwar die Funktion des Beauftragten der NSDAP für die Verwaltung der Stadt Stuttgart und damit formal ein Mitspracherecht bei der Ernennung der Beigeordneten und Gemeinderäte. Doch da auch Oberbürgermeister Karl Strölin bei der Benennung der Ratsherren beteiligt war, hatte Murr in dieser Frage kaum Probleme (siehe Kapitel über Strölin und Murr). Nachdem Mauer das Amt des Kreisleiters 1937 Wilhelm Fischer übergeben hatte (siehe Kapitel über Fischer und Junginger), übernahm Wilhelm Murr die Funktion des Beauftragten der NSDAP selbst.

Rechts neben Adolf Mauer sitzt ein Mann mit einem markanten, fast quadratförmigen Schädel: OB Karl Strölin. Er war so mächtig, wie er auf dem Foto aussieht. Daniel Sigloch, der links neben Kreisleiter Adolf Mauer sitzt, hatte dagegen wenig Einfluss und passt deshalb nicht in die erste Reihe. Sigloch war der letzte Fachbürgermeister aus der Zeit des demokratisch gewählten Oberbürgermeisters Karl Lautenschlager, den die Nazis 1933 dazu gedrängt hatten, in den Ruhestand zu treten. Der Jurist musste sein Amt 1937 aufgeben.

Links von Sigloch sitzt Hugo Kroll, ein alter völkischer Aktivist, der bis 1935 Fraktionsführer der Nazis im Gemeinderat war und dann der einzige ehrenamtliche Beigeordnete wurde. Links daneben sitzt Friedrich Ettwein aus Bad Cannstatt und rechts von Strölin sind Stadtkämmerer Walter Hirzel sowie der junge Schulrat Fritz Cuhorst zu sehen.

In den hinteren Reihen des Fotos sitzen die Gemeinderäte, deren Macht im Vergleich zur Periode vor 1933 und nach 1945 beziehungsweise 1949 wesentlich geringer war. Während die Partei 1933, im Jahr der «Gleichschaltung», verdiente Nationalsozialisten mit einem Sitz im Gemeinderat belohnte, hatte sie bei der Besetzung der Sitze seit 1935 ein anderes Ziel. Sie wollte die verschiedenen Interessengruppen der Stadt einbinden, um so ihre Herrschaft zu stabilisieren, was auch gelang.

Da die Gemeindeordnung die Kompetenzen nicht exakt klärte, kam es in Stuttgart immer wieder zu Machtkämpfen, vor allem zwischen Oberbürgermeister Karl Strölin und Gauleiter Wilhelm Murr, und obwohl die Rechte der Gemeinderäte begrenzt waren, kam es vor, dass Entscheidungen der Verwaltung heftig kritisiert wurden.

Strölin und seine Beigeordneten mussten laut Gemeindeordnung alle wichtigen Fragen mit den Ratsherren besprechen. Doch die Gemeinderäte durften weder Anträge stellen noch Beschlüsse fassen. Trotzdem tagten sie ab 1935 einmal im Monat. Zudem trafen sie sich in zahlreichen nicht öffentlichen Sitzungen diverser Beiräte. Hier fanden die wichtigsten Beratungen statt, hier wurde am ehesten kontrovers diskutiert, hier konnten die Ratsherren die Interessen ihrer Klientel vorbringen oder ihre ganz persönlichen Ziele verfolgen. Intern bezeichnete Strölin den zahnlosen Gemeinderat als Quasselbude; er setzte sich bedenkenlos über seine «Anregungen» hinweg, wenn sie ihm nicht passten.

Schon 1936 kam es zu kleinen Änderungen bei der Zusammensetzung des Gemeinderats. Da Ratsherr Wilhelm Gschwend im September von Stuttgart in das damals noch selbstständige Vaihingen auf den Fildern gezogen war (siehe Kapitel über Gschwend), wurde ein Platz frei. Seinen Platz übernahm Hermann Kurz, der Kreispropagandaleiter der NSDAP. Den seit 1935 vakanten 36. Gemeinderatssitz übergab die NSDAP Ferdinand Schwinger. Er war stellvertretender Kreiswalter der Deutschen Arbeitsfront (DAF). Damit stellte die DAF fünf Ratsherren: Außer Schwinger waren das Christian Bauer, Eugen Notter (siehe Kapitel über Notter) sowie die Betriebsobmänner Karl Münzenmayer (Daimler) und Alfred Weißenborn (Bosch).

Nach der Eingemeindung von Sillenbuch, Heumaden, Riedenberg, Rohracker und Uhlbach löste Karl Deizler, der Ortsgruppenleiter der Nazis in Sillenbuch, den Ratsherrn Werner Kind ab. Er war zum Leiter des städtischen Tiefbauamtes ernannt worden. Wegen finanzieller Unregelmäßigkeiten bei der Kassenärztlichen Vereinigung musste Hermann Feldmann seinen Gemeinderatssitz räumen. Ihm folgte der Gauamtsleiter für Rassenpolitik Karl Ludwig Lechler. Lechler stammte aus Herrenberg, wo er zeitweise Kreisleiter der NSDAP war. Stadträte waren damals keine Gemeinderäte (wie heute), sondern Beigeordnete des Oberbürgermeisters. Heute würde man die Beigeordneten Fachreferenten oder Fachbürgermeister nennen. Außer Hugo Kroll waren alle Beigeordneten hauptamtlich tätig.

Stuttgarter Ratsherren (Gemeinderäte) in der NS-Zeit

Name	Beruf	Wohnort (Stadtteil und Straße)	Arbeitsplatz
Breitweg, Walter	Kaufmännischer Angestellter, Kreisinspekteur der NSDAP	Süd, Römerstraße 25	Daimler-Benz AG
Breuninger, Alfred	Großkaufmann	Nord, Hauptmannsreute 47	Eduard Breuninger AG
Bühler, Karl	Oberrechnungsrat, Führer des Verbandes der Württembergischen Wohnungsunternehmen	Nord, Herdweg 52	Ministerialabteilung für Bezirks- und Körperschaftsverwaltung
Drescher, Karl	Handelsvertreter	Bad Cannstatt, Taubenheimstr. 97	Württembergische Milchverwertung AG
Eckstein, Hans	Kaufmann, Vizepräsident der Industrie- und Handelskammer Stuttgart	West, Zeppelinstraße 130	
Eichler, Ludwig	Kaufmann	Zuffenhausen, Friedrichstraße 14/16	
Feldmann, Hermann	Praktischer Arzt, stellvertretender Gauamtsleiter des Amtes für Volksgesundheit	Untertürkheim, Wilhelmstraße 5	
Gengenbach, Wilhelm	Buchhändler	West, Moltkestraße 89	
Gienger, Georg	Bäckermeister	Untertürkheim, Urbanstraße 48	
Götz, Karl	Lehrer, Gaureferent im NS-Lehrerbund	West, Reinsburgstraße 85	
Gschwend, Wilhelm	Regierungsrat, Kreisinspektor der NSDAP	Süd, Alte Weinsteige 3	Ministerialabteilung für die höheren Schulen
Güntner, Herbert	Kreisamtsleiter des Amts für Volkswohlfahrt der NSDAP	Süd, Rotebühlstraße 73	

179

Name	Beruf	Wohnort (Stadtteil und Straße)	Arbeitsplatz
Haag, Willy	Versicherungsangestellter	Ost, Lehmgrubenstraße 39	Allianz und Stuttgarter Lebensversicherungsbank AG und Mieterverein Groß-Stuttgart und Umgebung
Häffner, August	Unterabteilungsleiter bei der Landesbauernschaft	Weilimdorf, Solitudestraße 57	
Hoffmann, Josef	Schuhmachermeister, Vizepräsident der Handwerkskammer Stuttgart	Ost, Kanonenweg 120	
Kaiser, Theodor	Schreinermeister, Kreishandwerksmeister	West, Lerchenstraße 10	
Keller, Franz	Rechtsanwalt	Degerloch, Ahornstraße 22	Kanzlei
Kind, Werner	Diplom-Ingenieur, Direktor der Steinbeis-Gewerbeschule	West, Bismarckstraße 79	Steinbeis-Gewerbeschule
Leistner, Ernst	Architekt, Fachgruppenvertreter der Architektenschaft bei der Reichskammer der bildenden Künste	West, Gustav-Siegle-Straße 11	
Locher, Willy	Gärtner	Süd, Filderstraße 5	
Maier, Hermann	Bautechniker, Unterbannführer der Hitler-Jugend (HJ)	Ost, Hackstraße 74	HJ-Bann 119
Mayer, Karl	Möbelfabrikant	Süd, Wilhelmstraße 4	
Metzger, Karl	Gaubetriebsgemeinschaftswalter bei der Deutschen Arbeitsfront	Degerloch, Olgastraße 54	
Münzenmayer, Karl	Mechaniker	Obertürkheim, Cannstatter Straße 44	

Name	Beruf	Wohnort (Stadtteil und Straße)	Arbeitsplatz
Notter, Eugen	Kreiswalter der Deutschen Arbeitsfront	Nord, Yorkstraße 3	
Österle, Friedrich	Versicherungsbeamter	Zuffenhausen, Hermannstraße 5	
Ortmann, Friedrich	Diplom-Ingenieur	Süd, Olgastraße 56	Kreisamtsleiter im Amt für Technik der NSDAP
Reuff, Erwin	Baumeister, Kreisgeschäftsführer der NSDAP	West, Gaußstraße 23	NSDAP-Kreisleitung
Sauer, Paul	Bücherrevisor, Herausgeber des Nationalsozialistischen Mitteilungsblattes des Gauamts für Kommunalpolitik Württemberg-Hohenzollern	Ost, Alexanderstraße 29	
Schaufler, Alfred	Kaufmann, Kreisamtsleiter der NSDAP	Berg, Mühlenstraße 19	NSDAP-Kreisleitung
Staege, Arthur	Hauptlehrer	Botnang, Hummelbergstraße 10	Volksschule Botnang
Weischedel, Albert	Buchdrucker	Feuerbach, Moltkestraße 51	
Weiß, Friedrich	Bankdirektor	Nord, Ganghoferstraße 23	Württembergischer Kreditverein
Weißenborn, Alfred	Ingenieur	Feuerbach, Wilhelm-Murr-Straße 44	Robert Bosch AG

Stand 1935. Die Amtszeit dauerte bis zum 30. Juni 1941.

Stuttgarter Bürgermeister und Beigeordnete (Fachbürgermeister) in der NS-Zeit

Strölin, Karl	Oberbürgermeister
Hirzel, Walter	Bürgermeister und Stadtkämmerer
Hablizel, Gotthilf	Stadtrat
Asmuß, Gustav	Stadtrechtsrat
Könekamp, Eduard	Stadtrechtsrat
Locher, Albert	Stadtrechtsrat
Ettwein, Friedrich	Stadtrat
Cuhorst, Fritz	Stadtschulrat
Waldmüller, Hans	Stadtrechtsrat
Weidler, Hugo	Stadtrechtsrat
Sigloch, Daniel	Stadtrat
Schwarz, Otto	Stadtrat
Waidelich, Ernst	Stadtrechtsrat
Kroll, Hugo	Stadtrat

Quellen und Literatur

Müller, Roland: Stuttgart zur Zeit des Nationalsozialismus, Stuttgart 1988
Müller, Roland: «Die kleine Gewalt" – Kreis- und Ortsgruppenleiter der NSDAP in Stuttgart, unveröffentlicher Vortrag beim Württembergischen Geschichts- und Altertumsverein am 24. Oktober 2001 im Stuttgarter Rathaus
Nachtmann, Walter: Karl Strölin – Stuttgarter Oberbürgermeister im «Führerstaat», Tübingen 1995
NS-Kurier und NS-Gemeindezeitung
Adressbuch der Stadt Stuttgart von 1936

Wilhelm Murr   Karl Strölin

Walter Nachtmann

Wilhelm Murr und Karl Strölin
Die «Führer» der Nazis in Stuttgart

Jugend und Prägung: Das «Führerprinzip» stellte eine der wichtigsten Säulen der nationalsozialistischen Ideologie dar. Der Führer traf die Entscheidungen, die Untergebenen hatten sie zu befolgen. Demokratische Kompromisse hielten die Nationalsozialisten für Unfug und bloße Zeitverschwendung. Befehl und Gehorsam prägten ihr Denken.

Zwei der wichtigsten «Führer» in Stuttgart waren der NSDAP-Gauleiter Wilhelm Murr und der Stuttgarter Oberbürgermeister Karl Strölin, zwei Persönlichkeiten, wie sie unterschiedlicher nicht hätten sein können, die aber gleichzeitig die gesellschaftliche Bandbreite der NSDAP symbolisieren.

Wilhelm Murr stammte aus kleinbürgerlichen Verhältnissen. Er wurde am 16. Dezember 1888 in Esslingen am Neckar als Sohn eines Schlossermeisters geboren. Bereits mit 14 Jahren verlor er seine Eltern und kam in die Obhut seiner älteren Stiefschwester. Nach dem Besuch der Volksschule begann er eine kaufmännische Lehre, was damals als etwas Besonderes galt. Von 1908 bis 1910 leistete er seinen Wehrdienst in Stuttgart ab. Danach arbeitete er bei der Maschinenfabrik Esslingen als kaufmännischer Angestellter. Schon während seiner Ausbildung kam er in Kontakt mit dem Deutschnationalen Handlungsgehilfen-Verband (DHV). Diese Standesvertretung der kaufmännischen Angestellten war 1893 in Hamburg von antisemitischen Politikern gegründet worden, um den Einfluss der Sozialdemokratie auf die Angestellten zu verhindern. In dieser Organisation lernte er den extremen Antisemitismus kennen, der sein Weltbild maßgeblich bestimmen sollte.

Karl Strölin dagegen entstammte einer Familie der schwäbischen Ehrbarkeit – jener Personengruppe in Württemberg, die seit Jahrhunderten die wichtigsten Funktionen in Politik, Rechtswesen, Militär, Kirche und Verwaltung einnahm. Fern der schwäbischen Heimat erblickte er am 21. Oktober 1890 in Berlin als Sohn des württembergischen Oberleutnants Karl von Strölin das Licht der Welt. Sein Vater war damals zum Großen Generalstab abkommandiert und brachte es später bis zum General. Auch seine Mutter stammte aus einer schwäbischen Offiziersfamilie.

Nach der Elementarschule besuchte Strölin Gymnasien in Stuttgart und Berlin, ehe er 1902 einen Platz im Preußischen Kadettenkorps erhielt. Damit stand einer Offizierskarriere nichts mehr im Weg. Befehl und Gehorsam bestimmten von nun an das Leben des damals Zwölfjährigen. Privatheit gab es nicht mehr. Allerdings erhielt er im Kadettenkorps auch eine umfassende Ausbildung, die sich an den Lehrplänen eines naturwissenschaftlichen Gymnasiums (Realgymnasium) ausrichtete. Strölins Militärkarriere verlief konsequent. Nach dem Abschluss der Kadettenanstalt wurde er als Fähnrich in die württembergische Armee übernommen und avancierte später zum Leutnant. Wie es in der deutschen Armee üblich war, verstand er sich als Erzieher der ihm untergebenen Soldaten. Dabei interessierten ihn auch soziale Fragen, aber nur dann, wenn es darum ging, wie man die Arbeiter für das Kaiserreich gewinnen und den Einfluss der Sozialdemokratie schmälern könnte.

Beide, Murr und Strölin, nahmen aktiv am Ersten Weltkrieg teil. Strölin verbrachte die meiste Zeit in Ausbildungs- und Stabsstellen und erreichte bis Kriegsende den Rang eines Hauptmanns. Murr dagegen erlebte einen großen Teil des Kriegs an der Front. Erst gegen Kriegsende und nach einer schweren Verwundung kam er als Vizefeldwebel in Stabsstellen unter.

Ideologische Orientierung und frühe Kontakte zur NSDAP: Das Kriegsende und die Niederlage Deutschlands bedeutete für beide einen Schock. Murr ging wieder in die Maschinenfabrik Esslingen und arbeitete als Lagerverwalter, eine für seine Ausbildung durchaus qualifizierte Aufgabe. Strölin dagegen, der gelernte Krieger, sah sich mit existenziellen Problemen konfrontiert. Niemand brauchte mehr Soldaten. Die deutsche Reichswehr musste auf 100.000 Soldaten reduziert werden. Nach einigen Aufgaben in den württembergischen Sicherheitstruppen – so nahm er an der Zerschlagung der Münchner Räterepublik teil – musste er 1920 unfreiwillig aus der Reichswehr ausscheiden. In Wien studierte er anschließend Staatswissenschaften und promovierte in Gießen mit einer Arbeit über die wirtschaftliche Lage der Stuttgarter Arbeiterklasse vor und nach dem Krieg. Vor allem in Wien kam er mit nationalistisch-ständestaatlichen Ideologen in Kontakt. Nach dem Studium fand er 1923 trotz der Wirtschaftskrise dank guter Beziehungen umgehend eine Stelle im Gaswerk der Stadt Stuttgart.

Seine preußisch-militaristische Ausbildung und die sozial-nationalistischen Überlegungen während seines Studiums bewogen ihn zu einem bewussten Schritt hin zur NSDAP. Diese Partei schien für ihn alles zu verkörpern, was er in seinem bisherigen Leben an Werten gelernt und angenommen hatte. Kaum in Stuttgart angekommen, versuchte es sich noch 1924 an der Gründung einer NSDAP-Ortsgruppe im Stuttgarter Westen.

Wilhelm Murr dagegen hatte einen weniger intellektuellen Zugang zur NSDAP. Nach seiner Rückkehr aus dem Krieg betätigte er sich erneut für den DHV. Vermutlich über ihn kam er in Kontakt zur völkischen Bewegung – vor allem zum Deutsch-Völkischen Schutz- und Trutzbund (DVST). Die alten antisemitischen Parolen des DHV und die neuen des DVST schienen dem Lagerverwalter ein stimmiges Weltbild zu verschaffen. Wie fast überall in Württemberg entwickelte sich der DVST auch in Esslingen zur Keimzelle der NSDAP. 1922 trat Murr der Partei bei. Zusammen mit einigen Gleichgesinnten ging er daran, eine NSDAP-Ortsgruppe in seiner Heimatstadt aufzubauen.

Sowohl für Strölin wie auch für Murr bedeutete der misslungene Putsch Hitlers im November 1923 zunächst das Ende ihrer nationalsozialistischen Aktivitäten. Die Partei wurde verboten.

Politische Sektierer: Nachdem das Verbot 1925 aufgehoben worden war, ging Hitler sofort daran, die NSDAP neu aufzubauen. Auch seine Esslinger Anhänger folgten dem Ruf ihres Führers. Wilhelm Murr übernahm die Leitung der Ortsgruppe. Seine absolute Treue zu Hitler und sein rednerisches Talent führten ihn über den Posten des Gaupropagandaleiters binnen drei Jahren an die Spitze der württembergischen NSDAP. Am 1. Februar 1928 berief ihn Hitler zum Gauleiter. Neben seinen politischen Aufgaben gehörte er von 1926 bis 1930 dem Betriebsrat der Maschinenfabrik Esslingen an und fungierte als ehrenamtlicher Richter am Arbeitsgericht Esslingen. Die Wahl in den Reichstag am 14. September 1930 bedeutete einen weiteren Karriereschritt.

Mit seinem machtpolitischen Gespür, seinen rhetorischen Fähigkeiten und seiner Führertreue gelang es ihm, seine Position in der heillos zerstrittenen württembergischen NSDAP zu festigen und mögliche Kontrahenten kleinzuhalten. Zu seinem heftigsten Rivalen entwickelte sich der frühere Führer des «Nationalsozialistischen Freiheitsbundes», Christian Mergenthaler, der seit 1924 völkische Parteien im Landtag vertrat (siehe dazu das Kapitel über Mergenthaler). Dieser fühlte sich Murr wegen seiner akademischen Ausbildung als Mathematiklehrer überlegen.

Ab 1929 stabilisierte sich die Partei im Land zusehends. Die Zahl der Mitglieder und der Besucher bei Propagandaveranstaltungen nahmen deutlich zu. Die NSDAP, bisher eher eine Splitterpartei, wurde nun in steigendem Maße von den politischen Gegnern und den Medien wahrgenommen. Durchaus auch ein Erfolg Murrs und seines propagandistischen Talents.

Strölin dagegen betätigte sich nach 1925 zunächst nicht wieder politisch. Zielstrebig verfolgte er seine zweite Karriere im Städtischen Gaswerk. Als Referent für Statistik und Organisation war er direkt dem Direktor des Werks unterstellt. 1927 wurde er in das Beamtenverhältnis übernommen. Neben seinen Tätigkeiten im Gaswerk übernahm er zusätzlich die Geschäftsführung des Landesverbandes württembergischer Gaswerke. Anlass für die Gründung des Verbands war eine Auseinandersetzung zwischen dem Ruhrkohlesyndikat in Essen und den kommunalen Gaswerken. Das Essener Syndikat wollte ganz Deutschland von der Ruhr aus mit Zechengas versorgen, was das Ende der kommunalen Betriebe bedeutet hätte. Die Gemeinden waren aber auf die Erträge ihrer Energieunternehmen angewiesen. Zudem war Strölin an den heftig ausgetragenen Konflikten zwischen den Gaswerken und den aufstrebenden Elektrizitätswerken beteiligt. In seinem neuen Amt und durch seine Tätigkeit im Gaswerk entwickelte er sich zu einem allseits anerkannten Fachmann für energiewirtschaftliche Fragen. In verschiedenen Fachzeitschriften veröffentlichte er entsprechende Artikel.

Nach der Reichstagswahl im September 1930, die der NSDAP einen erdrutschartigen Erfolg beschert hatte, änderte sich die politische Großwetterlage. Dies und vor allem die Stuttgarter Rede Adolf Hitlers vom Dezember 1930 brachten Strölin dazu, erneut der NSDAP beizutreten, entsprach diese Partei doch am ehesten den Vorstellungen, die er schon während seines Studiums entwickelt hatte. Eintrittsdatum: 1. Januar 1931.

Auf dem Weg zur Macht: Gut drei Monate später, am 7. April 1931, konnten die Stuttgarter lesen: «Von der Nationalsozialistischen Deutschen Arbeiterpartei, Ortsgruppe Stuttgart, ist Stadtamtmann Dr. rer. pol. Strölin als Kandidat für den Posten des Oberbürgermeisters der Stadt Stuttgart aufgestellt worden.» Nach längerer Suche hatte es die NSDAP in Stuttgart und Württemberg geschafft, Strölin für eine Kandidatur gegen seinen obersten Vorgesetzten zu gewinnen. Die letzte Entscheidung hatte allerdings bei Hitler gelegen. Gemeinsam waren Murr und Strölin nach München gereist, um die Zustimmung einzuholen. Nach einem kurzen Gespräch – Hitler musste gerade einen Putsch von Teilen der SA gegen sich abwehren – stimmte «der Führer» der Teilnahme an der Wahl zu und bestätigte Strölin als Kandidaten. Wegen der Aufmerksamkeit, die die direkte Wahl eines Oberbürgermeisters hervorrief, sagte Hitler zu, beim Wahlkampf in Stuttgart aufzutreten.

Die Wahl war bereits für den 26. April angesetzt. Die von Murr in Württemberg aufgebaute Propagandamaschinerie der NSDAP funktionierte bestens. Allerdings brauchte man etwas Zeit. Strölin eröffnete den Wahlkampf am 11. April mit einem Artikel im württembergischen Parteiorgan, dem «NS-Kurier». Unter der Überschrift «Lage der Kommunalwirtschaft» analysierte er die wirtschaftlichen Verhältnisse der deutschen Gemeinden und speziell Stuttgarts. Heftige Kritik äußerte er an den massiven Einsparungen als Folge der Wirtschaftskrise. Dadurch sah er die Lebensgrundlage des Mittelstandes und der Arbeiterklasse bedroht. In seinem Artikel stellte er sich als Wirtschaftsfachmann dar. Der Beitrag hätte auch von einem Kandidaten der Deutschnationalen oder der rechtsliberalen Deutschen Demokratischen Partei stammen können. Mit keinem Wort griff Strölin seinen Kontrahenten, den seit 1911 amtierenden Oberbürgermeister Karl Lautenschlager an, den alle wichtigen Parteien außer der KPD unterstützten.

Schnell wurde während des Wahlkampfs ersichtlich, dass die NSDAP mit verteilten Rollen arbeitete. Strölin trat als «Kandidat des schaffenden Volkes» auf, präsentierte sich als Fachmann und versuchte so, bis in die Wählerschichten der konservativen und liberalen Parteien einzudringen. Für das Grobe war die Partei zuständig. Sowohl in der Parteizeitung, Herausgeber: Wilhelm Murr, als auch auf Wahlveranstaltungen griffen Parteivertreter Lautenschlager persönlich an und diffamierten das politische System der Weimarer Republik. So nannte Christian Mergenthaler Lautenschlager den «Kandidaten des Marxismus und des bürgerlichen Breis».

Strölin stellte seinen Wahlkampf ganz unter das gängige nationalsozialistische Schlagwort «Gemeinnutz vor Eigennutz». Damit unterstellte er den anderen Politikern, eigennützig zu handeln. Er selbst sah sich als Kämpfer für den Mittelstand und die Arbeiterklasse. Marxismus, Materialismus und

Liberalismus waren für ihn das Übel des Deutschen Reichs. So bediente er alle Ressentiments der Nationalsozialisten. Deutlich wurde dabei sein Menschenbild: Die Menschen seien zwar vor Gott gleich, nicht aber im Leben. Familie und Religion seien zentrale Punkte im gesellschaftlichen Zusammenleben. Würden diese Werte aufgegeben, so käme es zwangsläufig zu einem Rückfall in die Barbarei.

Mit solchen intellektuellen Überlegungen konnte Wilhelm Murr nicht dienen. Eigene Ideen waren von ihm nicht zu erwarten. Er blieb der rhetorisch begabte Lautsprecher Hitlers. Kritiklos setzte er die politischen und propagandistischen Vorgaben aus der Münchner Parteizentrale in Württemberg um. Gleichzeitig war er darauf bedacht, seinen ewigen Widersacher Mergenthaler in Schach zu halten.

Strölin konnte bei der Wahl einen Achtungserfolg verbuchen. Obwohl Lautenschlager ihm haushoch überlegen war, hatte er es doch geschafft, den KPD-Kandidaten hinter sich zu lasen. Zudem hatte er trotz geringerer Wahlbeteiligung mehr Stimmen für die NSDAP geholt als bei der Reichstagswahl wenige Monate zuvor. Nach der Wahl bat Strölin Lautenschlager um eine Unterredung und – für einen Nationalsozialisten ungewöhnlich – entschuldigte sich bei ihm für die Angriffe während des Wahlkampfs. Angeblich seien sie ohne sein Wissen und Wollen geschehen. Selbst der NS-Kurier entschuldigte sich. So wollte man ein neues Image schaffen.

Damit erzielte Strölin einen gewissen Erfolg. Sein Kotau machte ihn auch für bürgerliche Wählerschichten interessant. Bei den Gemeinderatswahlen Ende 1931 zog er mit der höchsten Stimmenzahl in das Stadtparlament ein. Obwohl er in seiner Antrittsrede als Fraktionsführer der NSDAP eine sachliche Mitarbeit in Aussicht stellte, fiel er doch eher durch Unkenntnis, Propaganda und vor allem Besserwisserei auf.

Nach der Landtagswahl 1932, bei der die NSDAP auch in Württemberg zur stärksten Partei wurde, gab Murr sein Reichstagsmandat auf und wechselte in den Stuttgarter Landtag. Damit wollte er vor Ort Präsenz beweisen und dieses Gremium nicht seinem ewigen Widersacher Mergenthaler überlassen, der nun als Landtagspräsident fungierte. Angesichts der politischen Machtverhältnisse verlor das Landesparlament jedoch zunehmend an Bedeutung. Wie im Reich regierte auch die Landesregierung mit Notverordnungen.

Im Landtag schwieg Murr meistens. Wenn er doch das Wort ergriff, sprach aus ihm der nationalsozialistische Propagandist. Das einzige Heil sah er in einem Staat unter Führung der NSDAP. Auf eine Rede des sozialdemokratischen Abgeordneten Berthold Heymann pöbelte er im Landtag: «Wir verbitten uns, dass ein Jude ein Urteil über deutsche Kultur abgibt.» In solchen Ausfällen zeigte sich sein abgrundtiefer Hass auf die Juden. Ein solcher Spruch wäre von Strölin nie zu hören gewesen. Er habe nichts gegen Juden, betonte dieser, aber er sei auch nicht ihr Freund.

Die Erfolge der NSDAP bei den acht Wahlen zwischen 1930 und 1932 festigten die Position Murrs als NSDAP-Führer in Württemberg.

Die Machtergreifung: Hitlers Ernennung zum Reichskanzler am 30. Januar 1933 veränderte an der Situation in Württemberg zunächst wenig. Die amtierende Regierung blieb im Amt. Der Wahlkampf für die Reichstagswahl im März verlief im Vergleich zu anderen deutschen Staaten noch relativ demokratisch, auch wenn es schon Einschränkungen für die linken Parteien gab.

Nach der Wahl ging die NSDAP daran, in Württemberg die Macht zu ergreifen. Nach längerem Hin und Her (Murr gegen Mergenthaler) wählte der Landtag am 15. März 1933 Wilhelm Murr zum neuen Staatspräsidenten. Wenige Wochen später avancierte er zum Reichsstatthalter in Württemberg. Sein Rivale Mergenthaler übernahm das Amt des Ministerpräsidenten und das Kult(us)ministerium. Damit waren viele Konflikte für die nächsten zwölf Jahre vorgezeichnet. Die beiden restlichen Regierungsmitglieder waren bessere Staffage.

Neben der politischen Machtergreifung bestimmte Terror das Leben in Deutschland, in Württemberg und in Stuttgart. Politische Gegner wurden von den Schlägertrupps der SA und der NSDAP misshandelt oder gar ermordet. Schon nach wenigen Tagen entstand auf dem ehemaligen Truppenübungsplatz Heuberg bei Stetten am Kalten Markt auf der Schwäbischen Alb das erste Konzentrationslager Württembergs.

Kaum an der Macht, ging Murr daran, die Kommunen unter die Kontrolle der NSDAP zu bringen. Strölin vertraute er am 16. März 1933 Stuttgart an. Mit dem lapidaren Satz: «Die Zeitverhältnisse zwingen mich, die Verwaltung der Landeshauptstadt Stuttgart kommissarisch in die eigene Hand zu nehmen. Ich bestelle hiermit als Staatskommissar Herrn Stadtrat Dr. Strölin» leitete er den Machtwechsel ein.

Dieses Schreiben hielt Strölin dem verdutzten Oberbürgermeister persönlich unter die Nase und erklärte ihm, dass nun alle Vorgänge über seinen Schreibtisch laufen müssten. Lautenschlager empfand sich nur noch als «Brieföffner des Staatskommissars». Im Gegensatz zu vielen anderen deutschen und württembergischen Städten ließ man den alten Oberbürgermeister jedoch offiziell in seinem Amt. Zu sagen oder gar zu entscheiden hatte er jedoch nichts mehr. Folgerichtig fand man auch eine «einvernehmliche» Lösung: Lautenschlager schied Mitte des Jahres aus Altersgründen aus seinem Amt aus. Er wollte nicht länger als Strölins Marionette wirken, wie er nach Kriegsende betonte. Strölin amtierte ab dem 1. Juli 1933 als Oberbürgermeister.

Die Stadt im Würgegriff der Nazis: In geradezu atemberaubender Geschwindigkeit versuchten Strölin und Murr, die nationalsozialistische Ideologie – oder das, was sie darunter verstanden – in ihren Einflussbereichen durchzusetzen. Dabei griffen sie auf rechtliche Möglichkeiten zurück, die neu geschaffen worden waren, auf Kompetenzen, die ihnen qua Amt zustanden, oder auf schiere Gewalt. Strölin ging dabei etwas vorsichtiger zu Werke als Murr, aber auch er ließ beispielsweise den jüdischen Vorsitzenden des Deutschen Auslandsinstituts aus dem Amt prügeln. Sozialdemokratische Gemeinderäte – die kommunistischen waren ohnehin schon verhaftet – warnte er davor, das Rathaus nochmals zu betreten. Einige landeten im KZ auf dem Heuberg.

Strölin und Murr begannen außerdem umgehend mit der politischen «Säuberung» von Verwaltungen und Betrieben. Juden, aktive Sozialdemokraten und Kommunisten und selbst einige wenige Liberale verloren ihre Arbeitsplätze. Alte Kämpfer der NSDAP rückten für sie nach. So sah der von Strölin und Murr seit Jahren gepredigte Kampf gegen die Parteiherrschaft in Wirklichkeit aus. Dies alles betraf in erster Linie die Arbeiter und Angestellten der Städte und des Landes. Beamte waren fast nicht betroffen.

Mit einer Vielzahl von Verordnungen setzten Strölin und Murr das nationalsozialistische Gedankengut um.

Je mehr sich das System in der zweiten Hälfte des Jahres 1933 stabilisierte, desto mehr zeigten sich gewaltige Unterschiede zwischen Strölin und Murr, die auf ihren unterschiedlichen intellektuellen Fähigkeiten beruhten. Strölin entwickelte pausenlos neue Ideen, mit denen er das nationalsozialistische Weltbild in Stuttgart umsetzen wollte. Dagegen war Murr wie schon in den Jahren vor 1933 intellektuell nicht in der Lage, neue Anstöße zu geben. Der Gauleiter und Reichsstatthalter war mit seinem Posten schlicht überfordert. Das meiste, was von Murr an Ideen in die Landespolitik einfloss, entstammte dem Kreis seiner Mitarbeiter – allen voran von seinem Staatssekretär Karl Waldmann, einem nationalsozialistischen württembergischen Beamten, der die Reichsstatthalterei am Laufen hielt.

Strölins politisches Handeln war tief geprägt von «rassehygienischen» Vorstellungen. Die Substanz des deutschen Volkes war ihm zufolge durch Degeneration bedroht. Entsprechend begann er mit einer Politik, die einerseits gesellschaftliche Randgruppen aussortieren und andererseits vermeintlich «rassisch hochwertigen Volksgenossen» Vorteile verschaffen sollte. Verheiratete Frauen wurden durch ein städtisches Mutterschaftsdarlehen dazu gebracht, ihren Beruf aufzugeben. Beamtinnen mussten nach der Heirat aus dem Dienst der Stadt ausscheiden. «Rassisch minderwertige Deutsche» wurden mit den verschiedensten Maßnahmen kontrolliert und drangsaliert. In einem städtischen Gut in Buttenhausen bei Münsingen richtete die Stadt ein eigenes Lager für «Asoziale» ein. Bewaffnete Aufseher trieben dort die Insassen in der Landwirtschaft an. Das Gesundheitsamt pflegte Karteien zu den verschiedensten Erbkrankheiten der Einwohner.

Wilhelm Murr gefiel sich in seinem Amt als Reichsstatthalter und Gauleiter und genoss das Ansehen und die Vorzüge dieses Amtes. Er verkörperte die von den Nazis geforderte Dualität von Staat und Partei in einer Person. Allerdings stand bei ihm die Partei im Vordergrund. Beamte, die Forderungen von NSDAP-Stellen aus rechtlichen Gründen ablehnten, bezeichnete er als kleinkariert. Murr blieb in erster Linie der Propagandist, der die Sprachregelungen aus München und Berlin in seine Reden übernahm – und er blieb der radikale Antisemit. Fast keine seiner Reden kam ohne dieses Thema aus. Dabei konnte es durchaus vorkommen, dass Murr aus einer Belanglosigkeit eine Staatsaffäre machte. Ein Beispiel dafür ist ein Erlass des württembergischen Innenministeriums, das während des Zweiten Weltkriegs den Frauen verbot, Männerhosen zu tragen. Dieser Erlass war auf ausdrücklichen Wunsch des Gauleiters, Reichsstatthalters und Reichsverteidigungskommissars zustande gekommen.

Außer seinen Posten in Württemberg hatte Murr keine weiteren Ämter inne, Strölin dagegen war Stuttgart schon bald zu klein. Er strebte nach Höherem und übernahm eine Vielzahl von Ämtern, die ihm Einfluss verschaffen sollten. So war er im Deutschen Gemeindetag für Energiepolitik zuständig, im Reichshauptamt für die Kommunalpolitik der NSDAP-Reichsleitung, wo er für den Erhalt kommunaler Energieversorgungsunternehmen kämpfte. Maßgeblich war er beispielsweise an der Formulierung des Energiewirtschaftsgesetzes beteiligt, das in der Bundesrepublik noch lange gültig war. Als Vorsitzender und später als Präsident des Deutschen Auslandsinstituts in Stuttgart (heute: Institut für Auslandsbeziehungen) wollte er den Kontakt zu den Deutschen im Ausland und deutschen Auswanderern verbessern und sie für die Sache des Nationalsozialismus gewinnen. Stuttgart erhielt deshalb offiziell den Titel «Stadt der Auslandsdeutschen». Einer der Höhepunkte von Strölins Karriere dürfte 1936 eine Rede im New Yorker Madison Square Garden im Anschluss an die traditionelle Steuben-Parade gewesen sein. Weitere internationale Anerkennung erlangte er durch seine aktive Mitarbeit im «Internationalen Verband für Wohnungswesen und Städtebau», dessen Vorsitz er 1938 übernahm. Vollkommen ungewöhnlich für einen Nationalsozialisten, arbeitete er dort eng mit französischen, belgischen und Schweizer Sozialisten zusammen. Mit dem früheren französischen Sozialminister der Regierung Blum und Bürgermeister von Suresne bei Paris, Henri Sellier, verband ihn sogar eine engere Freundschaft. Delegationen aus beiden Orten besuchten sich gegenseitig.

Manchmal konnte sich sogar Murr in den Aktivitäten seines Stuttgarter Oberbürgermeisters sonnen. Die Tagungen der Auslandsdeutschen in Stuttgart boten ihm eine Bühne, um sich selbst darzustellen und die wichtigsten Leute des Dritten Reichs zu empfangen. Selbst zu einer Reise nach London und einem Abend in der dortigen Deutschen Handelskammer verhalf ihm Strölin, der die Reise mit «dienstlichen Gesprächen» verband.

Krieg und «Widerstand»: 1939 war Karl Strölin auf der Höhe seiner Macht. Doch mit Kriegsbeginn konnte der Oberbürgermeister seinen internationalen Ambitionen nicht mehr frönen. Wilhelm Murr dagegen erhielt mit dem Posten des Reichsverteidigungskommissars zusätzliche Kompetenzen. Trotzdem konnte Strölin zunächst noch einen Erfolg verbuchen. Durch die Umstrukturierung der Reichsleitung der NSDAP erlangte er 1940 das Amt eines Reichsamtsleiters der NSDAP. Damit hatte er rangmäßig mit Murr gleichgezogen.

Sein endgültiger Sturz begann 1941. Strölin hatte die Zeichen der Zeit nicht erkannt. Nachdem die Ermordung von Geisteskranken in Grafeneck nach heftigen Protesten der Kirchen hatte eingestellt werden müssen, reagierte die nationalsozialistische Führung im Reich und in Württemberg zunehmend religionsfeindlich. In genau dieser Zeit intensivierte Strölin jedoch seine Kontakte zur evangelischen Landeskirche und ihrem Bischof Theophil Wurm. Die religiöse Betreuung von volksdeutschen Umsiedlern, die in Württemberg in Lagern untergebracht waren, bildete den Auslöser. Strölin beschwerte sich als Präsident des Deutschen Auslandsinstituts bei Murr schriftlich, dass die Kirchen keinen Zugang zu den Lagern hätten. Dieser Brief, den er als Kopie auch an Wurm gesandt hatte, fand den Weg in die Öffentlichkeit. Murr, der seinen Burgfrieden mit der evangelischen Kirche aufgekündigt hatte, empfand den Brief als enorme Kränkung und ließ ein Parteiverfahren gegen den aufmüpfigen Oberbürgermeister einleiten. Ziel war es, ihn aus seinen Parteiämtern zu verdrängen. Als sich die Lage als aussichtslos erwies, trat Strölin 1943 von seinem Amt in der Reichsleitung der NSDAP zurück. Damit war er nur noch ein normaler Oberbürgermeister einer Großstadt.

In dieser Funktion trug Strölin alle Maßnahmen gegen Juden und andere verfolgte Minderheiten mit. Im Gegensatz zu Murr enthielt er sich jedoch auch in der Kriegszeit fast jeglicher antisemitischer Rhetorik. Der Gauleiter dagegen machte entsprechend der NS-Propaganda die Juden für den Krieg verantwortlich und drohte ihnen mit Ausrottung. Bis zum Ende beschwor Murr den Kampfesmut der deutschen Soldaten, die letztlich siegreich sein würden.

Der gelernte Soldat Strölin hatte beste Kontakte in alle Bereiche der Reichsverwaltung und der Wehrmacht. In unzähligen Gesprächen informierte er sich aus den verschiedensten Quellen über den wirklichen Kriegsverlauf. Schon beim ersten Stocken des Angriffs auf die Sowjetunion und angesichts der Nachrichten von befreundeten Offizieren von der Ostfront zweifelte er am schnellen Erfolg des Krieges. Nach dem Kriegseintritt der USA und den deutschen Niederlagen bei Stalingrad und in Nordafrika hielt er den Krieg eigentlich für verloren. Als sich der Kreis der Gegner um Deutschland immer enger schloss, erachtete er eine Kapitulation in Ehren, solange kein deutsches Gebiet besetzt war, für die beste Lösung.

Damit stand er auf einer Linie mit seinem guten Bekannten Carl Goerdeler, der bis 1937 Oberbürgermeister von Dresden gewesen war und inzwischen in Stuttgart für die Firma Bosch arbeitete. Aus der früheren Begeisterung für Hitler und den NS-Staat wurde nun Skepsis. Strölin dachte über Alternativen zum bestehenden System nach und entwickelte einige Gedanken, die aber nur auf eine Optimierung des Systems hinausliefen, nicht auf dessen Überwindung. Er wollte das NS-System reformieren, ohne seine Ideologie zu ändern oder gar zu beseitigen. Jedenfalls versuchte er Erwin Rommel, den er schon seit seiner Zeit in der Württembergischen Armee kannte, dafür zu gewinnen, Hitler zu einer Beendigung des Krieges zu überreden.

Kriegsende: Obwohl die Alliierten seit Ende 1944 deutsche Gebiete besetzten, verkündete der Propagandist Murr fast gebetsmühlenartig die

Überlegenheit der deutschen Soldaten, die auch in dieser Bedrängnis den Feind niederringen würden. Trotzdem machte er sich entsprechend den Vorschriften aus Berlin Gedanken, wie man im Falle einer drohenden Besetzung Württembergs reagieren sollte. In Murrs Umfeld entwickelte man allen Ernstes die Idee, die Stuttgarter Bevölkerung Richtung Süden zu evakuieren – die Menschen hätten zu Fuß gehen müssen – und die Stadt zu zerstören. Nach zähen Verhandlungen mit Strölin sah Murr schließlich ein, dass dies undurchführbar war. Deshalb willigte er auch ein, Infrastruktureinrichtungen wie die Wasser-, Gas- und Stromversorgung durch Ausbau etwa von Maschinenteilen nur zu «lähmen» und nicht zu zerstören.

Als sich Amerikaner und Franzosen der Stadt näherten, floh Murr in Richtung Oberschwaben und Vorarlberg. Seine Flucht endete in Egg im Bregenzer Wald, wo zunächst seine Frau und dann er sich mit Giftkapseln das Leben nahmen.

Strölin, dem Murr befohlen hatte, die Stadt zu verlassen, blieb und nahm über elsässische Mittelsmänner Kontakt zu den französischen Einheiten auf. Am 22. April 1945 übergab er die Stadt den Siegern, die ihn in seinem Amt bestätigten. Wenige Tage später nahmen ihn die Amerikaner fest. Immerhin konnte er mit Arnulf Klett den Franzosen noch seinen Nachfolger vorschlagen. Nach seiner Festnahme landete Strölin zunächst im Lager für Hauptkriegsverbrecher. Dort stellte man aber fest, dass er nicht als Angeklagter, sondern nur als Zeuge für die Nürnberger Prozesse taugte.

Nach seiner Freilassung aus der Internierung durchlief er das übliche Entnazifizierungsverfahren, in dem er als Minderbelasteter eingestuft wurde. Es gelang ihm, vor dem Verwaltungsgericht eine Pension als Beamter von der Stadt zu erstreiten – der Richter war ehemaliges NSDAP-Mitglied. Bis zu seinem Tod am 17. Januar 1963 lebte Strölin in Stuttgart bei Bekannten. Er hat nie eingesehen, welches Unrecht er begangen hat. Alles, was er in seiner Zeit als Oberbürgermeister veranlasst habe, sei stets mit den damaligen Gesetzen in Einklang gestanden.

Literatur

Projekt Zeitgeschichte, Kataloge, 5 Bde. Stuttgart 1982–1984
Müller, Roland: Stuttgart zur Zeit des Nationalsozialismus, Stuttgart 1988
Nachtmann, Walter: Karl Strölin. Stuttgarter Oberbürgermeister im Führerstaat, Tübingen 1995
Sauer, Paul: Wilhelm Murr. Hitlers Statthalter in Württemberg, Tübingen 1998
Sauer, Paul: Württemberg in der Zeit des Nationalsozialismus, Stuttgart 1975
Schnabel, Thomas: Württemberg zwischen Weimar und Bonn 1928–1945/46, Stuttgart 1986

Adolf Mauer

Gebhard Klehr

Adolf Mauer
Propagandaleiter und Organisator der Pogromnacht

In der Nacht vom 9. auf den 10. November 1938 brannten die Synagogen in der Stuttgarter Hospitalstraße und in Stuttgart-Bad Cannstatt. Organisiert hat dies an oberster Stelle Adolf Mauer. In Stadt und Land wurden damals jüdische Einrichtungen und Läden geplündert und zerstört, jüdische Bürger wurden in Konzentrationslager verschleppt, Friedhöfe verwüstet.

Adolf Mauer wurde am 13. Dezember 1899 in Traunstein geboren und wuchs in einfachen Verhältnissen in einer evangelischen Familie auf. Er hatte zwei Brüder. Sein Vater war Schlosser, später Heizer und dann Lokführer bei der Reichsbahn. Seine Jugend verbrachte Adolf Mauer in Stuttgart-Untertürkeim. Ab 1914 absolvierte er drei Ausbildungsjahre als Mechaniker bei der Manometerfabrik Eckhardt in Stuttgart-Bad Cannstatt. In dieser Zeit war er bei den Pfadfindern im Christlichen Verein junger Männer (CVJM) aktiv. Von Juli 1917 an war er Soldat im Ersten Weltkrieg. Er ging als Infanterist nach Frankreich, wo er bis zum Kriegsende im Einsatz war. Nach eigenen Angaben kämpfte er 1918 bei der deutschen Frühjahrsoffensive an der Somme, die nach drei Monaten zum Stehen kam und bei der er verschüttet wurde.

Nach dem Krieg arbeitete Mauer zwei Jahre lang als Schlosser in der Maschinenfabrik Esslingen und besuchte von 1921 bis 1923 die Maschinenbau-Schule. Dann zog er nach Heidenheim an der Brenz, wo er zehn Jahre lang als Ingenieur in der Maschinenfabrik Voith arbeitete. 1927 heiratete er Meta Willenberg aus Königsbronn; aus der Ehe gingen vier Kinder hervor.

Seine politische Laufbahn begann Adolf Mauer bereits als 23-Jähriger. Er trat 1923 der NSDAP bei, die kurz darauf verboten wurde, und wurde Gründer und Führer der SA (Sturmabteilung), der paramilitärischen Kampforganisation der Nazis, im Bezirk Heidenheim. 1930 trat er der inzwischen wieder legalen Nazipartei erneut bei (PG 212508). Jetzt ging es Schlag auf Schlag: Mauer erhielt ein Amt nach dem anderen. In Heidenheim schaffte er es vom Unterbezirksleiter über den Bezirks-und den Ortsgruppen-bis zum Kreisleiter der Partei, bei Voith wurde er 1931 zum Vorsitzenden des Angestelltenrates gewählt. 1933 – Hitler war bereits Reichskanzler und die Gewerkschaften zerschlagen – wurde er zum Betriebsobmann der Deutschen Arbeitsfront (DAF) ernannt, eines Einheitsverbands, in dem die Nazis Unternehmer und ihre Beschäftigten organisierten. Gleichzeitig wurde er Heidenheimer Kreis- und Stadtrat und Führer der Rathausfraktion der NSDAP.

Der württembergische Gauleiter Wilhelm Murr holte Adolf Mauer im Herbst 1933 als hauptamtlichen Leiter der Landesstelle Württemberg des

Reichspropaganda-Amts nach Stuttgart. Nach dem sogenannten Röhm-Putsch im Sommer 1934 und dem Freitod des Stuttgarter NSDAP-Kreisleiters Otto Maier hat Murrs Mann kommissarisch dessen Nachfolge übernommen (siehe dazu das Kapitel über Hermann Mattheiß). Der Gauleiter hat Mauer aber nie formell als Kreisleiter ernannt. Nach den Eingemeindungen im April 1937 stand Mauer 428 Stuttgarter Parteizellen und 53 Ortsgruppen der NSDAP vor.

Doch mit der Neuorganisation der Partei Mitte 1937 schied Mauer als Kreisleiter aus. Er übernahm in diesem Jahr die Leitung der Landesstelle Württemberg des Propagandaministeriums. Außerdem wurde er Chef des Fremdenverkehrsverbandes Württemberg-Hohenzollern und des Amtes des Landeskulturverwalters.

Im November 1938 organisierte Adolf Mauer in Stuttgart und Württemberg an vorderster Stelle das, was später als «Reichspogromnacht» in die Geschichte eingehen sollte. Die Spitze der NSDAP, darunter auch der württembergische Gauleiter Wilhelm Murr, versammelte sich zum Gedenken an den gescheiterten Hitler-Ludendorff-Putsch vom 9. November 1923 zum traditionellen Kameradschaftsabend in München. Am Abend erfuhren die Ober-Nazis, dass der deutsche Diplomat Ernst Eduard vom Rath seinen Verletzungen erlegen war; auf ihn hatte zwei Tage zuvor der siebzehnjährige polnische Jude Herschel Grynszpan in der Deutschen Botschaft in Paris geschossen.

Gegen 22 Uhr hielt Propagandachef Joseph Goebbels vor den versammelten SA-Führern eine antisemitische Hetzrede, in der er «die Juden" für den Tod vom Raths verantwortlich machte. Er lobte die «spontanen" judenfeindlichen Aktionen im ganzen Reich, bei denen auch Synagogen in Brand gesetzt worden seien. Die Partei wolle nicht als Organisator antijüdischer Aktionen in Erscheinung treten, werde diese aber dort, wo sie entstünden, auch nicht behindern. Die anwesenden Gauleiter und SA-Führer telefonierten gegen 22:30 Uhr mit ihren örtlichen Dienststellen. Danach versammelten sie sich im Hotel «Rheinischer Hof», um von dort aus weitere Anweisungen für Aktionen durchzugeben.

In Stuttgart lud Adolf Mauer die Vertreter der NSDAP, der SA und der Sicherheitsorgane sowie den Direktor der Feuerschutzpolizei in der Nacht des 9. November gegen 24 Uhr in seine Diensträume im Kronprinzenpalais und verteilte die Aufgaben. Gegen 3 Uhr standen die Synagoge an der Stuttgarter Hospitalstraße und die aus Holz gebaute Synagoge am Wilhelmsplatz in Stuttgart-Bad Cannstatt in Flammen. Die Feuerwehr – Feuerwehrleute gehörten mit zu den Brandstiftern – kümmerte sich nur darum, dass das Feuer nicht auf Nachbargebäude übergriff. Kurze Zeit später ging Adolf Mauer zusammen mit anderen Naziführern und dem Stuttgarter Branddirektor zum Wilhelmsplatz, um sich selbst ein Bild zu machen. Gegen 4:30 Uhr, so meldete der «NS-Kurier», sei nur noch «ein kleiner rauchender Schutthafen» zu sehen gewesen.

In der gleichen Nacht begannen etliche Stuttgarter, «Juden-Läden» zu demolieren und zu plündern, vor allem an der Königstraße und am Marktplatz. Viele Stuttgarter Juden wurden in diesen Tagen von ihrem Arbeitsplatz weg verhaftet und verschleppt, auf Polizeiwachen, in die Gestapo-Zentrale in der Dorotheenstraße oder in die SD-Dienststelle in der Reinsburgstraße. Dort sahen sie die im Hof herumliegenden Kultgegenstände, die aus den Synagogen geraubt worden waren. Anschließend wurden die Inhaftierten im Polizeigefängnis in der Büchsenstraße auf engstem Raum zusammengepfercht. Vom 10. bis zum 13. November brachten mehrere Busse Württemberger Juden vom Stuttgarter Hauptbahnhof aus in die Konzentrationslager nach Welzheim und Dachau. Bis auf wenige kehrten sie in den drei Folgemonaten wieder zurück.

Adolf Mauer war einer der wichtigsten Organisatoren des Pogroms in Stuttgart. Die Zentralspruchkammer in Ludwigsburg warf ihm Jahre später vor, im November 1938 den Befehl zur Niederbrennung sämtlicher Synagogen in Württemberg gegeben zu haben.

1941 bereitete sich Adolf Mauer auf Befehl des Oberkommandos der Wehrmacht auf einen Einsatz als Leiter der Propagandaabteilung der Wehrmacht in der Ukraine vor. Dort musste er mit dem zuständigen Reichskommissar Erich Koch zusammenarbeiten. Koch hoffte, die Ukrainer für die Nazis gewinnen zu können. Doch all seine Propaganda nutzte nichts. Je mehr Verbrechen die Deutschen in der Ukraine begingen – und Mauer hat dies mitbekommen –, desto feindlicher wurden selbst erklärte Gegner der Sowjetmacht. Wie Mauer später berichtete, kam es schließlich wegen seiner «Reformpläne» zu einem Zerwürfnis mit Koch. Daher wurde er im Oktober 1942 nach Hause geschickt. Noch von Stuttgart aus, so Mauer später, habe er in Denkschriften «auf die Fehler im Osten» hingewiesen.

Im Januar 1945 meldete Adolf Mauer sich an die Ostfront bei der Heeresgruppe von Ferdinand Schörner. Er habe damals in Schlesien «schwere Kampfaufträge» erhalten, berichtete er 1949. Trotz der Einkesselung von Breslau sei ihm der Ausbruch nach Görlitz gelungen. Dann will er einem Adjutanten Hitlers die Lage und Stimmung an der Ostfront kritisch geschildert haben. Schörner – Anfang April noch zum Generalfeldmarschall ernannt – habe ihn deshalb vernommen und aus dem Heeresgebiet ausgewiesen. Auch Martin Bormann wollte Mauer nicht haben. Der Leiter der Parteikanzlei der NSDAP entließ ihn fristlos.

Im März 1945 kehrte er nach Stuttgart zurück und wurde nach Ludwigsburg beordert. Drei Wochen vor Kriegsende flüchtete er nach Vorarlberg, wo er am 12. Mai 1945 in französische Gefangenschaft geriet. Am 15. September 1948 wurde er aus dem Internierungslager Tuttlingen entlassen, doch schon im März 1949 erneut festgenommen.

Die Zentralspruchkammer in Ludwigsburg stufte Mauer im Dezember 1949 als Hauptschuldigen ein und beantragte sechs Jahre Arbeitslager. Im Spruch wurde aber nur die Mindestarbeitslagerzeit von zwei Jahren festgelegt. Das 31-seitige Protokoll der Verhandlung nennt einen Rechtsbeistand, Zeugen und kommt zum Schluss, dass Mauer trotz Kenntnis der Verbrechen des Naziregimes «bis zum Schluss der Bewegung die Treue gehalten hat».

In einer Berufungsverhandlung im Dezember 1950 traten weitere Entlastungszeugen auf, die Mauers Einstellung bei den Fronteinsätzen und in der Wahrnehmung seines Amts in günstiges Licht rückten. In dieser Art sind auch die Entlastungsschreiben verfasst, die Mauer zum Beispiel eine «tadellose, stets hilfsbereite Haltung gegen jedermann» bestätigen. Zeugin Helene Busch, Stenotypistin, Mitglied der NS-Frauenschaft, schrieb: «Wir erledigten die Anordnungen aus Berlin. Herr Mauer war als Redner tätig.» Teilweise seien die Reden aus Berlin gekommen. Von dem Judenpogrom, so Helene Busch, «habe ich nichts gehört», nur dass bei Tietz (Hertie) nachts von der SA die Fensterscheiben eingeworfen worden seien. So wurde aus dem Hauptbeschuldigten Adolf Mauer nur noch ein Beschuldigter. Sein Charakterbild rechtfertigte es, «dass von einer Einweisung in ein Arbeitslager abgesehen wurde».

Die Beschlagnahmung und die Vermögensverwaltung des Hauses Bopserwaldstraße 65, das zur Hälfte auf den Namen der 1950 verstorbenen Ehefrau geschrieben war, wurden 1951 aufgehoben. Mauer hatte das Einfamilienhaus in bester Lage 1938/1939 bauen lassen, als er noch gut verdient hatte. Die Vermögenssühne wurde durch Gnadenerweis und die Bezahlung von 500 Mark als abgegolten erklärt. Mauers Gnadengesuch 1954 hat Ministerpräsident Gebhard Müller bereits neun Tage später stattgegeben: «Die restliche Kostenschuld von 415,38 DM wird auf 200,00 DM ermäßigt.»

Inzwischen wohnte Mauer in Reutlingen im eigenen Wohnhaus, war wieder verheiratet und unterhielt ein Ingenieurbüro.

Mauer fühlte sich unschuldig und falsch verstanden. Mitte der 1970er-Jahre kritisierte er das 1975 erschienene Buch «Württemberg in der Zeit des Nationalsozialismus» von Paul Sauer und forderte, «die heutige Geschichtsforschung sollte bei aller Gründlichkeit die Kirche im Dorf lassen». «Neben dem großen Verlust an Hab und Gut und Menschenleben» seien «bedauerlicherweise auch Verbrechen in unserem Namen und dem des Führers» begangen worden. «Leider erkannten die Ausführenden nicht die Ungesetzlichkeit und die Unmenschlichkeit der Befehle verrückter Vorgesetzter.» Die «Verehrung für Hitler» sei «in unserem Denken» aber so fest verankert gewesen, «dass wir ihm selbst diese grausamen Maßnahmen nicht zuschreiben konnten». Belehren ließ er sich nicht: «Meine Haltung ist letzten Endes eine Frage des Charakters, der Gesinnung und der Lauterkeit. Ich habe mir in meinem Leben, in Krieg und Frieden, keine Vorwürfe zu machen und fühle mich nicht im Geringsten mitschuldig an den Verbrechen vergangener Zeiten.»

Adolf Mauer starb am 17. März 1978.

Quellen und Literatur

Staatsarchiv Ludwigsburg: EL902/8/20/, EL402/25, PL502/29

Hauptstaatsarchiv Stuttgart: 12/684, darin auch «Adolf Mauers Kampf und Karriere im Hitlerreich», Karl Besemer, 2001

Müller, Roland: Stuttgart zur Zeit des Nationalsozialismus, Stuttgart 1988 Anpassung – Widerstand – Verfolgung. Die Jahre 1933 bis 1939, Ausstellungskatalog 1984

Müller, Roland / Schmidt, Frieder: Verfemt, verfolgt, vernichtet. Eine Dokumentation zur «Reichskristallnacht» vor 40 Jahren, Stuttgart 1978

Hans Junginger

Kameradschaftsabend 1940 (von links): NSDAP-Kreisleiter Fischer, Oberstleutnant Grasser, Stuttgarts Oberbürgermeister Strölin und Oberstleutnant Blecher.

Karl-Horst Marquart

Hans Junginger und Wilhelm Fischer
Sie terrorisierten die Vaihinger Bevölkerung

«Ich werde Sie vernichten!» waren die Lieblingsworte Hans Jungingers gegenüber Personen, die eine andere politische Meinung als er vertraten. Der Vaihinger Ortsgruppenleiter der NSDAP und der in Vaihingen wohnende Kreisleiter Wilhelm Fischer galten als besonders brutal und fanatisch. Fischer war der Intelligentere, Abwägendere, Junginger eher ein Draufgänger, der Menschen öffentlich geohrfeigt hat, wenn sie den Hitlergruß nicht erwiderten. Fischer und Junginger, die häufig gemeinsam gegen politische Gegner agierten, sind mitverantwortlich für den Tod von zwei Vaihinger Männern – Gottlob Häberle und Eugen Banz –, die es gewagt hatten, den Nazis zu widersprechen. Beide waren in Konzentrationslagern inhaftiert worden, Häberle wurde im KZ ermordet, Banz starb an den Haftfolgen. Für die beiden wurden 2007 und 2008 Stolpersteine verlegt.

Hans Junginger, am 15. Mai 1901 in Ichenhausen bei Günzburg geboren, von Beruf Kaufmann, verheiratet, fünf Kinder, wohnte von 1929 an in der Champignystraße 13 in Vaihingen auf den Fildern. Ab 1924 war Junginger Angestellter einer staatlichen «Lotterie-Einnahme» in Stuttgart, die er 1939 übernahm. Der NSDAP gehörte er seit 1931 an.

Noch bevor er im Mai 1933 zum Ortsgruppenleiter des damals noch selbstständigen Vaihingen – der Ort wurde 1942 der Stadt Stuttgart zugeschlagen – wurde, hatte sich Hans Junginger als Scharfmacher hervorgetan. Zum Beispiel bei einer Rede am 21. März 1933, als die Nationalsozialisten im ganzen Reich mit dem «Tag von Potsdam» die Machtergreifung Hitlers gefeiert hatten: «Scharfe Worte», so heißt es im Filder-Boten, «fand der Redner gegen alle, die diese Aufbauarbeit der deutschen Nation stören wollen nach irgendeiner Seite, ihnen ist und wird auch weiterhin der Kampf angesagt und durchgeführt werden, bis wir von einem freien Deutschland wissen, in dem nicht der Marxismus, sondern der Nationalismus seine Einkehr gehalten hat. Millionen jubeln den Taten Adolf Hitlers zu, Millionen werden noch weiter folgen.»[1]

Obwohl Junginger an einer akuten Darmerkrankung am 23. Februar 1942 starb, wurde nach dem Krieg in Stuttgart gegen ihn ein Spruchkammerverfahren zur «Entnazifizierung» durchgeführt. Ein Zeuge berichtete, Junginger habe die Bevölkerung, vor allem Andersdenkende, «in bösester Weise terrorisiert», geschlagen und gezüchtigt. Er sei «der böse Geist Vaihingens» gewesen. Sein Hass gegen Andersdenkende habe keine Grenzen gekannt. «Die Bevölkerung atmete sichtlich auf, als der Betroffene während des Krieges gestorben ist.»[2]

Der Vaihinger Bürger Hugo Brückner berichtete als Zeuge im Spruchkammerverfahren, er sei im März 1933 von Junginger geschlagen worden. Grund: Er hatte am Wahlsonntag Naziplakate am Haus seiner Schwiegermutter entfernt und sich geweigert, Junginger zu verraten, wo die Fahnen des «Reichsbanners Schwarz-Rot-Gold» versteckt seien, eines Bündnisses, das von den Sozialdemokraten geführt wurde. Hugo Brückner: «Ich wurde dann in Haft genommen auf Veranlassung des Betroffenen Junginger und wurde dieserhalb 5 Wochen in Polizeigewahrsam gesteckt.»[3]

Wilhelm Fischer wurde am 9. Februar 1901 in Lustnau, Kreis Tübingen, geboren. Er war 1918 als Kriegsfreiwilliger kurze Zeit bei der Marine, erlernte erst Landwirt und dann Kaufmann als Beruf. Er heiratete 1928, hatte zwei Kinder und wohnte von 1930 bis 1942 in Vaihingen, erst in der Katzenbachstraße 92, ab 1938 in der Hindenburgstraße 3. Bereits 1923 hatte er in Tübingen der NSDAP bis zu ihrem Verbot angehört, am 1. August 1929 trat er ihr in Stuttgart erneut bei. Im Juni 1932 wurde er NSDAP-Ortsgruppenleiter von Vaihingen. Im Mai 1933 gab er die Leitung an Junginger ab und wurde NSDAP-Kreisleiter des Kreises Stuttgart-Amt. Die Kreise Stuttgart-Amt und Böblingen wurden 1934 zusammengefasst und 1936 um den Kreis Schönbuch erweitert. Im Juni 1937 wurde Fischer als Nachfolger von Adolf Mauer hauptberuflich Kreisleiter der Stadt Stuttgart (bis April 1945). Seine Position als kaufmännischer Leiter des Zeitungsverlags Filder-Bote GmbH legte er deshalb nieder.

Wie es in Fischers Büro zuging, schilderte ein Zeuge nach dem Krieg: «Nach meiner Entlassung aus der Haft in Welzheim musste ich mich beim Kreisleiter Fischer vorstellen. Als ich bei ihm in sein Zimmer eintrat, grüßte ich mit dem üblichen Gruß. Fischer erwiderte darauf, dass hier nur der deutsche Gruß ‹Heil Hitler› gelte und ob ich in meiner Zeit in Welzheim nichts gelernt habe. Ich erwiderte darauf, dass uns als Häftlingen jeder Gruß untersagt war. Unter a. fragte er mich, ob ich nun endlich kuriert sei. Als ich ihm darauf erwiderte, dass ich nie krank gewesen bin, brüllte er mich an und sagte: ‹Sobald Sie noch einmal geholt werden müssen, werden Sie Ihre Heimat nie mehr sehen.›»[4]

Dass Junginger und Fischer keine Einzeltäter waren, dass sie ohne ein Netz von Gehilfen, Denunzianten, Angepassten, Eingeschüchterten, Gleichgültigen und Wegschauenden in der Bevölkerung, Verwaltung, Justiz und Presse ihre missbräuchliche Macht nicht hätten ausüben können, zeigen die Fälle der Vaihinger Nazigegner Häberle und Banz.

Gottlob Häberle, geboren am 7. Oktober 1893 in Vaihingen, aus dem Ersten Weltkrieg als Kriegsbeschädigter heimgekehrt, Rentner und Hilfsarbeiter, kaufte 1938 eine Doppelhaushälfte in Vaihingen, Kelterstraße 10/1, die er mit seiner Frau und Mietern bewohnte. Er gehörte vor der Machtergreifung Hitlers «linksstehenden Organisationen» an. Nach Aussage seiner Frau Anna Häberle vom 12. November 1947 soll er 1933/1934 kurzzeitig Mitglied der NSDAP gewesen sein. Dabei sei er mit Fischer und Junginger bekannt geworden, hätte die Zusammenhänge innerhalb der Partei durchschaut, sei wieder ausgetreten und habe über seine negativen Erfahrungen mit anderen Vaihingern gesprochen.

Beispielsweise war Gottlob Häberle am 17. April 1934 auf die Geschäftsstelle der NSDAP in Vaihingen zitiert und von Junginger angeschrien, niederträchtig beschimpft und geschlagen worden, wie aus einem Bericht von Häberles Rechtsanwalt vom 3. Mai 1935 hervorgeht. Der Ortsgruppenleiter habe Häberle mit den Worten empfangen: «Sie elender Hund, Sie miserabler Kerl, wie können Sie Ehrenmänner beleidigen, Sie Hund, Sie Schuft, wir werden Ihren Mieterverein auflösen, wir werden Ihre Familie ausrotten; wenn Sie nicht bis morgen früh Ihr Amt als Vorstand beim Mieterverein niedergelegt haben, dann werden Sie sehen, was kommt. Ich werde Sie auf den Heuberg bringen.» Als Häberle antworten wollte, habe Junginger geschrien: «Wenn Sie jetzt nicht hinausgehen, werden Sie etwas erleben, und wenn Sie zu irgendjemandem etwas aussagen, dann kommen Sie sofort auf den Heuberg.»[5] Außerdem habe er Häberle einen schweren Fußtritt in den Rücken versetzt.

Nach dem Krieg sagte Klara Banz, die Frau von Eugen Banz, als Zeugin beim Spruchkammerverfahren gegen Junginger aus: «Ich und mein Mann haben bei dem damaligen Gottlob Häberle die Striemen und blutunterlaufenen Stellen am Körper gesehen, als Junginger den kriegsbeschädigten Häberle geschlagen hatte.»[6]

Am 30. Juli 1934 wurde auf Antrag der Staatsanwaltschaft vom Amtsgericht Stuttgart ein Gerichtsverfahren gegen Gottlob Häberle eröffnet, «welcher hinreichend verdächtig erscheint, er habe ... andere, darunter einen Beamten, vorsätzlich und rechtswidrig beleidigt».[7] Er habe «in einer Eingabe an den Reichskanzler Adolf Hitler vom 5.3.1934 als damaliger Vorstand des Mietervereins Vaihingen a. F.» unter anderem geschrieben, dass der Vaihinger Bürgermeister Walter Heller und der NSDAP-Kreisleiter Fischer an Größenwahn leiden würden. Deshalb hatten Heller und Fischer am 17. Mai 1934 Strafantrag gegen ihn gestellt. Häberle wurde zu zehn Tagen Haft verurteilt, die er im Gefängnis in Stuttgart absitzen musste.

Am 8. Mai 1935 wurde Gottlob Häberle erneut zu einer Gefängnisstrafe wegen Beleidigung von Fischer und Junginger verurteilt. Er hatte sich am 28. Januar 1935 bei der Gauamtsleitung in Stuttgart und am 9. Februar 1935 beim Amt für Volkswohlfahrt in Vaihingen darüber beschwert, dass er vom Ortsgruppenleiter Junginger schikaniert werde. Am 9. Mai 1935 erschien im Filder-Boten ein Bericht über die Verurteilung Häberles, in dem dieser als notorischer Hetzer bezeichnet und seine Bestrafung als Warnung für andere dargestellt wurde.

Gottlob Häberle gab nicht klein bei, sondern legte Berufung gegen das Urteil ein. Am 30. September 1935 wurde eine mündliche Hauptverhandlung anberaumt, zu der sechs Zeugen geladen wurden, darunter Wilhelm Fischer und Hans Junginger. «Die Ladung der von Ihnen benannten Zeugen», teilte die Staatsanwaltschaft Häberle mit, «bleibt vorbehalten.»[8] Da bei dem Vorfall im April 1934 niemand dabei gewesen war, benannte Häberle fünf Zeugen, die von Junginger ähnlich behandelt worden waren, darunter Hugo Brückner sowie Eugen und Klara Banz. «Die Zeugen von Häberle sind nicht gehört worden, nur die Zeugen von Junginger», steht in einer handschriftlichen Notiz auf dem Schreiben von Häberles Rechtsanwalt vom 3. Mai 1935.[9] Der als Zeuge vor Gericht geladene Junginger leugnete, Häberle im April 1934 auf der NSDAP-Geschäftsstelle geschlagen zu haben. Junginger wurde nicht vereidigt, Häberles Strafe auf zehn Tage Haft reduziert. Ihre Umwandlung in eine Geldstrafe wurde am 31. Januar 1936 abgelehnt.

Häberles Auseinandersetzung mit den Vaihinger Repräsentanten des NS-Staates ging weiter. Inzwischen hatte er Junginger wegen Amtsanmaßung angezeigt. Der Oberstaatsanwalt beim Landgericht Stuttgart stellte das Verfahren jedoch am 14. November 1935 ein: «Insbesondere behauptet der Anz. Erst. [Anzeigeerstatter], selbst am 17.4.1934 unter der Androhung der Vorführung durch SA-Leute vorgeladen worden zu sein.» Da der Vorfall jedoch vor dem 2. August 1934 war, erübrigte sich «eine weitere Nachprüfung ..., da ... das Straffreiheitsgesetz vom 7.8.34 zur Anwendung diesbezügl. zu kommen hat».[10]

Im Sommer 1936 wurde Häberle in sogenannte Schutzhaft genommen und kam für drei Monate in das Konzentrationslager Welzheim. Jemand hatte ihn denunziert. «Die beiden Parteileiter Fischer und Junginger», so Anna Häberle später, «haben die Verhaftung meines Mannes veranlasst.»[11] Die Verurteilungen zu Gefängnisstrafen hätten Fischer und Junginger nicht genügt. Am 13. März 1940 wurde Häberle erneut in das KZ Welzheim eingeliefert, denunziert von einem Verwaltungsbeamten des Vaihinger Rathauses, über den er sich bei Mietstreitigkeiten in seinem Haus aufgeregt hatte.

Erst am 30. April 1941 kam Häberle wieder frei. Doch schon am 18. Juli 1941 wurde er wegen «volksgemeinschaftswidrigen Verhaltens und Beamtenbeleidigung», wie es in Akten der Gestapo heißt, wieder verhaftet und am 29. November 1941 in das KZ Sachsenhausen gebracht. In einem Schreiben des Reichsministers des Innern vom 21. September 1942, aufgrund dessen das Ruhen von Häberles Rente wegen «staatsfeindlicher Betätigung» entschieden wurde, steht: «Häberle ist als Querulant schlimmster Sorte anzusehen, der bereits zweimal wegen abträglicher Äußerungen über führende Persönlichkeiten der Partei und des Staates durch die Geheime Staatspolizei in Schutzhaft genommen werden musste. Obwohl er bei seiner am 30. April 1941 erfolgten probeweisen Entlassung eindringlich verwarnt worden ist, musste er am 18. Juli 1941 erneut in Schutzhaft genommen werden, weil er sein staatsabträgliches Treiben wieder aufgenommen hatte.»[12]

«Bei meinem wiederholten Vorstelligwerden auf der Gestapo», sagte Anna Häberle nach dem Krieg, «für die Entlassung meines Mannes sah ich jeweils im Ganzen zweimal, dass der dortige Beamte ein Schriftstück durchlas, das die Unterschrift des damaligen Kreisleiters Wilhelm Fischer hatte. Mein Mann ist aus seiner Schutzhaft aus Sachsenhausen nicht mehr zurückgekehrt. Betroffener [Fischer] sowie der Ortsgruppenleiter Junginger waren diejenigen, die meinen Mann bewusst dem KZ überlieferten.»[13]

Im KZ Sachsenhausen war Gottlob Häberle bis zu seinem Tod mehr als dreieinhalb Jahre. Die Umstände seines Todes und das Todesdatum sind nicht bekannt. Als letzte Information über ihn ist Unterlagen des Russischen Staatlichen Militärarchivs in Moskau zu entnehmen, dass er am 5. Januar 1945 im Krankenrevier des Lagers war. Seine letzte schriftliche Nachricht an seine Frau stammt vom 11. Februar 1945. Gottlob Häberle wurde vermutlich, als das KZ Sachsenhausen wegen der heranrückenden sowjetischen Armee geräumt werden sollte, wie zahllose andere Kranke von SS-Wächtern ermordet. Sein Todesdatum wurde «mangels genauer Anhaltspunkte» auf den 28. Februar 1945 festgelegt, «weil um diese Zeit mit der Räumung und Auflösung des KZ Oranienburg-Sachsenhausen begonnen worden ist».[14]

Am 10. August 1948 gab die «Landesbezirksstelle für die Wiedergutmachung Stuttgart» folgende Beurteilung ab: «Wir haben Frau Häberle als Verfolgte anerkannt. ... Häberle war praktisch nicht vorbestraft; zwei geringe Beleidigungsstrafen konnten jedenfalls nicht zu seiner Verbringung ins Konzentrationslager Anlass geben. Man gewinnt aus den Akten den Eindruck, dass Herr Häberle mit den nationalsozialistischen Dorfgewaltigen in Vaihingen aneinandergeraten ist und dass diese ihre politische Macht ausgenutzt haben, um den ihnen unbequemen Häberle fortzuschaffen. Eine frühere politische Linkseinstellung des Häberle kann ihnen vielleicht dazu Veranlassung gegeben haben.»[15] Trotzdem wurde der verwitweten Frau Häberle am 25. Juni 1957 eine «Entschädigung für Schaden an Freiheit» ihres Mannes verweigert. Der Ablehnungsbescheid enthält dieselben Begriffe wie der Rentenaufhebungsbescheid von 1942: «Unruheherd, Querulantentum, abträgliche Äußerungen und Beleidigungen.»

Eugen Banz hatte ebenfalls unter Jungingers und Fischers Schikanen zu leiden und kam wie Gottlob Häberle im Sommer 1936 in das KZ Welzheim. Geboren wurde er am 12. November 1880 in Stuttgart. Als Schneidermeister betrieb er in Vaihingen, Schockenriedstraße 11, wo er mit seiner Frau Klara und drei Kindern wohnte, eine Damenschneiderei.

Banz gehörte offenbar keiner politischen Partei an. Er war laut Zeugenaussagen «mit dem Nazisystem nicht einig» und machte «öfters missfällige Äußerungen darüber». Klara Banz gab nach dem Krieg an, «nur dadurch, dass ihr Mann mit den Parteidienststellen in Konflikt geraten sei und im Gegensatz zur Partei stand, seien ihm die Aufträge gesperrt worden, sodass das Geschäft nur in bescheidenem Rahmen weitergeführt werden konnte».[16]

Am 24. Februar 1934 wurde Eugen Banz verhaftet und bis zum 1. März 1934 in Vaihingen in «Schutzhaft» genommen «wegen ungehöriger schriftlicher und mündlicher Äußerungen gegenüber den Organen der NSDAP».[17] Dies geschah auf Veranlassung des Betriebsobmanns der Deutschen Arbeitsfront bei der Vaihinger Bierbrauerei Leicht, Erwin Eisenhardt, und des Ortsgruppenleiters Junginger, denn Banz hatte sich gegen Jungingers Verbot gewehrt, Arbeitsfrontanzüge anzufertigen. Erst als er eine Erlaubnis der Reichszeugmeisterei zur Anfertigung von Arbeitsfrontanzügen vorlegte, wurde er aus der Haft entlassen.

Eugen Banz kämpfte weiter gegen den Terror der beiden lokalen Parteibonzen. Er strengte 1935 gegen Junginger im Fall Häberle ein Meineidsverfahren an, das jedoch niedergeschlagen wurde. Am 13. Juli 1936 schrieb Banz an Kreisleiter Fischer einen Brief. Darin heißt es: «Wenn ich Ihre Rede in der Zeitung lese als dreifach gefeierter Kreisleiter, so hört sich das an wie ein Apostel, der Wasser predigt und Wein trinkt.»[18] Banz spielte darauf an, dass Fischer nach und nach gleichzeitig Kreisleiter des Kreises Stuttgart-Amt, Böblingen (seit 1934) und des Kreises Schönbuch (seit 1936) wurde. Die Nazis nahmen Eugen Banz erneut fest und steckten ihn vom 14. Juli bis zum 22. Dezember 1936 ins KZ Welzheim.

Die fünfmonatige Haft im KZ Welzheim hinterließ bei Eugen Banz gesundheitliche Spuren. Er hatte sich dort durch Misshandlungen und Erkältungen ein chronisches Nierenleiden zugezogen, an dessen Folgen er am 1. Februar 1942 im RobertBosch-Krankenhaus in Stuttgart starb.

Am 29. August 1947 nahm der Vaihinger Bezirksbeirat einen Antrag zum «Ehrengrab Junginger» auf dem Vaihinger Friedhof «bei 9 Zustimmungen und 2 Stimmenthaltungen» an: «Der Platz, auf dem die Urne des Junginger steht, soll die Ehrenplatzeigenschaft verlieren. Die Urne soll dort entfernt und der Witwe zur anderweitigen Aufstellung übergeben, der Ehrenplatz selbst wie das andere Friedhofgelände belegt werden.»[19]

In einem Nachtrag vom 11. Oktober 1948 zur Klageschrift vom 20. Juli 1948 im Spruchkammerverfahren gegen Hans Junginger stellte der öffentliche Kläger aufgrund von acht Zeugenaussagen fest: «Der verstorbene Betr., welcher als Ortsgruppenleiter in Vaihingen ein Regiment des Schreckens führte, hat durch seinen Einsatz der Gewaltherrschaft des NS ungeheure Dienste geleistet. Er hat zahllose Menschen durch seine verbrecherische Handlungsweise in Not, Elend und Bedrängnis gebracht und dadurch das Recht des Menschen auf Würde und Freiheit mit Füßen getreten.»[20]

Jungingers Verteidiger hingegen schrieb am 21. Oktober 1948 an die Spruchkammer in Stuttgart: «Der Betr. gehörte zu denjenigen Menschen, die überzeugte Nationalsozialisten waren. Er war ein großer Idealist und erhoffte vom NS eine Besserung der wirtschaftlichen und politischen Lage des deutschen Volkes. ... Weiter ist zu bedenken, dass in Vaihingen auch der Kreisleiter Fischer wohnte und tätig war und alle Anordnungen von diesem nicht nur erlassen, sondern auch durchgeführt wurden. Dass dabei der Betroffene nicht viel zu sagen hatte, bestätigen fast sämtliche Zeugen.»[21]

Der öffentliche Kläger der Internierungslager in Ludwigsburg kam in der Klageschrift gegen Wilhelm Fischer vom 15. Januar 1948 zu folgender Beurteilung: «Fischer war ein brutaler und fanatischer Nazi, besonders gegen politisch Andersdenkende. Der Betroffene hat durch unzählige Reden und Presseveröffentlichungen den NS außerordentlich unterstützt.»[22] Die

Spruchkammern reihten Fischer am 16. März 1948 und Junginger am 6. Oktober 1948 in die Gruppe der Hauptschuldigen ein. Im Fall Junginger sollten als Sühne von dem im Land Württemberg-Baden gelegenen Nachlass 25 Prozent eingezogen werden. Ein Gnadengesuch von Jungingers Witwe wurde 1949 abgelehnt. Wilhelm Fischer wurden folgende Sühnemaßnahmen auferlegt: Er sollte für fünf Jahre in ein Arbeitslager eingewiesen werden, worauf die seit 14. Juli 1945 erlittene Haft angerechnet wurde. Sein Vermögen sollte als Beitrag zur Wiedergutmachung eingezogen und nur der Betrag belassen werden, der zum notdürftigen Lebensunterhalt erforderlich war. Der Ministerpräsident von Württemberg-Baden, Reinhold Maier, erklärte Fischers Arbeitslagersühne am 12. Juli 1949 «durch Gnadenerweis» für beendet.

Anmerkungen

1   Archiv im Rathaus Vaihingen, Filder-Bote v. 22.03.1933.
2   Staatsarchiv Ludwigsburg (StAL), EL 902/20, Bü 79370, Bl. 17. Spruchkammerakte «Hans Junginger».
3   Ebd., Bl. 14.
4   StAL, EL 903/4, Bü 166, Bl. 108 u. EL 903/7, Bü 82, Bl. 4/39 (Abschrift). Spruchkammerakten «Wilhelm Fischer».
5   Wie Anm. 2, Bl. 51–53.
6   Wie Anm. 2, Bl. 13.
7   StAL, EL 902/20, Bü 79844, Bl. 51. Spruchkammerakte «Walter Heller».
8   Ebd., Bl. 48.
9   Wie Anm. 2, Bl. 51–53.
10 Wie Anm. 2, Bl. 54.
11 StAL, EL 350 I, Bü 681, Bl. 57. Entschädigungsakte «Anna Häberle».
12 StAL, EL 350, ES 689, Bl. 6 (Abschrift). Entschädigungsakte «Gottlob Häberle».
13 Wie Anm. 4, Bl. 18 u. Bl. 4/14 (Abschrift).
14 Wie Anm. 11, Bl. 5 (Abschrift) u. Bl. 11.
15 Wie Anm. 11, Bl. 28.
16 StAL, EL 350 I, ES 21709, Bl. 33. Entschädigungsakte «Klara Banz».
17 StAL, F 202 II, Bü 773, Bl. ohne Nr.
18 Wie Anm. 2, Bl. 13.
19 Wie Anm. 2, Bl. 79.
20 Wie Anm. 2, Bl. 107–108.
21 Wie Anm. 2, Bl. 110–113.
22 StAL, EL 903/4, Bü 166, Bl. 107–109. Spruchkammerakte «Wilhelm Fischer».

Hermann G. Abmayr / Gerhard Hiller

Eugen Notter
Brauner Arbeiterführer, Gemeinderat und Profiteur der «Arisierung»

Eugen Notter kam aus der Arbeiterbewegung, hat sich an der Zerschlagung der Gewerkschaften beteiligt und machte Karriere als Funktionär der Deutschen Arbeitsfront (DAF). Er wurde Gemeinderat und profitierte von der «Arisierung».

Notter wird am 12. Juli 1894 im Heilbronner Arbeitervorort Böckingen geboren. Er erlernt das Maler- und Lackierhandwerk und tritt 1911 als 17-Jähriger der Gewerkschaft bei. Aus dem Ersten Weltkrieg kehrt er als Kriegsversehrter zurück. 1921 zieht er nach Stuttgart-Degerloch in die Reutlinger Straße 130. Mitte der 20er-Jahre tritt Notter der SPD bei und wird in der Gewerkschaft aktiv. So ist er von 1925 bis 1926 Leiter der Lackierersektion des gewerkschaftlichen Maler- und Lackiererverbandes in Stuttgart. Und 1927 wählen ihn seine Kollegen zum Vorsitzenden des Betriebsrats der Firma Auer in Stuttgart-Bad Cannstatt.

Mit dem Beginn der Weltwirtschaftskrise und mit der zunehmenden Arbeitslosigkeit kommt die große Wende in Eugen Notters Leben. Er bekommt, wie viele Arbeiter damals, Zweifel an seiner Gewerkschafts- und Parteiarbeit und sucht nach Alternativen. Er besucht Versammlungen verschiedener Parteien bis hin zur NSDAP. 1930 tritt er aus der SPD und aus seiner Gewerkschaft aus. Wie er beim Spruchkammerverfahren nach dem Krieg berichtet, hatte ihn dann eine Hitler-Rede so sehr begeistert, dass er am 1. Juni 1931 der NSDAP beitrat.

Noch im selben Jahr schließt er sich der SS an und am 1. Mai 1932 der Nationalsozialistischen Betriebszellenorganisation (NSBO).[1] Für die Nazis ist Notter ein großer Gewinn, denn die Arbeiter und die Arbeitslosen in Stuttgart waren in ihrer großen Mehrheit links orientiert. Die Proletarier, die die Braunen gewinnen konnten, waren eher einfache Männer oder Schlägertypen, die man nur für die SA einsetzen konnte. Geschulte Gewerkschafter mit Organisationsfähigkeiten und Arbeiter, die bei ihren Kollegen hohes Ansehen genossen, waren Mangelware. Notter konnte beides bieten. Das sollte er bald unter Beweis stellen. Und zwar bei der Stadtverwaltung, denn der Maler und Lackierer hatte inzwischen einen Arbeitsplatz beim städtischen Kraftfahrtamt. Hier gründet er 1932 eine nationalsozialistische Betriebszelle und wird deren Obmann. Die meisten städtischen Betriebsräte halten ihn für einen Arbeiter-Verräter.

Notters Einsatz für die Nazis innerhalb der Beschäftigten der Stadt Stuttgart sollte schon ein Jahr später belohnt werden. Nachdem Karl Strölin, der Fraktionsführer der NSDAP im Stuttgarter Gemeinderat, 1933 die Macht im Rathaus übernommen hatte, erteilte er dem Vorsitzenden des Gesamtbetriebsrats der städtischen Arbeiter und Angestellten ein Hausverbot und beschränkte die Rechte der Betriebsräte. Gleichzeitig untersagte Strölin das Kassieren von Mitgliedsbeiträgen auf städtischem Gelände (siehe Kapitel über Strölin und Murr).[2] Begründet hat der neue starke Mann im Rathaus sein Vorgehen mit der bevorstehenden Änderung des Betriebsrätegesetzes, das die Reichsregierung unter Adolf Hitler dann am 4. April 1933 verkündet. Danach ist der Willkür der Arbeitgeber Tür und Tor geöffnet, denn sie können «das Erlöschen der Mitgliedschaft solcher Betriebsvertretungsmitglieder anordnen, die in staats- oder wirtschaftsfeindlichem Sinne eingestellt sind». Die freien Plätze dürfen sie mit Leuten ihrer Wahl besetzen.

Auf der Basis dieses Gesetzes geht Karl Strölin nun zusammen mit Eugen Notter und den Betriebszellen der NSDAP zum Angriff über. Kurz vor dem 1. Mai, am 28. April, setzt Strölin 132 städtische Beschäftigte als neue Betriebsräte ein. Nur elf von ihnen gehörten dem alten Gremium an. Zum neuen Betriebsratsvorsitzenden im Rathaus ernennt er Eugen Notter, den er auffordert, die Arbeiter wieder auf den Boden des Vaterlandes zurückzuführen.

In den Tagen vor dem 1. Mai bereiten die Nazis die endgültige Zerschlagung der Gewerkschaften vor – auch in Stuttgart, wo bereits etliche Gewerkschaftsfunktionäre untergetaucht oder verhaftet und in einem Lager auf dem Heuberg in Stetten am kalten Markt (heute Landkreis Sigmaringen) interniert sind. Welchen Anteil Eugen Notter an der Zerschlagung der Gewerkschaften in Stuttgart genau hatte, kann im Spruchkammerverfahren 1951 nicht eindeutig geklärt werden, da mehrere widersprüchliche Aussagen vorliegen. Die einen behaupteten, Notter habe am 2. Mai aktiv an der Besetzung des Stuttgarter Gewerkschaftshauses in der Esslinger Straße im Bohnenviertel teilgenommen.[3] Damals stürmen bewaffnete Einheiten der SA und NSBO-Leute die Büros der verschiedenen Gewerkschaften und verhaften deren Leiter, die in das nahe Polizeipräsidium gebracht werden und anschließend im Gefängniswagen ins Polizeigefängnis in der Büchsenstraße.

Von all dem will Eugen Notter nichts gewusst haben. Er gibt an, dass er am 1. Mai am großen Aufmarsch auf dem Tempelhofer Feld in Berlin teilgenommen habe und erst am 3. oder 4. Mai wieder nach Stuttgart zurückgekehrt sei. Unverdächtige Zeugen kann Notter dafür aber nicht nennen. Die Glaubwürdigkeit seines Mentors Karl Strölin und seines damaligen Mitstreiters Friedrich Schulz – Schulz war Chef der NS-Betriebszellen in Stuttgart – ist jedenfalls zweifelhaft. Die Spruchkammer kommt immerhin zu dem Schluss, dass Notter «sehr wahrscheinlich» an der Planung und Vorbereitung der Aktion beteiligt war sowie bei ihrer Durchführung, denn mit der Besetzung des Gewerkschaftshauses sei die Zerschlagung der Gewerkschaften noch nicht abgeschlossen gewesen. Schließlich übernimmt der NSBO-Funktionär Eugen Notter am 4. oder 5. Mai die Leitung des (bis dahin gewerkschaftlichen) Verbandes der öffentlichen Betriebe, dessen Büroräume und dessen Kasse. Sein Vorgänger wird vor die Tür gesetzt.

Am 10. Mai 1933 gründen die Nazis die Deutsche Arbeitsfront (DAF), in der die NSBO aufgeht. Die Basis der DAF ist die Übernahme der Gewerkschaften samt deren Vermögen. Außerdem werden sämtliche Angestellten- und Arbeiterverbände in der DAF zwangsvereinigt. Hier soll Eugen Notter nun Karriere machen. Er hängt seinen Maler- und Lackiererberuf an den Nagel und wird Angestellter der DAF. Damit steigt sein Jahreseinkommen um 50 Prozent. Von 1938 an dient Notter den Nazis auch als Verbindungsmann zum Sicherheitsdienst der SS.

Im Stuttgarter Rathaus säubern OB Strölin, Eugen Notter und eine dafür berufene Kommission die Belegschaft: Die Stadt entlässt 159 Arbeiter und sechs Angestellte wegen «politischer Unzuverlässigkeit». Der Vorwurf: Mitgliedschaft oder Aktivitäten für die KPD, die SPD oder andere linke Organisationen. 35 Beschäftigte werden versetzt oder in den Ruhestand geschickt, 87 bekommen eine Verwarnung, eine Beförderungssperre, werden in der Gehaltsgruppe zurückgestuft oder erhalten keine Dienstalterszulage mehr.[4]

Die NSDAP und Oberbürgermeister Strölin verhelfen Eugen Notter nicht nur zu dessen DAF-Karriere, sie holen den damals 38-jährigen Mann aus einfachen Verhältnissen 1933 auch in den Gemeinderat (siehe Kapitel über die braune Rathausspitze). So wird für Eugen Notter das Jahr 1933 das mit Abstand erfolgreichste seines bisherigen Lebens, auch wenn die mittlerweile nur noch 44 Gemeinderäte – zuvor waren es 60 – keine große Bedeutung mehr hatten. Dies wird sich erst 1935 wieder ändern (siehe Kapitel über die braune Rathausspitze).

Schon am 9. Mai korrigieren die Nazis die Zusammensetzung des Gremiums zu ihren Gunsten. Die kommunistischen Räte werden aus dem Gremium ganz verbannt. Im Juni werden die verbliebenen zwölf SPD-Vertreter vor die Tür gesetzt. Kurz vor Weihnachten inthronisieren die Nazis dann zwölf neue Gemeinderäte – auf Vorschlag von Reichsstatthalter Murr und OB Strölin.

Das Geschäft seines Lebens macht der ehemalige Maler und Lackierer im Kriegsjahr 1941. Vom Rathaus erhält Notter den Hinweis, dass im Stadtteil Stuttgart-Ost ein Grundstück mit Drei-Familien-Haus zum Verkauf anstehe. Eigentümerin ist die 60-jährige Witwe Hannchen Nachmann, geborene Frießner. Sie hatte das Grundstück in der Albert-Schäffle-Straße 105 samt Immobilie zusammen mit ihrem zweiten Mann Emil am 15. April 1936 erworben. Jetzt soll es «arisiert» werden, denn die Nachmanns sind Juden. Da auch ihre Mieter Juden sind, kann der Käufer davon ausgehen, dass das Haus bald leer stehen würde. Der Kauf versprach ein lukratives Geschäft zu werden.

Doch Eugen Notter hat kein Eigenkapital. So beantragt er bei der Württembergischen Landessparkasse ein Darlehen von insgesamt 60.000 Reichsmark (RM), die mit zwei Hypotheken auf das Grundstück gesichert werden sollen. Das ungewöhnlich hohe Darlehen konnte Notter, so der Angestellte der Landessparkasse Kneer vor der Spruchkammer im Jahr 1951, nur deshalb bekommen, weil er Mitglied des Vorsteherrats der Bank war, einen Posten, den er ausschließlich seiner NS-Karriere zu verdanken hatte. Notter sagte hingegen aus, die Möglichkeit zum Hauserwerb sei ihm wegen seiner Kriegsversehrtheit eingeräumt worden. Ein Druck auf die jüdische Eigentümerin sei «in keiner Weise» ausgeübt, der Kauf «im besten Einvernehmen» durchgeführt, und der Kaufpreis von einer «amtlichen städtischen Kommission geschätzt» worden.

Die Witwe veräußert ihr Anwesen dann am 29. Mai 1941 an den «mehrfachen Hoheitsträger» Gauorganisationsleiter Eugen Notter (Auflassung 26. Juni 1941). Der NS-Funktionär übernimmt auch die wertvolle Einrichtung der Nachmann'schen Vier-Zimmer-Wohnung. Der Gesamtkaufpreis beträgt 54.400 Reichsmark (RM), den Einheitswert des Grundstücks hatte das Finanzamt mit 43.600 RM festgestellt. Die sehr zurückhaltende Zentralspruchkammer wertete das Geschäft mit dem Spruch vom 15. März 1951 als moralisch nicht völlig einwandfrei; es müsse als anrüchig bezeichnet werden, eine Nutznießerschaft im Sinne des Gesetzes zur Befreiung von Nationalsozialismus und Militarismus sei jedoch nicht gegeben.

Schon kurz nach dem Verkauf ist das Drei-Familien-Haus mietfrei. Notter kann die Sektkorken knallen lassen. Doch wie hat Notter das geschafft? Und warum spielt das im Spruchkammerverfahren keine Rolle? Hannchen Nachmann, die frühere Eigentümerin des Anwesens, war in das Zwischenlager Buttenhausen umgesiedelt worden, eine Mieterin, die ebenfalls begüterte Jüdin Betty Grünberg, geborene Götz, ins Schloss Weißenstein. Von dort werden beide am 22. August 1942 in das KZ Theresienstadt deportiert. Betty Grünberg wird dort am 7. September 1942, Hannchen Nachmann am 5. April 1944 ermordet.

Die übrigen Bewohner des Hauses, die Familie Berenz, werden am 2. Oktober 1941 im Haus von Isaak Lehmann, Lange Gasse 24, in Bopfingen-Oberdorf am Ipf interniert. Das Ehepaar mit den vier Jahre alten Zwillingen Abraham und Manasse lebt in ständiger Angst. Der 42-jährige Ehemann Max, ein gelernter Metzger, der zuletzt als Handelsvertreter tätig war, macht sich besonders Sorgen um seine drei Jahre jüngere Frau Erna, geborene Meyer, die schwanger ist. Das Kind kommt am 7. April 1942 auf die Welt und erhält den Namen Bela. Drei Wochen später wird die Familie via Stuttgart nach Izbica (Polen) deportiert und dort ermordet.

Ob Eugen Notter das Schicksal der Bewohner seines Hauses in der Albert-Schäffle-Straße 105 kannte, ist nicht überliefert. Eingezogen ist die Familie Notter – aus seiner ersten, später geschiedenen Ehe stammt ein Sohn, aus der zweiten Ehe gingen zwei Kinder hervor – in das Anwesen im Stuttgarter Osten nie. Notter wohnte bis zu seiner Internierung im September 1945 in Stuttgart-Degerloch in der Reutlinger Straße 130.

Das Anwesen Albert-Schäffle-Straße 105 wurde nach dem Krieg als ehemaliges «jüdisches» Vermögen der staatlichen Vermögenskontrolle unterstellt.⁵ Rückerstattungsberechtigt war Ernest Nachmann, geboren am 6. September 1908 in Fürth. Er war der Sohn von Hannchen Nachmann aus erster Ehe, den ihr zweiter Mann später adoptiert hatte. Der Erbe war noch im März 1939 in die USA ausgewandert und hat den Naziterror deshalb überlebt. Er wohnte in Pittsburgh. Eugen Notter musste ihm das Grundstück am Ende 1951 gegen den Kaufpreis-Ausgleich von 8000 DM übergeben. Im März desselben Jahres war Notter von der Spruchkammer als Belasteter eingestuft worden, musste aber nicht ins Arbeitslager.

Auf dem Gehweg vor dem Haus Albert-Schäffle-Straße 105 wurden 2003 und 2008 Stolpersteine für die Opfer, die dort bis 1941 wohnten, eingesetzt.

Quellen und Literatur

StaL, EL 903/Bü 664
StaL, EL 350 I, ES 17612, 22481
Fiedler, Helmut (Hg.): Arbeiterbewegung in Stuttgart 1933, Tübingen 1984
Frank, Siegrid: Schon Vatis Opa war dabei, Hundert Jahre Arbeiter-Maifeiern in Stuttgart, Stuttgart 1990
Müller, Roland: Stuttgart zur Zeit des Nationalsozialismus, Stuttgart 1988

Anmerkungen

1 StaL, EL 903/Bü 664.
2 Müller, Roland: Stuttgart zur Zeit des Nationalsozialismus, Stuttgart 1988, S. 55.
3 Das neue Gewerkschaftshaus an der Roten Straße, heute Theodor-Heuss-Straße, war gerade eingeweiht worden. Vgl. Frank, Siegrid: Schon Vatis Opa war dabei, Stuttgart 1990, S. 86.
4 Müller, S. 54.
5 StaL, EL 350 I, ES 17612, 22481, Restitutionsakte, Aktenzeichen X G 1503–237.

Josefine Vogl

Willy Appelt und Emil Maier
... und ihr «Judenladen»: Nur kleine Fische?

Wer war ein Mitläufer? Darüber hatten die Spruchkammern zu urteilen, die entsprechend dem Gesetz zur Befreiung vom Nationalsozialismus und Militarismus vom 5. Mai 1946 eingerichtet wurden. Danach war zwischen fünf Kategorien zu unterscheiden: Hauptschuldige, Belastete (Aktivisten, Militaristen, Nutznießer), Minderbelastete, Mitläufer und Entlastete. Fast jedes NSDAP-Mitglied wollte lediglich mitgelaufen sein, im Nachhinein, versteht sich. Ich will den Fall eines hochoffiziell mit dem Titel des «Mitläufers» ausgestatteten Menschen schildern (der laut Artikel 12 des Gesetzes nicht mehr als nominell am Nationalsozialismus teilgenommen oder ihn nur unwesentlich unterstützt haben durfte) und ihn danach einem «Belasteten» gegenüberstellen.

Willy Appelt, geboren am 2. September 1903, erhielt diesen heiß begehrten Persilschein. Was wissen wir von Willy Appelt? Er trat bereits 1930 in die NSDAP ein und war von 1932 bis 1933 Kassierer der Ortsgruppe; der Deutschen Arbeitsfront (DAF)[1] gehörte er von 1933 bis 1939 an, der Nationalsozialistische Volkswohlfahrt (NSV)[2] von 1934 bis zum Ende. Er wurde nicht zur Wehrmacht eingezogen.

Appelt begann seine Tätigkeit in der Fachgruppe Nahrungs- und Genussmittel Leipzig der Wirtschaftsgruppe Einzelhandel 1936 als Sachbearbeiter und rückte 1938 zum Geschäftsführer auf. Im Herbst 1940 wurde er von der Reichsgeschäftsstelle in Berlin als stellvertretender Geschäftsführer nach Stuttgart berufen. Es liegt das Zeugnis seiner ihm im Stuttgart zugeordneten Sachbearbeiterin Margarete Kümmel vor, die behauptet, die Berufung zu diesem Amt sei nicht aufgrund seiner Parteizugehörigkeit erfolgt, sondern allein wegen seiner Sach- und Gesetzeskenntnis, seiner Tüchtigkeit und seines Organisationstalents. Er hatte bald in besonderem Maße Gelegenheit, diese Talente zu beweisen.

Am 12. September 1939 bestimmte Reinhard Heydrich, Chef der Sicherheitspolizei, in dem Erlass Nr. 191848, dass den Juden besondere Geschäfte für den Einkauf von Lebensmitteln zugewiesen werden. «Die Wiedereinführung rein jüdischer Geschäfte kommt nicht in Betracht. Als Geschäftsinhaber ist nur ein zuverlässiger arischer Kaufmann zu bestimmen, der von der Staatspolizeistelle und der Partei als einwandfrei bezeichnet wird ...»

Die Verwaltungen der Gemeinden reagierten unterschiedlich darauf. In Köln zum Beispiel wurden bereits Ende September 1939 an die 40 Verkaufsstellen benannt, in denen Juden morgens von 8:00 bis 9:30 Uhr einkaufen durften. Stuttgart schien sich damit Zeit zu lassen oder sah keinen besonderen Handlungsbedarf. Spielräume waren also durchaus gegeben. Zur Zeit des Amtsantritts Appelts jedenfalls gab es keinen entsprechenden Laden.

Willy Appelt ergreift die Initiative und wendet sich um die Jahreswende 1940/1941 an das Ernährungsamt Leipzig, um die Lage dort zu erkunden. In dem an ihn persönlich gerichteten Antwortschreiben wird berichtet, dass in Leipzig keine amtliche Bekanntmachung erfolgt sei – man habe sich zwischen Ernährungsamt und Israelitischer Gemeinde persönlich abgesprochen. Im Gegensatz zu Köln ist die Streuung der Verkaufsstellen in Leipzig dürftig, doch Stuttgart sollte sich später durch die rigoroseste Umsetzung «auszeichnen».

Schon am 21. Januar 1941 schreibt Appelt an den Oberbürgermeister Karl Strölin, es habe in Vorbesprechungen mit den Parteidienststellen und dem Ernährungsamt B Einigkeit bestanden, dass die Errichtung einer solchen Verkaufsstelle (es fällt auf, dass von Verkaufsstelle in der Einzahl gesprochen wird) dringend notwendig sei, «damit einmal den Juden die Möglichkeit genommen wird, Mangelwaren einzukaufen, und andererseits den arischen Volksgenossen nicht mehr zugemutet wird, neben den Juden in den anderen Lebensmittelgeschäften einzukaufen». (Es wird also ein Sonderladen nur für Juden anvisiert, von der allgemeinen Praxis abweichend.) Begründet wird das Vorhaben mit «den Missständen, die beim Einkauf der Juden entstanden seien». Dagegen verwehrt sich die Geheime Staatspolizei Stuttgart in ihrem Schreiben vom 5. März 1941 an den Reichsstatthalter Murr: «Ich kann dieser Ansicht insofern keine allzu große Bedeutung beimessen, weil hier noch nicht eine Anzeige darüber einging. Selbstverständlich hätte ein anstößiges Verhalten der Juden, soweit nicht schon kriegswirtschaftliche Bestimmungen umgangen wurden, strengste staatspolizeiliche Maßnahmen nach sich gezogen ...» Doch alle Einwände, auch die der Jüdischen Mittelstelle[3], fruchten nicht.

Bereits Anfang April 1941 ist der geeignete Ort (Seestraße 39, ehemalige Gastwirtschaft «Zum Kriegsberg») und der geeignete Betreiber (Emil Maier, geboren 18. Januar 1895, Parteimitglied, von 1940 bis 1941 Bürokollege von Appelt in der Fachgruppe, Einzelhandelskaufmann, mit bis vor Kurzem eigenem Geschäft) gefunden. Am 7. April wird eröffnet. Juden dürfen von da ab alle markenpflichtigen Lebens- und Drogeriemittel außer Fleisch und Milch (ab Mai 1941 auch Fleisch), selbst das Brot, nur noch dort erwerben. Und dies, obwohl die Bäckerinnung Bedenken anmeldet, ob es möglich sei, alle Juden von einer Backwarenverkaufsstelle aus zu versorgen. Die Maßnahme ist leicht kontrollierbar, da die Juden seit Kurzem Lebensmittelmarken mit der Kennzeichnung «J» erhalten und die Bezirksfachgruppe ihre Mitglieder angewiesen hat, die Schilder an den Geschäften mit dem Aufdruck «Juden sind nicht erwünscht» durch «Für Juden verboten» zu ersetzen.

Damals waren bereits weit vom Stuttgarter Zentrum entfernte Orte wie Sillenbuch und Vaihingen eingemeindet. Das bedeutete unendliche Fußwege (die Benutzung von öffentlichen Verkehrsmitteln, Autos und ab November 1941 auch von Fahrrädern war Juden untersagt) unter den Argusaugen der «arischen» Bevölkerung (ab 15. September 1941 war der Judenstern eingeführt), dem Betreiber und den Angestellten des einzigen «Judenladens» (so wurde er von der Bevölkerung genannt, obwohl dort nur «Arier» das Sagen hatten) auf Gedeih und Verderb ausgeliefert, «bei Vermeidung staatspolizeilicher Maßnahmen – das war für Juden nur K.Z. und Tod», wie die Israelitische Kultusvereinigung Stuttgart 1948 erklärte. Es darf davon ausgegangen werden, dass Willy Appelt maßgeblich an dieser ganz besonders infamen «Lösung» beteiligt war, die noch weit über das Ansinnen Heydrichs hinausging.

Das Geschäft läuft zunächst gut. Schließlich können 1600 Juden sich nur dort mit dem Nötigsten versorgen. Doch diese Zahl halbiert sich bis Anfang 1942 durch Auswanderung, Zwangsevakuierungen und die erste große Deportation am 1. Dezember 1941. Ein Defizit von 4000 bis 5000 Reichsmark (RM) entsteht, dessen genaue Ursache nicht geklärt werden konnte. Da fordern Willy Appelt und Emil Maier, dass die ortsansässige jüdische Bevölkerung für diesen Fehlbetrag einzustehen habe. Der Leiter der Jüdischen Mittelstelle, Alfred Marx, und sein Kollege Bloch protestieren und betrachten dies als Erpressung. Appelt, der Wortführer der Unterredung, droht mit Schließung der Verkaufsstelle (und Maier sekundiert), falls das Defizit nicht innerhalb von 24 Stunden gedeckt sei. Sollten sie sich weigern, werde er dafür sorgen, dass den Juden der Weg zu einer anderweitigen Lebensmittelversorgung abgeschnitten würde. Nach vergeblicher Eingabe der Mittelstelle an das Reichssicherheitshauptamt, das Defizit aus den beschlagnahmten jüdischen Vermögen zu begleichen, bleibt dieser nichts anderes übrig, als die sowieso schon verarmten Juden je nach sozialer Lage zur Kasse zu bitten. Zumindest 3000 RM bringt die jüdische Bevölkerung auf, den Rest deckt vermutlich die Firma Bosch.

Im Juli 1946 werden Willy Appelt und Emil Maier vom Landgericht Stuttgart wegen Erpressung verurteilt, Willy Appelt zu acht Monaten, Emil Maier zu sechs Monaten Gefängnis. Die Revisionen beider Angeklagten werden vom Oberlandesgericht Stuttgart im Dezember 1946 verworfen. Eine gewichtige Rolle spielt beim Urteilsspruch die Drohung Appelts, das Geschäft ersatzlos zu streichen. «Die Verwirklichung der angedrohten Maßnahmen waren ... auch in Wirklichkeit abhängig von dem Willen und dem Belieben der Angeklagten», denn «es musste damit gerechnet werden», so die Urteilsbegründung, «dass die Fachgruppe, die damals ihre Mitglieder straff in der Hand hatte, dafür sorgen würde, dass diese Androhung auch umgesetzt wird ...» «Beide Angeklagte haben in Interessen- und Willensgemeinschaft und jedenfalls mit dem Führerwillen gehandelt. Dies gilt insbesondere auch für den Angeklagten Appelt.» Willy Appelt sitzt in der Strafanstalt Ludwigsburg ein, wird aber aufgrund eines Gnadengesuchs frühzeitig entlassen.

Es drängt sich unter anderem die Frage auf, warum beim Thema «Judenladen» in allen wichtigen Phasen (Planung, Umsetzung, Erpressung der jüdischen Gemeinde) mit allen verschärfenden Besonderheiten des Stuttgarter Modells der Name Appelt ins Auge springt, während Gäntzle (Vorname vermutlich Gotthold) als sein Vorgesetzter kaum in Erscheinung tritt. Nach all dem, was wir über Willy Appelt wissen – ist das das Profil eines Mitläufers? Im Sühnebescheid vom 25. März 1948 kommt er als «Mitläufer» davon. Mit Brief und Siegel wird ihm also seine «Harmlosigkeit» bescheinigt. Wegen der geringen Auflagen steht ihm mit 45 Jahren eine neue Zukunft offen. (Zu vergleichbaren Ämtern hat er es offensichtlich nicht mehr gebracht. Im Adressbuch der Stadt Stuttgart wird er bis zum Jahr 1987 als Handlungsreisender aufgeführt.)

Um zu wissen, ob sich Emil Maier an den Juden persönlich bereichert hat, müsste man herausbekommen, ob er Inhaber der Verkaufsstelle gewesen ist. Immerhin hat Emil Maier die Betriebsmittel für den Laden zunächst privat vorgestreckt. Er sagt vor Gericht aus, dass er von der Wirtschaftsgruppe nur als Geschäftsführer eingesetzt, ja dienstverpflichtet worden sei, mit der Zusicherung eines Einkommens von 400 bis 500 RM, weshalb er monatlich 400 RM auf sein Privatkonto überwiesen habe. Über das Bankkonto der Verkaufsstelle hat Emil Maier alleiniges Verfügungsrecht, ebenso gilt er vor dem Finanzamt als Steuerschuldner. Warum hat Emil Maier sein seit 1924 bestehendes, gut eingeführtes Lebensmittelgeschäft in der Johannesstraße 33 aufgegeben, das ihm gehörte, um alsbald als unselbstständiger Kaufmann ein neues Geschäft zu eröffnen, mit allen Risiken? Hat er, wie er im Verfahren behauptet, in der Johannesstraße Probleme mit der NSDAP bekommen, wollte sich also aus der Schusslinie ziehen? Zieht man sich aus der Schusslinie, indem man einen «Judenladen» übernimmt, der wie kaum ein anderes Objekt im Sinn und Blick der Partei gewesen sein muss? Wie steht es mit seiner anderen Aussage, die Schließung sei wegen der Krankheit seiner Frau notwendig geworden? Warum gibt er dann sein Geschäft just zu dem Zeitpunkt auf, als ihm seine Entlassung aus der Wehrmacht den Weg frei macht, sich wieder um die Geschäfte kümmern und so die Frau entlasten zu können, und nimmt stattdessen für kurze Zeit eine hauptamtliche Tätigkeit in der Geschäftsstelle der Fachgruppe Nahrungs- und Genussmittel der Wirtschaftsgruppe Einzelhandel an, um wenig später wieder einen Laden zu eröffnen? Lockte ihn die Aussicht auf einträgliche Gewinne? Denn 1600 Menschen, die ihre Lebensmittel- und Drogeriemarken nur dort einlösen können, bieten Verlässlichkeit im Planen; die Kunden können nicht wählerisch sein und müssen sich den steuerbaren Gegebenheiten fügen. An der nötigen Gesinnung scheint es auch nicht gemangelt zu haben. Die Israelitische Kultusvereinigung mit Sitz in Stuttgart sieht in ihrem Schreiben an den öffentlichen Kläger bei der Spruchkammer vom 9. Juli 1948 den Fall drastischer: Nachdem Emil Maier mit seinem eigenen Geschäft «falliert» sei, hätten die Herren Kollegen Gäntzle, Appelt und Maier einen Plan ausgeheckt, um Letzterem eine risikofreie Einnahmequelle zu verschaffen.

Was geht aus den Akten über Emil Maiers «nationalsozialistischen Werdegang» hervor? Er war «Mitglied bei der NSDAP von 1933–1945, der NSV von 1934–1945, der NSKOV von 1933–1945 und bekleidete bei der DAF, der er von 1934–1939 angehörte, folgende Ämter: Blockwalter, Zellenwalter, Hauptstellenleiter der Fachgruppe Lebensmittel, Kreisfachoberleiter.» Die erste Instanz der Spruchkammer «hatte festgestellt, dass dem Betr. aufgrund seiner Parteiverbindungen die Leitung eines Geschäftes übertragen worden ist, dem ausschließlich die Lebensmittelversorgung der Juden Stuttgarts vorbehalten war. Diese Tätigkeit hat der Betr. nach der durch glaubhafte Zeugenbekundungen erhärteten Feststellung der Kammer 1. Instanz dazu benutzt, um durch unlauteres Geschäftsgebaren für sich erhebliche Vorteile zu erzielen.»

Vor der Spruchkammer bestreitet Maier die eingeholten Auskünfte über Verflechtungen mit der Partei: Er sei nur kollektiv über die Fachschaft in die NSDAP gekommen (wird als unglaubwürdig abgetan, da zur Zeit seines Eintritts jede Person einen einzelnen Aufnahmeantrag ausfüllen musste), von der er sich schon in den ersten Jahren entfremdet habe, er sei nie – wie in der Akte angegeben – Blockwalter oder Zellenwalter gewesen. Neu in der Begründung der Spruchkammer ist, dass Emil Maier auch ehrenamtlicher Helfer und Mitarbeiter in der NS-Hago[4] und seit Langem Mitglied der Wirtschaftgruppe Nahrungsmittel gewesen ist. In dieser Eigenschaft habe er es gar bald zum Kreisfachgruppenleiter von Stuttgart gebracht, wo ihm sämtliche Ortsgruppen unterstanden, «wie im Weiteren damit die Überwachung und Überprüfung sämtlicher Einzelhandelsgeschäfte».

Unterbrochen wurde diese Tätigkeit durch die Einberufung 1939. Nach der Entlassung 1940 verkaufte er sein Lebensmittelgeschäft und wurde hauptamtlicher Fachgruppenleiter bei jener Fachgruppe Nahrungs- und Genussmittel. Er war also kein Neuer auf diesem Gebiet und kannte Appelt unter Umständen bereits aus dessen Tätigkeit in Leipzig. Genau in dieser gemeinsamen Zeit als Kollegen wird der «Judenladen» geplant und installiert, und siehe da, «die Leitung dieses Geschäfts erhielt nun der Betroffene, Fachgruppenleiter und bestens akkreditiert bei den NS-Parteibonzen. Nicht genug damit, stellt der Betr. noch eine erhebliche Geldsumme zur Verfügung, damit das Geschäft auch ja schnell genug einkaufen konnte» (aus der Begründung des Spruchkammerverfahrens).

Diese Begründung bringt mehr Licht in die Sache. Danach dürfte klar sein, dass die Wirtschaftsgruppe Einzelhandel mit ihren Untergruppen der DAF untergeordnet oder zumindest angegliedert war (was im Übrigen Emil Maier unumwunden zugibt), also nach nationalsozialistischen Prinzipien ausgerichtet. Fest steht ebenfalls: Um in parteieigenen oder parteinahen Organisationen aufzusteigen, bedurfte es nicht nur der beruflichen Bewährung. Emil Maier ist, nachdem er ehrenamtlich angefangen hat, kontinuierlich zu wichtigeren und einflussreicheren Posten befördert worden. Dass ihm der «Judenladen» anvertraut wurde, könnte als Auszeichnung gewertet werden. Kurz vor der Eröffnung schreibt Oberbürgermeister Strölin an Reichsstatthalter Murr: «Im Benehmen mit der Wirtschaftsgruppe will nunmehr Pg. Emil Maier ... den Laden auf eigene Rechnung übernehmen.»

Die Waage neigt sich also in Richtung Inhaber. Dass er 1944, nach Auflösung des Geschäfts, Vermögen und die Einrichtung des «Judenladens» in ein neues Unternehmen einbringen konnte (siehe weiter unten), spricht ebenfalls dafür. Und hatte sich nicht die NS-Hago (als deren Mitglied Maier agiert hatte) auf die Fahnen geschrieben, den Boykott jüdischen Gewerbes voranzutreiben? Die Eröffnung des «Judenladens» war ganz in diesem Geist und Sinne. Wer aber, sei es nun in dieser oder jener Funktion, der Partei und dem Führer (und so nebenbei auch sich selbst) treu gedient hat, dem gereichte dies direkt oder indirekt in den meisten Fällen ja auch zur eigenen Ehre und zum eigenen Wohl. Wer vermag diese beiden Dinge fein säuberlich zu trennen? Nicht einmal die Täter selbst.

Die Versorgungslage der jüdischen Bevölkerung wurde durch immer neue Einschränkungen zunehmend prekärer: Rationskürzungen, Verbot von unrationierten Lebensmitteln, Geflügel, Fisch und Räucherwaren, Sonderzuwendungen ... – ein Ende war nicht abzusehen. Dennoch war in der Umsetzung je nach Gesinnung, Pflichtbewusstsein, Zivilcourage vieles möglich. Sowohl Gremien als auch untere Ebenen nutzten den Spielraum für Übertreibung, Willkür, aber auch für wohlwollende Auslegung. Maria Zelzer berichtete, dass für den Propagandafilm, der im Spätherbst 1941 über den Stuttgarter Judenladen gedreht wurde, die Regale reichlich mit Lebensmitteln bestückt wurden, die den Juden in Stuttgart größtenteils schon vorenthalten waren, wie Milch, Eier, Weißbrot, Mangelwaren, Teigwaren und Öl. Damit sollte die «arische» Bevölkerung über die wahre Versorgungslage der Juden getäuscht oder die Missgunst angestachelt werden. Offiziell wurde das Verkaufsverbot von Weizenerzeugnissen, Eiern, Fleisch und Fleischwaren erst 1942 beschlossen.

Juden durften ihre Beschwerden nicht direkt an die entsprechenden Gremien richten, sondern an die Jüdische Mittelstelle. Aus einem Schreiben der Mittelstelle an den Sicherheitsdienst des Reichsführers SS in Stuttgart ist zu entnehmen, dass die Klagen dauernd zunahmen, z. B. dass Weißbrot, Schwarzbrot, Mehl, Butter, Margarine, Pudding, Kaffeemischung, Würfelzucker und Käse (außer Schmelzkäse) häufig fehlten. Die langen Wege waren also häufig umsonst oder fügten der offiziell verordneten Not eine zusätzliche hinzu.

Die beim Verfahren aufgerufenen Belastungszeugen wiesen viele Mängel aus, wie überhöhte Preise, Untergewicht, schlechte Qualität, Nötigung (wenn Sie Produkt A bekommen wollen, dann müssen Sie auch Produkt B nehmen), verdorbene Ware, Drohungen (zum Beispiel dafür zu sorgen, dass die Kundin nach Riga käme), Betrug mit den Marken, häufiges Fehlen von Produkten, was bei den langen Fußwegen eine besondere Härte war, erniedrigende Behandlung, rücksichtsloses Ausnützen der Notlage. Die Zeugen erzählten auch von anderen Kunden mit Namensnennung, die sich bitterlich beklagt hätten.

Emil Maier weiß sich gut zu verteidigen. So spricht er von vielen Geschenken, die die Verkäufer von den Kunden erhalten hätten, was für das gute Einvernehmen spreche. Einer Frau Finkensteiner habe er – nach deren Beschwerde bei der Mittelstelle – eigene Fettmarken abgetreten. Und er habe sogar Schokolade und Teekuchen (Entlastungszeuge Emil Sieger fügt Spargel, Trauben und Torten hinzu, sämtlich Mangelwaren) für die jüdische Kundschaft besorgt, sei aber des Öfteren darauf sitzen geblieben. Wenn ich die Erlasse bedenke und die von Zelzer beschriebene Stuttgarter Szene, waren aber diese Lebensmittel schon relativ bald nach der Eröffnung des Ladens den Juden nicht mehr zugänglich. Wie ist dann die Behauptung Maiers vor der Spruchkammer zu erklären? Geheime Fürsorge, Unkenntnis der Bestimmungen, Zynismus, Lüge?

In Entlastungsschreiben von Kollegen der Wirtschaftsgruppe, Nachbarn, einem Freund, seiner Tochter, Angestellten und Kunden seiner Geschäfte erntete Emil Maier teils großes Lob. Man betonte seine «edlen, aufrichtigen Charaktereigenschaften» und seine «altruistische» Einstellung, sein großes «Verständnis und Mitleid für die Juden», seine «negative Einstellung zur Partei». Auch wenn diese Zeugen übertrieben oder gelogen haben sollten, gibt es doch drei durchaus glaubwürdige Aussagen, die Emil Maier positiv darstellen. Zwei frühere (jüdische) Kunden gaben an, dass sie in seinem Laden keine Nachteile erlitten hätten, und die Inhaberin eines Zigarrengeschäftes, das von der Schließung bedroht war, weil ihr Mann Jude war, berichtete, dass Maier sich erfolgreich für den Erhalt eingesetzt habe.

Ich muss gestehen, dass mich diese teils überschwänglichen Stellungnahmen verwirrten und verunsicherten, trotz und wegen der Bedenken über ihr Zustandekommen. Bin ich befangen, wenn ich dabei gleich das Haar in der Suppe suche? Mangelt mir der unabhängig-kritische Blick? Ich werde auf diese Frage zurückkommen, wenn alle Fakten zusammengetragen sind und eine abschließende Abwägung und Einschätzung zulassen.

Maßgeblich und ausreichend für die Einstufung als «Belasteter» war für die erste Spruchkammer die Ausnutzung der Notlage der jüdischen Gemeinde, um durch erpresserische Methoden ein Defizit zu decken. Emil Maier wurde zu 200 Tagen Sonderarbeit (in der zweiten Instanz auf 20 gekürzt) für die Allgemeinheit und 150 DM Sühnegeld verurteilt. Verbunden mit dieser Einstufung waren mehrere Sühnemaßnahmen, wie z. B. auf Lebenszeit der Verlust: der Fähigkeit, ein öffentliches Amt zu bekleiden, des Rechtsanspruchs auf Rente oder Pension aus öffentlichen Mitteln, des Wahlrechts. Auf die Dauer von fünf Jahren wurde Emil Maier verboten, freiberuflich oder selbstständig tätig zu sein oder verantwortliche Aufgaben in nicht selbstständiger Stellung zu übernehmen.

Nach der Bombardierung des Gebäudes Seestraße 39 im Juli 1944 wurde der stark dezimierten jüdischen Gemeinde ein Laden in der Hospitalstraße zugewiesen, deren Besitzer ihr gut gesonnen war und half, wo es nur ging.

Emil Maier aber übernimmt zusammen mit Karl Hofmann (wie später festgestellt ohne gültige Rechtsgrundlage) das sich in Konkurs befindliche Kaufhaus Pfullinger in Cannstatt. Die angeblich bezahlte Ankaufsumme von 50.000 RM ist nicht entrichtet worden. Stattdessen haben die beiden

Geschäftspartner je 25.000 RM Betriebskapital zur Gründung ihrer eigenen Gesellschaft aufgebracht. Der mit der Sache befasste Generalstaatsanwalt berichtet hierzu, dass Maier nur einen Teil davon in bar beigetragen habe, der Rest habe aus den Einrichtungsgegenständen des «Judengeschäfts» bestanden, die er entsprechend bewertet habe. Er habe auch erreicht, dass in der Wertberechnung das Übernahmedatum vorverlegt wurde. «Der in der Zeit vom 1.1.1944 bis 21.6.1944 erworbene Gewinn ist damit ohne Gegenleistung zugunsten von Hofmann und Maier angefallen.» (Das Finanzamt beziffert Emil Maiers Einkommen im Jahr 1944 auf 60.350 RM.) Vom Notar Auwärter zur Rede gestellt, behauptet Maier, dies sei zwischen Oberstaatsanwalt Link und Sachbearbeiter Busemann vom Sicherheitsdienst der Reichsführung SS, Abschnitt Stuttgart, so vereinbart worden. Link bestreitet dies später. Für den Generalstaatsanwalt gilt als erwiesen, «dass Hofmann und Maier unter Ausnützung ihrer Beziehungen zur NSDAP dabei waren, sich ein Vermögen auf billige Art und Weise zu erraffen». Bis zur Klärung der Vermögensverhältnisse (Mitte 1947) bezog Maier aus dem angeblichen Firmenvermögen monatlich 250 RM. Ein Geflecht aus Parteivetternwirtschaft und Lügen also.

Emil Maier wusste sich aus jedweder Sühnemaßnahme herauszuwinden. Trotz begründeter Zweifel an seiner Haftunfähigkeit und Mittellosigkeit mussten nach Jahren sämtliche Forderungen niedergeschlagen und die Gefängnisstrafe ausgesetzt werden. So wie auch die Verbote und Einschränkungen für «Belastete» nach und nach gemildert und teilweise abgeschafft wurden. Emil Maier wird durchgängig bis 1969 in seiner alten Adresse Hohewartstraße 55 als Kaufmann aufgeführt. Der Name Emil Maier ist im Adressbuch dann noch bis 1978 eingetragen, in der Solitudestraße 295.

Abschließend werde ich die vorhandenen Eckdaten auflisten, um – unter Einbezug der Widersprüche – das Bild des Emil Maier als Funktionsträger klarer herauszuarbeiten. Meine Kommentare sind kursiv gedruckt.

Zu seiner politischen Gesinnung: «Dem Politischen Ausschuss Stgt.-Feuerbach ist der Betroffene als eifriger, aktiver Hitler-Anhänger bekannt.» «Er hat aus der Gewaltherrschaft der NSDAP durch seine politischen Beziehungen für sich wirtschaftliche Vorteile in eigensüchtiger Weise herausgeschlagen.»

Am 17. März 1934 erhielt Emil Maier das «Ehrenschild der Mitgliedschaft zur Arbeitsgemeinschaft des Württ. Einzelhandels». Darunter steht, dass die Auszeichnung zurückgenommen wird, «sobald der Inhaber gegen die Grundsätze der nationalsozialistischen Wirtschaftsordnung verstößt». Wie muss er sich hervorgetan haben, um schon so früh eine solche Ehrung zu erfahren. Er stieg aufgrund seiner Parteizugehörigkeit und seines Engagements rasch auf und in exponierte Positionen hinein. Das war nicht umsonst zu haben.

Er verschwieg oder leugnete Funktionen, spielte seine Ämter herunter, wollte glauben machen, er sei sozusagen in die Partei hineingerutscht und habe sich schon bald von ihr distanziert. Auch bei anderen Angaben nahm er es mit der Wahrheit nicht so genau.

Es besteht begründeter Verdacht, dass Appelt und Maier gemeinsam oder zumindest in gegenseitigem Interesse den Plan eines und zwar eines einzigen «Judenladens» vorangetrieben und durch Verunglimpfung der jüdischen Kundschaft vor der Obrigkeit und dank ihrer Parteiverbindungen durchgesetzt haben. Die physischen, psychischen und materiellen Konsequenzen für die betroffenen Juden schienen bei diesem Vorhaben keine Skrupel erzeugt zu haben, vielleicht sogar Genugtuung.

An seiner Mittäterschaft bei der Erpressung unter besonders makabren Umständen kann nicht gezweifelt werden. Laut Spruchkammer kam auch ihm in erster Linie die Umlage zugute, weil er so – falls die Wirtschaftsgruppe der Inhaber war – der Gefahr entging, dass seine Geschäftsführung untersucht und er für den Abmangel verantwortlich gemacht wird. Und falls er Inhaber war, hat er seinen Verlust auf Kosten anderer gedeckt.

Schon vor dem Zusammenbruch sind Klagen über den «Judenladen» aktenkundig. Nach dem Krieg sagen mehrere Überlebende aus. Welchen Grund sollten die Jüdische Mittelstelle und Kunden des «Judenladens» haben, einen unbescholtenen und fair handelnden Kaufmann des Betrugs und entwürdigenden Verhaltens zu bezichtigen? Dass er einige Kunden bevorzugte, aus welchen Gründen auch immer, entkräftet nicht den Vorwurf, er habe sich die Not der Juden zunutze gemacht.

Abgesehen von der undurchsichtigen und rechtswidrigen Übernahme des Kaufhauses Pfullinger hat er sich durch die Korrektur des Übernahmedatums bereichert. Dies konnte nur durch seine glänzenden Parteiverbindungen gelingen, denn immerhin musste ein Betrug gedeckt werden. Auch hier behauptet Maier, er sei dorthin beordert worden.

Er hat auch nach den Urteilen von Spruchkammern und Gerichten keinerlei Reue und Einsicht gezeigt, sich im Gegenteil in Eingaben und Gnadengesuchen als «psychisch schwer unter der falschen Einstufung leidend» in Selbstmitleid ergangen.

Der Großteil der entlastenden Zeugnisse stammt von Nichtjuden, die, so sie wahr sind, Maiers dunkle Seite nicht kennen gelernt haben. Sie waren ja schließlich laut herrschender Ideologie nicht verachtungswürdig. Und sie waren ihm nicht ausgeliefert. Viel schwerer wiegen die wenigen Zeugnisse von Juden oder mit Juden Verheirateten. Wenn er, was heute nicht mehr zu klären ist, Einzelnen gegenüber Hilfsbereitschaft oder sogar Großmut walten ließ, so ist dies erfreulich und zeigt, dass er nicht nur aus einem Block geschmiedet war. Er hat damit aber allenfalls individuelles Leid gemindert, ohne an der entwürdigenden Situation im Allgemeinen zu rühren oder seine eigene Rolle dabei zu hinterfragen.

Es taucht in Maiers Aussagen kein einziger Satz auf, in dem er Irrtümer, Fehler einräumt oder sich betroffen über das Schicksal seiner einstigen Kunden äußert. Ja, er fühlt sich in narzisstischer Weise ungerecht behandelt.

Wie aber kommt dann Willy Appelt zu dem «Prädikat Mitläufer»? War nicht er es federführend, der für ganz Stuttgart einen einzigen «Judenladen» konzipierte und durchsetzte? So konnte er sich rühmen, bei der Umsetzung von Heydrichs Erlass sämtliche deutschen Städte an sadistischem Gestaltungswillen übertroffen zu haben. Und hat dieser ausgefeilte Plan nicht erst die Grundlage für die Machtfülle Emil Maiers gelegt, derer sich jener zu bedienen wusste? Die Spruchkammern waren maßgeblich von Laienrichtern besetzt und vielfach überfordert. Und jüdische Zeugen waren rar. Die waren entweder tot, in alle Winde zerstreut, hinfällig oder zu traumatisiert, um aussagen zu können. So entging Appelt dem Makel des «Belasteten», obwohl ihn seine Doppelrolle als Drahtzieher in Sachen «Judenladen» und als Wortführer bei der Erpressung eindeutig als solchen ausweisen, ja küren müssten.

Quellen und Literatur

Bundesminister der Justiz: Katalog zur Ausstellung Im Namen des Volkes. Justiz und Nationalsozialismus, Köln 1989

Burneleit, Heinz: Gesetz zur Befreiung vom Nationalsozialismus und Militarismus, Lorch/Württ. – Stuttgart

Hilberg, Raul: Die Vernichtung der europäischen Juden, Frankfurt/Main 1990

Kulka, Otto D. / Jäckel, Eberhard: Die Juden in den geheimen Stimmungsberichten 1933–1945, Düsseldorf 2004

Klegraf, Jupp: Der Stuttgarter «Judenladen». Geschichtswerkstatt Stuttgart Nord e. V., Stuttgart 2007

Müller, Roland: Stuttgart zur Zeit des Nationalsozialismus, Stuttgart 1988

Sauer, Paul: Dokumente über die Verfolgung der jüdischen Bürger in Baden-Württemberg durch das Nationalsozialistische Regime 1933–1945, Band 2, Stuttgart 1966

Stadtarchiv Stuttgart: Adressbücher Stuttgart. Bd. 1941–1988

Staatsarchiv Ludwigsburg: Akte EL 902/20 Bü 102531 (Spruchkammerakte Maier), Akte EL 902/20 Bü 16675 (Spruchkammerakte Appelt)

Zelzer, Maria: Weg und Schicksal der Stuttgarter Juden, Stuttgart 1964

Anmerkungen

1 Deutsche Arbeitsfront – nach der Zerschlagung der Organisationen der Arbeiterbewegung am 10. Mai 1933 gegründet. Sie sollte die Arbeiter gewinnen und kontrollieren.
2 Nationalsozialistische Volkswohlfahrt, Ersatz für die Arbeiterwohlfahrt, die verboten wurde.
3 Die Mittelstelle war eine Einrichtung der Israelitischen Kultusvereinigung, die unter Aufsicht von Gestapo und SD (Sicherheitsdienst des Reichsführers SS) stand und zuständig war für die Kontakte zwischen Sicherheitspolizei und jüdischer Gemeinde.
4 Nationalsozialistische Handwerks-, Handels- und Gewerbeorganisation, 1933 gegründet, um den Mittelstand zu gewinnen. 1935 wurde sie in die DAF eingegliedert.

Theodor Schöpfer

Marc Schieferecke

Theodor Schöpfer
Ein Nazi, ein Wanderführer und der Kampf um einen Straßennamen

Den Fotoapparat beherrschte Theo wie kein Zweiter in Heumaden. Das allein war schon des Staunens wert in einer Zeit, in der Fotografen Belichtungszeit und Blende schätzen mussten, weil den Kameras noch der Belichtungsmesser fehlte. Es war die Zeit, in der, wenn vom Krieg gesprochen wurde, noch der Erste Weltkrieg gemeint war.

Theodor Schöpfer umwanderte die Heimat, die er liebte, sein Heumaden. Die Bilder, die er von seinen Ausflügen mitbrachte, gelten heute als wertvolle Dokumente der Ortsgeschichte. Selbstverständlich nur vor Ort, denn wo sonst sollten vergilbte Fotografien des heutigen Stuttgarter Stadtteils für bedeutsam gehalten werden.

Wer mit Theo wanderte, nachdem der Erste zum Zweiten Weltkrieg, Theo erst zum Fall Schöpfer geworden war, dann zum Wanderführer des Schwäbischen Albvereins, lobt noch heute, dass seine Führungen stets die schönsten waren. Noch sind nicht alle Ausflügler von damals verstorben.

Den Nachkommen jener Zeitzeugen mag das Wort «Entnazifizierungsakte» Respekt abheischen. Den Zeitzeugen selbst gilt sie als Dokument, über dem seinerzeit mehr oder minder der Name jedes Deutschen hätte stehen können. Das kommt der Wahrheit nah. Allein in ihrer Besatzungszone – im Wesentlichen Bayern und umliegende Teile Süddeutschlands – strengten die Amerikaner bis Weihnachten 1945 fast 13 Millionen Verfahren gegen Deutsche an, die nationalsozialistischer Überzeugung verdächtig waren.

Das Bearbeiten der ersten 1,6 Millionen Akten dauerte sechs Monate. Dieses Tempo vorausgesetzt, hätte die Untersuchung des letzten Falles 1950 begonnen. Die Amerikaner verloren allmählich die Lust an der ohnehin unlösbaren Aufgabe, nämlich dem Fahnden nach Beweisen einer nationalsozialistischen Gesinnung. Sie gaben die Verantwortung für die Entnazifizierung an diejenigen zurück, die sie kollektiv verdächtigten, an die Deutschen.

Theodor Schöpfer war einer von etwas mehr als 95.000 Verdächtigen, die die Ermittler verhafteten. Er war einer von rund 44.250, die in einem mehr bürokratischen als erhellenden Verfahren durchleuchtet und als bedeutungslose Mitläufer wieder freigelassen wurden.

Nach dem Tod der letzten Wandersleut' hätte den Namen Theodor Schöpfer allenfalls noch seine Verwandtschaft ausgesprochen. Stattdessen wurde er der Nachwelt überliefert: auf einem Straßenschild. «Verdienter Bürger Heumadens» ist als Zusatz auf dem Blech vermerkt, das ein Sträßchen als Theodor-Schöpfer-Weg ausweist, ein Sträßchen, das keinem Haus

Adresse und Nummer gibt. Ein Sträßchen allerdings, dessen Benennung und Nachspiel dieser Benennung als Beispiel dafür taugt, dass die Deutschen ihrer Nazivergangenheit noch immer ohne Maßstab für Schuld, Sühne, Unschuld, Gedenken gegenüberstehen.

Der Verdächtige möge sich selbst verteidigen: «Alles, was ich getan habe, tat ich in dem guten Glauben, meinem Volk und Vaterland zu dienen, und zwar in uneigennütziger Weise. Nach meinem Beamteneid. Seid Untertan der Obrigkeit. Römer 13.» So argumentierte Schöpfer zu seiner Entlastung. Er war Mitglied der NSDAP und der SA und erreichte den Rang des SS-Hauptscharführers, also eines Unteroffiziers. Die zur Entnazifizierung eingesetzten Behörden verhafteten Schöpfer am 7. August 1946. Etwa ein Jahr später war er wieder frei. Einer der wesentlichen Gründe dafür war sein Beruf. Schöpfer war Beamter bei der Reichspost und Hitlers Diktatur beförderte ihre Staatsbediensteten auch ohne deren Zutun in SA-und SS-Ränge.

Die Aufklärer mühten sich zu beweisen, dass Schöpfer seine Beförderungen betrieben hatte, versuchten zu klären, ob seine innere Überzeugung eine nationalsozialistische war oder gar keine. Sie fanden Anhaltspunkte, aber keine Beweise. Im Zweifel für den Angeklagten.

Dabei blieb es auch, als die Stadt Stuttgart mehr als 60 Jahre später die Prozedur wiederholen ließ. Verständlicherweise, angesichts der Tatsache, dass schon in den Jahren nach Kriegsende wesentliche Dokumente des Vorgangs Schöpfer verloren gegangen waren: «Aus den angeforderten Personalakten der Reichspostdirektion Stuttgart geht hervor, dass der Betroffene am 23. April 1948 einen Sühnebescheid als Mitläufer erhielt (Zentralbearbeitungsstelle Kornwestheim). Dieser Sühnebescheid ist jedoch in den Akten nirgends vorhanden und konnte auch nicht herbeigezogen werden» – Unterschrift mit Datum vom 14. Januar 1949 «i. A. Bengs», der mit diesem Schreiben an die Zentralspruchkammer Nord-Württemberg die Erlaubnis erbat, das Verfahren gegen Schöpfer einzustellen. Der Sühnebescheid war das Dokument, mit dem die Verdächtigen den Ausgang ihrer Verfahren mitgeteilt bekamen.

Am 19. Oktober 1900 wurde Theo Schöpfer als Sohn von Rosine Schöpfer, geborene Schlecht, und Julius Schöpfer in Heumaden geboren. Er besuchte die Volksschule und begann mit knapp 14 Jahren im benachbarten Ort Ruit eine Maurerlehre. Der Erste Weltkrieg begann, Schöpfer verlor seine Lehrstelle und fand eine neue, beendete wegen des Kriegs die Ausbildung aber nie. Er schlug sich als Arbeiter am Bau durch, bekam 1918 seinen Einberufungsbescheid zum Heeresdienst und strebte nach seiner Entlassung dem Vater nach. Schon der war Telegrafenassistent. Theodor Schöpfer fand Arbeit beim Telegrafenbauamt Stuttgart, bestand die Prüfungen zum Telegrafischen Bauhandwerksprüfer und zum Telegrafischen Assistenten «mit guten Erfolg», wie er in seinem Lebenslauf vermerkte und stieg bis zum Obertelegrafensekretär auf.

1926 heiratete er. Seine Frau starb ein Jahr später. Er heiratete 1930 ein zweites Mal. Wieder «war meine Frau krank und lag nahezu ein Jahr an einer ebenfalls unheilbaren Krankheit darnieder, bis sie dann nach noch nicht ganz einjähriger Ehe verstarb», schrieb Schöpfer. Mit seiner dritten Frau, Anna, lebte er bis zu deren Tod im Jahr 1983 in Heumaden.

Schöpfer ertüchtigte sich im Radsport- und im Postsportverein. 1933 trat er der SA bei. Er musste nicht an die Front, weil er als unabkömmlich eingestuft worden war. Die Dienstgradabzeichen des Hauptscharführers habe er im Auftrag getragen, den Dienstrang bei der Allgemeinen oder Waffen-SS aber nie verliehen bekommen, schrieb er. Und: «Politisch habe ich mich nie betätigt.»

Das Mittel, mit dem die Alliierten solche Angaben zu überprüfen versuchten, erinnert an die schriftliche Führerscheinprüfung. Sie ließen Verdächtige einen Bogen mit 131 Fragen ausfüllen. Zu den Antworten gehörte das Einschätzen der eigenen Schuld. Schöpfer stufte sich als Mitläufer ein, was ein offizieller Begriff der Entnazifizierung war. Die Ermittler unterteilten in Hauptschuldige, Belastete, Minderbelastete, Mitläufer und Entlastete.

In der Klageschrift vermerkt der Ankläger Haase: «Der Betroffene hat durch seinen Beitritt zur SA bewiesen, dass er den NS bejahte und somit wesentlich zur Festigung und Erhaltung der Gewaltherrschaft der NSDAP beigetragen. Man darf schließen, dass der Betroffene ein absolut zuverlässiger Anhänger der NSDAP war.»

Nachbarn, Kollegen, Sportskameraden und Vorgesetzte bescheinigten Schöpfer Pflichttreue, Arbeitsamkeit, Kameradschaft, Fachwissen, Hilfsbereitschaft, vor allem, dass er nie eine Straftat verübt, nicht einmal versucht habe, politisch Andersdenkende zu überzeugen. Einige Briefe dieses Inhalts hatte Anna Schöpfer zur Verteidigung ihres Mannes erbeten. Andere waren eidesstattliche Versicherungen für die Obrigkeit, nicht selten unterschrieben mitsamt der Versicherung, dass der Verfasser nie Mitglied «der Partei» war. Heinrich Pfitzenmaier, damals Bezirksbeirat, formulierte differenzierter: «Er war wohl ein Idealnationalsozialist in dem Glauben, damit die Welt zu verbessern, aber ohne gehässige und gemeine Gesinnung.»

Dass Schöpfer – wie Millionen andere – bei seiner Selbstauskunft teilweise gelogen hat, scheint nicht nur menschliche Selbstverständlichkeit, sondern ist bewiesen. Schöpfer behauptete, von den Gräueln der Diktatur nie gewusst zu haben. Doch was die Deutschen damals dachten, gilt Historikern heute als belegt. Die Nazis sammelten Protokolle von Gesprächen am Stammtisch, in der Bahn, an der Ladenkasse. Zehntausende dieser Dokumente sind erhalten. Dass die Juden entrechtet und verfolgt wurden, wusste jeder, erklärt der Historiker Professor Eberhard Jäckel in Vorträgen. Das Massenleugnen des Massenmords sei eine Unrichtigkeit, die sich nachweisen lasse.

Im Jahr 1999 entschied der Bezirksbeirat des Stadtbezirks Sillenbuch, zu dem Heumaden gehört, einen Weg nach Theodor Schöpfer zu benennen, obwohl im Ort die Vergangenheit des Namensgebers offenkundig bekannt war. Die Benennung nach Schöpfer hatten Alteingesessene vorgeschlagen,

Schöpfers Verdienste um das Vereinsleben und die Ortsgeschichte gepriesen. Die Abstimmung des faktisch machtlosen Gremiums der Lokalpolitiker endete mit acht Ja- gegen fünf Nein-Stimmen. Als Grund für die ablehnenden Stimmen sind im Protokoll «allgemeine Bedenken» vermerkt. Der Gemeinderat winkte den Vorschlag durch.

Als 2006, zehn Jahre nach Schöpfers Tod, seine Entnazifizierungsakte im Ludwigsburger Staatsarchiv von jedermann eingesehen werden durfte, wurden die fragwürdigen Seiten desjenigen publik, der mit einem Straßennamen geehrt worden war. Die Stuttgarter Bündnisgrünen beantragten eine neuerliche Prüfung der Nazivergangenheit Schöpfers und nannten es unerträglich, dass eine Straße nach einem SS-Mann benannt sei. Alteingesessene und Weggefährten Schöpfers formulierten Verteidigungsschriften und -reden, inklusive Schmähungen gegen die «linken Emanzen» der Grünen.

Das Stadtarchiv kam nach wochenlanger Recherche zu demselben Ergebnis wie die Ermittler nach dem Krieg. Die Grünen zogen ihren Antrag zurück. Im Zweifel für den Angeklagten. Die Stadt Stuttgart will sich derartigen Aufwand künftig ersparen. Vom Jahr 2010 an soll das Stadtarchiv sämtliche Straßennamen der Gemarkung auf verdächtige Namensgeber überprüfen. Am Ende soll ein Schema der Schuldigen, Teilschuldigen oder Unschuldigen stehen. Auf dass künftig nicht mehr in jedem Fall einzeln diskutiert werden muss, ob ein Name getilgt wird oder erhalten bleibt.

Ob der Versuch gelingen wird, die Vergangenheit zu kategorisieren, scheint fraglich. Nicht nur, weil das Schema auch unterteilt werden könnte in Hauptschuldige, Belastete, Minderbelastete, Mitläufer und Entlastete. Selbst Jäckel hat keine historische Erklärung gefunden, warum das Volk Hitler folgte, ihn liebte. Sehr wohl aber für sich eine persönliche Begründung: «Der Mensch ist ein Mitläufer. Das war damals so und ist heute noch so.»

Quellen

Staatsarchiv Ludwigsburg, Akten EL 903/1 Bü 540 und EL 902/20 Bü 80321
Sitzungsprotokolle der Stadt Stuttgart
Korrespondenz der Stadt Stuttgart
Aussagen von Zeitzeugen

Ferdinand Porsche mit Sohn Ferry

Ulrich Viehöver

Ferdinand Porsche
Hitlers Lieblingskonstrukteur, Wehrwirtschaftsführer und Kriegsgewinnler

Ein Märchen wird noch vor Weihnachten wahr: Kaum drei Jahre und sieben Monate sind seit dem Ende der Nazidiktatur vergangen, da dürfen sich Adolf Hitlers Lieblingskonstrukteur und Kraft-durch-Freude-Promi und sein Junior mit einer blütenreinen Weste schmücken. Denn am 21. Dezember 1948 erklärt der Vize-Regent der Kärntner Landesregierung die Nazivergangenheit von Vater und Sohn als völlig unbedenklich. Ausdrücklich bestätigt der stellvertretende Landeshauptmann im fernen Kärnten, «dass Herr Prof. Dr. Ing. h. c. Ferdinand Porsche ... in seiner Eigenschaft als hervorragender Konstrukteur auf dem Gebiete des Maschinen-und Kraftfahrzeugbaues, zu dem industriellen Wiederaufbau Österreichs, im Besonderen des Landes Kärnten, beigetragen hat».[1] Fast wortgleich rühmt der zweithöchste Politiker Kärntens den Porsche-Sohn Ferry «in seiner Eigenschaft als Geschäftsführer der Porsche Konstruktionen Ges.m.b.H.», welche Fahrzeuge und Landmaschinen erzeuge. Gemeint ist Ferry Porsches Tätigkeit in jenem Ausweichbetrieb, den der Doppelclan Porsche-Piëch am Ende des Dritten Reichs im kärntnerischen Gmünd errichtet hatte.

Obwohl Kärnten zu jener Zeit in einer anderen Besatzungszone lag als Stuttgart – Kärnten unterstand den Briten, Stuttgart den Amerikanern –, bestätigte die Landesregierung in Klagenfurt ihren österreichischen Neubürgern, «dass Herr Prof. Porsche nach den hier geltenden Gesetzen politisch nicht belastet erscheint und auch kein Verfahren in diesem Zusammenhang hieramts gegen ihn anhängig ist». Dem Sohn «Ferry» (*19. September 1909 bis †22. März 1998), wie dieser zur Unterscheidung vom Vater genannt wurde, bestätigte das hohe Amt gar den «Umstand, dass Herr Porsche junior nicht der NSDAP angehört hat, also auch politisch in keiner Weise belastet ist».[2] Vor lauter Hochachtung Österreichs über die «wirtschaftspolitisch wertvolle Tätigkeit» lässt «die Kärntner Landesregierung ... Herrn Porsche auch in der Ausführung seiner Pläne ihre größtmöglichen Förderungen angedeihen». Dem Senior sichert sie zu, «ihm, wie bisher, auch in Zukunft ihre weitgehendste Unterstützung bei der Erfüllung seiner Aufgaben zuteil werden» zu lassen.[3]

Dieses Entnazifizierungsdokument, das einem Kotau der Kärntner Regierung vor den Porsches gleichkommt, findet sich gleich lautend in Kopien in Unterlagen mehrerer Regierungs- und Dienststellen sowie der Besatzungsmächte. Somit bildet der Freibrief aus Klagenfurt auch in Stuttgart den

Schlüssel, der dem Porsche-Piëch-Clan überall die Türen bei den obersten Kontrollorganen aufstoßen wird. Ohne diesen wirkungsvollen Persilschein hätten die Porsches und Piëchs ihr gesperrtes Vermögen, ihre Stammfirma nebst Villen in Stuttgart, kaum zurückbekommen.

Binnen weniger Monate konnten Porsche-Piëchs an der Stelle wieder aktiv sein, wo sie in der Nacht vom 20. zum 21. April 1945 von einmarschierenden Franzosen vertrieben wurden: in ihrem Großbetrieb in Stuttgart-Zuffenhausen. Schon am 26. Oktober 1950 beziehungsweise am 17. November 1950 gab das Amt für Vermögenskontrolle (Stuttgart) ihr «unter dem Verdacht des Kriegsverbrechens» blockiertes Vermögen, den stattlichen Fabrikkomplex, die wertvollen Lizenz- und Patentrechte aus Verträgen mit Nazideutschland, die beiden Villen im Feuerbacher Weg 48 und 50 in Stuttgarts aussichtsreicher Halbhöhenlage sowie ein beträchtliches Geldvermögen komplett frei.[4]

Bereits im Herbst 1949 starteten die Porsches und Piëchs mit ihren treuen Angestellten und Verbindungsleuten in Stuttgart-Zuffenhausen durch. Zügig gelang es ihnen, dort Ende 1949 die Produktion des Porsche-Sportwagens Typ 356 aus VW-Teilen vorzubereiten, um im Frühsommer 1950 die Fertigung aufzunehmen.[5] Merkwürdig jedoch: Zu jener Zeit war ihr deutsches Vermögen vom Amt für Vermögenskontrolle im Namen der US-Militärregierung gesperrt. Doch das war für die Eigentümer kein Hindernis. Offiziell hielten sich Porsche-Piëchs in Österreich auf ihrem Landsitz Schüttgut in Zell am See (US-Militärzone) oder im kärntnerischen Gmünd (britische Zone) auf. Trotzdem reichte ihr Arm bis nach Stuttgart in die amerikanisch besetzte Zone. Wie ihnen dieser Durchgriff aus sicherer Distanz gelang, belegt zahlreiches Archivmaterial.[6] Es offenbart ein Ringen der Autodynastie um Macht und Reichtum in der Nazizeit wie bei der Rückeroberung ihres gesperrten Vermögens – ein Trauerspiel für viele Opfer, aufregend wie ein Krimi. Mit verbissenem Ehrgeiz und glänzenden Kontakten zu höchsten Regierungs- und Amtsstellen von Klagenfurt über Wien bis Stuttgart – überall besaß die Doppelfamilie Eigentum – sowie durch willfährige Helfer gelingt es der Sippe, ihre steile Vermögenskarriere ohne Blessuren fortzusetzen. Obwohl sie nachdrücklich Zwangsarbeiter, Kriegsgefangene und schließlich Juden aus Konzentrationslagern bei Nazigrößen wie Heinrich Himmler bis Hitler für ihre Zwecke angefordert hatten,[7] glänzt ihre Fassade makellos. Patron Porsche strahlt bis heute fürs Unternehmen, für Schulen, Straßen oder Plätze wird er aufs Schild gehoben. Aber war das nicht der Professor, der Arbeitskräfte ohne Rücksicht auf Krankheit und Tod für seine bombensicheren Geschäfte oder im Auftrag der NS-Kriegsrüstung schuften und sterben ließ? Wer und was war er wirklich?

«Porsche gehörte zu den Technikern, die die ungeahnten produktiven Freiräume, die das Regime ihnen plötzlich eröffnete, um jeden Preis zu nutzen entschlossen waren, ohne sich an den politischen Rahmenbedingungen zu stoßen», beantworten Hans Mommsen, Manfred Grieger in ihrem Standardwerk zu VW[8] die Frage mit Blick auf sein Verhalten gegenüber dem Naziregime. In ihrer umfassenden Studie charakterisieren die Historiker den Stuttgarter Konstrukteur als widersprüchliche Figur mit hohem Sendungsbewusstsein für seine Sache: «Porsche lebte für seine technischen Ideen. Darin lag seine persönliche Ausstrahlungskraft begründet, aber auch seine Begrenzung.»[9] Die Mitschuld der Porsche-Piëchs an den Nazigräueln dokumentieren die Wissenschaftler detailliert anhand des Volkswagenprojekts. Ebenso exakt arbeitet Wolfsburgs Stadtarchivar Klaus-Jörg Siegfried das Engagement der Protagonisten für die Rüstungsproduktion bei VW und den Einsatz von Zwangsarbeitern heraus.[10] Denn nur die Aktivitäten der Porsche-Piëchs für Volkswagen samt der Volkswagenstadt (heute Wolfsburg) sowie ihr Spiel mit und ihr Antichambrieren bei der NS-Führung lassen das wahre Ausmaß ihrer Verstrickung ins NS-Regime erkennen. Und ohne das monströse VW-Projekt gäbe es das Kapitel Stuttgart-Zuffenhausen nicht. Daher soll der Fokus nun kurz auf dem Projekt Volkswagen liegen.

Ferdinand Porsche (*3. September 1875 bis †30. Januar 1951) startete seine Unternehmerkarriere mit der Einrichtung eines Konstruktionsbüros in Stuttgart, Kronenstraße 24a. Sein Sprung in die Selbstständigkeit erfolgte eher unfreiwillig. Daimler-Benz, Porsches früherer Arbeitgeber, hatte sich wegen offener Rechnungen und persönlicher Differenzen von ihm 1928 getrennt. Danach arbeitete Porsche für die Steyr-Werke in Österreich. Als Daimler 1929 die Steyr-Werke kaufte, war für den Oberkonstrukteur kein Platz mehr da.

Der «Professor Doktor» ohne akademischen Abschluss – eine Hochschule sah er nur als Gasthörer von innen – galt als eigenwillig, unkalkulierbar und im Umgang mit Geld als verschwenderisch. Dennoch wagte er es, am 1. Dezember 1930 ein Büro für «Konstruktionen und Beratungen für Motoren- und Fahrzeugbau in Stuttgart» mit einem Stammkapital von 30.000 RM offiziell als «Dr. Ing. h. c. F. Porsche GmbH» ins Handelsregister eintragen zu lassen.[11] (Die Kaufkraft der damaligen Reichsmark betrug mehr als das Zehnfache des heutigen Euros.) Schon bald beschäftigte der neue Betrieb 19 Angestellte[12], im Kern hoch qualifizierte Techniker. Porsche kannte viele Fachleute aus seiner Zeit bei Austro-Daimler und Steyr, vor allem Oberingenieur Karl Rabe, den er zum Chefkonstrukteur und später zum Geschäftsführer ernannte.

Allerdings gingen die Geschäfte schlecht. Spektakuläre Projekte wie Entwicklungen für Rennwagen von Wanderer und Auto Union, eine Limousine für NSU oder Arbeiten für Chrysler brachten zwar internationalen Ruhm, nicht aber die ersehnten Anschlussaufträge oder Lizenzen. Die Autos gingen nicht in Serie – außer Spesen nichts gewesen. Johann Kern, der seit dem 25. Februar 1933 als Kaufmann angestellt war und später Prokurist wurde, bestätigt Porsches Illiquidität von 1931 bis 1934. Ursache für die Geldnot seien Aufwendungen für die Entwicklung des Kleinwagens (Vorentwurf zum Volkswagen, d. V.) gewesen. Andere Quellen sprechen davon, dass Porsche kurz vor dem Konkurs stand.[13]

In dieser Klemme war es für die junge «Dr. Ing. h. c. F. Porsche GmbH» ein wahrer Segen, dass laut Johann Kern Ende 1934 «mit der KdF-Konstruktion begonnen» werden konnte – und das mit dem persönlichen Segen Hitlers nach intrigantem Hin und Her. Lange musste Habenichts Porsche fürchten, zwischen den etablierten PS-Giganten, ihrer gespaltenen Lobby, dem Reichsverband der Automobilindustrie (RDA), Teilen der NS-Elite sowie erstarkenden kriegslüsternen Militärs aufgerieben zu werden. Führende Autobauer wie Adler, Auto Union, BMW, Daimler oder Opel gierten selbst nach dem «deutschen Volkswagen». Die Militärs hingegen betrachteten Porsches Projekt als Verschwendung, wohl ahnend, dass ihre Eroberungen bald jeden Mann und Pfennig samt Ressourcen – Bodenschätze, Energie, Grundstücke und so weiter – auffressen würden.

Um zwischen den Machtblöcken bestehen und den Fuß ins Jahrtausendprojekt setzen zu können, gab es für den kleinen Konstrukteur aus der schwäbischen Provinz nur einen Weg: sich dem Diktator direkt anzubiedern. Anlässlich der Rede Hitlers zur Automobilausstellung im Februar 1933 in Berlin lobte Porsche des Führers Zuspruch für den Motorsport und beglückwünschte «Euer Exzellenz zur tiefgründigen Eröffnungsrede».[14] Der Kniefall per Telegramm wirkte – bei Hitler wie bei seiner NS-Clique. Von da an schloss der Diktator Porsche als seinen Lieblingskonstrukteur ins Herz. Mommsen und Grieger analysieren: «Ohne das ausgeprägte technische Sendungsbewusstsein und die unerbittliche Zähigkeit, mit denen Porsche an dem einmal gesteckten Ziel festhielt, hätte er die Krise, in der sich das Volkswagenprojekt befand, nicht durchstehen können.»[15]

Nun ging es mit Porsches Unternehmen steil bergauf. Der Konstrukteur durfte sein Exposé für einen Kleinwagen bei der Reichsführung einreichen und – mit Hitlers Segen – ergatterte er schon am 22. Juni 1934 gegen die gesamte Fahrzeugindustrie den äußerst lukrativen Auftrag, einen VW zu konstruieren. Partner und Geldgeber war der Automobilverband RDA. Schon früh arbeitete der Junior im väterlichen Betrieb mit, und das nicht nur als Versuchsleiter. Laut Selbstauskunft im Meldebogen im Spruchkammerverfahren in Stuttgart war er seit 1944 auch als Geschäftsführer der K.G. aktiv. Durch die Symbiose mit der Hitler-Diktatur mutierten die Karrieristen in Zivil aus Stuttgart und Wien zu Aktivposten des Terrorregimes, etwa für die Nazipropaganda – Heldenverehrung bei der Jugend und in der VW-Lehrlingsausbildung – und schließlich im Krieg. Gern revanchierten sich die NS-Protagonisten dafür. Nach Kräften honorierten, dekorierten und förderten sie die Privatunternehmer samt ihrer (treuen) «Gefolgschaft», den Beschäftigten.

Nahtlos fügte sich der als Professor und Doktor zu Ehren gekommene Ferdinand Porsche ins NS-Korsett: Parteimitglied, registriert unter der Nummer 5643287 in Württemberg-Hohenzollern seit dem 8. Oktober 1937, und später im Rang eines SS-Oberführers «ehrenhalber».[16] Der Konstrukteur wurde unter anderem als Mitglied im NSKK (Nationalsozialistisches Kraftfahrkorps) geführt, der auch den Personenschutz von NS-Größen und Rallyes organisierte; er gehörte der DAF an (Deutsche Arbeitsfront, die mitglieder- und finanzstärkste Organisation der NSDAP) oder der NS-Volkswohlfahrt (NSV). 1938 wurde dem Parteigenossen der Deutsche Nationalpreis (100.000 RM) verliehen und zu Hitlers Geburtstag 1942 das Kriegsverdienstkreuz I. Klasse. Der Zivilist – diesen Status hoben Porsche und sein Sohn stets hervor – dürfte einer der am meisten geehrten Männer des Naziregimes gewesen sein.

Im Zentrum der Macht stand Porsche, als er auf Empfehlung des NS-Oberorganisators und Ministers für Bewaffnung und Munition Fritz Todt ab 1940 die einflussreiche Panzerkommission leiten durfte, bis er den Vorsitz auf Druck von Rüstungsminister Albert Speer Anfang 1943 räumen musste. Die in Zuffenhausen entwickelten Panzermotoren und -techniken sollen an der Russlandfront kläglich versagt haben. Trotzdem blieb Porsche Mitglied im Panzergremium; Speer berief ihn sogar in den «Rüstungsrat des Reiches», der jedoch seine Bedeutung bald verloren hatte.

Kritik an manchen Porsche-Entwürfen (Motoren, Panzer) konnte Hitlers Lieblingskonstrukteur nichts anhaben. SS-Führer Heinrich Himmler honorierte ihn mit dem «Totenkopfring des Reichsführers SS» (4. März 1944) als Dank, dass sich Porsche und sein Sohn bei ihm dafür stark machten, KZ-Gefangene als «Schutzhäftlinge der SS» in unterirdischen Höhlenfabriken von VW in Lothringen einzusetzen.[17] Über weitere Ehrungen berichtete Porsche-Treuhänder Karl Kirn am 22. Oktober 1947: Das Rüstungskommando Stuttgart verlieh dem «Musterbetrieb» die «Goldene Fahne» (1944) und «für die Gefolgschaft» einige Kriegsverdienstkreuze I. und II. Klasse sowie Kriegsverdienstmedaillen, die an Angestellte und Arbeiter nach Gutdünken verteilt wurden.[18] Seit November 1938 konnte sich Porsche senior mit dem Titel «Wehrwirtschaftsführer» schmücken.

Weit mehr als alle Titel und Dekorationen indes schätzte Porsche die lukrativen Posten und die damit verbundenen Großaufträge – allen voran die Spitzenstellung im Volkswagenprojekt. Vom Start weg sicherte er sich den Geschäftsführerposten neben dem Parteisoldaten Bodo Lafferentz. Dieser junge Verwaltungs- und SS-Mann leitete das Amt für «Reisen, Wandern, Urlaub», das unter der Organisation «Kraft durch Freude» (KdF) zur Deutschen Arbeitsfront (DAF) gehörte.

Die im Mai 1933 gegründete Zwangsgewerkschaft DAF raubte den Gewerkschaften das Vermögen, steckte es ins VW-Projekt und konnte damit die Regie übernehmen. Daher liefen der Volkswagen, das Werk und die Stadt während der Nazizeit unter dem Etikett «KdF». Porsche störte es nicht im Geringsten, dass die DAF seinen Lebenstraum mit gestohlenen Gewerkschaftsgeldern als KdF-Auto finanzierte. Ihm war wichtig, so viel wie möglich von dem Diebesgut abzubekommen. Deshalb waren ihm als Partner die aufstrebende NSDAP und die DAF sympathischer als etablierte Größen der Autoindustrie oder das Militär. Spätestens durch den sogenannten Volkswagenvertrag, den die DAF durch die Absichtserklärung vom 1. April 1937 mit ihm einging, stieg Porsche zum wahren Boss des VW-Komplexes auf,

Ferdinand Porsche (Mitte) 1938 bei der Grundsteinlegung des Volkswagenwerkes.

denn sein direkter Zugang zum Diktator machte ihn innerhalb der VW-Führung unangreifbar und damit inoffiziell zum obersten Lenker.

Was für die Porsches und Piëchs besonders zählte: Ihr Betrieb in Stuttgart bekam per Vertrag das Privileg, allein für Entwicklung, Erprobung und Prototypenbau zuständig zu sein. Kurz: Porsche erhielt bei Volkswagen das Entwicklungsmonopol. Zusätzlich bekam die geschäftstüchtige Familie das Recht, eine «Erfolgsprämie» von 0,5 Prozent pro KdF-Wagen zu kassieren – gleichsam eine Lizenz zum Gelddrucken. Bei einem geplanten Preis von 1000 Reichsmark pro Standardmodell kassierte Porsche je fünf RM. Kein Wunder, dass der Patron Porsche dieses Geschenk der Nazis durch ein Netz ihm vertrauter Personen abzusichern und zu verteidigen wusste. Je größer das Projekt wurde, umso besser gelang es ihm, Verbündete aus seinem Lager in Schlüsselpositionen zu hieven. Sein wichtigster Brückenkopf war sicher sein Schwiegersohn und Mitgesellschafter Anton Piëch. Ihn drückte Porsche in die Geschäftsführung. Piëch, der ehrgeizige Wiener Anwalt, Verteidiger der Nazis in der Zeit des Ständestaats, Mitglied in der in Österreich verbotenen NSDAP um 1938, schaffte rasch den Sprung an die VW-Spitze. Als Verwaltungschef war er Herr über die gesamte Organisation inklusive des späteren Einsatzes von KZ-Häftlingen, Zwangsarbeitern und Kriegsgefangenen. Unter seiner Herrschaft erfolgte im Winter 1941/1942 eine deutliche Wende zur massenhaften Beschäftigung von Zwangsarbeitern bei VW. Zu den Arbeitssklaven in der VW-Lagerstadt zählten Menschen aus allerlei Nationen und selbst Kinder. Ihr Los: Arbeiten bis zum Umfallen. Für Hauptgeschäftsführer Piëch gehörten die VW-eigenen zum Geschäft. Bald bestand die VW-Konzernspitze zu zwei Dritteln aus Porsche: dem Professor als Unternehmensführer und dem Schwiegersohn als Stellvertreter. Nur noch DAF-Aufpasser Lafferentz durfte ebenfalls als Stellvertreter fungieren.[19]

Seilschaften bilden, persönliche Abhängigkeiten schaffen, Fäden ziehen und mit K.u.k.-Charme antichambrieren und delegieren – das war das Erfolgsgeheimnis des Konstrukteurs zu allen Zeiten. Porsches Hausmacht wurde 1942 durch Georg Tyrolts verstärkt. Er war Piëchs Vetter und erhielt bald als Personalchef tiefe Einblicke in die Kommandostrukturen des VW-Konzerns. Zum «Porsche-Block» im KdF-Werk gesellte sich ein vom Patriarch handverlesener Kreis von Konstrukteuren und Kaufleuten, allesamt in Schlüsselpositionen.

Wirtschaftlich gesehen war das Konstruktionsbüro, das seit 1937 Zug um Zug zur vollwertigen Fabrik ausgebaut wurde, eng mit VW verbunden. Die Lage des Stammwerks in Stuttgart-Zuffenhausen, Spitalwaldstraße 2, entsprach etwa der heutigen. Anfangs war dort auch die Gesellschaft zur Vorbereitung des VW-Werks (Gezuvor) angesiedelt. Diese wichtige Anschubfirma wurde zwar in Berlin verwaltet, «ihre praktische Arbeit» aber nahm die Gezuvor «in einer auf einem Grundstück im Stuttgarter Ortsteil Zuffenhausen errichteten Holzbaracke auf, das Porsche für den Bau seiner eigenen Produktionsstätte erworben hatte».[20] Die räumliche Zuordnung der Gezuvor-Planungsarbeit machte deutlich, dass Porsche die eigentlich treibende Kraft war. Damit war «das Konstruktionsbüro faktisch zu einer technischen Abteilung des künftigen Volkswagenwerks geworden, ohne sich auf diese Aufgaben zu beschränken».[21]

Diese Verschränkung galt auch in finanziellen Dingen. Die oft wenig präzise abgefassten Vereinbarungen wurden auch unzureichend überwacht, zumal der eigentliche Volkswagenvertrag mit der DAF erst nach langer Verzögerung im Herbst 1943 in Kraft trat, was für Porsches Firma finanziell kein Nachteil war.

Als kleine Hürde erwies sich die Staatsbürgerschaft von Ferdinand Porsche. Er wurde zu Zeiten der kaiserlichen und königlichen (k.u.k.) Donau-Monarchie am 3. September 1875 im böhmischen Maffersdorf bei Reichenberg geboren, war also ein Bürger von Österreich-Ungarn. Nach der Auflösung der Doppelmonarchie wählte Porsche die tschechische Staatsbürgerschaft – nicht die österreichische, was auch möglich gewesen wäre –, weil er nach dem Ersten Weltkrieg nur als Tscheche an internationalen Rennen hatte teilnehmen dürfen. Das Ehepaar Piëch hatte österreichische Pässe. Der einzige Deutsche unter den Firmenbesitzern war der am 8. April 1900 in Pforzheim geborene Adolf Rosenberger. Er war Mitbegründer der Firma, Geschäftsführer und mit zehn Prozent am Stammkapital beteiligt. Zudem leistete der passionierte Test- und Rennfahrer Gesellschafterdarlehen in Höhe von 80.000 RM. Seine Aufgabe war es, den Rennwagen zu entwickeln und zu bauen. Doch am Tag von Hitlers Machtergreifung, am 30. Januar 1933, kündigte der Jude Rosenberger als Gesellschafter und Geschäftsführer. Als Grund nannte er die schlechte Geschäftslage mit der drohenden Illiquidität. Tatsächlich jedoch wurde «Herr Rosenberger ... kurz danach aus rassischen Gründen in Schutzhaft genommen», notierte 1949 A. von Watzdorf, der Ermittler des Amts für Vermögenskontrolle, Stuttgart.[22] Volkswagen in ausländischer Hand war für die Machthaber in Berlin aber untragbar. Daher wurde Ferdinand Porsche deutscher Staatsbürger. Rosenberger konnte später über Paris in die USA emigrieren, wurde amerikanischer Staatsbürger und lebte unter dem Namen Alan A. Robert in Beverly Hills, Kalifornien.

Den Urknall für Porsches kometenhaften Aufstieg löste der Auftrag für den KdF-Wagen aus, der «Volkswagen-Vertrag» von 1937. Porsches Monopolstellung machte Stuttgart beziehungsweise Zuffenhausen zur eigentlichen Wiege des Volkswagens. Hier wurden die kriegstauglichen KdF-Autos nicht nur erdacht und 1936 als Prototypen und Probewagen gebaut, in der Region Stuttgart entstanden auch die ersten echten Volkswagen. Diese 30 Versuchswagen (VW30) fertigte Daimler-Benz 1937 im Werk Sindelfingen. Die ausgedehnten Testfahrten fanden unter der Oberleitung von Porsche-Sohn Ferry statt. Gelenkt wurden diese Versuchs-VW auf Wunsch von Porsche senior von 60 SS-Männern, wie eine Anweisung vom 25. Februar 1937 belegt.[23] Zivilfahrer waren nicht zugelassen. Die SS-Fahrbereitschaft residierte samt KdF-Wagen in Kornwestheim in der Panzerabwehr-Abteilung

25 (früher Ludendorff-Kaserne). Da bis 1945 nur 630 zivile VW-Limousinen und das erste Cabriolet gebaut wurden, gilt Stuttgart zu Recht als Wiege der späteren VWKäfer-Produktion.

Mit Kriegsbeginn im September 1939 schaltete Deutschlands Wirtschaft auf Rüstungsprodukte um – unter Mithilfe der Porsche-Piëchs. Bereits im Frühjahr 1940 legten sie die sogenannte Friedensfertigung in Zuffenhausen fast ganz still. In der Furcht, das lukrative VW-Monopol zu verlieren und dann wieder brotlos wie 1930 dazustehen, versuchte der Doppelclan in Berlin alle möglichen Militärgeschäfte nach Zuffenhausen und die entstehende Kraft-durch-Freude-Stadt bei Fallersleben zu holen.[24] Die vielfach umgerüsteten Gelände(kübel)wagen waren noch relativ zivile Militärversionen. Bis 1945 entstanden 66.285 Kübel-, Schwimm-, Nachrichten-, Kommandeur- und Funkwagen auf KdF-Basis. Zudem entstanden in Zuffenhausen teilweise komplette Kübelwagen, dazu 120 Schwimmwagen als Vorserie, außerdem kleine Windkraftwerke, (Volks-)Schlepper, stationäre VW-Motoren, Gasgeneratoren (für Lkw) sowie hie und da Vorserien für zivile VW-Varianten.

Im Verlauf des Kriegs wandte sich die Firma in Stuttgart-Zuffenhausen mehr und mehr dem Rüstungsgeschäft zu – spiegelbildlich zur Entwicklung bei Volkswagen. Mit der Beratung, Konstruktion und Erprobung von allerlei Panzern mit 30, 60 und 150 Tonnen Gewicht, luftgekühlten Panzermotoren von 250 bis 700 PS, Sturmbooten, Turboladern für Militärflugzeuge und riesigen Dieselmotoren (10 bis 15 Zylinder) war Zuffenhausen eng an den VW-Rüstungsbetrieb gebunden. Diese KdF-Ausgeburt mutierte zur Allzweck-Waffenschmiede für Heer und Luftwaffe: Tellerminen, Leitwerke für 250-Kilogramm-Bomben, Torpedohüllen, Panzerlaufräder, Kanonenteile, Panzerfäuste und Bunkeröfen. Nicht zu vergessen die Flugbombe Fi 103, für die Porsche das Monopol beanspruchte. Ab 1937/38 konnte von einem schlichten «Konstruktionsbüro mit Werkstätten» keinesfalls mehr die Rede sein.

1937 begann der Bau des Porschewerks in der Spitalwaldstraße 2 in Stuttgart-Zuffenhausen; der Einzug in den ersten Bauabschnitt erfolgte am 26. Mai 1938.[25] Das beträchtliche Gelände am Rand von Zuffenhausen – 1 Hektar, 25 Ar, 90 Quadratmeter[26] – war schon ab 1935 Stück für Stück erworben worden.[27] Fast die Hälfte des Geländes war 1938/1939 noch bebauungsfähiges Ackerland. 1939 und 1940 folgen weitere Landkäufe. Die bebaute Fläche wuchs von anfangs gut 5300 Quadratmeter auf 19.869 Quadratmeter plus 9131 Quadratmeter Hoffläche, teilweise großzügig mit Glas überdacht.

Am 14. Dezember 1937 wandelten die Porsches und Piëchs die GmbH in eine Kommanditgesellschaft (KG) um. Porsche senior haftete als Komplementär und Hauptgesellschafter (70 Prozent) voll, die drei Kommanditisten – Ferry (Einlage: 89.373,57 RM) sowie das Wiener Ehepaar Anton (Einlage: 59.582,37 RM) und Louise Piëch (Einlage: 29.791,19 RM) – hielten gemeinsam 30 Prozent als beschränkt haftende Kommanditisten. Nach 1945 gehörte der Kommerzialrätin Louise Piëch der größere, ihrem Gatten Anton der kleinere Anteil.[28] Wie Porsche durch die Nazis und deren Rüstungsaufträge profitiert hat, belegen diverse Finanzberichte, Zwischenbilanzen und Aktennotizen der Porsche-Treuhänder an das Amt für Vermögenskontrolle, Stuttgart, sowie Unterlagen aus Prozessakten der Zentralspruchkammer Nord-Württemberg, Ludwigsburg.[29] Demnach stiegen die jährlichen Gewinne der Firma fast kontinuierlich (die Kaufkraft der Reichsmark betrug zu dieser Zeit mehr als das Zehnfache des Euros im Jahr 2009):

Gewinnentwicklung der Firma Porsche

1933	501,87 RM	
1934	3.134,05 RM	
1935	16.243,31 RM	
1936	402.114,03 RM	
1937	213.142,09 RM	(Fabrikbau in Zuffenhausen)
1938	250.845,00 RM	
1939	666.273,74 RM	
1940	584.849,38 RM	
1941	941.246,56 RM	
1942	1.362.227,00 RM	
1943	1.215.894,00 RM	
1944	2.075.613,00 RM	
1945	-3.729,00 RM	(Verlust bis etwa April 1945)

Die Kosten für den Geländekauf und den Werksneubau in Zuffenhausen verkraftete die Firma problemlos. Parallel zu den Firmengewinnen nahmen auch das steuerpflichtige Einkommen sowie das Privatvermögen der Porsches zu (in Reichsmark/ RM; Angaben soweit aus Akten und Prozessunterlagen ersichtlich):[30]

Einkommensentwicklung

Jahr	Porsche senior	Porsche junior
1932	28.275,00	2.200,00
1934	keine Angaben	10.607,00
1938	711.530,00	60.150,00
1943	keine Angaben	387.197,00

Vermögensentwicklung

Jahr	Porsche senior	Porsche junior
1932	101.000,00	
1938	531.000,00	73.000,00
1943	keine Angaben	124.000,00

Auch wenn die Daten von 1933 bis zum Frühjahr 1945 nicht durchweg dokumentiert sind, ist der Trend bei Firmengewinnen, Einkommen und Vermögen doch eindeutig: Der VW-Auftrag ab 1934 und die Werks- und Rüstungsaktivitäten ab 1938 machten die Porsche-Piëchs reich. Zwischen 1938 und 1945 wurde der Betrieb laufend erweitert. 1937 und 1938 wird die Firmenzentrale gebaut. Direkt unter dem Dach des Backsteingebäudes in Stein gemeißelt das Hakenkreuz und ein Verweis auf Adolf Hitler: «Im Dienste der Motorisierung Deutschlands entstand dieser Bau im Jahre 1938 unter Adolf Hitler.» 1941 kam der noch erhaltene Shedbau hinzu, in dem Vorserien für VW (Kübel-/Schwimmwagen) gefertigt und sonstige Montagearbeiten durchgeführt wurden. 1942 wurde der Prüfraum aufgestockt, um das Konstruktionsbüro zu erweitern. Im Dachgeschoss der nun dreistöckigen Zentrale wurden 1942 die Pauserei und die Laboratorien vergrößert. Ein Jahr später folgten zwei weitere Werksbaracken, die 1944 ausgebaut wurden.[31] Porsche hat zu dieser Zeit außerdem eine eigene Schreinerei, Blechbearbeitung, eine Lackiererei.

Dem Werk in Zuffenhausen gingen freilich im Laufe des Kriegs, ähnlich wie bei Volkwagen, die «arischen» Arbeitskräfte aus. Also mussten auch hier Zwangs- und Ostarbeiter sowie Kriegsgefangene in die Bresche springen – unter ähnlich erbärmlichen Bedingungen wie bei VW. Viele schufteten im Stammwerk Zuffenhausen. Ein Teil der Arbeitssklaven hauste in einem Gemeinschaftslager mit mehreren Baracken. «Das Lager war mit einem Zaun begrenzt, der übermannshoch war», erinnert sich der spätere Stuttgarter Stadtrat Gerhard Dürr, der 1944 in unmittelbarer Nähe für mehrere Monate als Luftwaffenhelfer eingesetzt war. In der Schlotwiese, so Dürr, habe es zwei hohe Flaktürme mit Geschützen gegeben. In den Holzverschlägen mit «Gemeinschaftsverpflegungsanlage» mussten zeitweise rund 3000 Menschen hausen.[32] Das Wald- und Wiesenstück zwischen Zuffenhausen und Feuerbach lag wegen der nahen Bahnlinie strategisch günstig. Die Häftlinge konnten von dort aus aber auch gut in Fußmärschen in die benachbarten Fabriken getrieben werden – zu Bosch, Hirth-Heinkel (Flugzeuge, Triebwerke, Vernichtungswaffen), Kreidler (Metalle/Draht), Reutter & Co. (Karosserien) und Porsche.

Angaben von Krankenkassen wegen Zeiten der Rentenversicherung sowie Akten des Ernährungsamts- und Personalamts[33] und Aussagen damaliger Augenzeugen lassen darauf schließen, dass einige Zwangsbefohlene auch für Porsche schuften mussten. Bewachte Häftlinge – Frauen wie Männer – wurden in die Fabriken geführt und wieder abgeholt. Eine Statistik «über Russen-Lager in Stuttgart», erstellt von Leutnant Malchow vom Hauptrussischen Büro Zuffenhausen am 30. Mai 1945, nennt bei den Stichworten «Porsche» und «Schlotwiese» folgende Gefangenenzahlen: 3030 insgesamt, davon 1480 männlich, 1052 weiblich und 498 Kinder. Diese gemessen an der etwa 600 Mann starken Porsche-Stammbelegschaft relativ hohe Zahl von Zwangsarbeitern lässt die Vermutung zu, dass ein Gutteil der hier genannten Gefangenen nicht bei Porsche, sondern in benachbarten Unternehmen gearbeitet hat. Zudem ist davon auszugehen, dass etliche der unter «Porsche» genannten Lagerinsassen nicht im Betrieb direkt eingesetzt wurden, sondern beim Auf- und Ausbau der Fabrik sowie beim Bunkerbau tätig sein mussten. Der Werkskomplex Porsche wurde ständig erweitert, aufgestockt und später nach Flugangriffen immer wieder repariert – alles unter gewaltigem Zeitdruck.

Daneben existierten in Zuffenhausen auch Behausungen eigens für Zwangsarbeiter der Firma Porsche: etwa die Baracke in der Schwieberdinger Straße 130, abseits gelegen auf dem Gelände der Karosseriefabrik Reutter & Co. In diesem Bau, direkt gegenüber von Porsche, wurden unter anderem zwei Dutzend russische Offiziere gefangen gehalten und – rechtswidrig – zur Arbeit gezwungen. Gerhard Dürr, der als 15- bis 16-jähriger Flakhelfer zwischen dem Bahndamm und der Porsche-Zentrale Wache schieben musste, erinnert sich, «an einen Holzplatz mit Unterstand, also Deckungsgräben, mit Holz verschalt» auf der Porsche gegenüber liegenden Straßenseite bei Reutter. Die Behausungen seien sehr eng gewesen. «Dort waren Gefangene, da bin ich mir sicher», bekräftigt Dürr. Obwohl er mit seinem Trupp «sehr dicht dran war», hätten sie nie direkten Kontakt zu den Gefangenen gehabt. Die «Russenbaracke» – Neuwert: 10.000 RM – wurde auf Befehl der US-Militärs weitgehend abgerissen und für 300 RM der Gärtnerei Köhnlein (Zuffenhausen) zugesprochen.

Eine wesentlich größere Anlage befand sich in der Strohgäustraße 21. Die Firma Porsche mietete das 41 Ar umfassende Gelände am 25. August 1942 preiswert von der Stadt Stuttgart und der Firma Albert Stahl o.H.G., Stuttgart (Parzellen Nr. 3523/2/3 + 3467).[34] Porsche ließ 1944/1945 drei typische NS-Normbaracken «zur Unterbringung ausländischer Zivilarbeiter» errichten. Sie bestanden den Beschreibungen der Treuhänder und Architekten zufolge aus zwei Massivbaracken (47,0 x 10,4 m und 30,4 x 10,4 m), teilweise unterkellert, sowie aus einer kleineren Holzbaracke (19,5 x 8,1 m).[35] Der größte Bau wird als «Unterkunftsbaracke» bezeichnet. In einer solchen Nazinormbaracke konnten 80 und mehr Menschen eingepfercht werden. Der Abstand von den Unterkünften in der Strohgäustraße 21 zur Porsche-Fabrik betrug 500 Meter. Heute reicht das Porsche-Gelände fast bis an diese Ecke heran.

Die zweitgrößte Anlage «in Tafelbauweise» beschreibt der Zuffenhäuser Architekt Eugen Elben als Mannschaftsbaracke des Reichsarbeitsdienst (RAD). Es ist zu vermuten, dass dem RAD Überwachungsfunktionen übertragen wurden, ebenso, dass in Zuffenhausen der gleiche SS-Sturm wie bei VW (Sondersturm «Volkswagenwerk») zumindest teilweise den Werksschutz bildete.[36] So meldete sich am 1. August 1949 der Entlastungszeuge von Porsche junior, Herbert Huber aus Korntal bei Stuttgart, intern «SS-Huber» genannt. Der als Mitläufer eingestufte Mann bezeichnet sich als Abteilungsleiter bei der Porsche KG und als «Führer der SS-Fahrbereitschaft VW, die der Firma angeschlossen war». Er habe mit Ferry Porsche im Frühjahr 1942 den neuen «Heeresschwimmwagen beim Hauptquartier der Wehrmacht und der Waffen-SS im Beisein des Reichsführers SS [Heinrich Himmler, d. V.] vorgeführt».[37]

Über die Zahl der für Porsche tätigen Zwangsarbeiter finden sich Zeugenaussagen bei Spruchkammerprozessen und Angaben in Notizen der Vermögensermittler sowie der Porsche-Treuhänder. Diese sind freilich im Kontext der Äußerungen und im Stil der damaligen Zeit eher als geschönt zu bewerten. So bezifferte etwa der Fahrmeister und Porsche-Chauffeur Eugen Widmaier in seiner eidesstattlichen Erklärung vom 26. Juli 1949 die Zahl der «ausländischen Kriegsgefangenen bei der Porsche KG in Zuffenhausen auf etwa 120».[38] Seiner Erinnerung nach seien das etwa «24 russische Offiziere, 50 Franzosen als Zivilarbeiter, etwa 20 Belgier und Holländer, etwa 15 russische Mädchen in der Küche und fünf bis zehn Jugoslawen» gewesen. «Der Rest waren Italiener.» Die Schätzung Widmaiers ergibt mehr als 120 Personen.[39] Laut Aussage des Porsche-Prokuristen und -Geschäftsführers Johann Kern wurden die russischen Offiziere im Konstruktionsbüro eingesetzt. Zudem bestätigte er, dass Porsche Polen und Franzosen beschäftigte. Porsche hat nach den bisher bekannten Quellen damit in Stuttgart im Laufe der Jahre mehrere hundert Zwangsarbeiter (einschließlich Kriegsgefangene) beschäftigt, vermutlich um die 300.[40] Sie haben entweder bei Porsche selbst oder für Porsche gearbeitet, beispielsweise als Bauarbeiter. Total erschöpfte Männer wurden, bevor sie starben, abgezogen und durch neue Arbeitssklaven ersetzt. Das Gleiche gilt für Opfer von Luftangriffen – zum Beispiel im Herbst 1944. Belege für den Einsatz jüdischer KZ-Häftlinge bei Porsche in Zuffenhausen geben die Archive (bisher) nicht her.

Auf dem Zenit im Sommer 1944 beschäftigte das Stammwerk Zuffenhausen 656 Menschen (ohne Zwangsarbeiter beziehungsweise Gefangene). Ab diesem Zeitraum wurden Teile der Produktion und der Verwaltung Zug um Zug nach Gmünd in Kärnten verlagert, wo zusätzlich Arbeitskräfte eingestellt wurden. In dem österreichischen Werk arbeiteten dann im Herbst 1944 bereits gut 150 Umsiedler aus Stuttgart. Damit dürfte Porsches Rüstungsschmiede auf ihrem Höhepunkt circa 750 Menschen beschäftigt haben.[41] Laut Mommsen und Grieger[42] soll das VW-Werk im November 1944 bereit gewesen sein, «Porsche bei Ausbau des Werkes in Zuffenhausen beziehungsweise Errichtung oder Erwerb eines anderen Industrieunternehmens ... für eine Belegschaft bis ungefähr 1000 Mann» finanziell zu unterstützen. Zudem sichteten Historiker in Archiven einen Brief Porsches an Speer, wonach erwogen wurde, 60 Stockbetten in Gmünd für Häftlinge aufzubauen. Dieser Gedanke wurde offenbar verworfen. Auch ohne Arbeitssklaven sowie deren Bewacher und Peiniger war die Porsche KG alles andere als ein «Büro», wie in der Nachkriegszeit von Porsche immer wieder beteuert wurde.

Die Porsches und Piëchs blieben auch in den letzten Kriegsmonaten und im Frieden auf der Siegerspur. Als der VW-Tanker in der KdF-Stadt und das Beiboot in Zuffenhausen zu sinken begannen, da gingen auch die Steuerleute von Bord – freilich mit Plan und Vorkehrungen. Als Erster machte sich der Patriarch Ende Januar 1945 in Richtung Alpen auf den Weg. Dort gab es den Familienhof Schüttgut in Zell am See im Salzburger Land und Gmünd in Kärnten. Seine Tochter Louise hatte sich schon seit Langem nicht mehr in der VW-Stadt blicken lassen, Anton Piëch folgte im April 1945 dem Porsche-Chef. Inzwischen ersann der Clan ein Konstrukt, wie das prächtige Firmen- und Privatvermögen in der Nach-Naziära zu retten sei. Das gesamte Werk war am Morgen des 21. April 1945 von französischen Soldaten besetzt und das Vermögen bald darauf von der US-Armee beschlagnahmt und gesperrt worden.

Vorsorglich hatten Porsches und Piëchs im Februar, März und April 1945 durch ihre Firma beträchtliche Geldbeträge von Stuttgart nach Gmünd und Zell überweisen lassen:[43] Am 15. Februar 1945 gingen jeweils 100.000 RM an die Buchhalterin Ege sowie an den Mitarbeiter März in Gmünd, am 23. Februar folgten 50.000 RM an Porsche senior, 21.000 RM an Porsche junior und 20.000 RM an Louise Piëch, am 27. Februar gingen an den Prokuristen Kern 300.000 RM, am gleichen Tag weitere 100.000 RM wieder für Ferry Porsche nach Zell am See, am 31. März erhielt Prokurist Kern noch einmal 200.000 RM. Die letzte Barüberweisung über 40.000 RM ging am 4. April 1945 ebenfalls an Kern. Alles in allem flossen in diesen letzten Kriegsmonaten 931.000 RM aus Zuffenhausen nach Österreich ab – eine Summe, die nach heutiger Kaufkraft mehr als 9 Millionen Euro bedeutet. Davon strich die Familie 201.000 RM (Kaufkraft in Euro heute: gut zwei Millionen) ein. Gleichzeitig begann die Stammfirma in Stuttgart auszubluten. Löhne, Gehälter und Rechnungen konnten kaum mehr beglichen werden. Noch 1946/1947 korrespondierte Porsche-Treuhänder Kirn, dass rund 400 Arbeiter und Angestellte Ansprüche aus der Zeit vor Mai 1945 geltend machten. Porsches erster Treuhänder, Karl Fröhlich, notiert am 30. November 1945 und am 4. Januar 1946 in seinen ersten Finanzreports an die US-Militärregierung (Property Control Section, Stuttgart): «In Stuttgart fanden wir Buchbeträge, welche sagen, dass größere Barbeträge nach Österreich gingen, kurz bevor Stuttgart besetzt wurde.»[44] Es sei «klar ersichtlich, dass der österreichische Teil der Porsche K.G. alles Geld hat und die Porsche-Fabrik in Stuttgart hat alle Schulden». Frühere Zulieferer hätten ihre Rechnungen bis 30. November 1945 in Stuttgart präsentiert. Hinzu kämen Schulden bei Banken von fast 1,2 Millionen RM. In Fröhlichs erstem Finanzstatus (Stand: 30. Oktober 1945) wurden sogar Forderungen der Firma an Porsche senior in Höhe von mindestens 3.537.239,45 RM genannt.[45] Der Betrag wurde aber nicht weiter präzisiert und tauchte später nicht mehr auf.

Rückblick: Schon ab Mai 1944 wurde der Betrieb Zug um Zug von Zuffenhausen nach Gmünd in Österreich verlagert[46] und dort deckungsgleich aufgebaut.[47] Zwar konnte der gesamte Komplex bis zur Kapitulation nicht völlig verlegt werden, aber der Sitz der Geschäftsleitung und dazu mindestens 150 qualifizierte Leute nebst wichtigen Akten und Verträgen sowie einige Zwangsarbeiter waren bei Kriegsende bereits im Alpenland. «Gegen Ende der Kriegstage» wurde nach Reports der Treuhänder und Aktenlage der US-Property Control die «gesamte Buchhaltung und Verwaltung nach Österreich verlegt, und sie befindet sich heute noch dort», stellte die US-Militärregierung am 24. Oktober 1946 (Vermögenskontroll-Nr. XG 3000-486) fest. Diese Verschiebung machte es Fahndern wie den künftigen fünf Treuhändern unmöglich, den Wert des Porsche-Vermögens in der Stunde null auch nur annähernd zu erfassen.

Das meiste von dem, was in den Alpen geschah, bleibt nebulös. So lautete anfangs die Anschrift in Österreich: Fa. Dr. ing. h. c. F. Porsche K.-G. (Werk 2), Holzindustrie, Willi Meineke, Gmünd.[48] Hintergrund: Man hat ein leer stehendes Holzwerk angemietet. Vermögensverwalter war Oberingenieur Karl Rabe, Gmünd/Kärnten, Liesergries 28 – jener Porsche-Getreue aus den ersten Tagen in Stuttgart. Später lautete der Briefkopf diverser Schriftstücke «Porsche Konstruktionen Ges.m.b.H., Gmünd/Kärnten 45». Laut Treuhänder Karl Kirn umfasste Porsche-Gmünd zu der Zeit «sämtliche alten Mitarbeiter und Gesellschafter». Der «Sitz des Hauptbüros», so Kirn am 22. Oktober 1947, befand sich also in Kärnten. Dort hatten die Stuttgarter Vermögenskontrolleure und Sachwalter keinerlei Zugriffsmöglichkeiten. Somit konnte niemand Einblick in die Bücher der Porsche-Gruppe mit allen wichtigen Daten in der entscheidenden Zeit von Herbst 1944 bis Anfang 1950 nehmen. Ferry Porsche und Louise Piëch verwehrten neutralen Chronisten den Zugang zu den nach Österreich transportierten Bilanz- und Vertragsunterlagen.

Die im Stich gelassenen Gläubiger, darunter mindestens 400 Arbeiter und Angestellte von Porsche in Stuttgart sowie zahlreiche Handwerker, Lieferanten und Dienstleister, waren nun darauf angewiesen, ihre Forderungen bei der US-Militärregierung einzutreiben – also beim deutschen Steuerzahler. Die Firma Porsche war am 8. November 1945 vom US-Militär unter Vermögenskontrolle gestellt worden. Dieses ließ nur vier Festangestellte im Stammwerk und Treuhänder Ingenieur Fröhlich als «technischen Direktor» arbeiten. Fröhlichs Ziel war, «die Fabrik zu gesunden». Er bat daher das US-Militär als oberste Aufsichtsbehörde darum, «die großen Beträge zu untersuchen, die vor der Okkupation nach Österreich/Gmünd gingen». Dasselbe gelte für «große Teile der Schulden aus dem Reich, welche ebenfalls vor der Okkupation für das Porsche-Werk in Österreich auf Kosten Stuttgarts gemacht wurden». Möglicherweise sind damit auch Darlehen der DAF aus dem VW-Vertrag an Porsche gemeint. Flossen also beträchtliche Summen aus Berlin über Porsche nach Österreich? Und wie hoch waren die jeweiligen Beträge? Das Studium der Akten vermittelt kein klares Bild. Die angeblich über Berlin in der Porsche-Gruppe versickerte Summe soll zwischen 1,5 und 5 Millionen RM liegen. Auch behauptete Fröhlich, dass in einer Baracke auf dem Schüttgut in Zell am See (US-Zone) Inventar samt allen Originalzeichnungen (Entwürfe) aus dem Zuffenhäuser Konstruktionsbüro liegen würde.[49]

Eine fällige Untersuchung zu diesen Punkten sei freilich «nur möglich mit der Hilfe und Macht der Militärregierung», folgerte Fröhlich. In einem Schreiben an den Porsche-Ableger in Gmünd[50] Anfang 1946 wegen «Bilanzen und Forderungen» wollten die Verwalter «Ordnung ins hiesige Unternehmen» bringen, weshalb sie die Rekonstruktion der Forderungen und Verbindlichkeiten für nötig hielten. Die Hauptbuchhaltung mit allen wichtigen Unterlagen lag in Gmünd/Kärnten. Nur wenn die Bilanzen von 1943, 1944 und 1945 (bis April) sowie entsprechende vertragliche Abmachungen etwa mit dem VW-Werk (Forderungen, Lizenzen) und mit dem früheren Reich samt Behörden (Darlehen, Anzahlungen, Forderungen) vorlagen, konnte in Stuttgart eine «ordnungsgemäße Buchhaltung» mit einer Eröffnungsbilanz erstellt werden. Selbst hiesige US-Militärstellen ersuchten nun Porsche-Österreich und die dortigen Besatzungsstellen (Briten und Amerikaner) um Hilfe und darum, «dem Beamten Anton Laubacher aus Stuttgart» bei seiner Aufklärungstätigkeit «jede Unterstützung angedeihen zu lassen».[51]

Dieser Versuch, Licht ins Dunkel um die Ausgründung und Verlagerung der Fabrik sowie die Übersiedlung des Porsche-Piëch-Clans nach Österreich zu bringen, scheiterte – auch alle späteren Untersuchungen sollten im Sande verlaufen. Hat die Firma Porsche oder die Eigentümerfamilie – rechtmäßig oder unrechtmäßig – Gelder der NSDAP-Organisation DAF angenommen und nach Österreich transferiert? Schadeten die hohen Barüberweisungen dem Werk, weil sie dem laufenden Betrieb in Zuffenhausen fehlten? Erfüllen die Transaktionen gar den Tatbestand der Untreue? Gehören die Rechte an den Konstruktionen allein den Familien Porsche und Piëch (Exklusivrechte) oder ebenso dem Großkunden VW und somit indirekt den 1933 enteigneten Gewerkschaftsmitgliedern?

Zu diesen Fragen tauchen zwar in den Akten immer wieder kritische Anmerkungen und Meinungen auf, speziell zum Verhältnis Porsche zu Stuttgart und Porsche zu Gmünd sowie zu Volkswagen und dem Dritten Reich, aber plausible Antworten sind (noch) nicht möglich. Die Reise- und Kommunikationsmöglichkeiten zwischen den Besatzungszonen waren extrem eingeschränkt – zwischen Stuttgart und Gmünd lagen Welten. Hinzu kam das Chaos, das in dieser Zeit vielfach herrschte. Zudem kühlte der Ehrgeiz vieler Ermittler und Aufklärer in Sachen Entnazifizierung und Wiedergutmachung wegen des zunehmenden Kalten Krieges merklich ab. Trotzdem regte sich Widerstand: «Prof. Porsche entnahm für sich privat 1942 allein RM 492.370,63», an anderer Stelle heißt es RM 319.015,89. Diese handschriftliche Notiz trägt das offizielle Übergabeprotokoll vom 8. Juli 1947, adressiert an die US-Militärbehörde Property Control, Stuttgart. Und weiter trägt das Schriftstück handschriftlich den Kommentar: «Kriegsgewinnler übelster Sorte!» Unterschrift: Pabst, 20.4.1948. Außerdem werden die Angaben des zweiten Porsche-Treuhänders Karl Kirn in dessen Reports vom 30. Mai und 8. Juli 1947 an die US-Property Control teilweise als «Lüge» und als «verlogen durch und durch» bezeichnet. Die bissigen Bemerkungen gegen den Verwalter wie gegen Porsche stammen vom Cheftreuhänder des DAF-Vermögens für Württemberg-Baden, Hans Pabst.[52] Pabst war der oberste Beauftragte der US-Militärregierung in Württemberg-Baden. Seine Aufgabe war es, jene Gelder einzutreiben, die mithilfe der Deutschen Arbeitsfront veruntreut beziehungsweise dem Staat, den Gewerkschaften, Firmen oder Privatleuten gestohlen worden waren. Zur Erinnerung: Die DAF war die wichtigste Förderin, Geldgeberin und Partnerin von Porsche und dessen Firma seit 1937 gewesen.

Mehrfach versuchte Pabst mit Einsprüchen zugunsten der DAF-Geschädigten zu intervenieren. Er äußerte erhebliche Zweifel an Protokollen und Finanzberichten der Treuhänder oder an Angaben des Amts für Vermögenskontrolle der US-Militärregierung. Sein Verdacht: Porsche und die Gesellschafter hätten sich über ihre Firma in Stuttgart mittels VW-Vertrag, den die DAF-Spitze gern zum Wohlwollen Porsches ausgelegt habe, unrechtmäßig bereichert. Als Beleg für sein Misstrauen nannte Pabst dem Amt für Vermögenskontrolle am 18. März 1947 einen Zeugen, der zum Komplex Porsche/DAF «selbst Einzelheiten zu VW/KdF mitteilen» könne: Dr. Kaufmann, Korntal, Landhausstraße 40, der «Sekretär von Dr. Porsche».[53] Pabst hatte laut Herbert Lemési, der das Amt für Vermögenskontrolle leitete, mit Kaufmann wegen «der Art der Zusammensetzung der Vermögenswerte» von Porsche gesprochen. Kaufmann sollte, so Lemési, für Recherchen zur Verfügung stehen. In Erwartung einer gründlichen Untersuchung schrieb Pabst an Paul Judith, den Abteilungsleiter für «Gesperrte Vermögen» beim Finanzministerium in Stuttgart: «Es bleibt also festzuhalten und zu entscheiden, ob das gesamte ... Po.-K.G.-Vermögen unter der Kategorie C als DAF-Vermögen zu buchen ist.»[54]

Wenn dies so entschieden worden wäre, hätte als Konsequenz das Vermögen der Firma Porsche mit seiner Entsperrung (1949/1950) ins Eigentum der öffentlichen Hand beziehungsweise der Gewerkschaften überführt werden müssen.

Aber es kam anders. Die Recherchen des Zeugen Kaufmann, der «sich seit Monaten in der besetzten britischen Zone aufhält», d.h. in Fallersleben und Wolfsburg[55], kamen nicht voran. Niemand schien sich für den Porsche-VW-Mann und seine vielleicht detaillierten Aussagen über den VW-Komplex wirklich zu interessieren. Angeblich war Kaufmann für die Ermittler und Verwalter in Stuttgart nicht erreichbar gewesen.[56] Porsche-Treuhänder Kirn, von Pabst besonders hart angegriffen, behauptete stets, dass die Porsche KG nicht durch die DAF finanziert und die Bücher nicht gemeinsam geführt worden seien. Am 30. Mai 1947 wiederholte er diese Aussage im Schreiben an das Amt für Vermögensverwaltung. Kirn berief sich zudem auf die Zeugenaussage von Johann Kern, Prokurist der «Dr. ing. h. c. F. Porsche K.G.», Gmünd. Dieser betonte, dass die Firma Porsche «zu keiner Zeit von der DAF Gelder erhalten» habe. Es seien auch «keine Vorteile von dieser Seite erwachsen». An die Adresse des Zeugen Kaufmann gerichtet behauptete der langjährige Porsche-Manager, Herr Kaufmann sei «über unseren Betrieb und die Vermögensgestaltung in keiner Weise orientiert, sodass seine Vermutungen nur auf unrichtigen Informationen beruhen können».[57]

Trotzdem ließ DAF-Cheftreuhänder Pabst nicht locker, obwohl – oder gerade weil – die Buchhaltung seit 1944 in Gmünd/Kärnten lag. Am 7. Juli 1948 («Unser Zeichen: HP / Na») schrieb er an die Vermögenskontrolleure zu den Berichten Kirns: «Ich kann Ihnen vertraulich mitteilen, dass die Porsche K.G. noch kurz vor der Währungsreform RM 600.000 vom Amt für Besatzungsleistungen erhalten hat.»[58] Pabst hielt es für wahrscheinlich, «dass er gewisse Ansprüche an die Porsche K.G. im Namen der DAF zu stellen habe. Auf jeden Fall sehe ich Anlass, Ihnen die obige Mitteilung zu machen, da nachweislich über die vermögensrechtlichen Zusammenhänge der Porsche K.G. vom Treuhänder der Vermögenskontrolle falsche Angaben gemacht wurden.» Zu dieser Zeit verantwortete Karl Kirn das Porsche-Vermögen. Trotz der massiven Anschuldigungen geschah wenig. Letztlich setzt sich die Auffassung von Kirn, Kern & Co. amtlich durch. Auch der Stuttgarter Anwalt Paul Beck blieb mit seinem kritischen Vorstoß für einen Mandanten bei den Behörden stecken.[59] Stattdessen ließen Amtschefs und Sachbearbeiter in ihren Notizen zunehmend durchblicken, dass das Verfahren gegen Porsche nun nicht weiter verschleppt werden solle. Der Wirtschaftsboom rief.

Aufschlussreich für das dunkle Kapitel «Rückeroberung des Vermögens» ist folgender Hintergrund: Zumindest drei der fünf Vermögenstreuhänder standen früher fest in Diensten Porsches. Der wichtigste Sachwalter war Karl Kirn, der zweimal in der entscheidenden Phase diese begehrte Position ausüben durfte. Erster Porsche-Verweser war Ingenieur Karl Fröhlich aus Korntal, der schon seit 1937 bei Porsche in leitender Stellung tätig gewesen war. Doch Fröhlich wurde nach wenigen Monaten im Amt (8. November 1945 bis 20. Februar 1946) abserviert. Er kam unter Druck, weil er angeblich eine (alte) Schreibmaschine «leihweise» benutzt und ohne Wissen der Aufsichtsbehörde «total verrostete Maschinen» (Fröhlich) verscherbelt hatte.[60] Zudem bemängelten die Vermögenskontrolleure, dass er den Wert der Betriebsausstattung durchweg recht hoch ansetzte: «Zu dieser Schätzung war ich kraft meiner früheren Tätigkeit als Betriebsleiter befähigt, da während der letzten Jahre sämtliche Maschinen- und Werkzeugkäufe über mein Büro gingen.» Indes könnte sein frühes Ausscheiden auch damit zu tun gehabt haben, dass er sein Amt engagiert anging. Er deckte den enormen Geldtransfer der Gesellschafter auf, bohrte stets nach bei Unterlagen und Verträgen, die er in Österreich vermutete, und wollte das Rechtsverhältnis zwischen Stuttgart und Gmünd geklärt wissen.

Karl Kirn, sein geschmeidiger Nachfolger, lag auf der Linie der Porsche-Eigner. Er gehörte von 1936 bis 1943 der NSV (Nationalsozialistische Volkswohlfahrt) an. Obwohl «Blockwalter», galt er nach dem Befreiungsgesetz als «nicht belastet». Kirn übte das Treuhandmandat vom 20. Februar 1946 bis zum 16. Januar 1950 mit kurzen Unterbrechungen aus.[61] Auch er war im Hause Porsche ein alter Hase, denn er hatte dort vorher schon zehn Jahre lang als Einkäufer gearbeitet. Wie sehr seine Objektivität als Treuhänder litt, zeigt der Umstand, dass er sich bereits im Herbst 1945 von Porsche senior bei einem Treffen in Tübingen beauftragen ließ, die Verwaltung der Stammfirma in Zuffenhausen weiterzuführen. Zu dieser Zeit war Fröhlich noch Treuhänder. Später setzte Kirn sein Doppelspiel fort: einerseits als Treuhänder zur Objektivität gegenüber dem Amt für Vermögenskontrolle und der Militärregierung der USA verpflichtet, andererseits von Porsche senior am 1. Oktober 1948 beauftragt und bevollmächtigt, dessen (gesperrtes) Vermögen in Deutschland zu verwalten. Dazu kam noch ein ähnliches Mandat für die gesamte Doppelfamilie.[62]

Es kann daher kaum überraschen, dass Kirn wenig Interesse an den Vorgängen in Österreich sowie beim Ableger in Gmünd zeigte. Stur behauptete er, diese Firma sei 1947 «unter ausdrücklicher Bewilligung der Alliierten des englischen Elements errichtet» worden. Dafür fehlen aber objektive Belege. Im Zweifel rief Kirn stets seinen ehemaligen – und künftigen – Kollegen Johann Kern als Zeugen auf. Doch der Porsche-Prokurist und Treuhänder für Gmünd war alles andere als neutral. Also bügelten Kirn und Kern in steter Eintracht die Vorwürfe nieder, Porsche seien durch die DAF geldwerte Vorteile entstanden und es habe eine Bereicherung gegeben. Obwohl Anwälte, die Gelder und Rechte ihrer Mandanten eintreiben wollten, sowie DAF-Chefermittler Hans Pabst auf die Interessenskollisionen wiederholt hinwiesen, griffen die Ämter nicht durch. Stattdessen erfüllte sich für Kirn ein Karrierewunsch. Erleichtert bat er das Amt für Vermögenskontrolle am 28. Dezember 1949, ihn vom Amt als Treuhänder der «Firma Dr. ing. h. c. F. Porsche K.G. ... zu entbinden», denn der Betrieb habe nun «die Produktion des Porsche-Wagens Typ 356 hier in Stuttgart neu aufgenommen und ich übe unter anderem meine frühere Tätigkeit als Einkäufer der Firma wieder aus». Er könne «aus Zeitmangel» sein Mandat nicht mehr ausüben.[63] Als Angestellter bei Porsche verdiente Kirn ab 1950 monatlich ein damals stattliches Salär von 1000 Mark.

Speziell für Patente gab es offiziell seit 31. Juli 1946 einen weiteren Treuhänder: Willy Herrmann aus Ludwigsburg. Der Ingenieur war ebenfalls ein Porsche-Gewächs. Er entwickelte die Gasgeneratoren und überwachte bereits seit Herbst 1945 die Patente. Der Job eines Patentverwalters war für Herrmann wohl so attraktiv, dass er eine eigene Firma, die Herco & Co. GmbH, gründen konnte. Bis zur Freigabe der Lizenzen am 31. März 1949 arbeitete er vorwiegend dem Treuhänder Karl Kirn zu.[64] Die in Österreich weilenden Eigentümer überließen in Zuffenhausen offenbar alles ihrem bewährten Netzwerk.

Als letzter Verwalter fungierte ab dem 16. Januar 1950 für gut neun Monate der Stuttgarter Dipl.-Kaufmann und Ex-Handelslehrer Carl A. Baumgart. Aus den Akten muss geschlossen werden, dass er davor nicht bei Porsche tätig gewesen war. Er wurde am 26. Oktober 1950 mit der offiziellen Freigabe des Porsche-Vermögens wieder abberufen. Baumgart war mit einem Fall befasst, der die saubere Entnazifizierung der Porsches und Piëchs hätte infrage stellen und die Aufhebung der Vermögenssperrung verhindern können. Zumindest zog er das Prozedere in die Länge. Denn ausgerechnet aus Amerika meldete sich ein alter Bekannter zurück: Alan A. Robert, früher Adolf Rosenberger. Ihm ging es um Wiedergutmachung und Schadensersatz. Der Autobauer forderte für die «Wegnahme» seines Anteils zum Nominalwert von nur 3000 RM eine Entschädigung aus «Geschäftsführerrechten» sowie aus «entgangenem Gewinn». Seinen 10-prozentigen Anteil habe Ferdinand

253

Porsche jr. erst 1935 notariell übernommen. Der Wechsel der Gesellschafter habe sich seit 30. Januar 1933 hingezogen. In der Zwischenzeit hatte Hans Baron von Veyder-Malberg auf Vermittlung von Anton Piëch den Anteil treuhänderisch übernommen und dafür nur den Nominalwert von 3000 RM bezahlt, «einvernehmlich», wie Treuhänder Kirn im Verfahren behauptete.[65] Rosenbergers Firmendarlehen von 80.000 RM fiel zunächst unter den Tisch. Als der Baron, der seinen Posten als kaufmännischer Geschäftsführer bei Porsche behielt, seinen Anteil 1937 wieder verkaufte, bekam er nach Recherchen der Anwälte Rosenbergers 30.000 RM, also das Zehnfache. Daher beziffert der US-Kläger allein den Wert seines Anteils einschließlich seines Darlehens bei der Übertragung auf Porsche junior am 30. Juli 1935 auf «mindestens RM 200.000». Den Gesamtwert der Ansprüche schätzen Robert und seine Anwälte auf rund 500.000 DM (15. August 1949).[66]

Doch die Beklagten, namentlich Ferry Porsche und die Firma, ließen ihren ehemaligen Partner in Kalifornien zappeln. Roberts Anwälte entdeckten bei ihrer Suche nach dem Porsche-Vermögen neben dem Stammhaus überraschend eine zweite, neue Porsche-Firma in Stuttgart, die «Porsche Konstruktionen Ges. mit beschr. Haftung», Stkap.: 20.000 DM. Ihr Geschäftszweck klang zum Verwechseln ähnlich wie jener der KG in Zuffenhausen und ihre Gesellschafter waren überwiegend mit Porsche-Piëchs identisch, so die Anwälte am 30. August 1950.[67] Mitgründer und zu 25 Prozent Mitgesellschafter dieses Klons war Professor Albert Prinzing (1911–1994).[68] Der Ökonom, Volks- und Landeskundler war ein Schulfreund von Ferry Porsche und ein typischer NS-Karrierist: 1934 Eintritt in die SS, 1941 Unter-, dann Hauptsturmführer der SS, zeitweise am Weltwirtschaftsinstitut in Hamburg und Italienreferent für Kulturpolitik fürs Deutsche Reich in Italien. Außerdem war er Porsches rechte Hand und stand bei der Firmenneugründung nach dem Krieg als Geschäftsführer Pate. Der Ableger residierte in Stuttgart-Untertürkheim unter der Anschrift von Prinzing.[69] Robert und seine Anwälte staunten, dass Porsche überhaupt eine Firma gründen durfte. Denn ohne ausdrückliche Genehmigung der Behörde lief damals nichts – erst recht nicht bei gesperrten Vermögen. «Es ist mir unbekannt, ob der bestellte Treuhänder [Kirn, d. V.] in diese Neugründung eingewilligt hat. Diese Neugründung ist aber in hohem Maße bedrohlich, weil die Gefahr besteht, dass Vermögenswerte irgendwelcher Art, insbesondere Patente, von der Rückerstattungsgegnerin auf die neu gegründete Firma übertragen werden.» Solche Bedenken äußerten die Stuttgarter Anwälte des Klägers mehrfach.[70] Ihr Verdacht: Es könne sich um «eine ausgesprochene Zweckgründung» handeln, um Regress- und Schadensersatzansprüchen aus früheren Zeiten zu entgehen. Neben Robert erhoben auch Ex-Mitarbeiter, Lieferanten, Lizenzpartner und so weiter Forderungen. «Bedenklich» erschien den Klägern nun, «dass bei der neu gegründeten Firma die Verwendung des Namens ‹Porsche› nicht beanstandet worden ist, zumal eine Verwechslungsgefahr ganz offensichtlich begründet ist.» Aus all dem folgerten die Anwälte: «Die Neugründung trägt deutlich den

Charakter einer Zweckgründung, um sich der Vermögenskontrolle nach Möglichkeit zu entziehen.»[71]

Obwohl Porsche und Piëchs an einem kurzen Prozess hätten interessiert sein müssen, um ihr Vermögen zu bekommen, schleppte sich das unsichere Verfahren hin. Der Robert-Vertraute Hermann Bienstock, Pforzheim, klagte in einem Brief ans Gericht am 15. August 1949: «Seit einem vollen Jahr» gehe die Firma nicht auf eine Vergleichsregelung ein und führe «die gerichtliche Streitverhandlung herbei».[72] Parallel setzte sich in Stuttgarts Amtsstuben die Ansicht durch, Robert habe seine Beteiligung nicht aus rassischen, sondern aus wirtschaftlichen Gründen aufgegeben. So bezeichnete A. von Watzdorf, Vertreter des Amts für Vermögenskontrolle, in einer Lagebesprechung den Rückerstattungsantrag des Amerikaners als «fragwürdig». Am Ende musste Robert am 29. September 1950 vor der Wiedergutmachungskammer I des Landgerichts Stuttgart (Geschäftszeichen: Rest S 2682 (242)) einen Vergleich schließen:[73] Die Firma ... und Ferdinand Porsche junior mussten dem Antragsteller «bis spätestens 31. Dezember 1950 50.000 DM» bezahlen und ihm «nach dessen Wahl entweder einen Porsche-Sportwagen (Verkaufspreis: 9.850,– DM) bis spätestens 1. Juli 1951 oder sofort eine Volkswagen-Limousine in Luxusausführung (Verkaufspreis: 5.450,– DM)» liefern.

Der Kompromiss ebnete den Weg für eine zügige Freigabe des gesperrten Vermögens des Porsche-Piëch-Clans. Die Fabrik lief bereits, hatte die ersten Sportwagen produziert. Ferry Porsche bewohnte wieder die mit Firmengeldern sanierten Villen in Stuttgart. Auch die Rückverlegung der nach Gmünd/Kärnten verlagerten Teile samt Buchhaltung setzte gegen Herbst 1949 ein. Die in Stuttgart geklonte Firma, die seit 24. Januar 1950 gegenüber dem Stammhaus in Zuffenhausen, Schwieberdinger Straße 141, saß, wurde im Juli 1952 planmäßig liquidiert. Prinzing zog sich «absprachegemäß» aus diesem Klon zurück und erhielt seine Stammeinlage plus bankübliche Zinsen zurück.[74] Bis zur endgültigen Liquidation der «Porsche Konstruktionen Ges. m. b. H. i. L.» dauerte es noch bis 12./25. April 1955.[75] So lange geisterte die Minifirma als Vorgang durchs Handelsgericht Stuttgart. Der Liquidator Albert Prinzing bekam für seine stille Hilfe als Dankeschön den Posten eines Geschäftsführers bei der Porsche-Diesel-Motorenbau GmbH in Friedrichshafen – für ihn das ideale Sprungbrett, um ab 1956 an den Konzernspitzen von AEG und Osram Karriere zu machen.

Die faktische Rückübereignung und komplette Übergabe der Fabrik fand am 26. Oktober 1950 statt (Treuhänder: Carl A. Baumgart). Persönlich anwesend waren auch Porsche junior, Kommanditist, sowie Johann Kern, Prokurist der Firma «Dr. Ing. h. c. F. Porsche K.G.», Stuttgart-Zuffenhausen, Schwieberdinger Straße 141, als «Übernehmende». Weitere Zeugen waren Albert Prinzing und Hans Baron von Veyder-Malberg.[76] Der Papierkrieg endete schließlich mit der endgültigen Aufhebung der Vermögenskontrolle am 17. November 1950 durch den «unwiderruflichen Vergleich» mit Robert alias Rosenberger (USA).[77]

Laut Bilanz per 30. Juni 1950 wies allein der Betrieb einen Wert von 1.206.826 DM aus. Hinzu kamen neben den Villen werthaltige Ansprüche aus Lizenz- und Patenteinnahmen der Entwicklungen im Dritten Reich. Die Gelder daraus flossen kontinuierlich – seit Sommer 1945 zunächst spärlich, dann immer reichlicher. Ein Gutteil stammte aus Lizenzgebühren von Volkswagen. Treuhänder Baumgart veranschlagte die Zahlungen aus Wolfsburg – zunächst auf ein Sperrkonto – auf 260.000 DM allein für 1950. Zum Vergleich: Die Lohnkosten für die gerade anlaufende Fertigung kalkulierte der Sachwalter auf rund 200.000 DM. Schließlich sollte der Welterfolg des «Käfers» der Autodynastie seit Sommer 1945 bis zum Stopp der Produktion im Juli 2003 in Mexiko Einnahmen von mindestens 110 Millionen Mark (DM) oder gut 55 Millionen Euro bescheren. Diese Rechnung folgt dem Lizenzabkommen von einst – fünf Reichsmark pro KdF-Wagen, später ein Prozent des Bruttoverkaufspreises in DM pro Käfer – und Angaben der Porsche-Pressestelle (16. Juni 2009). Demnach wurde der VW-Käfer rund 21,5 Millionen Mal weltweit gebaut.

Bleibt festzuhalten: Die von Porsche-Piëchs 1950 wieder in Empfang genommene Firma – formell ab 1. Januar 1952 – ist identisch mit der ursprünglichen Porsche K.G. in Zuffenhausen, gegründet 1930 in Stuttgart. Deren wirtschaftliche Tätigkeit endete praktisch nie. Auf die eine oder andere Weise hielt sich das Unternehmen trotz Besetzung und Beschlagnahme immer über Wasser und verzeichnete stetig Umsätze. Zudem flossen ständig Einnahmen aus Lizenzen. Laut Briefkopf arbeitet die Gesellschaft exakt unter der vorherigen Firmierung «Dr. Ing. h. c. F. Porsche K.G.» am gleichen Ort: 14a Stuttgart-Zuffenhausen – 14a ist die alte Postleitzahl. Nur die Postadresse ist seit 1949/1950 neu. Das Haupthaus liegt nun schräg gegenüber dem roten Backsteingebäude an der Schwieberdinger Straße 141 auf dem früheren Reutter-Gelände.[78] Es besteht also kein Zweifel: Die heutige Firma ist identisch mit der «Dr. Ing. h. c. F. Porsche Aktiengesellschaft», die 2007 zur europäischen Porsche Automobil Holding SE (samt VW-Beteiligung) hochgestuft wurde. Porsche-Piëchs haben zwischen Frühjahr 1945 und Sommer 1950 nur die Straßenseite und die Postanschrift gewechselt.

Nachtrag

Kurz vor Drucklegung der 1. Auflage des Buches konnte Ulrich Viehöver, der Autor dieses Kapitels, einen ehemaligen Porsche-Zwangsarbeiter im polnischen Krotoszyn nördlich von Breslau sprechen, Jan Karolczak, Jahrgang 1920. Karolczak kam zusammen mit anderen Polen am 21. März 1942 in Stuttgart an. Zuerst war er in einer Baracke in der Schwieberdinger Straße untergebracht, dann in der Strohgäustraße 21. Karolczak schuftete elf Stunden täglich – als Gehilfe der Hausverwaltung sowie an Dreh- und Schleifmaschinen. Ab Herbst 1944 war er im österreichischen Porsche-Werk im Einsatz. Obwohl der Firma und der Familie Porsche die Existenz des ehemaligen Zwangsarbeiters bekannt ist, hat sich bis heute niemand bei ihm entschuldigt.

Anmerkungen

1 Staatsarchiv Ludwigsburg, Bestand EL 402/25 Bü 1474.
2 Ebd.
3 Ebd.
4 Staatsarchiv Ludwigsburg, Bestand EL 402/25 Bü 668.
5 Schreiben des Treuhänders Karl Kirn, Zuffenhauser Str. 20, S-Weilimdorf, über das Porsche-Vermögen, Bericht v. 28.12.1949 an das Amt für Vermögenskontrolle Stuttgart, wonach «die Dr. Ing. h. c. F. Porsche K.-G. ... die Produktion des Porsche-Wagens Typ 356 hier in Stuttgart neu aufgenommen ...» hat. Staatsarchiv Ludwigsburg, Bestand EL 402/25 Bü 668.
6 Staatsarchiv Ludwigsburg, Bestand EL 402/25 Bü 668, 1474, 1475.
7 Mommsen, Hans/Grieger, Manfred: Das Volkswagenwerk und seine Arbeiter im Dritten Reich, Düsseldorf 1996, S. 91.
8 Ebd.
9 Ebd.
10 Siegfried, Klaus-Jörg: Rüstungsproduktion und Zwangsarbeiter im Volkswagenwerk 1938–1945, Frankfurt/Main u. a. 1988.
11 Gründer und Eigentümer der Dr. Ing. h. c. F. Porsche GmbH, Stuttgart: Dr. h. c. Ferdinand Porsche als haftender Komplementär, 70 Prozent der Anteile; Adolf Rosenberger (Pforzheim), 10 Prozent (plus 80.000 RM Ges.-Darlehen), Rechtsanwalt Dr. Anton Piëch und Gattin Louise Piëch (beide Wien), zusammen 20 %.
12 Porsche-Archiv, Stuttgart, Aufstellung vom 8. Juli 1956.
13 Die Porsche-Krise Anfang der 30er-Jahre bestätigen auch diverse Berichte der späteren Porsche-Treuhänder sowie Prozessakten der Anwälte von Alan A. Robert alias Adolf Rosenberger an das Amt für Vermögenskontrolle, Stuttgart, bzw. an die US-Militärregierung. Die Entwicklungsfirma Porsche habe sich «infolge der in den Jahren 1931 bis 1932 allgemein schlechten Geschäftslage ... in außerordentlichen finanziellen Schwierigkeiten» befunden. Sie «stand dicht vor dem Konkurs». Das folgerte der Ermittler A. von Watzdorf vom Amt für Vermögenskontrolle am 12.8.1949 nach einer Besprechung wegen einer «Rückerstattungssache» in einer Aktennotiz. Staatsarchiv Ludwigsburg, Bestand EL 402/25 Bü 668 sowie 1475.
14 Mommsen/Grieger, Das Volkswagenwerk, S. 90.
15 Ebd.
16 Ferdinand Porsche senior füllte den obligatorischen Fragebogen aus, auch für höhere SS-Führer (5.4.1944); er wurde von der NSDAP offiziell als Mitglied geführt. Auf einem Einschreiben vom 3.4.1944, mit dem der «Fragebogen für höhere SS-Führer» ausgefüllt ans SS-Personalhauptamt Berlin-Charlottenburg gesandt wird, steht die Bezeichnung «SS-Oberführer» über dem Absender «Dr. Ing. h.. c. Ferdinand Porsche» unter der Firmenadresse Stuttgart-Zuffenhausen, Spitalwaldstraße 2; «ehrenhalber» deshalb, weil Porsche senior nicht in der SS-Führerkartei erfasst war. Staatsarchiv Ludwigsburg, Bestand EL 905/2 II.
17 Mommsen/Grieger, Das Volkswagenwerk, S. 810f.
18 Staatsarchiv Ludwigsburg, Bestand EL 402/25 Bü 668.
19 Vgl. Mommsen/Grieger, Das Volkswagenwerk, S. 215.
20 Ebd., S. 146/406.
21 Ebd., S. 146.
22 Staatsarchiv Ludwigsburg, Bestand EL 402/25 Bü 668.
23 Ebd.
24 Die neue VW-Stadt bei Fallersleben wurde erst nach dem Krieg auf Druck der Briten von «KdF-Stadt» in Wolfsburg umbenannt; der KdF-Wagen bekam erst viel später den Spitznahmen «Käfer».
25 Vermögensberichte des Porsche-Treuhänders Karl Kirn vom 22. und 27.10.1947 an das Vermögenskontrollamt; Staatsarchiv Ludwigsburg, Bestand EL 402/25 Bü 668.
26 Grundbuch Zuffenhausen Heft Nr. 2257, Parzellen Nr. 4133/4/5/7, Geb. No. 2 vom 5.9.1938.
27 Staatsarchiv Ludwigsburg, Bestand EL 402/25 Bü 1475.
28 Ebd.
29 Vermögensberichte von Porsche-Treuhänder Karl Kirn (22. und 27.10.1947) an das Vermögenskontrollamt; Staatsarchiv Ludwigsburg, Bestand EL 402/25 Bü 668; Staatsarchiv Ludwigsburg, Bestand EL 905/2 II Bü 204.

30 Zustandsbericht für die US-Property Control (Vermögenskontrolle) am 23.10.1947; Staatsarchiv Ludwigsburg, Bestand EL 402/25 Bü 668.
31 Bericht des Porsche-Treuhänders Karl Kirn vom 27.10.1947 an das Amt für Vermögenskontrolle; Staatsarchiv Ludwigsburg, Bestand EL 402/25 Bü 668. Erster Kurz-Finanzbericht des ersten Porsche-Treuhänders Karl Fröhlich zum 30.11.1945 an die US-Militärregierung, Stuttgart, Property Control Section; Staatsarchiv Ludwigsburg, Bestand EL 402/25 Bü 1475.
32 Gühring, Albrecht (Hg.): Zuffenhausen Dorf – Stadt – Stadtbezirk. Stuttgart-Zuffenhausen 2004, S. 442/443.
33 Akte Ernährungsamt EA 363 und Akte Personalamt 03 0212 (Konkordanz 277), Stadtarchiv Stuttgart.
34 Staatsarchiv Ludwigsburg, Bestand EL 402/25 Bü 1475; Gutachten über Zustand und Wert von Architekt Eugen Elben, S-Zuffenhausen, Kirchtalstr. 2, vom 28.3.1946, Staatsarchiv Ludwigsburg, Bestand EL 402/25 Bü 1475.
35 Staatsarchiv Ludwigsburg, Bestand EL 402/25 Bü 668.
36 Mommsen/Grieger, Das Volkwagenwerk, S. 151ff.
37 Staatsarchiv Ludwigsburg, Bestand EL 402/25 Bü 1475.
38 Eidesstattliche Erklärung von Eugen Widmaier, Staatsarchiv Ludwigsburg, Bestand EL 905/2 II.
39 Ebd.
40 Laut Faksimile-Abdruck aus dem Begleittext zur Ausstellung «Fremde Heimat – Das Lager Schlotwiese nach 1945» (S. 44), herausgegeben von Mathias Beer und Paula Lutum-Lenger, Stuttgart und Tübingen 1995, listet der Chef der deutschen Polizei der Stadt Stuttgart Kriminalabteilung am 29.5.1945 in seinen «I. Bericht betreffend Terrorakte russischer Zivilarbeiter» die Sammellager im Kreis Stuttgart auf, in denen «die zivilen russischen Staatsangehörigen, die vor dem alliierten Einmarsch unter deutscher Kontrolle in den verschiedenen Dienstverhältnissen gearbeitet haben», untergebracht waren. Darunter befindet sich an 12. Stelle die «Firma Porsche, Zuffenhausen, belegt mit etwa 300 Russen», sowie auf der gegenüberliegenden Straßenseite an 19. Stelle die «Karosseriefabrik Reutter, Zuffenhausen, «belegt mit etwa 100 Russen». Stadtarchiv Stuttgart, Verzeichnis Nr. 8127, Kd 73.
41 Beschäftigtenzahlen siehe Porsche-Archiv, Stuttgart, Aufstellung vom 8. Juli 1956, sowie Staatsarchiv Ludwigsburg, Bestand EL 402/25 Bü 668, 1474 und 1475 und EL 402/25 Bü 1474.
42 Mommsen/Grieger, Das Volkswagenwerk, S. 936.
43 Staatsarchiv Ludwigsburg, Bestand EL 402/25 Bü 1475.
44 Staatsarchiv Ludwigsburg, Bestand EL 402/25 Bü 1475.
45 Ebd.
46 Porsche-Treuhänder Karl Kirn am 22.10.1947, Staatsarchiv Ludwigsburg, Bestand EL 402/25 Bü 668. Treuhänder Kirn beruft sich auf Aussagen von Prokurist Kern.
47 Zustandsbericht für die US-Property Control (Vermögenskontrolle) am 23.10.1947; Staatsarchiv Ludwigsburg, Bestand EL 402/25 Bü 668.
48 Staatsarchiv Ludwigsburg, Bestand EL 402/25 Bü 1474.
49 Staatsarchiv Ludwigsburg, Bestand EL 402/25 Bü 1474.
50 Adresse: «Fa. Dr. ing. h. c. F. Porsche K.G. Werk 2, Holzindustrie Willi Meineke Gmünd ... Empfänger: Herr Oberingenieur Karl Rabe, Geschäftsführer». Die Verwalter betrachteten Gmünd offenbar als österreichisches Zweigwerk von Porsche, Staatsarchiv Ludwigsburg, Bestand EL 402/25 Bü 1475.
51 Ebd.
52 Staatsarchiv Ludwigsburg, Bestand EL 402/25 Bü 1474 und 1475.
53 Notizen und Schreiben von Hans Pabst vom 30.5.1947, 8.7.1947 und 20.4.1948 an Amt für Vermögenskontrolle, Stuttgart, bzw. an das Land Württemberg-Baden, Stuttgart-Ost, Gänsheidestr. 111; oft als Reaktion auf den Porsche-Treuhänder Karl Kirn; Staatsarchiv Ludwigsburg, Bestand EL 402/25 Bü 1475 und 1475.
54 Staatsarchiv Ludwigsburg, Bestand EL 402/25 Bü 1475.
55 Notiz des Amts für Vermögenskontrolle, i. A. Stitz, Sachbearbeiter. Jacobi, VA-J/Els.21 vom 25.6.1947, Staatsarchiv Ludwigsburg, Bestand EL 402/25 Bü 668.
56 Ebd.
57 Staatsarchiv Ludwigsburg, Bestand EL 402/25 Bü 668.
58 Staatsarchiv Ludwigsburg, Bestand EL 402/25 Bü 1474 und 668.

59 Staatsarchiv Ludwigsburg, Bestand EL 402/25 Bü 668.
60 Ebd.
61 Staatsarchiv Ludwigsburg, Bestand EL 402/25 Bü 1474 und 668.
62 Ebd.
63 Staatsarchiv Ludwigsburg, Bestand EL 402/25 Bü 668 und 1475.
64 Staatsarchiv Ludwigsburg, Bestand EL 402/25 Bü 1474.
65 Staatsarchiv Ludwigsburg, Bestand EL 402/25 Bü 668.
66 Ebd.
67 Ebd.
68 Ebd.
69 Porsche-Neugründung in Stuttgart: Eintrag im Handelsregister Stuttgart am 27.12.1949; Gesellschaftervertrag vom 26.11.1949, zugleich Tag der Anmeldung beim Handelsregister; Sitz der Firma: Stgt.-Untertürkheim, In der Au 3; Aktivierung vermutlich im Frühjahr 1950; am 24. Januar 1950 Sitzverlegung nach Stuttgart-Zuffenhausen, Schwieberdinger Str. 141. Staatsarchiv Ludwigsburg, Bestand EL 402/25 Bü 1475.
70 Staatsarchiv Ludwigsburg, Bestand EL 402/25 Bü 1474 und 668.
71 Staatsarchiv Ludwigsburg, Bestand EL 402/25 Bü 668.
72 Ebd.
73 Ebd.
74 Staatsarchiv Ludwigsburg, Bestand EL 402/25 Bü 1475.
75 Eidesstattliche Erklärung von Eugen Widmaier; Staatsarchiv Ludwigsburg, Bestand EL 905/2 II.
76 Staatsarchiv Ludwigsburg, Bestand EL 402/25 Bü 668.
77 Ebd.
78 Dies belegen diverse Schreiben mit neuem Briefkopf, u. a. am 24.10.1950, Staatsarchiv Ludwigsburg, Bestand EL 402/25 Bü 668.

Adolf Hitler besucht das Volkswagenwerk; Ferdinand Porsche rechts.

Adolf Hitler begutachtet einen Volkswagen; Ferdinand Porsche in der Bildmitte.

Eberhard Reuß

Ferdinand Porsche II
«Man muss von Arisierung sprechen»: Der Fall Adolf Rosenberger

Bei Recherchen für das ARD-Magazin Report Mainz war es mir möglich, in den USA private Akten zur Porsche-Geschichte einzusehen, Dokumente, deren Existenz Ulrich Viehöver, der Autor des Porsche-Kapitels in diesem Buch, noch nicht kennen konnte. Die Spurensuche hatte mich nach Los Angeles geführt. Dort, wo Adolf Rosenberger 1967 unter dem Namen Alan A. Robert verstorben ist. Und wo seine Verwandten, Sandra und ihre Mutter Phyllis Esslinger, seinen Nachlass aufbewahren. Phyllis Esslinger ist die Ehefrau des 2008 verstorbenen Hugo Esslinger, dem Cousin und engen Freund von Adolf Rosenberger. Als Tochter von Phyllis ist die Kunsthistorikerin Sandra Esslinger Rosenbergers Cousine zweiten Grades. Für die neue, dritte Ausgabe des Buches habe ich die bisherigen Ergebnisse meiner Recherchen als Ergänzung des Kapitels von Ulrich Viehöver geschrieben. Zum besseren Verständnis erhält mein Beitrag einige Wiederholungen, konzentriert sich dabei aber auf den Fall Adolf Rosenberger, einen Freund der Familie Porsche, den späteren Mitgründer und Miteigentümer der Firma Porsche. Bis Rosenberger aus dem Unternehmen verschwinden musste und am Ende beinahe aus der Geschichte getilgt worden wäre.

Adolf Rosenberger kommt am 8. April 1900 in Pforzheim zur Welt. Als Kind einer jüdischen Familie. Sein Vater ist Kaufmann und Eigentümer mehrerer Immobilien. Seine Mutter stammt aus der Bankiersfamilie Eßlinger.[1] Die Rosenbergers und die Eßlingers sind assimilierte deutsche Juden. Patriotismus, Pioniergeist, Leistungsbereitschaft, Abenteuerlust und technisches Interesse prägen Adolf Rosenberger. Vor dem Realschulabschluss macht er seinen Führerschein. Mit 17 meldet er sich als Kriegsfreiwilliger und wird Jagdflieger. Mit 18 absolviert er an der Westfront Kampfeinsätze, wird im Sommer 1918 verwundet, erlebt das Kriegsende in einem Reservebataillon und kehrt 1919 nach Pforzheim zurück.

Dort arbeitet er in den Unternehmen der Familien Rosenberger und Eßlinger. Ende der 1920er-Jahre wird er zusammen mit seinem Vater das größte Kino der Stadt Pforzheim mit 1100 Sitzplätzen erbauen und betreiben. Rosenberger hält auch Anteile am UFA-Filmkonzern. Seine große Leidenschaft sind Automobile. Als Geschäftsidee stellt er für seinen Onkel Ludwig Eßlinger Neufahrzeuge zusammen und überführt diese als Autokarawane zu den Käufern nach Osteuropa. Dabei kommt er in Kontakt zu Mercedes-Benz. Er testet Fahrzeuge und beginnt nebenbei Rennen zu fahren. So erfolgreich, dass er bald zusammen mit seinem Freund Rudolf Caracciola als Werksrennfahrer für den in den Jahren 1924–1926 fusionierten Konzern startet und dort Ferdinand Porsche kennenlernt. Der ist damals Technischer Direktor der Daimler-Benz AG, verantwortlich für Neukonstruktionen sowie für Renn- und Sportwagen, die Adolf Rosenberger fährt. Man arbeitet zusammen. Siegt und verliert gemeinsam.

1928 entlässt Daimler Ferdinand Porsche. Seine Konstruktionen sind zu teuer, rechnen sich nicht im Serienbau. Sein Gastspiel bei den Steyr-Werken in Österreich endet 1929, als Daimler die Steyr-Werke übernimmt. Mit 53 Jahren steht Porsche auf der Straße, muss notgedrungen seine eigenen unternehmerischen Wege gehen. Doch dazu braucht er, wie so oft in seiner Karriere, das Geld anderer Leute.

Das liefert Adolf Rosenberger. Weshalb der 25 Jahre jüngere, weltläufige Selfmademan immer wieder auf das antisemitisch gefärbte Rollenklischee als «Finanzier und Geldgeber» reduziert wird. Dabei wird die technische Expertise Rosenbergers meist vollkommen unterschlagen. Auch das belegen die Dokumente im kalifornischen Nachlass von Adolf Rosenberger. Ausdrücklich auf seinen Namen ausgestellt sind mehrere Original-Reichspatente für Hinterachskonstruktionen. Sein handgeschriebenes, mit persönlichen Notizen versehenes Telefon- und Adressbuch liest sich wie ein Who's Who der europäischen und amerikanischen Automobilindustrie der 1920er- und 1930er-Jahre.

Ferdinand Porsche will nach dem Scheitern in Österreich ein «Konstruktionsbüro» gründen, um der Industrie Entwürfe und fahrbereite Prototypen zu liefern. Und dabei eigene Patente entwickeln und vermarkten. Spruchreif wird das Projekt dank Adolf Rosenberger, weil es im Sommer 1930 mit den Wanderer Werken in Chemnitz einen Auftraggeber gibt. Der Pforzheimer hatte diese Kontakte entscheidend angebahnt. Die Wanderer Werke wollen unter anderem auch Blaupausen für einen Rennwagen. Den will Rosenberger zusammen mit Porsche auf den Weg bringen und selber fahren.

Wenige Monate später, im Dezember 1930, mietet Rosenberger in der Kronenstraße 24 in Stuttgart Büroräume mit Platz für gut ein Dutzend technische Angestellte. Man will vor allem Kollegen beschäftigen, mit denen Porsche zuletzt bei Steyr in Österreich zusammengearbeitet hatte. Erst ein Vierteljahr später gründen Rosenberger, Porsche und dessen Schwiegersohn Anton Piëch dann die Porsche GmbH[2]. Das Stammkapital der Gesellschaft beträgt 30.000 Reichsmark. Ferdinand Porsche hält 80 Prozent der Anteile. Rosenberger und Piëch jeweils zehn. Alle drei sind Geschäftsführer.

Rosenberger muss immer wieder Geld zuschießen; er zieht auch die meisten Aufträge an Land. Das dokumentiert unter anderem ein acht Schreibmaschinenseiten umfassender Schriftsatz, den er am 18. Februar 1950 im kalifornischen Beverly Hills, wo er in dieser Zeit lebt, für seinen Generalbevollmächtigten in Deutschland, den Pforzheimer Stadtamtmann Robert Bienstock gefertigt hat. Im Auftrag und mit der Vollmacht von Rosenberger alias Robert hat Bienstock 1949 ein Stuttgarter Rechtsanwaltsbüro mit der Rückerstattungsklage betraut und tritt bei dem späteren Vergleichstermin in Abwesenheit von Alan Robert auf. Mit Blick auf dieses anhängige Verfahren gegen Ferdinand Porsche und Anton Piëch stellt Rosenberger fest, alle Verträge mit den Firmen Zündapp, Phänomen, Mathis und Auto Union entweder allein oder zusammen mit Ferdinand Porsche abgeschlossen zu haben.

In ihrer Anfangszeit konstruiert die Porsche GmbH mehrere Prototypen, die jedoch nie in Serie gehen. Darunter auch Vorläufer des späteren Volkswagens. Im Gefolge von Weltwirtschaftskrise und Massenarbeitslosigkeit laufen die Geschäfte schlecht. Eigentlich müsste das kleine Unternehmen sparen. Ferdinand Porsche bezieht trotzdem jeden Monat über 3.000 Reichsmark. Während Rosenberger und andere auf Teile ihrer Gehälter verzichten. Am 9. Januar 1933 kommt es deswegen zum Streit zwischen Porsche und Rosenberger. «Großer Krach», notiert Chefkonstrukteur Karl Rabe in seinem Tagebuch: «Sie schneiden mir die Gurgel ab», habe Porsche gebrüllt. Und Rabe endet: «Nach fürchterlicher Auseinandersetzung verlässt Rosenberger das Büro.»[3]

Porsches 21-jähriger Sohn Ferry fährt am 12. Januar 1933 mit seiner Mutter Aloisia nach Pforzheim, um Adolf Rosenberger umzustimmen. Mit dabei ist die junge Chefsekretärin des Unternehmens Anne Junkert. «Sie wusste alles, weil sie im Kern der Finanzmanager der Firma war», erinnert sich Phyllis Esslinger. Sie ist Ende der 1950er-Jahre als Ehefrau von Hugo Esslinger direkt verwandt und eng befreundet mit Anne und Alan Robert alias Rosenberger: «Anne führte bei Porsche die Bücher, wusste, wer Geld gegeben hatte, kannte die Verträge und hatte Zugang zu allen Informationen.» Die Delegation aus Stuttgart hat teilweise Erfolg. Rosenberger bleibt weiter Teilhaber des Unternehmens, tritt aber am 30. Januar 1933 als Geschäftsführer zurück.[4] Als Grund nennt er im Schreiben vom 18. Februar 1950 «hohe Entnahmen» aus dem Firmenvermögen durch Porsche und Piëch sowie «Manipulationen» von Piëch zugunsten von Porsche. Er behält 1933 aber seinen Anteil an der Porsche GmbH. Die Tatsache, dass Rosenberger seine Anteile damals behalten hatte, ist bei Darstellungen der Firmengeschichte von Porsche immer wieder unterschlagen worden.

Neuer Porsche-Geschäftsführer und insofern Nachfolger von Alfred Rosenberger wird Baron von Malberg. Der Österreicher erhält außerdem zehn Prozent der Porsche GmbH aus dem Anteil von Ferdinand Porsche. Beurkundet wird das am 30. Januar 1933. Zufälligerweise der Tag, an dem Adolf Hitler Reichskanzler wird.

Der neue Regierungschef und Führer der NSDAP verkündet am 11. Februar 1933 bei der Eröffnung der Automobilausstellung in Berlin ein Programm der «nationalen Motorisierung», soll heißen: Kraftfahrzeugsteuer streichen, Unternehmenssteuern senken, Straßen bauen und den Rennsport fördern. Ferdinand Porsche bedankt sich bei Hitler dafür per Telegramm.

In diesen Wochen bringt sein Kompagnon Rosenberger das Projekt unter Dach und Fach, das der Porsche GmbH den Durchbruch bringen und Ferdinand Porsche schon bald den direkten Zugang zu Adolf Hitler verschaffen wird: Den Wanderer-Rennwagen, der nun für die Auto Union produziert

Ferdinand Porsche, zweiter von rechts, bei der Abnahme einer Parade.

Ferdinand Porsche erklärt Adolf Hitler das Volkswagen-Modell, 1936.

wird, dem 1932 aus den Wanderer-Werken sowie den Firmen DKW, Horch und Audi neu formierten sächsischen Industriekonzern.

Die Konstruktion dieses Rennwagens bricht mit allen damaligen Gewohnheiten. Denn der Motor befindet sich hinter dem Fahrer und vor der Hinterachse. Bei seinem ersten Entwurf hatte Porsche das nicht vorgesehen. Doch Adolf Rosenberger setzt durch, das Triebwerk hinter dem Fahrer zu platzieren. Die Idee stammt vom Benz-Tropfenwagen, einer Konstruktion von Hans Nibel, später Porsches Gegenspieler bei der Daimler-Benz AG. Adolf Rosenberger hatte diesen Wagen schon in den 1920er-Jahren weiterentwickelt und war der erste Rennfahrer, der damit Erfolge erzielte. Das Mittelmotor-Konzept ist schließlich zum bis heute gültigen Grundprinzip im Rennwagenbau geworden.

Um das Projekt finanziell abzusichern, hatte Rosenberger bereits am 8. November 1932 mit Porsche die «Hochleistungsfahrzeugbau GmbH» gegründet. Dafür gewinnt der technische Kaufmann und Rennfahrer einen neuen Geldgeber und setzt obendrein vom ADAC bereits zugesagte Startgelder als Garantie ein, um das Rennwagenprojekt unabhängig von der hoch verschuldeten Porsche GmbH weiterverfolgen zu können. Für den Automobilclub sei klar gewesen, so Adolf Rosenberger später, dass auch er selbst dafür «Konstruktionsaufgaben» durchführen würde. Im kalifornischen Nachlass findet sich noch der Entwurf eines Rennfahrervertrages mit der Auto Union. Die «Allgemeine Automobil Zeitung» aus Wien berichtet damals, dass Rosenberger Grand Prix-Rennen mit dem Porsche-Wagen bestreiten wolle.[5] Am 27. Februar 1933 ist es so weit. Die Auto Union vereinbart mit Porsche und Rosenberger den Bau des Rennwagens.

Nach der manipulierten Reichstagswahl am 5. März 1933 sind Adolf Hitler und die NSDAP endgültig an der Macht. Zwei Monate später, am 10. Mai 1933, trifft Porsche den «Führer» in der Reichskanzlei. Ohne Adolf Rosenberger, den Rennfahrer, Finanzier und Miteigentümer der Porsche GmbH. Als designierter Auto-Union-Werks-Rennfahrer ist nun Hans Stuck dabei. Hitler entscheidet, den Bau des Auto-Union-Rennwagens mit 300.000 Reichsmark zu fördern. Fast die Hälfte der Summe geht an Porsche. Der Durchbruch. Das bestätigt Porsches Schwiegersohn und Mitgesellschafter Anton Piëch später aus der Haft in Frankreich in einem Brief an Adolf Rosenberger ausdrücklich: «Im Fall des Rennwagens haben Sie voll und ganz recht behalten. Er war Anfang und Grundlage für alles!»[6]

Die ersten Testfahrten mit dem Prototyp finden im November 1933 auf dem Nürburgring statt. Rosenberger wäre gerne selbst damit Rennen gefahren. Doch ab 1934 erhalten Juden in Deutschland keine Fahrerlizenz mehr. Nach wie vor hält Adolf Rosenberger aber seinen Anteil in Höhe von zehn Prozent an der Porsche GmbH. Der Nennwert seiner Einlage liegt bei 3.000 Reichsmark. Rosenberger ist für das Unternehmen vorwiegend im Ausland tätig. Dies ist Ende 1933 vertraglich vereinbart worden. Rosenbergers Angaben zufolge hatte ihm Porsche damals 70.000 bis 80.000 Reichsmark geschuldet. Im Rückerstattungsverfahren bestreiten dies 1950 die Anwälte der Porsche GmbH; sie sprechen von weitaus geringeren Schulden.

Während der jüdische Miteigentümer der Porsche GmbH weitgehend auf eigene Kosten – so Rosenberger – in Frankreich, England und Italien als «Auslandsrepräsentant» von Porsche wie in eigener Sache unterwegs ist, macht das von ihm mitgegründete Unternehmen im NS-Staat das ganz große Geschäft. Porsche steigt rasant auf, Hitlers Lieblingskonstrukteur und dessen Porsche GmbH dürfen auf höchsten Befehl des «Führers» den deutschen Volkswagen konstruieren. Am 14. Februar 1935 verkündet Hitler in Berlin: «Ich freue mich, dass es der Fähigkeit eines glänzenden Konstrukteurs und der Mitarbeit seines Stabes gelungen ist, die Vorentwürfe für den deutschen Volkswagen fertig zu stellen und die ersten Exemplare ab Mitte dieses Jahres endlich erproben zu können.»

Kurz danach, am 30. Juli 1935, tritt Rosenberger seinen Firmenanteil von zehn Prozent an Porsche-Sohn Ferry ab. Zum Nennwert von 3.000 Reichsmark. Weit unter dem tatsächlichen Wert. Auch dies geht aus den Unterlagen im Nachlass von Adolf Rosenberger hervor. Allein der Jahresgewinn der Porsche GmbH liegt 1935 nach eigenem Testat bereits bei über 100.000 Reichsmark. «Zu diesem Zeitpunkt schwamm nämlich die Firma schon im Geld», so Rosenberger im Brief vom 18. Februar 1950.

Wollte Porsche Rosenberger loswerden, weil er als Jude den Geschäften mit dem NS-Staat im Wege stand? Mit dieser Frage befasste sich auch Professor Wolfram Pyta von der Universität Stuttgart, der zugleich Direktor der Forschungsstelle Ludwigsburg ist, die sich der Aufarbeitung der NS-Geschichte widmet. Für den Historiker, der im Auftrag des Unternehmens die Frühgeschichte der Porsche GmbH erforscht hat, gibt es keine Anhaltspunkte dafür, dass Porsche Rosenberger aus dem Unternehmen gedrängt hat. Es sei um etwas ganz anderes gegangen, sagte der Historiker 2017 in einem ARD-Interview aus Anlass der Veröffentlichung des Porsche-Buches: «Wichtig war allem Anschein nach für Ferdinand Porsche, dass das Konstrukt des Familienunternehmens durch diesen Übertrag verstärkt wurde, weil die Geschäftsanteile von Adolf Rosenberger, das waren zehn Prozent der Anteile der GmbH, nicht an Ferdinand Porsche gehen, sondern an den Sohn Ferry, der dann auf diese Art und Weise zum ersten Mal als Gesellschafter der Porsche GmbH berücksichtigt wurde.»[7]

Doch aus den Dokumenten des Rosenberger-Nachlasses ergebe sich, so Sandra Esslinger, «dass Adolf Rosenberger aus opportunistischen Gründen aus dem Unternehmen gedrängt wurde, weil die Nazis an die Macht kamen». Sie beruft sich dabei u. a. auf das Schreiben vom 18. Februar 1950, in dem Adolf Rosenberger über Porsche und Piëch formuliert: «Es wurde mir vorgehalten, dass ein Wimpel […] als judenreiner Betrieb nicht gegeben würde, solange ich Gesellschafter bin. […] Ich unterstelle den Herren Porsche und Piëch zumindest keinen persönlichen Antisemitismus. Wie jedoch bereits geschildert, haben sie sich meiner Mitgliedschaft als Jude bedient, um mich billig loszuwerden.»

Mit diesen Textauszügen haben wir 2017 Wolfram Pyta konfrontiert. Seine Antwort: «Ich wäre gerne bereit gewesen, diese Akten auszuwerten, nur sind mir diese Akten nicht zugänglich gemacht worden und es hat eine Kontaktanbahnung von mir gegeben.»

Phyllis Esslinger erinnert sich aber nur an ein einziges Telefonat mit einer Mitarbeiterin von Professor Pyta: «Ich wurde von ihr direkt danach gefragt, ob wir Briefe, Korrespondenzen, Dokumente hätten, was ich bejahte. Es war schon überraschend, dass Herr Pyta dann selbst nicht mehr zurückgerufen hat.» Die Dokumente seien nicht angefordert worden. Darum erzähle der Professor nicht die ganze Geschichte.

Sandra Esslinger hat die Schlüsseldokumente aus dem Rosenberger-Nachlass dem Historiker und Antisemitismusforscher Professor Wolfgang Benz zur Verfügung gestellt. Dass Rosenberger für seinen Anteil an der Porsche GmbH nur den Nennwert von 3.000 Reichsmark erhält, ist für Professor Benz ein Fall von Arisierung, den er 2019 im ARD-Fernsehen so beschreibt: «Wenn eine Firma den Anteilseigner Adolf Rosenberger im Jahre 1935 dazu drängt, diesen Anteil aufzugeben und wenn dies zum Nennwert und nicht zum tatsächlichen Wert geschieht, muss man von Arisierung sprechen. Der Enteignete bekommt nur einen Bruchteil des Wertes von dem, was ihm weggenommen wird.»

Im Jahr 1935 befindet sich Adolf Rosenberger in höchster Gefahr. Er wird gewarnt, dass die Pforzheimer Gestapo aufgrund seiner Prominenz gegen ihn vorgehen will. Am 5. September 1935 wird Rosenberger verhaftet. Er sei «Rassenschänder», weil er angeblich eine arische Freundin hat. Drei Wochen später wird er aus dem Pforzheimer Gefängnis in das Konzentrationslager Kislau verschleppt. Hier wird gefoltert und auch gemordet. Adolf Rosenberger hat nie öffentlich erzählt, was ihm hier angetan worden ist. Rosenbergers Rechtsanwalt interveniert bei Porsche persönlich. Bittet um Hilfe. Doch es vergehen zwei Wochen, bis sich Porsche-Geschäftsführer von Malberg einschaltet. Am 27. September 1935 wird Adolf Rosenberger aus dem Konzentrationslager Kislau entlassen. Bis zu seinem Lebensende wird er beklagen, dass er bei Porsche regelrecht um Hilfe betteln musste, berichtet Sandra Esslinger. «Das war das Ende der deutschen Geschichte von Adolf Rosenberger.» Es sei für ihn «außerordentlich schmerzhaft» gewesen. Ende 1935 verlegt Rosenberger seinen Hauptwohnsitz nach Paris. 1938 emigriert er in die USA. Seinen Namen lässt er bei der US-Einbürgerung 1943 in Alan Arthur Robert ändern.

Immer wieder versucht Rosenberger nach 1945 in das von ihm mitgegründete Unternehmen zurückzukehren. Doch eine Beteiligung wird ihm ebenso verwehrt wie eine gerechte Kompensation. Alle Gespräche verlaufen im Sand. Am 30. November 1949 reicht Rosenberger Klage gegen Ferdinand Porsche und Anton Piëch ein, fordert die Rückerstattung seiner ihm entzogenen Geschäftsanteile. Die Firma Porsche in Stuttgart-Zuffenhausen steht zu dieser Zeit unter alliierter Kontrolle. Die Kontrollbehörde beziffert den Wert der Firma damals auf 1,2 Millionen D-Mark.

Adolf Rosenberger

Vor der Widerspruchskammer I des Landgerichts Stuttgart bieten die Anwälte von Porsche und Piëch am 29. September 1950 unerwartet einen Vergleich an: 50.000 D-Mark – das letzte Wort. Es wird verhandelt. Die Porsche-Seite gibt noch einen Neuwagen hinzu: VW Käfer sofort oder einen Porsche 356 später. Diesem Vergleich unter Verzicht auf alle weiteren Forderungen stimmen die Rechtsvertreter Adolf Rosenbergers noch am selben Tag zu, ohne Rücksprache mit ihrem Mandanten. Der befindet sich an seinem Wohnsitz in Kalifornien und erfährt von diesem Ausgang des Rückerstattungsverfahrens durch einen Brief seiner Anwälte mit Datum vom 29. September 1950.

Adolf Rosenberger alias Alan Robert hat keine Möglichkeit mehr, zuzustimmen oder abzulehnen. Seine private Korrespondenz zeigt jedoch, wie er im Verlauf weiterer Restitutionsverfahren in Pforzheim das Vertrauen in seinen Generalbevollmächtigten Robert Bienstock verliert.

Kurz nach dem Vergleich vor der Wiedergutmachungskammer gibt die Property Control am 26.10.1950 die Firma Dr. Ing. h.c. F. Porsche K.-G., Stuttgart Zuffenhausen frei. Als Grund der Freigabe ist angeführt: «Gemäß Title 17-240 n – Wiedergutmachung – Auf Grund eines am 29.9.50 vor der Wiedergutmachungskammer I des Landgerichts Stuttgart Az. Rest S 2682 (242) abgeschlossenen Vergleichs. Das Fin.-Min. – VGV – hat die Freigabe mit Schreiben vom 20.10.50 Vv/KK/hd genehmigt.» Mit dieser Entscheidung wird der für das Unternehmen eingesetzte Treuhänder (custodian) Karl Baumgart abberufen. Der Vergleich war allein deshalb notwendig, um die schnelle Freigabe des Unternehmens zu Gunsten der Familie Porsche sicherzustellen.

Der von der Wiedergutmachungskammer des Landgerichts Stuttgart dann am 5. Oktober 1950 geschlossene Vergleich hat jedoch zur Folge, dass Porsche die Pflicht zur Wiedergutmachung gegenüber Adolf Rosenberger alias Alan Robert konkludent anerkannt hat. Denn der Zweck des Alliierten Kontrollratsgesetzes zur Rückerstattung (REG) ist, «die Rückerstattung feststellbarer Vermögensgegenstände (Sachen, Rechte, Inbegriffe von Sachen und Rechten) an Personen, denen sie in der Zeit vom 30. Januar 1933 bis zum 8. Mai 1945 aus Gründen der Rasse, Religion, Nationalität, Weltanschauung oder politischer Gegnerschaft gegen den Nationalsozialismus entzogen worden sind».

Über das weitere Verhältnis zwischen Adolf Rosenberger alias Alan Robert und Porsche liefert der kalifornische Nachlass reiches Material, das an dieser Stelle in all seinen Details aber nicht umfassend dargestellt werden kann. Alan A. Robert stirbt am 6. Dezember 1967 mit 67 Jahren in Los Angeles an den Folgen einer Herzattacke. Dann erzählt nur noch die andere Seite ihre Version der Geschichte. 1978 veröffentlicht Ferry Porsche zusammen mit John Bentley erstmals seine Memoiren. Darin steht, Rosenberger sei als Jude freiwillig aus dem Unternehmen ausgeschieden und habe Porsche nach dem Krieg erpresst. Die eigentliche Ursache für Rosenbergers Schwierigkeiten sei die verbotene Liaison mit einer «Arierin» gewesen. Anne Robert, die Witwe von Alan Robert alias Adolf Rosenberger, sei vollkommen empört gewesen, erinnert sich Sandra Esslinger an den Wutausbruch der ehemaligen Chefsekretärin der Porsche GmbH.

Am 25. April 2006, zum 75-jährigen Jubiläum der Porsche GmbH, wird der Name Rosenberger in der offiziellen Pressemappe des Unternehmens nicht einmal erwähnt. Drei Jahre später erscheint das Buch «Stuttgarter NS-Täter», in dem der Wirtschaftsjournalist Ulrich Viehöver über Ferdinand Porsche schreibt. Über Akten des «Amtes für Vermögenskontrolle» hatte er nachgewiesen, dass die Legenden über Rosenbergers Ausscheiden bei Porsche nicht stimmen können.[8] Viehöver bewertete auch Porsches Rolle beim Einsatz von Zwangsarbeitern neu. Dieter Landenberger, damals Leiter des Porsche-Archivs, erklärte deshalb gegenüber der israelischen Tageszeitung Haaretz, «dass das Unternehmen die neuen Erkenntnisse mit der gebotenen Ernsthaftigkeit behandeln und noch in diesem Jahr eine umfassende externe historische Studie in Auftrag geben wird».[9] Der Auftrag ging schließlich an Professor Wolfram Pyta von der Universität Stuttgart. Ulrich Viehövers Porsche-Kapitel wird in dem Buch, das 2017 erscheint, allerdings an keiner Stelle erwähnt.[10]

Weder Pyta noch Porsche hätten die Bedeutung Adolf Rosenbergers für das Unternehmen Porsche korrekt dargestellt, sagen die Verwandten in den USA. Die Familien Porsche und Piëch erklärten dagegen, dass sie Rosenberger ausreichend gewürdigt und entschädigt sehen. Die Verstrickung mit dem NS-Regime habe man längst eingeräumt.

Mittlerweile zeigt sich das Porsche-Archiv interessiert an dem Rosenberger-Nachlass. Doch Phyllis und Sandra Esslinger trauen dem Konzern nach den bisherigen Erfahrungen keine ehrliche Aufarbeitung der Geschichte zu. Sie wollen, dass der Fall Adolf Rosenberger unabhängig von Porsche erzählt wird, denn hier gehe «es nicht darum, ein Unternehmen gut aussehen zu lassen».

Deshalb wertet Sandra Esslinger gemeinsam mit Historikern den Nachlass aus, um eine Biografie über Adolf Rosenberger zu veröffentlichen. Dabei soll es auch um ehemalige NS-Funktionsträger und deren Rolle in der Nachkriegszeit im Zusammenhang mit dem Fall Rosenberger gehen. Nicht zuletzt aus diesem Grunde ist mit Unterstützung von Sandra Esslinger im Frühjahr 2020 die (gemeinnützige) Adolf Rosenberger gGmbH[11] gegründet worden.

Anmerkungen

1. Die Familie Eßlinger aus Pforzheim schreibt sich mit scharfem s. Die Überlebenden, die in die USA geflohen sind, wählten das Doppel-s.
2. Der vollständige Name der GmbH lautet «Dr. Ing. h.c. F. Porsche GmbH, Konstruktionen und Beratung für Motoren und Fahrzeuge».
3. Porsche-Archiv, Transkript Tagebuch Karl Rabe; Eintrag vom 9.1.1933
4. Anne Junkert, nach den Maßstäben des NS-Systems eine «Arierin», ist damals mit dem Pforzheimer Kaufmann Berthold Metzger verlobt, der aus einer jüdischen Familie stammt. Zusammen mit Adolf Rosenberger ist dessen Freund Metzger in dieser Zeit der wichtigste Geldgeber und Schuldner der Porsche GmbH. Am 28. Februar 1933, am Morgen nach dem Reichstagsbrand, kündigt Anne Junkert ihre Stelle bei der Porsche GmbH und heiratet Berthold Metzger. Der wird in Pforzheim als jüdischer Geschäftsmann und Besitzer eines großen Juwelier- und Schmuckwaren-Kaufhauses von NS-Presse und Nazi-Behörden verfolgt. Nach der Reichspogromnacht 1938 emigrieren Berthold und Anne Metzger, geb. Junkert, über London in die USA. Nach dem Tod ihres Ehemannes im Jahr 1946 kümmert sich Adolf Rosenberger, der 1938 ausgewandert war, um Anne. Die beiden werden ein Paar und heiraten 1949 nach Rosenbergers Scheidung von seiner ersten Frau Margarete.
5. «Allgemeine Automobil Zeitung» Wien, 1.5.1933, S. 42: «Rosenberger, der frühere Mercedes-Fahrer, will nach längerer Pause wieder das Steuer übernehmen. Man nennt ihn als Cheffahrer des neuen ‹Porsche-Stalls›, der nach dem Muster der italienischen Scuderia Ferrari aufgezogen werden soll.»
6. Nachlass Adolf Rosenberger: Handschriftlicher Brief von Anton Piëch vom 14. Juni 1946.
7. Nils Havemann, einer der beiden Mitautoren des Porsche-Buchs von Wolfram Pyta, behauptet nach wie vor das Gegenteil in seinem Aufsatz: «Adolf Rosenberger – Motorsportpionier und Mitbegründer der Weltmarke Porsche». Zitat aus STADION, Heft 2 / 2019, S. 225f: «Die Gründe, warum er [Adolf Rosenberger] Anfang 1933 als kaufmännischer Leiter und Mitte 1935 schließlich als Mitgesellschafter aus dem Konstruktionsbüro ausschied, sind nicht vollständig aufzuklären. In den Jahren 1949 und 1950 beschäftigten sich zahllose Juristen mit dieser Frage, bei der es nicht zuletzt darum ging, ob Rosenberger wegen seiner jüdischen Herkunft aus dem Geschäft gedrängt worden sei. Wer sich mit den Prozessakten und den anderen Quellen ein klareres Bild von den Vorgängen verschaffen will, wird zu dem Schluss gelangen, dass Rosenberger aus dem allmählich prosperierenden Unternehmen teils herausgedrängt wurde, teils sich selbst zurückgezogen hatte, um den wirtschaftlichen Erfolg der von ihm mitbegründeten Gesellschaft unter dem NS-Regime nicht zu gefährden.» Havemann fügt noch eine Fußnote hinzu: «Insofern stehen die folgenden Ausführungen und die Ergebnisse der Studie von Pyta, Havemann und Braun: Porsche, die diesem Aufsatz zugrunde liegen, nicht im Widerspruch zu den in der Öffentlichkeit kolportierten Aussagen aus dem Nachlass von Rosenberger (vgl. u. a. in der ARD, Report Mainz, am 28. November 2017), die den politischen Opportunismus Porsches in den Vordergrund stellen. Der Nachlass Rosenberger stand für die Forschungen des Autors nicht zur Verfügung.»
8. Viehöver, Ulrich: Ferdinand Porsche – Hitlers Lieblingskonstrukteur, Wehrwirtschaftsführer und Kriegsgewinnler in diesem Buch.
9. Aderet, Ofer: Haaretz, 11. Oktober 2009
10. Siehe dazu auch das Vorwort zur dritten Auflage, in dem Besprechungen des Pyta-Buches zitiert werden.
11. Adolf Rosenberger gGmbH, 80333 München, Kardinal-Faulhaber-Straße 15. In der Satzung heißt es: «Zweck der Gesellschaft ist die Förderung der Erinnerung an Adolf Rosenberger, die Würdigung seines Lebenswerkes, die Hervorhebung der Zeit seiner Verfolgung und seiner Diskriminierung in der Automobilwirtschaft als Jude unter der Nazizeit. Dieser Zweck schließt ein, Forschung und Projekte zu unterstützen, die Strategien fördern, die sich gegen Diskriminierung richten oder diejenigen Stimmen zu unterstützen, die entmachtet wurden oder an den Rand der Gesellschaft gedrängt wurden. Dies schließt im Sinne von § 58 der Abgabenordnung, ohne darauf beschränkt zu sein, die Wirtschaft, die Autoindustrie, den Sport und den Rennsport ein. Dieser Zweck wird neben anderem verwirklicht durch die Errichtung eines Adolf Rosenberger Museums in Pforzheim und die Unterstützung aller Maßnahmen, die sich gegen jedwede rassische Verfolgung besonders in der Autoindustrie und im Rennsport richten.»

Paul Binder

Hermann G. Abmayr

Paul Binder
Fachmann für «Arisierung» und einer der «Väter» des Grundgesetzes

Ende der 40er-Jahre gehört der CDU-Politiker Paul Binder als Mitglied des Parlamentarischen Rats zu den «Vätern» des Grundgesetzes. Bis zum Kriegsende war der Finanzfachmann einer der Organisatoren der «Arisierung». Er profitierte vom Raub «jüdischen» und osteuropäischen Eigentums. Der Stuttgarter war gebildet, ehrgeizig, vorausschauend und geschäftlich erfolgreich.

Paul Binder wird am 29. Juli 1902 in Stuttgart geboren. Vater Paul Martin und Mutter Frieda, geborene Barth, sind evangelische Christen und legen bei der Erziehung ihrer beiden Kinder – Paul Binder hat noch eine drei Jahre jüngere Schwester – Wert auf schwäbische und protestantische Tugenden. Paul Martin Binder hatte 1894 als Prokurist des Bankhauses J. B. Haertl Nachfolger begonnen. Ende 1919 hat ihn der Bankeigentümer Walter Kauffmann als zweiten Gesellschafter aufgenommen. Die Bank hat viele Kleinkunden, aber auch Großkunden wie den Verband Württembergischer Metallindustriellen oder die Schokoladenfabrik Stängel & Ziller («Eszet») und die Firma Bosch. Robert Bosch und Binder senior kennen sich persönlich.[1]

Nach dem Abitur am Dillmann-Realgymnasium absolviert Binder junior in der väterlichen Privatbank in der Roten Straße 7, heute Theodor-Heuss-Straße, ein Volontariat und besucht nebenher volkswirtschaftliche Lehrveranstaltungen an der Technischen Hochschule in Stuttgart.[2] Schon als Gymnasiast hat der Vater dem Sohn die Finanzwelt nahegebracht. Bankgeschäfte, vor allem die eigenen, werden weiterhin das dominierende Gesprächsthema der beiden bleiben.[3]

1922 verlässt Binder das elterliche Haus an der Hauptmannsreute 74 und geht nach Tübingen, um Nationalökonomie und Rechtswissenschaften zu studieren. Dort tritt er der Studentenverbindung «Akademische Gesellschaft Stuttgardia» bei, einer staatstragenden Honoratiorenverbindung, die gern als Sprungbrett für eine politische Karriere genutzt wird. Ihre Mitglieder sind nationalliberal eingestellt und gehören häufig zum schwäbischen Bürgertum und zum «Beamtenadel». Einige werden in der Nachkriegszeit führende Politiker der FDP, zum Beispiel der erste Ministerpräsident von Baden-Württemberg Reinhold Maier.

Paul Binder freundet sich in Tübingen mit Theodor Eschenburg an, einem Geschichtsstudenten, der der schlagenden Burschenschaft «Germania» angehört. Die beiden arbeiten im Hochschulring Tübinger Korporationen zusammen, dem Eschenburg seit 1924 vorsitzt. Sie organisieren politische Veranstaltungen und planen eine Karriere in der Politik. Im Frühjahr 1926 fasst Paul Binder den «kühnen Gedanken», Gustav Stresemann zu einem Vortrag vor Tübinger Studenten einzuladen. Der Außenminister, der im selben Jahr den Friedensnobelpreis erhalten wird, sagt zu.[4]

Nach einem kurzen Zwischenaufenthalt an der Universität Rostock promoviert Paul Binder mit 22 Jahren Anfang 1925 bei Herbert von Beckerath mit einer Arbeit über Währungsfragen. Titel: «Die Darstellungsmöglichkeiten politischer und psychologischer Einflüsse auf die Kursgestaltung einer Währung.» Mit massiver finanzieller Unterstützung seines Vaters baut Binder jetzt seine Karriere auf. Erste Station: Dijon, wo er zusammen mit Theodor Eschenburg ein Feriensemester einlegt. Vermittelt hatte es Binders Vater, der mit einem Germanistikprofessor in der französischen Provinzstadt befreundet ist.[5] Nach einem Zwischenaufenthalt in Stuttgart folgen ebenfalls vom Vater bezahlte Volontariate bei Banken in London (Merchant Bank) und Berlin (Disconto-Gesellschaft), doch dann kehrt der junge Stuttgarter wieder in seine Heimatstadt zurück.[6]

Freund Eschenburg macht 1928 in der Hauptstadt Karriere. Er wird (bis zu dessen Tod im Oktober 1929) einer der engsten Mitarbeiter von Gustav Stresemann und Organisator von dessen Deutscher Volkspartei. Paul Binder findet erst 1930, im ersten Jahr der Weltwirtschaftskrise, einen Job in der Hauptstadt. Er arbeitet für ein Jahr als stellvertretender Sekretariatsleiter bei der Deutschen Bau- und Bodenbank[7], verdient aber so wenig, dass ihn der Vater weiterhin finanziell unterstützt. Seine ersten Aktien kauft Binder mit dem Geld, das ihm Paul Scheerer geschenkt hatte. Der reiche Onkel aus Amerika hatte mit dem Verkauf von Ölfeldern ein Milliongeschäft gemacht.

Zusammen mit Theodor Eschenburg und anderen gründet Binder in Berlin einen politischen Diskussionszirkel, der sich «Quiriten» nennt und sich damit auf die Anrede in der römischen Volksversammlung bezieht. Man trifft sich alle ein bis zwei Monate in der Weinstube «Lutter und Wegner» am Gendarmenmarkt. Die politische Spannweite reicht von linken Deutschnationalen bis zur Mitte der SPD, auch wenn nur ein Teil der «Quiriten» parteipolitisch organisiert ist. Antisemitismus scheint unter den zwanzig bis dreißig Leuten, zu denen auch der jüdische Historiker Felix Gilbert gehört, keine Basis zu haben.

1931 erhält Paul Binder einen Arbeitsvertrag als Revisor und zwar bei der Deutschen Treuhand-Aktiengesellschaft in Berlin.[8] Der Kontakt zum Vater bleibt während der ganzen Zeit eng. Binder junior berät den Senior immer wieder bei dessen Bankgeschäften in Württemberg.[9] Dann kommt der große Schock: Über die Privatbank des Vaters wird wegen Überschuldung das Vergleichsverfahren eröffnet. Dabei verlieren die Eltern von Paul Binder nicht nur ihr Firmenvermögen, sondern auch ihr gesamtes Privatvermögen einschließlich ihrer Wohnung mit Mobiliar. Erst 1934 ist das Verfahren abgeschlossen.[10]

Binder junior wirkt 1931 bis 1935, wie er in einem Fragebogen 1948 angibt, an der Sanierung krisengeschüttelter deutscher Banken mit.[11] Dann arbeitet er beim Konkurrenzunternehmen, der sogenannten «Treuarbeit», zwei Jahre lang als Wirtschaftsprüfer.[12] Seine Erfahrungen nützen ihm bei der Abwicklung «jüdischer» Unternehmen, die nach dem Willen der Nazis in «arische» Hände kommen sollen. Der Schwabe hat sich in der Berliner Bankenszene einen so guten Namen gemacht, dass ihn die Dresdner Bank – die Hausbank der NSDAP und der SS[13] – im Frühjahr 1937 als Leiter für die neu geschaffene Zentralstelle für Arisierung anwirbt.[14]

Paul Binder soll das lukrative Geschäft vor der Konkurrenz sichern. Denn aus der schleichenden Arisierung der vergangenen Jahre wird jetzt eine offene. Und schon bald entwickelt sich ein regelrechter «Arisierungswettlauf» unter den Großbanken, die ihre anfängliche Zurückhaltung (aus Rücksicht auf ihre Auslandsgeschäfte) aufgeben.

Binders System beginnt mit einem schwerwiegenden Vertrauensbruch. Er lässt die Vermögenswerte der «jüdischen» Firmen untersuchen, die bei der Dresdner Bank Konten haben. Diese Daten werden ohne Kenntnis der Kontoinhaber an «arische» Kaufinteressenten – häufig die Konkurrenzbetriebe – weitergegeben. Die Bank vermittelt den Verkauf und besorgt dem Käufer die nötigen Kredite.[15]

Im Mai 1938 informiert das Reichswirtschaftsministerium Paul Binder vertraulich darüber, dass bald sämtliche nicht «arischen» Geschäfte liquidiert werden sollen und dass für Juli ein neuer Erlass zur Handhabung der «Arisierung» vorbereitet wird.[16] Als Kaufpreis seien drei Viertel bis zwei Drittel des ursprünglichen Wertes anzusetzen. Grund: Abschläge für etwaige Risiken, Abfindungen für jüdische Angestellte, die gekündigt werden müssen, oder sonstige Minderungen. Bei Immobilien solle lediglich der niedrige Einheitswert bezahlt werden.

Binder darf die vertraulichen Informationen, die er erhalten hat, nicht schriftlich verbreiten, da sonst der Eindruck entstehen könnte, die Dresdner Bank werde gegenüber den anderen Instituten bevorzugt. So besucht der «Entjudungs»-Experte nun persönlich die Filialen der Bank, die über «jüdisches Potenzial» verfügen. Bei seiner Reise durchs Reich weist er die Niederlassungsleiter an, sich mit den jeweiligen Wirtschaftsberatern der NSDAP in Verbindung zu setzen, ohne die diese Geschäfte nicht möglich sind. Denn die Wirtschaftsberater der Partei müssen die fachliche und politische Eignung der Kaufinteressenten, deren Finanzierung und die geplante Kündigung von jüdischem Personal untersuchen und dem neuen Eigentümer attestieren, dass ein Unternehmen «judenfrei» ist.

Trotz der engen Zusammenarbeit mit den Nazis wird Paul Binder der NSDAP nie beitreten. Er hatte sich mit seinem Wechsel zur Dresdner Bank lediglich der Deutschen Arbeitsfront angeschlossen und wird 1940 Mitglied des NS-Bundes Deutscher Techniker, einem Zusammenschluss aller technisch-wissenschaftlichen Vereine und Verbände.[17]

Bei der Dresdner Bank stellt Binder schon bald eine Liste mit 130 «Arisierungsinteressenten» auf. Sie enthält Angaben über die Wünsche der möglichen Investoren und Kurzporträts ihrer Unternehmen. Die Aufstellung verschickt der Bankmanager an alle Filialen, nennt allerdings die Namen der Interessenten nicht, sondern nur die zuständigen Bankfilialen. Besondere Geschäfte sichert er sich selbst. Sie können nur über seine Berliner Zentralabteilung abgewickelt werden. Kurze Zeit später werden Binder 350 weitere «Objekte» gemeldet. Dem stehen aber nur etwa 220 gemeldete Interessenten gegenüber. Binders Abteilung ruft die Filialen deshalb wiederholt auf, weitere potenzielle Käufer zu melden. Trotzdem: Das Geschäft läuft und Binder gilt innerhalb und außerhalb der Bank als versierter Fachmann für «Entjudung».

Im Vergleich zur Deutschen Bank erhalten die Filialchefs der Dresdner dafür einen größeren Spielraum.[18] Während die einen höhere «Arisierungskredite» nur Käufern mit guter Bonität gewährt, dürfen die Dresdner auch Kredite an Kunden mit zweitklassiger Bonität vergeben. Die Bank spekuliert damit, dass das Geschäft über die zu erwartenden hohen Arisierungsgewinne abgesichert ist. So werden die Dresdner Bank und ihr Manager Paul Binder zu Dienstleistern und Profiteuren des «Dritten Reiches».

Nachdem die «Arisierung» ihren Höhepunkt überschritten hatte, macht sich Binder Anfang 1941 mit einem eigenen Wirtschaftsprüfungsunternehmen selbstständig. An seiner Arbeit ändert sich zunächst nicht viel, denn jetzt kümmert er sich um die im Krieg eroberten Gebiete der Deutschen, vor allem im Osten, wo er die Überführung der Industrie in die deutsche Wirtschaft begleitet. Er arbeitet mit SS-eigenen Firmen zusammen.[19] So erstellt er Gutachten für die Ostindustrie GmbH, eine Firma, die von der SS gegründet worden war, um die osteuropäische Industrie besser vermarkten zu können. Hinzu kommen zahlreiche Gutachten für die Grundstücksgesellschaften Estland m.b.H., Litauen m.b.H. und Lettland m.b.H sowie für die Versicherungsverwaltungen der drei baltischen Staaten. Außerdem erarbeitet Binders Büro Wertgutachten für die «Generaldirektion der Monopole in der Ukraine» und im Ostland.[20]

Der zweite Geschäftszweig Binders ist die expandierende und äußerst profitable Rüstungsindustrie. Binders Leute arbeiten vorwiegend mit Gesellschaften von Hermann Görings Luftfahrtministerium zusammen. Sie mischen aber auch bei den Schlüsselfirmen der U-Boot-Herstellung mit. Der Schwabe und seine Mitarbeiter besitzen Industrieausweise des Generalluftzeugmeisters, die sie zum Betreten aller Werke der Luftfahrtindustrie berechtigen. Binder unterhält mittlerweile Stützpunkte in Warschau, Krakau und Amsterdam sowie in Ebingen auf der Schwäbischen Alb.[21] In die Heimatstadt des Vaters hatte sich die Familie nach der Pleite ihrer Bank zurückgezogen.

Spätestens seit April 1944 korrespondiert er mit Ludwig Erhard und diskutiert mit ihm über die Gestaltung der Wirtschaft in der Zeit nach dem Krieg, über Währungs- und Finanzpolitik.[22] Erhard leitet damals das Institut für Industrieforschung, das von der Reichsgruppe Industrie finanziert wird. 1944 verfasst Binder in dessen Auftrag eine Denkschrift über Kriegsfinanzierung und Schuldenkonsolidierung, in der er mit einer Niederlage Deutschlands rechnet.

Je länger der Krieg andauert, desto häufiger hält sich Binder in Ebingen auf. Als die Rote Armee auf Berlin vorrückt, packt er seine heiklen Dokumente und flieht endgültig nach Württemberg – vermutlich zunächst nach Stuttgart, das von den Franzosen besetzt ist. Nachdem er erfahren hatte, dass die Stadt zur amerikanischen Besatzungszone kommen soll, lässt er sich in Tübingen nieder, das wie Ebingen zur französischen Besatzungszone gehört. Dort, so vermutet Christopher Kopper, fühlt er sich vor der Financial Investigation Section der Amerikaner sicher.[23] Denn schließlich hatte er an führender Stelle für die Hausbank der Nazis gearbeitet und war deren Experte für «Arisierung».[24]

Schon im Oktober 1945 beginnt Paul Binder seine neue Karriere.[25] Die Franzosen ernennen den Mann, der einmal in Dijon studierte, zum Landesdirektor ihrer Besatzungszone, die von Tübingen aus verwaltet wird. Binders Freund Theodor Eschenburg, der ebenso als politisch unbelastet gilt, übernimmt das Amt des Flüchtlingsbeauftragen. Anfang 1946 tritt Paul Binder der neu gegründeten CDU bei. Im Herbst desselben Jahres wird er Vizepräsident des «Staatssekretariats für das französisch besetzte Gebiet Württembergs und Hohenzollerns», wie die provisorische Regierung genannt wird. Er ist damit Stellvertreter von Carlo Schmid (SPD). Sein Fachgebiet: Haushalts- und Finanzfragen.

Anfang Januar 1947 bittet Kurt Georg Kiesinger[26] Paul Binder um Unterstützung: «Ich warte, mit Aussicht auf Entlastung, auf die Klärung meines politischen Status», schreibt er. Er könne sich dann eine Arbeit in der Lehre oder der politischen Bildung vorstellen.[27] Binder lehnt ab. Grund: Kiesinger war Mitglied der NSDAP.[28]

Mehrfach kritisiert Paul Binder 1946 und 1947 die französische Besatzungsmacht, vor allem die Beschlagnahmung ziviler Güter. Binder wirft den Franzosen vor, sie würden die deutsche Bevölkerung aushungern, während es den Menschen in Frankreich vergleichsweise gut ginge. Der Mann, der in zwölf Jahren NS-Diktatur nie protestiert und Widerstand auch noch 1944 abgelehnt hatte, erklärt den Besatzern jetzt, dass der Aufbau einer Demokratie mit einer Militärregierung nicht vereinbar sei.[29] Zudem lehnt Binder ein «moralisches Schuldbekenntnis» der Deutschen ab. Gegenüber der französischen Zeitschrift Esprit Abbé erklärte er: «Man leugnet bei uns nicht die Mithaft für die Schäden, die die nationalsozialistische Politik den anderen Völkern zugefügt hat, und ist durchaus bereit, im Rahmen des wirtschaftlich Möglichen zur Wiedergutmachung beizutragen. Dabei handelt es sich aber um ein schuldrechtliches Anerkenntnis und nicht um ein moralisches Schuldbekenntnis.»[30] Binder wendet sich auch gegen eine Bestrafung von «gutgläubigen» NS-Aktivisten. In einem undatierten Manuskript über die Frage der Entnazifizierung schreibt er: «Wer das verbrecherische Regime gutgläubig unterstützt hat, ohne selbst straffällig zu werden, darf nicht bestraft werden: also auch der gutgläubige Aktivist nicht.»[31] Um die Gefahr des Nazismus zu beseitigen, müsse man «die jetzigen Nazielemente ausrotten».

Im Mai 1947 entlässt die französische Militärverwaltung Paul Binder. Kurz danach wird er in den ersten Landtag von Württemberg-Hohenzollern gewählt. Auch privat ändert sich das Leben des 45-Jährigen 1947. Er heiratet. Das Paar wird zwei Töchter bekommen.

Binder mischt auch im Frankfurter Wirtschaftsrat mit. Anfang 1948 will er Nachfolger von Johannes Semler werden, der auf Druck der Besatzungsmächte sein Amt als Direktor der Verwaltung für Wirtschaft des Vereinigten Wirtschaftsgebietes aufgeben muss. Doch die CDU/CSU-Fraktion nominiert Binder nicht, da sie Schwierigkeiten mit der Militärregierung erwartet. Sie entscheidet sich schließlich für den Vorschlag der Liberalen, für Ludwig Erhard, von dem man bis heute nicht genau weiß, wann (und ob) er offiziell der CDU beigetreten ist. Binder arbeitet lediglich bei der interzonalen Kommission für Lastenausgleich mit und beteiligt sich an der Diskussion um die Währungsreform.[32]

Der Landtag von Württemberg-Hohenzollern schickt Binder 1948 in den Parlamentarischen Rat zur Ausarbeitung des Grundgesetzes. Wieder kümmert er sich vor allem um Finanzfragen. Wieder würde er gerne eine größere Rolle spielen, wird aber erneut ausgebremst. Anfang April 1949 reist Paul Binder aus Verärgerung darüber ab, dass die CDU/CSU ihn nicht zum Berichterstatter für den Hauptausschuss benannt hatte.

Nach der Verabschiedung des Grundgesetzes widmet sich Binder verstärkt seiner berufliche Karriere als Wirtschaftsprüfer. Er gründet in Tübingen die Sozietät «Dr. Paul Binder, Dr. Erich Streit und Erich Dachs» und eröffnet ein Büro in Stuttgart, wo er spätestens seit Anfang 1948 einen zweiten Wohnsitz hat.[33] 1952 verlegt er den Sitz der Sozietät nach Stuttgart. Sein Büro für Wirtschaftsprüfung und Steuerberatung firmiert schließlich unter «Dr. Binder, Dr. Dr. Hillbrecht und Partner».[34]

Doch die Parteiarbeit will Binder nicht lassen. Von 1952 bis 1957 leitet er die Stuttgarter CDU, bis 1960 arbeitet er als Landtagsabgeordneter.[35] Dann betätigt er sich in der Partei vor allem als Lobbyist der Wirtschaft. 1963 ist er bei der Gründung des CDU-Wirtschaftsrats beteiligt und bleibt 15 Jahre lang dessen Vorstandsmitglied. Er wird Mitglied des CDU-Bundesausschusses für Wirtschaftspolitik und leitet den Unterausschuss «Finanzen und Steuern». Als Verfechter indirekter Steuern wirkt er an der Gesetzesinitiative zur Einführung der Mehrwertsteuer mit.

Immer wieder wird Binder in Aufsichtsräte berufen, so in den der Süddeutschen Bank, die nach der vorübergehenden Zerschlagung durch die Alliierten aus der Deutschen Bank hervorging. Er sitzt in den Aufsichtsräten der Württembergischen Bank, der Maschinenfabrik Heller in Nürtingen und der Behr-Thomson Dehnstoffregler GmbH in Kornwestheim.

1964 ernennt der Sachverständigenrat zur Begutachtung der gesamtwirtschaftlichen Entwicklung Paul Binder zu einem der Wirtschaftweisen.

Die wirtschaftsliberalen Ideen der Studentenverbindung «Stuttgardia» hatte Binder offensichtlich nie vergessen. Er predigt «die Förderung von Privateigentum, die Stärkung des Leistungsprinzips und der freien

Unternehmerinitiative».[36] In einem Spiegel-Interview vom Januar 1966 bringt er seine Leitgedanken auf den Punkt: Abschaffung des Weihnachts- und Urlaubsgelds, der Zuschüsse zu den Sozialversicherungen sowie Streichung der dynamischen Rente und der Bausparzuschüsse. Außerdem sollten die indirekten Steuern wie die Kraftfahrzeug- und die Mineralölsteuer angehoben und eine Autobahngebühr eingeführt werden.[37]

Paul Binder stirbt am 25. März 1981 in Stuttgart, ohne dass er sich jemals für seine Taten in der Zeit des «Dritten Reiches» hatte rechtfertigen müssen. Er ist mehrfach ausgezeichnet worden. 1962 hatte er das Große Bundesverdienstkreuz am Stern bekommen. Auf Antrag der Evangelisch-theologischen Fakultät hat ihm die Universität Tübingen drei Jahre später die Würde eines Ehrensenators verliehen. Und der baden-württembergische Ministerpräsident Hans Karl Filbinger[38] hat sich 1972 dafür eingesetzt, dass Binder einen Professorentitel erhält. Anfang Mai 2009 wurde der CDU-Mann erneut gewürdigt. Peter Straub, der Präsident des Baden-Württembergischen Landtags, lobte ihn als eine der führenden Persönlichkeiten, die bei der Verabschiedung des Grundgesetzes dabei waren.[39] Kein Wort zu seinen Taten in der NS-Zeit.

Quellen und Literatur

StAL, F301II, Amtsgericht Stuttgart, Zivilsachen 1920–1979, Vergleichsakten, Jahrgang 1931 Karton 61, Bü 761

Buchstab, Günter: In der Verantwortung vor Gott und den Menschen: Christliche Demokraten im Parlamentarischen Rat 1948/49, Freiburg/Breisgau 2008

Eschenburg, Theodor: Also hören Sie mal zu, Geschichte und Geschichten 1994 bis 1933, Berlin 1995

Gassert, Philipp: Kurt Georg Kiesinger, München 2006

Koch, Peter-Ferdinand: Die Geldgeschäfte der SS, Hamburg 2000

Koop, Volker: Besetzt: Französische Besatzungspolitik in Deutschland, Berlin 2005

Kopper, Christopher: Bankiers unterm Hakenkreuz, München 2008

Munzinger-Archiv: Personen aktuell 35/81

Genschel, Helmut: Die Verdrängung der Juden aus der Wirtschaft im Dritten Reich, Göttingen 1966

Raberg, Frank u. a.: Gouverneursbesprechungen: Die deutschen Protokolle der Besprechungen zwischen Vertretern der Regierung von Württemberg-Hohenzollern und der französischen Militärregierung in Tübingen 1945–1952, Stuttgart 2007

Wichtige Hinweise kamen von Erhard Lange. Er erstellt einen Biografienband über die «Väter und Mütter» des Grundgesetzes (voraussichtliches Erscheinungsdatum 2010) und forscht auch über Paul Binder. Lange hat freundlicherweise etliche Quellen zur Verfügung gestellt, unter anderem aus dem Archiv der Konrad-Adenauer-Stiftung (KAS). Er ist Lehrbeauftragter der Universität Bonn und emeritierter Professor der Fachhochschule des Bundes für Öffentliche Verwaltung, Brühl.

Janka Kluge hat bei der Recherche mitgearbeitet.

Anmerkungen

1 StAL, F301II, Bü.761 sowie KAS I–105–010/1.
2 Peter Ferdinand Koch berichtet, Paul Binders Vater Paul Martin sei Angestellter der genossenschaftlichen Gewerbebank Schwenningen gewesen. Tatsächlich gibt es in der Nähe von Paul Martin Binders Heimatstadt Ebingen einen Ort namens Schwenningen. Möglicherweise war Paul Martin Binder dort vor seiner Tätigkeit der Haertl-Bank in Stuttgart beschäftigt. Vgl. Koch, Peter-Ferdinand, Die Geldgeschäfte der SS, Hamburg, 2000, S. 40.
3 Auskunft von Erhard Lange.
4 Eschenburg, Theodor, Also hören Sie mal zu, Geschichte und Geschichten 1994 bis 1933, Berlin 1995, S. 172ff.
5 Ebd., S. 185.
6 StAL, F301II, Bü 761, S. 16.
7 Eschenburg, S. 259.
8 Binders Vater erklärt am 24. März 1931, dass sein Sohn bei der «Deutschen Treuhand-Aktiengesellschaft» in Berlin arbeitet; StAL, F301II, Bü 761, S. 16. Nach Peter-Ferdinand Koch, der sich auf einen ehemaligen Mitarbeiter von Paul Binder beruft, war Binder bei der «Revision» Treuhand A. G. beschäftigt (Koch, S. 41f.). Auch dies ist möglich, da die «Revision» 1930 von der Deutschen Treuhandgesellschaft geschluckt wurde, aus der nach etlichen Fusionen 1987 die KPMG wird. Auf Veranlassung der KPMG hat Koch im Januar 2003 erklärt: «Die in meinem Buch ‹Die Geldgeschäfte der SS› enthaltenen Behauptungen über die Zusammenhänge der Tätigkeit von Dr. Paul Binder mit der ‹Revision› Treuhand-Aktien-Gesellschaft und der KPMG Deutsche Treuhand-Gesellschaft sind unzutreffend.» Was genau Koch hier zurückgenommen hat und warum, konnte nicht geklärt werden, da der Autor nicht auffindbar war. Der Widerruf ist ohnehin insofern unsinnig, da es eine KPMG Deutsche Treuhand-Gesellschaft in den 30er-Jahren nicht gab. Der CDU-Historiker Günter Buchstab nennt als Binders damaligen Arbeitgeber eine andere Wirtschaftsprüfungsgesellschaft, die Deutsche Revisions- und Treuhand AG (Buchstab, S. 104). Sie war nach Angaben der KPMG zu dieser Zeit in Staatsbesitz. Siehe KPMG Deutschland, Vom Ende des 19. Jahrhunderts bis zum Beginn des 3. Jahrtausends, Teil 2, Frankfurt 2003, S. 130. Tatsächlich war Binder wohl bei beiden Firmen beschäftigt, zunächst bei der einen, dann bei der Konkurrenz. Da die Namen der beiden Gesellschaften aber zum Verwechseln ähnlich sind und da beide ihre Zentralen in benachbarten Gebäuden der Berliner Taubenstraße hatten, sind Verwechslungen nicht ausgeschlossen. Siehe dazu auch Anm. 12.
9 Auskunft Erhard Lange.
10 StAL, F301II, Bü 761.
11 Von Paul Binder unterzeichneter Fragebogen für die amerikanische Nachrichtenkontrolle, Archiv Erhard Lange.
12 «Ausweislich des Wirtschaftsprüferverzeichnisses 1936 war Herr Dr. Binder bei einem Konkurrenzunternehmen, nämlich der Deutschen Revisions- und Treuhand-Aktiengesellschaft (später ‹Treuarbeit›) in Berlin tätig.» Dies erklärte die KPMG am 3.9.2009 in einem Brief an Erhard Lange. Im selben Schreiben behauptet die KPMG, dass Paul Binder zu keinem Zeitpunkt Mitarbeiter der Deutschen Treuhand-Gesellschaft war. Als Beleg dafür wird aber nur der genannte Verweis auf das Wirtschaftsprüferverzeichnisses 1936 genannt.
13 OMGUS-Bericht, Ermittlungen gegen die Dresdner Bank, S. 7.
14 Offiziell heißt der Bereich «Konsortial-Abteilung IV». Binder gibt 1948 an, stellvertretender Direktor der Dresdner Bank gewesen zu sein, Archiv Erhard Lange.
15 In dem Untersuchungsbericht der amerikanischen Militärregierung über die Verstrickung der Dresdner Bank mit den Verbrechen des Nationalsozialismus (OMGUS-Bericht) heißt es, die Bank sei in Deutschland und in den eroberten Ländern «die treibende Kraft zur Zwangsarisierung von Unternehmen in jüdischen Besitz» gewesen. «Viele große und kleine Firmen gingen in ihren Besitz über, nachdem die ‹jüdischen› Eigentümer ins Gefängnis oder ins Konzentrationslager verschleppt worden waren, wo man sie oft unter Androhung der Todesstrafe zwang, ihre Geschäftsanteile der Dresdner Bank zu übertragen. Sie nutzte ihre Beziehungen zur Partei und zur SS, um Unternehmen ausfindig zu machen, die sich zur ‹Arisierung› eigneten, und vermittelte ‹Käufer›, denen sie die notwendigen Kredite zur Fortführung der Geschäfte garantierte, um dann Gebühren entsprechend dem Wert des vermittelten Objekts zu erheben.» OMGUS-Bericht, S. 6f.

16 Ziegler, Dieter, Die Dresdner Bank und die deutschen Juden, München 2006, S. 183f.
17 Von Paul Binder unterzeichneter Fragebogen für die amerikanische Nachrichtenkontrolle, Archiv Erhard Lange.
18 Kopper, Christopher, Bankiers unterm Hakenkreuz, München 2008, S. 132
19 Koch, S. 59f.
20 Ebd., S. 61.
21 Schreiben von Paul Binder vom 8.12.1943; Archiv Erhard Lange. Den Stützpunkt Warschau erwähnt Peter-Ferdinand Koch, Koch, S. 59. Die württembergische Stadt Ebingen ist seit 1975 ein Stadtteil von Albstadt.
22 Buchstab, Günter, S. 104.
23 Koch und Kopper schreiben, dass Binder zunächst nach Stuttgart und dann nach Tübingen geflohen sei. Koch, S. 59f., Kopper, S. 243. Die Financial Investigation Section gehörte zum Office of Military Government for Germany, US (OMGUS).
24 Einen eindeutigen Beleg für diese These gibt es bisher nicht. Vor den Franzosen hätte Binder jedenfalls keine Angst haben müssen. Sie hatten weder die Fachleute für derartige Untersuchungen noch die finanziellen Mittel noch die Quellen, die den Amerikanern in ihren Zonen zur Verfügung standen. Zudem wusste Binder, dass das Verhältnis zwischen den Amerikanern und den Franzosen nicht das Beste war.
25 Mit einem «frisierten Lebenslauf», wie Kopper schreibt, der allerdings nicht mitteilt, was Binder manipuliert hat (Kopper, Christopher, Bankiers unterm Hakenkreuz, 2008, S. 243).
26 Kiesinger wird später Ministerpräsident des Landes Baden-Württemberg und Bundeskanzler.
27 Gassert, Philipp, Kurt Georg Kiesinger, München 2006, S. 178.
28 Ebenda, S. 190. Kiesinger arbeitet dann ehrenamtlich als CDU-Geschäftsführer für Württemberg-Hohenzollern. 20 Jahre später wird er Bundeskanzler.
29 Buchstab, S. 105.
30 Brief an die Zeitschrift Esprit vom 29.4.1947.
31 Hauptstaatsarchiv Stuttgart, Nachlass von Gebhard Müller Q 1/35 B. 161, Manuskript S. 10.
32 Buchstab, S. 105
33 Binder gibt am 7. Mai 1948 zwei Anschriften an: Rotbad 34 in Tübingen und Marquardtstraße 5 in Stuttgart, Archiv Erhard Lange. Binders letzte Anschrift in Stuttgart war die Hermann-Kurz-Straße 24.
34 Häufig erhält Binder bei der Nennung seines Büros auch einen Professorentitel («Prof. Dr. Paul Binder, Dr. Erich Streit und Erich Dachs» oder «Prof. Dr. Binder, Dr. Dr. Hillbrecht und Partner»). Doch beide Titel erhält er erst viel später.
35 Binder war 1946/1947 Mitglied der Beratenden Landesversammlung, 1947–1952 Mitglied des Landtages von Württemberg-Hohenzollern und 1953–1960 Mitglied des Landtages von Baden-Württemberg, Dort war er zeitweise Vorsitzender des Ältestenrats, des Kulturpolitischen und des Finanzausschusses. Binder vertrat den Wahlkreis Tuttlingen von 1953 an als Nachfolger des verstorbenen Fabrikanten Hermann Dold. In der Wahlperiode von 1956–1960 vertrat er den Wahlkreis Balingen, zu dem auch Ebingen gehörte, die Heimatstadt von Binders Vater.
36 Lexikon der Christlichen Demokratie in Deutschland, Paderborn 2002, S. 195.
37 Koch, S. 39.
38 Hans Karl Filbinger war Mitglied der NSDAP. Während des Zweiten Weltkriegs war er als Marinerichter an mehreren Todesurteilen beteiligt.
39 Presseerklärung des Baden-Württembergischen Landtags vom 13.5.2009.

Gerhard Hiller

Ernst Niemann
Der Reichsbankrat und Judenerpresser

Der Bankdirektor und Reichbankrat Ernst Jonnes Viktor Niemann hat zahlreiche auswanderungwillige Juden erpresst. Nach seiner eigenen Aussage war er stolz darauf, als «Alter Kämpfer» dem NS-Staat die meisten Devisen beigebracht zu haben. Der spätere Ministerpräsident Reinhold Maier, der während des Dritten Reiches als Rechtsanwalt tätig war, hat vor der Zentralspruchkammer nach Kriegsende ausgesagt, Ernst Niemann habe sich – im Gegensatz zu seinem Vorgänger Regierungsrat Jäger – zum Schreckgespenst der jüdischen Bevölkerung von Württemberg entwickelt. Besonders gefürchtet seien die Lösegelderpressungen bei ausländischen Verwandten gewesen. Niemann habe Juden selbst dann inhaftieren lassen, wenn sie ihm nur widersprochen hatten.

Ernst Jonnes Viktor Niemann, geboren am 4. Oktober 1900 in Bad Wildungen in Nordhessen, war verheiratet und Vater von sieben Kindern. Seit 1930 war er Mitglied der NSDAP, ab Oktober 1937 Leiter der Devisenstelle Stuttgart. Den Devisenstellen oblag die Erfassung der Devisen und der Devisenverschiebungen ins Ausland. Die Verwaltungsanweisungen zum Gesetz über Devisenbewirtschaftung von 1935 erklärten eine allgemeine Sperrung des gesamten jüdischen Vermögens für unzulässig. Der vertrauliche Erlass des Reichswirtschaftsministeriums (RWM) Nummer 64 vom 14. Mai 1938 wies aber darauf hin, dass man die Juden zwar mit dem Entzug ihrer wirtschaftlichen Existenzgrundlage zum Auswandern zwingen wolle. Gleichwohl sollten die Devisenstellen verhindern, dass Juden ihr inländisches Vermögen «nach dem Auslande» schafften. Außerdem sollte das ausländische Vermögen der Juden nicht freigegeben werden. Die Umsetzung dieses Erlasses war in das Ermessen der Devisenstellen und ihrer Leiter gestellt. Ernst Niemann, der bekannt dafür war, jüdische Angestellte oder Anwälte öffentlich zu beleidigen, erwies sich dabei als besonders rücksichtslos. Hier einige Beispiele:

Am 14. Juni 1938 stellte die Devisenstelle Stuttgart den Betrieb der Papierfabrik Fleischer OHG (Offene Handelsgesellschaft) unter Treuhänderschaft. Die OHG und ihre jüdischen Gesellschafter wurden von Rechtsanwalt Benno Ostertag vertreten. Er hatte Ernst Niemann davon unterrichtet, dass zwei Gesellschafter ins Ausland geflohen waren. Niemann ließ den verbliebenen Gesellschafter Kuno Fleischer verhaften und ins KZ Dachau verbringen. Zur Auslösung verlangte er den Anteil der OHG an der Papierfabrik Swan Hill in London, einer mit der OHG verbundenen Betriebsstätte der Firma. Der Anteil hatte einen Nominalwert von 87.000 RM. Außerdem forderte

Niemann weitere 20.000 RM für die Auswanderungspapiere. Rechtsanwalt Ostertag versuchte nun monatelang, 20.000 RM bei Verwandten der Familie in England und in den USA aufzubringen. Als die Summe beisammen war, wollte Ostertag den immer noch in Dachau einsitzenden Kuno Fleischer durch ein Akkreditiv, eine Zahlungszusage, einer Züricher Bank auslösen. Dies lehnte Niemann ab. So wurde der Betrag in Dollar durch einen Beauftragten der Schweizer Bank an zwei Beamte der Devisenstelle in Konstanz-Kreuzlingen bar übergeben. Auch das Ehepaar Fleischer ließ Niemann nach Kreuzlingen bringen. Es durfte nach der Transaktion mit zehn Reichsmark für die Verpflegung auswandern.

Rechtsanwalt Alfred Schweizer war Vorstand des jüdischen Waisenhauses in Esslingen. Er erhielt im Herbst 1938 die Nachricht der Devisenstelle, dass Bankkonto und Wertpapiere des Waisenhauses gesperrt worden seien, da er auswandern wolle, was nicht den Tatsachen entsprach. Als Schweizer gegen die Sperrung vorstellig wurde, antwortete Niemann: «Wer auszuwandern beabsichtigt, bestimme ich.» Danach wurde Schweizer von der Gestapo zur Auswanderung gezwungen. Niemann erlaubte dem Rechtsanwalt aber nur, Handgepäck mitzunehmen.

Die jüdischen Gesellschafter der Firma Isco mit Sitz in Stuttgart-Ost, Rotenbergstraße 5 bis 19, Carl Levi, Walter Schmidt und Clara Schmidt, waren Eigentümer eines Bauplatzes in Arosa (Schweiz). Niemann verlangte von ihnen, den Bauplatz zu verkaufen und den Erlös an das Reich abzuführen, erst dann würden sie die Genehmigung zu ihrer Auswanderung erhalten. Der Verkauf im Ausland war jedoch schwierig und kam nicht zustande. Deshalb war die Devisenstelle damit einverstanden, ersatzweise eine Ablösesumme von 119.945,45 RM zu akzeptieren. Erst als der Betrag beim Finanzamt Stuttgart-Ost eingegangen war, wurden die Auswanderungspapiere ausgestellt.

Der Familie Levi fiel in den USA eine Erbschaft zu, die nach der testamentarischen Anordnung nicht nach Deutschland verbracht werden durfte. Ernst Niemann bestand jedoch darauf und entzog der gesamten Familie die Reisepässe. Erst nach Bezahlung von 50.000 Schweizer Franken und 500.000 RM konnte die Familie auswandern. In seiner eidesstattlichen Erklärung an die Spruchkammer betonte Carl Levi, dass die Verhandlungen mit Niemann in der unwürdigsten Weise und unter Drohung mit KZ-Haft geführt worden waren.

Doch die Erpressungsopfer waren nicht chancenlos, wenn sie das Wirtschaftsministerium in Berlin oder die zuständigen deutschen diplomatischen Vertretungen um Hilfe baten. Denn selbst manchen Repräsentanten des NS-Staates ging Niemanns Vorgehen zu weit. So wurde der Reichsbankrat vom deutschen Generalkonsulat in New York in der Erbschaftssache Emilie Rieker zurückgepfiffen. Die Stuttgarterin erhielt ein Erbe von ihrem Onkel in Amerika mit der Auflage, dass die Erbschaft nicht nach Deutschland verbracht werden dürfe. Niemann verlangte von ihr 100.000 Reichsmark (RM) und hielt die Erbin etliche Tage im Polizeigefängnis in der Büchsenstraße fest, da sie sich außerstande erklärte, die Summe aufzubringen. Nach dem Verdikt aus New York wurde die Frau zwar freigelassen, musste sich aber zwei Jahre lang täglich zweimal in der Devisenstelle melden.

Obwohl Emma Sussmann britische Staatsangehörige war, verbot ihr Niemann, die Stadt Stuttgart zu verlassen. Er wollte sie daran hindern, mit der britischen Botschaft und ihrem Berliner Rechtsanwalt in Verbindung zu treten. Mithilfe der britischen Botschaft, die ihr Anwalt eingeschaltet hatte, wurde die Maßnahme aufgehoben. Emma Sussmann konnte Stuttgart verlassen und nach Berlin reisen.

Nach Kriegsende suchte die amerikanische Militärregierung Ernst Niemann steckbrieflich und konnte ihn festnehmen. Von Mitte Juli 1947 bis einen Tag vor Heiligabend war er inhaftiert. Ein Jahr später, im Dezember 1948, stufte die Zentralspruchkammer Ludwigsburg (K/K/11/46) ihn nach dem Gesetz zur Befreiung vom Nationalsozialismus und Militarismus als Hauptschuldigen ein und verurteilte ihn zu acht Jahren Arbeitslager. Der ehemalige Bankdirektor befand sich aber nur bis Mai 1949 im Lager und dann noch einmal drei Tage im Oktober dieses Jahres. Sein Vermögen wurde bis auf 3000 Mark (DM) eingezogen, ebenso sein Monatseinkommen, soweit es 300 DM überstieg.

Die Berufung Niemanns wurde 1952 und 1953, sein Gnadengesuch 1954 abgelehnt. Die Berufungsinstanzen blieben aber dabei, dass Niemann seine Lagerstrafe nicht mehr antreten musste. Er musste lediglich die Kosten der Verfahren übernehmen. Davon erließ ihm das Justizministerium 1441,32 DM. Grund: Niemann war zu dieser Zeit arbeitslos und bekam nur eine Unterhaltshilfe von 235 DM, hatte aber Unterhaltspflichten gegenüber der Ehefrau und fünf Kindern.

Quellen

Zentralspruchkammer Württemberg-Baden, Spruch vom 8./9.12.1948 K/K/11/46
Zentralspruchkammer Nord-Württemberg, Spruch vom 24.9.1952 K/M/11/46
Zentralberufungskammer Württemberg-Baden, Spruch vom 17.3.1953 Sv 3485/ – 10482/52

Otto Breitling

Martin Ulmer

Otto Breitling
Gesinnungstäter und Profiteur des Naziregimes

Ende 2020 wurde das Männermodegeschäft Breitling am Marktplatz (Marktplatz 2) geschlossen. Die Immobilie ist weiterhin im Besitz von Familienmitgliedern, die sie an die Stadt Stuttgart langfristig vermietet haben. Die Geschichte des Hauses spielte bei der Diskussion um die weitere Nutzung zunächst keine und zuletzt nur eine untergeordnete Rolle. Dabei hätte es dafür wichtige Gründe gegeben, schon weil das Modehaus zehn Jahre zuvor Firmengründer Otto Breitling aus ihrem Internet-Auftritt gestrichen hatte.

Bis 2010 hatte die Traditionsfirma die familiären und wirtschaftlichen Verbindungen von Otto Breitling noch stolz herausgestellt: «1925 legten Anna und Otto Breitling den ‹Grundstein› für das heutige Unternehmen […] Tradition schließt Fortschritt jedoch nicht aus und so führt die Geschäftsleitung das Unternehmen Breitling bereits in der 3. Generation. Heute ist Breitling Stuttgarts größtes Fachgeschäft für Männermode.»[1] Nachdem das Buch „Stuttgarter NS-Täter" mit dem Breitling-Kapitel erschienen war, entfernte das Unternehmen Otto Breitling aus der Rubrik Firmengeschichte auf der eigenen Webseite.

Der Firmengründer Otto Breitling wurde 1898 in Magstadt bei Böblingen geboren und gehörte der Kriegsgeneration an.[2] Er starb 1974. Dem gelernten Zuschneider gelang eine typisch deutsche Karriere des 20. Jahrhunderts. 1925 hatte Breitling einen kleinen Zuschneiderbetrieb in der Stuttgarter Traubenstraße gegründet. Die Firma vergrößerte sich 1930 zu einem Herrenkonfektionsunternehmen und zog in die Paulinenstraße 51. Auf dem Briefkopf stand «Herrenbekleidung mit feiner Maßschneiderei».

Der aus dem alten Mittelstand – einer klassischen Klientel der NS-Anhängerschaft – kommende Breitling trat im Juni 1931 der NSDAP bei, als die Nationalsozialisten in Stuttgart scharfe Agitation gegen die Republik, die Juden und Linken betrieben, um die Macht zu erobern.[3] Am Ende der Weimarer Republik rettete Otto Breitling mit seinem Privatvermögen den «NS-Kurier», die württembergische Zeitung der Nationalsozialisten, vor der Pfändung und erhielt dafür das Recht, bis 1933 kostenlos Anzeigen zu schalten.[4]

Das Herrenbekleidungsgeschäft war seit Anfang der 1930er-Jahre auf Expansionskurs: Im Jahr 1932 hatte die Firma 50 Beschäftigte und der Gründer ein steuerpflichtiges Einkommen von 35.000 Reichsmark (RM). 1938 zählte das Haus bereits 70 Mitarbeiter, Breitling selbst verfügte über ein Einkommen von 81.700 RM und ein beachtliches Vermögen.

Es waren in erster Linie politische Ursachen, die zum beschleunigten Aufstieg führten. Aufgrund der engen Beziehungen zur NS-Führungselite und der Inserate im Parteiblatt kamen viele Kunden aus dem völkisch und und national orientierten Milieu. Der Herrenbekleider Breitling war auch Produzent und Anbieter von Uniformen und prosperierte wegen des deutlich wachsenden Bedarfs des NS-Regimes an SA-, SS- und Militäruniformen. Außerdem konnte sich Breitling 1938 aufgrund des eskalierenden Verfolgungsdrucks gegen die Juden durch «Arisierungen» bedeutend vergrößern.

Nicht nur nach außen demonstrierte Breitling seine Gesinnung, sondern auch innerhalb der Firma. So atmete die Betriebsordnung von 1934 den Geist völkischer Ideologie: «Im Betrieb arbeiten der Führer des Betriebs und die Gefolgschaft gemeinsam zur Förderung der Betriebszwecke und zum gemeinen Nutzen von Volk und Staat.» Nach dieser politisch-semantischen Angleichung an die NS-Ideologie folgten Passagen zur bevorzugten Einstellung von Frontkämpfern und verdienten Angehörigen der Partei, SA und SS sowie die fristlose Kündigung bei «böswilligen Äußerungen und Handlungen wider Volk und Staat». Wer gegen die neue Ordnung verstieß, wurde wie z. B. der Angestellte Karl Kofler im Dezember 1934 wegen «nationalsozialistischer Unzuverlässigkeit» entlassen. Breitling und seine Betriebsführer duldeten keinen offenen Widerspruch, wenngleich vereinzelt kommunistisch eingestellte Schneider aus der Zeit vor 1933 weiter beschäftigt worden sind. Schließlich rühmte sich Breitling, «dass ich keine Frauen in meinem Betrieb beschäftige». Die Uniformen, heißt es in einem Schreiben an einen potenziellen Auftraggeber, würden nur «von geschulten Schneidern vorschriftsmäßig angefertigt, sodass Ihnen die Gewähr geboten ist, etwas Erstklassiges und Strapazierfähiges zu erhalten». Mit diesem Schreiben wollte er den Auftrag für die Anfertigung von Uniformen für den württembergischen Frontkämpferbund ergattern. Er bezeichnete sich darin selbst als Mitglied und verwies auf den gemeinsamen Kameradschaftsabend.

Wie eng politische, ideologische und kommerzielle Interessen verquickt waren, zeigte sich auch bei Breitlings Initiativen hinsichtlich der «Arisierungen» 1937/1938. Für die nicht jüdische Geschäftswelt war die hohe Zahl jüdischer Kaufleute eine große wirtschaftliche Konkurrenz und in Württemberg waren die Textilproduktion und der Textilhandel bis 1933 neben dem Viehhandel auf den Dörfern und in den Kleinstädten sowie die Privatbanken der wichtigste Wirtschaftszweig der jüdischen Bevölkerung.[5]

Auch in Stuttgart bildeten rund 140 Textilfabriken, Groß- und Einzelhandelshäuser den zentralen Wirtschaftssektor der Juden. Zu ihnen gehörte zum Beispiel der jüdische Herrenausstatter Josef Levy. Der 1887 geborene Levy hatte 1926 in Stuttgart das «Konfektionshaus am Postplatz Josef Levy» gegründet und es 1930 an eine der besten Adressen, nämlich an den Marktplatz, verlegt. Der Herren-und Knabenbekleider mit dem Firmennamen «Konfektionshaus am Markt» hatte einen Jahresumsatz von etwa 96.000 RM.[6] Ab 1933 litt das bis dahin florierende Geschäft wegen der

Boykott-Politik der Nationalsozialisten unter massiven Umsatzrückgängen und 1937 stand Levy vor dem beruflichen Ruin. Breitling war an der Übernahme der jüdischen Konkurrenz sehr interessiert und nutzte dazu seine guten Verbindungen zur «Arisierungstelle» und zu Reichsstatthalter Wilhelm Murr. Diese Kontakte brachten ihn auch mit Josef Levy zusammen. Breitling war jedoch nicht bereit, Levy den Firmenwert (Goodwill) zu bezahlen, weil dies – wie er 1953 behauptete – nicht zulässig gewesen sei. Trotz eines Gesamtwerts von 75.000 RM zahlte Otto Breitling nur 48.000 RM, so die Berufungspruchkammer 1948, die Breitling deshalb «als Nutznießer» einstufte.

Mit der «Arisierung» brachen neue Zeiten im Konfektionshaus am Markt an: Breitling «arisierte» den Namen seines neuen Geschäfts, investierte und vervielfachte den Umsatz dieses Unternehmens.

Josef Levy flüchtete mit seiner Frau Ende 1938 zu seiner Tochter in die USA. Vom sowieso schon deutlich reduzierten Kaufpreis verlor er auch noch fast alles durch die Reichsfluchtsteuer, Judenvermögens- und Devisenabgabe an den NS-Staat. Aufgrund der «Arisierung» stellte die amerikanische Militärregierung die Firma Breitling 1947 unter das Kontrollgesetz und bestellte einen Treuhänder, erst im Mai 1950 wurde die Firma aus der Kontrolle entlassen.[7] Wegen der «Arisierungen» verurteilte die Berufungsspruchkammer im April 1948 Breitling als Minderbelasteten zu einer hohen Geldstrafe, zur politischen Bewährung und zu 30 Tage Sonderarbeit. Nachdem er diese Strafen teilweise verbüßt beziehungsweise bezahlt hatte, stufte ihn die Zentralspruchkammer Nord-Württemberg 1949 im Zuge der Generalamnestie als Mitläufer ein mit der Begründung, bei Breitling sei die Pflichtausübung als Bürger eines demokratischen und friedlichen Staates zu erwarten.[8]

Levys Konfektionshaus war nicht das einzige Objekt, auf das Breitling ein Auge warf. Das 1892 gegründete Bekleidungsgeschäft Glass und Wels im Stuttgarter Mittnachtbau (Königstraße/Ecke Büchsenstraße) hatte vor 1933 einen Jahresumsatz von fast einer Million Reichsmark. 1937 geriet es in Gefahr, weil der württembergische Staat im Zusammenspiel mit Reichsstatthalter Wilhelm Murr (siehe die Kapitel über Wilhelm Murr und Karl Strölin in diesem Buch) und dem Staatsrentamt den jüdischen Firmeneigentümern den Mietvertrag gekündigt hatte.[9] Diese hatten daher vor, ihr Geschäft, das ebenfalls unter dem Boykott gelitten hatte, an sogenannte Arier zu vermieten. Doch nun sahen sie sich gezwungen zu verkaufen.

Diese lukrative Firma löste unter Parteigenossen einen regelrechten «Arisierungswettlauf» aus. Murr versuchte seinen Parteifreund Breitling als Erstbewerber zu platzieren, doch es gab auch in München einflussreiche Kräfte, die alte Parteigenossen der NSDAP zum Zuge kommen lassen wollten. Nachdem Breitling nur über beste Beziehungen, aber nicht über größere Finanzsummen verfügte, wurde auf Drängen von Murr und der Gauwirtschaftskammer eine Kommanditgesellschaft zum Erwerb der Firma Glass und Wels gegründet, in der Breitling sowie die Münchner NS-

DAP-Unternehmer August Knagge, Heinrich und Gerhard Peitz vertreten waren.

Da sich Breitling bei dieser «Arisierung» aber finanziell übernommen hatte, schied er bald gegen eine Abfindung aus der Übernahmegesellschaft aus. Die angesehene Firma Knagge und Peitz bestand bis in die späten 1990er-Jahre. Schließlich beteiligte sich Breitling 1938 mit 40.000 RM an einer «arisierten» Herrenbekleidungsfabrik in Amberg, um bevorzugte Lieferkonditionen zu bekommen.

Otto Breitlings Firma stand bis 1950 unter Vermögenskontrolle. Deshalb konnte er sich 1949 nicht an der Gründung des Modehauses Breitling beteiligen, einer offenen Handelsgesellschaft.[10] Gesellschafter waren Breitlings Frau Anna, Willi Merz und ein Hans Breitling, der mit Otto und Anna Breitling nicht verwandt ist.[11] 1953 schied Willi Merz aus. Dafür trat Erich Breitling, der Sohn des Ehepaars, als neuer Gesellschafter in die Firma ein, sodass das Haus mehrheitlich der Familie gehörte. Doch Otto Breitling hatte im Modehaus am Marktplatz mit seinem eigenen Unternehmen, das sich weiterhin in der Paulinenstraße befand, eine Dependance, die von 1950 bis 1954 bestand.[12] Nach Otto Breitlings Tod 1974 ging dieses Unternehmen auf dessen Sohn über.

Da der Stuttgarter Marktplatz im Krieg stark zerstört worden war und neu geordnet wurde, mietete sich das 1949 gegründete Modehaus Breitling in der Immobilie am Marktplatz 2 ein, die sie dann Mitte der 1980er-Jahre gekauft hat. Dieser Standort ist nicht identisch mit dem des Konfektionshauses von Josef Levy, das 1937 zwangsweise verkauft wurde. Zwar wurde das frühere Modehaus Levy am Marktplatz 1944 durch Bombenschaden zerstört, aber die Gewinne aus dem Zwangsverkauf weit unter Wert standen der Familie nach 1937 zur Verfügung.

Auch wenn Otto Breitling judenfeindliches Verhalten nachgewiesen werden kann, enthalten die Spruchkammer-Akten auch Entlastendes. Die Glaubwürdigkeit dieser Aussagen ist allerdings nur schwer einzuschätzen. Jedenfalls wirkte sich Breitlings NS-Haltung und Bereicherungsmentalität in den «Arisierungsverfahren» zulasten der jüdischen Kaufleute aus, die jeweils Restitution beantragten. Wenn man den «Ariseur» in wissenschaftliche Befunde zu Täterprofilen[13] einordnet, erscheint die Mischung eines Profiteurs und Gesinnungstäters, der seinen Aufstieg zum vermögenden Kaufmann dem Nationalsozialismus zu verdanken hat. Breitlings völkische Überzeugung und Parteiloyalität bereits vor 1933 prädestinierten ihn aus Sicht der regionalen NS-Elite für gezielte Aufträge und «Arisierungen». Ohne solche politisch-ideologischen Verdienste wäre Breitling nicht zum Zuge gekommen. Seine gute Geschäftsposition konnte er im Verdrängungsklima nach 1945 trotz anfänglicher Schwierigkeiten sichern und weiter entwickeln.

Anmerkungen

1. Rainer Lang: «Das Schweigen im Hause Breitling». Online-Artikel vom 17.03.2021 in der Zeitung Kontext: Wochenzeitung, Ausgabe 520 siehe: www.kontextwochenzeitung.de (aufgerufen am 8.8.2021)
2. Staatsarchiv Ludwigsburg (StAL): EL 902/20, Bü 86943, weitere Informationen hieraus.
3. Ulmer, Martin: Antisemitismus im öffentlichen Diskurs und im Alltag in Stuttgart 1871–1933. Eine Lokal- und Regionalstudie. Unveröffentlichte Dissertation an der Universität Tübingen, 2008. Die Dissertationspublikation erschien 2011 unter dem Titel «Antisemitismus in Stuttgart 1871–1933. Studien zum öffentlichen Diskurs und Alltag.» Berlin, Metropol 2011
4. StAL: EL 902/20, Bü 86943, weitere Informationen und Zitate hieraus.
5. Toury, Jacob: Jüdische Textilunternehmer in Baden-Württemberg 1683–1938. Tübingen 1984.
6. StAL: EL 350, ES 10665.
7. Ebd.
8. StAL: EL 902/20, Bü 86943.
9. StAL: EL 402/25, Bü 366a; EL 350, ES 11727.
10. Staatsarchiv Ludwigsburg (StAL): EL 402/25 Bü 539a.
11. Handelsregister A des Amtsgerichts Stuttgart, HRA 4006.
12. Mein großer Dank gilt Bernd Wolf für wertvolle Hinweise zur Gründung und Entwicklung des Modehauses Breitling am Marktplatz.
13. Mallmann, Klaus Michael / Paul, Gerhard (Hg.): Karrieren der Gewalt. Nationalsozialistische Täterbiografien. Darmstadt 2005; Bajohr, Frank: «Arisierung» in Hamburg. Die Verdrängung der jüdischen Unternehmer 1933–1945. Hamburg 1997.

Alfred Breuninger

Roland Maier

Alfred Breuninger
NS-Ratsherr und Profiteur des Naziregimes

Der «Breuninger» scheint zur Schwabenmetropole mindestens ebenso zu gehören wie der Nesenbach, der unter dem Stammhaus in der City hindurchfließt. Im Wechsel der Kaufhäuser in Stuttgart konnte sich das Geschäft für das gehobene Preissegment über die Zeiten hinweg behaupten.

Begonnen hatte die Geschichte im Jahr 1881, als der Backnanger Kaufmann Eduard Breuninger ein Textil- und Bekleidungsgeschäft in der Münzstraße 1 eröffnete. «Der Umsatz war sehr bescheiden und das Personal bestand neben einem Lehrling aus zwei Fräulein.»[1] Bald aber gewann Breuninger einen wachsenden Kundenstamm und konnte seine Verkaufsflächen durch den Erwerb von Nachbargebäuden erweitern. Als der Firmengründer 1932 starb, übernahm sein Sohn Alfred das Unternehmen.

Alfred Breuninger wurde am 13. Mai 1884 in Stuttgart geboren. Nach dem Besuch der Friedrich-Eugen-Realschule arbeitete er als kaufmännischer Lehrling im väterlichen Geschäft, besuchte die Webschule in Reutlingen und erweiterte seine Kenntnisse in verschiedenen deutschen und französischen Woll- und Baumwollwebereien sowie in England und den USA. Nach dem Ersten Weltkrieg als Gefreiter aus dem Militärdienst entlassen, heiratete er in Mannheim Hilde Engelhorn.

In der Familienaktiengesellschaft übernahm er den Ein- und Verkauf der Großhandelsabteilung. Bei seinen Geschäftsreisen besuchte er die maßgeblichen Fabrikanten und großen Abnehmer. Darunter befanden sich auch etliche jüdische Kaufleute, die bis zu ihrer «Ausschaltung» durch die Nationalsozialisten speziell in der Textilbranche stark vertreten waren. Breuninger wurde schließlich Vorstandsvorsitzender der AG. Er wohnte in der Hauptmannsreute 47. 1939, nach dem Tod seiner Mutter Lydia, war er der Hauptaktionär.

Die Machtübernahme durch die Nationalsozialisten 1933 brachte im Leben Breuningers einen deutlichen Einschnitt. Der Unternehmer, der bis dahin keiner Partei angehört hatte, trat am 1. Mai der NSDAP bei (Parteinummer 3224757). Er war «ein bekannter Industrieller des südwestdeutschen Wirtschaftsraumes und hat durch seinen frühzeitigen Parteibeitritt für seine Person wesentlich zur Stärkung und Erhaltung der nationalsozialistischen Gewaltherrschaft beigetragen», warf ihm der Kläger im Spruchkammerverfahren Mitte 1946 vor.[2] Breuninger räumte in dem Spruchkammerverfahren später ein, dass er aus freiem Willen in die Partei eingetreten sei. Auch habe er bereits bei der Reichstagswahl im März 1933 für die NSDAP votiert. Weil er «die Möglichkeiten zu einem weiteren wirtschaftlichen Aufstieg nicht verschließen wollte», erschien ihm der Parteieintritt unumgänglich.[3] Zudem wurde er Mitglied der Deutschen Arbeitsfront (DAF), der Nationalsozialistischen Volkswohlfahrt (NSV), des NS-Altherrenbundes, des Vereins für das Deutschtum im Ausland (VDA), des NS-Reichskriegerbundes sowie des Reichskolonialbundes. Großzügig förderte Breuninger NS-Einrichtungen. So unterstützte er jedes Jahr das nationalsozialistische Winterhilfswerk (WHW) mit bis zu 35.000 Reichsmark (RM). Seine «Adolf-Hitler-Spende» betrug bereits 1933 über 11.000 RM. Der Betrag vergrößerte sich in den Folgejahren.[4] Hinzu kamen größere Zuwendungen an das in Stuttgart ansässige Deutsche Auslandsinstitut[5], das ethnische Umsiedlungen unterstützte und durch Volkstumsforschungen und -karten dem Vernichtungskrieg im Osten zuarbeitete. Für das «Ehrenmal der Deutschen Leistung im Ausland» im Wilhelmspalais sammelte Breuninger 1935 von den Lieferanten seiner Firma circa 100.000 Mark. Auch für die NSDAP selbst hat er gespendet.

Das Parteiprogramm der Nazis habe bei ihm allerdings «nur insoweit Interesse gefunden, als es sich mit Wirtschaftsfragen befasste», erklärte er nach dem Krieg. Es schien ihm «insoweit nicht tadelnswert, jedenfalls glaubte ich, dass die Partei durch die von ihr angekündigten wirtschaftlichen Maßnahmen die Arbeitslosigkeit werde beseitigen und das wirtschaftliche Elend weiter Kreise werde überwinden können».[6] Sicher nicht entgangen war dem Geschäftsmann die wirtschaftspolitische Praxis, namentlich der Boykott der jüdischen Geschäfte. Dies um so weniger, als viele seiner Geschäftspartner, vor allem Konkurrenten wie die jüdischen Kaufhäuser Tietz und Schocken, sofortige Einbußen erlitten.

Breuninger dagegen erlebte neben dem wirtschaftlichen auch einen politischen Aufstieg. Als 1935 eine neue Gemeindeordnung in Kraft trat, wurde der Geschäftsmann für den Stuttgarter Gemeinderat als «Ratsherr» nominiert.

Berufen wurden die Ratsherren formal vom NSDAP-Kreisleiter – in Stuttgart war das damals Adolf Mauer – im Einvernehmen mit dem Stadtvorstand (siehe Kapitel über die braune Rathausspitze, über Karl Strölin und Wilhelm Murr sowie über Adolf Mauer). Bei der Auswahl musste darauf geachtet werden, dass die zu berufenden Personen «fest in der nationalsozialistischen Weltanschauung verankert sind».[7] Bei der Amtseinführung trat Breuninger in Parteiuniform an.[8]

Hinter den Kulissen war die Besetzung der 36 Stuttgarter Gemeinderatssitze aber umkämpft.[9] Die NS-Gemeindezeitung konnte sich einen Seitenhieb auf Breuninger und andere Neulinge nicht verkneifen. Diese Männer hätten betont, hieß es, «dass sie zwar schon lange innerlich Nationalsozialisten seien, in der Kampfzeit aber aus bestimmten Gründen keine Zeit gehabt hätten, Mitglied der Bewegung zu werden».[10] Die Mittelstandsvertreter und alte Parteigenossen mussten sich nämlich durch die Berufung des Großkaufmanns Breuninger regelrecht vor den Kopf gestoßen fühlen. Jahrelang hatten die Nazis kräftig gegen die großen Warenhäuser gewettert. Zudem hatte Breuninger mit der NS-Stadtverwaltung einen Rechtsstreit geführt, da sie sein Geschäft 1933 erstmals zur Warenhaussteuer veranlagt hatte. Und die Nazis hatten den Streit vor dem Verwaltungsgericht verloren. «Alsbald nach der Machtergreifung wurde unsere Firma von den verschiedensten Seiten angefeindet», schrieb Alfred Breuninger in seiner Selbstrechtfertigung im Sommer 1947. Als Beispiele nannte er die Beschwerde eines Innungsmeisters des Schneiderhandwerks sowie des Hutmacherverbandes, der aus Konkurrenzgründen die Aufgabe der Herrenhutabteilung verlangte. Außerdem habe der NS-Kurier kleine und mittlere Geschäfte unterstützt, beispielsweise Werbeanzeigen des Herrenausstatters Breitling (siehe Kapitel über Breitling) abgedruckt, Anzeigen des Kaufhauses Breuninger dagegen abgelehnt.

Die Nazis beriefen Breuninger 1935 auch in den Verwaltungsbeirat der Stadt und zum Mitarbeiter der Hauptstelle Wirtschaft und Steuer im Kreisamt für Kommunalpolitik. Dabei waren nur solche Personen in den Verwaltungsrat einer Stadt berufen worden, «an deren politischer Loyalität gegenüber dem Nazisystem keinerlei Zweifel aufkommen konnten».[11]

Als «führendes Haus Süddeutschlands» sei man zwar nicht auf Unterstützung angewiesen gewesen, rechtfertigte sich Breuninger später. «Auf der anderen Seite musste ich dagegen bedenken, dass ein Einzelhandelsgeschäft von der Art und Größe unseres Hauses in den Zeiten der gelenkten Wirtschaft auf ein gutes Zusammenwirken mit den Organen des Staates und der Partei angewiesen war.» Der wöchentlich tagende Verwaltungsbeirat erschien zu diesem Zweck dienlich zu sein. Da die Pflege informeller Beziehungen gerade im «Führerstaat» von großer Bedeutung war, nahm Breuninger auch an den geselligen Zusammenkünften der Ratsherren teil.

Wirtschaftlich ging es Breuninger immer besser und sein Einfluss wuchs. So wurde er 1935 in den Aufsichtsrat der Württembergischen Bank (heute: BW-Bank) gewählt. Zum Jahresende 1937 konnte Breuninger das Wohn- und Geschäftshaus Marktplatz 16 erwerben.[12] Die Firma hatte das Gebäude bereits 1928 von den beiden in Stuttgart lebenden jüdischen Eigentümern Josef Grünberg und Arthur Hirschfeld gepachtet und das im Hause befindliche Manufakturwarenfachgeschäft Schaarschmidt mitsamt Inventar und Personal übernommen. Breuninger konnte sich damit in Spitzenlage an der Marktplatzfront gegenüber dem Rathaus präsentieren. Das Gebäude wurde als «Jugendhaus» annonciert – hier gab es auf vier Etagen alles von der «Erstlingswäsche» bis zur «BDM-Kleidung».[13] Mit den beiden jüdischen Partnern hatte man ein Vorkaufsrecht vereinbart, der ursprünglich vorgesehene Kaufpreis wurde dann jedoch unterschritten. Obwohl die Bedrängnis und Verfolgung der jüdischen Bürger und die «Arisierung» ihres Eigentums bekannt war, fand die Firma Breuninger an dem Rechtsgeschäft nichts auszusetzen.

Während der ersten Hälfte der Naziherrschaft liefen die Geschäfte blendend: «Ich freue mich, sagen zu können, dass die Firma bis zum Jahre 1938 einen dauernden Aufschwung genommen hat.»[14] Das steuerpflichtige Einkommen Alfred Breuningers war von 89.000 RM (1932) auf 392.000 RM

(1939) explodiert.[15] Dies war allerdings, wie der Kaufmann betonte, in erster Linie auf die Änderung der Rechtsform eines Teils des Unternehmens durch die Umwandlung der Großhandelsabteilung in eine Kommanditgesellschaft zurückzuführen. Realistischer lässt sich der Unternehmenserfolg am Personalstand ablesen. Dieser stieg von 1500 Beschäftigten im Jahr 1932 auf fast 2000 Betriebsangehörige bei Kriegsbeginn. Der Jahresumsatz stieg im selben Zeitraum von 21 auf 31 Millionen RM. Kriegsbedingt sanken danach die Zahl der Beschäftigten und der Umsatz.

Breuninger, der in seiner Maßabteilung auch die Anfertigung von Uniformen aller Art für Privatkunden übernommen hatte, erhielt mit Kriegsbeginn von der Wehrmacht Aufträge zur Herstellung von Uniformstücken. Bei der Kriegsbewirtschaftung für Stoffwaren fungierte das Unternehmen als Gruppenverteiler. Seit 1942 betrieb es ein Auslieferungslager für die Einkleidung der ausländischen Zwangsarbeiterinnen- und arbeiter. Auch in der Firma wurden Zwangsarbeiter beschäftigt. Ab April 1943 leistete man rüstungswichtige Zulieferungsarbeiten für die Firma Zeiss-Ikon und stellte hierfür Arbeitskräfte und Räume zur Verfügung. Die Bilanz: Breuninger hatte in den zwölf Jahren der nationalsozialistischen Diktatur außergewöhnliche Erfolge bei seinen Geschäften.

Im September 1945 übernahmen die amerikanischen Besatzer die Kontrolle über die Firma Breuninger[16] und enthoben Alfred Breuninger seines Postens. Trotzdem betätigte er sich weiter als Firmenchef. Die früheren jüdischen Eigentümer des Geschäftshauses Marktplatz 16 Arthur Hirschfeld und Josef Grünberg waren 1939 und 1940 gestorben. Die Witwen – Hedwig Hirschfeld, geborene Kaufmann, und Betty Grünberg, geborene Götz – waren im KZ Theresienstadt ums Leben gekommen.

Im Entnazifizierungsverfahren bestätigten Alfred Breuninger zahlreiche Geschäftspartner seine persönliche Integrität. Auch als NSDAP-Mitglied habe er weiter den Umgang mit jüdischen Lieferanten und Abnehmern gepflegt. Nachdem Breuninger am 21. August 1947 gestorben war, wurde das Verfahren eingestellt.

Um das Geschäftshaus Marktplatz 16 kam es zum Rechtsstreit. Die Erben der früheren jüdischen Eigentümer wollten das Anwesen rückerstattet bekommen. Ihre Rechtsanwälte vertraten den Standpunkt, das Objekt sei gezwungenermaßen und zu einem Schleuderpreis von 700.000 RM veräußert worden, der wirkliche Wert habe über das Doppelte betragen. Entsprechend dem alliierten Gesetz, Rechtsgeschäfte betreffend, die gegen die guten Sitten verstoßen hatten, widerrechtlich oder durch Drohung zustande gekommen waren, wurde 1949 im Grundbuch der Rückerstattungsantrag eingetragen. Der Rechtsstreit, bei dem die Firma Breuninger akribisch vorrechnete, dass ihr Nutzen unterm Strich eher gering gewesen sei (das Gebäude war bei einem Luftangriff 1944 ausgebrannt), endete 1950 mit einem Vergleich: Gegen eine Nachzahlung von 360.000 DM verzichteten die Erben auf die Rückerstattung. Breuninger durfte das Filetstück am Marktplatz behalten.

Quellen und Literatur

StAL: EL 902/20 Bü 99478, FL 300/33 I Bü 13840, 16039 und 16163

E. Breuninger AG. Stuttgart (Hg.): Das Breuninger Buch. Dargestellt von August Lämmle. Stuttgart 1935 Müller, Roland: Stuttgart zur Zeit des Nationalsozialismus, Stuttgart 1988

Anmerkungen

1. E. Breuninger AG. Stuttgart (Hg.): Das Breuninger Buch, Stuttgart 1935, S. 148.
2. StAL: EL 902/20 Bü 99478.
3. StAL: EL 902/20 Bü 99478.
4. Die Adolf-Hitler-Spende der deutschen Wirtschaft wurde von der Vereinigung der deutschen Arbeitgeberverbände und dem Reichsverband der deutschen Industrie zugunsten der NSDAP eingerichtet. Die anfangs freiwillige Spende entwickelte sich später zu einer Art Zwangsabgabe.
5. Das Deutsche Auslandsinstitut (DAI) war Vorläufer des heutigen Instituts für Auslandsbeziehungen.
6. StAL: EL 902/20 Bü 99478.
7. Regierungsrat Stümpfig, Gauamtsleiter für Kommunalpolitik, NS-Mitteilungsblatt des Gauamtes für Kommunalpolitik Württemberg-Hohenzollern Nr. 11 vom 15.6.1935, S. 205.
8. NS-Mitteilungsblatt des Gauamtes für Kommunalpolitik Nr. 13 vom 15.7.1935, S. 249.
9. Müller, Roland: Stuttgart zur Zeit des Nationalsozialismus. Stuttgart 1988, S. 195.
10. NS-Gemeindezeitung 3, 1935, S. 131.
11. StAL: EL 902/20 Bü 99478.
12. StAL: FL 300/33 I Bü 13840.
13. Breuninger, Führer durch unsere Geschäftshäuser, o. J. (1935).
14. StAL: EL 902/20 Bü 99478.
15. EL 902/20 Bü 99478, Gutachten S. 26.
16. Nach dem alliierten Gesetz Nr. 52 über die Sperre und Kontrolle von Vermögen.

Christian Mergenthaler

Bernhard Völker

Christian Mergenthaler
Kultminister und Überzeugungstäter

Christian Mergenthaler «galt als ein ausgesprochen tüchtiger Lehrer, der von Schülern und Vorgesetzten sehr geschätzt wurde».[1] Was ihn in die Politik führte, stellt er in einer 1939 erschienenen «Ahnentafel» so dar: «Nach den Kriegsjahren arbeitete ich tüchtig, um im Beruf wieder recht heimisch zu werden. Aber die steigende Not des Vaterlandes stand vor mir. Ich sah, dass Millionen Männer, die draußen als Frontsoldaten bis zum Letzten ihre Pflicht getan hatten, mit ihren Familien darbten und hungerten. Deutschland wehrlos und ehrlos! ... Ich konnte mich damit nicht abfinden ... Damals hörte ich von der neuen Bewegung in München ... Voll Hoffnung schaute ich auf den Frontsoldaten Adolf Hitler.»[2]

Mergenthaler wird am 8. November 1884 in Waiblingen geboren. Sein Vater ist Bäckermeister. Von 1902 bis 1907 studiert er Mathematik und Physik in Stuttgart, Göttingen und Tübingen. 1908/1909 folgt der Militärdienst als Einjährig-Freiwilliger in Ulm. 1912 wird Mergenthaler Oberreallehrer in Leonberg. Während des Ersten Weltkriegs ist er Batterieoffizier, unter anderem vor Verdun und in Flandern; er wird Oberleutnant und erhält das Eiserne Kreuz I und II.

1920 erhält er eine Stelle als Studienrat am Realgymnasium in Schwäbisch Hall. Dort beginnt 1922 seine politische Karriere. Er wird Mitglied der NSDAP und der SA sowie Mitbegründer und Leiter der NSDAP-Ortsgruppe Schwäbisch Hall. Er engagiert sich leidenschaftlich und wirkt vor allem als Redner. Selbst Marxisten soll er mitgerissen, seine Mitkämpfer soll er fanatisiert haben.

Im März 1924, also wenige Monate nach dem Verbot der NSDAP infolge des Hitlerputsches vom November 1923, wird Christian Mergenthaler Gauführer einer Gruppierung, die sich «Nationalsozialistische Freiheitsbewegung» (NSFB) nennt. Er vertritt sie im Landtag und betont in seiner ersten großen Rede: «Deutschland (wird) nicht durch Parlamente, sondern durch eine völkische Diktatur gerettet. ... Wir kämpfen gegen die zersetzenden Einflüsse des Judentums und wir sind Antisemiten, weil wir glauben, dass das Judentum nach Rasse und innerem Empfinden nichts gemeinsam hat mit dem deutschen Volk. ... Wir werden kämpfen getreu unseren Führern Hitler und Ludendorff für ein völkisch-soziales, freies Großdeutschland.»[3] Über das Ziel seiner Tätigkeit als Abgeordneter sagt er vor einem Parteitag rechtsextremer Gruppen: «Wir wollen durch unsere Mitarbeit den Parlamentarismus von innen her bekämpfen.»[4]

1926 baut sich Mergenthaler ein Haus in Korntal und kann ab 1929 am Gymnasium in Cannstatt unterrichten.

Trotz der Neugründung der NSDAP im Februar 1925 tritt er der Partei erst im Juli 1927 wieder bei: in Stuttgart, feierlich in Anwesenheit Hitlers. Er wird als Gau- und Reichsredner eingesetzt. Nach den Landtagswahlen von 1928 ist Mergenthaler der einzige Vertreter der NSDAP im Parlament. Der sozialdemokratische Politiker Wilhelm Keil erinnert sich: «Mit dem ... Eintritt des Nationalsozialisten Mergenthaler in den Landtag verschärften und verschlechterten sich die Formen der Verhandlungen mehr und mehr.»[5] Doch niemand nimmt ihn ernst. Das ändert sich erheblich durch den politischen Erdrutsch bei den Landtagswahlen am 24. April 1932: Als Führer der stärksten Fraktion wird Christian Mergenthaler Landtagspräsident.

Nachdem Hitler durch Hindenburg am 30. Januar 1933 zum Reichskanzler ernannt worden ist, können die Nationalsozialisten in Württemberg, wie auch in den anderen deutschen Ländern, die verfassungsmäßigen Strukturen innerhalb kurzer Zeit beseitigen. Auf die Reichstagswahl am 5. März glaubt man keine Rücksicht mehr nehmen zu müssen. Mergenthaler: «Möge der 5. März ausfallen, wie er wolle, wir haben die Macht und wir werden unter allen Umständen an der Macht bleiben.»[6] Wenige Tage danach übernimmt die Reichsregierung die vollziehende Gewalt im Land. Die württembergische Landesregierung unter dem Zentrumspolitiker Eugen Bolz wird durch einen Reichskommissar, den SA-Gruppenführer Dietrich von Jagow, umgehend ausgeschaltet.

Um die Führungsrolle im Land gibt es allerdings zwischen Mergenthaler und NS-Gauleiter Wilhelm Murr einen heftigen innerparteilichen Kampf (siehe die Beiträge über Wilhelm Murr und Karl Strölin). Murr kann sich bei Hitler durchsetzen, wird am 15. März 1933 zum Staatspräsidenten gewählt und fungiert ab Mai als Reichsstatthalter. Die Rivalität zwischen den beiden Männern steigert sich bis zur offenen Feindschaft.

Der Unterlegene wird zunächst zum Kult- und Justizminister ernannt, wenige Wochen später zum Ministerpräsidenten und Kultminister (so die damalige Bezeichnung). Während die Position des Ministerpräsidenten in der Folge immer mehr an Bedeutung verliert – erst recht nach Beginn des Kriegs –, kann Mergenthaler als Kultminister versuchen, seine Ziele durchzusetzen. Immerhin ist er der erste «gelernte» Lehrer in diesem Amt. Da er in seinem Ministerium auf die eingearbeiteten leitenden Beamten nicht verzichten kann, stellt er ihnen umgehend «Politische Vertrauensmänner» zur Seite, die von ihm abhängig sind (siehe dazu den Beitrag über Wilhelm Gschwend). Diese wirken auch bald sehr erfolgreich. Im Jahr 1937 berichtet ein NS-Gauobmann der Gauleitung, «(dass) das Kultministerium im Vergleich zu anderen Ministerien ordentlich mit alten Parteigenossen durchsetzt ist und dieselben so ziemlich die ganze Personalpolitik in der Hand haben».[7]

Seine Absichten vermittelt Mergenthaler unter anderem 1935 und 1937 auf Tagungen für die Leiter aller höheren Schulen in Württemberg: «Jetzt gilt es, unter allen Umständen das Dritte Reich sicherzustellen, auf allen Gebieten, besonders auch auf dem der Erziehung der Jugend. Hart und unerbittlich müssen die Garantien hierfür geschaffen werden. Alles, was das Fundament des nationalsozialistischen Staates ... irgendwie anfressen kann, muss rücksichtslos beseitigt werden ... Unter allen Umständen muss die Jugend restlos für den Nationalsozialismus gewonnen werden. Da gibt es keine Taktik, keine Kompromisse. Wir müssen deshalb von Schulleitern und Lehrern verlangen, dass sie nicht bloß Dulder, sondern fanatische Kämpfer für den Nationalsozialismus sind.» Die Partei müsse ihren «Rassestandpunkt mit Bestimmtheit durchführen ... Sie muss auch hier kompromisslos sein, denn von der Durchführung ihrer Rassenerkenntnis hängt die Zukunft unseres Volkes ab.»[8] Er stellt fest: «Jede Revolution muss eine totale sein ... (dies verlangt), dass alle Einrichtungen des Staates nach nationalsozialistischen Grundsätzen zu gestalten sind.»[9]

Bei Schritten, die er für notwendig erachtet, lässt Mergenthaler sich nicht dadurch einschränken, dass sie ohne gesetzliche Grundlage sind oder gegen bestehende Bestimmungen und Verträge verstoßen. Sein Grundsatz lautet: «Es ist ganz selbstverständlich, dass Buchstaben nichts sind gegenüber dem Geist und der Dynamik des Nationalsozialismus.»[10] In mehreren Fällen trifft er eigenmächtige Entscheidungen, die Regelungen auf Reichsebene vorauseilen. Jürgen Finger stellt fest: «Der württ. Kultminister schien sich vorbehalten zu haben, aus dem Land die schulpolitische Avantgarde des Reiches zu machen.»[11]

Hier einige Beispiele für Maßnahmen aus seiner Amtszeit (Auswahl, chronologisch):

- Ministerbeschluss vom 1. Juni 1933, die staatliche Unterstützung für die «israelitische Religionsgemeinschaft» zu streichen, «angesichts der Einstellung des neuen deutschen Staates zu einer artfremden Rasse».[12] In Baden wird dies erst 1938 festgelegt.
- Ab 1934: Aufhebung der Privatschulen.
- 1936/37: Beseitigung der Konfessionsschulen und Einführung der «Deutschen Volksschule», ein Verstoß gegen das Reichskonkordat vom 20. Juli 1933.
- Erlass vom 19. und 26. April 1937: Für die Ernennung von Beamten wird Voraussetzung, dass sie «in der Partei oder einer ihrer Gliederungen tätig» sind. Eine entsprechende Reichsverordnung erfolgt erst im Februar 1939.
- Erlass vom 28. April 1937: Neue Richtlinien für den Religionsunterricht verlangen, «dass Stoffe, die dem Sittlichkeitsempfinden der germanischen Rasse widersprechen, im Unterricht nicht zu behandeln sind. Gewisse Teile des alten Testaments können daher für den Unterricht nicht in Frage kommen.» Ein Eingriff ohne Rücksprache mit den Kirchenleitungen.

Ab 1938 Einführung des «Weltanschaulichen Unterrichts», der den Religionsunterricht ersetzen soll. Ein Schritt, der nicht nur auf die Ablehnung der Kirchen und weiter Teile der Elternschaft stößt, sondern sogar von NS-Größen als verfehlt kritisiert wird. Rudolf Heß: «wenig glücklich», Martin Bormann: «unnötige Beunruhigung der Bevölkerung».[13]

In der Öffentlichkeit tritt Christian Mergenthaler stets in SA-Uniform auf, sogar bei Unterrichtsbesuchen. Im persönlichen Verhalten und bei der Durchsetzung seiner Ziele zeigt er sich schroff, eigensinnig und wenig kompromissbereit. Propagandaminister Joseph Goebbels notiert 1937 in seinem Tagebuch: «Murr erzählt mir, dass er mit Mergenthaler nicht fertig wird. Das ist eben ein Schulmeister. Muss doch einmal weg.»[14]

Innerhalb der NS-Führung ist der württembergische Landesminister zunehmend isoliert. Dies betont Mergenthaler nach dem Krieg im Spruchkammerverfahren, um glaubhaft zu machen, er habe von den Verbrechen des Regimes nichts gewusst, zum Beispiel von der Ermordung von über 10.000 Menschen mit Behinderungen im Jahr 1940 im württembergischen Grafeneck. Die Spruchkammer jedoch erklärt, Fritz von Graevenitz habe ihn ausdrücklich darauf aufmerksam gemacht, aber Mergenthaler habe sich mit der Auskunft des Innenministeriums begnügt, diese Gerüchte seien nur feindliche Propaganda.

Bis zuletzt bekundet der NS-Minister seine Treue zum Führer: So schreibt er im Neujahrsglückwunsch an Hitler im Januar 1945, «keine noch so schwere Belastung in dem weltgeschichtlichen Ringen unserer Tage» könne «uns in dem festen Glauben an Sie und an die Zukunft unseres Volkes und Reiches wankend machen».[15]

Fazit: Mergenthaler kann als Beispiel eines radikalen, fanatischen Nationalsozialisten gelten. Er hätte diese Bezeichnung – jedenfalls bis 1945 – vermutlich selbst als ehrenhaft empfunden. Auch wenn er selbst nicht unmittelbar für NS-Gewalttaten verantwortlich war, gehörte er doch zu denen, die an herausragender Stelle dafür den ideologischen Boden bereitet haben. Rudolf Kieß schlägt für ihn deshalb den Begriff «wortgewalttätig» vor.

Im Mai 1945 wird Mergenthaler im Allgäu verhaftet und im Lager Balingen interniert. Ende Dezember 1948 stuft ihn die Spruchkammer als Hauptschuldigen ein: ein Urteil, das bei diesen Verfahren nur selten ausgesprochen wurde. Sanktionen: dreieinhalb Jahre Arbeitslager (die politische Haft wird angerechnet); Verlust des Pensionsanspruchs; Verbot öffentlichkeitswirksamer Arbeit (z. B. als Lehrer, Redakteur etc.). Nach der Haftentlassung im Januar 1949 lebt Mergenthaler zurückgezogen in Korntal. 1953 erhält er «auf dem Gnadenweg» die Versorgungsbezüge eines Studienrats. Am 11. September 1980 stirbt er in Bad Dürrheim.

Quellen und Literatur

Finger, Jürgen: Gaue und Länder als Akteure der nationalsoz. Schulpolitik. Württemberg als Sonderfall und Musterbeispiel im Altreich, in: John, Jürgen u. a. (Hg.): Die NS-Gaue, München 2007, S. 159–176

Kieß, Rudolf: Christian Mergenthaler, in: Zeitschr. f. Württemberg. Landesgeschichte 54 (1995), S. 281–332

Schnabel, Thomas: Württemberg zwischen Weimar und Bonn, Stuttgart 1986

Staatsarchiv Ludwigsburg: Spruchkammerakten EL 902/14 Bü 5966

Stolle, Michael: Der Schwäbische Schulmeister, in: Kißener, M./Scholtyseck, J. (Hg.): Die Führer der Provinz. NS-Biographien aus Baden und Württemberg. Universitätsverlag, Konstanz 1997, S. 445–475

Anmerkungen

1 Kieß, Mergenthaler, S. 285.
2 Die Mergenthaler. Bearb. v. W. Bauder, Leipzig 1939, S. 24f.
3 Verhandl. des Landtags, 6.6.1924, S. 89.
4 Frankf. Zeitung, 16.8.1924, S. 2.
5 Erlebnisse eines Sozialdemokraten, Stuttgart 1948, Bd. 2, S. 473f.
6 Zit. nach Schnabel, Württemberg, S. 161.
7 Finger, Gaue und Länder, S. 171.
8 Aus Unterricht und Forschung (1935), S. 395–397.
9 Ebenda (1937), S. 234f.
10 Der Deutsche Erzieher (1936), S. 721.
11 Finger, Gaue und Länder, S. 170.
12 Verhandl. des Landtags, 8.6.1933, S. 6.
13 Belege bei Kieß, Mergenthaler, S. 316f.
14 Goebbels, Tagebücher. Hg. v. Fröhlich, Elke, Bd. 3 (1987), S. 255.
15 Reg.-Anzeiger für Württ., 5.1.1945.

Wilhelm Gschwend

Bernhard Völker

Wilhelm Gschwend
«Politischer Vertrauensmann» im Kultministerium

Wilhelm Gschwend erhielt eine Stelle im württembergischen Kultministerium (so die damalige Bezeichnung), um im Bildungsbereich die nationalsozialistischen Ziele durchzusetzen. So konnte er NS-Ideologie verbreiten, die Stellenbesetzung beeinflussen und an den höheren Schulen ein regelrechtes Spitzelsystem organisieren.

Wilhelm Gschwend wird am 12. August 1901 in Heilbronn geboren; sein Vater ist Oberrechnungsrat. Ab 1920 studiert er Neuere Sprachen und Geschichte in Tübingen und München. 1929 wird er in den württembergischen Staatsdienst übernommen und beginnt als Assessor am Karlsgymnasium in Stuttgart. Er wohnt in der Hauptstätter Straße und danach an der Alten Weinsteige. 1932 wechselt er an das Gymnasium in Ludwigsburg. Im November 1931 tritt er in die NSDAP ein, wird im folgenden Jahr Ortsgruppenleiter in Stuttgart-Süd und wirkt als Kreis- und Gauredner der Partei. «In den ersten Jahren nach 1933 (war er) ein fanatischer Bekämpfer des Christentums», erinnert sich ein Kollege, der ihn seit 1930 kannte, «er hielt Reden bei Sonnwendfeiern und ähnlichen Gelegenheiten.»[1] Vorübergehend (1933/1936) macht ihn die Stuttgarter NSDAP auch zum Ratsherrn (damals die Bezeichnung für einen Stadtrat): Der Gemeinderat hatte jedoch fast keine Befugnisse mehr.[2]

Der 1933 durch die «nationalsozialistische Revolution» ins Amt gekommene Kultminister Christian Mergenthaler (siehe den Beitrag über ihn in diesem Buch) muss in seinem Ministerium zunächst die eingearbeiteten Beamten auf ihren Posten belassen, da es den neuen Machthabern an eigenen qualifizierten Kräften fehlt. Um aber möglichst bald seine Ziele erreichen zu können, beruft er Parteigenossen, die ihn dabei unterstützen sollen. Sie werden dem Leiter des Ministeriums und den Präsidenten der Mittelbehörde (Ministerialabteilungen für Volksschulen, höhere Schulen und Fachschulen) zur Seite gestellt, was diese sehr irritiert. Sie kontrollieren die Vorgänge im Amt und können sich bald erheblichen Einfluss sichern.

Mergenthaler überträgt dem jungen Assessor und überzeugten Nationalsozialisten im April 1933 eine Stelle mit der halb offiziellen Bezeichnung «politischer Vertrauensmann». Gschwend residiert nun in der Ministerialabteilung für die höheren Schulen in der Königstraße 44. Bereits im August wird er Regierungsrat. Zu seinem Aufgabenbereich gehören auch die Nationalpolitischen Erziehungsanstalten in Backnang und Rottweil. Schon ein Jahr später kann sich der 33-Jährige in der Parkstraße (heute

Emilienstraße) in Vaihingen auf den Fildern ein Haus leisten. 1937 wird er zum Oberregierungsrat ernannt und 1942 zum Regierungsdirektor.

Die Zielrichtung von Gschwends Tätigkeit wird rasch erkennbar. 1934 übernimmt er die Herausgabe der Monatszeitschrift «Aus Unterricht und Forschung» (Verlag W. Kohlhammer, Stuttgart), die ab 1929 erscheint. Sie erhält sofort den Untertitel: «Wissenschaftliche Zeitschrift auf nationalsozialistischer Grundlage» und wird mit einem Hakenkreuz verziert. Im ersten Heft des Jahres 1934 stellt Gschwend «Weg und Ziel der neuen Zeitschrift» vor (S. 2–6). Er beruft sich auf Adolf Hitlers Gedanken zur nationalen Erziehung in «Mein Kampf»: Notwendige Grundlage aller geistigen Bildung seien die Leibesübungen, zweites Ziel die Bildung von Charakterwerten und erst in dritter Linie stehe die wissenschaftliche Ausbildung. «Die Wissenschaft schwebt nicht frei im leeren Raum, auch sie ist ... der Ausdruck einer ganz bestimmten Weltanschauung und die Schöpfung einer ganz bestimmten Rasse. Das Weltbild, das wir einmal haben, ist durch die nordisch arische Rasse geschaffen worden. Dieses Weltbild wird mit uns leben und mit uns untergehen ... Die Schule, die Offiziere und Mannschaften in den tausendfältigen Opfertod des Weltkriegs hinausgeschickt hat ... ist sich auch heute ihrer Aufgabe wohl bewusst: volksverbundene Führer zu erziehen und eine wahrhafte Vorschule des nationalsozialistischen Staatsgedankens zu sein.»

Im Oktober 1935 findet auf der Insel Reichenau eine einwöchige Arbeitstagung für die Schulleiter sämtlicher höheren Schulen in Württemberg statt. Gschwend eröffnet sie mit einer Ansprache, die in dem Appell gipfelt: «Sie dürfen nicht ruhen, als bis Ihre Schule eine Propagandazelle nationalsozialistischer Weltanschauung geworden ist. Wir haben noch einen weiten Weg dorthin.»[3]

Theodor Bracher, Präsident der Ministerialabteilung für die höheren Schulen, fasst Gschwends Aktivitäten später im Spruchkammerverfahren so zusammen: «In der ganzen Zeit, in der Gschwend der Ministerialabteilung angehörte, hat er sich ausschließlich als Exponent der NSDAP und ihrer Weltanschauung gefühlt und betätigt.»

Zu seinen ersten Aufgaben gehört es, an der Überprüfung der Lehrer mitzuwirken, die auf dem berüchtigten «Gesetz zur Wiederherstellung des Berufsbeamtentums» vom 7. April 1933 beruht. Dadurch können Beamte, «die nicht arischer Abstammung sind» (§ 3), entlassen werden; ebenso «Beamte, die nach ihrer bisherigen politischen Betätigung nicht die Gewähr dafür bieten, dass sie jederzeit rückhaltlos für den nationalen Staat eintreten» (§ 4). Die erste Bestimmung betrifft Juden, die zweite meist Sozialdemokraten und Kommunisten.

Nur zwei Beispiele: Walter Koch aus Göppingen berichtet: «Ich bin als Studienrat wegen antifaschistischer Betätigung aus dem Amt entfernt worden. Gschwend war damals die treibende Kraft in der Schulbehörde.» Besonders gut dokumentiert ist das Verfahren gegen Adolf Richter, der damals als Studienrat ebenso wie Assessor Gschwend am Gymnasium Ludwigsburg tätig war:

«Bei Gesprächen mit dem Betroffenen (Gschwend), der mein Tischnachbar war, kam ich mit ihm in heftige politische Debatten, in welchen er seine extrem nazistischen Einstellung krass zum Ausdruck brachte. Ein bis zwei Mal kam es zu heftigen Szenen ... G. schlug dabei einen drohenden Ton an ... Um so schroffer brachte der Betr. seine extrem nazistische Haltung anlässlich der Machtübernahme zum Ausdruck ... (Daher) hatte ich selbst keinen Zweifel daran, dass er, nachdem er im Frühjahr 1933 Personalreferent ... wurde, vermöge seiner Stellung mich zur Strecke bringen, d.h. meine Dienstentlassung herbeiführen würde.»

Aus einem Schreiben des Leiters der württembergischen Polizei an das Ministerium vom 27. Juli 1933: «Richter soll vor dem 30.1. in gehässiger und aufdringlicher Weise im Lehrerzimer und in der Stadt gegen die nationalsozialistische Bewegung und ihren Führer selbst gehetzt haben ... soll in einer Ludwigsburger Buchhandlung ... gesagt haben, Deutschland werde in wenigen Wochen den Krieg im Land haben, die Wirtschaftspolitik der Hitler-Regierung sei wahnsinnig ... Auch im Unterricht soll R. abträgliche Äußerungen über die nationalsozialistische Bewegung gemacht haben. Eine Schülerin besitze Aufzeichnungen darüber.»

Im Oktober 1933 wird Adolf Richter aus dem Dienst entlassen. Er kann sich bis 1945 nur als Privatgelehrter betätigen. Nach Kriegsende schreibt Gschwend aus dem Intenierungslager einen längeren Brief an seinen ehemaligen Kollegen, in dem er sein damaliges Verhalten bedauert: «Meine Schuld liegt darin, dass ich nicht für Sie eingetreten bin ... (Es) wäre wahrscheinlich möglich gewesen, Sie vor der Dienstentlassung zu bewahren, wenn ich meinen Einfluss geltend gemacht hätte.» Es gibt allerdings auch Aussagen, dass er sich in einzelnen Fällen um Milderung bemüht habe.

Bekannt und vielfach belegt ist, dass damals kritische Äußerungen über das NS-Regime schwerwiegende Folgen haben konnten. Ein Beispiel dafür ist Ernst Cantner: «Im November 1938 wurde ich meines Amtes als Leiter der Oberschule Feuerbach enthoben, weil ich mich bei einer Unterhaltung im Lehrerzimmer über die Politik Hitlers entsprechend geäußert hatte. Mit der Behandlung des Falles war der damalige ORegRat Gschwend betraut worden.»

Dafür mussten sich aber Denunzianten finden. Theodor Bracher: «Es bestand in der höheren Lehrerschaft die allgemeine Auffassung, dass er (Gschwend), wie in der Behörde selbst, so an jeder Schule, namentlich den größeren, seinen ‹Vertrauensmann› ... hatte. Diese Vertrauensmänner mussten die Berufskameraden beobachten und dem G. mehr oder weniger regelmäßig Bericht erstatten.»

Regierungsdirektor Albert Mack vom Kultministerium beschreibt dieses Spitzelwesen später so: «Überall an den Schulen hatte er bald Gesinnungsgenossen (meist jüngere Lehrer) zur Verfügung, die ihm in kurzen Zeitabständen Berichte über Amtsgenossen und Schulleiter lieferten, die nie zu den Akten kamen. Es entstand so ein Überwachungssystem, das ... der Schmeichelei, dem Konkurrenzneid und dem Angebertum Tür und Tor öffnete.»

Oberregierungsrat Franz Lutz: «Es ist mir kaum ein Zweifel möglich, dass G. für das engmaschige Zuträgersystem an den württ. höheren Schulen verantwortlich war, das jedes Vertrauen an den einzelnen Schulen untergrub und zerstörte. Aber beweisen kann ich diese Verantwortlichkeit nicht.»

Hier wird ein zentrales Problem angesprochen: Unter autoritären Regimen und Diktaturen haben kritische Äußerungen oft massive Konsequenzen, aber die Kommunikationswege nachzuweisen ist schwierig, meist sogar unmöglich. Viele Vorgänge wurden nicht schriftlich festgehalten; außerdem ist damit zu rechnen, dass neben den Verlusten durch Kriegseinwirkung gegen Ende der NS-Herrschaft auch Akten gezielt vernichtet wurden. Ein Beispiel dafür ist die Anweisung in der Abteilung für die Volksschulen vom 28. März 1945: « ... mussten eine Reihe von Lehrkräften entlassen, pensioniert oder gemaßregelt werden. Alle diesbezüglichen Aktenstücke sind zu verbrennen ... Desgleichen sind zu vernichten sämtliche Akten, die sich befassen mit den gemaßregelten ... Geistlichen.»[4]

Oberstudiendirektor Hermann Glass berichtet: «Bei dienstlichen Zusammenkünften (hat G.) ständig wiederholt, dass nur flammend begeisterte Schulleiter im Amt geduldet werden könnten. Während Mergenthaler trotz seiner fanatisch nazistischen Einstellung doch immer noch einen höflichen Ton innehielt, befleißigte sich G., so abrupt wie möglich aufzutreten.» Theodor Bracher urteilt: «(Die) Personalpolitik Gschwends ... sprach jedem Gefühl des Rechts und der Billigkeit Hohn. Auf eine ständige Stelle [d. h. auf Lebenszeit, BV] und vollends zum Schulleiter wurde nur befördert, wer aktiv bei der Partei oder zumindest einer deren Gliederungen war. Bei diesen Vorschlägen an den Minister spielte natürlich sein ‹Vertrauensmann› bald die Hauptrolle. Das Kollegialsystem der Behörde, also insbesondere die demokratischen Formen der Abstimmung ... wurden von G. mit Vorliebe als ‹Krampf› bezeichnet und sind vom Kultminister auch bei uns bald abgeschafft worden ... An die Stelle der Diskussion trat weithin der Monolog des Ministers oder seines Vertrauensmannes. Dass darunter die Qualität, vor allem der Schulleiter und das Vertrauen in die ganze NS-Personalpolitik schwer leiden musste, ist selbstverständlich. Ich kann aufgrund persönlicher Erfahrungen bezeugen, dass von 16 neu ernannten Schulleitern des Rechnungsjahres 1933 auf 1934 nur einer der Leiter ... dieses Vertrauens in jeder Hinsicht würdig war. Das ganze Regime führte im höheren Schulwesen zu einer zunehmenden Korruption, an der G. ein gerütteltes Maß von Schuld trägt.» Da Gschwend als Herausgeber der genannten Zeitschrift («Aus Unterricht und Forschung») regelmäßig auch selbst Beiträge verfasst, lässt sich seine Einstellung durch eigene Aussagen belegen.

1936 schreibt er im Artikel «Unser Lehrernachwuchs»: «An jenem soldatischen und zugleich innerlichen Typ Lehrer, den die neue Schule braucht, besteht auch heute noch ... ein ausgesprochener Mangel.»[5]

1939 heißt es in einem Artikel «Unsere Aufgabe»: «(Die Kameraden) mögen sich vor Augen halten, dass der totale Krieg auch die Heimat zur Front umgewandelt hat.» Gschwend verwendet den Begriff «totaler Krieg» also bereits nach dem Überfall auf Polen. Und weiter ist zu lesen: «Mag das Schicksal über den einen oder anderen von uns hinweggehen, unser Volk als Ganzes ist, solange es sich zur Weltanschauung des Führers bekennt, unbesiegbar und wird nur innerlich größer aus dieser schicksalhaften Auseinandersetzung hervorgehen.»[6]

1939 und 1940 erscheinen zwei Sonderhefte, deren Beiträge ausschließlich darlegen, wie die Schulfächer zur Wehrerziehung beitragen können: von Mathematik und Naturwissenschaften bis zu Musik- und Kunstunterricht.

Im Oktober 1941, nach dem Überfall auf die Sowjetunion, betont Gschwend unter der Überschrift «Verpflichtung»: «Wenn in den vergangenen Jahren der Nationalsozialismus sehr oft mit Härte und Unerbittlichkeit alle jene Kreise ausgerottet hat, die geeignet waren, einen zweiten November 1918 hervorzubringen, heute ist angesichts der Blutopfer der Nation im Kampf gegen ihren grausamsten und unerbittlichsten Gegner, den Bolschewismus, diese Härte gerechtfertigt.»[7]

1942 schreibt er in einem Artikel «Unsere Härte»: «Die preußische Geschichte lehrt uns, dass ein Soldatenvolk nicht untergeht, das, von einem überragenden Führer in seiner letzten Tiefe aufgerufen, zu jener stählernen Härte der Seele sich durchringt, an der sich alle Widerstände brechen.»[8]

Zu der letzten Nummer der Zeitschrift, die 1943 erscheint, trägt er einen Artikel bei: «Das Reich und Europa». Darin erklärt er: «Es ist aber notwendig, als geschichtliche Lehre festzuhalten, dass die europäische Aufgabe des Reiches nicht erfüllt werden kann ohne das eiserne Festhalten an diesem germanischen Kern, der in seiner rassischen Substanz um so mehr reingehalten werden muss, je mehr das Reich Führungsaufgaben über fremde Länder und Völker erhält.»[9]

Im November 1939 tritt Wilhelm Gschwend der SS bei (Nr. 347144, im Rang eines Hauptsturmführers), geht im Januar 1940 zur Waffen-SS und nimmt am Feldzug in Frankreich teil. Einen Antrag, ihn wegen seiner Funktion im Ministerium als unabkömmlich (uk) anzuerkennen und damit vom Kriegsdienst zu befreien, lehnt die SS ab. So wird er 1941 auch zum Einmarsch in die Sowjetunion herangezogen und dort 1942 verwundet. Nach einem längeren Lazarettaufenthalt setzt man ihn im SS-Hauptamt Berlin in der Abteilung Truppenbetreuung ein. Er gibt die «SS-Leithefte» heraus, die der weltanschaulichen Schulung dienen sollen. Allerdings erscheint er dabei manchen als nicht linientreu genug: Er wird im Amt als «der letzte Christ» bezeichnet und Heinrich Himmler, der «Reichsführer SS», wirft ihm «geistigen Ungehorsam» vor. Trotzdem wird er zum Obersturmbannführer befördert: Dies entspricht einem Oberstleutnant bei der Wehrmacht. Gschwend hofft bis zuletzt auf den Endsieg. Noch am 15. Januar 1945 schreibt er in einem Brief an den Mieter seines Hauses in Stuttgart-Vaihingen, nachdem er sich über die Fliegerangriffe auf Berlin und Heilbronn empört hat: «Ich bin überzeugt, dass der Führer das Schauspiel, das wir nun Tag für Tag seit fast zwei Jahren erdulden, auch eines Tages beenden wird. Es ist schlimm genug, dass wir so lange darauf warten müssen. Aber ich weiß persönlich, dass er am meisten darunter leidet. Die U-Boot-Waffe wird auch demnächst erscheinen.»

Gschwend wird im Juli 1945 in Füssen/Allgäu verhaftet und später im Lager Ludwigsburg interniert. Im Spruchkammerverfahren fordert der öffentliche Ankläger am 10. Mai 1948, ihn in die Gruppe der Hauptschuldigen einzustufen.[10] Die Kammer entscheidet sich dann am 3. August 1948 für die zweite Kategorie: «Belasteter». Dies wird mit folgenden Sanktionen verbunden: Arbeitslager auf die Dauer von drei Jahren (da die politische Haft angerechnet wird, Entlassung noch im gleichen Monat); Vermögenseinzug von 30 Prozent, mindestens 1000 DM; acht Jahre Berufsbeschränkung. Gschwend lässt durch seinen Anwalt Berufung einlegen, zieht sie aber wieder zurück. Als er im Dezember 1949 noch einmal eingewiesen wird, endet die «Arbeitslagersühne» durch einen «Gnadenerweis» des Ministerpräsidenten von Württemberg-Baden, Reinhold Maier, schon nach acht Wochen.

Da er nicht mehr im öffentlichen Dienst tätig sein kann, verdient er seinen Lebensunterhalt als Vertreter einer Solinger Rasierklingenfabrik. Er stellt mehrfach Anträge auf Stundung beziehungsweise Reduzierung des Vermögenseinzugs. Im Juli 1952 richtet er an den Kultusminister ein «Gesuch um Wiederverwendung im Staatsdienst». Darin bekennt er offen: «Ich war Nationalsozialist. (Aber) eine innere Wandlung begann ... in Russland.» Er schließt: «Ich glaube, genug gelitten und gesühnt zu haben.» Doch er muss sich noch etwas gedulden. Nach einem erneuten Antrag wird er ab April 1957 wieder in den Schuldienst aufgenommen, «was ältere Gymnasiallehrer mit Unmut registrierten».[11] Er unterrichtet als Lehrer im Angestelltenverhältnis an der Wirtschaftsoberschule in Stuttgart-West, Knospstraße 8. Am 4. Oktober 1960 ernennt ihn Ministerpräsident Kurt Georg Kiesinger im Rahmen einer «Gnadenentscheidung» zum Studienrat, verbunden mit Berufung in das Beamtenverhältnis auf Lebenszeit und Anrechnung der früheren Dienstzeiten. Drei Jahre später erfolgt die Beförderung zum Oberstudienrat. Nach der regulären Versetzung in den Ruhestand mit 65 Jahren ist Wilhelm Gschwend noch fünf Jahre als Vertragslehrer am Wirtschaftsgymnasium Ost tätig. Er stirbt am 5. Dezember 1975 in Stuttgart.

Quellen und Literatur

Staatsarchiv Ludwigsburg: Spruchkammerakten EL 903/4 Bü 47 und 905/4 Bü 653; Personalakten EL 205 Bü 887

Kieß, Rudolf: Christian Mergenthaler, in: Zeitschrift für Württembergische Landesgeschichte 54 (1995), S. 281-332

Müller, Roland: Stuttgart zur Zeit des Nationalsozialismus, Stuttgart 1988

Anmerkungen

1. Die Zitate in diesem Beitrag stammen, sofern nicht anders angegeben, aus den Akten im Staatsarchiv Ludwigsburg.
2. Die Zahl der Sitze wurde 1933 von 60 auf 44 reduziert, 1935 dann auf 36. Die Ratsherren konnten den Bürgermeister lediglich beraten. Sie durften weder Anträge stellen noch Beschlüsse fassen. Müller, Roland: Stuttgart zur Zeit des Nationalsozialismus, Stuttgart 1988, S. 198.
3. Aus Unterricht und Forschung (zit. als UuF) (1935), S. 394.
4. Kieß, Mergenthaler, S. 297.
5. UuF (1935), S. 135.
6. UuF (1939), S. 113f.
7. UuF (1941), S. 138.
8. UuF (1942), S. 58.
9. UuF (1943), S. 10.
10. Es waren fünf Kategorien vorgesehen: Hauptschuldiger, Belasteter, Minderbelasteter, Mitläufer, Entlasteter.
11. Kieß, Mergenthaler, S. 294.

Klaus Graf von Baudissin

Ulrich Weitz

Klaus Graf von Baudissin
Oberkonservator der Staatsgalerie und Bilderstürmer der SS

«Die vollkommenste Form, das herrlichste Gebilde, das im Ablauf der letzten Epoche geschaffen wurde, erstand nicht in den Ateliers unserer Künstler und nicht für unsere Kunstausstellung ..., (es war) der Stahlhelm, den die stürmenden grauen Kolonnen trugen ... (und) der heilige Rock aller Deutschen, der feldgraue Rock.»[1]

Dieses Zitat stammt nicht von einem hohen Militär, sondern von dem promovierten Kunsthistoriker und ehemaligen Konservator der württembergischen Staatsgalerie in Stuttgart, Klaus Graf von Baudissin. Der selbstbewusste Spross eines alten Meißener Adelsgeschlechts, am 4. November 1891 in Metz geboren, machte schnell Karriere. Er hatte an der Universität München, dann an der Universität Heidelberg studiert und dort auch 1922 promoviert. Seit 1919 war er Assistent am kunsthistorischen Institut der Universität Heidelberg und später für kurze Zeit Assistent an der Universität Kiel. 1925 wurde er zunächst Assistent, später Konservator und dann Oberkonservator an der Staatsgalerie in Stuttgart. Kurzfristig war er dort auch geschäftsführender Direktor. 1931 verfasste er den Katalog für die Gesamtbestände der Stuttgarter Staatsgalerie.

1932 trat Baudissin der Stuttgarter NSDAP bei und schon gleich nach der Machtübertragung sah er seine Stunde gekommen. Am 10. Juni 1933 eröffnete er im Kronprinzenpalais die von ihm konzipierte Ausstellung «Novembergeist. Kunst im Dienste der Zersetzung», die Werke von Max Beckmann, Otto Dix, Conrad Felixmüller, George Grosz, Paul Kleinschmidt und Ludwig Meidner diffamierte. Ihm war es ein Dorn im Auge, wie bei der Revolution von 1918 Künstler Partei ergriffen hatten für die Neugestaltung der Gesellschaft, gar für sozialistische Ideale. Vor allem druckgrafische Originale wie die Mappen «Im Schatten» und «Abrechnung folgt» von George Grosz wurden ausgestellt, dazu einige Reproduktionen, das großformatige Ölgemälde «Duett im Nordcafé» von Paul Kleinschmidt und Max Beckmanns «Selbstbildnis mit rotem Schal».

Großen Beifall bekam Baudissin umgehend im Stuttgarter NS-Kurier vom Kulturberichterstatter C. F. Drewitz: «Novembergeist ist somit ein Prinzip. In der bildenden Kunst verkörpert es sich – Abscheu und Ekel erregend – im Zersetzenden, im Hässlichen, im Widerwärtigen und Perversen. Die ... Schau im Kronprinzenpalais bietet eigentlich schon mehr, als ein normal veranlagter Mensch an Scheußlichkeiten ertragen kann. Es ist das Verdienst der Museumsleitung, durch diese Schau noch einmal ... den Novembergeist heraufbeschworen zu haben, damit man rückblickend erschauernd erken-

313

nen kann, wie nahe wir daran waren, in den Abgrund vollkommener Kulturlosigkeit zu versinken.»[2]

Die Ausstellung des braunen Grafen zog Kreise. Der Direktor des Stadtmuseums Bielefeld bat um Überlassung der Schau, am 20. August 1933 wurde sie dort eröffnet. Museumsdirektor von Schoeneweg fand starke Worte für die Baudissin-Schau: «Mögen die Produzenten dieser Zersetzungskunst ihre gleich gesinnten Brüder in Moskau und Palästina erfreuen. Deutschland darf nicht mehr ein Tummelplatz für derartige planmäßige bolschewistische Zersetzung werden.»[3]

Ende September 1933 holte Baudissin zum zweiten Streich aus. Er zeigte in der Staatsgalerie die Ausstellung «Von Krieg zu Krieg», die der «künstlerischen Motivfindung» und der ideologischen Kriegsvorbereitung diente: «Zu allen Zeiten fand der Künstler seine Aufgabe und seine Ehre darin, Kampf und Heldentat mit seiner Kunst darzustellen.»[4]

Wieder großer Beifall des Stuttgarter NS-Kuriers: «Deshalb bietet die neueste Ausstellung im Kronprinzenpalais dem Kunstliebhaber wie dem Soldaten Interessantes ... Die Museumsleitung tat gut daran, in dieser Bilderfolge etwas von dem Großen und Schicksalshaften des Krieges sichtbar werden zu lassen.»[5]

Diese Ausstellungen und sein Eintritt in die SS beschleunigten Baudissins Aufstieg. Zunächst wurde ihm die Leitung des Schlossmuseums (heute Württembergisches Landesmuseum) angeboten, doch er strebte nach Höherem. Das renommierte Essener Museum Folkwang war die nächste Etappe. Ernst Gosebruch, der Direktor des Museums, war nach heftigen Attacken der NS-Presse entlassen worden. Ende Dezember 1933 stellte sich Baudissin in SS-Uniform dem Kuratorium des Museums mit einem Vortrag über «Die Bildende Kunst im Neuen Reich» vor. Essens Oberbürgermeister Theodor Reismann-Grone beantragte, ihn sofort zum neuen Museumsleiter zu wählen. Das Kuratorium schloss sich diesem Votum nicht an und konnte eine Vertagung der Wahl durchsetzen, doch im Januar 1934 wurde Baudissin dann gewählt.

Ernst Gosebruch charakterisierte seinen braunen Nachfolger folgendermaßen: «Er ist sehr netten Wesens, freundlich verbindlich, der Verkehr mit ihm wird sehr angenehm sein. Dagegen steht im schroffen Gegensatz, was er redet, schreibt, was er im Essener Museum angerichtet hat ... An diesem Grafen werden wir keine Freude haben.»[6]

Am 1. Februar 1934 begann Baudissin seine neue Tätigkeit. Er ließ beispielsweise Oskar Schlemmers berühmten Folkwang-Zyklus abhängen und schrieb einen Wettbewerb zur Neugestaltung des Brunnenraums aus. Dabei hatte er selbst noch 1930 ein Schlemmer-Bild («Frauenschule») für die Staatsgalerie in Stuttgart angekauft.

Trauriger Höhepunkt von Baudissins Zeit in Essen war der Verkauf von Kandinskys «Improvisation 1912» für 9000 Reichsmark an die Galerie Ferdinand Müller. Der Folkwang-Direktor begründete den Verkauf des Gemäldes, das heute eines der wertvollsten Bilder des New Yorker Guggenheim-Museums ist, in einem Brief vom 25. Juli 1936: «Die Entscheidung hat eine gewisse, grundsätzliche Bedeutung. Trotzdem halte ich es für meine Pflicht, den Verkauf zu empfehlen. Ich bin an sich allen Veräußerungen von Museumsgut abgeneigt. Ich halte hier aber eine Ausnahme nicht nur für gerechtfertigt, sondern für eine gebieterische Forderung. Es handelt sich bei dem Bild um ein Dokument der abstrakten Kunst, deren Erzeuger der Russe Kandinsky gewesen ist. Das Bild bezeichnet als solches charakteristisches Dokument den Irrweg einer kompasslosen Zeit. Für die Aufbewahrung eines solchen Dokumentes mit der Summe von 9000 Reichsmark aufzukommen kann ich nicht verantworten. Das Bild befindet sich in Schutzhaft.»[7]

Obwohl der Museumsverein einstimmig den Verkauf ablehnte, konnte Baudissin sich durchsetzen. Als selbst NS-Parteifreunde zaghaft Kritik übten, ging der Graf in die Offensive. In der «Essener Nationalzeitung» vom 24. September 1936 schrieb er: «Wir (hatten) zwar damit gerechnet, dass die Semigrantenpresse [eine Wortschöpfung aus Semiten- und Emigrantenpresse, d. V.] sich dieser Meldung bemächtigen, ihre Schmierpfoten eilig in Bewegung setzen und diesen Verkauf als neuestes Attentat auf die europäische Kultur hinstellen würde.» In Essen aber werde «ganze Arbeit» getan. «Die Spitzenleistungen der Verfallskunst» müssen künftig «in privaten Schlupfwinkeln aufgesucht werden», denn «Giftstoffe kann man nur beschlagnahmen, unschädlich machen oder medizinisch verwenden».

Nach diesem Artikel forderte der Folkwang-Museumsverein die sofortige Abberufung Baudissins, da unter diesen Voraussetzungen keine Zusammenarbeit mehr möglich sei. Doch der Graf machte einen weiteren Schritt nach oben auf der Karriereleiter. Reichsinnenminister Rust forderte ihn auf, sich als Berichterstatter und Beobachter der von Hitler persönlich ernannten Kommission anzuschließen, die aus den deutschen Museen Werke für die Ausstellung «Entartete Kunst» aussuchen und beschlagnahmen sollte.

Am 6. Juli 1937 traf die Kommission in Essen ein und Baudissin beschlagnahmte aus seinem eigenen Museum 3 Plastiken, 37 Gemälde, 17 Zeichnungen beziehungsweise Aquarelle und 12 druckgrafische Blätter. Am 27. Juli 1937 wurde Baudissin kommissarischer Leiter des Volksbildungswesens im Reichserziehungsministerium und erklärte am 2. August 1937 den deutschen Museumsleitern bei einem Treffen in Berlin, dass alle Werke von Künstlern, die in der Ausstellung «Entartete Kunst» zu sehen waren, aus den Schausammlungen zu entfernen seien.

1938 wollte Baudissin auf eigenen Wunsch aus dem Reichsinnenministerium ausscheiden und wieder in das Museum Folkwang zurückkehren. Doch diesmal ging es nicht nach den Wünschen des SS-Hauptsturmführers (seine Ernennung erfolgte am 11. September 1938 auf dem Truppenübungsplatz Heidelager): Der Essener Oberbürgermeister Just Dillgardt, ein in der NSDAP nicht ganz unumstrittener Mann, lehnte Baudissin ab und verfügte dessen Suspendierung, die im November 1938 in Kraft trat. Obwohl sich Himmler persönlich für Baudissin einsetzte und sich die SS für ihren Kameraden massiv verkämpfte – sie schickte sogar zwei Offiziere zur Verneh-

315

mung des Oberbürgermeisters in die Ruhrmetropole –, blieb die Suspendierung bestehen.

Dieser für die damalige Zeit unglaubliche Hinauswurf zehrte an Baudissin. Er wurde vom Reichsinnenministerium in die Villa Romana nach Florenz geschickt, um dort als «Kontrolleur» der Künstlervilla zu wirken. Einer seiner Opfer ist der Maler Hans Marsilius Purrmann, der, so Baudissin, «in Florenz nicht tragbar sei, da er als Maler der Verfallskunst mit der Villa Romana identifiziert würde».[8]

Doch jetzt sah Baudissin seine Zukunft im offenen Kampf, gemäß dem «TornisterKunst-Bändchen» des Stuttgarter Bildhauers Fritz von Graevenitz zur Alexanderschlacht: «Ja, die Musik der Form- und Farbenklänge, wie sie Kunst ist, erhebt uns so über die Grausamkeit des Lebens, dass selbst die tobende Schlacht, darin Ströme von Blut fließen, zur jauchzenden Lust wird durch die Kraft der Gewalt.» Baudissins SS-Stammrollenauszug vermerkt: «Rassisches Gesamtbild: nordischfälisch, SS-mäßige Lebensauffassung, klares überlegtes Urteil» – und damit stand einer weiteren Beförderung nichts im Wege: Am 21. Juni 1943 wurde Baudissin SS-Obersturmbannführer und am 23. September 1943 SS-Oberführer.

Nach dem Krieg hörte sich alles anders an. Im August 1950 wurde Klaus Graf von Baudissin von der Entnazifizierungskammer nur als Mitläufer eingestuft. Per Gerichtsbeschluss erreichte er, dass ihm die Stadt Essen seine Pensionsbezüge als Museumsdirektor nachzahlen musste. Positiv wirkte sich dabei aus, dass Baudissin bereits vor 1933 trotz seines NS-Engagements verbeamtet worden war. Seine Tätigkeit als Scharfmacher in der NS-Kulturpolitik kam nicht mehr zur Sprache und Staatsgalerie-Direktor Heinrich Theodor Musper schrieb 1947 ans Ministerium, «dass die Personalakten des Dr. Graf Baudissin durch Feindeinwirkung vernichtet wurden».[9] Angesichts dessen wird das Unverständnis des langjährigen Direktors des Museums Folkwang (1963–1988), Paul Vogt, nachvollziehbar: «Und dieser Mann behauptete nach dem Kriege, dass es ihm gelungen sei, Schlimmeres von den deutschen Museen abzuwenden, ihm, der bei seiner Verfolgung der modernen Kunst nicht einmal mehr die bis dahin respektierte Privatsphäre gewahrt wissen wollte.»[10]

Literatur

Weitz, Ulrich: «Das Bild befindet sich in Schutzhaft». Der Konservator von der SS – Graf Klaus von Baudissin, in: Karlheinz Fuchs (Hg.): Ausstellungskatalog «Stuttgart im Dritten Reich»: Anpassung, Widerstand, Verfolgung: Die Jahre von 1933 bis 1939, Stuttgart 1984

Von Maur, Karin: Bildersturm in der Staatsgalerie Stuttgart, in: Ausstellungskatalog Staatgalerie Stuttgart: Bildzyklen – Zeugnisse verfemter Kunst in Deutschland 1933–1945, Stuttgart 1987

Lauzemis, Laura: Die nationalsozialistische Ideologie und der «Neue Mensch». Oskar Schlemmers Folkwang-Zyklus und sein Briefwechsel mit Graf Klaus von Baudissin aus dem Jahr 1934, in: Uwe Fleckner (Hg.): Angriffe auf die Avantgarde. Kunst und Kulturpolitik im Nationalsozialismus, Berlin 2007

Die ausführlichste Arbeit ist eine bisher leider unveröffentlichte Magisterarbeit an der Universität Heidelberg: Schmidt, Andrea: Graf Klaus von Baudissin. Kunsthistoriker zwischen Weimarer Republik und Drittem Reich, 1991

Anmerkungen

1 Zitat Baudissin nach: Paul Ortwin Rave: Kunstdiktatur im Dritten Reich, Hamburg-Berlin 1949, S. 5.
2 NS-Kurier Nr. 135 vom 13.6.1933.
3 Pressemitteilung des Museums Bielefeld zur Ausstellungseröffnung.
4 Stuttgarter Neues Tagblatt, Abendausgabe 17.10.1933.
5 NS-Kurier 30.9.1933.
6 Brief von Ernst Gosebruch an Carl Hagemann vom 30.4.1934. Abgedruckt in: Hans Delfs, Mario-Andreas von Lüttichau und Roland Scotti (Hg.): Kirchner, Schmidt-Rottluff, Nolde, Nay. Briefe an den Sammler und Mäzen Carl Hagemann, Ostfildern-Ruit 2004.
7 Brief von Klaus Graf von Baudissin an Hermann Sippel vom 25.7.1936.
8 Sitzungsprotokoll zit. nach Akte des Reichsministeriums für Volksaufklärung und Propaganda, Villa Romana e. V., R 55/894, Bundesarchiv Berlin.
9 Hauptstaatsarchiv Stuttgart. Akten Kultministerium EA 3/201, Nr. 152, Konservator (Graf von Baudissin), 1947–1951.
10 Vogt, Paul: Museum Folkwang Essen. Die Geschichte einer Sammlung junger Kunst im Ruhrgebiet, Köln 1983, S. 120.

Erich Maier-Stehle

Birgit Wörner

Erich Maier-Stehle
Journalist im Dienste der NS-Propaganda und der Rassenpolitik

Im Urteil der Spruchkammer Nordwürttemberg vom 16. Februar 1950 wurde Erich Maier in die Gruppe der «Mitläufer» eingereiht. Er musste 250 Mark an den Wiedergutmachungsfonds zahlen und die Prozesskosten tragen. Für Maier sprach gemäß diesem Urteil, dass ihm keinerlei «individuelle Belastungen» vorzuwerfen waren. Seine frühe Mitgliedschaft in der NSDAP und ihrer Sturmabteilung (SA), seine Propaganda-Arbeit für die Nationalsozialisten und seine Rolle bei der Entlassung jüdischer und politisch unliebsamer Mitarbeiter am Stuttgarter Staatstheater wurden vom Gericht als nicht besonders belastend eingestuft.[1]

Erich Maier, der sich selbst als «Schriftsteller» bezeichnete und sich den Künstlernamen «Maier-Stehle» gab, konnte sich hinter seinen scheinbar unpolitischen Beiträgen im Bereich des Feuilletons verschanzen. Außerdem stritt er alle gegen ihn erhobenen Vorwürfe ab, verharmloste seine Stellung in der SA und machte falsche Angaben über die Dauer seiner Mitgliedschaft. Er gab lediglich zu, dass er «in diesen Jahren vom NS überzeugt war». Vor der Spruchkammer sagte er aus, dass er 1930 arbeitslos gewesen und deshalb in die Partei und die SA eingetreten sei. Nachdem er eine Arbeit bekommen habe, habe er die SA 1931 verlassen. 1933 sei er dann wieder ein- und 1939 ausgetreten. Tatsächlich war er die ganze Zeit über SA-Mitglied und aktiv in der Organisation tätig.

Erich Josef Hermann Maier wurde am 14. Mai 1911 in Rottweil als Sohn eines Reichsbahninspektors geboren. Die Ehe der Eltern wurde früh geschieden, die Kinder wuchsen bei der Mutter auf. Mit 19 Jahren trat er am 1. August 1930 in die NSDAP – Mitgliedsnummer 285717 – und gleichzeitig in die SA ein.

Er war bis 1931 Angestellter in der Industrie beziehungsweise einer Versicherung und wurde im April 1931 wegen seiner Zugehörigkeit zur SA entlassen.[2] Ab April 1931 übernahm er für einige Monate ehrenamtlich die Gaugeschäftsführung der NSBO (NS-Betriebszellenorganisation) Württemberg und wurde Leiter der Betriebsgruppe «Freie Berufe» in Württemberg-Hohenzollern.[3]

Vom Juni 1931 bis März 1933 machte er eine Ausbildung beim NS-Kurier, der nationalsozialistischen Tageszeitung für Württemberg-Hohenzollern, in Stuttgart, arbeitete im Schriftleitungssekretariat und in der Schriftleitung. Auch diese Stelle brachte ihm finanziell fast nichts ein. Hauptschriftleiter Karl Overdyck bescheinigte ihm eine besondere Begabung für das Feuilleton.[4]

Im April 1933 bekam Maier-Stehle eine hervorragende Chance, seine Talente zu nutzen und seine Loyalität der Partei gegenüber zu beweisen: Er wurde mit nur 22 Jahren vom Kultministerium zum Leiter der Presse- und Propagandastelle des Württembergischen Staatstheaters berufen. Maier verbesserte die bis dahin kaum vorhandene Zusammenarbeit mit der Presse innerhalb kurzer Zeit und bemühte sich insbesondere um gutes Bildmaterial. Er brachte einem größeren Publikum die Welt des Theaters durch Reportagen näher und organisierte die Ausstellung «Vom Manuskript zur Uraufführung», die allgemein gelobt wurde und überregional Beachtung fand. Auch das Jahrbuch der Württembergischen Staatstheater 1934 fand wegen seiner Aufmachung großen Anklang.

Neben seiner Tätigkeit als Pressechef war Erich Maier-Stehle als «Staatskommissar» von Mai bis September 1933 auch mit der Durchführung des «Gesetzes zur Wiederherstellung des Berufsbeamtentums» in den Württembergischen Staatstheatern betraut.[6] Dieses Gesetz war am 7. April 1933 erlassen worden, um jüdische oder politisch unliebsame Personen aus dem öffentlichen Dienst entfernen zu können, und ermöglichte eine wirkungsvolle Umsetzung der nationalsozialistischen Rassen- und Gleichschaltungspolitik. Endgültig war die Erfassung dieser Personen erst im Februar 1937 abgeschlossen, da das Gesetz immer wieder verschärft wurde.

Bereits Ende März 1933 wurde die Führungsebene im Stuttgarter Schauspiel und in der Oper ausgetauscht. Der Nationalsozialist Otto Krauß kam als neuer Generalintendant. Gehen mussten der seit 1920 amtierende Generalintendant Albert Kehm, der Oberspielleiter des Schauspiels Friedrich Brandenburg, der Oberspielleiter der Oper Harry Stangenberg und der Verwaltungsdirektor und stellvertretende Generalintendant Otto Paul. Ebenfalls noch vor der Einstellung Maiers und noch ohne gesetzliche Grundlage wurden Ende März 1933 die erfolgreichen Staatsschauspieler Max Marx und Fritz Wisten sowie der auch international erfolgreiche Kammersänger Hermann Weil wegen ihrer jüdischen Herkunft entlassen.

Zwischen dem 8. Mai und dem 26. Juli 1933 mussten die Schauspieler, Musiker, Sänger, Angestellten und Arbeiter den vierseitigen Fragebogen ausfüllen, der zur Durchführung des «Gesetzes zur Wiederherstellung des Berufsbeamtentums» erstellt worden war. Hier wurde ihre Mitgliedschaft in politischen Parteien und ihre Zugehörigkeit zu Religionsgemeinschaften, auch die der Großeltern («Ariernachweis»), abgefragt. Maier-Stehle sorgte für die Umsetzung der Aktion und führte, wenn nötig, die Befragungen selbst durch.[7]

Nach Überprüfung der Fragebögen konnte man innerhalb eines Monats zum Monatsende entlassen werden. So erging es Edith Susanne Rosenthal, deren hoffnungsvolle Karriere als Balletttänzerin schlagartig ihr Ende fand. Am 15. Mai 1933 erhielt sie die Kündigung zum 30. Juni. In den folgenden Jahren hatte sie Demütigungen, Armut und den Tod ihrer nächsten Familienangehörigen zu verkraften. Edith Susanne Rosenthal, die sich als Künstlerin «Suse Rosen» nannte, wurde 1910 in Dresden als Tochter eines jüdischen Kaufmanns geboren. Sie kam nach einer Ausbildung in Berlin bei der Ballettmeisterin Lina Gerzer in der Saison 1927/1928 nach Stuttgart. Bald wurde sie Solotänzerin und begeisterte das Publikum mit ihrer «traumzarten, leichten Elfenbeingestalt». Rosen verließ Ende 1933 Deutschland und bereiste Belgien, Holland, Luxemburg und Italien. Hier konnte sie ihre Existenz nur mit kurzfristigen Verträgen in Cabarets und Nachtclubs sichern. Ihre Mutter und ihre Schwester wurden im Konzentrationslager Bergen-Belsen ermordet. Suse Rosen überlebte den Holocaust, starb aber 1968 gesundheitlich und seelisch zerrüttet.[8]

Bis 1937 wurden insgesamt mindestens 40 Beschäftigte entlassen, vor allem jüdische Künstlerinnen und Künstler.

Da die Pressestelle des Stuttgarter Staatstheaters im März 1934 aufgelöst wurde, wechselte Maier-Stehle für ein halbes Jahr als Schriftleiter zur Union Deutsche Verlagsgesellschaft in Stuttgart. Im September 1934 wurde er Pressereferent der SA-Gruppe Südwest. In dieser Funktion war er Verbindungsmann zum Reichssender Stuttgart und erhielt vom SA-Gruppenführer Hans Ludin die Aufgabe, einen Schmalfilm aufzunehmen.

Ab August 1935 erhielt er vom Reichsleiter für die Presse Max Amann und dem Reichsstatthalter und Gauleiter von Württemberg Wilhelm Murr die Aufgabe, als Sonderbeauftragter im Gaugebiet eine Werbungsaktion für die «NS-Monatshefte» und die übrigen Zeitschriften des Zentralverlags der NSDAP, des Franz-Eher-Verlags, durchzuführen.[9]

Zu diesem Zeitpunkt konnte Maier-Stehle bereits Referenzen von einflussreichen Parteigenossen vorweisen, darunter waren der Reichstatthalter und Gauleiter von Württemberg Wilhelm Murr, Ministerpräsident und Kultminister Christian Mergenthaler, Innenminister Jonathan Schmid, SA-Gruppenführer Hans Ludin, der stellvertretende Gauleiter Friedrich Schmidt, der Reichsgeschäftsführer der Reichskulturkammer SA-Oberführer Franz Moraller, der Hauptschriftleiter des NS-Kuriers Karl Overdyck, SS-Oberführer Robert Zeller und der Sendeleiter des Reichssenders Stuttgart M. Reuschle.[10]

Innerhalb der SA wurde er zum Obersturmführer ernannt und war Träger des Braunschweig-Abzeichens, eines Ehrenzeichens der Bewegung. Außerdem gehörte er zur SA-Standarte Feldherrnhalle Sturmbann VI im Stuttgarter Burgholzhof.[11]

Über sein Privatleben ist wenig bekannt. Während der Jahre seines beruflichen Aufstiegs hatte er geheiratet, 1939 und 1943 wurden seine beiden Kinder geboren. Er wohnte zunächst in der Neuen Weinsteige 160 und ab 1939 in der Ehmannstraße 21.[12]

Am 26. August 1939 wurde er zur Wehrmacht eingezogen.[13] Während seiner Dienstzeit wurde er zum Unteroffizier befördert. Er war in der Hornkaserne in Frankfurt/Oder stationiert und arbeitete dort seit Anfang 1941 auf der Schreibstube, eine Arbeit, die ihn offenbar nicht befriedigte. Immer wieder bat er um Versetzung zu einer Propaganda-Einheit, was mindestens zwei Mal abgelehnt wurde. Später kam er nach Possenhofen in Oberbayern.

In seiner SA-Karteikarte ist auch der Stab Feldherrnhalle, Berlin-Dahlem vermerkt, der seit 1941 bestand. Dies war eine SS-ähnliche Elitestandarte.[14]

In einem Brief des Führers der SA-Gruppe Hochland, Hoffmann, vom Sommer 1944 wurde Erich Maier als «Sachbearbeiter für Presseangelegenheiten der Gruppe Hochland» bezeichnet.[15]

Schließlich verliert sich seine Spur. Vom 1. bis zum 31. Mai 1945 war Maier-Stehle in amerikanischer Gefangenschaft. Am 21. Januar 1946 kam er in französische Gefangenschaft und wurde in Balingen interniert. Von hier floh er am 18. Juni 1947.[16]

Während des Verfahrens vor der Spruchkammer 1950 war Maier-Stehle als Schriftleiter der Leonberger Kreiszeitung tätig. Er hatte in zweiter Ehe die 1921 geborene Gertrud Miller geheiratet. Auch dieser Ehe entstammen zwei Kinder: Elke, geboren 1950, und Ute, geboren 1956.[17]

Von Anfang 1956 bis Ende 1960 arbeitete er für die Stuttgarter Nachrichten als freier Mitarbeiter im Kreis Leonberg.[18]

1958 konnte Erich Maier-Stehle in der Eßlinger Straße 11 in Leonberg-Ramtel ein Reihenhaus erwerben. Aus einem Brief der Gemeinnützigen Wohnstättengesellschaft mbH Stuttgart geht hervor, dass Maier, der damals angab, ein Einkommen von ca. 600 DM zu haben und Eigenkapital von 3000 DM zu besitzen, nicht die erforderliche Höhe an Kapital besaß, die für den Erwerb eines Eigenheims notwendig gewesen wäre. Nur durch die Fürsprache des Leonberger Oberbürgermeisters Otto Rexer wurde ihm der Kauf genehmigt.[19]

1960 gründete Maier-Stehle ein eigenes Anzeigenblatt, die «Leonberger Allgemeine»[20], die er bis 1971 als Herausgeber und Redakteur führte. Am 1. Januar 1972 trat die Stuttgarter Nachrichten Verlagsgesellschaft mbH als Kommanditistin in den Verlag ein. Das Blatt hatte zu dieser Zeit eine Auflage von 40.000 Exemplaren. Geschäftsführer blieb der Gründer und Herausgeber Erich Maier-Stehle.[21]

Als «Türmer», das Bild zeigt einen Mann, der mit dem Fernrohr vom Turm hinabblickt, schrieb Maier-Stehle Kolumnen zu den Ereignissen in Leonberg, insbesondere über die Politik der jeweiligen Oberbürgermeister und des Gemeinderats. Seine teilweise antidemokratischen und antisemitischen Artikel vergifteten das Klima in der Stadt. Dabei berief er sich immer wieder auf das im Grundgesetz verbriefte Recht der Pressefreiheit, das die Nationalsozialisten einst selbst mit Füßen getreten hatten. Leonbergs Oberbürgermeister Otto Rexer (SPD, OB 1953 bis 1969) und Dieter Ortlieb (parteilos, OB 1969 bis 1993) sahen sich immer wieder dazu veranlasst, auf Maier-Stehles «Türmer»-Kolumnen mit Gegendarstellungen zu reagieren.

Der als «Mitläufer» eingestufte Redakteur bewies in den Nachkriegsjahrzehnten in etlichen seiner Artikel, wie sehr er das nationalsozialistische Gedankengut weiterhin verinnerlicht hatte. So beschrieb er Deutschland als Opfer, den israelischen Staat und die Juden als Erpresser, die nur auf Geld aus waren. Gleichzeitig machte Maier, der 1933 aktiv bei der Durchführung von Rassengesetzen beteiligt war, eine anonyme «Terrorbande» für die Verbrechen des NS-Staates verantwortlich. Hier eine Kostprobe aus der «Leonberger Allgemeinen» vom 26. Februar 1965 – in der Kolumne «Blick vom Engelbergturm» schrieb der «Türmer» alias Maier-Stehle: «Wir werden gerügt, beschimpft, bedroht, erpresst und boykottiert, und weil wir gar kein Rückgrat haben, von zwei Seiten. Am meisten von einem kleinen Staat, für den wir zwar die letzten Gojims (jiddisch: Nicht-Juden, d. V.), jedoch gut genug sind, bis zum Exzess zu zahlen, weil es nach dessen Ministerpräsidenten keine Sühne für ein ganzes Volk gibt, das mit den fürchterlichen Verbrechen einer entmenschten Terrorbande – Verbrechen, die auch unserem eigenen Volk gegenüber begangen wurden – wider besseres Wissen identifiziert wird. Man demütigt und hetzt gegen uns, nimmt aber unser Geld, denn das stinkt bekanntlich nicht. ... Les juifs! (französisch: die Juden, d. V.) Glauben sie wirklich – dort in ihrem Staat, sie könnten in alle Ewigkeit ein ganzes Volk demütigen?»

Die evangelische Kirche äußerte sich entsetzt über den antisemitischen Inhalt des Artikels und veröffentlichte eine Stellungnahme, in der sie auf die sechs Millionen ermordeten Juden hinwies, die in «deutschem Namen» umgebracht worden waren. So erfreulich die Reaktion der Kirche auch war, in einem anderen Artikel wurde bemerkt, dass außerhalb der Kirche kein großes Aufhebens um die Sache gemacht worden sei.[22]

1970 gründete Maier-Stehle zusammen mit seiner Frau die «Unabhängige Bürger Gemeinschaft». Seine Frau Gertrud wurde 1971 in den Gemeinderat gewählt. Damit konnte die Familie Maier-Stehle die Leonberger Politik nun auch vom Rathaus aus mitgestalten, was mit der entsprechenden Berichterstattung vom «Türmer» ein gefährliches Potenzial ergab. Allerdings hat die Partei nur eine Wahlperiode überlebt und musste schon 1975 mit der «Freien Demokratischen Wählergemeinschaft» fusionieren, die ebenfalls um Stimmen bangte.

Erich Maier-Stehle starb 1997.

Anmerkungen

1 Bundesarchiv Berlin, kurz BArch (ehem. BDC, RKK), Maier-Stehle, Erich.
2 Ebd., S. 1188.
3 Ebd., Zeitungsartikel von 1933.
4 Ebd., Zeugnis des NS-Kurier-Hauptschriftleiters Overdyck vom 7.6.1934.
5 BArch (ehem. BDC, RKK), Maier-Stehle, Erich.
6 Siehe hierzu: Bauz, Ingrid/Brüggemann, Sigrid/Maier, Roland: «Sie brauchen nicht mehr zu kommen!» Die Verdrängung der Künstlerinnen und Künstler jüdischen Glaubens und jüdischer Abstammung aus dem Stuttgarter Theater- und Musikleben durch die Nationalsozialisten, Stuttgart 2008; Jungnickl, Nina: Die Oper «im Dienste» der NS-Politik – dargestellt am Beispiel der württembergischen Staatsoper in Stuttgart, Diplomarbeit, Universität Hildesheim, 2002 im Internet: www.hausarbeiten.de/ faecher/vorschau/110646.html; Heer, Hannes: Verstummte Stimmen, die Vertreibung der Juden aus der Oper 1933 bis 1945, eine Ausstellung, Berlin 2008.
7 Zur Umsetzung des Gesetzes siehe: Bauz u. a., «Sie brauchen nicht mehr zu kommen», S. 26–29.
8 Siehe hierzu ausführlich: Ebd., S. 51f.
9 BArch (ehem. BDC, RKK), Maier-Stehle, Erich.
10 Ebd.
11 BArch R 55/ 23676.
12 BArch (ehem. BDC), SA, Maier-Stehle, Erich und Staatsarchiv Sigmaringen, kurz StArchSig, Wü 40 T 9 Nr. 59.
13 BArch (ehem. BDC), SA, Maier-Stehle, Erich.
14 Ebd.
15 Ebd.
16 BArch (ehem. BDC), SA, Maier-Stehle, Erich und StArchSig, Wü 40 T 9 Nr. 59.
17 Stadtarchiv Leonberg, kurz StArchLeo, Akte 13.10.04.
18 Ebd.: Leonberger Allgemeine, Brief von Rudolph Bernhard von der Stuttgarter Nachrichten Verlagsgesellschaft mbH, 20.1.1966, an den Leonberger Oberbürgermeister Otto Rexer.
19 Ebd.: Vertraulicher Brief der Gemeinnützigen Wohnstättengesellschaft mbH Stuttgart an Oberbürgermeister Rexer, Leonberg vom 25.1.1966.
20 Sitz: Ulmerstr. 2, Leonberg-Ramtel.
21 StArchLeo, Akte 13.10.04, Leonberger Allgemeine, 17.12.1971, Nr. 52/52.
22 Ebd.

Georg Schneider

Hermann G. Abmayr / Janka Kluge

Georg Schneider
Der Pfarrer, der Kreuz und Hakenkreuz verbinden wollte

Georg Schneider war Mitte der 1930er-Jahre in Stuttgart so bekannt, dass zu seinen Predigten in der Leonhardskirche auch Menschen anderer Kirchengemeinden kamen. Er hatte Anhänger in ganz Württemberg. Schneider war ein wichtiger Führer und der bedeutendste Theoretiker der sogenannten Deutschen Christen (DC) im Südwesten. Er wollte das «positive Christentum» und die «nationalsozialistische Weltanschauung» verbinden. Den Ruf «Ein Volk, ein Reich, ein Führer!» ergänzte er mit dem Ruf nach «einem Herrgott» und prophezeite, dass zum «Dritten Reich» die «Dritte Kirche» entstehen würde.

Georg Schneider wurde am 5. Januar 1902 in Mühlacker geboren. Der Sohn eines bereits 1912 verstorbenen Kleinbauern wuchs in ärmlichen Verhältnissen auf.[1] Die Mutter war dem schwäbischen Pietismus verbunden. Schneider prägten zudem die Kriegserfahrungen sowie die Umwälzungen und Krisen der Nachkriegszeit. Im Gegensatz zu vielen seiner Kommilitonen musste er zur Finanzierung seines Theologiestudiums – in Bethel, Heidelberg und Tübingen – als Werkstudent, Holzfäller oder Knecht arbeiten, denn mit der beginnenden Inflation 1923 «verschwand das väterliche Gelderbe». Trotzdem schaffte es Schneider im Frühjahr 1925, das zweitbeste Examen abzulegen.

Seine ersten beiden festen Pfarrstellen führten den Theologen in die Stuttgarter Arbeiterstadtteile Münster und Botnang, in denen zum Teil große Armut herrschte. Der junge Vikar schwankte politisch zwischen der SPD und dem «Christlichen Volksdienst», einer spezifisch württembergischen evangelischen Partei.[2]

Obwohl Schneider nicht humanistisch vorgebildet war, nicht aus einem Pfarrershaushalt stammte und nicht am Evangelischen Stift in Tübingen studiert hatte, wurde er 1929 als «Repetent» am Stift aufgenommen und erregte damit bei der Kirchenleitung in Stuttgart Aufmerksamkeit. In den folgenden beiden Stiftsjahren befasste er sich vor allem mit sozialen Fragen. 1930 machte er eine Studienreise ins Ruhrgebiet, ins mitteldeutsche Industriegebiet und nach Berlin. Seine Schlussfolgerung: Die evangelische Kirche kümmere sich viel zu wenig um die sozialen Missstände. Er verfasste nun Abhandlungen über Christentum und Sozialismus, Fließbandarbeit und Menschenwürde oder das soziale Pfarramt.

Diese Fragen beschäftigten ihn auch, als er 1931 dritter Pfarrer in der pietistisch geprägten Leonhardsgemeinde in der Stuttgarter Innenstadt wurde, wo viele arbeitslose und verarmte Menschen lebten. Doch mit

Parteien der Arbeiterbewegung, denen er eine «atheistische Diesseitsmoral» vorwarf, wollte er nichts zu tun haben. Nach eigenen Angaben beim Spruchkammerverfahren im Jahr 1949 lehnte er damals auch den Nationalsozialismus ab. Dies habe sich 1933 geändert, nachdem die Nazis die Macht übernommen hatten. Schneider wollte bereits in den ersten Monaten in Stuttgart soziale Fortschritte beobachtet haben. «In der Altstadt war der Wandel geradezu mit den Händen zu greifen», berichtete er.[3] Folge: Schneider schloss sich den Deutschen Christen an.

Die Deutschen Christen und der ihnen nahestehende antisemitische NS-Pfarrerbund traten für die Nazis ein. «Auch die Kirche muss, wenn sie Kirche bleiben will, von deutschem Geist beseelt sein. Jetzt gibt es keine Neutralität mehr. Jetzt gilt: Wer nicht mit uns ist, ist gegen uns»[4], sagte der Vorsitzende des NS-Pfarrerbundes Friedrich Ettwein bei einem Festgottesdienst am 21. März 1933 in Stuttgart, bei dem die Gläubigen die Eröffnung des neuen Reichstags nach dem Sieg der Nazis bei den schon nicht mehr freien Wahlen am 5. März feierten.

Die Deutschen Christen versuchten die Macht innerhalb der evangelischen Kirche Württembergs zu erringen, allerdings vergeblich. Georg Schneider warf der Führung der Deutschen Christen, die sich Glaubensbewegung Deutsche Christen (GDC) nannten, deshalb Versagen vor. «Die GDC musste versagen, weil die Herren so wenig theologisch und nur politisch dachten, weil sie innerlich unwahr waren und uns an der Nase herumführten. Ich habe, ehe der Krach anfing, mein Kreisleiteramt niedergelegt. In der GDC blieb ich, da ich überzeugt bin, dass irgendwann einmal unserem Volk eine Bewegung geschenkt wird, die Glauben hat und darum Kräfte entfaltet.»

Bis dahin hatte Georg Schneider in der Wahrnehmung der Öffentlichkeit keine herausragende Rolle gespielt. Das änderte sich, als er anfing, in Predigten, Artikeln und Büchern die theologischen Positionen der Deutschen Christen zu untermauern. Bereits am 26. Oktober 1933 hatte er im «Kirchlichen Anzeiger für Württemberg» einen Artikel mit dem Titel «Artgemäßes Christentum» veröffentlicht. Der Hebräerbrief, so Schneider, gelte «nur für die Juden jener Zeit und in jener Lage». Es dürfe nicht sein, «dass jeder, der Christ werden will ... vorher ein geistiges Jüdlein werden muss, ehe er an Christus glauben kann.»[5] Schneider predigte über die Einheit von Volk und Kirche, über Deutschtum und Christentum, er forderte eine überkonfessionelle deutsche Nationalkirche mit einer zeitgemäßen Sprache und den Abschied von religiösen Dogmen, die aus Sicht der Naturwissenschaft nicht mehr haltbar seien.

1934 verschärfte der 32-Jährige seine Angriffe auf die Kirchenoberen. Er veröffentlichte ein Buch über «Deutsches Christentum». Zitat: «Wenn doch endlich einmal die Kirche ihre alten judaisierten Münzen außer Kurs setzen wollte und zum deutschen Volk in Worten reden würde, die den Erdgeruch seelischer Bodenständigkeit in sich tragen. Nur so kann Christus mit seinen Deutschen vertraut werden und sie mit ihm.»[6] Im selben Buch verglich Schneider einen der beiden Männer, die mit Jesus gekreuzigt worden waren, als «Kamerad derer, die als Landsknechte seit 15 Jahren um Deutschlands Aufbau ringen, ein Kamerad derer, die ihr Erdenleben gering ansehen im Vergleich zu der Aufgabe an der Nation, ein Kamerad derer, die ihr Blut willig verspritzten, wenn das Vaterland in Not war.»[7] Das neue Deutschland sollte keine Konfessionen mehr kennen, sondern nur noch die einige deutsche Nationalkirche. Die Parole hieß: «Ohne Juda, ohne Rom, bauen wir den Deutschen Dom.»

Nachdem 1934 ein weiterer Versuch der Deutschen Christen gescheitert war, die Macht innerhalb der evangelischen Kirche in Württemberg zu übernehmen, änderten führende Vertreter der GDC ihre Strategie. Georg Schneider verhandelte im Frühjahr 1935 mit Vertretern des Kult-und Innenministeriums sowie einem SS-Führer über die Gründung einer eigenen Religionsgemeinschaft. Um finanziell unabhängig zu sein, forderte er einen Anteil der Kirchensteuer für die Deutschen Christen.

Schneider forderte die Landeskirche so massiv heraus, dass Landesbischof Theophil Wurm im Frühjahr 1935 den Landesbruderrat mit einem Gutachten über Schneider beauftragte. Dessen Urteil lautete: «Die Verkündung von Schneider in Wort und Schrift zerstört als evangeliumswidrig die Gemeinde und kann darum von der Landeskirche weiterhin nicht mehr getragen werden.» Bischof Wurm solle öffentlich erklären, dass die Positionen Schneiders nicht im Einklang mit der kirchlichen Lehre stehe. Auch der Kirchengemeinderat der Stuttgarter Leonhardskirche distanzierte sich von Schneiders Thesen.

Wurm versuchte die Auseinandersetzung um Georg Schneider aber anders zu lösen. Die Leonhardskirche bekam einen neuen ersten Pfarrer und Schneider damit einen neuen Vorgesetzten, der auf ihn Einfluss nehmen sollte.[8] Einigen Pfarrern war dies zu wenig. So erklärte Otto Mörike, es sei «einfach unverständlich, dass in diesem Fall keine Kirchenzucht geübt wurde». Er könne nicht einsehen, «dass gegen diesen Mann im Namen der ganzen Bekennenden Kirche Württembergs der Landesbischof nicht entscheidend eingriff».[9]

Mitte der 30er-Jahre spitzte sich die Auseinandersetzung zu. Die Kirche leitete ein Disziplinarverfahren gegen den braunen Prediger ein und beurlaubte ihn. Er durfte aber zusammen mit seiner Familie weiter in der Pfarrerwohnung in der Christophstraße 27 bleiben. Schneider legte Beschwerde ein. Er rief zu einer Protestkundgebung auf, zu der 3000 Leute kamen, und in kurzer Zeit sammelten seine Anhänger 16.000 Unterschriften. Sie wollten damit beim Württembergischen Kultministerium erreichen, dass die Deutschen Christen in Stuttgart einen eigenen Kirchenraum bekamen. Kultminister Christian Mergenthaler, ein glühender Nationalsozialist, forderte Landesbischof Wurm auf, die Beurlaubung Schneiders aufzuheben (siehe Kapitel über Mergenthaler).

Nach der Spaltung innerhalb der Deutschen Christen (DC) setzte sich in Württemberg die von Georg Schneider mit initiierte «Volkskirchenbewegung DC» durch. Sie schloss sich 1937 mit anderen Gruppen im Reich zur «Nationalkirchlichen Einigung DC» zusammen.[10] Schneider und seine Mitstreiter waren im nationalsozialistischen Staat mittlerweile ein Faktor geworden, der auch in der Reichshauptstadt wahrgenommen wurde, und die Evangelische Landeskirche beklagte eine breite Austrittswelle.

Die Nazis – auch Reichsstatthalter Wilhelm Murr – unterstützten Schneiders «Volkskirche». Schließlich überließ Kultminister Mergenthaler den Schneider-Leuten ab Oktober 1936 mietfrei zwei Kirchen, die das Land besaß: die Kirche im Alten Schloss und die Garnisonskirche in Stuttgart-Bad Cannstatt. Eine Provokation, denn die Schlosskirche war das erste Gotteshaus in Deutschland, das nach der Reformation neu errichtet worden war. Bei den Gottesdiensten hing jetzt über dem Altar auch ein Hakenkreuz, und die Schlosskirche wurde zur Lieblingskirche der Nazigrößen, die sie gern für Trauungen nutzten. Das württembergische Kultministerium unterstützte Schneiders «Volkskirchenbewegung» auch finanziell. Sie erhielt bis zum Kriegsende einen jährlichen Zuschuss von 75.000 Reichsmark. Ziel der «Volkskirchenbewegung Deutsche Christen» war laut Satzung: «Auf dem Boden positiven Christentums und der nationalsozialistischen Weltanschauung eine Kirche bauen, die dem ganzen deutschen Volke dient.» Mitglied der Bewegung konnte nur werden, wer den nationalsozialistischen Staat bejahte und Arier war. Der Gemeindegruppenobmann musste «als Christ und Nationalsozialist Vorbild sein». «Sein gutes Vorbild, seine innere Kraft und seine unüberbietbare Liebe zu Adolf Hitler sind allein ausschlaggebend.»[11] Beim Entnazifizierungsverfahren betonte Schneider dagegen, er habe sich der Kirche und der Partei in gleicher Weise versagt.[12]

Etliche Pfarrer der Deutschen Christen gehörten der NSDAP an. Georg Schneider beantragte 1938 die Aufnahme in die Partei, die – Ironie der Geschichte – allerdings ein Jahr später abgelehnt wurde. Der Grund dafür, so versuchte sich Schneider in Entnazifizierungsverfahren herauszureden, sei seine religiöse Haltung gewesen.[13] Den Aufnahmeantrag begründete Schneider damit, dass er dann hätte «ungestört und ohne besondere Verdächtigungen» seine religiöse Arbeit betreiben können.[14] Wie ihn die Nazis dabei bis 1938 gestört hatten, verriet er allerdings nicht.

Tatsächlich setzte sich innerhalb der NSDAP immer mehr die kirchenfeindliche Richtung von Hitler-Stellvertreter Rudolf Heß und Reichsminister Martin Bormann durch, die auch vor den Deutschen Christen nicht Halt machte. In einem vergleichbaren tragisch-komischen Fall gelang einem anderen DC-Geistlichen der Parteieintritt erst, nachdem er vor dem Gaugericht der NSDAP nachgewiesen hatte, dass er den Kirchendienst verlassen hatte und als Hauptmann zur Wehrmacht gegangen war.[15]

Wie sehr die Auseinandersetzung um Georg Schneider die Württembergische Kirche beschäftigt hat, zeigt die Tatsache, dass Landesbischof Wurm 1937 bei einer Versammlung der Dekane das Thema noch einmal aufgriff: «Beim Fall Schneider wurde lang, zu lange gewartet», sagte Wurm. «Ich konnte erst handeln, als völlige Einheit zwischen Gemeinde, Stadtdekanatsamt und so weiter herrschte. Dieses Einschreiten hat den DC zunächst mehr genützt als uns.»[16] Das Disziplinarverfahren gegen Schneider blieb aber bis Kriegsende (und danach) in der Voruntersuchung stecken.

Im Oktober 1939 wurde Schneider zum Kriegsdienst eingezogen. Seine Arbeit für die Deutschen Christen in Württemberg übernahmen andere. Schneiders Familie wohnte aber weiterhin in der Christophstraße 27, einem Gebäude der Evangelischen Landeskirche. Dort wurde im November 1944 auch die DC-Landesgeschäftsstelle untergebracht.

1943 wurde Georg Schneider in Süditalien schwer verletzt und musste 13 Monate im Lazarett verbringen. Bei Kriegsende kam er in englische Gefangenschaft und wurde in ein Lager nach Ägypten gebracht, wo er als Lagerpfarrer arbeiten durfte. Zudem lehrte er in einer kleinen theologischen Lagerhochschule Hebräisch und übernahm Vorlesungen zu Texten des Alten Testaments. Anfang April 1947 kehrt Schneider zu seiner neunköpfigen Familie zurück, die mittlerweile in Gailenkirchen lebte, heute ein Stadtteil von Schwäbisch Hall.

Er beantragte, sofort wieder in den Kirchendienst aufgenommen zu werden. Die Kirchenleitung wollte aber erst die Entnazifizierung abwarten. Vor den Spruchkammern hatte es bereits einige Verfahren gegen Schneiders braune Glaubensbrüder gegeben. Man warf ihnen unter anderem vor, «zu den gefährlichsten Propagandisten des Nationalsozialismus» gehört zu haben. Der 74 Jahre alte Pfarrer Eduard Le Seur zum Beispiel wurde 1947 zwar in die Gruppe III (Minderbelastete) eingestuft, doch er erhielt ein fünfjähriges Verbot, als Lehrer, Prediger, Redakteur oder Schriftsteller tätig zu sein. Zudem musste er eine hohe Geldstrafe bezahlen. Pfarrer Immanuel Schairer wurde in die Gruppe der Hauptschuldigen eingestuft und zu 28 Monaten Arbeitslager und zehn Jahren Berufsverbot verurteilt. Schneider hatte dagegen Glück, denn sein Verfahren fand erst 1949 statt und die Richter waren mittlerweile immer milder geworden. Aus dem braunen Prediger in der Zeit Mitte/Ende der 30er-Jahre wurde jetzt ein Mann, der «offen Widerstand» (Schneider über Schneider) geleistet hatte.[17] Außerdem konnte er einen «Persilschein» der Landeskirche vorlegen. Ende August meldete er dem Landesbischof, dass er «nicht belastet» sei.

Er gestand, dass er sich «lange täuschen ließ und blind war (bis Ende 1941)», und er bekannte sich schuldig, «nicht entschlossen genug gegen das erkannte Böse gekämpft zu haben». Schwammige Formulierungen, die der Kirche nicht genügten. Sie verlangte von dem einstigen geistigen Führer der Deutschen Christen einen Widerruf ohne Einschränkung. Das wiederum lehnte Schneider ab.

Anfang der 50er-Jahre einigte man sich darauf, dass Georg Schneider mit einer Pension in den Ruhestand versetzt wurde, aber seinen Titel als Pfarrer behalten durfte, ebenso das Recht, seine Kinder zu trauen und seine Enkel zu taufen. Schneider wollte nun Volksschullehrer werden. 1954 bestand der 52-Jährige die zweite Prüfung für das Lehramt und arbeitete bis zu seiner Pensionierung als Lehrer.

Aus den Deutschen Christen gingen 1945 verschiedene Gruppen hervor. So formierte sich der «Bund für religiöse Erneuerung und überkonfessionelle Verständigung», aus dem 1951 unter reger Beteiligung Georg Schneiders die «Volkskirchenbewegung Freie Christen» hervorging.[18]

Quellen und Literatur

StaL EL 902/Az.: 37/40516

Lächele, Rainer: Ein Volk, ein Reich, ein Glaube, Stuttgart 1994

Anmerkungen

1. StaL EL 902/Az.: 37/40516, S. 97. Nach Angaben von Rainer Lächele wurde Schneider in Dürmenz bei Pforzheim geboren. Lächele, Rainer: Ein Volk, ein Reich, ein Glaube, Stuttgart 1994, S. 91.
2. Ebd., Schneider gab im Entnazifizierungsverfahren 1949 an, keiner Partei angehört zu haben, auch nicht dem «Evangelischen Volksdienst». StaL EL 902/Az.: 37/40516, S. 97. Laut Rainer Lächele war Schneider bis 1930 Mitglied des «Evangelischen Volksdienstes». Lächele, S. 91.
3. StaL EL 902/Az.: 37/40516, S. 96.
4. Lächele, Rainer, S. 25.
5. Ebd., S. 53.
6. Ebd., S. 94.
7. Ebd., S. 95.
8. Ebd., S. 101.
9. Ebd., S. 101f.
10. StaL EL 902/Az.: 37/40516, S. 93: Lächele, Rainer, S. 106.
11. Ebd., S. 119.
12. StaL EL 902/Az.: 37/40516, S. 93.
13. Ebd., S. 1.
14. StaL EL 902/Az.: 37/40516, S. 85.
15. Lächele, Rainer, S. 141.
16. Ebd., S. 102.
17. StaL EL 902/Az.: 37/40516, S. 85.
18. Ebd., S. 194.

Hermann Cuhorst

Fritz Endemann

Hermann Cuhorst und andere Sonderrichter
Justiz des Terrors und der Ausmerzung

Am Morgen des 23. Juni 1942, kurz nach 5 Uhr, wurde im Innenhof des Stuttgarter Justizgebäudes an der Urbanstraße der 26-jährige Pole Jan Michalski, der als Zwangsarbeiter auf einem Hof in Klein-Sachsenheim tätig gewesen war, durch das Fallbeil hingerichtet. Er war am 12. Mai 1942 vom Sondergericht Stuttgart zum Tode verurteilt worden «wegen Schädigung des Ansehens des deutschen Volkes» nach Ziffer 2 Absatz 3 der Polenstrafrechts-Verordnung vom 4. Dezember 1941. Was war sein Verbrechen? Er hatte, wie die Parteizeitung NS-Kurier berichtete, «trotz ausdrücklicher Warnung längere Zeit intime Beziehungen zu einer deutschen Frau unterhalten».

Zwei Wochen nach der Hinrichtung Michalskis leitete der amtierende Reichsjustizminister, Staatssekretär Schlegelberger, die «Führerinformation Nr. 66» vom 3. Juli 1942 an den Leiter der Parteikanzlei Martin Bormann zur Vorlage an Hitler. Der Text lautet:

«Bisher konnte der Geschlechtsverkehr eines Polen mit einer Frau vom Gericht nur bestraft werden, wenn er gewaltsam (Notzucht) oder an einem Mädchen im Schutzalter (unter 14 Jahren) vorgenommen wurde.

Das besondere Polenstrafrecht ermöglicht nunmehr auch die Bestrafung des Polen, der die Ehre der deutschen Frau dadurch angreift, dass er mit einer Deutschen in deren Einverständnis geschlechtlich verkehrt. In einem solchen Fall hat jetzt das Sondergericht in Stuttgart ein Todesurteil gefällt.»

Es besteht kein Zweifel, dass hier der Fall Michalski und seine Erledigung durch die Justiz Hitler zur Kenntnis gebracht wurde, um zu demonstrieren, dass in der Behandlung «Fremdvölkischer» die Justiz mindestens Gleiches leistete wie Gestapo und SS, die in solchen Fällen den Zwangsarbeiter im Beisein seiner Landsleute kurzerhand aufhängten.

Wir wissen nicht, wer die Stuttgarter Sonderrichter waren, die dieses Urteil fällten, das Hitler als vorbildlich vorgelegt wurde. Gleichwohl ist es hier an den Anfang zu stellen, um ein erstes Licht auf eine Tätergruppe zu werfen, die als Richter des Sondergerichts Stuttgart für den Oberlandesgerichtsbezirk Stuttgart (einschließlich des preußischen Hohenzollern) im Dienste der nationalsozialistischen Terror- und Ausmerzungsjustiz tätig war.

Von den Stuttgarter Sonderrichtern können hier nur einige Hauptbeteiligte vorgestellt werden. Der Kreis derer, die als Justizpersonal in Stuttgart NS-Unrecht verwirklichten, ist wesentlich weiter: die Mitglieder der politischen Strafsenate des Oberlandesgerichts Stuttgart, der «Rasseschutzkammer» des Landgerichts (siehe Kapitel über Walter Widmann und die

«Rassenschande»-Richter) und des «Erbgesundheitsgerichts» beim Amtsgericht. Darüber hinaus gab es auch bei den Zivilgerichten, den Arbeitsgerichten und dem Verwaltungsgerichtshof Unrechtsjustiz, insbesondere gegenüber Juden, Polen, Sinti und Roma sowie Behinderten und Kranken.

Die Sondergerichte im «Dritten Reich» hatten – auf der Ebene unter dem Volksgerichtshof – in erster Linie, insbesondere im Krieg, nationalsozialistische Ideologie und Machträson in der Rechtsprechung schnell und wirksam durchzusetzen. Sie waren die «Standgerichte der inneren Front», die «Panzertruppe der Rechtspflege» (so der Staatssekretär und spätere Präsident des Volksgerichtshofs Roland Freisler).[1]

Am 5. April 1933 meldete der NS-Kurier, dass das Sondergericht Stuttgart seine Arbeit aufgenommen habe. Damit begann die Tätigkeit eines Gerichts, das sich insbesondere in den Jahren 1937–1944 unter seinem Vorsitzenden Hermann Albert Cuhorst (1899–1991) zu einem der berüchtigtsten Sondergerichte des «Dritten Reiches» entwickeln sollte. Es wurde schon vor 1945 weitgehend mit Cuhorst identifiziert.

Dieser wurde im Nürnberger Juristenprozess vor dem amerikanischen Militärgerichtshof III angeklagt, jedoch im Dezember 1947 aus Mangel an Beweisen freigesprochen. Im nachfolgenden Entnazifizierungsverfahren wurde er als «Hauptschuldiger» eingestuft und später nicht mehr in den Justizdienst eingestellt.

So lag es für seine ehemaligen Sondergerichtskollegen nahe, sich in ihren eigenen Spruchkammerverfahren von Cuhorst zu distanzieren, vor allem von dessen rüder, menschenverachtender Verhandlungsführung, die viele Fälle mit unvertretbarer, die Verteidigung beschneidender Eile «durchzog», was wesentlich dazu beigetragen hat, ihn auf die Nürnberger Anklagebank zu bringen. Inhaltlich, insbesondere in der Praxis von Schulderkenntnis und Strafzumessung, gab es offensichtlich keine wesentlichen Unterschiede zwischen Cuhorst und seinen Kollegen, sodass die Fokussierung auf jenen nur partiell berechtigt ist.

Cuhorst war auch, neben seiner Stellung als Vorsitzender des Sondergerichts, Senatspräsident beim Oberlandesgericht Stuttgart, ab 1934 als Vorsitzender eines Zivilsenats und ab November 1937 des 1. Strafsenats, der mit politischen Strafsachen befasst war.[2] Die Oberlandesgerichte waren anstelle des 1934 gebildeten Volksgerichtshofs für Hoch- und Landesverratssachen zuständig, wenn der Fall an sie beziehungsweise den jeweiligen Generalstaatsanwalt abgegeben wurde; Freisler sah deshalb in den Oberlandesgerichten Außenstellen des Volksgerichtshofs. Diese Zuständigkeit des Oberlandesgerichts Stuttgart wurde 1937 noch räumlich über Württemberg hinaus erweitert; dazu wurde ein zweiter politischer Strafsenat gebildet. Die Zahl der von den Stuttgarter Strafsenaten verhandelten politischen Fälle und der dabei verhängten Todesurteile ist infolge der Vernichtung der Akten nicht mehr feststellbar. Doch einige Fälle sind anderweitig überliefert, so das Verfahren unter Cuhorsts Vorsitz gegen zwölf Personen aus dem kommunistischen Widerstand in Mannheim, von denen fünf zum

Tode verurteilt wurden, darunter eine 60-jährige Frau. Nach Zeugnissen in Cuhorsts Entnazifizierungsverfahren führte sich dieser in der Verhandlung nicht anders auf als beim Sondergericht.

Die Sondergerichte wurden auf der Grundlage einer Notverordnung des Reichspräsidenten vom 6. Oktober 1931 durch Verordnung der Reichsregierung vom 31. März 1933 gebildet, und zwar nicht, wie in der Spätphase der Weimarer Republik, zur Bekämpfung eines räumlich und zeitlich begrenzten Notstands, sondern als ein auf Dauer angelegtes Instrument im ganzen Reichsgebiet zum Aufbau und zur Festigung der NS-Diktatur.

So war es in den ersten Jahren die Hauptaufgabe der Sondergerichte, kritische und abfällige Äußerungen über die NS-Herrschaft («heimtückische Angriffe») zu verfolgen. Zu diesem Zweck wurde auf Kosten der Rechte des Angeklagten und seiner Verteidigung ein besonders schnelles Verfahren eingeführt; gegen die Entscheidung des Sondergerichts gab es kein Rechtsmittel.

Bis Kriegsbeginn machten die «Heimtücke»-Fälle das Hauptarbeitsgebiet des Sondergerichts aus. Der stellvertretende Vorsitzende Alfred Bohn gab für das erste Jahr die Zahl der Fälle mit 224, die der Angeklagten mit 345 an. In den folgenden Jahren nahmen diese Fälle ab, unter anderem deshalb, weil der Inhalt verbotener politischer Schriften nunmehr als Vorbereitung zum Hochverrat oder als Hochverrat selbst von den Oberlandesgerichten verfolgt wurde. Zu den bekannten «Heimtücke»-Fällen gehörte der des Oberlenninger Pfarrers Julius von Jan, der in einer Predigt das Pogrom gegen die Juden und ihre Synagogen vom 9./10. November 1938 als Sünde vor Gott und als Saat des Hasses angeprangert hatte; er wurde vom Sondergericht unter Cuhorst zu einem Jahr und vier Monaten Gefängnis verurteilt.

Seit November 1938 waren die Sondergerichte auch für die allgemeine Kriminalität zuständig, wenn die Staatsanwaltschaft zu der Auffassung kam, dass «mit Rücksicht auf die Schwere oder Verwerflichkeit der Tat oder die in der Öffentlichkeit hervorgerufene Erregung die sofortige Aburteilung durch das Sondergericht geboten ist» (Verordnung vom 20. November 1938). Da die Entscheidungen der Staatsanwaltschaft politisch direkt gesteuert waren, war auch schon diese Zuständigkeit politisch geprägt.

Die Sondergerichte hatten das ab 1939 erlassene Kriegsstrafrecht, insbesondere betreffend «Rundfunkverbrechen» (Verbot des Abhörens ausländischer Sender), «Volksschädlinge», «Gewaltverbrecher» und «gefährliche Gewohnheitsverbrecher» anzuwenden. Die entsprechenden Verordnungen sahen auch die Todesstrafe vor, etwa in schweren Fällen oder wenn der Schutz der Volksgemeinschaft oder das Bedürfnis nach gerechter Sühne es erfordere. Durch die Qualifizierung als «Volksschädling» oder als «gefährlicher Gewohnheitsverbrecher» konnte auch wegen Straftaten mittlerer Schwere (wie Diebstahl, Unterschlagung, Betrug mit mäßigem Schaden) die Todesstrafe verhängt werden. Diese Fälle machten fortan die Haupttätigkeit der Sondergerichte aus. Sie liegen auch mehr als der Hälfte der etwa 200 Todesurteile des Sondergerichts Stuttgart zugrunde.

Im Hinblick auf diese Fälle haben die Stuttgarter Sonderrichter in ihren Spruchkammerverfahren zu ihrer Entlastung vorgebracht, ihre Tätigkeit sei unpolitisch gewesen und habe nur der Bekämpfung der allgemeinen Kriminalität, wie sie unter jedem Regime nötig sei, gedient. Die Spruchkammern sind diesem Vorbringen vielfach gefolgt, haben dabei aber den ausgeprägt politischen Charakter und Zweck dieser «Rechtsprechung» gründlich verkannt. Dieser lag zunächst schon darin, die «Heimatfront» auf den NS-Krieg auszurichten und funktionstüchtig zu machen. Darüber hinaus aber diente die für die neuen Tatbestände eingeführte Todesstrafe der rassischen und sozialen «Eugenik» der NS-Ideologie. Die «Volksgemeinschaft» sollte durch die Ausmerzung «minderwertiger», «asozialer» und «entarteter» Elemente nicht nur geschützt, sondern auch gereinigt werden. Hitler und seine Ideologen sahen im Krieg günstige Bedingungen, die Volksgemeinschaft zu gestalten, nicht nur durch den Mord an Kranken und Behinderten («Euthanasie»-Aktion). Die Justiz sollte und wollte ihren Beitrag dazu leisten.

Roland Freisler hatte schon 1939 die Linie vorgegeben. Es ging nicht mehr um die gerechte, also vor allem um eine verhältnismäßige Reaktion des Rechts auf seine Verletzung, sondern um «plastische Verbrecherbilder». Der Gesetzgeber habe den Plünderer einfach hingestellt, damit der Richter ihn ansehen und sagen könne, das Subjekt verdient den Strang. Die deutschen Sonderrichter, auch in Stuttgart, haben diese Lektion gelernt und praktiziert, auch wenn sie – im Namen der richterlichen Unabhängigkeit – mit der entsprechenden Einflussnahme des Reichsjustizministeriums nicht einverstanden waren.

Die Todesurteile des Sondergerichts wurden bis zur Zerstörung des Stuttgarter Justizgebäudes im September 1944 in einem von dessen Innenhöfen, also unter den Fenstern der Richter, durch das Fallbeil vollstreckt; freilich in den frühen Morgenstunden, ab 5 Uhr in einem Rhythmus von etwa 3 Minuten. So waren bei Dienstbeginn das Fallbeil und die blutigen Spuren schon beseitigt. Heute befindet sich an der Stelle ein Behördenparkplatz.

Das Stuttgarter Justizgebäude war seit Kriegsbeginn eine der zentralen Hinrichtungsstätten der Justiz im «Dritten Reich». Vollstreckt wurden hier nicht nur die Todesurteile des Sondergerichts und des Oberlandesgerichts, sondern auch die des Berliner Volksgerichtshofs und anderer Sondergerichte wie Mannheim, Freiburg, Straßburg, Metz, Saarbrücken und Frankenthal sowie von Militärgerichten im Südwesten und in Frankreich. Alle sechs bis acht Wochen erschien der viel beschäftigte, zwischen München, Dresden, Weimar, Wien und Stuttgart pendelnde Scharfrichter Johann Reichhart. Sein höchstes Stuttgarter «Arbeitsergebnis» erreichte er am 1. Juni 1943 mit 35 Hinrichtungen in der Zeit von 5:00 bis 6:45 Uhr.

Im Folgenden werden berufliche Kurzbiografien von sieben Stuttgarter Sonderrichtern vorgestellt und über ihre nachweisliche Mitwirkung an Todesurteilen berichtet.[3] Zwar ist von den Verfahrensakten des Sondergerichts nur ein kleiner Teil erhalten. Durch andere Quellen – Akten der Spruchkammerverfahren der Sonderrichter im Staatsarchiv Ludwigsburg, die auch wesentliche Aktenteile des Nürnberger Verfahrens gegen Cuhorst enthalten, Akten des Reichsjustizministeriums im Bundesarchiv (insbesondere das «Mordregister»), Presseberichterstattungen (insbesondere NS-Kurier) und Sterbeurkunden im Stadtarchiv Stuttgart – lassen sich jedoch ca. 200 Fälle, in denen ein Todesurteil erging, mehr oder minder rekonstruieren. Dies entspricht der von Alfred Streim ermittelten Zahl der Todesurteile.[4] So lässt sich über Einzelfälle hinaus ein einigermaßen zuverlässiges Gesamtbild der «Rechtsprechung» des Sondergerichts gewinnen.

Die hier behandelten Sonderrichter waren Hauptbeteiligte, die das Sondergericht mehr als andere geprägt haben. Für ein Gesamtbild des richterlichen Personals der Sondergerichte und des Volksgerichtshofs sei der ehemalige Präsident des Oberlandesgerichts Stuttgart, Richard Schmid, selbst ein Opfer der politischen Justiz dieses Gerichts, zitiert:

«Ich habe Hunderte von Todesurteilen deutscher Sondergerichte und des Volksgerichtshofs überprüft. Ich möchte an dieser Stelle eine peinliche Erkenntnis durch meine Arbeit preisgeben, nämlich, dass es nicht viele Nazis unter den Richtern waren, von denen diese grausame Justiz vorwiegend betrieben wurde, in erster Linie waren es die begabten Karrieremacher, die gefügigen, gewandten Juristen ohne bestimmte politische Orientierung. Manche haben sich auf diese Weise vom Militärdienst befreien können und die Fortsetzung ihrer UK-Stellung mit Todesurteilen erkauft.»[5]

Hermann Azesdorfer

Geboren 1898, wurde Azesdorfer 1928 Amtsrichter in Stuttgart-Bad Cannstatt, 1937 Landgerichtsrat, 1944 Oberlandesgerichtsrat, jeweils in Stuttgart. Seit 1939 gehörte er dem Sondergericht an. Er wurde 1940 Mitglied der NSDAP.

Azesdorfer war an mindestens elf Todesurteilen des Sondergerichts als Vorsitzender oder Beisitzer beteiligt. Überwiegend handelte es sich dabei um Fälle mittlerer Kriminalität mit der Qualifizierung als «Volksschädling» und/oder «gefährlicher Gewohnheitsverbrecher», z. B. die Urteile vom 26. Oktober 1942 (Heiratsschwindler), vom 8. Februar 1944 (Veruntreuung von gesammeltem Geld), vom 23. März 1944 (falsche eidesstattliche Versicherung) und vom 22. Juni 1944 (Diebstahl nach Luftangriff).

Im Urteil vom 7. Dezember 1944 (unter anderem wegen Betrügereien) wird zur Begründung der Todesstrafe ausgeführt: «Der Hang zum Verbrechen, insbesondere Betrügereien, ist bei ihm so tief eingewurzelt, dass er nicht mehr davon geheilt werden kann. Er ist eine durch und durch minderwertige Persönlichkeit. ... Der Schutz der Volksgemeinschaft und auch das Bedürfnis nach gerechter Sühne verlangen seine endgültige Ausmerzung.» Hier wird zwar auch die Formel von «gerechter Sühne» verwendet, gegenüber dem Zweck der Ausmerzung einer minderwertigen Persönlichkeit aus der Volksgemeinschaft bleibt sie aber eine inhaltsleere Floskel. Azesdorfer wurde von der Spruchkammer als «Mitläufer» eingestuft. Er wurde in den Justizdienst wiedereingestellt. 1953 war er Landgerichtsrat, 1956 Landgerichtsdirektor in Stuttgart.

Alfred Bohn
Geboren 1888, wurde Bohn 1915 Amtsrichter, 1922 Landrichter, 1929 Landgerichtsrat, jeweils in Stuttgart. Dem Sondergericht Stuttgart gehörte er von dessen Bildung 1933 bis 1945 an, zunächst neben seiner Tätigkeit beim Landgericht, ab 1937 hauptamtlich. 1939 wurde er zum Oberlandesgerichtsrat, 1940 zum Landgerichtsdirektor befördert.

In seinem Spruchkammerverfahren hat Bohn angegeben, an insgesamt 14 Todesurteilen des Sondergerichts mitgewirkt zu haben. Soweit etwas von diesen Fällen bekannt ist, handelte es sich in der Mehrzahl um Straftaten mittlerer Schwere, für die die Todesstrafe aufgrund der Qualifizierungen des NS-Kriegsstrafrechts verhängt wurde. Das einzige vollständig erhaltene Todesurteil vom 31. März 1944 (Vorsitz Bohn AZ: SoKLs 59-60/44) erscheint typisch für die Praxis des Sondergerichts. Es betraf einen Dieb, der in zahlreichen Einbrüchen Geflügel gestohlen hatte. Da der Angeklagte nicht vorbestraft war, begründete das Sondergericht die Eigenschaft als «gefährlicher Gewohnheitsverbrecher» kurzerhand mit einem inneren Hang zum Verbrechen; wegen der Ausnutzung der Verdunklung wurde er zum «Volksschädling». Er habe sich damit selbst von der Volksgemeinschaft ausgeschlossen und nach alleinmöglicher Auffassung sein Leben verwirkt.

Bohn, Sonderrichter der ersten Stunde und Stellvertreter der Vorsitzenden Alfred Flaxland und Hermann Cuhorst, hat sich mindestens zweimal gegenüber der Presse zur Tätigkeit des Sondergerichts geäußert. 1934 berichtete er über das erste Jahr des Sondergerichts und kam dabei zu dem Ergebnis, dass der «Wühlarbeit der Staatsfeinde» durch ein besonderes Gericht zu begegnen war. Bohn identifizierte sich danach voll mit der den Sondergerichten aufgetragenen Unterdrückung regimekritischer Äußerungen («Heimtücke»).

In einem Artikel für die Parteizeitung NS-Kurier vom Januar 1940 warnte Bohn vor Straftaten, die unter das neue Kriegsstrafrecht des Regimes fielen. Die Straftäter waren für Bohn «asoziale Elemente», bei denen Rücksicht nicht am Platze sei, auch wenn das Urteil «etwas hart» erscheine. Klar ist, dass er die Todesstrafe meinte, die Ausmerzung, die «soziale Eugenik», die dem Gericht im Dienste der Volksgemeinschaft obliege.

Bohn, der nicht Mitglied der NSDAP war, wurde in seinem Spruchkammerverfahren als «nicht belastet» eingestuft. Dabei wurde hervorgehoben, dass er für die Unabhängigkeit der Richter gegenüber dem Reichsjustizministerium und der Partei eingetreten sei. Dazu ist allerdings zu bemerken, dass Bohn, wie seine Verlautbarungen zeigen, in seiner Unabhängigkeit von sich aus ganz auf der justizpolitischen Linie des Regimes lag.

Bohn wurde als Staatsanwalt mit dem Titel Landgerichtsdirektor in die Justiz wiedereingestellt.

Hermann Albert Cuhorst

Cuhorst, 1899 geboren, wurde nach seiner juristischen Ausbildung von 1926 bis 1929 unständig im württembergischen Justizdienst verwendet, war anschließend bis 1933 Amtsrichter in Stuttgart. 1933 bis 1934 Oberregierungsrat im Stuttgarter Justizministerium, wurde er im November 1934 zum Senatspräsidenten am Oberlandesgericht Stuttgart befördert und übernahm den Vorsitz in einem Zivilsenat. Im Oktober 1937 wurde er Vorsitzender des Stuttgarter Sondergerichts und zugleich des 1. Strafsenats des Oberlandesgerichts. Ab Herbst 1944 war Cuhorst Kriegsteilnehmer. Nach der Entlassung aus der Kriegsgefangenschaft wurde er verhaftet und vor dem amerikanischen Militärgerichtshof III in Nürnberg angeklagt. Nach seinem Freispruch im Dezember 1947 wurde er in Ludwigsburg für sein Entnazifizierungsverfahren interniert. Die Entscheidung der Spruchkammer lautete Ende 1948 «Hauptschuldiger», 4 1/2 Jahre Arbeitslager sowie finanzielle Sühneleistungen. 1950 wurde er vorzeitig entlassen. Cuhorst wurde nicht wieder in den Justizdienst eingestellt und erhielt auch keine beamtenrechtliche Altersversorgung. Er starb 1991 in Stuttgart.[6]

Cuhorst war seit 1930 Mitglied der NSDAP, seit 1933 Gauredner für diese Partei. Cuhorst hat angegeben, während seiner Zugehörigkeit zum Sondergericht seien von den etwa 2600 erledigten Fällen knapp die Hälfte unter seinem Vorsitz entschieden worden; von den etwa 200 Todesurteilen, die das Sondergericht insgesamt erließ, habe er bei etwa 120 den Vorsitz gehabt.

Aus dieser hohen Zahl können wir hier nur einige charakteristische Fälle näher betrachten. In dem Nürnberger Verfahren gegen Cuhorst waren unter anderen die Fälle Eckstein/Winter und Luisa T. Gegenstand der Untersuchung. Eckstein und Winter wurden am 9. November 1942 wegen neun Fahrraddiebstählen unter dem Vorsitz Cuhorsts als «gefährliche Gewohnheitsverbrecher» zum Tode verurteilt. Winter war «Zigeuner» und Eckstein sein Kumpel. Da das Urteil fehlte, konnte der Militärgerichtshof nicht den letzten Zweifel ausräumen, dass hier eine Verurteilung aus rassischen Gründen als Verbrechen gegen die Menschlichkeit – nur das war Gegenstand der Anklage gegen Cuhorst – vorlag.

Über den Antrag der Verurteilten Eckstein und Winter auf Wiederaufnahme wegen neuer Tatsachen entschied aufgrund einer zwischenzeitlichen Zuständigkeitsänderung wiederum das Sondergericht unter Cuhorst. Ablehnend. Nach glaubhaften Zeugenaussagen blieb Cuhorst dabei, dass der Schutz der Volksgemeinschaft und das Bedürfnis nach gerechter Sühne die Todesstrafe erforderten.

Cuhorst hat sich noch in seiner eidesstattlichen Erklärung vom 16. Januar 1947 dazu bekannt, dass «Volksschädlinge» ausgemerzt werden mussten. Er tat dies im Zusammenhang mit dem Fall Luisa T., die wegen Wegnahme eines Koffers zum Tode verurteilt worden war (s. u. bei Stuber). Dass er bei Kofferdieben scharf gewesen sei, wolle er nicht leugnen. Bemerkenswert ist, dass Cuhorst auch in seiner neuen Rolle als Angeklagter das nicht lassen konnte, was viele Zeugen von seinem Auftreten bekundet haben, nämlich sich als Herr über Leben und Tod in Szene zu setzen.

Im Falle eines 17-jährigen Lehrlings, der bei einem Ausbruch aus dem Gefängnis einen Wachtmeister verletzt hatte, wurde unter dem Vorsitz Cuhorsts am 9. Mai 1941 die Todesstrafe verhängt, obwohl die «Verordnung zum Schutz gegen jugendliche Schwerverbrecher» vom 4. Oktober 1939 die Möglichkeit bot, zu einer milderen Strafe zu kommen.

Mehrfach haben Zeugen bekundet, dass Cuhorst gegen Ausländer, insbesondere Polen, besonders feindselig eingestellt gewesen sei. Cuhorst hat demgegenüber bestritten, jemals Polen nach der Polenstrafrechts-Verordnung vom 4. Dezember 1941 verurteilt zu haben. Das ist offensichtlich eine Schutzbehauptung, wahrscheinlich um einer möglichen Auslieferung nach Polen zu entgehen. Es lassen sich mindestens 17 Todesurteile des Sondergerichts Stuttgart nachweisen, die – nur oder auch – auf diese Verordnung gestützt waren, mindestens vier davon unter dem Vorsitz Cuhorsts.

Die «Verordnung über die Strafrechtspflege gegen Juden und Polen» hatte den offenkundigen Zweck, die im Reichsgebiet samt den eingegliederten Ostgebieten als Zwangsarbeiter lebenden Polen zu rechtlosen Sklaven zu machen; die Juden betraf die Verordnung deshalb nicht, weil sie von der «Strafrechtspflege» der Justiz schon zur «Sonderbehandlung» an Gestapo und SS abgegeben waren. Wie der eingangs berichtete Fall Michalski zeigt, war mit dieser Verordnung und ihrer Anwendung durch die Sondergerichte der absolute Tiefpunkt der nationalsozialistischen Terror- und Ausmerzungsjustiz erreicht.

Helmut Dinkelacker
Geboren 1906, wurde Dinkelacker 1939 Amtsgerichtsrat in Stuttgart. Ab wann er Mitglied des Sondergerichts war, geht aus den Akten nicht hervor; die Todesurteile, an denen er mitwirkte, stammen aus den Jahren 1944 und 1945. Ab 1. Mai 1933 war Dinkelacker Mitglied der NSDAP.

Dinkelacker war an mindestens sechs Todesurteilen des Sondergerichts beteiligt. Es waren, wie sonst auch, zum größeren Teil Fälle von «Plünderern» und «gefährlichen Gewohnheitsverbrechern». So das Urteil vom 6. Februar 1945 (Wegnahme eines Mantels und eines Fotoapparats aus dem Trümmerschutt, AZ: SoKLs 10/45); von der Geringwertigkeit der Sachen ließen sich die Sonderrichter nicht beeindrucken. Für sie hatte der Angeklagte im Sinne Freislers die «verabscheuungswürdige Gesinnung eines Plünderers». Dinkelacker war auch an dem Todesurteil gegen den Geflügeldieb vom 31. März 1944 (s. o. bei Bohn) beteiligt.

Dinkelacker wurde in den Justizdienst wiedereingestellt. 1953 war er Landgerichtsrat in Stuttgart, 1964 Regierungsdirektor im Justizministerium Baden-Württemberg.

Max Hegele

Der 1885 geborene Max Hegele war seit 1920 in der württembergischen Justiz tätig. 1929 wurde er Landgerichtsrat, 1940 Landgerichtsdirektor in Stuttgart. 1941 ging er in einen zeitweiligen «Osteinsatz», zunächst nach Krakau zu der Justizabteilung des «Generalgouvernements», vom 10. September bis 15. November 1941 war er Vorsitzender des Sondergerichts Warschau (s. u.).

Seit 1942 gehörte Hegele dem Sondergericht Stuttgart als Vorsitzender und als Beisitzer an. Als Stuttgarter Sonderrichter hat Hegele an mindestens vier Todesurteilen mitgewirkt. Im Urteil vom 20. Juni 1944 (AZ: SoKL 147/44), durch das ein homosexueller Mann wegen wiederholter «Unzucht» mit Minderjährigen zum Tode verurteilt wurde, wird ausgeführt, auch eine Entmannung würde ihn mit völliger Sicherheit nicht von seinem Hang befreien, die Volksgemeinschaft könne gegen Verbrecher seiner Art nur durch ihre Ausmerzung sicher geschützt werden.

In den Fällen der Urteile vom 28. Februar 1944 (AZ: SoKL 51/44) und vom 7. Dezember 1944 (AZ: SoKL 351/44), in denen Hegele als Vorsitzender fungierte, hatten die Angeklagten jeweils zahlreiche Diebstähle beziehungsweise Betrügereien und Unterschlagungen mittlerer Schwere begangen. Gleichwohl hielt das Sondergericht ihre «endgültige Ausmerzung» als «Volksschädlinge» und «Gewohnheitsverbrecher» für geboten. Unter seinem Vorsitz wurde am 23. März 1944 eine 31-jährige Frau wegen falscher eidesstattlicher Versicherungen bei Kriegsschadensämtern als «Volksschädling» zum Tode verurteilt (AZ: SoKL 39-40/44, s. o. auch bei Azesdorfer).

In dem Verfahren des amerikanischen Militärgerichtshofs gegen Cuhorst wurde Hegele als Zeuge vernommen. Er hat dabei eingeräumt, als Sonderrichter in Warschau gemäß einer Verordnung des «Generalgouverneurs» sechs Juden zum Tode verurteilt zu haben, weil sie unbefugt das Warschauer Getto verlassen hatten. Ihm sei gesagt worden, dadurch sollte die Ausbreitung des Fleckfiebers verhindert werden. Diese Erklärung spricht als offensichtliche Ausflucht für sich – der Richter vollzog fraglos und ohne Bedenken die Terrormaßnahmen des Gewalthabers. Erstaunlich ist im Übrigen, dass dieses Urteil für Hegele keinerlei Konsequenzen hatte; im Entnazifizierungsverfahren wurde es nicht einmal erwähnt.

Hegele wurde in seinem Entnazifizierungsverfahren als «Mitläufer» eingestuft. Die Wiedereinstellung in den Justizdienst unterblieb aus Altersgründen.

Adolf Payer

Geboren 1896, wurde Payer 1928 Amtsrichter, 1935 Landgerichtsrat, 1943 Landgerichtsdirektor. Seit 1938 war er Mitglied des Sondergerichts Stuttgart, auch als Vorsitzender. Seit dem 1. Mai 1933 war Payer Mitglied der NSDAP.

Payer hat als Vorsitzender und Beisitzer an mindestens neun Todesurteilen des Sondergerichts Stuttgart mitgewirkt. Es sind fast alles Fälle von

Hermann Azesdorfer

Helmut Dinkelacker   Max Stuber

Eigentums-oder Vermögensdelikten leichterer oder mittlerer Schwere mit mäßigem oder geringerem Schaden, auf die die Qualifizierungen «Volksschädling» und «gefährliche Gewohnheitsverbrecher» angewandt wurden. Im Urteil vom 26. April 1944 (AZ: So-KLs 81-95/44) wurde bei der Strafzumessung zwar eingeräumt, dass es sich bei den Diebstählen aus Güterwagen um keine wertvollen Dinge gehandelt habe, jedoch sei die Unsicherheit, die die Transportdiebstähle hervorbrächten, eine Belastung für das Wirtschaftsleben, die mit rücksichtsloser Härte unterbunden werden müsse.

Payer wurde von der Spruchkammer als «Mitläufer» (amnestiert) eingestuft. Er wurde in den Justizdienst wiedereingestellt. 1953 war er Landgerichtsrat, 1956 wurde er zum Landgerichtsdirektor befördert.

Max Stuber
Geboren 1891, wurde Stuber 1925 Amtsrichter, 1930 Amtsgerichtsrat, 1934 Landgerichtsrat, jeweils in Stuttgart. Ab 1939 war er Mitglied des Stuttgarter Sondergerichts. 1940 wurde er zum Oberlandesgerichtsrat befördert. Seit dem 1. Mai 1933 war Stuber Mitglied der NSDAP.

Stuber war an mindestens sechs Todesurteilen des Sondergerichts beteiligt. In fünf dieser Fälle ging es um Taten mittlerer Kriminalität (unter anderem Diebstahl und Unterschlagung), die durch die Anwendung der «Volksschädlings-Verordnung» todeswürdige Verbrechen wurden. Unter ihnen verdient der Fall der italienischen «Fremdarbeiterin» Luisa T. nähere Beachtung. Die 22-jährige Frau hatte nach einem Bombenangriff auf Friedrichshafen, bei dem sie selbst alles verloren hatte, aus einem zerstörten Haus einen Koffer mit Kleidungsstücken an sich genommen. Sie wurde wegen «Plünderns» am 21. September 1944 zum Tode verurteilt, Vorsitzender war Cuhorst, Berichterstatter Stuber. Im Nürnberger Prozess gegen Cuhorst wurde Stuber als Zeuge über den Fall vernommen. Er gab an, die Todesstrafe sei unausweichlich gewesen, man habe intensiv, aber vergeblich nach einem Ausweg gesucht. Etwa noch vorhandene Zweifel beruhigte man hier wie bei anderen Fällen mit der Anregung der Begnadigung, wobei klar war, dass das Reichsjustizministerium in der Regel dieser Anregung nicht folgte.

Luisa T. wurde zwar zu acht Jahren Freiheitsstrafe begnadigt, doch war dies allein der Intervention der italienischen Botschaft beim Auswärtigen Amt zu verdanken. Stuber wurde in seinem Spruchkammerverfahren als «Entlasteter» eingestuft. Er wurde in den Justizdienst wiedereingestellt. 1953 war er Oberlandesgerichtsrat in Stuttgart.

Von den Stuttgarter Sonderrichtern ist in ihren Spruchkammerverfahren kein Wort zu dieser Wirklichkeit des Sterbens, der sie Hunderte Menschen ausgeliefert hatten, gesagt worden. Sie waren vollauf damit beschäftigt, mithilfe zahlreicher «Persilscheine» darzulegen, dass sie nur dem Recht gedient hätten.

Es hat lange gedauert, bis der Gesetzgeber der Bundesrepublik Deutschland eine eindeutige und umfassende Verurteilung der NS-Unrechtsjustiz zustande brachte. Durch das Gesetz zur Aufhebung nationalsozialistischer Unrechtsurteile und von Sterilisationsentscheidungen der ehemaligen Erbgesundheitsgerichte vom 25. August 1998 (BGBl. I 1998, S. 2501) wurden neben den Entscheidungen des Volksgerichtshofs und der Standgerichte auch die Urteile der hier dargestellten Terror- und Ausmerzungsjustiz des Sondergerichts Stuttgart aufgehoben.

Anmerkungen

1 Zu den Sondergerichten im «Dritten Reich» allgemein: Nationalsozialistische Sondergerichtsbarkeit. Ein Tagungsband. Hrsg. vom Justizministeriums des Landes NRW. Juristische Zeitgeschichte Nordrhein-Westfalen. Band 15. Düsseldorf 2007. Mit ausführlichem Literaturverzeichnis. Zu den Sondergerichten Mannheim und Freiburg: Oehler, Christiane: Die Rechtsprechung des Sondergerichts Mannheim. Berlin 1997. Hensle, Michael P.: Die Todesurteile des Sondergerichts Freiburg. Eine Untersuchung unter dem Gesichtspunkt von Verfolgung und Widerstand. München 1996.

2 In der Schrift Das Oberlandesgericht Stuttgart, 125 Jahre. 1879–2004, hrsg. von Eberhard Stilz, berichtet G. Weinmann, ehemaliger Präsident des Oberlandesgerichts, über die Zeit von 1933 bis 1945. Im Abschnitt über die Rechtsprechung in Strafsachen werden einige harmlose Entscheidungen genannt, im Übrigen wird das Wirken des Sondergerichts und seines Vorsitzenden Cuhorst behandelt. Auf die erstinstanzliche politische Strafgerichtsbarkeit des Oberlandesgerichts geht der Verfasser mit keinem Wort ein, von der Tätigkeit Cuhorsts beim Oberlandesgericht erwähnt er nur den Vorsitz im Zivilsenat. Eine höchst erstaunliche Art des Umgangs mit der juristischen Zeitgeschichte.

3 Die biografischen Angaben sind den Spruchkammerakten der Sonderrichter im Staatsarchiv Ludwigsburg (Bestand EL 902/20) und dem Handbuch der Justiz (hg. vom Deutschen Richterbund, 1953ff.) entnommen. Die zitierten oder sonst herangezogenen Aktenstücke des Sondergerichts, insbesondere die Urteile, befinden sich gleichfalls im Staatsarchiv Ludwigsburg (Bestand E 311).

4 Streim, Alfred: Zur Bildung und Tätigkeit der Sondergerichte, in: Formen des Widerstandes im Südwesten 1933–1945, hg. von Thomas Schnabel und Angelika Hauser-Hauswirth, Ulm 1994.

5 Vortrag in der Evangelischen Akademie Bad Boll, Februar 1980.

6 Die bisher ausführlichste Biografie Cuhorsts: Baur, Stefan: Rechtsprechung im nationalsozialistischen Geist. Hermann Albert Cuhorst, Senatspräsident und Vorsitzender des Sondergerichts Stuttgart, in: Die Führer der Provinz. NS-Biographien aus Baden-Württemberg, hg. von Michael Kißener und Joachim Scholtyseck. Karlsruher Beiträge zur Geschichte des Nationalsozialismus 2, hg. von der Forschungsstelle «Widerstand gegen den Nationalsozialismus im deutschen Südwesten» der Universität Karlsruhe, Konstanz 1997.

Gerhard Hiller

Walter Widmann, Paul Theodor Huzel
... und andere «Rasseschande»-Richter

Die Landgerichtsdirektoren Walter Widmann und Paul Theodor Huzel galten als besonders kompetente und souveräne Juristen und achtbare Richterpersönlichkeiten. Sie waren praktizierende Christen. Doch bei den Prozessen zum Blutschutzgesetz der Nazis in Stuttgart haben sie sich besonders negativ hervorgetan.

Das Blutschutzgesetz[1] (BSchG) von 1935 sollte «dem Schutze des deutschen Blutes und der deutschen Ehre» dienen. Es verbot Eheschließungen zwischen Juden, "Zigeunern" und «Negern» mit «Staatsangehörigen deutschen oder artverwandten Blutes» und später auch Eheschließungen mit Angehörigen osteuropäischer Völker.[2] Trotzdem geschlossene Ehen waren nichtig. Männer und Frauen, die diesem Verbot zuwiderhandelten, waren mit Zuchthaus zu bestrafen. Das Verbot und die strafrechtliche Sanktion galten für Eheschließungen nach dem 15. September 1935, auch für Ehen im Ausland. Nach § 2 BSchG war der außereheliche Geschlechtsverkehr zwischen Juden und «Staatsangehörigen deutschen oder artverwandten Blutes» verboten. Zuwiderhandelnde Männer wurden gemäß § 5 Abs. 2 BSchG mit Gefängnis oder mit Zuchthaus, seit 1941 als gefährliche Gewohnheitsverbrecher mit der Todesstrafe bedroht, wenn der Schutz der Volksgenossenschaft oder das Bedürfnis nach gerechter Strafe dies erforderten.[3] Die am verbotenen Geschlechtsverkehr beteiligten Frauen blieben straffrei. Unter den Straftatbestand fiel auch der außereheliche Verkehr von und mit «Vierteljuden», das heißt mit Personen, die nur einen «volljüdischen» Großelternteil hatten.

In den Entnazifizierungsverfahren vor der Spruchkammer Stuttgart versicherte der ehemalige Vorsitzende Richter Walter Widmann unter Hinweis auf seine ehrenamtliche Tätigkeit in der evangelischen Landeskirche und auf das Testat des Landesbischofs Theophil Wurm «auf Ehr und Gewissen», dass auch seine Verhandlungsführung im Fall des Angeklagten David Dagobert Maltenfort gerecht gewesen und dessen Rechte in keiner Weise beschnitten worden seien (beisitzende Richter: Walter und Rahn).

Im Verfahren wurde ihm vorgeworfen, dass er angebotene Beweise nicht erheben ließ. Was war geschehen?

Eine Dame, die sich selbst als Kunstgewerblerin bezeichnet hatte, zeigte den jüdischen Kaufmann Maltenfort (Jahrgang 1893) wegen Rassenschande an. Sie erklärte in der Hauptverhandlung, dass sie mit ihm nach einem Besuch in einem Münchner Nachtlokal Geschlechtsverkehr gehabt habe. Maltenfort bestritt dies und versicherte, die Zeugin überhaupt nicht zu kennen und zum ersten Mal in der Hauptverhandlung gesehen zu haben.

Maltenfort war verheiratet und wohnte zuletzt in Stuttgart-Degerloch, Reutlinger Straße 133. Im Ersten Weltkrieg diente er im österreichischen Infanterieregiment, bekam die bronzene Tapferkeitsmedaille und geriet am 20. August 1917 in italienische Kriegsgefangenschaft, von der er erst am 1. November 1919 zurückkehrte.

Maltenfort war Gläubiger eines Darlehens an einen «arischen» Geschäftsmann. Selbst nach den Sachverhaltsfeststellungen des Strafurteils vom 27. November 1939[4] engagierte der in Tilgungsrückstand geratene arische Schuldner die angebliche Kunstgewerblerin. Sie war zwar eine Hure, jedoch «von reinstem deutschen Geblüt».

Keiner der Richter hat die naheliegende Frage an die Zeugin und an die anderen Beteiligten gestellt, ob und wie die Zeugin für ihre Anzeige und ihre Aussage bezahlt worden ist, obwohl sie selbst und unbestritten ausgesagt hat, dass die Anzeige vom Darlehensschuldner veranlasst und in dessen Büro mithilfe seines Rechtsanwalts zu Papier gebracht und von ihr dann unterschrieben worden ist. Die entsprechenden Beweisanträge des Verteidigers Erich Dessauer wurden abgeschmettert. Die Kammer unter Walter Widmann vereidigte die Zeugin und verurteilte den Angeklagten zu einer Zuchthausstrafe von einem Jahr und zwei Monaten, auf Aberkennung der bürgerlichen Ehrenrechte auf drei Jahre sowie zur Auferlegung der Kosten.

Im Urteil liest sich dies so: «Aus dieser Darstellung ist allerdings so viel richtig, dass die Anzeige im Wesentlichen so zustande gekommen ist, wie der Angeklagte es schildert. Damit ist aber keinesfalls gesagt, dass die Anzeige sachlich unrichtig ist. Es mag zwar sein, dass (der Schuldner) sehr schlecht auf den Angeklagten zu sprechen ist und sogar bestrebt ist, ihm zu schaden. Es kann auch sein, dass die Anzeige ohne das Betreiben von ... nicht zustande gekommen wäre. Damit ist aber nicht gesagt, dass die Anzeige nicht der Wahrheit entspricht oder dass doch der Verdacht der Unwahrheit besteht. Es ist kein Grund zu der Annahme ersichtlich, dass die Zeugin ..., die keinerlei Gehässigkeit oder Voreingenommenheit gegen den Angeklagten gezeigt hat, wissentlich den Angeklagten zu Unrecht sollte belastet haben. Auch der Umstand, dass die Zeugin zu ... schon nähere Beziehungen unterhalten haben oder noch unterhalten könnte – die Verweigerung ihrer Aussage zu diesem Punkt scheint darauf hinzudeuten –, rechtfertigt noch nicht die schwerwiegende Annahme, dass sie ihm zu gefallen einen Meineid geleistet habe. Aus diesem Grunde war der Eventualbeweisantrag auf Vernehmung des ... zum Beweis für das skrupellose Geschäftsgebaren ..., ferner auch der Antrag auf Vernehmung (der Freundin des Geschäftsmannes) zum Beweis dafür, dass diese geäußert habe, ‹da kann ich dir helfen›, abzulehnen, da beide Anträge nicht geeignet waren, das Zeugnis der ... zu erschüttern.»

Die Richter werteten die vom Angeklagten als Soldat erworbenen Tapferkeitsauszeichnungen als strafmildernd. Allerdings stelle er bei seiner gesellschaftlichen Gewandtheit und seiner Neigung zu Besuchen in Nachtlokalen eine Gefahr für deutschblütige Frauen dar. Die Strafe sei deshalb angemessen. Im späteren Entnazifizierungsverfahren kam die Spruchkammer zu dem Ergebnis, dass die Verhandlungsführung gerecht gewesen sei und dass die Rechte des Angeklagten Maltenfort in keiner Weise beschnitten worden seien.

Wie in allen anderen Landgerichten mussten auf Anordnung des Reichsjustizministeriums auch in Stuttgart sämtliche Verstöße gegen das Blutschutzgesetz einer einzigen Strafkammer übertragen werden. Auf Anordnung des Landgerichtspräsidenten Martin Rieger wurde im Jahr 1937 die Strafkammer V als Rasseschutzkammer bestimmt und Landgerichtsdirektor Walter Widmann zum Vorsitzenden ernannt. Bis zum 31. März 1936 war Widmann Landgerichtsrat beim Landgericht Heilbronn gewesen.

Walter Widmann wurde am 30. Dezember 1883 in Besigheim geboren. Er war Soldat im Ersten Weltkrieg, ab 1916 Leutnant der Reserve. Von 1934 bis 1935 war er Mitglied der SA, er gehörte dem NS-Rechtswahrerbund, jedoch nicht der NSDAP an. Nach seinem Umzug nach Stuttgart wohnte er mit seiner Familie in der König-Karl-Straße 45, ab 1946 in der Kreuznacher Straße 32 in Stuttgart-Bad Cannstatt. Widmann war Kirchengemeinderat der evangelischen Luthergemeinde in Stuttgart-Bad Cannstatt, im Kirchenkampf stand er auf der Seite der Bekennenden Kirche. Schon seit 1931 war er Abgeordneter des Württembergischen Landeskirchentags und dessen erster Vizepräsident sowie Vorsitzender des Ausschusses für Recht und Wirtschaft im Landeskirchentag.

Walter Widmann scheute sich in der Nazizeit trotz seiner vor der Spruchkammer später bekundeten Abneigung gegen die Prostitution nicht davor, auch «arische» Dirnen gegen die jüdische Verletzung ihrer deutschen Ehre zu verteidigen. Dies zeigt der Fall eines jungen «Volljuden», der des Umgangs mit vier Dirnen «deutschen Blutes» beschuldigt worden ist. Die Rasseschutzkammer des Landgerichts Stuttgart unter seinem Vorsitz (Beisitzer waren die Landgerichtsräte Walter und Jauch) hatte festgestellt, dass der Angeklagte mit drei Dirnen zwar den Beischlaf weder vollzogen, noch ihr Geschlechtsteil oder ihre Brüste betastet habe. Vielmehr habe er die Damen auf seinen Schoß gesetzt, sie liebkost und an sich gedrückt. Möglicherweise sei ihm dabei der Samenerguss gekommen. Schon darin sah die Kammer den Straftatbestand des vollendeten Geschlechtsverkehrs in Anlehnung an die höchstrichterliche Rechtsprechung als erfüllt an. Mit der vierten Dirne war hingegen aufgrund ihrer persönlichen und glaubhaften Zeugenaussage der Vollzug des normalen Geschlechtsakts gegen Entgelt von drei RM unter Verwendung von Schutzmitteln erwiesen. Bei ihrer Aussage habe sie sich zwar im Zeitpunkt des Geschlechtsakts getäuscht, denn der Angeklagte hatte nachgewiesen, dass er am angegebenen Termin bereits in Schutzhaft war. Die Prostituierte habe sich jedoch an andere Begleitumstände erinnern können. Das Landgericht verhängte durch Urteil vom 16. März 1939 eine Gesamtstrafe von einem Jahr und sechs Monaten Gefängnis.[5] Begründung: Das Gesetz wolle nicht nur den Schutz des deutschen Blutes zur Erhaltung einer artreinen Rasse, sondern auch den Schutz der deutschen Ehre. Beim Geschlechtsverkehr mit deutschen Dirnen drohe zwar eine Gefährdung des deutschen Blutes und der deutschen Rasse praktisch nicht, eine Gefährdung der deutschen Ehre sei hingegen mittelbar gegeben.

Walter Widmann ging auch gegen «arische» Frauen vor, die ein Verhältnis mit Juden hatten. Da das Blutschutzgesetz dafür nichts hergab, versuchte er ihnen einen anderen Straftatbestand anzuhängen. So hat er eine nicht jüdische Frau, die mit einem Juden in einem langjährigen Liebesverhältnis verbunden war, wegen Erregung öffentlichen Ärgernisses nach § 183 Strafgesetzbuch (StGB) zu einer Gefängnisstrafe von sechs Monaten verurteilt.[6] Zwei Männer wollten die Frau mit einem Fernglas aus einer Entfernung von 200 Metern beim Geschlechtsverkehr auf einer Landzunge zwischen einem Fluss und einem Stausee gesehen haben, so ihre Aussage vor der Rasseschutzkammer (Beisitzer waren die Landgerichtsräte Otto und Geider).

Nach der Auffassung des Reichsjustizministeriums waren auch im Ausland geschlossene Ehen strafbar[7], was durch eine Verordnung der Reichsregierung rückwirkend legalisiert wurde.[8]

Für eine nicht jüdische deutsche Staatsangehörige hatte dies tragische Folgen. Sie lebte als Hausangestellte in London. Dort hatte sie 1937 einen Juden kennengelernt und geheiratet. Nach Kriegsausbruch wurde sie im Winter 1939/1940 nach Deutschland «zurückgeführt», nach ihren Angaben «ausgetauscht». Die näheren Umstände der Zurückführung konnten nicht geklärt werden. Vermutlich wurde sie durch Passentzug zur Rückkehr gezwungen. Jedenfalls wurde sie in Untersuchungshaft genommen und dann durch Urteil der Rasseschutzkammer des Landgerichts Stuttgart vom 10. Juni 1940 wegen eines Verbrechens gegen die §§ 1 und 5 BSchG zu einer Zuchthausstrafe von einem Jahr verurteilt (Beisitzer waren die Landgerichtsräte Ritter II und Frey).[9] Drei Monate war die Frau in Untersuchungshaft in Ludwigsburg, sechs Monate in den Justizvollzugsanstalten Aichach und München, der Rest wurde ihr im Gnadenwege erlassen. Ihre Ehe wurde vom Landgericht Offenburg am 21. Oktober 1941 geschieden, da sie zu ihrem Ehemann seit ihrer Rückführung keinerlei Kontakt mehr halten konnte.[10] Aus ihren Arbeitsverhältnissen wurde sie stets dann entlassen, wenn bekannt wurde, dass sie mit einem Juden verheiratet gewesen war.

Walter Widmann verurteilte Juden selbst dann, wenn sie nur Kontakt zu «arischen» Frauen hatten. 1939 wurde der ledige jüdische Bauingenieur Julius Steiner zu einer Gefängnisstrafe von einem Jahr und sechs Monaten wegen Rassenschande mit Dirnen verurteilt. Der Angeklagte gab den Kontakt zu den Dirnen zu, bestritt jedoch den Geschlechtsverkehr. Nach Auffassung der Rasseschutzkammer (Beisitzer: die Landgerichtsräte Walter und Jauch) waren allein die Kontakte für eine Verurteilung ausreichend, denn das Gesetz wolle «nicht nur den Schutz des deutschen Blutes zur Erhaltung einer artreinen Rasse, sondern auch den Schutz der deutschen Ehre».

Auch Parteianwärter der NSDAP konnte es treffen wie den Kaufmann Helmut Nitze. Widmanns Kammer (beisitzende Richter waren die Landgerichtsräte Walter und Ritter II) verurteilte ihn am 2. Oktober 1939[11] wegen zweier Verbrechen der Rassenschande zu einem Jahr und zwei Monaten Gefängnis. Er hatte als Lediger mit zwei Frauen, «die der jüdischen Rasse angehörten, zwar nicht den normalen Geschlechtsverkehr ... vollzogen», jedoch «geschlechtliche Betätigungen vorgenommen, die nach der Art ihrer Vornahme dazu bestimmt waren, anstelle des Beischlafs der Befriedigung des Geschlechtstriebs beider Teile zu dienen ... Dies war eine ziemlich weitgehende und ausgeschämte und für einen Parteianwärter eine besonders pflichtvergessene» Handlung.

Der jüdische Privatier Hans Perlen, zuletzt wohnhaft in der Silberburgstraße 88 in Stuttgart-Mitte, war ein mehrfach ausgezeichneter Frontkämpfer im Ersten Weltkrieg (EK II, Württembergische Silberne Verdienstmedaille). Er wurde durch ein Urteil vom 7. März 1938 wegen fortgesetzten Verbrechens der Rassenschande zu einer Zuchthausstrafe von einem Jahr und drei Monaten verurteilt.[12] Perlen war seit 1937 geschieden und soll mit einer ebenfalls geschiedenen nicht jüdischen Frau beischlafähnliche Handlungen zur gegenseitigen geschlechtlichen Befriedigung vorgenommen haben. «Sein Schutzvorbringen, er habe den naturwidrigen Verkehr als nicht unter das BSchG fallend angesehen, ist ein unbeachtlicher Strafrechtsirrtum», erklärte Widmann im Urteil (beisitzende Richter waren die Landgerichtsräte Otto und Walter). Perlen hat seine Strafe vom 8. März 1938 bis 8 Mai 1939 im Zuchthaus Ludwigsburg verbüßt, kam nach seiner Haftentlassung nach Warschau und gilt seither als verschollen.

Nach dem Untergang des Dritten Reichs wurde Walter Widmann von der damaligen Militärregierung aus dem Richteramt entlassen. Dies wollte der evangelische Landesbischof Theophil Wurm nicht einsehen. In einem Schreiben an die amerikanische Militärregierung vom 26. Januar 1946 stellte Wurm folgendes Zeugnis aus: «Herr Landgerichtsdirektor Dr. Walter Widmann ist mir seit über 20 Jahren bekannt. Seit 1931 ist er Mitglied des Landeskirchentages, in dem er zuletzt infolge seiner großen Sachkenntnis und seiner persönlichen Haltung stellvertretender Präsident wurde. Herr Landgerichtsdirektor Dr. Widmann hat sich immer vorbehaltlos für die Bekennende Kirche eingesetzt, obwohl eine solche Haltung unter dem vergangenen Regime nur unter Hintansetzung aller persönlichen Rücksichten möglich war. Es war deshalb für mich und die gesamte Landeskirche eine erfreuliche Genugtuung, als Herr Landgerichtsdirektor Dr. Widmann durch die amerikanische Militärregierung in seinem verantwortungsvollen Amt bestätigt wurde. Umso größer war unsere Bestürzung, als Herr Landgerichtsdirektor Dr. Widmann mir am 3. Januar 1946 eröffnete, er sei ohne Angabe von Gründen und ohne überhaupt gehört worden zu sein seines Amtes enthoben worden. Ich bitte dringend, die Angelegenheit bevorzugt zu überprüfen und mir baldmöglichst darüber Bescheid zu geben. Ich kann versichern, dass ich eine gründliche Kenntnis der Persönlichkeit besitze und mich für die lautere Haltung von Dr. Widmann persönlich verbürgen kann.»

Im Spruchkammerverfahren trug Martin Rieger vor, dass die Bestellung von Widmann «im wohlverstandenen Interesse von Juden und Christen, von Ariern und Nichtariern» gewesen sei, denn Widmann habe die beste Gewähr für eine gerechte Beurteilung dieser Fälle geboten. Der spätere Stuttgarter Oberbürgermeister Arnulf Klett bestätigte am 20. November 1946, dass er als Rechtsanwalt zwar niemals vor der Rasseschutzkammer V verteidigt habe; Widmann sei jedoch als «der objektivste Strafkammervorsitzende» bekannt gewesen. Ähnliches bescheinigten – obwohl selbst beteiligt – der ehemalige Landgerichtspräsident Rieger, ehemalige Richterkollegen und Justizbeamte im Dritten Reich.

Auch das Selbstzeugnis Widmanns ist beeindruckend. Er habe gegen Juden stets eine sehr freundliche Haltung eingenommen, habe mit einigen ihm bekannten Juden auch dann noch Beziehungen unterhalten, als sie schwer verfolgt wurden. Er sei kein Anhänger des Nationalsozialismus gewesen und habe auch als Richter sich von seinem Gewissen leiten lassen und stets ein gerechtes Urteil fällen wollen.

Die Spruchkammer hat Walter Widmann als «nicht belastet» eingestuft und das Verfahren eingestellt. Sämtliche Zeugen hätten bekundet, dass seine Verhandlungsführung gerecht und gegen Juden freundlich gewesen sei. Er sei nie ein Anhänger des Nationalsozialismus gewesen.

Paul Theodor Huzel

Widmanns Richterkollege Paul Theodor Huzel hingegen galt in Sachen «Rassenschande» als besonders scharfer Richter. Unter seinem Vorsitz hat die Strafkammer III des Landgerichts Stuttgart in einem Urteil vom 6. Oktober 1936 ausgeführt, dass unter dem gesetzlichen Straftatbestand nicht nur der normale Geschlechtsverkehr (der Beischlaf, das heißt die Vereinigung der beiderseitigen Geschlechtsteile) zu verstehen sei, sondern auch jede Art beischlafähnlicher Handlungen. Begründung: «Würde man den Nachweis einer Vereinigung der Geschlechtsteile verlangen, so wäre dieser Nachweis meist sehr schwer zu erbringen, und den Angeklagten wäre es außerordentlich leicht gemacht, sich herauszureden.» Wenn auch die Gefahr, dass durch derartige Handlungen «Mischlinge» entstünden, so gut wie ausgeschlossen sei, so bestehe doch die große Gefahr, dass es in solchen Fällen in der geschlechtlichen Erregung zur Vereinigung der Geschlechtsteile komme. Auch bedeuteten solche Handlungen eine schwere Schändung der deutschen Frau und einen Angriff auf die deutsche Ehre, auch wenn die Frau einverstanden sein sollte.

Bei diesem Prozess ging es um den jüdischen Rechtsanwalt Gustav Esslinger. Er wurde unter dem Vorsitzenden Richter Paul Theodor Huzel (beisitzende Richter waren die Landgerichtsräte von Houwald und Flohr) zu einer Zuchthausstrafe von einem Jahr und zwei Monaten verurteilt. Grund: Rassenschande durch beischlafähnliche Handlungen mit Esslingers nicht jüdischer Verlobter. Für den Rechtsanwalt kam das Urteil der Todesstrafe gleich, denn nach der Verbüßung seiner Haftstrafe wurde er in «Schutzhaft» genommen, ins Konzentrationslager Dachau deportiert und dort am 9. April 1938 erschossen.[13]

Paul Theodor Huzel wurde am 10. November 1877 in Blaubeuren geboren. Er wohnte in Stuttgart-Süd in der Alexanderstraße 131, war verheiratet und hatte vier Kinder. Von 1929 an war er Vorsitzender der Strafkammer III. 1933 trat er der NSDAP bei, von 1934 bis 1935 gehörte er zu ihrer Sturmabteilung (SA). Huzel war in der evangelischen Landeskirche engagiert, seit 1925 Kirchengemeinderat der Markusgemeinde, im Kirchenkampf stand er aufseiten der Bekennenden Kirche.

Überdies war er rechtskundiger Berater des Vorsitzenden des Ehrenrats der Ärzte-und Tierärztekammer, seit 1937 Vorsitzender des dortigen Berufsgerichts.

Huzel wurde von der Militärregierung aus dem Justizdienst entlassen. Das Entnazifizierungsverfahren vor der Spruchkammer Degerloch ergab jedoch, dass Huzel ein allgemein angesehener Richter war und unbeeinflusst amtiert hatte. In «Euthanasie»-Fällen soll er oft die beantragte Einweisung in eine «Heil- und Pflegeanstalt» abgelehnt haben. Das bestätigte auch der damalige Ministerialdirektor und spätere Ministerpräsident Gebhard Müller am 25. Januar 1947, der die jederzeit offene Sprache Huzels und seinen Gerechtigkeitssinn hervorhob. Huzel trug gegenüber der Spruchkammer vor, dass er als überzeugter Christ kein Anhänger der nationalsozialistischen Rassenlehre gewesen sei, die Bekämpfung der Prostitution jedoch gutgeheißen habe. Er wurde von der Spruchkammer am 23. September 1947 als Mitläufer eingestuft und mit einem Sühnebeitrag von 2000 Reichsmark belegt. Das Strafverfahren gegen den jüdischen Rechtsanwalt Gustav Esslinger wurde im Spruchkammerverfahren nicht erwähnt. Nach Abschluss des Verfahrens wurde Huzel als Justizangestellter und später nach Art. 131 Grundgesetz wieder als Richter eingesetzt.

Oscar Fach und Otto Jauch

Ebenfalls mit Rassenschande-Prozessen befassten sich die Richter Oscar Fach und Otto Jauch. Soweit ersichtlich, fiel in Stuttgart die erste Anklage wegen Verstoßes gegen das Blutschutzgesetz in den Zuständigkeitsbereich der Strafkammer II unter dem Vorsitz des Landgerichtsdirektors Fach. Sie betraf den jüdischen Versicherungsangestellten Edwin Spiro, den Fach am 28. Januar 1936 wegen fortgesetzten Verbrechens der Rassenschande zu einer Gefängnisstrafe von sechs Monaten verurteilte. Die Presse berichtete über dieses erste Rassenschande-Urteil in Stuttgart ausgiebig und mit Namensnennung. Die Anklage beruhte auf einer Denunziation von Nachbarn bei der Polizei. Die Kammer (beisitzende Richter waren Landgerichtsrat Grotz und Amtsrichter Jauch) stellte den Sachverhalt so dar: Edwin Spiro war seit 1929 mit Sofie, «die deutschen Blutes» war, verheiratet. Mit der Ehefrau Berta eines befreundeten Ehepaares, ebenfalls «deutschen Blutes», entwickelte sich ein «intimeres Verhältnis», das im Januar 1933 erstmals zum Geschlechtsverkehr zwischen ihnen führte. Dieses Liebesverhältnis

Oscar Fach

Max Hegele

Otto Jauch

dauerte bis zum 13. November 1935. Alles, was nach dem Inkrafttreten des BSchG am 15. September 1935 geschah, war somit strafbar. Spiro wurde nach der Verbüßung der Gefängnisstrafe in der Pogromnacht im November 1938 wieder verhaftet, in das Polizeigefängnis Welzheim verbracht und später in Auschwitz ermordet. Vor seiner Wohnung in der Taubenheimstraße 60 in Stuttgart-Bad Cannstatt wurde zu seiner Erinnerung ein Stolperstein gesetzt.

In die Zuständigkeit der Strafkammer II unter dem Vorsitz von Oscar Fach fiel auch das Strafverfahren gegen den «Halbjuden» Fritz Louis Stern. Die Kammer (Beisitzer: die Landgerichtsräte Max Hegele und Rupp) verurteilte Stern am 8. Mai 1936 wegen Rassenschande[14] zu sieben Monaten Gefängnis; ein Monat Untersuchungshaft wurde angerechnet. Stern hatte angeblich einen einmaligen Geschlechtsverkehr mit einem «arischen» Mädchen «erschlichen». Nach Verbüßung der Haftstrafe im Landesgefängnis Rottenburg wanderte er nach Argentinien aus.

Oscar Fach, geboren am 18. Oktober 1880, gab vor der Spruchkammer an, dass er aufgrund eines öffentlichen Aufrufs des Richtervereins am 1. Mai 1933 in die NSDAP eingetreten sei. Später bezeichnete er dies als einen großen persönlichen Fehler. Am 19. März 1947 wurde er von der Spruchkammer Göppingen als Mitläufer eingestuft und mit einer Sühne von 1000 Reichsmark belegt. Seine Mitwirkung in Rasseschutzsachen wurde in dem Verfahren nicht erwähnt.

Otto Jauch wurde am 7. April 1903 geboren. Er war seit 1933 Mitglied der NSDAP, von 1937 bis 1939 dort Presse- und Organisationswart. Ursprünglich war er Amtsrichter im Amtsgericht Freudenstadt, ab 1. Juli 1934 Landgerichtsrat in der Strafkammer V des Landgerichts Stuttgart. Am 22. August 1939 erfolgte seine Einberufung in die Wehrmacht, ab Juli 1940 war er Reichsgerichtsrat (Oberstabsrichter) im Feldgericht der Luftwaffe. Nach seinen Einlassungen im Spruchkammerverfahren lehnte er als überzeugter Protestant die Parteiforderungen auf rassischem Gebiet ab und war über die Synagogenbrände 1938 empört. Die Spruchkammer Ulm stufte ihn am 6. März 1947 als Mitläufer ein und belegte ihn mit einer Geldsühne von 2000 Reichsmark.

Nach der Einsetzung der Strafkammer V als Rasseschutzkammer wurden die verbleibenden Zuständigkeiten an die neu gebildete Strafkammer VI unter dem Vorsitz von Landgerichtsrat Otto Jauch verwiesen. Diese war zuständig für das Rasseschutzverfahren gegen Ferdinand Ryndsionsky. Der Angeklagte war «Volljude» und polnischer Staatsangehöriger. Mit seiner kranken Mutter war er nach Stuttgart gekommen, weil sie hier in das Bürgerhospital eingewiesen wurde. Er wohnte in der Reinsburgstraße 40 in Stuttgart-West, besuchte die Volksschule, absolvierte eine Schlosserlehre und war dann als Schlosser beschäftigt.

1937 ermittelte das Jugendamt Öhringen, ob er der Vater eines am 2. Februar 1937 in Pfedelbach geborenen nicht ehelichen Kindes wäre, denn der damals 21-Jährige stand im Verdacht, mit der nicht jüdischen Mutter des

Kindes Geschlechtsverkehr gehabt zu haben. Die Vaterschaft wurde durch die jugendamtlichen Ermittlungen widerlegt, der Geschlechtsverkehr hingegen bestätigt. Das Jugendamt zeigte Ryndsionsky deshalb an. Dazu bedurfte es der Zustimmung der Reichsminister der Justiz und des Inneren, weil der Beschuldigte polnischer Staatsangehöriger war.[15] Er wurde durch Urteil vom 11. November 1937 zu einer Zuchthausstrafe von einem Jahr und drei Monaten verurteilt;[16] von der erlittenen Untersuchungshaft wurden drei Monate angerechnet (beisitzende Richter: Landgerichtsrat Walter, Amtsgerichtsrat Schreitmüller). Diese Strafe verbüßte er vom 11. November 1937 bis zum 11. November 1938 im Landesgefängnis Ludwigsburg; Anfang Mai 1939 kam er in Schutzhaft, konnte jedoch am 13. Mai 1939 ausreisen.

Egon Geider und Erich Freiherr von Houwald
Auch die beisitzenden Richter bei den Rassenschande-Prozessen haben sich schuldig gemacht. Die Strafkammern der Landgerichte waren zwar Kollegialgerichte, die damals von einer autoritären Stellung des Vorsitzenden geprägt wurden. Die Beisitzer hatten deshalb nur beschränkte Möglichkeiten, die Rechtsprechung zu beeinflussen. Ihrer Beteiligung hätten sie sich aber durch Antrag auf Versetzung oder auf freiwilligen Wehrdienst entziehen können. Ein Beispiel dafür ist Egon Geider. Der Landgerichtsrat, geboren am 8. Mai 1891, war seit 1933 Mitglied der NSDAP. Aber er hatte auch jüdische Freunde. Als Richter war er Mitglied der Strafkammer, die nach Inkrafttreten des Blutschutzgesetzes 1935 als Rasseschutzkammer eingerichtet wurde. Geider betrieb daraufhin «mit verzögertem Erfolg» seine Versetzung in eine Zivilkammer. Er lehnte seine Berufung in ein Sondergericht nach Polen ab. Damit kann er als Beispiel dafür gelten, dass einem Richter keine persönlichen Schikanen (außer Nachteile durch den Verzicht auf Beförderungen) trafen, wenn er die Mitwirkung in Rasseschutzsachen und Sondergerichten verweigerte. Von der Spruchkammer wurde Geider am 27. September 1946 als Mitläufer eingestuft und mit einer Sühne von 1200 RM belegt.

Nicht befördert wurde auch der Richter Erich Freiherr von Houwald (Jahrgang 1889) – angeblich weil er der Anthroposophischen Gesellschaft angehört hatte. Er war aber auch nicht Mitglied der NSDAP, gehörte allerdings von Anfang an der SA an. Die Militärregierung setzte Houwald am 24. September 1945 als Landgerichtsdirektor, ab 6. Dezember 1945 als Oberlandesgerichtsrat ein. Im Spruchkammerverfahren 1947 legte er ein Testat des damaligen Ministerialdirektors und späteren Ministerpräsidenten Gebhard Müller vor, wonach Houwald dem Nationalsozialismus fern gestanden und sich jeder politischen Einflussnahme enthalten habe; er habe es auch abgelehnt, Geisteskranke und Geistesschwache in die «Heilanstalt» einzuweisen. Von Houwald sei ein ungewöhnlich tüchtiger, überragender und vielseitiger Richter gewesen. Die Spruchkammer stufte ihn am 7. August 1947 als «nicht belastet» ein und stellte das Verfahren ein.

Max Hegele

Die Karriere des Richters Max Hegele dagegen blieb, wie bei den meisten Richtern, auch in der Nazizeit ungebrochen. Hegele wohnte in der Wellingstraße 12 in Stuttgart-Sillenbuch. Er wurde 1885 in Schwenningen geboren. Während des Ersten Weltkriegs war er Unteroffizier und wurde mit dem Eisernen Kreuz II, mit der Württembergischen Silbernen Militärverdienstmedaille und mit dem Frontkämpferkreuz ausgezeichnet. 1933 trat er der NSDAP bei, 1933 und 1934 gehörte er der SA an und seit 1934 der SS.

Nach den juristischen Staatsprüfungen 1909/1913, der Referendarzeit im Amtsgericht Ulm und einer kurzfristigen Tätigkeit als Rechtsanwalt war er ab November 1913 Hilfsrichter, ab 20. März 1920 Amtsrichter in Stuttgart. Im November 1927 wechselte Max Hegele ans Landgericht Stuttgart. Zunächst war er dort Hilfsrichter, ab Januar 1929 Landgerichtsrat und ab Dezember 1940 Landgerichtsdirektor.

Noch in seiner Zeit als Landgerichtsrat war Max Hegele Untersuchungsrichter in einem Verfahren, das Nazis gegen den evangelischen Landesbischof Theophil Wurm und den Oberkirchenrat Schauffler wegen angeblicher Veruntreuung angestrengt hatten. Das Ermittlungsverfahren endete mit der Einstellung und somit mit einer Niederlage für die Partei. Im Rahmen des späteren Entnazifizierungsverfahrens schrieb Schauffler nach Kriegsende an Hegele: «Sie haben es verdient, auch Ihrerseits objektiv und gerecht behandelt zu werden.»

1941 ging Max Hegele in einen zeitweiligen «Osteinsatz», zunächst nach Krakau zu der Justizabteilung im «Generalgouvernement». Vom 10. September bis zum 15. November 1941 war er dann Vorsitzender des Sondergerichts Warschau. In dieser Zeit hat Hegele mindestens sechs Juden zum Tode verurteilt, angeblich weil sie unbefugt das Warschauer Getto verlassen hatten (siehe auch das Kapitel über Hermann Cuhorst und die Stuttgarter Sonderrichter).

Seit Januar 1942 gehörte Max Hegele dem Sondergericht Stuttgart als Vorsitzender und als Beisitzer an. Als Sonderrichter hat er an mindestens vier Todesurteilen mitgewirkt. Die Opfer waren ein Homosexueller und, falls man der Beweisführung glauben darf, kleine oder mittelschwere Betrüger, darunter eine 31-jährige Frau. Max Hegele wurde 1948 als «Mitläufer» eingestuft. Er musste zur Sühne 1500 Reichsmark bezahlen. Die Wiedereinstellung in den Justizdienst unterblieb aus Altersgründen.

Adolf Schreitmüller

Landgerichtsrat Adolf Schreitmüller (Jahrgang 1902) war seit 1933 Mitglied der NSDAP, SA-Reiter, ab 1939 Unteroffizier, ab 1943 Leutnant. Beruflich ging es ebenfalls aufwärts: Er war 1937 Untersuchungsrichter, ab Januar 1938 Richter in einer Strafkammer und daneben im Sondergericht unter Hermann Cuhorst tätig (siehe das Kapitel über Cuhorst und die Stuttgarter Sonderrichter), zum Beispiel in Strafsachen nach dem Heimtückegesetz. Zum 1. Januar 1942 wurde Schreitmüller für sechs Monate zum Volksgerichtshof abkommandiert, nach Differenzen mit Präsident Roland Freisler zur Reichsanwaltschaft versetzt. Am 17. Mai 1943 wurde er zur Wehrmacht eingezogen und kehrte am 1. Oktober 1947 aus der Gefangenschaft heim. Die Spruchkammer Stuttgart stellte am 24. Juni 1948 das Verfahren aufgrund der allgemeinen Befreiung von Heimkehrern ein; seine Tätigkeit als Richter im Sondergericht und im Volksgerichtshof wurde nicht erwähnt.

Ein Rassenschande-Urteil ist auch aus der Dienststrafkammer für Körperschaftsbeamte unter dem Vorsitz von Oberregierungsrat Dr. Gerhardt (Beisitzer waren Oberregierungsrat Kopp und Landgerichtsrat Rupp) bekannt. Eine nicht jüdische Beamtin der Stadt Stuttgart war mit einem Juden verlobt. Das gab dem Gericht die Gelegenheit, ihr wegen dieser Beziehung ein Dienststrafverfahren anzuhängen. Am 5. November 1936 wurde sie zur Dienstentlassung verurteilt, die Hälfte des Ruhegehalts wurde bis 31. Dezember 1937 gewährt: «Die Beschuldigte hat sich durch ihr artvergessenes Verhalten eines schweren Dienstvergehens schuldig gemacht. ... (Sie hat dadurch) gezeigt, dass ihr das Gefühl für weibliche Würde, besonders aber für rassische Reinheit abgeht. Sie hat damit einem der Hauptgrundsätze der nationalsozialistischen Weltanschauung, die jede geschlechtliche Vermischung mit Juden ablehnt, zuwidergehandelt ... und daher das Recht verwirkt, eine Beamtenstelle zu bekleiden, und war daher aus dem Amt zu entfernen.» Die Berufung wurde von der Württembergischen Dienststrafkammer für Körperschaftsbeamte verworfen mit der Begründung, durch ihr Verhalten habe die ehemalige Beamtin die Ehre der deutschen Frau besonders verletzt.[17]

Zu den richterlichen Beweggründen – ein Deutungsversuch. Die Richter im Dritten Reich waren mit verfassungsrechtlicher Garantie unabhängig und grundsätzlich unabsetzbar, infolgedessen hatten sie eine stärkere Stellung als die Beamten. Auch in der Rechtsprechungspraxis der ordentlichen Zivil- und Strafgerichte wie auch der genannten Strafkammern der Landgerichte unterlagen sie keiner politischen Weisung. Selbstverständlich waren sie an das Gesetz, aber auch an das übergeordnete Recht wie die ethischen Grundsätze der Menschenrechte gebunden, soweit diese nicht durch die gesetzte unbestimmte nationalsozialistische Weltanschauung außer Kraft gesetzt worden waren.[18] Von Richtern, die dem christlichen Glauben besonders nahestanden, konnte darüber hinaus erwartet werden, dass sie sich auch der Nächstenliebe verbunden fühlten.

Die Ursachen für die Entrechtung und Verfolgung von Minderheiten waren je nach Richter unterschiedlich. Erstaunlich ist, dass sie so schnell und bedenkenlos nach den unbestimmten Grundsätzen der nationalsozialistischen Weltanschauung urteilten. Auch die in Rasseschutzsachen besonders herausragenden Landgerichtsdirektoren Huzel und Widmann waren kompetente und souveräne Juristen und außerdem als gläubige praktizierende Christen ausgewiesen. Ihre subjektiven Einlassungen sind zunächst folgerichtig und durchaus glaubhaft, nach denen sie die Rasselehren der Nazis ablehnten und sogar verabscheuten.

Wie konnten also diese rigorosen Urteile über «Verbrechen der Rassenschande» mit ihren zynischen Begründungen, ihren ausgedehnten Ermittlungen und rücksichtslosen Eingriffen in Höchstpersönliches zustande kommen? Die Einrede des Befehlsnotstands ist auch für die Nazijustiz nicht begründet, denn niemandem wurde im Verweigerungsfalle ein Haar gekrümmt. Sicherlich mussten Nachteile bei Berufungen in höhere Richterämter in Kauf genommen werden. Dies ist m. E. eine Kernursache für das Verhalten der betroffenen Richter, die Beförderungsnachteile unter allen Umständen vermeiden wollten. Aufgrund persönlichen Ehrgeizes und Karrieresucht warfen sie alle Bedenken über Bord.

Hinzu kam, dass die weit überwiegende Mehrheit der Richterschaft zur Weimarer Republik eine innere Distanz wahrte, der parlamentarischen Demokratie ablehnend gegenüberstand und eine insgesamt reaktionäre Geisteshaltung aufwies, die sich schon damals in einer teilweise höchst bedenklichen – auch antisemitischen – Rechtsprechung der Gerichte (einschließlich der Reichsgerichte) widerspiegelte und der Nazihetze gegen Republik und Juden Vorschub leistete.[19] Ein Großteil dieser Richtergeneration[20] lief 1933 zusammen mit dem gebildeten Bürgertum in das nationalsozialistische Lager über und wirkte an der Beseitigung der rechtsstaatlichen Ordnung und der Ausschaltung von Minderheiten mit.

Die Rechtsprechung in der Nazizeit belegt die eifrige Bereitschaft der Richter zur Gesetzesauslegung im Sinne der «nationalsozialistischen Weltanschauung» sowie zur Entrechtung und Verfolgung Tausender von Angeklagten.[21] Nach dem Ende der Naziherrschaft hat dies nicht zu strafrechtlichen Sühnen geführt. Die betroffenen Richter aus Stuttgart wurden wieder in ihre Ämter eingesetzt oder mit vollen Versorgungsbezügen in den Ruhestand versetzt. Einzige bekannte Ausnahme ist Sonderrichter Hermann Cuhorst.

Anmerkungen

1. Gesetz zum Schutze des deutschen Blutes und der deutschen Ehre – Blutschutzgesetz (BSchG) vom 18.10.1935, RGBl. I S. 1246.
2. § 1 BSchG; §§ 1, 2 Reichsbürgergesetz; Saar, Stefan Ch.: Familienrecht im NS-Staat – ein Überblick, in: Recht und Unrecht im Nationalsozialismus, Münster 1985, S. 80, 86.
3. § 20a StGB i. d. F. der §§ 1, 10 des Gesetzes zur Änderung des Reichsstrafgesetzbuches vom 4.9.1941, Beispiele in: Justiz und Nationalsozialismus, Katalog zur Ausstellung des Bundesministeriums der Justiz, Köln 1989, S. 426ff.
4. Landgericht Stuttgart vom 27.11.1939, 5 KLs. 280/39.
5. Landgericht Stuttgart vom 16.3.1939, 5 KLs. 37/39, 28 Js. 18308/38.
6. Landgericht Stuttgart vom 29.10.1936, 5 KLs. 224/36, 23 Js. 13361/36.
7. Stuckart/Globke, Kommentar zum BSchG; siehe auch BT-Drucksache vom 12.7.1950, S. 2629, 2633.
8. «Verordnung über den Geltungsbereich des Strafrechts» vom 6.5.1940, RGBl. 1940, S. 751. Die Erweiterung des gesetzlichen Straftatbestands konnte durch eine VO geregelt werden, weil die Reichsregierung durch die Ermächtigungsgesetze unbeschränkt dazu ermächtigt war, «die Maßnahmen zu treffen, die sie im Hinblick auf die Not von Volk und Reich für erforderlich und dringend erachtet».
9. Landgericht Stuttgart vom 10.6.1940, 5 KLs. 110/40, Js. 126/40.
10. Landgericht Offenburg vom 21.10.1941, 2 R. 22/41.
11. Landgericht Stuttgart vom 2.10.1939, 5 KLs. 0/39 I. 19. Js 340/39.
12. Landgericht Stuttgart vom 7.3.1938, KLs. 41.
13. Siehe die ausführliche Darstellung in Stingele, Harald/Die Anstifter (Hg.): Stuttgarter Stolpersteine, Spuren vergessener Nachbarn, Filderstadt 2006, S. 65.
14. Landgericht Stuttgart vom 8.5.1936, II KLs. 68/36.
15. § 16 Abs. 2 ErstAV vom 14.11.1935, RGBl. 1935, S. 1334.
16. Landgericht Stuttgart vom 11.11.1937, 5 KLs. 184/37, 13 Js. 10845/37.
17. Siehe auch Stingele, Harald/Die Anstifter (Hg.): Stuttgarter Stolpersteine, S. 65, 70.
18. Zur Gesamtproblematik siehe Simon, Dieter: Waren die NS-Richter «unabhängige Richter» im Sinne des § 1 GVG? In: Justizalltag im Dritten Reich, Frankfurt/Main 1988, S. 11ff.; zur Ideologie in der Rechtsprechung siehe Diederichsen, Uwe: Nationalsozialistische Ideologie in der Rechtsprechung des Reichsgerichts zum Ehe- und Familienrecht, in: Recht und Justiz im Dritten Reich, Frankfurt/Main 1989, S. 241.
19. Nachweise bei Göppinger, Horst: Juristen jüdischer Abstammung im Dritten Reich, München 1990, S. 23ff.; Angermund, Ralph: Deutsche Richterschaft 1919–1945, Frankfurt/Main 1990, S. 31–44.
20. Hierzu ausführlich Kleb-Braun, Gabriele: Vom Führergehorsam zur richterlichen Nachkriegsdemokratie, in: Justizministerium des Landes Nordrhein-Westfalen, Band 1 Justiz und Nationalsozialismus, Düsseldorf 1993; außerdem Justiz und Nationalsozialismus, Katalog zur Ausstellung des Bundesministers der Justiz, Köln 1989, S. 7ff.
21. Göppinger, Horst: Juristen jüdischer Abstammung, insbesondere S. 112ff., 166 ff.; zur Strafjustiz wegen Rassenschande: Simon, Dieter: Die Erbgesundheitsgerichtsbarkeit im OLG – Bezirk Hamm, in: Justiz und Nationalsozialismus, herausgegeben vom Justizministerium Nordrhein-Westfalen 1993, S. 131ff.

Arthur Koch

Io Josefine Geib / Tina Fuchs

Arthur Koch
Ein Täter, nach dem nie ernsthaft gesucht wurde

Shmuel Dancyger hat Auschwitz überlebt und den Todesmarsch nach Mauthausen. In Paris erfährt er, dass jüdische Überlebende aus seiner polnischen Heimatstadt Radom in Stuttgart untergekommen sind, in einem aus Privatwohnungen bestehenden «Camp» für Displaced Persons (DP) in der Reinsburgstraße. Im Wohnhaus mit der Nummer 197b findet Shmuel Dancyger (deutsch Samuel Danziger) wie durch ein Wunder seine Frau Regina und seine Kinder, die zehnjährige Yaffa und den fünfjährigen Marek wieder – auch sie hatten Auschwitz überlebt. Doch die Wiedervereinigung der kleinen Familie im Frühjahr 1946 ist nicht von langer Dauer. Am 29. März 1946 wird Shmuel Dancyger bei einer Schwarzmarkt-Razzia im DP-Camp von einem deutschen Polizisten erschossen. Erst seit 2018 erinnert in der oberen Reinsburgstraße eine kleine graue Stele an den Tod des Auschwitz-Überlebenden. «Der Todesschütze wurde nie ermittelt», ist dort zu lesen. Das entspricht dem bisherigen Forschungsstand.[1] Treffender wäre allerdings: «Der Todesschütze wurde nie ernsthaft gesucht.» Auch nicht in den Jahrzehnten nach dem Übergriff der Stuttgarter Polizei.

Grund für die Stuttgarter Razzia Ende März 1946 war die Bekämpfung des Schwarzmarktes oder treffender des grauen Marktes, auf dem damals Lebensmittel und Gegenstände des alltäglichen Bedarfs getauscht wurden. Eine Frage des Überlebens in der von wirtschaftlicher Not geprägten Nachkriegszeit. Trotzdem unterstellten die deutsche Bevölkerung, die Behörden, die Polizei, aber auch die US-Besatzungsmacht den DPs eine überdurchschnittliche Beteiligung am Schwarzhandel. Ganz besonders den polnischen Jüdinnen und Juden. Der (statistischen) Realität hielt diese Unterstellung keineswegs stand.[2] Genährt wurde sie von einer Mischung aus antipolnischem Ressentiment und Antisemitismus. Sie, die der nationalsozialistischen Vernichtung entkommen waren, wurden als «minderwertige Ausländer» wahrgenommen und gerne als «die Polen» bezeichnet. Offener Antisemitismus war in der Nachkriegszeit zwar tabuisiert, konnte auf diese Weise aber mittels einer Täter-Opfer-Umkehr reformuliert werden: Die ehemaligen Opfer wurden kriminalisiert und zu Tätern gemacht, die Deutschland durch Schwarzhandel wirtschaftlich ausbeuten und gefährden würden. Zudem eine Entlastungsstrategie für jene Deutschen, die sich selbst als wesentliche Opfer des Nationalsozialismus betrachteten.[3]

Das im August 1945 eingerichtete DP-Camp im Stuttgarter Westen war der Bevölkerung von Beginn an ein Dorn im Auge. Die US-Militärregierung hatte dafür in der Reinsburgstraße Wohnblöcke beschlagnahmt. Betreut wurden die zumeist aus Radom stammenden jüdischen Bewohner von der UNRRA (United Relief and Rehabilitation Administration), einer neu gegründeten Organisation der Vereinten Nationen. Sie war zuständig für ehemalige KZ-Häftlinge, Zwangsarbeiter und Kriegsgefangene, die sich infolge des Krieges außerhalb ihres Heimatstaates aufhielten und ohne Hilfe nicht zurückkehren oder in ein anderes Land auswandern konnten: daher der Begriff Displaced Persons. Gerade für jüdische Überlebende aus Polen war keine Rückkehr möglich: Schon kurz nach Kriegsende war es hier zu antisemitischen Übergriffen gekommen, die mit dem Pogrom von Kielce am 4. Juli 1946, dem mehr als vierzig polnische Jüdinnen und Juden zum Opfer fielen, ihren Höhepunkt fanden.[4]

Auch in Radom drängten antisemitische Übergriffe und Todesdrohungen zurückgekehrte Jüdinnen und Juden schon 1945 zur Flucht.[5] Darunter auch die Kinder von Shmuel Dancyger, die nach der Befreiung von Auschwitz gemeinsam mit ihrer Großmutter nach Radom zurückgekehrt waren. Ein Weiterleben war dort aufgrund des Antisemitismus nicht möglich. Als sie auf einer Liste des Roten Kreuzes den Namen ihrer Mutter Regina Danziger bzw. Dancyger entdeckten, die in Stuttgart Zuflucht gefunden hatte, machten sie sich im Oktober 1945 auf den Weg zu ihr.[6] Regina Dancyger wusste bis dahin nicht, ob ihre Kinder überlebt hatten und wo sie sich gegebenenfalls aufhielten. Sie selbst war nach der Befreiung nicht nach Polen zurückgekehrt.

Viele jüdische Überlebende wollten in die USA und nach Palästina emigrieren, was aber erst 1948, mit der Liberalisierung der amerikanischen Einwanderungspolitik und der Staatsgründung Israels, auf legale Weise möglich wurde. Sie waren in der US-Zone in separierten DP-Camps untergebracht – sei es in tatsächlichen Lagern, ehemaligen KZ, Kasernen und Schulen oder, wie in Stuttgart, in beschlagnahmten Privatwohnungen. Die DP-Camps wurden zum Schauplatz des letzten Aufblühens «einer zerstörten osteuropäischen jüdischen Kultur»[7]. So auch in der Reinsburgstraße, wo bis zum Sommer 1949 durchschnittlich etwa 1.200 bis 1.400 polnische Jüdinnen und Juden lebten.[8] Sie bauten sich ein vielfältiges, selbstverwaltetes Alltagsleben mit Schulen, Ausbildungsstätten und sogar einer eigenen DP-Polizei auf. Diese war von der US-Besatzungsmacht selbst mit fünf Karabinern ausgestattet worden, als interne Schutz-und Ordnungsinstanz hatte sie eine wesentliche Funktion für die jüdische Selbstverwaltung.

Die Stuttgarter Polizei etablierte in ihren wöchentlichen Berichten an die US-Militärregierung und den Geheimdienst der US-Armee CIC (Counter Intelligence Corps) systematisch ein Bedrohungsszenario. Im November 1945 hieß es: «In der Bevölkerung wird über die zunehmende Überflutung der Stadt durch minderwertige ausländische Elemente geklagt, die nicht nur offensichtlich die Hauptakteure des Schwarzen Marktes sind, sondern auch sonst auf den wichtigsten Plätzen und Hauptverkehrsstraßen der Stadt sich immer mehr breitmachen.»[9] Große Gefahr ginge davon aus, dass «seitens der UNRRA Wohnblöcke mit ausländischen Elementen zweifelhafter

Herkunft, darunter auch wohl Kriminellen belegt werden».[10] Als Beispiel wurde die Reinsburgstraße genannt. Mit welcher Beharrlichkeit die Stuttgarter Polizei das jüdische DP-Camp zur kriminellen Zone erklärte, wird auch daran deutlich, dass Major Stimson (US-Militärregierung Stuttgart) nach der Razzia erklärte: «Wir wurden in den letzten Monaten ständig von der Polizei belästigt.»[11]

Als der Stuttgarter Polizeichef Karl Weber im März 1946 bei der Militärregierung um die Genehmigung einer «allgemeine Razzia großen Stils»[12] bat, begründete er dies mit einem Diebstahl im Ernährungsamt, bei dem im November 1945 Lebensmittelkarten entwendet worden waren und wofür er die DPs verantwortlich machte. Sie würden die Karten auf dem Schwarzmarkt einsetzen. Es sei außerdem, so der Polizeichef, einer breiten Öffentlichkeit bekannt, «dass die Fäden des Schwarzen Marktes in diesem Lager der polnischen Juden zusammenlaufen».[13] Entscheidender als die Frage, ob die Verdachtsfälle im Einzelnen begründet waren, ist die Funktion, die sie für die deutsche Polizei einnahmen. Zunächst charakterisierte sie das jüdische DP-Camp gegenüber der US-Militärregierung als Schwarzmarkt-Zentrum und No-Go-Area. Dann verwies sie darauf, dass ihre mangelnden Zugriffsrechte auf die DPs zu einem Prestigeverlust gegenüber der Bevölkerung führten, um schließlich mit der Razzia eine Erweiterung ihrer Kompetenzen zu erwirken.

Die Razzia muss vor diesem Hintergrund auch als ein Akt der Selbstermächtigung der deutschen Polizei verstanden werden. Nicht nur, weil sie genauso von der Militärregierung genehmigt wurde, wie sie Polizeichef Weber vorgeschlagen hatte, sondern auch, weil die gesamte Razzia unter der Regie der deutschen Polizei ablief.

Gegen 6:15 Uhr des 29. März 1946 marschierten über 200 deutsche Polizisten, darunter 81 Kriminalpolizisten, mit sechs Polizeihunden im DP-Camp auf. Begleitet wurden sie von lediglich acht amerikanischen Militärpolizisten (MP). Die Uniformen der 126 bewaffneten Schutzpolizisten waren noch jene aus der NS-Zeit, Hakenkreuze, Schulterklappen oder Kragenspiegel waren allerdings abgetrennt worden.[14] Ein Teil der Schutzpolizei hatte die Aufgabe, das Camp abzuriegeln, die MPs sollten qua Anwesenheit signalisieren, dass es sich um eine von der US-Militärregierung genehmigte Razzia handelte. Per Lautsprecherwagen wurden die DPs dazu aufgefordert, sich – bis auf Frauen mit Säuglingen – auf der Straße einzufinden. Bereits hier leisteten einige Camp-Bewohner passiven Widerstand. Sie weigerten sich, dieser Anweisung Folge zu leisten. Dennoch begann die Polizei damit, Wohnungen zu durchsuchen. Nachdem Polizisten den 19-jährigen Kurant Benesch in Handschellen aus seinem Haus geführt hatten, kam es am oberen Ende der Reinsburgstraße zu ersten Auseinandersetzungen. In Anbetracht der sich abzeichnenden Eskalation verließen alle acht MP das DP-Camp, um Verstärkung zu holen.

Als sich immer mehr DPs auf der Straße einfinden und versuchen, die Polizei aus dem Camp zu drängen, greifen die Polizisten zu ihren Waffen.

Shmuel Dancyger trifft eine Kugel im Kopf, die aus nächster Nähe abgefeuert wird. Er ist sofort tot. Drei weitere DPs erleiden Schussverletzungen. Mit dem Eintreffen der US-amerikanischen District Constabulary wird die Razzia abgebrochen und die deutsche Polizei angewiesen, das DP-Camp zu verlassen.

Die Stuttgarter Polizei erklärte anschließend, sie habe bei der Razzia aus Notwehr gehandelt und sei wegen der Gegenwehr der DPs förmlich zum Schusswaffengebrauch gezwungen gewesen. Sie habe aber lediglich Warnschüsse in die Luft abgegeben: «Dabei wurde ein Pole, der schon vorher wiederholt mit einer Kanne auf Polizisten eingeschlagen hatte, getötet.»[15] Insgesamt sind die Darstellungen der Polizei zur Razzia durchzogen von einer Täter-Opfer-Umkehr. So sei der Grund für den Protest der DPs gewesen, «dass zahlreiche Polen daran interessiert waren, unter allen Umständen die Durchführung der Hausdurchsuchungen zu verhindern, weil sie dabei als einwandfreie Schleichhändler, teilweise als Kriminelle überführt und ihnen ihr umfangreiches Schwarzhandelsgut abgenommen worden wäre».[16] Die polnischen Jüdinnen und Juden, die entweder aus den KZ befreit worden oder der nationalsozialistischen Verfolgung durch Flucht in die Sowjetunion entkommen waren, werden in der Sprache der Polizeiberichte systematisch unsichtbar gemacht. Sie verschleiern diese spezifische Erfahrung der um jede Existenz gebrachten, heimat- und mittellosen Überlebenden, die nicht zuletzt wegen der nahezu identischen Polizeiuniformen und der Polizeihunde an die während des Nationalsozialismus erlebten Razzien und Deportationen erinnert wurden.

Die DPs hatten gute Gründe, davon auszugehen, dass die Razzia nicht rechtmäßig war. Denn der UNRRA-Direktor des Camps, Harry Lerner, hatte schon am 31. Januar 1946 in einer Besprechung mit der Military Police in Stuttgart eine Sonderregelung für das jüdische DP-Camp erwirkt. Danach durften Razzien ausschließlich durch die amerikanische Militärpolizei, in Kooperation mit der UNRRA und den jüdischen DP-Polizisten und ausdrücklich ohne Beteiligung der deutschen Polizei durchgeführt werden.[17] Der Grund: Während vorherige Schwarzmarkt-Kontrollen der MP im DP-Camp nie zu Problemen geführt hatten, ging Lerner bei einer möglichen Beteiligung der deutschen Polizei von einem hohem Eskalationspotenzial aus.[18] Ein öffentlicher Aushang im Camp informierte die Bewohner über die Abmachung.[19] Die Amerikaner hingegen haben die Regelung offenbar nicht ausreichend kommuniziert, jedenfalls spielte sie im Genehmigungsprozess der Razzia keine Rolle.

Die US-Militärregierung leitete noch am Tag danach Ermittlungen zu der Razzia mit tödlichem Ausgang ein. Zwar fand die Abmachung als Faktor für die Eskalation der Razzia Berücksichtigung, aber auch hier dominierte die Perspektive der deutschen Polizei. Die Razzia sei begründet und rechtmäßig durchgeführt worden, so die zentrale Schlussfolgerung des Ermittlungsteams. Die deutsche Polizei habe durchweg «mit bewundernswerter Zurückhaltung und Rücksichtnahme» agiert, zudem sei das DP-Camp «schlecht diszipliniert, organisiert und beaufsichtigt»[20].

Die Aufklärung von Dancygers Tod stand nicht im Zentrum der Ermittlungen. Im Gegenteil. Es ging der US-Militärregierung vor allem um Selbstrettung, was schon daran deutlich wird, dass der Großteil der insgesamt sechsundvierzig Zeugenbefragungen mit Angehörigen der US-Besatzungsmacht geführt wurde – obwohl nur acht MPs bei der Razzia anwesend waren. Grund dafür waren unklare Kompetenzen sowie Kommunikations- und Einschätzungsfehler der verantwortlichen US-Amerikaner, die im Laufe der Ermittlungen akribisch rekonstruiert wurden.

Die Razzia und ihre Aufarbeitung hatten Folgen für die deutschen Polizei in der gesamten amerikanischen Besatzungszone: Der Zutritt zu jüdischen DP-Camps war ihr fortan verboten. Denn die Militärregierung wollte weitere Zusammenstöße dieser Art verhindern. Dabei ging es scheinbar weniger darum, die jüdischen DPs vor der deutschen Polizei zu schützen, als vielmehr die Polizei vor den jüdischen DPs. Bereits die Art der Zeugenbefragungen bei den Ermittlungen deutet dies an. Im Gegensatz zu den deutschen Polizisten wurden den DPs Suggestivfragen gestellt. Sie zielten darauf ab, den Schuss auf Shmuel Dancyger als gerechtfertigt darzustellen, weil er eine besondere Gefahr für die deutsche Polizei dargestellt habe.[21]

So heißt es im Abschlussbericht zu den Ermittlungen: Dancyger «wurde während des Gefechts zwischen dem Mob und der deutschen Polizei von einer unbekannten Person durch Schüsse getötet».[22] Diese Formulierung lässt sogar den Schluss zu, Dancyger sei nicht etwa von einem deutschen Polizisten erschossen worden, wie es die Ermittlungen eindeutig belegen, sondern von irgendeiner nicht weiter identifizierbaren Person, womöglich gar von einem dem «Mob» zugehörigen Bewohner des DP-Camps. Dabei steht in der Extraausgabe der Stuttgarter DP-Zeitung «Ojf der Fraj (Free again)», die am 8. April 1946 anlässlich der Razzia erschien: «ein Wachtmeister, Hoch soll er heißen»[23], habe Dancyger erschossen. Derselbe Name findet sich in einem Protokoll des «Zentralkomitees der befreiten Juden in der US-Zone». Hier heißt es: «Oberwachtmeister Hoch – der Mörder von Dancyger»[24]. Allerdings: der Name Hoch führt nicht weit. Er taucht weder in den Ermittlungsakten noch anderen Quellen auf, und es gab zu diesem Zeitpunkt keinen in Stuttgart tätigen Polizisten diesen Namens.[25]

Die Ermittlungsakten und weitere Quellen deuten darauf hin, dass es sich bei den Angaben in DP-Zeitung und Zentralkomitee-Protokoll um einen Schreibfehler handelt, beziehungsweise dass der Name des Polizisten falsch notiert oder weitergegeben worden war – und dass es sich bei diesem in Wirklichkeit um Polizeiobermeister Koch handelte. Der am 7. November 1900 in Eningen, östlich von Reutlingen geborene und 1946 in Stuttgart-Plieningen wohnhafte Arthur O. Koch hatte als Teil der uniformierten Polizei an der Razzia teilgenommen. Sein Name taucht mehrfach in den Ermittlungsakten auf. Er war der Leiter der Polizeireserve, die sich am Eingang des DP-Camps auf der Rotenwaldstraße bereithielt. Genau dort eskalierte die Razzia. Aus der Vernehmung mit Polizei-Hauptmann Theodor Kneer, Leiter der Razzia, geht außerdem hervor, dass «Obermeis-

Die Stuttgarter Polizei bei der Razzia

ter Koch»²⁶ zu Beginn mit einigen Schutzpolizisten das Büro der jüdischen DP-Polizei aufsuchte. Ziel war es, deren Waffen sicherzustellen und die DP-Polizei, wie es der Polizeichef geplant hatte, zu «neutralisieren».²⁷

Auch auf der Liste der 28 bei der Razzia verletzten Polizisten taucht Koch auf: «Artur [sic!] Koch, Pol.-Obermeister, 6. Pol.-Revier, erhielt mehrere Schläge in das Gesicht, die Kratzspuren zur Folge hatten. Außerdem wurde ihm seine Uniform zerrissen.»²⁸

Drei weitere Indizien sprechen für die Annahme, dass es sich bei «Oberwachtmeister Hoch» um Polizeiobermeister Arthur Koch handelte. Erstens passen die Angaben, die die DPs im Zuge der Ermittlungen zum Schützen machten: «Er war ein kleiner Mann, uniformiert, etwa 45 Jahre alt»²⁹, beschrieb DP-Polizist Kedman Zlotnik den Täter. Auch der Camp-Bewohner Chaim Tabaksblatt sagte aus, er sei «sehr klein»³⁰ gewesen. Und tatsächlich: Koch war zu diesem Zeitpunkt nicht nur exakt 45 Jahre alt, sondern laut seiner Personalakte lediglich 164 beziehungsweise 166 Zentimeter groß.³¹ Außerdem gab der DP-Polizist Zlotnik an, dass es sich bei diesem vermutlich um einen Polizisten in leitender Funktion gehandelt habe.³² Letzteres verringert die Zahl der infrage kommenden Polizisten – und Arthur Koch gehörte als Leiter der Reserve unter den Schutzpolizisten zu jenen mit exponierterer Stellung. Drittens gab Chaim Tabaksblatt an, dass der Schütze zu jenen Polizisten gehörte, die zum Zeitpunkt der Eskalation – bevor sie zu den Schusswaffen griffen – mit Polizeigerten auf die protestierenden DPs einschlugen.[33]

Es ist naheliegend, dass Koch sich nach der Aktion im DP-Polizeibüro weiterhin am oberen Ende der Reinsburgstraße aufhielt, also am Ort der Auseinandersetzung. Da Kochs Name auf der Liste der verletzten Polizisten steht, gehörte er offensichtlich zu denjenigen, die in die handgreifliche Konfrontation mit den DPs involviert waren. Zlotnik und Tabaksblatt gaben während der Zeugenbefragung an, sie könnten den Schützen identifizieren. Doch das übliche polizeiliche Mittel der Gegenüberstellung wandten die US-Ermittler nicht an.

Bleibt die Frage, wie es den DPs überhaupt möglich war, den Polizisten namentlich zu identifizieren. Es ist gut vorstellbar, dass Koch sich beim Betreten der DP-Polizeistation mit Rang und Namen vorstellte – spätestens, als es zu einer verbalen Auseinandersetzung zwischen ihm und DP-Polizeichef Philip Schächter kam. Es ist also gut denkbar, dass Schächter selbst oder ein anderer DP-Polizist Koch später als Schützen wiedererkannten. Dazu passt auch, dass UNRRA-Direktor Harry Lerner in den Ermittlungen angab, die DPs hätten unmittelbar nach Abbruch der Razzia, als er in sein Büro zurückkehrte, «den Namen des deutschen Polizisten, der Dancyger erschossen hatte»[34] erfragt. Auf die Frage hin, ob er den Namen wisse, gab er dem Ermittlungsteam zur Antwort: «Ich werde den Polizeikommandanten nach dem Namen fragen, er erwähnte den Namen, aber ich hielt es damals nicht für wichtig genug.»[35] Mit dem Polizeikommandanten ist Polizei-Hauptmann Theodor Kneer gemeint, der auf Seiten der deutschen Polizei für die Leitung der Razzia zuständig war. Er wurde in der Reihenfolge der Vorladungen im Zuge der Ermittlungen kurz nach Lerner vernommen, aber nicht nach dem Namen des Schützen gefragt.

Das unterstreicht ein weiteres Mal, dass die Identifizierung des Schützens nicht im Zentrum der Ermittlungen stand. Dass Lerner den Namen von Kneer und damit von der deutschen Polizei selbst erfuhr, bestätigt sich außerdem in einem schriftlichen Statement Lerners gegenüber einem UNRRA-Mitarbeiter vom 1. April 1946. Darin steht: «In dem Bemühen, die DPs zu beruhigen, fragte ich den Kommandanten [gemeint ist Kneer] nach dem Namen des Polizisten, der geschossen hatte. Er nannte einen Namen, den ich mir nicht notierte. Die DPs baten mich dann, die Papiere des Polizisten zu überprüfen, um zu sehen, ob der Name stimmte. Ich fragte nicht nach seinen Papieren.»[36] Es scheint, dass dieses Statement auch der US-Besatzungsmacht vorlag.[37]

Und noch ein weiterer eindeutiger Anhaltspunkt wurde nicht verfolgt: Nach der abgebrochenen Razzia sammelte die MP alle Waffen der an der Razzia beteiligten deutschen Polizisten ein, um sie einer ballistischen Untersuchung zu unterziehen.[38] Die Auswertung dieser Untersuchung ist in den über dreihundert Seiten schweren Ermittlungsakten allerdings nicht zu finden. Dabei hätte sie sehr wahrscheinlich zu einer eindeutigen Identifizierung der Waffe, aus der geschossen wurde, geführt. Und damit zur Identität des Schützen.

Für Arthur Koch folgte auf die Razzia ein Karriereschub: Schon einen Monat danach, am 30. April 1946, wurde er vom Polizeiobermeister zum Polizeiinspektor befördert. Empfohlen hatte dies der auch an der Razzia beteiligte Kommandeur der Schutzpolizei, Paul Frank. Knapp ein Jahr später, im März 1947, wurde Koch Polizeioberinspektor, im Februar 1948 Schutzpolizeirat. Immer in Stuttgart. 1962 ging er in den Ruhestand. Neun Jahre später ist er gestorben.[39]

Da Koch während des Nationalsozialismus durchweg Polizeidienst geleistet hatte, lief 1947 in Stuttgart ein Spruchkammerverfahren gegen ihn. Nach diesen Akten hatte er 1925 erfolgreich die Polizeifachschule Stuttgart besucht, 1937 einen Polizeiobermeisterlehrgang absolviert. Im März 1938 war er im Rahmen der Eingliederung Österreichs mit der Stuttgarter Schutzpolizeiabteilung in Innsbruck eingesetzt worden, danach als Revierführer in Stuttgart. Von 1942 bis Dezember 1943 war er Teil des Kommandos der Schutzpolizei im ukrainischen Mariupol. Dort arbeitete er eigenen Angaben zufolge im Ausbildungsdienst der deutschen Polizei und der ukrainischen Schutzmannschaft. Bei der Rückkehr nach Stuttgart im Januar 1944 wurde er erneut Revierführer, nach Kriegsende Polizeiobermeister. Mitglied der NSDAP war er nicht.

Im Zentrum des Spruchkammerverfahrens stand seine Tätigkeit als Revierführer. Es wurden aber auch Ermittlungen dazu durchgeführt, ob das Kommando der Schutzpolizei, dem Koch in Mariupol angehört hatte, an Deportationen der ukrainischen Zivilbevölkerung beteiligt gewesen war. Ohne Ergebnis.

Teil des Verfahrens waren Dokumente, die auf eine SS-Mitgliedschaft Kochs hinweisen. Dies stellte sich als unbegründet heraus.[40] Seine Bewerbungsunterlagen gingen nach Berlin. Im Juni 1942 ließ die SS jedoch mitteilen, Koch sei laut Musterungsergebnis «ungeeignet»[41].

Nicht zuletzt bestand der Verdacht, Koch habe Exekutionen auf der Stuttgarter Dornhalde geleitet. Dort wurden 1942 und 1944 politisch missliebige Personen erschossen, so zum Beispiel am 1. November 1944 der Chordirektor und Organist Ewald Huth, der sich immer wieder kritisch über das NS-Regime geäußert hatte und wegen «Zersetzung der Wehrkraft» zum Tode verurteilt worden war.[42] Aus den Akten geht nicht hervor, wer den Verdacht geäußert hatte, Koch sei Teil eines Exekutionskommandos gewesen. Dem polizeilichen Informationsdienst in Stuttgart zufolge, der die Aufgabe hatte, die Spruchkammer bei Ermittlungen zu unterstützen, hätte Koch keine Exekution leiten können, da dies höheren Polizeioffizieren vorbehalten war. Klar sei, dass Koch bei einer Exekution mit der Trillerpfeife Absperrmannschaften befehligt hatte. Mehr Informationen werden nicht genannt. Im Juli 1948 wurde das Spruchkammerverfahren eingestellt und Arthur Koch als «nicht belastet» eingestuft.[43]

Fest steht, dass Koch keineswegs ein «entschiedener Gegner des Nationalsozialismus»[44] war, wie es in einem der für ihn angefertigten «Persilscheine» zu lesen ist. Seine Aufgaben in der für die nationalsozialistische Diktatur und Besatzungsherrschaft so wichtigen und weltanschaulich entsprechend geschulten Schutzpolizei scheint er geflissentlich und zur Zufriedenheit seiner Vorgesetzten ausgeführt zu haben. Für eine genauere Beurteilung sind weitere Recherchen nötig – gerade auch, was Kochs Einsatz in Mariupol betrifft. Ob Koch bei der Razzia in der Reinsburgstraße tatsächlich geschossen hat, und wenn ja, aus welcher Motivation heraus, wurde jedenfalls nie ermittelt.

Die ideologischen Kontinuitäten der Polizeiarbeit spiegeln sich im Fall der Razzia exemplarisch wider.[45] So heißt es in einem Bericht des Stuttgarter Polizeipräsidiums an den Oberbürgermeister Arnulf Klett vom Tag nach der Razzia: «Die deutsche Bevölkerung der Stadt wünscht und hofft, dass zur Erhaltung der öffentlichen Sicherheit und Einkehr von Ruhe und Frieden die derzeitigen Bewohner der oberen Reinsburgstraße sofort abtransportiert werden.»[46] An anderer Stelle ist zu lesen, die «Zustände» im jüdischen DP-Camp würden «von Naziseite dazu benützt, um nicht ohne Wirkung dafür zu agitieren, dass Hitler mit seinem Antisemitismus doch recht gehabt habe».[47] Die Razzia wurde so von der Polizei nachträglich nochmals legitimiert: Es seien die Jüdinnen und Juden selbst, die für den Antisemitismus in der deutschen Bevölkerung verantwortlich sind. Wer dem entgegenwirken wolle, müsse polizeilich gegen die DPs vorgehen.

Die Bewohner des jüdischen DP-Camps Stuttgart haben diese Fortdauer des Antisemitismus klar benannt. So schrieb Szama Waks in der DP-Zeitung vom 8. April 1946 anlässlich der Razzia: «Und wenn ich mir in diesem Moment erlauben soll, den gefallenen Freund zu preisen, will ich sagen: Szmil [Shmuel Dancyger], dein Tod soll ein Aufruf sein an die ganze Welt, ein S.O.S-Signal, dass die Mentalität der vormaligen deutschen Mordhetzer noch nicht verschwunden ist [...]. Ein S.O.S-Ruf, dass die Gefahr noch bei weitem nicht vorbei ist, ein Ruf zur Vereinigung all jener, die die Gefahr sehen [...]»[48].

Anmerkungen

1 Susanne Dietrich/Julia Schulze Wessel: Zwischen Selbstorganisation und Stigmatisierung. Die Lebenswirklichkeit jüdischer Displaced Persons und die neue Gestalt des Antisemitismus in der deutschen Nachkriegsgesellschaft, Stuttgart 1998. Hier wird der Fall zwar geschildert und zeitgeschichtlich eingeordnet, die nicht vollzogene Tätersuche aber nicht problematisiert oder gar selbst angestellt.
2 Vgl. Angelika Königseder/Juliane Wetzel: Lebensmut im Wartesaal. Die jüdischen DPs (Displaced Persons) im Nachkriegsdeutschland, Frankfurt 1994, S. 135ff.
3 Julia Schulze Wessel: Zur Reformulierung des Antisemitismus in der deutschen Nachkriegsgesellschaft. Eine Analyse deutscher Polizeiakten aus der Zeit von 1945 bis 1948, in: Susanne Dietrich / dies.: Zwischen Selbstorganisation und Stigmatisierung, S. 203ff.
4 Vgl. ebd., S. 146. Laut einer Untersuchung der polnischen Regierung wurden in Polen allein zwischen November 1944 – nach Rückzug der Deutschen – und Oktober 1945 351 Jüdinnen und Juden ermordet, vgl. Angelika Königseder / Juliane Wetzel: Lebensmut im Wartesaal, S. 49.
5 Vgl. Adam Penkalla: Poles and Jews in the Kielce Region and Radom, April 1945 – February 1946, in: Antony Polonsky (Hrsg.): Focusing on the Holocaust and its aftermath, Oxford 2000, S. 242. Nach dem Pogrom von Kielce im Juli 1946 verließ fast die gesamte jüdische Bevölkerung von Radom die Stadt.
6 Vgl. Morris Dancyger (ehemals Marek Dancyger), Interview vom 9. September 2008, Code: 55204, Visual History Archive, USC Shoah Foundation. The Institute for Visual History and Education, ab Min. 24.
7 Atina Grossmann: Vom Opfer zum «heimatlosen Ausländer». Jüdische Überlebende im Nachkriegsdeutschland, in: Sybille Steinbacher (Hrsg.), Transit US-Zone. Überlebende des Holocaust im Bayern der Nachkriegszeit, Göttingen 2013, S. 20.
8 Vgl. Susanne Dietrich: «Auf dem Weg zur Freiheit». Die jüdischen Lager in Stuttgart nach 1945, in: dies. / Julia Schulze Wessel, Zwischen Selbstorganisation und Stigmatisierung, S. 98.
9 Wochenbericht des Stuttgarter Polizeipräsidiums vom 2. November 1945, StAS, HA 14, 49.
10 Ebd.
11 Protokoll der Vernehmung mit Major Stimson, BArch, OMGUS, «Incident at Jewish DP camp Nr. 664 in Stuttgart, 29 March 1946 (investigation reports and minutes of Board of Officers on Stuttgart Incident). Resurvey of control measures over DPs (directives, questionnaires)», Z 45 F, AG 45, 44/1, S. 33; im Original Englisch.
12 Schreiben von Stuttgarter Polizeichef Karl Weber an die US-Militärregierung, 27. März 1946, BArch, OMGUS.
13 Ebd.
14 Vgl. Bericht über die Ermittlungen von Colonel Joel B. White (Investigating Officer) an die US-Militärregierung Württemberg-Baden, 24. April 1946, BArch, OMGUS.
15 Bericht des Stuttgarter Polizeipräsidiums an die US-Militärregierung vom 29. März 1946, StaS, HA Gr. 1, 110-2. So auch zu lesen im Abdruck des amtlichen Berichts des Stuttgarter Polizeipräsidiums in der Stuttgarter Zeitung, 30. März 1946, S. 9.
16 Entwurf eines Berichts des Stuttgarter Polizeipräsidiums an die US-Militärregierung vom 1. April 1946, StaS, HA Gr. 1, 110-2.
17 Vgl. die auf den 31. Januar 1946 datierte schriftliche Fassung der Absprache, BArch, OMGUS, Exhibit «G».
18 Vgl. Protokoll der Vernehmung mit Harry Lerner in den nachgestellten Ermittlungen zur Implikation des US-amerikanischen Personals in die Razzia, 26. April 1946, BArch, OMGUS, S. 20, 23.
19 Vgl. den am 6. Februar 1946 datierten, in polnischer und englischer Sprache verfassten Aushang, BArch, OMGUS, Exhibit «H».
20 W. H. Steward an Commanding Off.: «Findings and Recommendations», 12. April 1946, BArch, OMGUS.
21 Vgl. Protokoll der Vernehmung mit Chaim Tabaksblatt, BArch, OMGUS, S. 77ff.
22 W. H. Steward an Commanding Off.: «Findings and Recommendations», 12. April 1946, BArch, OMGUS.
23 S.W.: «Der Farlojf Fun Di Geszeeniszn», Extraausgabe «Oyf der Fray (Free Again)», 8. April 1946, S. 1; eigene Übertragung aus dem Jiddischen. Die Extraausgabe lag im Übri-

gen auch Susanne Dietrich und Julia Schulze Wessel vor, die das bereits zitierte, bis dato einzige Forschungswerk zum Stuttgarter DP-Camp verfasst haben. Die Titelseite der Zeitung, auf der sich der zitierte Artikel befand, wurde in ihrem Buch sogar abgedruckt (S. 202).

24 «Wus es iz forgekumen in Stuttgart im 29. merc 1946», UN Archives, «Security – Stuttgart Incident – Investigation of Camp No. 664», S-0425-0044-07-00001, S. 18. Das Protokoll ist nicht datiert, es ist jedoch davon auszugehen, dass es am 31. März 1946 erstellt wurde, als das «Zentralkomitee der befreiten Juden in der US-Zone» zu einer Sitzung zusammenkam.

25 In dem im baden-württembergischen Landesarchiv gelagerten Personalakten lassen sich zwei Polizisten mit dem Namen Hoch ausmachen, die 1946 im Dienst waren. Der eine war nach Auskunft des Landesarchivs nicht in Stuttgart tätig, vgl. hierzu StaL, EL 50/1 II Bü 4366. Der andere war Polizeidirektor im nahegelegenen Esslingen, vgl. StaL, EL 50/1 I Bü 1099; EL 905/2 II Bü 116. Das schließt aus, dass er an der Razzia beteiligt war: Esslingen hatte eine eigene Polizei und die Razzia wurde ausschließlich von Stuttgarter Polizeibeamten durchgeführt.

26 Protokoll der Vernehmung mit Theodor Kneer, BArch, OMGUS, S. 64.

27 Schreiben von Stuttgarter Polizeichef Karl Weber an die US-Militärregierung, 27. März 1946, BArch, OMGUS.

28 Seinen Vornamen Arthur schrieb Koch mit «h»; es handelt sich also in der Liste der verletzten Polizisten um einen Schreibfehler. Schreiben von Polizeichef Weber an das Ermittlungsteam mit Auflistung der im Zuge der Razzia verletzten Polizisten, 31. März 1946, BArch, OMGUS, Exhibit «I».

29 Protokoll der Vernehmung mit Kedman Zlotnik, BArch, OMGUS, S. 98; im Original Englisch.

30 Protokoll der Vernehmung mit Chaim Tabaksblatt, BArch, OMGUS, S. 78; im Original Englisch.

31 Vgl. StaL, EL 51/1 I Bü 5270. Dazu anekdotisch passend: Koch gab in einem Schreiben vom 6. Mai 1949 an die Zentralspruchkammer Nord-Württemberg bezüglich einer vermuteten Mitgliedschaft in der SS an, er habe 1941 gegenüber der SS unter anderem sein «zu kleines Körpermaß» als mangelhafte Voraussetzung für eine Bewerbung angebracht, vgl. StaL, EL 902/20 Bü 74722.

32 Vgl. Protokoll der Vernehmung mit Kedman Zlotnik, BArch, OMGUS, S. 98. Wörtlich gab Zlotnik an, es habe sich bei dem Polizisten um einen «Officer or Sgt.» gehandelt.

33 Vgl. Protokoll der Vernehmung mit Chaim Tabaksblatt, BArch, OMGUS, S. 78.

34 Protokoll der Vernehmung mit Harry Lerner, BArch, OMGUS, S. 33; im Original Englisch.

35 Ebd.

36 Statement von Harry Lerner, 1. April 1946, UN Archives, «Security – Stuttgart Incident – Investigation of Camp No. 664», Folder S-0425-0044-07-00001, S. 65; im Original Englisch.

37 Der UNRRA-Mitarbeiter, dem gegenüber dieses Statement vermutlich gemacht wurde und der UNRRA-intern mit Ermittlungen zur Razzia beauftragt worden war, traf am 10. April 1946 mit Verantwortlichen der US-Besatzungsmacht und der UNRRA zusammen, vgl. Schreiben von Edward G. Farrand an den Commanding General, Third US Army, vom 11. April 1946, ebd. Da sich hier über den Stand der Ermittlungen ausgetauscht wurde und es vor allem um eine Bewertung der UNRRA-Arbeit vor Ort ging, ist gut denkbar, dass auch die Statements des Stuttgarter UNRRA-Teams weitergegeben wurden.

38 So geht es aus einer Vernehmung mit Captain Fred Vigil (Military Police) hervor, die im Zuge nachgestellter Ermittlungen zur Implikation des US-amerikanischen Personals in die Razzia erfolgte, vgl. Protokoll der Vernehmung mit Fred Vigil, 26. April 1946, BArch, OMGUS, S. 33.

39 Vgl. StaL, EL 51/1 I Bü 5270.

40 Offenbar wurden 1938 alle Stuttgarter Polizeibeamten, die am Einsatz in Österreich beteiligt waren, dazu aufgefordert, in die SS einzutreten. Die Akten zeigen, dass Koch zu jenen gehörte, die dieser wiederholten Aufforderung nicht folgten. Nach eigenen Angaben meldete er sich 1941 schließlich zwangsweise zur Bewerbung bei der zuständigen SS-Dienststelle. Koch stellt es so dar: «Wohl war ich nicht standhaft genug, um einfach und bündig zu erklären: ‹Macht was ihr wollt, sperrt mich ein, ich mache nicht mit!› Aber welcher Polizeibeamte […] hatte dazu den Mut, in der damaligen Zeit so etwas seinem Vorgesetzten oder gar einer SS-Dienststelle zu sagen? Schließlich war der Dienst in der Polizei auch eine Existenzfrage.» Schreiben von Arthur Koch an die Zentralspruchkammer Nord-Württemberg vom 6. Mai 1949, StaL EL 902/20, Bü 74722.

41 Schreiben eines SS-Hauptsturmführers vom 11. Juni 1942, ebd.
42 Vgl. Bertram Maurer: Die Geschichte der Dornhalde: Vom Schießplatz zum Friedhof, Stuttgart 2018, S. 50ff
43 Vgl. StaL, EL 902/20 Bü 74722.
44 So zu lesen in der Bescheinigung von Martin Braun, 1. Juni 1948, StaL EL 902/20, Bü 74722.
45 Vgl. hierzu ausführlich die bereits zitierte Arbeit von Julia Schulze Wessel.
46 Bericht des Stuttgarter Polizeipräsidiums an den Oberbürgermeister vom 30. März 1946, StAS, HA 14/0, 4.
47 Entwurf eines Berichts des Stuttgarter Polizeipräsidiums an die US-Militärregierung vom 1. April 1946, StAS, HA Gr. 1, 110-2.
48 S. Waks: S.O.S!, Extra-Ausgabe «Oyf der Fray (Free Again)», 8. April 1946, S. 3. Eigene Übertragung aus dem Jiddischen.

Peter Grohmann

Nachwort
Meistens Schweigen: Über die Notwendigkeit des Widerspruchs

Die Vergangenheit lässt sich leichter verstehen, wenn wir die Gegenwart verstehen. Der weltweite Hungertod von 30.000 oder 40.000 Kindern (täglich, falls Sie's vergessen haben) kann die meisten Menschen so wenig erschüttern wie die 1000 Toten jedes Jahr, die auf der Reise ins abgeschottete Europa jämmerlich im Mittelmeer ersaufen.

Da sind sie, unsere Opfer von heute. Aber wo sind die Täter? Tauchen sie auch unter wie die Täter jener Jahre, die Manfred Rommel als «unheilvoll» betrachtet?

Selbstverständlich wissen wir, dass diese toten Kinder Opfer unserer Politik, unseres Lebensstils sind, dass sie infolge der weltweiten Ausbeutung verhungern, verdursten, an leicht heilbaren Krankheiten elend zugrunde gehen – und wir wissen ebenso gut, was die 1000 Toten, angeschwemmt ausgerechnet an unseren Urlaubsparadiesen – schwarze Haut am schwarzen Strand –, mit uns zu tun haben. Das ist alles leicht dahingesagt, nachvollziehbar, belegbar, beweiskräftig, bekannt – immer wiederholte Binsenweisheiten, Binsenwahrheiten. Aber ich bitte Sie, darum sind wir noch lange keine Täter! Das wäre ja schrecklich!

Wir kennen die Verbrechen, wir kennen die Verbrecher, wir kennen Ursache und Wirkung, wir kennen Opfer und Täter, sie sind uns nah, doch unser Protest, unsere Empörung, wenn überhaupt, bleiben gewohnt handzahm. Häufig gelingt es ja nicht einmal, bei irgendeiner der weltweiten Sauereien, an denen wir beteiligt sind als Verursacher, als Täter, als Nutznießer, unseren Widerspruch in einen simplen Leserbrief zu kleiden oder in eine Unterschrift.

Ich frage mich: Wieso ist das so? Und wo ist der Unterschied zum Schweigen, zum Dulden jener täglichen Verbrechen, die zwischen 1933 und 1945 in der Zeit des Nationalsozialismus begangen wurden? Wie gern kreiden wir doch unseren Altvorderen ihre mangelnde Zivilcourage an, ihren fehlenden Mut, ihren fehlenden Widerspruchsgeist, vom Kampf, vom Widerstand, von der Gegenwehr gegen den Nazismus ganz zu schweigen! Ach, wie verachten wir jene, die einfach weggeschaut haben! Aber was heißt denn hier weggeschaut? Waren es nicht vielmehr vorsichtige Zuschauer, die da hinter den Gardinen hinauslugten in die böse Welt? Die Abgebrühteren standen Spalier, wenn die Juden wie die Säue durchs Dorf getrieben wurden. Sie standen am Straßenrand, taten so, als könnten sie kein Wässerchen trüben, Zuschauer im weißen Kragen, taten, als hätten sie keine Ahnung, wenn die grauen Busse mit den Kranken und Behinderten durchs Land rollten oder am hellen Tag die Nazigegner abgeholt wurden. Klar, als Nebentäter waren sie alle sofort zur Stelle, wenn das Hab und Gut der Geflüchteten und Verschleppten, der Verhafteten, ob Jude oder Kommunist, versteigert wurde. Tafelsilber. Das Meissener Porzellan. Wer bietet mehr?

Wir, die diese Bücher machen, die solche Texte schreiben, reagieren, je nachdem, mit Verachtung, Empörung, Wut und Unverständnis auf dieses Dulden und Schweigen zwischen 1933 und 1945, auf die Feigheit unserer Väter und Mütter, unserer Großväter und Großmütter. Dazu kam das große Schweigen nach der Niederlage 1945. Dem zaghaften Aufräumen der Besatzungsmächte, der Sieger, folgte schnell ein Gefühl der Empörung großer Teile der (West-)Deutschen, das Gefühl, schlecht «behandelt» zu werden. Jeder Aufklärung wurde hinhaltender Widerstand entgegengesetzt, man solidarisierte sich insgeheim mit den Tätern, weil man ja auch hinreichend Mittäter, Mitläufer war (sich notabene aber nie so fühlte). So gut es eben ging, wurden die Täter geschützt, unterstützt, ins Ausland verfrachtet, der Strafverfolgung entzogen – während die Opfer Opfer bleiben durften. In den «Heil- und Pflegeanstalten» verhungerten nach 1945 ein paar Tausend Menschen, weil das Pflegepersonal im Prinzip immer noch davon ausging, dass da lebensunwertes Leben am Leben geblieben war. Die deutsche Öffentlichkeit interessierte das nach dem Krieg so wenig, wie sie das Schicksal der Juden in den Jahren davor interessiert hatte – und so wenig, wie uns heute das Schicksal von 30.000 bis 40.000 verhungernden Kindern oder der Untergang eines Fischerboots voller Flüchtlinge interessiert. Im Grunde wusste jeder in Deutschland, dass es den Großkopfeten eben nicht an den Kragen ging. Sie hatten ihre Schäfchen längst im Trockenen, führten bald wieder Banken und Kaufhauskonzerne (deren frühere Besitzer in Auschwitz vergast worden waren), hatten als Industrielle ein leichtes Leben auf den Schößen der neuen antikommunistischen Herren – die Befreier fraternisieren doch immer viel lieber mit den Tätern als mit den Opfern – und sprachen als Richter nach 1945 nicht selten Recht wie vor 1945, so, als sei es nie anders gewesen. Der braune Saft sollte noch lange an den deutschen Gerichten kleben. Ekel kannte man nicht.

Vielleicht die Opfer. Die hatten Morgenluft gewittert als Überlebende, aber es blieb beim Wittern. Es dauerte Jahre, bis in Deutschland von deutschen Gerichten überhaupt Prozesse gegen die Täter in Gang kamen – und sie gingen oft genug aus wie das Hornberger Schießen. Längst hatte sich im Lande wieder die alte Elite etabliert – bei Staatssekretären, Bundeswehrgenerälen oder der Justiz wurde nie groß gefragt, und nach der «Vergangenheit» schon dreimal nicht. Die Opfer allerdings durften weiter opfern. Sie warteten vergeblich auf Genugtuung, kämpften um kümmerliche Renten, stritten mit Versorgungsämtern, blieben fast Verfemte, allemal Außenseiter ohne Lobby. Die gute Gesellschaft in Deutschland war wieder die gute Gesellschaft. Sie amüsierte sich über die Demonstrationen der Überlebenden, die in ihrer gestreiften KZ-Kleidung Gerechtigkeit forderten. Aber nicht nur das. Die «Politischen» unter den Opfern, soweit sie «Kommunisten» waren, wurden abermals zu Verfolgten.

Ein kurzer Blick auf die DDR, in jenen Teil Deutschlands, der sich als der bessere bezeichnete und behauptete, quasi von Geburt an antifaschistisch aufzuwachsen, zeigt Parallelen. Die DDR konnte ihre Bevölkerung ebenso wenig wegzaubern wie wir im Westen. Es lebten hier wie dort die Deutschen von früher – Täter wie Opfer. Der DDR-Antifaschismus war weitgehend blind gegenüber jenem neofaschistischen Phänomen, das sich lang vor der «Wende» zu einem Problem entwickelte.

Über Neofaschisten und deren mögliche Aktivitäten gab es bis zum Zusammenbruch der DDR keine gesicherten Informationen, weil die SED beinahe lückenlos dafür gesorgt hat, dass diese Informationen geheim gehalten wurden. Entgegen der kolportierten Behauptung, erst ab den 1980er-Jahren habe es Neofaschismus, Rassismus und Antisemitismus gegeben, waren diese Phänomene in Ostdeutschland auch in den ersten Nachkriegsjahrzehnten vorhanden.

Die Ursachen? So wie man im Westen viele Jahre lang jedweden Antisemitismus und Rassismus als Hirngespinst linker Intellektueller hinstellte, weil es der herrschenden Meinung nach eben nicht zum Bild des demokratischen Nachkriegsdeutschland gehörte, so war es der DDR einfach peinlich, was passierte. Repression war vergeblich und der geschönte, jede Kritik unterdrückende Antifaschismus wirkte mehr kontraproduktiv denn aufklärerisch.

Insoweit ist nachvollziehbar, dass sich heute neue, aggressivere, auch «klügere» Formen des Antisemitismus, von Rassenwahn und Fremdenfeindlichkeit finden – sie paaren sich mit Zorn und Vorurteilen gegenüber «den Amis», dem Westen, den Juden, den Kapitalisten; sie greifen die alten nationalistischen und nazistischen Parolen auf, knüpfen mühelos an Ressentiments und Propaganda aus den Zeiten der alten DDR an und geben ihren Anhängern das Gefühl, immer auf der richtigen Seite zu stehen. Die DDR als verlängerte Ladentheke des Westens – das kommt nicht nur gut an, weil es stimmt. Die Angst vor den Fitschis und den Türken, die Arbeitsplätze wegnehmen, ist real, und wenn die neuen Nazis die schwarzen Häute durch die Straßen jagen mit den Rufen «Unsere Heimat – DDR – Deutschland den Deutschen», dann schauen Polizei wie Öffentlichkeit weg. Widerstand dagegen, im neuen, demokratischen Deutschland, bleibt abermals die Ausnahme. Auch das erinnert an die als unheilvoll bezeichnete Geschichte (als ob das «Naziunheil» aus buchstäblich heiterem Himmel auf die Deutschen kam), vor allem auch an die Jahre vor der Machtübergabe an die Nazis, als Polizei und Justiz auf dem rechten Auge blind waren, als nicht zuletzt das deutsche Kapital half, die braune Brut auszubrüten.

Im autoritär geprägten Deutschland aller Jahre hatten es die Aufklärer, die kritischen Geister nie leicht. Das trifft auf den Adenauer-Staat zu, vor allem zwischen 1945 bis Ende der 50er-Jahre. Es war ein kurzer Weg vom Verbot der Kommunistischen Partei bis zu den Berufsverboten – mit Willen und Hilfe der SPD. Immerhin gab es, wenn auch ohne nennenswerten Einfluss, überall in Westdeutschland linke, oppositionelle Zirkel aller Couleur, in denen Modelle für eine bessere, emanzipierte, also freie und demokratische (und womöglich sozialistische) Gesellschaft gezimmert wurden. Es gab mehr oder weniger markante linke Strömungen in der Arbeiterbewegung, die wenigstens stellenweise gehört wurden. Häufig in sich zerstritten und verfeindet, war immerhin eine Debatte möglich, getragen vom Versuch, sich theoretisches Rüstzeug anzueignen. Dass bei einigen dieser Gruppen die fertigen Rezepte nebst Etat aus der DDR kamen, ist kein Geheimnis – es behinderte aber gewiss eine kritische Theoriedebatte. Mit der Praxis sah es zugegebenermaßen schlecht aus – die war ja nebenan, «hinter Mauer und Stacheldraht». Stalinistische Kader hie, Opportunisten und Mitläufer da, Jasager, Jubler und ein erklecklicher Teil der Gesellschaft, der sich möglichst aus allem heraushielt: Das kommt einem doch irgendwie bekannt vor.

Ein kleines Schlaglicht soll eben noch auf die Wahlen in den neuen Ländern geworfen werden: Dort gibt es Orte, Landstriche, die sind «Land unter» – da haben die demokratischen Parteien nicht selten weniger Stimmen als Reps oder NPD erhalten.[1] Und längst gibt es dort auch – größer werdende – Gegenden, die schlicht ausländer- und «zeckenfrei» sind. Es wäre schön, könnte man das alles auf «angereiste» oder eingeschleuste West-Nazis schieben. Klar, die sind kräftig mit am Rühren und Rödeln, aber das braune Süppchen köchelt schon lange. Ausgerechnet der Verfassungsschutz macht mit schöner Regelmäßigkeit und deutlich genug auf das Problem aufmerksam – und wird dann schnell zurückgepfiffen. Wir lassen uns doch nicht das eigene Nest beschmutzen, und der gewöhnliche (West-)Tourist, wenn er nicht gerade aus Angola kommt, ist eh' gewohnt, bei seinem Urlaub beide Augen zuzumachen. Faschismus hin, Diktatur her: Ob Spanien unter Franco oder Griechenland unter den Generälen, wir sind immer gereist, und früher («als es drüben noch gut ging») mit gelindem Gruseln schon auch mal in den Thüringer Wald.

Nur der Blick auf Deutschland, hüben und drüben, damals und heute, wird uns zur Erkenntnis verhelfen, wie es denn «dazu» kommen konnte. Manfred Rommel fragte 1982 arglos, wie «Hitler zur Macht kam und seine Herrschaft ... Bestand hatte» (Stuttgart im Dritten Reich, Begleitband S. 7). Natürlich gibt der allseits beliebte Oberbürger gleich eine Antwort, warum sich die «Menschen von Hitler verführen ließen»: «Die verzweifelte Lage vor 1933 ... die bittere Not der Arbeitslosen», der «verlorene Weltkrieg und das Gefühl nationaler Demütigung», die «sozialen Ungerechtigkeiten», der «Verfall der Autorität der Demokratie», die zunehmende Einfluss der «totalitären politischen Kräfte», so seine Begründung.

Aber Vorsicht: Als nationale Demütigung empfinden auch viele Bürgerinnen und Bürger in den neuen Ländern das Ende ihres Staates, und wenn Kinder im reichen Deutschland hungern, weist das durchaus auf eine bittere Not von Arbeitslosen hin. Soziale Ungerechtigkeiten gar sieht der größere Teil der deutschen Bevölkerung, und was den «Verfall der Autorität der

Demokratie» angeht, genügt ein Blick auf die Wahlbeteiligung und die Wut der Leute «über's System».

Rommels Auslassungen sind typisch für jene Jahre, in denen immer wieder der Versuch gestartet wurde, verdammt noch mal die Vergangenheit endlich endgültig und bis zum Endsieg des Guten zu bewältigen. Der Wunsch war nun eben mal, die Täter (und die Väter) endlich in Ruhe zu lassen – und die Opfer natürlich auch («Was, Sie leben noch? Na, dann kann's ja so schlimm nicht gewesen sein!»), ihnen, den Opfern, nicht mal den Krumen zu geben, der vom Tisch der reichen Gesellschaft fällt.

Ich lese aus Rommels Vorwort dies heraus: Es war «der Hitler» (und ein paar Helfer), der über uns kam mit «seiner» Herrschaft. Der Hitler allein. Da hat's natürlich, bei so einem starken Mann, keinen Platz mehr für die Industrie und Banken, für jubelnde Massen und tolle Wahlergebnisse der NSDAP. Rommel nennt denn auch die Judenverfolgung beschämend. Wie niedlich! Da bleibt kein Platz mehr für den jahrhundertealten Judenhass der Kirchen, für die tausend Fluchten und die tausend gefälschten Papiere nach dem Ende des Betens um den Endsieg, mit denen die Kirche den Tätern ab 1945 den Weg ins Ausland bahnte und selbst wieder Täterin wurde. Rommel resümiert: «Die Chancen eines Volkes, sich von einer einmal etablierten totalitären Herrschaft selbst befreien zu können, sind gering.» Was für ein Trost für die Jasager: «Leut', lasset's bleibe, es hat eh' koin Wert!»

Anmerkung zu dritten Auflage

1 Leider war die Warnung 2009 mehr als berechtigt. Nur wählen die nationalistischen und ausländerfeindlichen Kräfte heute die AFD.

Bildnachweis

Azeshofer, Hermann: Staatsarchiv Ludwigsburg
Binder, Paul: Bildarchiv Konrad-Adenauer-Stiftung
Boger, Wilhelm: Mitte der 1940er-Jahre, privat
Boger-Zeichnung: Sammlung Wolfgang Haney
Bohn, Alfred: Staatsarchiv Ludwigsburg
Breitling, Otto: 1933, Staatsarchiv Ludwigsburg
Cuhorst, Hermann: Staatsarchiv Ludwigsburg
Dehm, Anton: Staatsarchiv Ludwigsburg
Dinkelacker, Helmut: Staatsarchiv Ludwigsburg
Fach, Oscar: 1924, Staatsarchiv Ludwigsburg
Fischer, Wilhelm und Oberbürgermeister Karl Strölin zusammen mit einer Abordnung des Infanterieregiments 119: Stadtarchiv Stuttgart
Goldmann, Erwin: Staatsarchiv Ludwigsburg
Gschwend, Wilhelm: Staatsarchiv Ludwigsburg
Hegele, Max: Staatsarchiv Ludwigsburg
Jauch, Otto: 1903, Staatsarchiv Ludwigsburg
Junginger, Hans: 1938, Privatarchiv Dietmar Speidel
Koch, Arthur: Staatsarchiv Ludwigsburg
Lempp, Karl: 1954, Stadtarchiv Stuttgart
Ludin, Hanns: privat
Maier-Stehle, Erich: Bundesarchiv Berlin
Mailänder, Karl: Gedenkstätte Grafeneck
Mauch, Otto: Staatsarchiv Ludwigsburg
Mauer, Adolf: Stadtarchiv Stuttgart
Mattheiß, Hermann: Archiv Allmendinger, Tuttlingen
Mauthe, Otto: Staatsarchiv Ludwigsburg
Mergenthaler, Christian: Bundesarchiv Berlin

Murr, Willhelm: Gedenkstätte Grafeneck
Porsche, Ferdinand und Sohn Ferry: 1934, Porsche-Archiv
Porsche, Ferdinand und andere: VW-Archiv (2), dpa (2)
Ratsherren der Stadt Stuttgart: 1935, Stadtarchiv Stuttgart
Rieger, Martin: 1921, Staatsarchiv Ludwigsburg
Romann, René: privat
Rosenberger, Adolf: Dr. Sandra Esslinger
Scheufele, Adolf: Staatsarchiv Ludwigsburg
Schneider, Georg: Landeskirchliches Archiv Stuttgart
Schöpfer, Theodor: Staatsarchiv Ludwigsburg
Stahlecker, Walter: Staatsarchiv Ludwigsburg
Stähle, Eugen: Stadtarchiv Nagold
Strölin, Karl: Mitte der 20-er Jahre, Staatsarchiv Ludwigsburg
Stuber, Max: Staatsarchiv Ludwigsburg
Stuttgarter Polizei, from the Archives of the YIVO Institute for Jewish Research, New York
Tröster, Wolfgang: privat
Ullrich, Aquilin: Staatsarchiv Ludwigsburg
Werner, Paul: Bundesarchiv
Wicker, Alfons: privat
Wicker, Eugen: privat
Widmann, Albert: 1967, Archiv der Stuttgarter Zeitung, Foto Feddersen
Wirth, Christian: Gedenkstätte Grafeneck

Personenregister

Aberle, Gottlieb 124
Aderet, Ofer 23, 271
Aicher, Otl 172
Alber, Richard 88
Albrecht, Philipp 117
Aljberdowsky, Josef 141
Allers, Dietrich 80 f., 83
Amann, Max 321
Appelt, Willy 217 ff., 225 ff.
Appinger, Maria 89
Aras, Muhterem 15
Asmuß, Gustav 179
Ayaß, Wolfgang 97, 99
Azesdorfer, Hermann 339, 343 f.

Banz, Eugen 203 ff.
Baudissin, Klaus Graf von 312 ff.
Bauer, Christian 178
Bauer, Fritz 31, 49, 51, 69, 77, 83, 110, 142
Bauer, Theresia 18
Baumgart, Carl A. 253, 255 f.
Bechtle, Reinhold 140
Bechtle, Willi 125, 163
Beck, Paul 252
Beckerath, Herbert von 274
Beckmann, Max 313
Benesch, Kurant 367
Benz, Wolfgang 19, 157
Bienstock, Hermann 255
Binder, Frieda 273
Binder, Paul Martin 272 ff.
Boës, Joachim 122
Bogen, Ralf 23
Boger, Wilhelm 9, 16, 42 ff., 47 ff.
Boger, Ursula 9, 43
Bohn, Alfred 337, 340, 342
Bohne, Gerhard 85, 87, 89
Bolz, Eugen 117, 147, 300
Borenstein, Isaak 55
Bormann, Martin 154, 199, 302, 330, 335
Bouhler, Philipp 65, 79
Bracher, Theodor 306 ff.

Brack, Victor 79
Brandenburg, Friedrich 320
Brandhuber, Anton 28
Brandt, Karl 79
Braun, Adrienne 23
Braun, Jutta 18
Braun, Martin 376
Breitling, Ellen 13, 71, 75
Breitling, Otto 286 ff., 295
Breitweg, Walter 179
Breuninger, Alfred 179, 292 ff.,
Breuninger, Eduard 179, 293, 297
Breuninger, Lydia 293
Browning, Christopher 28, 30
Brüggemann, Sigrid 9, 15, 22 f., 125, 127, 133, 324
Brückner, Hugo 203 f., 206
Brüning, Heinrich 164
Buck, Karl 133
Bühler, Karl 179
Bulling, Manfred 111 f.
Burg, Antoine 56
Burghardt, Max 161, 166
Burgstaller, Boris 23
Burra, Josef 134

Cantner, Ernst 307
Christ, Michaela 75
Conti, Leonardo 79
Cuhorst, Fritz 178 f.,
Cuhorst, Hermann Albert 20, 334 ff., 339 ff., 345, 347

Dachs, Erich 278, 281
Dancyger, Marek (Danziger, Marek) 365
Dancyger, Regina (Danziger, Regina) 365
Dancyger, Shmuel (Danziger, Samuel) 19 f., 365 f., 368 f., 371, 373 f.
Dancyger, Yaffa (Danziger, Yaffa) 365 f.
Dehlinger, Alfred, 117
Dehm, Anton 124, 132 ff.

Deizler, Karl 178
Delfs, Hans 317
Demnig, Gunter 14 f., 107
Dessauer, Erich 350
Dill, Gottlob 87 f., 89, 96, 99
Dillgardt, Just 315
Dinkelacker, Helmut 342, 344
Dix, Otto 313
Dold, Erwin 17
Dold, Hermann 281
Drescher, Karl 179
Drewitz, C. F. 313
Dürr, Gerhard 13, 245 f.

Eckstein, Amandus 93
Eckstein, Hans 179
Eckstein, Martin 93
Eichler, Ludwig 179
Eichmann, Adolf 26, 125, 129
Eisenhardt, Erwin 207
Elben, Eugen 246, 258
Engelhorn, Hilde 293
Erhard, Ludwig 276, 278
Eschenburg, Theodor 273 f., 277, 279 f.
Esslinger, Gustav 354 f.
Esslinger, Hugo 261, 263
Eßlinger, Ludwig 261
Esslinger, Phyllis 261, 263, 267, 269
Esslinger, Sandra 261, 266 f., 269 f.
Ettwein, Friedrich 178 f., 328
Eyrich, Max 66, 89

Fach, Oscar 355 ff.
Faltin, Thomas 9, 23, 53, 58, 107
Fauser, Martha 88 f.
Feldmann, Hermann 178, 180
Felixmüller, Conrad 313
Filbinger, Hans Karl 110, 279, 281
Fischer, Wilhelm 177, 202 ff.
Fischer, Wolfgang 74

Flaxland, Alfred 340
Fleischer, Kuno 283 f.
Forstner, Karl 141
Frank, Paul 372
Freisler, Roland 336, 338, 342, 360
Fröhlich, Karl 248 f., 252, 258
Fuchs, Tina 12, 19 f., 22, 365
Funke, Ewald 159, 161

Galen, Clemens August Graf von 110 f.
Gäntzle, Gotthold 220
Geib, Io Josefine 12, 19 f., 22, 365
Geider, Egon 352, 358
Geissler, Christian 34, 40
Gelhorn, Benjamin 53
Gengenbach, Wilhelm 180
Gerzer, Lina 321
Gienger, Georg 180
Gilbert, Felix 274
Glass, Hermann 289, 308
Globke, Hans 27
Goebbels, Joseph 31, 35, 37, 147, 198, 302 f.
Goerdeler, Carl 193
Goldmann, Berthold 151
Goldmann, Erwin Ludwig 150 ff.
Göring, Hermann 31, 37 f., 152, 154, 276
Göritz, Arthur 140, 159, 165
Gosebruch, Ernst 314, 317
Götz, Karl 180
Graevenitz, Fritz von 302, 316
Grieger, Manfred 17, 19, 23, 236, 238, 247, 257 f.
Grünberg, Betty 214, 296
Grünberg, Josef 295 f.
Grynszpan, Herschel 198
Gschwend, Wilhelm 178, 180, 300, 304 ff.
Gültlingen, Luise-Gabriele von 128
Güntner, Herbert 180
Guter, Heiner 173

Haag, Lina 121, 125
Haag, Willy 180
Häberle, Anna 204, 206, 209
Häberle, Gottlob 203, 204 ff.
Hablizel, Gotthilf 179
Häffner, August 180
Hagemann, Carl 317
Hagenlocher, Alfred 23
Havemann, Nils 18, 271
Heeß, Walter 72, 75
Hegele, Max 343, 356 f., 359
Heidegger, Martin 26
Heidemann, Leni 154 f., 157
Helldorf, Graf 81
Heller, Walter 205, 209
Hellstern, Michael 23
Hering, Gottlieb 80
Hermann, Lilo 10, 129, 140, 159, 166
Herrmann, Willy 253
Herz, Oskar 163
Heß, Rudolf 31, 156, 302, 330
Heydrich, Reinhard 127, 129 f., 217, 219
Heymann, Berthold 189
Hilberg, Raul 27, 30, 227
Hilgenfeldt, Erich 94
Hillbrecht, Dr. Dr., Stuttgart 278, 281
Hiller, Gerhard 10, 13 f., 16, 22, 211, 283, 349
Himmler, Heinrich 27 f., 31, 79, 118, 127, 129, 154, 236, 239, 246, 309, 315
Hintermaier, Gabriele 23
Hirschfeld, Arthur 295 f.
Hirschfeld, Hedwig 296
Hirzel, Hans 169 ff.
Hirzel, Walter 178 f.
Hitler, Adolf 12, 25, 27, 30 f., 34 ff., 40, 63, 75, 79, 83, 89, 95, 116, 139, 145, 152, 154, 156, 161, 165, 175, 187 ff., 193, 195, 197, 203 ff., 211 f., 224, 230, 232, 235 f., 238 f., 242, 245, 260, 263 f.,
265 f., 271, 294, 297, 299 f., 302, 306 f., 315, 330, 335, 338, 373, 380 f.
Höfer, Werner 27
Hoffmann, Josef 180, 322
Hofmann, Karl 223 f.
Holzschuh, Hermann 87 ff.
Houwald, Erich von 354, 358
Huber, Herbert 246
Huber, Walter 134 f.
Huth, Ewald 372
Huzel, Paul Theodor 349, 354 f., 360

Jäckel, Eberhard 227, 231 f.
Jagow, Dietrich von 115, 300
Jahn, Friedrich Ludwig 152, 157
Jahrsetz, Ingo 44
Jan, Julius von 337
Jauch, Otto 351 f., 355 ff.
Josenhans, Else 124, 134 ff.
Judith, Paul 251
Junginger, Hans 177, 202 ff.
Junkert, Anne 263, 271

Kaduk, Oswald 24
Kaiser, Theodor 180
Kaltenbrunner, Ernst 30, 80
Kamm, Gottlob 95
Kandinsky, Wassily 314 f.
Kapp, Wolfgang 152
Kaufmann, Walter 251
Karolczak, Jan 256
Kehm, Albert 320
Keil, Wilhelm 300
Keller, Franz 180
Kern, Johann 237, 247 f., 251 ff., 255, 258
Kienzle, Michael 15
Kiesinger, Kurt Georg 277, 279, 281, 310
Kieß, Rudolf 302 f., 311
Kind, Werner 178
Kirn, Karl 239, 248 ff., 257 f.

384

Kleinmann, Sarah 23
Kleinschmidt, Paul 313
Klett, Arnulf 154, 194, 354, 373
Klinkenberg, Monique 23
Klöpfer, Eugen 167
Knagge, August 289
Kneer, Theodor 369, 371, 375
Koch, Arthur 364 f., 369, 371 ff., 375
Koch, Erich 199
Koch, Walter 306
Kofler, Karl 288
Könekamp, Eduard 179
Königstein, Rolf 21, 107
Kolata, Jens 23
Kopper, Christopher 277, 279, 281
Krauß, Otto 320
Kroll, Hugo 178 f.
Kümmel, Margarete 217
Kurz, Hermann 178
Kurz, Sinti-Geschwister 14, 91 f., 99

Landenberger, Dieter 17 f., 23, 270
Langbein, Hermann 30, 49, 51
Laubacher, Anton 250
Lautenschlager, Karl 177, 188 ff.
Le Seur, Eduard 331
Lechler, Karl Ludwig 178
Lehmann, Isaak 214
Leistner, Ernst 181
Lemési, Herbert 251
Lempp, Karl 20 ff., 100 ff.
Lerner, Harry 368, 371, 374 f.
Levi, Carl 284
Levi, Primo 17
Levy, Josef 288 f.
Liedtke, Max 28
Locher, Albert 179
Locher, Willy 181
Löffler, Martin 111
Lösch, Brigitte 23
Lovász, Stefan 129, 140, 159, 161, 165 f.
Ludin, Hanns Elard 10, 32 ff., 40, 321

Ludin, Malte 10, 33
Lüttichau, Mario-Andreas von 317
Lutz, Franz 308
Lutz, Gertrud 23

Mack, Albert 307
Maier, Emil 217 ff., 227
Maier, Hermann 181
Maier, Otto 198
Maier, Reinhold 118 f., 209, 273, 283, 310
Maier Roland 10, 15, 23, 114, 118, 120, 125, 138
Maier-Stehle, Erich 318 ff.
Mailänder, Karl 14, 31, 90 ff.
Maile, Karl 163
Mallmann, Klaus-Michael 160 f., 166, 291
Maltenfort, David Dagobert 349 ff.
Mandel, Maria 24
Mappus, Stefan 15
Marquart, Karl-Horst 10, 21, 101, 107, 203
Martin, Paul 273, 280, 291
Marx, Alfred 219
Marx, Max 320
Mattheiß, Hermann 114 ff., 125, 128, 131, 139, 198
Mauch, Gottfried 138 ff., 163, 165, 167
Mauer, Adolf 177, 196 ff., 207, 294
Mauthe, Otto 60 ff., 66 f., 88, 96
Mayer, Hersh 53, 58
Mayer, Karl 181
Meidner, Ludwig 313
Meineke, Willi 249, 258
Meister, Johannes 93, 96, 99
Mengele, Josef 9, 24, 27
Mergenthaler, Christian 187 ff., 298 ff., 305, 308, 311, 321, 329 f.
Metzger, Karl 181
Meuter, Paul 161, 166
Michalski, Jan 335, 342
Miller, Gertrud 322
Miller, Judith 44

Mitscherlich, Alexander 25, 30 f.
Mitscherlich, Margarete 25, 30 f.
Mommsen, Hans 236, 238, 247, 257 f.
Mommsen, Wolfgang 17, 257 f.
Moraller, Franz 321
Mörike, Otto 329
Moser, Freya 87
Moser, Thea 87
Müller, Ferdinand 314
Müller, Franz-J. 171, 173
Müller, Gebhard 200, 281, 358
Müller, Gertrud 141
Müller, Hans 141
Münch, Hans 17
Munz, Gerhard 169 ff.
Münzenmayer, Karl 178, 181
Murr, Wilhelm 66, 69, 85, 89, 94, 128, 131, 177 f., 181, 184 ff., 197 f., 212 f., 218, 221, 289, 294, 300, 302, 321, 330
Mußgay, Friedrich 119 ff., 131, 134 f., 160 ff., 164, 167
Musper, Heinrich Theodor 316

Nachmann, Ernest 215
Nachmann, Hannchen 213 f.
Naser, Gerhard 11, 22 f., 109, 113
Nebe, Arthur 74 f., 79, 81, 83
Neff, Erwin 151 ff.
Neff, Lydia 151
Nickel, Alice 151
Niemann, Ernst 283 ff.
Nitze, Helmut 352
Notter, Eugen 14, 178, 181, 211 ff.

Oesterle, Max 154
Ortlieb, Dieter 322
Ortmann, Friedrich
Österle, Friedrich 181
Ostertag, Benno 283 f.
Overdyck, Karl 319 f., 324

Paul, Otto 320
Payer, Adolf 343, 345
Peitz, Gerhard 289
Perlen, Hans 353
Pfitzenmaier, Heinrich 231
Piëch, Anton 18 f. 236 f., 241 ff., 247, 253 ff., 262 f., 265 ff., 269, 271
Piëch, Louise 243, 247 ff., 253 ff., 257
Pieck, Wilhelm 161
Pieper, Christine 23
Poitrot, Robert 88
Porsche, Aloisia 263
Porsche, Ferdinand 17, 20, 234 ff., 269
Porsche, Ferdinand Anton Ernst, genannt Ferry 17, 234 ff.
Pressel, Wilhelm 154
Prinzing, Albert 254 f.
Probst, Christoph 173
Proske, Wolfgang 22 f.
Prützmann, Hans 118
Purrmann, Hans Marsilius 316
Pyta, Wolfram 18 f., 23, 266 f. 269, 271

Rabe, Karl 237, 249, 258, 263, 271
Rainer, Friedrich 19
Rath, Ernst Eduard vom 200
Rave, Paul Ortwin 317
Reichhart, Johann 338
Reif, Maria 13, 91 f.
Reimann, Max 165
Reinhardt, Anton 145 f.
Reinhardt, Peter 145, 149
Reismann-Grone, Theodor 314
Ressel, Wolfram 18
Reuff, Erwin 181
Reuß, Eberhard 12, 18, 22 f., 261
Rexer, Otto 322, 324
Richter, Adolf 306 f.,
Rieger, Martin 351, 354
Rieker, Emilie 284
Ritter, Gerhard 172
Ritter, Robert 77 f., 80, 82 f., 146

Robert, Alan A. 242, 253 ff., 257, 261 ff., 267, 269
Roemer, Friedrich 111
Rögner, Adolf 49
Röhm, Ernst 37, 118, 128, 198
Romann, René 16, 52 ff.
Rombach, Hermann 28
Rommel, Erwin 22, 193
Rommel, Manfred 377, 380 f.
Rosenberger, Adolf 12, 18 f., 23, 242, 253 ff., 257, 261 ff., 265 ff.
Rosenthal, Edith Susanne 320
Rust, Bernhard 315
Ryndsionsky, Ferdinand 357 f.

Salomon, Ernst von 35 f.
Sauer, Paul 69, 89, 119, 125, 167, 181, 195
Schächter, Philip 371
Schairer, Erich 128
Schairer, Immanuel 331
Schanbacher, Emma 121
Schanbacher, Fritz 121
Schanbacher, Manfred 121
Schauffler, Oberkirchenrat 359
Schaufler, Alfred 181
Scheerer, Paul 274
Scheufele, Adolf 144 ff.
Schlegelberger, Staatssekretär 335
Schlemmers, Oskar 314, 317
Schlotterbeck, Hermann 23, 124
Schmeitzner, Mike 23
Schmid, Anton 28
Schmid, Carlo 277
Schmid, Jakob 172
Schmid, Jonathan 66, 69, 86 f., 89, 321
Schmid, Richard 339
Schmidt, Clara 284
Schmidt, Friedrich 321
Schmidt, Walter 284
Schmidt-Rottluff, Karl 317

Schneider, Georg 326 ff.
Scholl, Hans 170, 172 f.
Scholl, Inge 172
Scholl, Sophie 170 ff.
Schöpfer, Anna 231
Schöpfer, Julius 230
Schöpfer, Rosine 230
Schöpfer, Theodor 228 ff.
Schörner, Ferdinand 199
Schreitmüller, Adolf 358 f.
Schröder, Gerhard 82
Schulz, Friedrich 212
Schwarz, Otto 179
Schwinger, Ferdinand 178
Scotti, Roland 317
Sellier, Henri 192
Semler, Johannes 278
Seybold, Katrin 11, 22, 77, 83, 149, 169
Sieger, Emil 223
Sigloch, Daniel 177 ff.
Sippel, Hermann 317
Sommer, Martin 26
Speer, Albert 31, 239, 247
Spiro, Edwin 355, 357
Stadtler, Andreas 124
Staege, Arthur 182
Stähle, Eugen 60 ff., 88, 102, 104
Stahlecker, Paul Eugen 127
Stahlecker, Walter 119, 125 ff.
Stangenberg, Harry 320
Stangl, Franz 80
Steegmann, Robert 54, 58
Stegmann, Alfons 88 f.
Steidle, Josef 140, 159, 165
Steiner, Julius 14
Stejskal, Achim 18
Stern, Fritz Louis 357
Stimson, Major 367, 374
Stingele, Harald 11, 13 ff., 23, 31, 91, 99, 362
Stingl, Max 159, 161, 166
Stöckle, Thomas 11, 61, 69, 85, 96, 99
Strasser, Gregor 115, 152
Straub, Peter 279
Streit, Erich 278

Stresemann, Gustav 274
Strölin, Karl 11, 176 ff., 182 ff., 211 ff., 218, 221, 289, 294, 300
Stuber, Max 341, 344 f.
Sussmann, Emma 285

Tabaksblatt, Chaim 370 f., 374 f.
Todt, Fritz 239
Tröster, Wolfgang 168 ff.
Tyrolts, Georg 241

Ullrich, Aquilin 108 ff.
Ulrich, Fritz 82
Ulmer, Martin 11, 22, 287, 291
Unverhau, Heinrich 89

Verschuer, Otmar Freiherr von 27
Veser, Helene 161
Veyder-Malberg, Hans Baron von 254 f.
Viehöver, Ulrich 17 ff., 235, 256, 261, 269, 271
Vietzen, Hermann 19
Vogel, Josefine 22
Vogt, Paul 316 f.
Von Malberg, Baron 263, 267
Vorberg, Reinhold 85

Waidelich, Ernst 179
Waks, Szama 373, 376
Waldmann, Karl 191
Waldmüller, Hans 179
Wasserstrom, Dounia Zlata 47
Watzdorf, A. von 242, 255, 257
Weber, Hermann 165 f.
Weber, Karl 163, 367, 271, 367, 374 f.
Weidert, Henri 55, 58
Weidler, Hugo 179
Weil, Hermann 320
Weischedel, Albert 182
Weiß, Friedrich 182
Weißenborn, Alfred 178, 182
Welzer, Harald 28 f., 75
Werkendam, Daniel 53
Werner, Paul 75 ff.

Wicker, Alfons 129, 140, 158 ff.
Wicker, Elisabeth 159
Wicker, Eugen 129, 140, 158 ff.
Wicker, Meinrad 159
Widmaier, Eugen 247, 258 f.
Widmann, Albert 70 ff., 79 f., 82 f.
Widmann, Walter 335, 349 ff., 360
Winnig, August 152, 157
Wirth, Christian 80, 84 ff., 88 f., 164
Wisten, Fritz 320
Wöger, Jakob 85 ff.
Wölfle, Werner 15, 21
Wurm, Theophil 87, 128, 193, 329 f., 349, 353, 359

Zeller, Robert 321
Zelzer, Maria 222 f., 227
Zlotnik, Kedman 370 f., 375

Ortsregister

Affalterbach-Wolfsölden 162
Ägypten 331
Ahornstraße 180
Aichach 172, 352
Albert-Schäffle-Straße 213 ff.
Alexanderstraße 181, 355
Allach 58
Alte Weinsteige 180, 305
Amsterdam 30, 75, 125, 276
Argentinien 357
Arosa (Schweiz) 284
Aulendorf 133, 375
Auschwitz 11, 16 f., 19 f., 24, 26, 30, 39, 43 ff., 47 ff., 53 f., 74, 78, 81, 257, 365, 378
Auschwitz-Birkenau 24, 38, 51, 91 ff., 99

Backnang 293, 305
Bad Cannstatt 104, 151, 153, 162 f., 178 f., 197 f., 211, 330, 339, 351, 357
Bad Dürrheim 302
Bad Wiessee 37
Bad Wildungen 283
Baden 37, 54, 69, 89, 101, 107, 119, 125, 131, 301, 303
Baden-Württemberg 13 f., 16, 21 f., 86, 89, 102, 110, 113, 125, 156, 166, 227, 237, 279, 281, 291, 342, 347
Badergasse 91
Balingen 115, 281, 302, 322
Baltikum 130
Belgien 28, 122, 321
Belzec 80, 123
Bergen-Belsen 54, 321
Berlin 19, 39, 45, 62, 64 ff., 69, 71 ff., 77 f., 81, 83, 85, 87, 89, 104 f., 107, 109 f., 122, 125, 128 ff., 140, 146, 154 f., 157, 159, 162, 166, 175, 185, 191, 194, 200, 212, 217, 238, 241 ff., 249, 257, 263, 266, 274 ff., 279 f., 284 f., 309, 315, 317, 321 f., 324, 327, 338, 347, 373
Bernburg an der Saale 73, 88
Bernhausen 53, 56
Besigheim 351
Bethel 327
Beverly Hills 242, 262
Biberach 124, 133
Bielefeld 314, 317
Bietigheim-Bissingen 50
Birkenwaldstraße 106 f.
Bismarckstraße 104, 180
Blaubeuren 355
Böblingen 204, 208, 287
Böckingen 211
Bodensee 33, 118, 134
Bonn 35, 119, 195, 279, 303
Bopfingen-Oberdorf am Ipf 214,

387

Bopserwaldstraße 116, 200
Botnang 182, 327
Brandenburg 73, 79, 86, 107, 110, 112, 320
Braunschweig 321
Breslau (Wroclaw), Polen 129, 199, 256
Brühl 279
Brüssel 80, 162
Buchenwald 26, 48, 53, 77
Büchsenstraße 154, 199, 212, 289
Burgholzhof 321
Buttenhausen 191, 214

Calw 62
Cannstatter Straße 179
Champignystraße 159, 203
Charlottenburg 267
Colmar 58, 136

Dachau 45, 53, 77, 83, 140, 159, 199, 283 f., 355
Dahlem, Berlin 146, 322
Danneckerstraße 101
DDR 25, 31, 166, 379 f.
Degerloch 151, 153, 157, 180 f., 211, 214, 350, 355
Den Haag 80
Derdingen 67
Dijon 274, 277
Dillingen an der Donau 109
Dorotheenstraße 9 f., 117, 121, 123, 125, 134, 199
Dresden 22 f., 48, 166, 193, 320, 338
Düsseldorf 72, 74 f., 80, 83, 227, 347, 362

Ebingen 276 f., 280 f.,
Echterdingen 9, 16, 53 f.,
Egg 194
Ehmannstraße 321
Eichberg 21
Ellwangen 118
Elsass 54, 58
Emilienstraße 306
Essen 30, 187, 314 ff.
Esslingen am Neckar 11, 55, 86, 171, 185 ff., 197, 212, 261, 263, 266 f., 269 f., 284, 354 f.
Estland 130, 276
Europa 9, 14, 19, 21, 24, 28, 30, 75, 170, 309, 377

Falkertstraße 94
Fallersleben 243, 251, 257
Fellbach 169
Feuerbach 71, 182, 224, 236, 307
Filderstadt-Bernhausen 53,
Filderstraße 181
Florenz 316
Frankenthal 338
Frankfurt/Main 12, 30, 43, 49 ff., 69, 75, 83, 107, 110 ff., 119, 125, 137, 227, 257, 278, 280, 303, 362, 374
Frankfurt/Oder 321
Frankreich 12, 28, 38, 122, 159, 197, 265 f., 277, 309, 338
Freiburg 40, 81, 107, 131, 279, 338, 347
Freudenstadt 357
Friedrichshafen 48 f., 116, 255, 345
Friedrichstraße 179
Fürth 215
Füssen/Allgäu 310

Gailenkirchen 331
Galizien 151
Ganghoferstraße 182
Gatcina 130
Gaußstraße 181
Geislingen/Steige 53 ff.
Gießen 186
Gmünd, Österreich 235 f., 247 ff., 258
Göppingen 11, 306, 357
Görlitz 199
Göttingen 19, 23, 83, 279, 299, 374
Gotteszell 117, 119
Grafeneck 11, 61 ff., 65 ff., 69, 73, 85 ff., 95 f., 99, 107, 113, 192, 302
Griechenland 53, 380
Günzburg 203

Gustav-Siegle-Straße 128, 181

Hackstraße 181
Hadamar 62, 73
Hamburg 10, 28, 30, 83, 131, 185, 254, 279 f., 291, 317
Hartheim 73
Hauptmannsreute 179, 273, 293
Hauptstätter Straße 305
Haußmannstraße 139
Heidelberg 30, 313, 315, 317, 327
Heidenheim Heilbronn 38, 86, 197
Heinrich-Baumann-Straße 142, 159
Hemmingen 47
Herdweg 179
Hermannstraße 181
Herrenberg 178
Heuberg 116 f., 133, 135, 160, 166, 190 f., 205, 212
Heumaden 178, 229 ff.
Heusteigstraße 123
Hindenburgstraße 204
Hoher Asperg 50, 117, 160
Hohewartstraße 224
Hölderlinstraße 110
Holland 80, 321
Hospitalstraße 197 f., 223
Hummelbergstraße 182

Ichenhausen 203
Italien 81, 97, 254, 266, 321
Israel 45, 322, 366
Izbica (Polen) 214

Johannesstraße 220

Kanonenweg 139, 180
Karlsruhe 77, 347
Kärnten 19, 235, 247, 249, 251, 255
Katzenbachstraße 204
Kelterstraße 204
Kielce 366, 374
Kiew 88
Killesberg 123, 141
Klagenfurt 235 f.

Klein-Sachsenheim 335
Kleinaspach 121
Knospstraße 310
Köln 14 f., 83, 146, 217 f., 227, 362
Königsbronn 197
Königsfeld im Schwarzwald 139
Königstraße 154, 198, 289, 305
Korntal 251 f., 300, 302
Kornwestheim 230, 242, 278
Krakau 17, 276, 343
Krasnogwardeisk 130
Kronenstraße 237, 262
Krotoszyn, Polen 256

Landhausstraße 251
Lange Gasse 214
Le Blanc 58
Lehmgrubenstraße 180
Leipzig 36, 217 f., 221, 303
Leningrad 48, 130
Leonberg 12, 47, 72, 106, 299, 322 ff.
Lerchenstraße 180
Lindenspürstraße 91
Linz 73, 80
London 192, 271, 274, 283, 352
Lothringen 239
Ludwigsburg 9, 13, 18, 48, 50 f., 58, 69, 75, 89, 99, 107, 113, 115, 121, 140, 147, 149, 155, 160, 165 f., 199, 201, 208 f., 219, 227, 233, 244, 253, 257 ff., 266, 285, 291, 303, 305 ff., 310 f., 339, 341, 347, 352 f.
Ludwigshafen 73
Lustnau 204
Luxemburg 321

Maffersdorf (Reichenberg) 242
Magstadt 287
Mainz 261, 271
Majdanek 123
Mannheim 166, 293, 336, 338, 347

Mariupol 372 f.
Marktplatz, Stuttgart 199, 287 f., 295 f.
Marzahn 78
Maulbronn 127
Mauthausen 140, 166, 365
Metz 54, 56 f., 313, 338
Minsk 73 f., 79
Mittelbau-Dora 48
Mogilew 73 f.
Moltkestraße 180, 182
Moringen 80
Moskau 160, 166, 207, 314
Mühlacker 327
Mühlenstraße 181
Mulfingen 91 f., 96, 99
Mulhouse 54
München 11, 27, 30, 62, 75, 109 f., 131, 135, 137, 149, 169, 170 ff., 186, 188 f., 191, 198, 271, 279 ff., 289, 299, 303, 305, 313, 338, 347, 349, 352, 362
Münchingen 71 f.
Münsingen 61, 65 f., 88, 107, 191
Münster 27, 110, 327, 362
Münzstraße 293

Nagold 62, 128
Natzweiler 54 ff.
Neue Weinsteige 321
New York 192, 284 f.
Nordhessen 283
Nordrussland 130
Nordwürttemberg 110, 166, 319
Nord, Stuttgart 13, 179, 181 f., 227
Norwegen 129
Nottingham 174 f.
Nürnberg 24, 27, 33, 38, 110 f., 152, 156, 194, 336, 339, 341, 345
Nürtingen 278

Oberbalzheim 86
Oberer Kuhberg 117, 119, 160
Oberndorf 115, 139
Oberschwaben 194
Obertürkheim 181

Offenburg 352
Ohrdruf 54
Öhringen 357
Olgastraße 181
Oranienburg 207
Österreich 17, 31, 71, 129, 235 ff., 241 f., 248 ff., 252 f., 262 f., 372, 375
Ostrolenka 48
Ost, Stuttgart 10 ff., 121, 159 f., 180 f., 213 f., 284, 310
Ötztal 54

Palästina 314, 366
Paris 12, 80, 192, 198, 242, 267, 365
Parkstraße 305
Paulinenstraße 287
Peltre bei Metz 54 f.
Pfedelbach 357
Pfingstweide 96
Pforzheim 18, 242, 255, 257, 261 ff., 267, 271, 333
Pittsburgh 215
Plötzensee 83, 129, 159
Polen 19 f., 27 f., 30 f., 39, 45, 48, 53, 80, 122, 214, 309, 335, 342, 358, 366, 374
Posen 31, 80
Possenhofen 321
Potsdam 203
Prag 130
Pragfriedhof 109, 118
Plieningen 369

Radom 365 f., 374
Ravensbrück 141
Ravensburg 122, 134
Reichenau 306
Reinsburgstraße 20, 179, 199, 357, 365 ff., 371, 373
Rems-Murr-Kreis 133
Reutlingen 61, 88, 163, 200, 293, 369
Reutlinger Straße 211, 214, 350
Rheinland-Pfalz 135
Riedenberg 9, 157, 178
Riedlingen 124

389

Riga 123, 222
Rohracker 178
Römerstraße 179
Rote Straße 215, 273
Rotebühlstraße 180
Rotenbergstraße 121, 284
Rottenburg 149, 160, 357
Rottweil 115, 305, 319
Rudersberg 141
Ruhrgebiet 317, 327
Ruit 230, 317
Rust 315

Saarbrücken 338
Saarland 110
Sachsenhausen 72, 74, 77, 206 f.
Salzburger Land 247
Schloss Weißenstein 214
Schlosskirche 330
Schockenriedstraße 207
Schönbuch 204, 208
Schramberg 139
Schüttgut 236, 247, 249
Schwäbisch Gmünd 117, 119, 121
Schwäbische Alb 61 f., 73, 116, 124, 153, 160, 190, 229, 276
Schwäbisch Hall 93, 299, 331
Schweiz 33, 39, 129, 159, 162, 192, 284
Schwenningen 280, 359
Schwieberdinger Straße 246, 255 f., 259
Seestraße 218, 223
Sillenbuch 9, 157, 178, 218, 231, 359
Sindelfingen 28, 242
Singen 112
Solitudestraße 180, 224
Sonnenstein 73
Spanien 162, 380
Spitalwaldstraße 241, 243, 157
Staatstheater, Stuttgart 319 f.
Stammheim 71, 74 f.
Steinheim 86
Sternenfels 127
Stetten am Kalten Markt 116, 133, 160, 190, 212

Stettin 80
Stocksberg 134
Straßburg 162, 338
Strohgäustraße 246, 256
Struthof 58
Sudetenland 129
Süditalien 331
Süd, Stuttgart 179 ff., 305, 355
Suresne 192

Taubenheimstr. 179, 357
Tempelhofer Feld in Berlin 212
Theodor-Schöpfer-Weg 229
Theresienstadt 97, 123, 134, 214, 296
Tiergartenstraße 85, 109
Traubenstraße 287
Treblinka 80
Truppenübungsplatz Heuberg 190
Tschechoslowakei 40, 129
Tübingen 11 f., 61 f., 67, 69, 77, 88 f., 93, 107, 115, 119, 125, 127, 151, 153, 167, 169, 183, 195, 204, 215, 252, 258, 273 f., 277 ff., 281, 291, 299, 305, 327
Tuttlingen 115, 119, 199, 281

Überlingen 118
Uckermark 80
Uhlbach 178
Ukraine 151, 199, 276
Ulm 23, 33, 36, 116 f., 119, 160, 169, 171 ff., 299, 347, 357, 359
Ungarn 53 f., 242
Untersteinbach 169
Untertürkheim 38, 180, 254, 259
Urach 121
Urbanstraße 180, 335

Vaihingen an der Enz 53, 93
Vaihingen auf den Fildern 10, 135, 178, 203 ff., 218, 306, 309
Verdun 121, 299

Vogesen 151
Volkswagenstadt 237
Vorarlberg 192, 199

Wangen im Allgäu 142
Wagenburgstraße 97, 99
Warschau 276, 281, 343, 353, 359
Weil der Stadt 173
Weilimdorf 141, 180, 257
Weimar 11, 36, 38, 40, 48, 119, 121, 153, 188, 195, 187, 291, 303, 317, 337 f., 361
Weimarstraße 124, 134 f.
Wellingstraße 359
Welzheim 122 f., 133, 135, 140 ff.
West, Stuttgart 20, 179 ff., 186, 310, 357, 365
Wien 9, 30 f., 51, 129, 186, 236, 238, 241, 243, 257, 265, 271, 338
Wilhelm-Murr-Straße 182
Wilhelmsplatz, Bad Cannstatt 198
Wilhelmstraße 180 f.
Winnenden 142, 162
Winterbach 121
Wittlich 135
Wolfenbüttel 155
Wolfsburg 237, 255 ff.
Wolhynien 151
Württemberg-Baden 164 f., 209, 250, 258, 285, 310, 374
Württemberg-Hohenzollern 58, 62, 66, 69, 89, 181, 198, 238, 278 f., 281, 297, 319

Yorkstraße 181

Zell am See 19, 236, 247 f.
Zeppelinstraße 179
Zichenau (Ciechanów) 45
Zuffenhausen 11, 17, 47, 49, 135, 179, 181, 236 f., 239, 241 ff., 252 ff., 267

Ingrid Bauz, Sigrd Brüggemann, Roland Maier(Hg.)

Die Geheime Staatspolizei in Württemberg und Hohenzollern

3., überarbeitete Auflage, 29,80 EUR, 2018, 480 Seiten, kartoniert, ISBN 3-89657-156-7

Diese umfassende Darstellung der Gestapo in Württemberg und Hohenzollern beleuchtet deren Geschichte und innere Struktur sowie den Funktionswandel der Politischen Landespolizei, die in die reichseinheitliche Gestapo überführt wurde.

Anhand einer Reihe von exemplarischen Schlaglichtern wird der Behördenalltag der Württembergischen Politischen Polizei bzw. Gestapo ebenso erhellt wie die Verbrechen und der blutige Terror. Ausgangspunkt der Untersuchung ist die Stapoleitstelle Stuttgart. Von hier aus werden die Verbindungen in die Fläche zu den zahlreichen über Württemberg und Hohenzollern verteilten Außenstellen der Politischen Polizei sowie zu den Haftanstalten und Arbeitserziehungslagern beschrieben. Einbezogen wird die Zusammenarbeit mit den anderen Polizeisparten, den Bürgermeistern, Landräten und weiteren Behörden (Finanz- und Arbeitsämtern). Die Arbeitsweise der Gestapo wird beispielhaft an der Verfolgung der politischen Gegner, von Geistlichen, Homosexuellen, sogenannten «Asozialen» und jüdischen Menschen nachgezeichnet. Die Überwachung und Bespitzelung der Bevölkerung ist ebenso Thema wie die der ausländischen Zwangarbeiterinnen und Zwangsarbeiter während des Krieges. Anhand exemplarischer Kurzbiografien wird die personelle Zusammensetzung der Gestapo dokumentiert.

Ein weiterer Teil beschäftigt sich mit der Gestapo und ihren Mitarbeiterinnen und -arbeitern nach 1945, mit der Verfolgung und Entnazifizierung der Täter sowie mit den personellen Kontinuitäten und Nachkriegskarrieren.

... Das Resultat ist ein Band, dessen große Detailgenauigkeit ebenso besticht wie der präzise und zugleich differenzierende Blick auf die kriminelle Organisation Gestapo und ihre Angehörigen. Man wünscht sich weitere Regionalstudien auf diesem Niveau.
Rainer Zilkenat in Informations/Studienkreis Deutscher Widerstand 1933 — 1945, Nr. 80

Sigrid Brüggemann, Roland Maier
Auf den Spuren jüdischen Lebens
Sieben Streifzüge durch Stuttgart

1. Auflage 2018, 286 Seiten, kartoniert, ill., 19,80 EUR, ISBN 3-89657-144-3

Ein Stadtführer der besonderen Art: Sieben reichlich bebilderte und mit Karten illustrierte Streifzüge führen zu den Zeugnissen jüdischen Lebens in Stuttgart vom Mittelalter bis in die Gegenwart. An den jeweiligen Stationen wird erlebbar, welch vielfältigen Einfluss Jüdinnen und Juden auf ökonomischem, kulturellem und sozialem Gebiet ausgeübt und welche Verdienste sich viele von ihnen um das Wohl der Stadt erworben haben.

Vorgestellt werden bedeutende jüdische Persönlichkeiten: Joseph Süß Oppenheimer, Karoline Kaulla und ihre Dynastie, Eduard Pfeiffer, Max Horkheimer, Friedrich Wolf, Gerda Taro und viele andere.

Zudem befassen sich die Autoren mit ehemals jüdischen Kaufhäusern wie «der Schocken», der Stuttgarter Münze, jüdischen Friedhöfen, der heutigen jüdischen Gemeinde, dem Judenladen, dem Alten Schauspielhaus, einem Loch im Gehweg, Judenhüten an der Kirchenfront, einem Schnäppchen vom Breuninger, dem Hirschstraßen-Krawall, dem Ort von Deportationen, Stolpersteinen, dem Galgenbuckel, Displaced Persons...

Claudia Kleemann, Martin Ulmer
Simon Schocken
Jüdischer Kaufhauspionier - Philanthrop - Gestalter

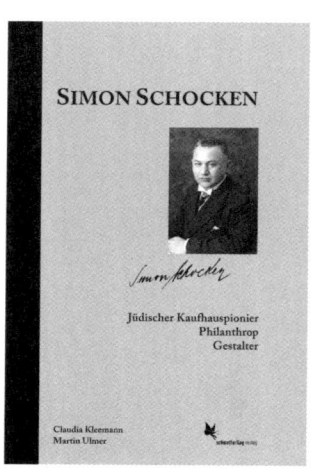

2020, 224 S., geb., 29,80 EUR, ISBN 3-89657-163-X

Zu Beginn des 20. Jahrhunderts steht der Begriff «Schocken» nicht nur in Stuttgart für ein Kaufhauskonzept und eine Architektur der neuen Art. Die kreativen Köpfe dahinter waren die Gebrüder Simon und Salman Schocken, von denen einer Ende der zwanziger Jahre auf dramatische Weise sein Leben lassen musste.

Nach Simons unerwarteten Tod übernimmt 1929 Bruder Salman die Leitung des Unternehmens, das die Familie während der Zeit des Nationalsozialismus weit unter Wert zwangsweise verkaufen muss.